KB103427

죽음을
넘어

시대의
어둠을
넘어

광주 5월 민중항쟁의 기록

죽음을
넘어
시대의
어둠을
넘어

광주민주화운동기념사업회 엮음

황석영 이재의 전용호 기록

창비

진실 왜곡, 더이상 침묵할 수 없어

1985년 초판이 나온 지 32년 만에 개정판을 발간하게 됐다. 개정판이 출간된 다른 책들에 비하면 꽤 오랜 시간이 지난 뒤에야 개정판을 내는 셈이다. 그동안 개정판에 대한 요구는 여기저기서 끊임없이 제기됐지만 '광주민중항쟁'을 정면으로 응시한다는 것은 누구에게나 힘들고 고통스러운 일이다보니 차일피일 미루게 되었다.

그러나 2000년대 들어 성립한 두번의 보수정권 아래서 우리 사회의 민주화가 눈에 띄게 후퇴하자 더이상 개정판 발간 작업을 미룰 수 없는 상황이 됐다. 특히 박근혜정권 아래서 5·18 왜곡과 역사적 평가에 대한 '뒤집기' 시도는 위험 수위에 달했다. 5·18 왜곡세력들은 이 책『죽음을 넘어 시대의 어둠을 넘어』(이하 『넘어넘어』) 흠집내기에 열중했다. 명백한 사실(fact)조차 허위라고 억지를 부렸고, 이 책의 집필과정에 대한 왜곡과 집필자들에 대한 비난, 인신공격을 서슴지 않았다. 전두환정권에서 자행된

5·18 왜곡과 비방, 공갈과 협박이 되살아난 듯했다.

왜 그들은 유독 『넘어넘어』에 대하여 그토록 집착하는 것일까? 최초로 광주시민의 목소리를 담은 5·18에 대한 체계적인 기록물이라는 이유도 있지만, 정작 더 중요한 점은 이 책의 기저에 흐르고 있는 5·18에 대한 역사적 평가 때문인 것으로 보인다. 그들은 5·18을 국가권력에 대항하여 광주사람들이 일으킨 '폭동'이라고 주장한다. '폭동'이 '민주화운동'으로 바뀐 것이 이 책의 영향 때문이라는 이야기다. 수많은 사람들이 이 책을 읽었다. 그 결과 이 책이 5·18이 민주화운동이라는 '인식'을 대다수 국민들의 머릿속에 강하게 심어주었다는 주장이다.

우리 사회가 민주화되면서 이런 억지 주장은 연기처럼 역사의 뒤안길로 소리 없이 사라져버렸다. 1997년 '12·12, 5·18 재판'을 통해 전두환, 노태우 두명의 전직 대통령은 사법적 단죄를 받았다. 5·18은 특별법 제정과 더불어 '민주화운동'으로 명명됐다. 2011년 5·18기록물은 영국의 「대헌장」(Magna Carta, 1215), 미국의 「독립선언문」(1776), 프랑스의 「인간과 시민의 권리에 관한 선언」(1789) 등과 마찬가지로 인류 역사에서 길이 빛날 '유네스코 세계기록유산'으로 등재됐다.

5·18에 대한 평가가 여기에 이르기까지 『넘어넘어』도 자그마한 주춧돌을 놓았다. 초판은 1987년 '6월항쟁'의 기폭제가 됐다. 그때까지 5·18의 진실에 목말라하던 국민들에게 큰 충격을 주었다. 책이 발간되자마자 입소문을 타고 '지하 베스트셀러'가 되었다. 수많은 사람들이 숨죽여가며 읽었고, 밤새워 울었다는 이야기들이 여기저기서 들려왔다. 잔혹했던 학살과 처절했던 참상의 전모가 비로소 알려졌기 때문이다. '5·18 진상 규명' 요구가 '호헌철폐'와 더불어 6월항쟁을 이끌어가는 핵심동력이 되었다. 20세기말 한국사회의 민주화는 5·18 진상 규명을 기본 축으로

진행되어왔다고 해도 과언이 아니다.

2008년 보수정권이 집권하면서부터 5·18에 대한 정부의 태도는 눈에 띠게 비우호적으로 바뀌었다. 인터넷에서는 '일베'를 비롯하여 극우 선동가 집단이 5·18의 원인과 성격, 진행과정을 왜곡하기 시작했다. 북한군이 5·18 때 광주에 내려왔고, 시민군 가운데 복면한 사람들은 북한군이라는 허위 주장을 유포시켰다. 1980년 5월 27일 최후의 도청진압 작전 때도 공수부대는 단 한명의 광주시민도 사살하지 않았고, 북한군이나 폭도들끼리 쏜 총탄에 맞아 시민들이 희생되었다고 억지 주장을 펼쳤다.

이런 분위기에 편승하여 『넘어넘어』에 대한 공격이 다시 고개를 들었다. 처음에는 내용만을 문제 삼더니 점차 집필자들에 대한 인신공격을 노골적으로 하기 시작했다. 특히 2014년 2월 언론을 통해 『넘어넘어』 개정판 간행계획이 알려지자 그들은 출판물과 언론을 통해 모욕적인 언사와 비난을 퍼붓고, 심지어는 몰래 숨어서 촬영한 도촬(盜撮) 영상을 인터넷 공간에 일방적으로 게시하는 등 '인격살인'이라고 표현할 수밖에 없는 온갖 인신공격을 자행하였다.

역사의 진실이 이렇듯 왜곡되고 무너지는 현실 앞에서 더이상 침묵할 수 없었다. 5·18 35주기인 2015년 5월 개정판 출간을 목표로 2014년 1월부터 간행위원회를 구성하였다. 국민성금을 바탕으로 출간한다는 방침을 세우고 그해 7월 기자회견까지 가졌다. 그러나 약속을 제대로 지킬 수 없었다. 수천명의 증언기록과 청문회자료, 12·12와 5·18 재판기록, 군 작전 관련 자료, 미국의 비밀해제 문서, 취재기자들의 증언 등 수십만 페이지에 달할 만큼 방대한 자료를 섭렵하여 시민들의 목소리를 제대로 담아낸다는 게 쉽지 않았다. 결국 예상보다 긴 작업기간이 소요되었다. 이런 사유 때문에 당초 약속을 제대로 지키지 못한 점 마음 깊이 사과드리며 양해를 구한다.

이 책의 특징은 예나 지금이나 광주시민들의 시각과 목소리를 담으려고 노력했다는 점이다. 32년 전 폭도로 몰려 억울한 세월을 힘겹게 보내던 광주시민들에게 『넘어넘어』는 커다란 위안이었다. 5·18에 대한 왜곡과 탄압이 한국사회의 담론과 정치를 일방적으로 지배하던 시기였기에 『넘어넘어』는 출간 그 자체만으로도 폭발적인 관심을 끌었다. 전두환정권 탄생의 원죄에 해당하는 예민하고 아픈 대목을 들춰내다보니 사회적 이목이 집중됐고 위험부담도 컸다. 이 책을 집필하겠다고 나선 실무 집필진이나 간행위원들이야 처음부터 위험을 감수하겠다는 생각이었다. 하지만 그 엄혹한 시절에 편찬 책임을 맡겠다고 선뜻 나서준 전남사회운동협의회 전계량 회장이나, 황석영 작가, 그리고 이미 고인이 된 '풀빛' 출판사 나병식 대표는 여간 고마운 게 아니었다. 우리가 감당해야 할 어려움과 고난을 함께 나누겠다고 흔쾌히 나서줬기 때문이다. 이 자리를 빌려 그분들께 다시 한번 감사의 뜻을 전하고 싶다.

개정판의 집필을 맡은 황석영, 이재의, 전용호 세분의 노고에 감사드린다. 지도를 보완해준 조양훈, 원고를 검토해준 안종철, 안길정, 정대하, 박병기, 정현애 씨 등에게도 고맙다는 말씀을 전한다. 이 책이 간행될 수 있도록 적극 협조해준 광주민주화운동기념사업회의 정용화 이사장과 최평지, 조봉훈, 김상집, 김창중, 고 정의행 등 집행위원으로 활동한 여러분들께도 감사드린다. 그리고 5·18기념재단(이사장 차명석), 5·18광주민주화운동기록관(관장 나간채), 전남대학교 5·18연구소(소장 박해광)의 자료 협조도 큰 도움이 됐다. 마지막으로 전국에서 성금을 모아주신 간행위원 여러분께 머리 숙여 감사드린다.

개정판 원고가 마무리되어갈 즈음 뜻밖의 상황을 맞았다. 어두운 터널이 끝없이 이어질 것만 같았던 우리 역사가 새로운 시대로 접어들고 있었다. '촛불 항쟁'이 마치 꿈결같이 거리를 가득 메웠다. 5·18 때처럼 피흘림이나 큰 희생 없이 박정희, 전두환, 박근혜 정권으로 면면히 이어지던 묵은 '적폐'가 국민의 힘에 의해 뿌리째 뽑혀 나가는 모습을 목도하면서 전율이 느껴졌다. '세월호'도 깊은 침묵의 바다에서 성공적으로 끌어올려졌다. 바야흐로 '적폐 청산'이 시대적 과제가 됐다. 이런 와중에 5·18 내란 책임자로 단죄된 바 있던 전두환 부부의 '자서전'이 출간되었다는 소식도 들린다. 『넘어넘어』 개정판은 다시 한번 '광주학살' 집단의 허위와 폭력성을 재조명함으로써, '국가란 무엇인가'라는 근원적인 질문을 상기시키는 계기가 될 것이다. 5월 영령의 숭고한 희생정신이 부디 헌법 전문에 반영되어 새로운 민주공화국의 정신적 규범으로 확고하게 정립될 수 있기를 기대한다.

2017년 5월
개정판 간행위원회 위원장 정상용

이제 또다시 어둠을 넘어서

| 황석영 |

1980년 5·18 광주항쟁이 끝나고 살아남은 자들은 항쟁의 진상을 반드시 역사와 민족 앞에 올바로 기록하여 남겨주어야 한다는 부채감에 사로잡혀 있었다.

나는 작가로서 1970년대 유신독재의 상황 속에서 거처를 전라도로 선택했는데, 이는 집필과 민주화운동에의 참여를 전제로 한 것이었다. 10여 년간 해남과 광주에 살면서 수많은 사람들과 인연을 맺게 되었고 광주의 참극이 벌어지고 나서 이러한 인연은 더욱더 떨쳐버릴 수 없는 나의 운명이 되어버렸다. 항쟁 기록을 시도하던 사람들 대부분이 제도권 밖의 청년 지식인들이었으며, 이들은 극심한 감시와 억압 아래서 구속되거나, 수배자가 되어 도피 중에도 이 일을 해내야만 하였다. 비공개적인 취재와 자료수집 과정에서 참극을 목격하고 경험한 시민들과 갖는 인터뷰는 엄혹한 시기에 결코 순조로운 작업이 될 수 없었다. 드디어 1985년 광주항쟁 5주년을 앞두고 우리는 항쟁 기록의 숙제를 더이상 미룰 수 없다는 시대적 요청에 직면했다. 이재의가 밝힌 대로 기록의 작업에 참여한 사람들은 몇몇 사람이지만 취재에 응하고 자신의 겪은 바를 구술한 시민들이 또한 함께 참여했으니 이 기록이야말로 동시대 민중의 증언이라고 할 만했다.

나는 광주 후배들의 요청에 의하여 항쟁 기록의 출판에 대한 책임을 감당할 것을 기꺼이 수락했다. 당시 정치적 상황으로 보아 구속과 핍박을 각오해야 하는 일이었으나 이는 작가로서 당연한 일이기도 했다. 문병란 시인의 절규와 같은 시 구절인 '죽음을 넘어, 시대의 어둠을 넘어'가 광주 항쟁 기록의 제목이 되었는데, 이는 식민지시대 이래 민주화와 통일의 길 위에서 수많은 위기와 장애를 극복해온 우리 민중의 근현대사를 집약해주는 말이기도 하였다. 전남도청의 마지막 새벽, 처절하게 상징화되었던 삶과 죽음은 1980년대 민주화운동과 6월항쟁의 깃발이 되었다.

역사와 사람의 특징은 변화에 있다는 오랜 명제는 결국 역사를 변화시키는 것은 사람의 힘이라는 의미일 것이다. 그러나 우리가 가진 삶의 한계 때문에 한 시대는 언제나 새로운 것과 낡은 것이 공존하며 하루아침에 멋진 신세계가 찾아오지는 않는다. 6월항쟁 이후 권위주의체제의 정치적·문화적 유산들을 말끔히 청산하지 못했을 뿐만 아니라, 구질서의 기득권 세력들에게조차 활동공간을 보장해줄 수밖에 없는 한계를 지닌 타협적 민주화의 시대였다. 또한 우리는 민주주의라는 세련된 겉옷을 걸치고 있으나 몸체는 분단된 안보국가라는 본질적 결함을 벗어나지 못하고 있었다.

지나간 두차례의 보수정부가 들어서자 과거 독재체제에 편승했던 수구세력들은 가장 먼저 기득권 이념투쟁의 상투적 수단인 '북한'을 끌어들여 5·18 광주항쟁의 민주적 가치를 훼손 말살하려 하였다. 이들은 다시 살아난 구체제의 공안세력에 힘입어 5·18은 군대라는 국가공권력에 대한 폭도들의 반란이며 폭동에 지나지 않는다고 주장하면서, 남파된 북한 특수군이 일으켰다거나 북한의 지령을 받은 불순세력에 의한 것이라고 끊임없이 왜곡 날조하고 있다.

국군은 당연히 국민의 아들과 딸이며 그들의 임무는 일차적으로 국민의 생명과 재산을 수호하는 데 있다. 전두환 신군부가 그들 패거리의 집권을 위하여 특수부대인 공수특전단을 광주에 투입한 것은, 나중에 법정에서 심판된 바와 같이 국민의 주권을 찬탈한 쿠데타요 군사반란 행위였다. 따라서 이들은 정통성 없는 권력의 사병이었고 국민의 군대가 아니었다. 민주주의의 회복을 주장하는 국민을 무차별 학살하는 데 대하여 광주시민이 생존권을 지키고 방어하려고 일어난 것은 헌법에도 명시된 엄연한 국민저항권의 발로였다.

북한군 남파설은 애당초 터무니없는 억지라는 것을 광주시민뿐만 아니라 현장에 있던 외신 기자들은 물론 국내 기자들까지 몸소 겪어서 알던 사실이었고, 최근 공개된 미국측 정보보고서에서 재확인하지 않더라도 신군부 스스로가 잘 알고 있던 사실이었다. 다른 무엇보다도 국토방위에 주력해야 할 정규사단을 빼돌려 광주진압을 위해 내려보낸 전두환 자신이나 이를 묵인하여 오랫동안 한국인의 반미 정서를 자초한 미국정부의 조치는 당시에 북한의 남침 위협을 전혀 의식할 필요가 없었다는 사실에 대한 반증이 될 것이다. 북한의 개입과 지령설은 분단 이후 독재체제가 위기에 처할 때마다 써먹던 나쁜 정치공작의 일종이며 광주에서도

'독침사건' 등 시민군을 적색화하려는 조작을 했지만 사전에 발각되어 그 비열한 기획이 폭로되었다. 오히려 미리 계획된 것은 '충정작전'이라는 작전명에서 보듯이 전두환 신군부의 지령이었으며, 시민들 개개인은 무슨 지시를 받기는커녕 각자가 처한 때와 장소의 운명에 따라서 처음에는 모르는 사람들끼리 서로 돕고 보호하고 싸우며 동지가 되었고 나아가 시민공동체를 이루었다.

　나는 『죽음을 넘어 시대의 어둠을 넘어』 이후 파란만장한 인생을 겪어야 했으며 광주의 진실을 알리는 일에 헌신하지 않을 수 없었다. 1985년 항쟁 기록이 나오자 전두환의 안기부는 출판인 나병식과 나를 욕을 보이는 식으로 '유언비어 유포'라는 경범죄로 구속했는데, 나병식은 나중에 『한국민중사』 사건으로 구속 기소됐고, 나에게는 때마침 초청받은 베를린 문화행사의 참여를 권유하고 단기여권을 내주었다. 정부는 광주항쟁이 여론화되어 대중에게 알려지는 큰 사건으로 번지는 것을 꺼린 것이다.

　나로서는 처음으로 섬과 같은 분단된 한반도의 남쪽을 벗어나 밖에서 '나와 타자'를 객관적으로 바라볼 수 있었던 기회였다. 유럽과 미주 일본 등지를 돌아다니며 해외 문학단체나 시민단체 그리고 동포사회와 더불어 광주항쟁을 알리는 행사를 벌였다. 이때 미주에서 나온 『넘어넘어』는 망명한 윤한봉이 조직했던 미주한청련이 복사 인쇄한 것이었고, 일본에서는 양관수가 오오사까의 동포청년들과 일본어로 번역하여 '일본가톨릭 정의평화위원회'의 주관으로 출판한 것이었다. 나는 해외에 나가서야 우리 민주주의의 한계가 '안보국가'의 제약에서 온다는 것을 깨달았다.

　개발독재 시대의 막바지였던 1989년에 이루어진 문익환 목사와 나의 방북은 우리의 민주화운동에 대하여 늘 북한을 빌미잡아 공안사건으로 억누르려는 정부에 대한 저항이었으며 대중에게는 통일문제를 일상화하려던 것이었다. 나는 그후 귀국하지 못하고 4년 망명, 5년 징역으로 한국사회와 차단되었다. 1985년에 출발하여 13년 동안 글을 쓰지 못함으로써 작가이기보다 활동가의 삶을 살아온 셈이었지만 나는 문학을 온몸으로 살아냈다는 자위를 해본다.

분단 70여년의 체제경쟁 속에서 남한이 북한에 비하여 압도적으로 발전했다는 것은 여러가지 사회·경제적 지표로 이미 증명되었다. 2차대전 이후 식민지에서 해방된 나라들 가운데 한국처럼 산업화와 민주화라는 근대로 가는 변혁을 동시에 이룬 나라는 없을 것이다. 그러므로 아직도 북한 때문에 민주적 개혁을 꺼린다면 이는 핑계에 지나지 않는다. 두 차례의 보수정부는 북한과 적대하고 냉전화함으로써 한반도 위기관리의 주도권을 외세에 내주었고, 휴전체제를 평화체제로 바꾸려던 우리의 오랜 노력들을 물거품으로 만들었으며, 국가안보는 오히려 일촉즉발의 전쟁 위기로 빠져들게 하였다. 그러므로 5·18 광주의 정신은 민주주의와 상생평화의 조국을 실현해내는 데 있을 것이다.

유신독재의 퇴영적 회귀라는 점에서 박근혜정부는 이명박정부 때보다 더욱 노골적으로 광주를 모욕하고 수모를 주었으며 그 예가 「임을 위한 행진곡」에 대한 배척이었다. 그들은 28년 전 내가 방북했던 사실을 들어 이 노래가 김일성의 지령을 받고 제작되었다든가, 『넘어넘어』는 북한의 책을 베낀 것이라는 식의 억지 주장으로 날조 왜곡하였다. 이 노래가 나온 때가 1982년이었고 나의 방북이 1989년이었으니 김 아무개의 지령을 받는 것은 불가능한 노릇이었다. 또한 항쟁이 끝나자마자 광주에서는 종교단체 등을 통하여 많은 사건 기록들이 해외로 나가기 시작했다. 광주를 취재한 수많은 외신기사나 영상기록들이 역으로 국내에 들어오기 시작한 것도 같은 무렵이었다. 왜곡된 주장을 하는 자들이 광주항쟁의 기록이 북한 책을 베낀 것이라고 예를 들어놓은 대목은 원래 자료가 '사실'이었으니 북한이 먼저 '사실'을 베낀 것이겠다. 오히려 남한 언론은 계엄 치하에서 신군부의 엄혹한 검열 때문에 광주의 진상을 한줄도 보도할 수 없었으니 이러한 왜곡 자체가 돌이켜보면 부끄러운 노릇이다.

우리가 『죽음을 넘어 시대의 어둠을 넘어』의 개정판을 내자고 논의를 시작한 것이 항쟁 30주년인 2010년 이전부터였고 각자 생활에 쫓겨 미루어오다가 2013년에야 정상용, 정용화, 이재의, 전용호 등이 나병식과 나를 찾아와 출판할 결의를 밝혔다. 논의 직후에 나병식이 지병으로 세상을 떠나 우리의 마음을 아프게 하였다. 우리는 광주항쟁에 대한 터무니없는 왜곡과 공격이 난무하는 가운데 입술을 깨물며 준비를 했고 그사이에 '촛불혁명'이 진행되었다.

5·18 광주와 세월호의 어린 넋들이 함께하는 이 빛나는 계절에 위대한 시민들은 세상을 바꾸어놓았다. 우리들의 책은 이제 피와 눈물이 아니라 정의롭고 평화로운 공동체를 향한 이정표가 되어야만 한다.

2017년 5월

광주의 비극은 서울과 워싱턴의 합작품

| 브루스 커밍스 | Bruce Cumings

광주항쟁은 1989년 6월 발생한 중국의 톈안먼(天安門)사태와 흡사하다. 광주항쟁은 1980년대 군사독재에 대항하여 광범위한 저항을 만들어냈고, 1990년대 한국사회가 이룩한 민주화의 길을 닦았다. 이렇게 성취한 민주화는 광주에서 무고한 시민을 학살한 가해자들에게 내란과 폭동죄를 물어 유죄판결을 이끌어낼 수 있었다. 이와 같은 경험은 아시아나 다른 여러 나라의 독재자들에게도 강한 경고의 메시지를 보냈다. 또한 광주항쟁의 여파로 한국에서는 반미운동이 일어났다.

『죽음을 넘어 시대의 어둠을 넘어』는 지금까지 나온 광주항쟁에 관한 여러 기록 가운데 가장 세밀하고 고전적인 저술이다. 이 책은 한국현대사에 중요한 기여를 하였다. 아직까지도 광주항쟁을 둘러싼 한국사회 내부의 정치적 관계나 국제적인 역학은 본질적으로 변화가 없다. 이번에 새롭게 출간하는 개정판은 그런 의미에서 고조되고 있는 한반도의 긴장과 지난겨울 한국의 시민사회가 만들어낸 촛불혁명이 가져다준 문제들에 얽혀 있는 상관관계를 깊숙하게 되돌아볼 수 있는 기회를 제공한다.

이 책은 한국인들은 물론 한국문제에 관심 있는 미국인이라면 반드시 읽어야 한다. 그 이유는 한국현대사에서 광주문제가 차지하는 중요성 때문만이 아니라, 광주의 비극이 서울과 워싱턴 두 나라 정치권력의 합동작품이었다는 점 때문이다. 미국 사람인 나로서도 이렇게 말하는 것은 고통스러운 일이다. 하지만 광주항쟁은 미국이 한국의 군사독재자들을 수십 년간 지원한 결과였다.

한국의 민주주의는 밑바닥으로부터 성장했고, 수백만명의 희생을 치르면서 더욱 강해졌다. 아직 완벽한 민주체제를 구축했다고는 단언할 수 없을지 모른다. 하지만 한국인들은 아시아인들의 문화와 가치에 대한 서구 사람들의 고정관념이 잘못되었다는 것을 보여줬다. 놀랄 만한 시민사회를 건설한 것이다.

1940년대 후반부터 일본과 남한은 미국의 이중 봉쇄정책의 대상이었다. 이 두 나라의 경제는 세계경제의 성장엔진으로 자리매김됐다. 1948~49년은 미국이 한반도에서 전라도지역의 게릴라 색출에 바빴던 시기였다. 바로 그 시기에 미국은 일본에다 거대한 산업적인 토대를 다시 만들고자 하였다. 미국의 목표는 일본과 일본의 옛 식민배후지를 다시 연결하는 것이었다. 그 지역들은 일본의 경제적인 영향력이 쉽게 미칠 수 있는 곳이었다. 한국과 타이완이 주 대상이었다. 미국은 이 나라들을 유사 독립국가로서 동일한 안보 테두리에다 묶어두겠다는 의도였다. 미국과 멀리 떨어진 곳임에도 불구하고 한국은 전략적으로 매우 중요한 지점이었다. 때문에 미국의 장군들은 대한민국 군대의 작전을 직접 통제하였다. 세계에서 두번째로 경제 규모가 큰 일본은 방위를 오랫동안 미국에 전적으로 의존하게 되었다.

지금도 일본과 대한민국에 있는 8만여명의 미군과 미군기지들은 공산주의의 확산을 봉쇄하고, 자본주의 동맹국을 서로 묶어두는 대리 역할을 하고 있다. 그 대가로 이들 두 나라는 2차대전 직후 냉전시대 프로젝트의 한 부분으로 편입되면서 비공산권 발전의 모델로 전후 복구에 따른 각종 지원과 혜택을 받았다. 일본경제는 서구의 성장 패러다임에서 벗어난 대표적인 성공 사례로 떠올랐고, 1950년대와 60년대 미국의 정책과 학자들이 주도한 '근대화의 학교'로 꼽혔다. 대한민국 역시 그와 비슷한 맥락에서 가장 먼저 '아시아의 호랑이'가 되었다. 동아시아에서 미국 냉전전략의 혜택을 입은 일본, 한국, 타이완은 1950년 한국전쟁 때부터 1980년대까지 지속된 오랜 분단시대에도 서로 적절한 모양새를 유지해왔다.

일본은 미국과 군사·정치적 영향력을 공유하면서 동아시아에서 타이완과 한국의 오만한 독재체제를 뒷받침하는 기능을 수행하는 대신 미국이 보증하는 '경제동물'이 되었다. 한국과 타이완의 권위주의 정권들은 거대한 군사력 유지에 필요한 비용을 국민들로부터 강압적으로 수탈하였고, 그들이 필요로 하는 것은 무엇이든 미국의 직접 원조 보조금으로 충당했다. 일본은 방위비 부담 없이 이 나라들과 함께 지역방위 형태를 완성했다. 동시에 이 세 나라는 미국의 영향력과 이익에 순종할 수밖에 없는 심각한 취약점을 곳곳에 안고 있다. 간단히 말하자면 한국의 대규모 군사력은 수십년간 미국 국방부의 통제에 따라 움직였다. 한국의 군대는 구축하는 데만 수십억 달러가 소요되었을 만큼 최상의 군사력을 자랑하지만, 민주사회에서는 상상하기조차 어려운 가장 나쁜 군대가 되었다. 미국이 이들을 훈련시켰고, 자금을 댔다. 리처드 스틸웰 전 미8군 사령관

이 지적한 대로 "전세계에서 가장 놀랄 만한 주권 양보" 조약을 통해서
1950년 한국전쟁 때 이를 한번 써먹은 이래 미국은 매우 효과적으로 한국
군대를 지속적으로 통제해왔다.

이와 같이 각종 힘들이 작동한 결과, 대한민국은 첫 출발부터 1990년
대까지 민주주의가 거의 없는 상태에서 시민사회의 저항에 시달려야
했다. 1992년 김영삼정부 때까지 역대 대한민국의 모든 정권은 대규모
항쟁으로 시작되거나, 혹은 군사쿠데타로 끝났다. 가장 길었던 시기는
1961~79년까지 지속된 제3·4공화국 박정희정권이다. 박정희정권은 군
사쿠데타로 시작해서 그의 부하였던 중앙정보부장의 손에 암살당하는
것으로 끝났다. 그들 둘(박정희 대통령과 김재규 중앙정보부장)은 2차대
전 중 일본군으로 복무했고, 1946년 미군 점령기에는 조선경비사관학교
2기 생도로 같은 반에서 6개월간의 단기과정을 마치고 함께 졸업했다. 두
번째로 길었던 시기는 이승만정권(1948~60)인데, 4·19혁명으로 대통령이
권좌에서 축출됐다. 그뒤 곧바로 민주정부가 수립됐지만 1년 뒤 박정희
쿠데타로 민주정부는 몰락의 길을 걸었다. 전두환의 제5공화국(1980~87)
은 광주항쟁을 진압한 쿠데타로부터 시작됐다. 하지만 그것 역시 체제의
토대를 뒤흔든 6월항쟁으로 마무리됐다.

긴 이야기를 짧게 줄인다면, 박정희와 전두환은 한국 시민사회의 성장
과 그 속에 숨겨진 강인한 속성을 잘못 판단했다. 그들은 항상 '경제'만을
앞세웠다. 정보요원들의 목표는 권위주의체제를 확대시키는 것이었다.
비대한 행정관료 조직, 커질 대로 커진 군사력, 거대한 경찰력, 언제 어떤
곳에서나 누군가 저항할까봐 눈초리를 번뜩이는 중앙정보부 요원들, 경
제성장과 산업화라는 이름으로 다른 어떠한 대안적인 생각마저도 차단
하는 이데올로기적인 백지상태 등등…… 박정희의 권위주의 통치방식은

1930년대 만주의 일제 군대로부터 배웠다.

　이렇듯 어려운 조건에서도 시민사회는 지속적으로 성장하였다. 그러던 중 1979년 10월 부마사태가 터지면서 위기가 최고조에 달했다. 그해 10월 중앙정보부장은 박정희를 암살했고, 뒤이어 12월에 전두환과 노태우는 군사쿠데타를 일으켰으며, 1980년 광주항쟁에서 대단원을 맞게 된 것이다.

시카고 대학 석좌교수, 한국근현대사와 동아시아 국제관계 전공.
저서로『한국전쟁의 기원』외 다수의 한국사 관련 연구서가 있음.

차례

간행의 말 정상용 4

머리말 황석영 9

추천사 브루스 커밍스 15

제1부

밀려드는
역사의
파도

1. 10월에서 5월까지   24

2. 산발적이고 수동적인 저항   60
   5월 18일 일요일 항쟁 1일째

3. 적극적 공세로의 전환   87
   5월 19일 월요일 항쟁 2일째

4. 전면적인 민중항쟁   132
   5월 20일 화요일 항쟁 3일째

5. 무장투쟁과 승리의 쟁취   183
   5월 21일 수요일 항쟁 4일째

6. 항쟁의 확산   227

7. 봉쇄작전과 민간인 학살   246
   5월 21~24일

제2부

광주여!
광주여!
광주여!

8. 해방기간 I   272
    5월 22일 목요일 항쟁 5일째

9. 해방기간 II   305
    5월 23일 금요일 항쟁 6일째

10. 해방기간 III   322
    5월 24일 토요일 항쟁 7일째

11. 해방기간 IV   353
    5월 25일 일요일 항쟁 8일째

12. 해방기간 V   374
    5월 26일 월요일 항쟁 9일째

제3부

마지막,
그리고
새로운 시작

13. 항쟁의 완성   402
5월 27일 화요일

14. 남겨진 이야기   453

15. 항쟁 이후, 미완의 과제들   475

부록 492

일지 494

후주 503

개정판을 내며 571

전면개정판 간행위원 명단 587

참고문헌 590

제1부

밀려드는
역사의
파도

01 10월에서 5월까지

부마항쟁과 10·26사태

1979년 10월 26일 오후 7시 41분, 늦가을 주말 한가로운 초저녁이었다.
"탕, 탕, 탕······"

청와대 부근 궁정동의 작은 골목 사이로 총성이 울려퍼졌다. 중앙정보
부장 김재규가 발사한 총탄은 유신독재를 붕괴시켰다.

박정희 군사정권은 1961년 집권 이래 세차례나 헌법을 바꿔가며 18년이
라는 오랜 기간에 걸쳐 독재정권을 이어갔다. 1972년 10월 비상사태를 선
포하여 불법적으로 유신헌법을 통과시킴으로써, 1970년대를 혹독한 유신
독재의 시대로 만들었다.[1] 유신독재의 비호 아래 독점재벌이 형성되고 경
제적 수탈이 강화되면서 서민들의 고통이 커져갔다. 독재정권의 탄압이
심해지자 일부 지식인과 대학생을 중심으로 유신체제에 대한 저항운동이
조직화되기 시작했으며, 혹독한 탄압을 뚫고 민주화운동이 성장했다.

하지만 1970년대 민주화운동은 주로 학생과 지식인 집단을 중심으로 펼쳐졌고, 생산계층인 농민·노동자들의 저항 수준은 아직 미약했다. 유신체제는 '경제'와 '반공'을 앞세워 통제이데올로기를 강화하였다. 고속성장의 이면에서는 저임금, 도시빈민화, 농촌해체, 빈부격차, 지역격차, 양극화 등이 심화됐다. 유신체제가 만들어낸 사회적 긴장이 더이상 버티기 힘든 임계점에 도달하였을 때 '부마항쟁'이 발생했다.

1979년 10월 16일 '유신정권 타도'를 기치로 부산에서 시작된 학생들의 민주화 요구 시위는 마산지역 시민과 노동자가 이에 참여하면서 순식간에 항쟁의 양상으로 바뀌었다. 박정희는 18일 부산지역에 계엄령을 선포하고 66명을 군사재판에 회부했다. 뒤이어 10월 20일 마산과 창원 지역에 위수령을 발동하여 탱크와 함께 3공수여단을 투입해 시위를 진압한 뒤 59명을 군사재판에 회부하면서 부마항쟁은 일단락됐다. 하지만 부마항쟁은 1주일 뒤에 '10·26사건'으로 이어지면서 유신체제의 종말을 가져왔다.

10월 26일 충남 삽교천 방조제 기공식에 갔다가 귀경한 박정희는 궁정동에서 만찬 자리를 가졌다. '시바스 리갈' 양주를 마시며 여흥 분위기가 무르익었을 때 부마사태 수습방안을 둘러싸고 대통령 경호실장 차지철과 중앙정보부장 김재규 사이에 언쟁이 벌어졌다. 공수부대를 투입하여 부마항쟁을 강력하게 진압한 것이 성공적이었다고 말하는 차지철과 달리 김재규는 강압적인 탄압으로는 더이상 유신체제를 존속시키기 어렵다고 주장했다. 차지철은 "캄보디아 폴 포트 정권은 2백만명을 희생시키고도 정권을 유지했는데 우리도 1백만명쯤 못 죽이겠느냐"고 막말을 서슴지 않았다. 박정희는 차지철의 편을 들어줬다. 김재규는 더이상 유신체제가 지속돼서는 안 된다고 판단하고는,[2] 그 자리에서 박정희와 차지철을 권총으로 쏘아버렸다.

이날 밤 유신독재의 상징이던 대통령 박정희가 갑자기 권좌에서 사라지자 모든 정치적 흐름이 순식간에 반전되고 권력지도는 변했다. 유신체제는 청와대를 정점으로 중앙정보부, 대통령 비서실, 대통령 경호실, 군부 등 5대 권력기관이 지탱해왔는데, 10·26사건으로 청와대, 중앙정보부, 비서실, 경호실은 힘을 상실해버렸고, 군부만이 유일한 권력기관으로 존속하게 되었다.[3]

정부와 미국의 긴급 대응

10·26사건 발생 6시간 뒤, 27일 새벽 2시 정부는 비상국무회의를 소집했다. 최규하 국무총리가 대통령 권한대행을 맡아 국가위기 관리가 시작되었다. 정부는 새벽 4시를 기해 제주도를 제외한 전국에 비상계엄을 선포하고 정승화 육군참모총장을 계엄사령관에 임명하였다. 10월 27일 오전 0시 40분경 정승화는 보안사령관 전두환을 불러 체포된 김재규를 인계받아 철저히 조사하라고 지시하였다.[4] 전두환은 합동수사본부장을 맡아 박정희 암살사건 수사를 전담했다.

정부는 사건이 국민생활에 가져올 충격과 위축을 최소화하기 위해 치안유지에 노력하며 점진적인 정치발전을 뒷받침하기로 하였다.[5] 외신들은 이같은 정부의 신속한 조치를 두고 "한국의 국민생활이 정상으로 빠르게 복귀"하고 있으며, 한국민이 "정치적 자유를 바탕으로 새로운 공화국을 택하게 될 것 같다"면서 향후 변화에 대하여 낙관적인 전망을 내놓았다.[6] 11월 8일 최규하 권한대행은 대국민 시국담화를 통해 유신헌법 개정과 정부 주도의 민주화 추진을 약속하였다. 과도정부의 신속한 위기관리는 민심을 빠르게 안정화시켰다.

10·26 직후 한국정부 못지않게 발 빠르게 움직인 것은 미국이었다.[7] 카터 대통령은 긴급 국가안전보장회의(NSC)를 소집하여 주한미군에 '데프콘 3'(DEFCON 3, 3호방어준비태세)를 발령했다. 미 국무성은 비상시 한국정세에 개입할 우려가 있다고 판단되는 북한과 소련, 중국 등에 대하여 즉각 경고성 성명을 발표했다. 한미상호방위조약에 따라 군사조치도 신속하게 뒤따랐다. 10월 28일 해럴드 브라운 미 국방장관은 전쟁억제 목적의 일환으로 신예 공중경보통제기(AWACS) 2대를 한국에 급파하고, 이틀 뒤 미 제7함대의 1만 2천톤급 기함 블루리지호를 부산항에 긴급 투입했다. 11월 2일에는 7만 3천톤급 항공모함 키티호크호와 유도미사일 순양함 2척을 부산에 입항시키고, 프리키트 등 3쌍의 전투함을 진해와 인천에 각각 배치했다. 미 태평양방위사령부가 보유한 화력을 한반도 주변에 집중 배치하여 방어벽을 견고히 한 것이다.[8] 미국의 선제적인 방호조치는 북한은 물론 중국과 소련도 긴장시킬 만큼 강력했다. 평소보다 훨씬 강화된 경계태세로 인해 북한의 남침이나 간첩침투 가능성은 상상하기 어려운 상황이 됐다.[9]

또한 카터 대통령은 11월 6일 한국 사태의 추이를 실시간으로 추적하고 이에 빠르게 대처하기 위해 미 행정부 내 극소수 최고위급 관리 10여 명을 모아 '국가안보회의 정책조정위원회'를 구성했다.[10] 이 한국비상대책반을 '체로키(Cherokee)팀'이라 불렀다.[11] 카터 대통령을 비롯해 국무장관 싸이러스 밴스 등이 체로키팀에 참여하여 한국문제를 직접 토론하고 대책을 결정했다. 한국에서는 글라이스틴 주한 미 대사만 이 팀에 참여했다. 글라이스틴은 전두환 보안사령관, 최규하 대통령, 유병현 한미연합사령부 부사령관, 신현확 국무총리, 박동진 외무부 장관 등을 접촉하면서 조용하게 물밑에서 미국의 입장을 전달하고 조율했다.

안개정국

재야 민주인사들은 10·26사건이 가져올 본질적인 변화의 폭을 파악하기 위해 한달 뒤인 11월 24일 서울 YWCA에서 '결혼식'으로 위장하여 조심스럽게 시국집회를 가졌다. 윤보선(尹潽善) 전 대통령, 함석헌(咸錫憲) 등 재야인사들은 10·26사건이 치열한 민주화투쟁의 결과이며, '유신독재의 종말'이라고 규정하고, 즉각 민주정부를 구성해야 한다고 주장했다. YWCA 시국집회는 강제 해산되었고, 140명이 불구속 입건됐으며, 주동자 14명은 합동수사본부에 끌려가서 혹독하게 고문을 당했다. 군부의 반격은 예상보다 훨씬 강했다.

12월 6일 최규하 권한대행이 대통령으로 선출됐다. 유신헌법 아래서 만들어진 통일주체국민회의의 선거인단 2549명이 간접선거를 통해 대통령으로 선출한 것이다. 여야 정치권은 최규하 과도정부가 유신체제를 변형시켜 유지할 속셈이라고 의심했다. 유신체제를 지탱하던 사람들이 여전히 국가권력의 중요한 자리에서 모든 부문에 걸쳐 영향력을 행사하고 있었다. 이들은 차일피일 시간을 끌면서 국민여론이 잠잠해지기를 기다렸다가 자신들에게 유리하게 개헌을 추진할 생각이었다. YWCA 시국집회와 최규하 대통령 선출은 앞날이 순탄치 않을 것임을 예고했다. 안개가 자욱해서 한치 앞도 내다보기 힘들 정도의 상황, 소위 '안개정국'이 된 것이다.

12·12 군사반란

10·26 이후 또 하나의 중요한 변수는 '군부'의 움직임이었다. 박정희가 사망하자 군 내부에서는 정치군인들을 제거해야 한다는 요구가 강해졌다. 박정희정권 아래서 군의 요직을 독차지한 군 내부의 사조직 '하나회'

에 대한 반발이 노골적으로 터져 나왔다.[12] 위기감을 느낀 하나회 회원들은 전두환을 중심으로 빠르게 뭉쳤다. 이 무렵 청와대를 비롯한 수도권 일원의 주요 군부대는 사실상 하나회 인맥에 의해 완전히 장악된 상태였다. 이들은 군의 정식 명령계통을 철저히 무시한 채 사조직 하나회의 명령에만 복종했다. 주춤거리다가는 자칫 자신들이 먼저 당할지 모른다는 우려가 확산되자 선수를 쳤다. 정승화 참모총장이 은밀하게 보안사령관 전두환을 제거할 계획을 세우고 있다는 정황이 하나회 정보망에 포착되었다.[13]

'정치군인 숙정'이라는 위기상황을 역전시키기 위해 하나회가 선택한 승부수는 '군권 장악'이었고, 이를 위한 첫 표적은 정승화 참모총장이었다. 보안사령관 전두환이 주도해서 보안사령부 비서실장 허화평, 인사처장 허삼수, 수사과장 이학봉 등 보안사 참모들과 '쿠데타 모의'를 시작했다. 보안사 참모들도 모두 하나회 회원들이었다. 쿠데타에 성공하면 곧바로 시행할 목적으로 '군권개편안'과 '집권계획안'까지도 마련했다.[14]

전두환은 12월초 합동수사본부 수사과장 이학봉 중령에게 정승화 참모총장 연행계획을 수립하도록 지시했다. 10·26사건 당시 정승화의 행적이 의심스럽다는 이유였다.[15] 쿠데타 준비가 완료되자 전두환은 12월 7일, 9사단장 노태우를 만나 거사일을 12월 12일로 확정했다.

12월 12일 저녁, 유학성·황영시·차규헌·박준병·백운택·박희도·최세창·장기오·장세동·김진영 등 하나회 핵심멤버들이 쿠데타군 지휘소 격인 수도경비사령부 제30경비단장실로 은밀하게 모여들었다. 노태우는 자신의 휘하에 있던 9사단 병력을 전방에서 빼내 서울로 이동시켰다. 명백히 불법적인 병력이동이었다. 박희도·최세창 등이 지휘하는 공수부대도 서울로 진입했다. 보안사 인사처장 허삼수는 참모총장 관저를 급습하여 경비대와의 총격전 끝에 정승화 참모총장을 강제 연행했다. 뒤늦게 정승화 총장 연행 사실을 보고받은 특전사령관 정병주 소장, 수도경비사령관 장태완 소장, 육군 헌병감 겸 계엄사령부 치안처장 김진기 준장 등 지휘관들이 군 병력을 동원하여 즉각 저지에 나섰다. 그러나 사태는 이미 반란세력 쪽으로 기울어버린 뒤였다.[16]

참모총장을 체포해놓은 상태에서 전두환은 최규하 대통령을 찾아가 참모총장 연행을 재가해달라고 요청했다. 최대통령은 화를 냈다. "무슨 일을 이따위로 처리하느냐. 왜 절차를 무시하느냐. 이런 것은 위법이다. 사건 경위를 듣지 않으면 재가할 수 없으니 당장 국방장관을 데려오라." 반란군은 새벽 3시 30분 총격전 끝에 육군본부와 국방부를 점령하였다. 마침내 노재현 국방부 장관을 보안사로 연행하였고, 전두환은 그를 데리고 새벽 5시경 청와대로 갔다. 최규하 대통령은 서명 문서의 맨 아래에다 '05:10 AM'이라고 자신이 서명한 시각을 적어 넣었다. 최대한 늦추다 서명했다는 의미였다.[17]

12·12 군사반란은 단 하룻밤 사이에 전광석화처럼 진행됐기 때문에 일반 국민들에게는 오랫동안 그 실체가 잘 알려지지 않았다. 탱크가 동원되고 서울 시내 한복판에서 군인들끼리 총격전을 벌여 상당수의 군인들이 사망했지만, 쿠데타에 참여한 사람들 외에는 이런 엄청난 사태 변화를 눈치챈 사람들이 거의 없었다. 사건이 밤중에 벌어진데다 극히 일부 사람들 사이에서만 진행됐기 때문에 정국 상황에 민감한 정치권과 정부 내에서조차 거의 눈치채지 못할 정도였다.

이날 밤 쿠데타에는 병력 5천여명과 전차 35대가 불법 동원됐다. 전방에 배치된 정규 전투부대가 책임지역을 이탈해 서울로 진입했고, 육군본부 공식 지휘체제가 완전히 마비됐다. 한미연합사령관의 사전 동의 없이 전방에 있던 9사단 병력이 수도권으로 이동하였기 때문에 한미상호방위조약을 위반했다며 미군측으로부터 강한 항의를 받았다.[18] 전두환은 다음날 국방부 금고에서 찾아낸 공금을 가지고 마치 전리품처럼 쿠데타에 동원된 부대들을 돌며 격려금조로 5천만원씩 나눠주었다.

다음날 아침 쿠데타 주도세력은 곧바로 군 주요 보직에 대한 인사를 단행했다. 국방부 장관 주영복, 육군참모총장 겸 계엄사령관 이희성, 육군참모차장 황영시, 수경사령관 노태우, 특전사령관 정호용 등 군 지휘계통을 하나회 멤버이거나 전두환에게 우호적인 인물로 완전히 갈아치웠다. 사조직 하나회가 군 공식 지휘계통을 장악하고, '신군부'가 역사의 전면에 등장한 것이다. 글라이스틴 주한 미 대사는 불과 이틀 후인 12월 14일 자신의 대사관저에서 전두환을 만났다. 최근의 위키리크스에 따르면 전두환과 글라이스틴의 만남은 위컴 한미연합사령관의 반대에도 불구하고 당시 미 중앙정보국(CIA) 한국 지부장 브루스터의 주선으로 이루어졌다. 미국이 전두환을 대화상대로 인정해주니 군부에서 전두환의 위상은 더욱 높아졌다. 1997년 대법원은 '12·12사건'을 '하극상에 의한 군사반란'이라고 판정했고,[19] '정권찬탈을 위한 내란의 시작'이라고 규정했다.[20]

군사반란세력의 집권계획

12·12쿠데타 성공으로 자신감을 갖게 된 전두환 등 군사반란세력은 자신들의 정권장악에 걸림돌이 될 것으로 예상되는 국민의 민주화 요구를 제압하기 위한 준비를 곧바로 시작했다. 작전의 큰 골격은 언론과 주요 정보기관을 먼저 장악한 다음, 국회·행정부·사법부 등 국가의 주요 기관을 순차적으로 제압한다는 전략이었다. 전두환이 이끄는 보안사 참모들은 신군부의 집권계획을 기획하고 실행하는 데 중심적인 역할을 하였다.

이들은 폐지된 보안사의 '정보처'를 부활시키고, 'K-공작계획'을 세워 언론장악을 꾀했다. 과거와 달리 시위진압을 위한 '충정훈련'의 훈련강도를 실전 수준으로 높였다. 그리고 5월초에는 구체적인 실행계획인 '시국수습방안'을 만들어 정권장악에 나섰다.

K-공작계획

1980년 2월 중순 전두환은 보안사 대공처 소속 이상재 준위를 반장으로 하는 '언론대책반'을 보안사 정보처 산하에 설치하였다. 언론대책반은 군부의 이미지 개선을 위해 계엄사의 보도검열 업무에 대한 감독을 실시하면서, 이를 명분으로 언론기관을 직접 통제하였다. 신군부가 집권을 향해 나아가는 길에 가장 큰 걸림돌은 국민여론이었다. 군사독재에 신물이 난 국민들이 또다시 군사통치를 수용하지 않을 것임은 분명했다.

보안사 언론대책반은 'K-공작계획'을 만들었다. "고도의 보안이 요구되므로 'K-공작'으로 명칭, 공작 수행과정에서 수정 및 보완이 필요할 때는 사전에 전두환 사령관의 재가를 득한 후 실시하라"는 강조사항까지 자세하게 써놓았다.[21] K-공작계획에 따르면, 언론대책반은 당시 '민주화 부분이 우세, 안정 부분이 열세'인데 언론공작을 통해 '민주화 부분을 열세로, 안정 부분을 우세로' 전환한다는 구체적인 목표를 세웠다. 3월 25일부터 5월 31일까지를 1단계, 6월 한달 동안은 2단계, 그 이후 공작이 완료될 때까지를 3단계로 나누는 등 치밀하게 시간계획을 짠 다음 시행에 들어갔다. 필요한 예산으로 1단계 때는 매월 970만원, 2~3단계는 월 4백만원씩 책정했으며, 특수공작비는 별도로 지급했다. 7대 중앙지와 5대 방송사, 2개 통신사의 언론계 중진과 사장, 데스크 등 94명을 공작의 일차적인 대상으로 삼았다. 언론공작 요원이 그들을 한명씩 만나 회유와 협박을 통해 신군부에 우호적인 입장으로 바꿔나갔다. 이와 더불어 '보도검열단'도 운영했다. '안보'라는 잣대로 기자들이 작성한 기사를 낱낱이 직접 검열하기 시작했다. 불만을 드러내는 기자는 대책반에 끌려가 폭행당했고, 본인은 물론 가족의 신상까지도 협박을 당했다.[22]

충정훈련

신군부의 정권장악 과정은 본질적으로 군사작전이었다. 2월 18일 육군본부는 1·2·3야전군사령관과 특전사령관, 수경사령관, 치안본부장에게 1/4분기의 충정훈련을 2월 중 조기 실시해서 완료하라는 특별지시를 내렸다. 충정훈련은 군이 시위를 진압하기 위해 실시하는 공세적인 진압훈련이었다. 훈련계획은 전두환 보안사령관의 지시에 따라 보안사 참모들이 작성하여 육군본부에 넘겼다.

신군부는 수도권 주위에 배치된 이른바 '충정부대'를 중심으로 강도 높은 폭동진압 훈련을 실시하였다. 충정부대는 대(對)정부 전복행위와 소요진압 작전에 투입되는 부대로, 수도경비사령부 예하 사단과 1·3·7·9공수여단, 수도권의 17·20·26·30사단 등 서울 및 근교에 있는 부대들이었다. 이 가운데 작전의 주력은 특전부대였다. 미군의 작전통제권을 벗어난 부대로, 부마항쟁, 12·12, 5·18 등 정권이 정치적 위기에 봉착할 때마다 시위진압에 투입됐다. 미군의 완벽한 통제 아래 있는 다른 정규군에 비해 약간 번거롭기는 하지만 "집권자로서는 공수부대가 아주 써먹기 쉬운 부대"였던 것이다.[23] 신군부는 부마항쟁을 겪으면서 시위는 초기부터 강경하게 진압해야 효과적이라고 판단했다.[24]

1980년 3월 4일부터 6일까지 사흘간 대학가의 개학 시기에 맞춰 대대적인 충정훈련이 실시됐다. 실전을 방불케 할 정도로 강도가 강했다. 특수 제작된 진압봉은 길이 45~70센티미터, 직경 5~6센티미터로, 경찰봉보다 크고 단단한 물푸레나무가 사용됐다.[25] 공수부대는 돌격하여 시위대를 와해시킨 뒤 공포심을 유발하여 그들이 재집결하지 못하도록 시위 참가자들을 잔인하게 구타하고 주모자를 현장에서 체포하는 훈련을 했다.

3월 6일 열린 '제1차 충정회의'에서 특전사령관 정호용을 비롯해 공수특전여단장 등 충정부대 지휘관들은 학생운동권을 '맹목적 저항세력'으로 규정하고, 사회로부터 격리시켜야 한다고 의견을 모았다. 4월말이 되자 신군부는 전투병력과 군수물자 이동에 이르기까지 사실상 비상상황을 전제로 한 군사작전 준비를 완벽하게 마쳤다.

전두환 중앙정보부장 서리 취임

4월 14일 보안사령관 전두환은 중앙정보부장 서리에 취임하면서 두개의 핵심적인 국가정보기구를 장악했다. 그동안 베일에 가려 있던 전두환이라는 인물이 언론에 보도되자 전남대 총학생회 간부들은 긴장했다. 이때부터 대자보나 교내집회에서 전두환의 이름이 자주 등장하기 시작했다. 간간이 서울에서 들려오는 소식을 통해 '전두환'이 군부의 핵심인물이라는 사실은 전해 들었지만 대부분의 광주시민들 역시 전두환의 존재에 대해 거의 모르고 있었다.

전두환 보안사령관이 중앙정보부장 서리를 겸직한다는 발표가 있자 재야와 정치권에서는 즉각 거부반응이 나타났다. 미국정부는 정례적인 '한미안보협의회의'를 연기했다.[26] 전두환의 중앙정보부장 서리 겸직을 경고하기 위한 메시지였다.

민주화운동 세력들

신군부가 조직적이고 공격적인 준비태세를 갖춰간 데 비해 민주화운동 진영의 움직임은 더뎠다. 그 무렵 운동권의 흐름은 대략 네갈래였다. 첫째, 시사적인 상황에 민감하고 정치상황에 대응하는 힘이 가장 강력하던 학생운동권이다. 둘째, 유신독재 시절부터 투옥을 당하거나 자기희생을 치르면서 자연스럽게 결집한 종교인·문인·언론인·교수·청년 등 이른바 재야 민주화운동 인사들이 있었다. 셋째, 김영삼 등 제도권 야당 정치인과 유신체제에 정면 도전하면서 끊임없이 제도권 진입을 목표로 한 김대중을 비롯한 재야 정치권 인사들이다. 넷째, 1970년대 생존권 투쟁을 통하여 성장한 노동자·농민·빈민 등 기층 민중운동이다.

민주화운동의 주력군 사이에는 일정한 줄다리기가 작동되고 있었다. 학생과 재야는 상황의 진전에 따라 서로 밀고 이끄는 가운데 자연스레 연대와 시각의 합치가 이루어졌고, 드디어는 국민연합(민주주의와 민족통일을 위한 국민연합)을 통해 이들과 정치운동권의 연계도 이루어지게 되었다. 그러나 학생운동은 기층 민중의 광범한 요구를 담아내지 못하는 한계를 갖고 있었다. 재야운동권은 아래로부터 올라오는 열기를 수렴할 조직을 갖추지 못한데다 민중의 생존권 싸움을 지원할 역량이 부족했다.

광주에서 재야는 신부·목사 등 종교계 지도자와 인권변호사, 시민단체, 교사 등 비교적 넓은 스펙트럼으로 형성돼 있었다. 이 가운데 종교계 일부는 가톨릭농민회와 기독교농민회 등의 농민운동에 뿌리를 내리고 있었으며, 가톨릭노동청년회 등을 통해 노동조합을 지원하는 활동에도 참여하였다. 광주의 재야도 정치적으로 뜨겁게 달아오르는 학생운동의 변화를 받아낼 준비가 되어 있지는 못한 상태였다.

민주화의 봄

1980년 3월 새 학기가 시작되자 민주화를 갈망하는 국민들의 열기가 18년 박정희 유신독재정권의 통치로 꽁꽁 얼었던 땅을 비집고 터져 나오기 시작했다. '민주화'는 이제 더이상 거스를 수 없는 시대적 요구였다. 유신독재와 긴급조치에 저항하다 투옥됐거나, 시국사건 연루 혐의로 제적당해 학업을 중단할 수밖에 없었던 청년·학생들도 복권이 되어 학교로 다시 돌아왔다.

3월 28일 서울대 총학생회 출범을 시작으로 전국 주요 대학에서 4월 중순까지 대중적인 총학생회 조직의 구성이 마무리되었다. 유신체제에 저항한 운동권에 대한 일반 학생들의 지지는 압도적이었다. 대부분의 대학 총학생회장은 운동권 학생들이 당선됐다.

1980년 들어 4월 24일까지 전국에서 발생한 노사분규는 719건으로 1979년 한해 동안의 분규 건수 총 105건에 비해 거의 7배나 많았다. '노동삼권 보장' 구호에 간간이 '국가보안법 철폐' 등의 정치적인 요구도 등장했다. 그러나 노동운동은 대중적 기초가 미약했고, 신군부의 잔혹한 탄압을 이겨낼 정도의 조직과 투쟁력을 기대하기는 아직 어려운 상태였다.

그러던 중 4월 21일 강원도에서 터진 '사북사태'는 정부를 바짝 긴장시켰다.[27] 이에 신군부는 11공수여단을 투입하려 했는데, 투입 직전 사태가 일단락되자 원주에서 부대를 철수시켰다.[28] 하지만 11공수여단은 그로부터 한달 뒤 광주에 투입돼, 유혈사태의 한가운데에 서게 된다.

정치권은 헌법 개정과 민주화 문제를 중심으로 활발한 토론을 벌이기 시작했다. 정부는 이원집정부제 권력구조로의 개헌을 선호했고, 국회는 정부 주도의 개헌 추진에 반대했다. 유신세력의 결집을 반대하는 사회적 분위기도 탄력을 얻었다. 오랫동안 정치활동 금지 상태에 묶여 있다 복권

된 김대중과 더불어 여야의 대표 격인 김영삼, 김종필 등 3명의 유력 대권주자들 사이에서 물밑 경쟁이 본격화됐다. 대권주자들은 신군부가 정치에 개입할 수 있는 구실을 아예 주지 말아야 한다면서 재야와 학생운동권의 자제를 촉구했다. 글라이스틴 주한 미 대사는 신군부, 정부, 정치권, 재야 등 여러 집단과 접촉하면서 '점진적인 민주화'가 미국의 공식 입장이라는 신호를 보냈다.

신군부는 정권장악 수순을 착착 밟아가고 있었다. 신군부는 김영삼과 김대중 '양김'의 경쟁이 '추악한 파벌싸움'이라며 여론조작에 나섰고, 글라이스틴 대사는 시간이 흐를수록 강하게 밀어붙이는 신군부의 움직임에 끌려가는 모습으로 점차 바뀌어갔다.

전남지역의 역량

김상윤(金相允)이 운영하던 '녹두서점'은 각종 독서그룹을 통하여 학생운동가들을 배출하였고, 서울 등 다른 지역 움직임에 대한 정보를 교통 정리하는 역할을 하였다. 또한 김남주(金南柱), 윤한봉(尹漢琫), 정용화(鄭龍和) 등이 운영하던 '현대문화연구소'는 사회운동권의 결집을 모색하면서 현장운동에 대한 접근을 꾀하였다. 그밖에도 양서조합, 신용협동조합, 민주청년협의회, 여성들의 모임 송백회, 야학과 문화패 '광대' 등이 민주화운동을 촉진하는 활동에 앞장섰다. 또한 가톨릭이나 기독교에서도 진보적인 신도들이 앞장서서 광주지역의 노동조합 교육, 농민회 투쟁, 청년회 활동 등을 이끌어갔다. YMCA, YWCA 등도 시민들과 접촉지점을 넓혔다. 1980년 5월초까지 광주지역 민주화운동의 대중적 지평은 크게 확장됐다. 이 중에서도 운동의 전위는 전남대와 조선대를 중심으로 한 학생운동이었다.

전남대는 한일회담 반대로 옥고를 치른 정동년(鄭東年)을 비롯, 민청학련(전국민주청년학생총연맹), 교육지표 사건 관련자 등 30여 명이 한꺼번에 학교로 복귀하면서 전국 어느 대학보다 학생운동의 역량과 잠재력이 커졌다. 개강과 동시에 구성된 '학원자율화추진위원회'는 학도호국단을 철폐하고 총학생회 출범의 산파역을 하였다. 4월 2일 학생들은 직접 투표를 통해 전남대 법대 3학년 박관현(朴寬賢)을 총학생회장으로 선출했다.[29] 전남대 총학생회는 공식적인 집행부와 별도로 '비밀기획팀'을 만들었다.[30] 비밀기획팀은 비공개로 '대학의 소리'라는 홍보팀도 별도로 운영했다.

전남대는 전국의 다른 대학과 달리 1978년 '민주교육지표'사건으로 해직된 명노근(明魯勤), 송기숙(宋基淑) 등 해직교수들이 복직된 터라 유신 잔재 척결투쟁을 더욱 준열하게 전개하였다.[31] 전국적으로 전개되던 병영집체훈련 거부투쟁 과정에서 상황에 대한 인식이 더욱 깊어진 저학년 학생대중들은 계속된 철야농성과 학생비상총회 등을 통하여 바로 시위의 전위대로 등장하게 되었다. 이렇듯 1980년초 전남대 학생운동은 여러 갈래로 흩어져 활동하던 세력들을 자연스럽게 하나의 물줄기로 만들어가면서 대중적 에너지를 흡수해 몸집을 불려나갔다.

조선대학교는 유신체제에 저항하다 투옥 제적된 김운기(金雲起), 이경(李境), 양희승(梁熙昇), 유재도(柳在道) 등 복적생과 이우정, 임왕택, 한국재, 곽재구, 김동수, 장갑수 등 재학생이 중심이 되어 학생운동을 전개하였다. 조선대는 '학원자율화추진위원회'와 '서클연합회'를 전면에 내세워 어용교수 퇴진, 박철웅 총장 사퇴 등 사학재단 비리척결 문제를 맨 먼저 수면 위로 떠올려 투쟁을 전개했다. 그러자 박철웅 사학재단은 깡패 등 청부폭력배를 앞세워 필사적으로 학생조직 와해 공작을 펼쳤다. 결국 5월 1일 조선대 학생운동권은 총학생회 건설을 뒤로 미룬 채 시급한 민주화 요구에 대처하기 위해 '조선대 민주화투쟁위원회'를 결성하여 전남대 총학생회 등 지역 학생운동권과 호흡을 맞춰나갔다.

광주교육대, 성인경상전문대, 동신전문대, 조선대 부설 공업전문대 등 광주 시내 다른 여러 대학들에서도 민주화된 총학생회를 구성하기 위한 다양한 노력이 펼쳐졌고, 이 과정에서 학생들은 5월초 도청 앞에서 민주화성회가 열릴 때 각 대학의 깃발을 든 채 대거 합류했다. 고등학생들 역시 5월을 맞아 광주 시내에서 민주화대행진이 시작되자 학교별로 깃발을 들고 참여하였다. 이들 가운데 상당수는 항쟁기간 중 시민군으로 활동하다 희생되기도 하였다.

엇갈리는 전망

5월 5일 어린이날을 맞아 무등산 자락의 식영정에서 광주의 운동권 인물 30여명이 봄맞이 야유회 행사를 가졌다. 시국사건으로 구속된 사람들의 옥바라지 과정에서 자연스럽게 만들어진 송백회 등이 주선한 것이었다. 겉모양은 야유회였지만 급박하게 돌아가는 정세를 짚어보고 향후 활동방향을 가늠해보는 자리였다.

윤한봉이 화두를 열었다. 그는 서울 YWCA 위장결혼 사건의 전말을 언급하면서 "지금 민주화에 대해 굉장히 낙관적인데 언제 대규모 탄압이 가해질지 모르는 상황"이라며 신중론을 제기했다. 이어 서울에서 온 청계피복 노조원이 사북탄광 노동자의 파업에서 계엄 당국이 보여준 강경한 진압상황을 전했다. 뒤이어 전두환과 신현확의 집권씨나리오, 군부의 심상치 않은 움직임, 그리고 미국이 어떻게 나올 것인지 등 시국 전반에 대해 무거운 주제들이 이야기됐다.[32]

이들은 한국 군부가 미군의 통제 아래에 있지만, 부마항쟁에서 드러났

듯이 사회 안정이 깨지면 미국이 군부의 병력동원을 눈감아줄 위험성이 크다고 보았다. 미국은 냉전체제의 유지를 위해 한반도에서 남북 분단이 지속되기를 원한다. 하지만 군사독재가 지속되면 국민들의 저항으로 인해 사회 불안정이 커진다. 독재보다는 민주화를 통해 사회가 안정되는 것이 미국의 국익에 도움이 될 것이다. 머지않아 학생시위가 임계점에 이르면 사회 안정을 명분으로 군부가 전면에 나설 가능성이 큰데, 이때 과연 정말로 미국이 민주화운동 편을 들어줄까? 이러한 데까지 이야기가 전개됐지만, 여기에 대한 전망은 각자 엇갈렸다. 미국은 이란에서 끝까지 독재정권을 지원하다 호메이니가 등장하는 것을 막지 못했다.[33] 미국은 이와 같은 전철을 밟지 않기 위해서라도 한국에서 민주화에 대한 압력이 커지면 정치의 주도권이 군부로부터 민간으로 옮겨가는 데 협력할 것이다. 이 단계에서 최대 변수는 우리 스스로가 민주화 역량을 얼마나 발휘할 수 있느냐이다. 그에 따라 미국의 입장도 달라질 것이다.[34] 이런 낙관적인 정세분석과 더불어 비관적인 전망도 만만치 않았다. 그런 상황이 되면 오히려 북한의 남침 위협 등을 내세워 미국이 한국 군부를 더 강하게 지원할 가능성도 없지 않다는 견해였다.

때문에 5월 들어 학생시위가 가파른 상승곡선을 그리는 데 대해서 군부가 어떻게 나올지에 참석자들의 관심이 집중됐다. 10·26 이후 동향을 살펴보면 민주화 일정이 순조롭게 진행되기보다는 군부가 전면에 등장할 가능성이 더 커 보이는데, 민중운동 역량이 군사쿠데타를 저지할 수 있을 만큼 강하지 못한 상태에서 학생들만 일방적으로 당하고 말 것 같다는 예상이 대부분이었다. 그렇다면 어떻게 할 것인가? 뾰족한 묘안이 없었다. 상황이 악화되면 맞서 싸우기보다 몸을 피한 후 상황의 추이를 보는 것이 좋겠다는 판단들이었다. 이 자리에 참석한 윤상원(尹祥源,

29세) 역시 시국에 대한 공감대를 뒤로 한 채 무거운 마음으로 들불야학으로 돌아갔다.

17일 밤 비상계엄이 확대되고 검거가 시작되자 운동권 주요 인사들이 대부분 피신한 이유다. 그들 중 몇몇은 비상계엄 전국 확대와 동시에 예비검속으로 연행되었고, 상당수는 광주를 벗어나 피신했다. 그러나 18일 이후 실제 광주 시내에서 전개된 상황은 운동권의 이런 예상을 훨씬 뛰어넘었다. 공수부대의 잔혹한 진압에 '민중의 분노'가 폭발하면서 어느 누구도 전혀 예기치 못한 '항쟁'으로 발전한 것이다. 윤상원 등 극소수만 광주에 남아 시민들과 함께 항쟁의 격랑에 몸을 싣는다.

폭풍전야

5월 들어서자 학생운동은 또 한단계 고비를 넘어서고 있었다. 5월 2일 서울대의 '민주화 대총회'에 1만여명의 학생들이 참가하면서 민주화를 열망하던 일반 시민과 학생운동권은 자신감을 갖게 되었다. 대학생 대표자들은 전국 대학생들의 행동통일을 모색하기 위하여 '민주화 대행진' 기간을 선포하였다. 재야인사들의 움직임도 활발해졌다. 5월 7일 '민주주의와 민족통일을 위한 국민연합'[35]은 윤보선·함석헌·김대중 3명의 공동의장 이름으로 민주화 촉진 국민선언문을 발표한다. 이들은 계엄해제 요구와 더불어 신현확·전두환 퇴진 등을 전면에 내걸고 공개적으로 정부와 신군부를 압박했다. 5월 10일 고려대 총학생회장실에서 열린 '총학생회장단 회의'에 참석한 전국 23개 대학 학생대표들은 '비상계엄 즉각 해제' '전두환, 신현확 유신잔당 퇴진' 등을 결의하고 성명서를 발표했다.

10여일 동안 의견과 시각 조정 기간을 거치면서 학생운동은 전국적 연대 틀을 형성하였다. 이 무렵 집권을 노리던 전두환 신군부세력과 유신잔재세력들의 결탁 및 정비도 나란히 이루어졌다. '민주화'라는 시대적 과제를 앞두고 거대한 물결을 이룬 민주화운동 진영은 학생운동을 선봉으로 마주 보고 달려오는 신군부세력과의 피할 수 없는 정면충돌을 예고했다.

'시국수습방안'

대학가 시위의 초점이 '비상계엄 해제' '전두환 퇴진' 등으로 모아지자 신군부는 5월 첫째 주부터 진압작전을 본격화했다. 전두환 보안사령관 겸 중앙정보부장 서리는 보안사 정보처장 권정달에게 종합적인 '시국수습방안'을 마련하라고 지시했다. 이 '시국수습방안'은 신군부의 5월 정권 장악을 위한 '사전모의'이자 '실행계획'으로,[36] 권정달이 중심이 돼 보안사 참모들이 만들었다.[37]

5월 4일 오후 권정달은 허화평·허삼수·정도영·이학봉 등 보안사 참모 5명과 함께 사령관실 옆 접견실에서 수경사령관 노태우, 3군사령관 유학성, 참모차장 황영시, 육사 교장 차규헌, 특전사령관 정호용 등 신군부 핵심인사들에게 차트에 정리한 '시국수습방안' 초안을 한장씩 넘겨가며 설명했다. 이들은 "12·12 때 설립한 '신군부 주식회사의 대주주들'로 실제로 병력을 동원해야 할 사람들"이었다.[38] 시국수습방안의 주요 골자는 비상계엄 전국 확대, 국회해산, 비상기구 설치 등 세가지였다.

육군본부 작전참모부도 비슷한 시기에 '학생시위 대처 방안'을 작성했다. 4단계로 나누어진 계엄 당국의 대응방안은 1단계(5. 7~10) 문교부 담화 발표 및 군 투입 준비, 2단계(5. 11~13) 포고령 발포, 3단계(5. 14~15) 학교 휴교, 4단계(5. 17) 계엄군 투입 등이었다.[39] 육본은 5월 7일 이전부터 군대를 동원하는 '비상계엄 전국 확대' 조치를 상정한 것이다. '학생들의 시위로 인한 사회혼란에 대처하기 위해 군이 나섰다'는 쿠데타 세력의 논리는 '5·17 비상계엄 전국 확대 조치'를 정당화하기 위해 꾸며낸 허위 주장에 불과했다.[40]

한편 전두환은 5월초 시국수습방안과 별도로 보안사 대공처장 겸 합동수사단장 이학봉에게 학원소요를 근절시키기 위해 정치인과 재야인사, 운동권 학생 대표들을 검거하여 처리할 수 있는 방안을 마련토록 지시했다.

미국, 병력이동에 동의하다

5월 7일 워싱턴의 '체로키팀'에 한국으로부터 비밀 전문이 도착했다.[41] 글라이스틴 주한 미 대사가 백악관에 보낸 전문의 제목은 '한국정부, 특전사 부대를 이동하다'였다. 신군부가 학생시위로 인한 우발적 상황에 대비하기 위해 '2개 공수여단을 서울과 김포공항 지역으로 이동시킨다'는 사실을 주한미군 지휘관들에게 알려온 것이다.[42] 12·12사태 이후 잠잠하던 군부대가 본격적으로 움직이기 시작했다는 신호였다.[43] 주한미군 사령부와 미 대사관은 한국군 부대와 북한군의 움직임을 투명하게 들여다보고 있었다.[44] 비밀 전문은 한국 군부가 "5월 15일까지 계엄령이 해제되지 않으면 캠퍼스 밖으로 나와 시위를 벌이겠다는 대학생들의 선언을 심각하게 받아들이고 있는 것이 분명하다"고 전했다. 또한 해병 1사단이 연합사의 작전통제권 아래 있으므로 병력이동에는 "미군 당국의 사전 승인이 필요하다"는 점을 상기시키면서, "한국 군부로부터 해병대 병력 이동에 대한 요청은 아직 없지만, 만일 그런 요청이 오면 미군 사령부는 동의할 것"이라고 했다.

7일자의 또다른 전문에서 글라이스틴은 "〔전두환과─인용자〕대화하면서 어느 구석에서도 법과 질서 유지를 위해, 절대적으로 필요하다면, 한국정부가 군대를 투입해 경찰력을 강화하려는 비상계획을 미국정부가 반대한다는 암시를 주지 않을 것이다. 만약 내가 어떤 불만이라도 내보인다면 우리는 아마도 시민과 군부 지도자 내에서 우리의 친구를 모두 잃게 될 것이라고 믿는다"고 자신의 판단을 전했다.[45]

5월 8일 워런 크리스토퍼 국무차관이 곧바로 답신을 보내왔다.

"우리〔미국정부—인용자〕는 법과 질서 유지를 위한 한국정부의 비상계획에 반대해서는 안 된다는 데 동의한다."[46]

5월 9일 글라이스틴은 전두환을 만나 미국정부의 이런 뜻을 전했다. 글라이스틴은 외교관 특유의 우회적인 표현을 하였지만, 그 핵심은 '미국은 시위진압을 위한 군대 동원을 반대하지 않겠다'는 것이었다.

조작된 남침위협설

신군부가 '소요사태'와 더불어 5월 17일 비상계엄 전국 확대의 중요한 명분으로 삼은 것은 '북한의 남침 위협'이었다. 5월 10일 전두환은 김○○ 중앙정보부 2차장으로부터 일본에서 입수했다는 '북한 남침 관련 첩보'를 보고받고 보안사 참모들에게 즉각 이 첩보에 대한 대책을 세우라고 지시했다. 전두환은 그 첩보를 곧바로 신현확 총리에게 전했고, 5월 12일 임시국무회의에서 중앙정보부 담당국장이 장관들에게 직접 보고하도록 지시했다. 첩보내용의 진위 여부에 대한 확인절차 없이 국무회의에까지 일사천리로 보고하도록 하여 '북의 남침 위협'을 기정사실화한 것이다.

그러나 미국 정보기관은 5월 10일 중앙정보부가 보고한 남침설 첩보의 입수경로가 불분명하다며 이 첩보가 사실상 신빙성이 없는 것으로 판단했다. 5월 13일 전두환은 한미연합사령관 위컴 장군을 직접 만나 "북한이

학생시위를 배후에서 조종"하고 있다며, "남침의 결정적인 시기가 가까워졌을지 모른다"고 강조했다. 그러자 위컴 사령관은 전두환에게 "미국이 한국 방위 태세를 갖추고 있으며, 북한 침공이 임박했다는 징조는 없다"고 대답했다. 전두환을 만난 직후 위컴은 워싱턴에 "전두환 장군이 청와대 주인이 되기 위한 구실로 북한의 남침 위협을 강조하고 있는 것 같다"고 보고했다.[47]

미군뿐 아니라 한국군 내부에서도 그 첩보의 신빙성을 즉각 부인했다. 5월 10일 '육군본부 정보참모부'는 중앙정보부의 첩보내용을 분석한 결과 북괴의 남침 가능성이 없다고 밝혔다.[48]

최근 기밀이 해제된 1급 비밀문건에는 1980년 5월 9일 열린 미국 국가안전보장회의에서 미 중앙정보국(CIA)이 "북한은 한국의 정치 불안 상황을 빌미로 한 어떠한 군사행동도 취하는 기미가 없다"고 보고했다. 또한 6월 2일의 미국 국가정보위원회 극비문서에는 "현재까지 북한은 남한의 사태에 대해 합리적으로 대처하고 있다. 김일성은 남한에 위협이 되는 북한의 행동이 전두환을 돕는 결과를 가져올 것이라는 것을 알고 있다. 북한은 남한의 사태에 결코 개입하지 않을 것"이라고 적혀 있다.[49]

미국과 한국군의 주요 정보기관이 모두 첩보의 신빙성을 부인했음에도 불구하고, 전두환은 이를 무시한 채 '북한의 남침'을 5·17 비상계엄 전국 확대의 주요 근거로 삼았다. 보안사는 '5·17 비상계엄 전국 확대 조치'를 정당화하기 위해, 첫째 '대학생과 노동조합 및 불량배들의 민중봉기 획책'과 함께, 둘째 '북한 비정규전 부대의 침투' 가능성을 명분으로 삼은 것이다.

신군부의 선제공격

신군부는 임시국회 소집 이전에 '선제공격'이 필요하다고 판단하고 '비상계엄 전국 확대' 조치를 5월 17일 전격 실행하기로 결정하였다. 5월 20일 열릴 예정인 임시국회에서 계엄해제를 결의할 경우 신군부의 '시국수습방안'은 물거품이 될 가능성이 크기 때문에 그 이전인 17일을 '비상계엄 전국 확대' 타이밍으로 잡았다.[50] 5월 10일 오후 2시 56분 2군사령부는 전투병과교육사령부(약칭 전교사)에 '학원소요에 대한 증원계획 지시'를 내렸다.

5월 12일 정치권이 국회에 개헌안을 제출하던 바로 그날 전두환 보안사령관은 시국수습방안에 서명하였다. 이 서명에 따라 5월 13일부터 육군본부는 '충정작전'을 시작했다. 13일 신우식 7공수여단장은 육군본부로부터 광주지역으로 출동할 준비를 하라는 명령을 받고 대기상태에 들어갔다. 전북대와 충남대에 7공수여단 1개 대대씩, 그리고 전남대와 광주교대에 33대대, 조선대에 35대대를 배치한다는 계획이었다.

국방부는 5월 14일부터 20일까지 7일간 '대간첩 작전태세 강화 지시'를 하달했다.[51] 국내 소요사태와 관련해, '북한의 적극적인 대남활동 및 비정규전 위협이 예상된다'는 이유였다. 이에 따라 '비상계엄 전국 확대' 이전에 군부대 이동이 시작됐다.

북한의 남침 위협이 사실이라면 휴전선에 병력을 증원 배치하는 것이 상식이다. 그러나 신군부는 대간첩작전이라는 명분 아래 휴전선이 아닌 후방지역에 시위진압 훈련을 마친 충정부대를 투입했다. 실제로는 '소요진압'이 목적이었음이 '소요진압 공지(空地) 협동작전 계획' 지시에서 드러났다.[52] 이 계획의 작전이란 '무장헬기 동원'을 명하는 것은 물론, '소요진압을 대간첩작전 차원에서 수행'하라는 군사작전이었다. 이 작전은

5일 후 광주에서 시행됐다.

김대중을 겨냥한 칼끝

정치권은 계엄령해제 촉구 결의안, 정치일정 단축 결의안, 정부 헌법개정심의위원회 해체 및 국회개헌안 국민투표 회부 결의안, 정치범 석방 건의안 등 시국현안에 대한 각종 결의안을 국회에 제출하기로 했다. 김대중은 기자회견을 열어 "만일 북한 공산주의자들이 과도기를 이용, 남한에 대해 어떤 무력에 의한 야욕을 성취하려는 음모가 있을 때는 국민의 의견차이에도 불구하고 자신이 앞장서고 전국민이 일치해서 공산주의자들의 침략야욕을 분쇄하기 위해 총단결, 투쟁하겠다"고 선언했다. 바로 그 순간 칼끝은 김대중을 겨냥하고 있었다.

5월 13일 이학봉 보안사 대공처장 겸 합수부 수사단장은 권정달로부터 평소 보안사 정보처에서 관리하던 요주의 인물 명단을 넘겨받았다. 검거 대상을 '국가기강 문란자'와 '권력형 부정축재자' 두가지로 분류했다. 학생시위 배후조종자는 국가기강 문란자로, 부정부패 행위자는 권력형 부정축재자로 나누었다. 민주인사를 부정축재자와 동시에 제거하려 한 것은 국민들의 저항을 완화시키기 위한 일종의 꼼수였다. 민주인사들만 연행할 경우 국민들의 강한 반발이 예상됐기 때문에 부정축재자를 끼워 넣어 '물타기'를 한 것이다.

체포 대상자로는 김대중 국민연합 공동대표, 김동길(金東吉) 연세대 교수, 이문영(李文永) 교수 등이 국가기강 문란자로, 김종필 공화당 총재, 이후락 전 중앙정보부장, 박종규 전 대통령 경호실장, 김치열 법무부 장관 등이 권력형 부정축재자로 지목됐다. 집권에 걸림돌이 될 것으로 보이는 인사들을 부정축재자와 함께 정치권에서 제거하기 위한 수순이었다.

봇물 터지듯 물결치는 민주화의 요구

광주에서 학생들의 가두시위는 서울보다 하루 늦은 14일부터 시작됐다. 전남대 총학생회는 서울지역 대학생들의 가두진출 소식에 크게 고무돼 13일 오후 광주지역 7개 대학 학생대표자회의를 소집했고, 14일 오후부터 전남대와 조선대 학생들이 첫 가두진출에 나섰다.

서울지역 학생들의 대규모 가두진출이 있던 5월 13일 밤 고려대 총학생회장실에 모인 서울지역 27개 대학 대표 40여명은 밤샘 회의 끝에 14일 오전부터 전면적인 가두시위를 벌이기로 결의했다. 14일 정오 서울 시내 대학생 7만여명이 일시에 교문을 뛰쳐나왔다. 전국 37개 대학의 학생들이 민주화 요구를 전면에 내걸고 봇물 터지듯이 한꺼번에 거리로 물결쳐 나왔다.

'비상계엄 해제하라!' '전두환 물러가라!' '유신잔당 타도하자!'

정부는 14일 오전 8시와 오후 2시 30분 두차례에 걸쳐 총리 주재로 안보관계 장관회의를 열었다. 회의 참석자 전원은 헬리콥터 2대로 서울 시내 상공에서 시위현장을 돌아보았다. 김종환 내무부 장관은 신현확 총리에게 경찰력만으로는 학생시위에 대한 대처가 불가능하다며 군 투입을 건의했고, 이희성 계엄사령관에게도 군이 중요시설에 대한 경계임무를 맡아줄 것을 요청했다.

하지만 군부대 배치는 내무부 장관의 요청에 앞서 계엄당국에 의해 벌써 상당부분 진행되고 있었다. 5월 3일 9공수여단이 수도군단에 배속되고, 8일에는 13공수여단이 3공수여단 주둔지로 이동했으며, 10일에는 11공수여단이 1공수여단 주둔지역으로, 그리고 14일에는 3공수여단이 국립묘지에 진주했다. 뒤이어 15일과 16일에는 20사단 3개 연대가 각각 효창운동장 등 서울 시내 중요 거점에 배치됐다.

윤흥정 전교사령관은 14일 오전 7시 55분 내려진 육군본부 명령에 따라 광주 시내 주요 시설물에 14일 오후부터 계엄 병력을 배치했다. 대학생 가두시위 이전에 육군본부는 주요 건물에 대한 경계강화 지시를 내린 것이다.

행정기관과 정보기관의 대응도 학생시위가 시작되기 전에 구체화됐다. 14일 오전 10시 45분부터 11시 20분까지 장형태 전남도지사는 도지사실에서 31사단장, 경찰국장, 전남대 및 조선대 총장, 중앙정보부 광주지부장, 전남 합수단장(505보안부대장), 전남도경찰국장 등 지역의 치안관계자들이 모두 참석한 가운데 학원사태 대책회의를 열었다.

14일 오후 전남북계엄분소가 자리잡고 있던 상무대의 전투병과교육사령부에서는 전남북계엄분소장 윤흥정 중장의 주재로 정웅 31사단장, 신우식 7공수여단장이 머리를 맞대고 7공수여단의 광주 배치에 따른 수송수단 지원 등을 미리 협의했다. 2군사령부는 이미 사흘 전인 5월 10일 '2군 학원소요에 대한 증원계획'을 지시한 상태였다.

그리고 당시 특수전사령부 군수참모 이상한 대령의 증언에 따르면 5월 8일부터 16일 사이에 공수부대 수뇌부가 광주에 내려왔다. 특전사령관 정호용 소장, 작전참모 장세동 대령, 군수참모 이상한 대령, 그리고 보안사 모 처장 등이 헬기를 타고 광주 상무대의 전교사를 방문했다.[53]

광주에서 학생들의 본격적인 첫 시내 진출이 이루어진 14일 오후 2시 50분 전남대와 조선대 등 대학들은 물론이고 몇몇 고등학교 학생들도 시내로 쏟아져 나왔다. 1만여명에 이르는 시위대가 도청 앞 광장을 빼곡히 메웠다. 학생들은 분수대를 중심으로 도청 앞 광장에서 '민주화성회' 의식을 진행했다. 학생들이 '비상계엄 즉각 해제하라!' '정치일정 단축하라!' '노동삼권 보장하라!'는 등의 주장을 토해내자, 주위에 모여든 수많은 시민들은 연설이 끝날 때마다 열광적인 박수로 호응했다. 오후 6시까지 궐기대회를 마친 학생들은 학교로 돌아가 철야농성을 하면서 밤을 새웠다. 이날 서울에서 대학생들의 시위는 밤 10시 15분까지 지속됐다.

'서울역 회군'

5월 15일 광주에서는 오후 2시 30분 도청 앞 광장에서 학생들의 집회가 열렸다. 그날은 전남대 교수들도 시위에 동참하였다. 맨 앞에 대형 태극기를 넓게 펴든 채 앞장선 여섯명의 학생들 뒤로 50여명의 교수들이 함께 행진하고, 뒤이어서 학생들이 열을 지었다. 이같이 교수와 학생이 일심동체가 된 민주화 행진은 4·19 교수단데모 이후 처음 있는 풍경이었다. 어제와 달리 경찰이 학생들의 가두진출을 적극 제지하지 않았기 때문에 시위는 비교적 평온하게 진행됐다.

이 시각 서울역 광장에는 35개 대학의 학생 10만여명이 모였다. 13일부터 시작된 서울지역 대학생 시위의 열기가 사흘째 고조되면서 임계점에 다다랐다. 서울은 도심 전체가 마비될 정도로 매우 격렬하게 학생과 경찰의 충돌이 빚어졌다. 시위대에 의해 경찰차가 불타는 등 시위는 야간까지 계속 가열되어갔다. 부산, 대구, 광주, 인천 등 지방대도시의 24개 대학에서도 가두시위가 이어졌다.

김종필 공화당 총재는 이날 오후 신현확 총리를 방문해, 어떤 경우에도 물리적 방법으로 사태를 해결해서는 안 된다며 강경진압에 반대한다고 밝혔다. 정부는 전두환이 참석한 각료급 간담회를 열어 최대통령이 해외 순방 일정을 앞당겨 귀국하도록 조치했다. 신현확 총리는 모든 정치일정을 국회 등과 긴밀히 협의해가면서 적절히 조정하여 앞당길 수 있는 것은 최대한 앞당김으로써 국민의 여망에 부응토록 하겠다면서 시위 자제를 당부했다.

이날 밤 서울지역 총학생회 대표들이 다시 고려대에 모여 긴급회의를 열었다. 가두시위를 계속할 것인지 투쟁일정을 둘러싸고 논의를 벌였는데, 격론 끝에 당분간 시국의 추이를 관망하기로 결론을 내렸다. 학생들의 의사가 정부에 충분히 전달됐고, 군 투입 가능성이 높아졌으며, 이틀간의 대규모 시위에도 정부가 휴교령을 내리지 못한 것으로 보아 언제든 대대적인 시위를 다시 벌일 수도 있으니 일단 시위를 중단하고 학교로 복귀하자는 결정이었다. 이른바 '서울역 회군'이 결정된 것이다.[54] 이 소식은 지방에도 즉시 알려졌다. 광주를 제외하고, 부산, 대구, 전주 등 대부분의 다른 지방 대학들은 서울지역 대학들의 결정에 따라 가두시위를 중지했다. 며칠간 정국을 숨가쁘게 달군 긴장이 순식간에 정지되면서 정적이 찾아왔다.

한편 15일 오후 5시 5분 전교사의 2.5톤 트럭 31대가 전북 금마에 주둔 중인 7공수여단 병력을 광주로 실어오기 위해 출발했다.[55] 비슷한 시각 충남대와 전북대에 투입될 병력을 위해 대전의 3관구사령부, 전북의 35사단도 각각 7공수여단사령부로 수송차량을 보냈다. 5월 15일 공수부대를 광주의 각 대학으로 이동시킬 준비가 완전히 끝났다.

5월 16일 광주의 '횃불시위'

5월 16일 금요일, 3일째를 맞은 민주화대성회는 전남도청 앞 광장에 3만여명의 대학생과 시민들이 운집한 가운데 뜨거운 열기 속에 진행됐다. 광주지역 학생운동 연합지도부는 이날의 시위를 이전과 달리 '횃불시위'로 진행하기로 결정했다. 박정희 군사쿠데타에서 유신독재로 이어진 18년간의 암흑을 민주화의 횃불로 밝히겠다는 의지가 담긴 것이었다.

5월 16일 저녁 옛 전남도청 앞 광장에서 햇불시위로 열린 민주화대성회.(사진 나경택)

이날이 바로 5·16쿠데타 기념일이었다.

이날 박관현 전남대 총학생회장은 안병하 전남도경국장을 찾아갔다. 학생들도 자율적으로 질서를 지키겠으니 경찰도 학생시위를 제지하지 말고 협조해달라고 요청했다. 안병하 도경국장은 흔쾌히 승낙했고, 시위도 평화적으로 끝났다. 이날은 전국에서 유일하게 광주에서만 시위가 있었다. 경찰들은 햇불시위 과정에서 혹시나 사고가 발생하지 않을까 우려하여 상당히 적극적인 협조를 아끼지 않았다.[56]

시위를 마치면서 전남대 학생회에서는 만약 휴교령이 내려지면 그다음 날 오전 10시에 전남대 교문 앞에서 집결하기로 의견을 모았다. 학교 앞에서의 집결이라는 첫번째 가능성이 막힌다면 차선책으로 12시에 도청 앞 분수대에 집결해서 가두투쟁을 하기로 방침을 세우고, 주말이 긴 17일과 18일은 휴식을 취하면서 상황의 추이를 지켜보기로 했다.

전군 주요지휘관 회의

5월 17일 드디어 'D데이'가 밝았다. 전두환을 비롯 신군부 주요 인사들은 아침부터 바빴다. 오전 9시 30분 전두환은 보안사 정보처장 권정달을 주영복 국방부 장관에게 보내 비상계엄 전국 확대, 국회해산, 비상기구 설치 등 세가지 주요 내용을 담은 '시국수습방안'을 설명하고 군 지휘관들이 지지 결의를 할 수 있도록 하라고 지시했다. 그날 소집한 '전군 주요지휘관회의'에서 시국수습방안을 군부의 의견으로 채택하도록 할 계획이었던 것이다. 계엄확대 조치는 사실 국무회의 의결만 거치면 가능한 사항이었다. 굳이 '전군 주요지휘관 회의'가 필요하지 않았지만 만약 대통령이 거부할 경우 '군의 일치된 뜻'이라며 압박하기 위한 수단이었다.

오전 10시 전두환은 단독으로 청와대에서 최규하 대통령에게 안보 및 국내 치안상황을 보고했다. 이때 '시국수습방안'과 '소요 배후조종자 및 권력형 부정축재 혐의자 체포·조사 계획'을 추진할 예정이라고 말했다. 전날 밤 중동 순방 도중 급거 귀국한 대통령은 전두환의 보고를 받고, 법에 따라 신중하게 처리하라고 지시했다.

이윽고 오전 11시부터 오후 2시 30분까지 국방부 제1회의실에서 주영복 국방부 장관 주재로 '전군 주요지휘관 회의'가 열렸다. 주요지휘관 43명이 참석했다. 하루 전인 16일 오후 1시 30분 전두환이 국방부 장관 주영복에게 전화를 걸어 요청한 회의였다. 이날 회의에서는 '시국수습방안' 세가지 가운데 '비상계엄 전국 확대'만 결의했다. '국회해산'과 '비상기구 설치'는 군의 영역을 벗어난다는 일부 반대여론을 의식하여 언급되지 않았다.[57]

오후 4시 30분 주영복 장관은 전군 주요지휘관 회의 참석자들이 연명으로 서명한 것을 가지고 이희성 계엄사령관과 함께 신현확 총리를 찾아가 회의에서 논의된 내용을 보고했다. 총리는 계엄확대 여부는 대통령 결심사항이니 건의해보자고 했다. 그런데 '국회해산'과 '비상기구 설치'는 군 지휘관들이 논의할 사항이 아닌 '정치적인 사항'이라며 반대 입장을 분명히 하였다.[58]

곧이어 오후 5시 10분 신현확, 전두환, 주영복, 이희성 등이 함께 청와대로 들어갔다. 대통령은 '그와 같은 상황은 5·16 하나로 족하고 군의 명예를 위해서도 다시는 헌정중단 사태가 되풀이돼서는 안 된다'면서 국회해산, 비상기구 설치는 승낙하지 않았다. 계엄확대 방안만 수용하기로 결정하고, 총리에게 국무회의 소집을 지시했다. 이때가 오후 7시였다.[59] 최규하 대통령은 16일부터 학생시위가 정부 입장을 지켜보자는 쪽으로 방향을 선회하였기 때문에 한시름 놓고 있던 참이었다. 그러나 신군부는 더욱 강경하게 대통령을 압박했다.

저녁 8시 이희성 계엄사령관은 보안사에서 각본을 짠 계엄사령부에 요청한 대로 비상계엄 전국 확대, 시위주동자와 배후세력 색출, 정치인 검거를 지시했다. 이 모든 조치들은 비상계엄 전국 확대 안건이 국무회의를 통과하기 전에 취해진 것이었다.

5·17 비상계엄 전국 확대

17일 밤 9시 42분 신현확 국무총리 주재로 임시국무회의가 열렸다. 중앙청 회의장 주변에는 계엄군 595명이 무장한 채 삼엄하게 도열했다. 이에 앞서 오후 5시 무렵 노태우 수경사령관은 국무회의가 열릴 예정인 중앙청 건물 안에 헌병단 병력을, 건물 밖에는 제30경비단 병력을 충분히 배치하라고 지시했다. 노태우는 수경사 병력을 중앙청에 배치한다는 사실을 계엄사령부에 보고하지 않고 독단적으로 진행시켰다.[60] 저녁 7시

35분 중앙청 외곽에는 권총과 M16 소총을 휴대한 수경사 제30경비단 장교 18명, 사병 324명과 장갑차 4대가 배치되었다. 중앙청 내부 현관과 계단, 복도에는 무장한 수경사 헌병단 장교 17명, 사병 236명이 1~2미터 간격으로 도열하였다. 외부와의 연락을 차단하기 위해 헌병단 통신과는 중앙청 내 전화선 2440개를 모두 절단해버렸다. 군인들은 국무위원 이외의 출입자는 철저히 통제하고 중앙청에서 미처 퇴근하지 못한 공무원들은 이유 여하를 불문하고 모두 5층에 억류하였다. 이들은 다음날인 아침 7시 중앙청 통제가 풀린 다음에야 귀가할 수 있었다. 이런 강압적인 분위기에서 국무회의가 열렸다. 주영복 국방부 장관이 북한의 동태를 들먹이며 '계엄확대 선포'를 제안했다. 국무위원들은 누구도 입을 열지 않았다. 물론 찬반토론도 없었고, 8분 만에 의결됐다.[61]

18일 새벽 0시 20분 계엄군은 경장갑차 8대, 전차 4대를 앞세워 국회의사당을 점거했다. 새벽 1시 이희성 계엄사령관은 '계엄포고령 제10호'를 발령했다. 포고령 원안도 보안사에서 입안하여 계엄사령부로 보낸 것이었다. 계엄포고령의 내용은 정치활동 중지, 집회 및 시위 금지, 대학 휴교, 언론보도 사전 검열, 파업 및 유언비어 유포 금지 등이었다. '국회해산'을 대통령이 반대하자 신군부는 '계엄포고령'이라는 편법을 동원해 정치인 강제연행, 국회 점거 등 사실상 '국회해산'과 다름없는 상황을 만들어버린 것이다.

예비검속

17일 낮 12시경 보안사 대공처장 이학봉은 전두환의 지시에 따라 소요 배후조종자 및 권력형 부정축재자가 있는 전국 각 지역의 보안부대에 전언통신문을 보내 이날 밤 10시를 기하여 대상자들을 일제히 검거하라고 통보하였다. 김대중 국민연합 공동의장은 17일 밤 11시 무렵 동교동 자택에서 수경사 헌병 19명에 의해 연행됐고, 김종필 공화당 총재는 같은 시각 보안사 수사관들에 의해 신당동 자택에서, 전남대 복적생 정동년은 1시간 뒤인 밤 12시경 광주지역 합동수사단 수사관들에게 각각 연행됐다.

비상계엄 전국 확대 직후 신군부의 최대 관심사는 광주·전남지역의 반응이었다. 17일 오후 6시경 보안사에서 전국 보안부대 대공과장 회의를 마치고 광주로 돌아온 505보안부대 대공과장 서의남 중령은 수사관들에게 "김대중 때문에 광주를 대상으로 삼았다"고 말했다.[62] 17일 밤 11시부터 예비검속이 시작됐다. 광주의 검거 대상자는 전남대 12명, 조선대 10명 등 총 22명이었다.[63] 전남 합동수사단은 505보안부대가 중심이고, 중앙정보부, 경찰 등이 보조역할을 했다. 전남도경과 광주경찰서, 광주 서부경찰서에서 각 10명씩 모두 30명이 합동수사단으로 차출됐다. 보안사 요원 1명에 형사 1명이 따라 붙었다. 서의남 중령은 보안사 요원들에게 새벽 4시까지 검거 대상자 신병을 확보해야 하며, 경찰을 믿지 말고 직접 체포하라고 지시했다. 광주에서는 86명의 보안부대 요원 및 경찰이 22대의 차량을 이용하여 12명을 검거했다.[64] 전국 각지에서 비상계엄 전국 확대와 동시에 진행된 예비검속에서는 총 2699명이 검거되었다. 그중 404명이 기소됐고, 2295명이 훈방되었다.[65]

계엄군, 광주에 진주하다

17일 오전 10시 40분 진종채 제2군사령관은 정웅 31사단장에게 광주지역 8개 전문대학에 31사단 병력을 투입할 것을 지시했고, 이날 오후 5시에 전남대와 조선대에 천막이 설치됐다. 7공수여단(여단장 신우식 준장)은 밤 10시경 주둔지 전북 금마를 출발, 어둠을 뚫고 광주로 향했다. 7공수여단 33대대, 35대대 688명(장교 84명, 사병 604명)이 광주에 도착한 시각은 자정이 막 지난 '18일 01:10'이다.[66] 7공수여단 31대대는 전북대, 32대대는 충남대를 각각 점거했다.

한편 505보안부대 대공과장 서의남 중령은 광주 합수단 소속 보안부대원을 시켜 전남대와 조선대에 진주한 7공수여단의 보안대 파견요원에게 앞으로 "부대의 동정보고를 소속부대에 하지 말고, 505보안대로 직접 하라"고 지시했다.[67]

7공수여단은 배치가 완료되자 곧바로 교내 수색에 들어갔다. 육본의 지시를 받은 2군사령부는 7공수여단에 출동명령을 내리면서 다음과 같은 두가지 지시를 하달했다. 첫째, 교내 기숙인원 귀가 조치, 둘째 교내 주모자 전원 체포였다. 그러나 전남대와 조선대에 진주한 현장의 공수대원들은 이 두가지 지시를 완전히 무시했다. 교내에서 눈에 띄는 학생들은 무조건 체포하고 무자비하게 두들겨 팬 뒤 연행하였다.

탄압의 서곡

17일 저녁 7시 전남도청 앞 금남로에 위치한 광주 YWCA 강당에서는 경제학자 박현채(朴玄埰) 초청 강연이 열렸다. 광주시민과 대학생 3백여명이 참석하여 1층과 2층을 꽉 메웠다. 강연회가 끝나자 참가자들은 기분 좋은 상태에서 뒤풀이를 했다. 사흘 동안 이어진 민족민주화대성회가 시민들의 참여 속에 성대히 끝난 뒤끝이라 그런지 마치 민주화가 목전에 닥친 것처럼 모두들 기분이 들뜬 상태였다.

텔레비전에서는 5월 20일 104회 임시국회가 소집되어 '계엄령 해제' '정치일정 단축' '국회 개헌특위가 마련한 개헌안 접수' 등 시국문제를 광범위하게 다룰 예정이라는 뉴스가 흘러나오고 있었다. 그동안 불투명하던 정국이 차츰 풀려나가는 듯하였다. 시민들은 이러한 사태변화를 낙관적으로 받아들였다.

그러나 바로 그 순간 상황은 전혀 다르게 전개되고 있었다. 오후 7시경 전남대 총학생회 사무실에 서울로부터 한 여학생의 다급한 목소리가 실린 전화가 걸려 왔다. '서울지역 대학 총학생회장단들이 모두 계엄 당국에 연행되어 갔다'는 소식이었다. 뜻밖의 충격적인 소식에 모두 당황했지만 머뭇거릴 여유가 없었다. 전남대 총학생회장단은 일단 무등산 중턱 깊숙이 위치한 무등산장으로 피신했다. 무등산장에서 계엄확대 소식을 텔레비전 뉴스에서 확인한 회장단은 두 팀으로 나뉘어 움직였다. 한 팀은 박관현 총학생회장 팀으로 무등산장에 그대로 남고, 다른 한 팀은 양강섭(梁康燮) 총무부장과 함께 저녁 11시쯤 시내 대지호텔로 장소를 옮겨 서울지역의 상황을 점검해보기로 했다.

양강섭은 김상윤으로부터 피신하는 것이 좋겠다는 연락을 받고 밤 12시에 전남대 총학생회실로 들어갔다. 그때 보안부대 예비검속팀은 녹두서점으로, 계엄군은 전남대와 조선대 정문과 후문으로 동시에 들이닥치고 있었다. 미처 피하지 못한 김상윤은 서점 문을 막 닫으려는 순간 연행됐다. 양강섭과 전남대 총학생회 임원 7명은 학내로 진입하는 계엄군을 목격하고 두 팀으로 나누어 피신했으나 이승룡(21세) 부회장과 2명은 체포되고 말았다.[68] 전남대를 점령한 공수부대는 대학 건물을 샅샅이 뒤져 69명의 학생들을 연행하였다. M16에 착검까지 한 공수대원들은 연행된 학생들을 포승줄로 묶고 무자비하게 구타했다. 그 시각 조선대에 진주한 7공수여단 35대대 병력은 행사 준비를 하던 방송반 학생 20여명을 포함해 43명을 체포하였다.[69] 전북대 캠퍼스에서는 7공수부대가 진입하는 과정에서 전북대 농학과 2학년 이세종(李世鍾)이 학생회관 옥상에서 추락하여 사망했다.[70] 이날 밤 각 대학에서 연행된 학생들은 전남대 69명, 조선대 43명, 전북대 34명, 원광대 23명이었다.

광주 505보안부대 요원과 경찰들은 복적생과 학생회 간부들의 집을 급습했다. 심야에 군화를 신은 채 안방에 들어가 권총을 들이대고 울부짖는 가족들을 팽개치며 이들을 끌고 갔다. 조선대 약대 유소영은 여학생으로서는 유일하게 17일 자정 자신의 집에서 끌려갔다.[71] 윤한봉은 박현채 강연이 끝난 후 현대문화연구소 소장 정용화와 전남가톨릭농민회 최성호(崔成浩) 회장 등과 함께 문병란(文炳蘭) 시인의 집에 가 있었기 때문에 체포를 모면할 수 있었다.[72] 조선대 민주투쟁위원회 회원 가운데 복적생인 김운기, 양희승, 유재도는 17일 저녁 예비검속으로 체포되고, 이우정, 한국재, 김대홍은 전주로, 곽재구는 진도로 피신하였다.

18일 아침 전남대 총학생회장 박관현은 광천동 들불야학으로 가서 윤상원을 만났다. 윤상원은 박관현에게 '잠시 연락을 취할 수 있는 곳에 숨어 있는 것이 좋겠다'고 하였다. 그날 오후 광주를 벗어나 여수 돌산으로 피신한 박관현 일행은 그뒤로 연락이 끊겼고, 22일 '해방광주' 상황이 도래했을 때 많은 시민들이 그를 찾았지만 그는 끝내 광주로 들어올 수 없었다.[73]

광주지역 대학생들은 총학생회 지도부가 전혀 기능을 발휘하지 못하자 방치상태에 놓이게 된다. 그러나 항쟁의 불길은, 총학생회의 부재 속에서 예상치 못한 일반 시민들의 자발적인 참여에 의해 점화되고 타올랐다.

02 산발적이고 수동적인 저항

5월 18일 일요일 | 항쟁 1일째

도화선

18일 아침은 약간 쌀쌀했으나 낮에는 포근했다. 화창한 봄 날씨였다. 그러나 광주 시내 분위기는 을씨년스러웠다. 거리마다 침묵과 긴장이 감돌았다. 전남의 시와 군 지역 파출소나 지서에서 차출되어 올라온 나이 많은 사복경찰들이 주요 지점마다 짝지어 서 있는 게 보였다. 사람들은 근심스럽고 암담한 표정으로 골목에 나와서 머리를 맞대고 수군거렸다. 그젯밤 이 도시를 환하게 밝힌 횃불시위 광경이 아직 시민들의 뇌리에 생생하였다. 밝게 타오르던 불빛이 한꺼번에 꺼져버린 듯한 분위기였다. 금남로 주변 번화가와 시내 곳곳에서는 시민들이 삼삼오오 둘러서서 전해 들은 소문을 주고받았고 지나던 사람들도 발길을 멈추고 귀를 기울였다. 시민들이 부근에 서 있는 경찰과 언쟁을 벌이는 모습도 간간이 눈에 띄었지만 별다른 움직임은 없었다.

아침 7시경 도서관에 가기 위해 전남대 정문을 들어가려던 학생들이 교문에서 공수대원들에게 구타를 당했다. '계엄확대' 등 정치상황 변화에 무관심한 채 취직시험이나 고시공부에만 전념하던 학생들이었다. 상처를 입은 대여섯명의 학생들은 계림동 노준채외과병원에서 치료를 받았다.[74] 시간이 갈수록 정문 앞에는 학생들이 계속 모여들었다. 일부는 도서관에 가거나 야유회를 떠나려고, 혹은 운동을 하기 위해 학교에 나온 학생들이었다. 다른 부류는 휴교령이 떨어지면 오전 10시에 학교 정문 앞에 모이자는 약속 때문에 나온 이들이었다. 학생들은 공수부대가 막아선 정문 주위를 배회하면서 돌아가려 하지 않았다. 지난 밤 교내에 남아 있던 학생들이 공수부대원들에게 연행됐다는 사실을 미처 알지 못했다.

전남대 인문사회대 3학년 이광호(21세)는 비상계엄 확대 소식을 듣고 학생회 활동 서류를 치우려고 일찍 학교로 출발, 아침 8시 무렵 전남대 정문에 도착했는데, 농과대학 쪽에서 걸어 나오는 박관현 일행 3~4명과 마주쳤다. 서로 '몸조심하라'는 눈인사만 주고받았다.

이 시각 전남대 정문에서는 7공수여단 33대대 9지역대 7중대 소속 지역대 11명이 경계를 서고 있었는데, 점차 학생들이 불어나자 33대대장 권승만 중령은 정문에 병력을 30명가량 증강 배치했다. 그는 오전 11시에 7공수여단장 신우식 준장이 전남대를 방문하기로 예정돼 있었기 때문에 빨리 상황을 깨끗하게 정리해야겠다는 조바심이 생겼다.[75]

이광호가 보니 9시경 학생 숫자가 50명 정도로 불어나 있었다. 학생들은 대열을 짜더니 '계엄 해제' 구호를 외치면서 군인들이 막고 있는 정문을 돌파하려고 시도했다. 그러나 여의치 않자 구호를 외치며 정문 앞을 빙빙 맴돌았다. 10시쯤 되자 학생 숫자가 1백여명으로 불어났고 주변에서 구경하던 주민들도 점차 많아졌다. 장교가 직접 메가폰을 들고 해산을 종용했다. 학생들은 다리 부근에 모여 앉아 노래를 부르고 구호를 외치며 농성을 시작했다. 어느덧 학생 숫자가 2백~3백명 정도로 더 불었다. '계엄령 해제하라' '전두환 물러가라' '계엄군 물러가라' '휴교령 철회하라'는 구호들이 격렬하게 튀어나왔다.

전남대에 진주한 공수부대 최고 책임자인 권승만 중령은 사태가 심상치 않아 보이자 직접 앞으로 나와서, "만약 즉시 해산하지 않으면 무력으로 해산시키겠다"고 위협했다. 학생들은 악을 쓰듯 더욱 크게 노래를 불러댔다. 이때였다.

"돌격 앞으로!"

짧고 굵은 목소리로 명령이 떨어졌다. 공수대원들이 '으악' 소리를 내지르며 위협적으로 학생들 사이로 파고들었다. 곤봉으로 마구 후려치기 시작했다. 경찰들과는 전혀 달랐다. 가차 없이 머리를 후려갈겼다. 학생 몇명이 피를 쏟으며 순식간에 땅바닥에 나뒹굴었다. 설마 하던 학생들은 공수들의 진압태도에 경악했다. 학생들은 순간적으로 골목으로 도망쳤다가 다시 모여들면서 돌멩이를 주워서 던지기 시작했다.[76] 공수대원들은 이번에도 역시 저돌적으로 앞으로 진격해 나왔다. 날아오는 돌을 피하지 않고 달려들었다. 끝까지 한사람만 쫓아가서 곤봉으로 머리를 강타했다. 실신한 학생은 질질 끌고 갔다. 30여분쯤 밀고 밀리는 공방전이 계속되었다. 그러나 대학생들이 폭동진압 훈련과 게릴라 특수훈련을 받은 최강의 공수부대와 맨손으로 싸운다는 것은 애당초 무리였다.

10시 30분쯤 학생들과 공수부대원들이 밀고 밀리기를 수차례 반복하고 있을 때 김한중(20세)은 "여러분 여기에서 승산 없는 싸움을 계속할 것이 아니라 도청으로 갑시다"라고 외쳤다. 그러자 모두가 시내로 방향을 돌렸다.[77] 이때 전남대생 박몽구(朴朦救, 25세), 이돈규(李敦揆, 22세), 천영진(20세), 조길영(22세)과 조선대생 박채영(21세), 나정식(21세) 등도 그 자리에 있었다.

전남대 후문에서도 공수대원들이 위압적으로 폭력을 행사하는 상황이 벌어졌다. 그러나 후문에서는 양상이 정문과 달랐다. 정문에서는 대학생들이 무리를 지어 항의했지만 후문에서는 그런 움직임이 전혀 없었다. 공수대원들은 그럼에도 불구하고 대학생이 아니라 근처를 지나가는 평범한 젊은 청년들에게 무차별 폭력을 가하고 무조건 연행을 하였다. 심지어 승객을 내려주기 위해 잠시 멈춘 시내버스에까지 올라가서 젊게 보이는 사람들을 마구 끌어내려 구타했다.

오전 10시경 군 입대를 앞둔 범진염(남, 21세)은 아버지 심부름으로 농약을 사려고 시내버스를 타고 가던 중 전남대 후문 정류장에서 차가 잠시 정차했다. 그때 버스 문이 열리더니 군인들이 들이닥쳐 갑자기 젊은 승객들을 두들겨 팼다. 함께 탄 승객 20여 명은 영문도 모른 채 전남대로 끌려갔다. 그들 중 한 여학생은 다리를 다쳐 제대로 걷지를 못하는데도 불구하고 군인들은 그를 마구잡이로 끌고 갔다.[78] 가구업을 하는 장천수(남, 24세)는 시내버스를 타고 가다 10시 30분쯤 전남대 후문에서 일을 보기 위해 내렸다. 차에서 내리자마자 공수대원 2명이 그를 수위실로 끌고 가서 다짜고짜 군홧발로 차고 몽둥이로 때렸다. 그는 두 팔을 붙잡혀 저항할 수 없는 상태에서 영문도 모른 채 머리와 허리 등을 심하게 구타당했다.[79] 7공수여단 33대대장 권승만 중령은 검찰에서 다음과 같이 초기 과잉진압 사실을 시인했다.

전남대 후문에 있었던 7지역대장 고○○ 대위로부터 '버스에서 야유하는 소리를 질러 보초를 서고 있던 초병이 몇 명을 끌어내 몇 대 때리고 무릎 꿇게 하여 지역대장이 교육을 시켜 돌려보냈다'는 말을 들었습니다. 물론 교육시키는 과정에서 생리상 몇대 때리기도 했을 것입니다.[80]

도심지 투쟁

전남대 정문 앞에서 공수대원들에게 쫓기며 삼삼오오 저항하던 학생들 가운데 누군가가 "시내로 나가 대학에 계엄군이 진주한 사실을 시민들에게 알려야 한다"고 말했다. 학생들은 서로에게 "광주역에서 재집결하자"고 외쳤다. 이리저리 흩어진 학생들은 두셋씩 짝을 지어 1킬로미터 남짓 떨어진 광주역 광장에 도착해 전열을 가다듬었다. 학생들은 금남로 도청 앞 광장을 목표로 나아가기 위해 시외버스 공용터미널을 거쳐 금남로 가톨릭센터 앞까지 구호를 외치며 행진했다. '비상계엄 해제하라!' '김대중 석방하라!' '휴교령 철회하라!' '전두환 물러가라!' '계엄군 물러가라!'는 등의 구호를 목청껏 외치며 뛰어갔다. 대부분의 시민들은 아직 김대중 등이 체포된 사실을 모르고 있었다. 민주화에 대한 열망과 기대가 유신잔재세력과 군 일부 쿠데타세력에 의하여 무참하게 배신당했다는 사실을 알리는 구호는 단 두마디면 충분했다.

"전두환이 쿠데타를 일으켰습니다."

"김대중씨가 체포되었습니다."

3킬로미터 정도를 별다른 저지를 받지 않고 단숨에 달려갔다. 11시경 금남로 가톨릭센터 앞에 도착했다. 학생들은 무리를 지어 YMCA 앞으로 나아갔다. 그곳에서 다시 전투경찰대와 마주치자 우회하여 충장로 우체국 앞으로 갔다. 충장로 1가 입구에도 전투경찰대가 방패를 앞세우고 지켰다. 시위 대열은 두갈래로 나누어졌다. 한 무리는 광주천 방향으로 직진하고 다른 하나는 충장로 2가 방향으로 우회하였다. 그사이 학생 숫자

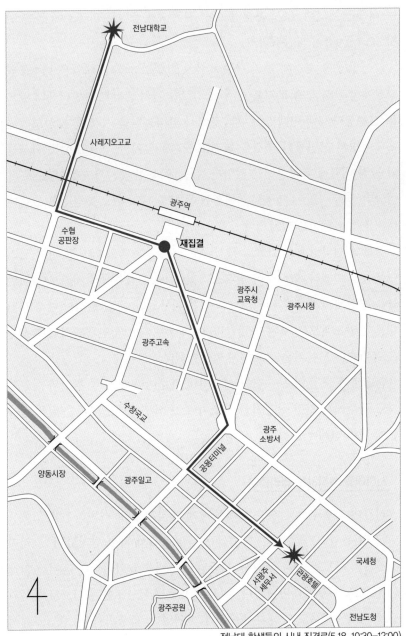

전남대 학생들의 시내 진격로(5.18. 10:30~12:00)

는 계속 늘어났다. 11시 25분쯤 학생 시위대가 충장로 파출소에 돌을 던져 유리창 9장이 파손됐다.[81]

11시 30분쯤 경찰에 쫓겨 광주천 쪽으로 밀려난 학생 대열은 광주공원 광장에서 잠시 숨 고르기를 한 후 중앙로를 거쳐 금남로 가톨릭센터 앞으로 진출했다. 2백~3백명이 금남로에서 연좌농성을 시작했다. 인도에는 수백여명의 시민들이 구경을 하려고 모여들었지만 누구도 선뜻 학생들의 농성 대열에 참여하지는 않았다. 한참 후 농성 숫자가 5백여명으로 불어났다. 전투경찰이 학생들을 에워싼 후 그들 머리 위로 포물선을 그리며 터지도록 최루탄을 발사했다.

경찰의 진압방식은 그젯밤 횃불시위 때의 우호적인 태도와 전혀 달리 난폭하게 변했다. 학생들은 당혹스러웠다. 도로 양쪽에서 지켜보던 시민들은 경찰에게 야유를 던지거나 욕설을 퍼부었다. 경찰 병력이 학생 시위대보다 압도적으로 숫자가 많았다. 여러명이 체포돼 연행됐지만 학생들은 흩어졌다 모이기를 집요하게 되풀이했다.

금남로와 도청 앞 분수대는 서울의 광화문이나 시청 앞 광장과 마찬가지로 광주에서 가장 상징적인 장소이다. 중심부에서 일어나는 일은 삽시간에 광주 전체에 퍼졌다.

시위대를 추적하는 헬리콥터

시간이 흐를수록 상황은 학생들에게 불리해졌다. 시민들은 분노했으나 감히 동참하지 못했다. 학생들은 금남로에서 차츰 밀려났다. 그러자 경찰과의 무모한 싸움을 피하고, 금남로 주변을 돌아다니며 흩어진 학생들을 모으는 쪽으로 바뀌었다. 낮 12시 30분경 금남로를 중심으로 북쪽과 남쪽 시가지에서도 양상이 비슷하게 바뀌었다. 학생회관 앞, 금남로에서 흩어진 대학생 중 3백여 명이 재집결하여 불로동 다리 방면으로 진행하였다. 이들은 동구 쪽에서 무리를 지어 오던 3백여 명의 시위대와 마주쳤다. 자기들뿐인 줄 알았다가 전혀 다른 방향에서 서로가 열심히 싸우고 있는 것을 발견하자 두 시위대는 거의 동시에 탄성을 내질렀다. 시위대의 사기는 다시 올라갔다.

시위대는 시외버스 공용터미널로 몰려갔다. 군부쿠데타와 이에 항의하는 학생들의 시위 소식이 지방으로 확산되기를 바랐다. 학생들은 목이 터져라 구호를 외쳐댔다. 그중 일부는 터미널 대합실에서 아무나 붙잡고 지방에 돌아가거든 제발 광주의 시위 소식을 널리 알려달라고 부탁하며 돌아다녔다. 경찰이 공용터미널을 포위하고 대합실에 최루탄을 터트렸다. 시위대는 필사적으로 대인시장 쪽으로 탈출을 시도했다.

학생 시위대가 터미널 로터리를 거쳐서 시민관 쪽으로 쫓겨가는데 공중에서 헬리콥터가 시위대를 추격하기 시작했다. 시위진압에 헬기까지 동원된 것은 과거에는 없던 일이다. 헬기에서 경찰 진압부대에 무전으로 시위대의 위치를 알리는 게 분명했다. 시위대 속에 섞여 있던 전남대생 임낙평(22세)은 낮게 날아온 헬기의 강한 프로펠러 바람 때문에 시위대가 견디지 못하고 흩어져버린다고 생각했다.[82] 시위대가 소규모로 쪼개져서 비좁은 골목으로 숨어도 마치 손금 들여다보듯 곧바로 경찰이 나타나 시위대를 해산시켰다. 헬기의 도움으로 경찰 병력의 이동도 신속해진 듯 보였다. 공중과 지상에서 서로 협동하여 시위를 진압하는 '공지(空地) 협동작전'이 시작된 것이다.[83]

경찰의 강경진압에 학생들은 금남로에서 1킬로미터쯤 떨어진 계림극장 부근까지 밀렸다. 이 과정에서 수많은 학생들이 끌려갔고 나머지 학생들은 거의 흩어져버렸다. 마지막까지 흩어지지 않고 남은 학생들은 불과

20여명에 지나지 않았다. 상공에서는 헬리콥터가 학생 시위대의 주력을 찾기 위해 계속 선회하고 있었다.

두번째 도화선

헬기의 추격으로 시위대가 분산되면서 그 세력도 눈에 띄게 약해졌다. 어쩌면 시위가 더이상 확산되지 않고 끝나버릴 수도 있는 상황이었다. 유신시절 간간이 발생한 학생시위는 대개 이 정도면 끝나곤 했다. 계림극장 부근에서 최후까지 남아 있던 20여명의 학생들은 근처 탁구장으로 몸을 숨겼다. 공중에 떠다니는 헬기의 추격을 피하기 위해서였다. 이들은 비록 적은 숫자였지만 전남대 앞 최초 시위와 마찬가지로 꺼질 듯하던 시위가 오후에 다시 점화되게 하는 또 하나의 중요한 기폭제 역할을 한다. 잠시 모여서 논의한 다음 '오후 3시 충장로 1가 학생회관(현 광주학생독립운동기념 학생회관) 앞에서 다시 모이자'고 결의하였다. 이 사실을 다른 동료들에게 널리 알리기로 결정하고 각자 점심을 먹고 다시 모이기로 했다. 오후부터 시내 중심가의 상가는 셔터를 내리고 거의 대부분 철시하였다.

학생들은 오후 2시쯤부터 시내 중심가와 광주공원 앞 광장으로 다시 모여들었다. 오후 3시가 되자 5백여명으로 불어났다. 학생들은 이 시각 광주공원 광장 시위대와 함께 학생회관 골목으로 몰려갔다.[84] 1천여명으로 불어난 시위대는 슬그머니 경찰의 허술한 경계망 쪽으로 돌입해 들어갔다. 충장로 학생회관 정문 앞에는 20~30명의 경찰들이 지프와 가스차 주위에서 긴장을 풀고 있었다. 학생들이 그곳을 급습해 퍼붓듯이 돌을 던지자 전투경찰이 혼비백산하여 달아났다. 시위대는 경찰이 남기고 간 차량과 장비들을 모두 부숴버렸다. 가스차 의자 시트에 불을 붙이고 힘을 합쳐 차체를 옆으로 넘어뜨렸다. 불길과 연기가 치솟아 오르자 시위대는 환호성을 질렀다.

시위대는 학생회관 앞 공격이 성공하자 크게 사기가 올랐고 더욱 과감해지고 있었다. 오전에 경찰들과의 치열한 추격전 속에서 몇번이나 흩어진 시위대는 기동성을 터득하게 된 것이다. 맨 선두에 지휘자 한사람이 앞장서고 그 뒤에 태극기를 치켜든 사람과, 이어서 스크럼을 짠 십여명의 학생들이 노래를 부르며 앞으로 나아가면 흩어져 있던 시위 군중들은 신속하고도 자연스럽게 대열에 합세했다. 이런 방법은 오후 내내 이어진 가두투쟁에서 계속 응용되었다.

오후부터 시위 양상이 변했다. 오전에는 시위대가 5백여명 정도의 소수인데다 경찰의 추격에 미처 대응하지 못해 일방적으로 당하기만 했으나, 오후부터는 시위대 숫자가 크게 불어나면서 시위가 좀더 조직적이고 과감한 양상으로 바뀌었다. 며칠 전 시위와 달리 경찰의 진압태도가 매우 격렬하고 강했기 때문에 학생들의 분노 역시 컸다. 그렇다고 공수부대가 투입되어야 할 정도로 시위가 위력적이지는 않았다.[85] 계엄사령부와 제2군사령부 상황일지도 이때까지의 시위현장의 분위기를 급박하지 않은 것으로 기록하고 있다.[86]

진종채 2군사령관은 이날 오전 10시 전남대 앞에서 계엄군과 학생 사이에 충돌이 있다는 보고를 받고 즉시 주둔지 대구에서 헬기를 타고 김준봉 작전참모와 함께 광주로 향했다. 11시에 전교사에 도착해 학생시위가 시내 중심부로 확산되고 있다는 보고를 받고, 전남북계엄분소장 윤흥정 사령관에게 광주 상황을 계엄사령부에 직접 보고하도록 지시한 후 1시간 뒤 다시 대구로 돌아갔다.[87] 이 시각 신우식 7공수여단장도 전남대와 조선대를 들러 전교사로 갔다. 2군사령관의 지시에 따라 윤흥정 사령관은 정웅 31사단장에게 7공수여단을 투입해 시위를 진압하라고 하달했다.

오후 12시 45분 정웅 31사단장은 '작전명령 제1호'를 발령, 전남대와 조선대에 주둔한 7공수여단 병력 가운데 학교 경계에 필요한 최소인원만 남기고 시내로 출동할 준비태세를 갖추라고 지시했다.[88]

정웅 31사단장은 공수부대 투입 명령을 받았을 때 곧바로 출동시키지는 않았다. '경찰력만으로도 진압할 수 있는 정도'라고 판단했다. 그러자 전교사령관이 "출동시키라는데 왜 그렇게 자꾸 출동시키지 않고 있느냐"고 독촉하였다. 정웅 사단장은 결국 상부의 강력한 명령을 거역할 수 없어서 공수부대를 투입하였다.[89]

오후 2시 25분 정웅 사단장은 500MD 헬기를 타고 직접 조선대로 갔다. 7공수여단 33대대장 권승만 중령, 35대대장 김일옥 중령 등 공수부대 지휘관 2명과 광주경찰서 경비과장이 참석한 상태에서 회의를 열었다.[90] 지도를 펼쳐놓고 광주 시내 시위상황을 설명한 후 오후 4시 이전까지 금남로에 출동하라고 지시했다. 도청 앞은 경찰이 차단하고 있으므로 35대대는 충장로를 중심으로 좌우측 도로를 차단하고, 33대대는 금남로 5가쪽에서 도청 방향으로 압박을 가해 시위대를 해산하라고 말했다.[91]

시내에 나타난 공수부대

오후 3시 40분경 전남대를 출발한 33대대는 차량에서 내린 후, 4시경 유동 삼거리에서 450미터쯤 떨어진 북동 180번지 앞 횡단보도, 금남로 끝부분 광주제일고등학교 교문으로 이어지는 길목에 도착했다.

"제자리 섯! 정렬!"

독일병정처럼 절도 있게 전진하던 공수부대가 지휘자 구령소리에 맞춰 걸음을 멈췄다. 그 순간 지휘용 군용 차량에 설치된 스피커가 울렸다.

"시민 여러분, 빨리 집으로 돌아가십시오. 불법시위에 가담한 자는 전원 체포할 것입니다. 지금 당장 돌아가십시오."

장성군 교육청에서 근무하던 공무원 김정섭(34세)은 광주공원 시민회관에서 열린 동료 직원 동생의 결혼식에 참석한 후 장성행 버스를 타기 위해 시외버스 공용터미널로 가던 중이었다. 수창국민학교 부근에서 시내버스가 더이상 운행할 수 없다고 멈추자 차에서 내려 이 광경을 우연히 목격했다. 약 1분쯤 지났을까? 군인들이 시위대를 향해 빠르게 돌진했다. 순간 '우와' 소리를 내며 시위대가 사방으로 흩어졌다. 돌진하던 군인들은 하나의 표적을 정하면 끝까지 추격했다. 시위 학생만 대상이 아니었다. 주위에서 구경하던 시민들도 남녀 가리지 않고 군홧발로 차고 진압봉으로 두들겨 팼다. 순식간에 벌어진 일이다. 김정섭은 나이가 제법 든 공무원이었기 때문에 자신은 괜찮을 줄 알았는데 그게 아니었다.

"나는 요란스러운 군홧발 소리와 인기척에 놀라 뒤를 돌아보았다. 40~50명의 공수들이 한꺼번에 나를 향하여 곤봉을 휘두르며 쫓아오고 있었다. '나는 학생이 아니다'고 황급히 소리쳤다. 그러나 공수들은 나를 에워싸고 군홧발로 차기 시작했다. 주먹으로 몸 전체를 두들겨 팼고 곤봉과 휴대하고 있던 M16 총 개머리판으로 집단 구타하기 시작했다. 이때까지도 내가 공수들에게 왜 맞아야 하는지 의문스러웠고 맞고 있다는 것 자체가 억울했지만 엄청난 공수들의 힘에 어찌할 수가 없었다."[92]

김정섭은 그 자리에 쓰러져 의식을 잃고 말았다. 공수대원들이 총 개머리판으로 내리칠 때면 총의 반작용으로 찰칵찰칵 하는 노리쇠 소리가 들려왔을 뿐이다. 그러다 정신을 잃어버렸다.

수창국민학교 횡단보도 바로 옆 북동 276번지 3층 건물의 2층 『동아일보』 광주지사에도 2명의 공수부대원이 착검한 M16 소총을 앞으로 내밀고 들어왔다. 사무실 안에는 여자 경리직원과 총무 정은철(22세), 2~3명의 배달학생들, 그리고 황급히 피신해 온 시민 20여명이 있었다. 따로 칸막이가 되어 있는 옆방에는 허겁지겁 뛰어 올라온 3명의 청년들이 숨어 있었다. 공수부대원들은 먼저 그 방을 덮쳤다. 그러자 갑자기 '아이쿠'라는 비명과 함께 '사람 살려요, 살려줘요' '데모 안 했어라우' 하는 소리가 흘러나왔다. 군인 2명이 얼마나 짓밟고 개머리판으로 짓이겨버렸는지 실신한 상태로 3명이 끌려 나왔다. 머리와 윗옷은 피투성이가 된 채였다. 한참 후 3명을 끌고 나갔던 군인 2명이 또다시 들어왔다. 마침 일요일인데도 수금 차 출근해 업무를 보고 있던 정은철 총무의 뒷덜미를 낚아챘다. 정총무는 의자와 함께 뒤로 벌렁 넘어졌다. 군인들은 그를 마구 짓밟고 개머리판으로 내리쳤다. 정총무는 곧 숨이 끊어질 것 같았다. 두 군인은 사무실 바닥에서 기진맥진해 숨소리도 제대로 내지 못하고 꿈틀거리는 정총무의 두 발을 양쪽에서 하나씩 붙잡고 끌고 나갔다. 머리가 땅바닥에 끌리는 채였다. 마치 죽어 있는 짐승을 끌고 가는 것 같았다. 2층 계단을 내려갈 때도 그대로 끌고 갔다. 여기서 끝나지 않았다. 그들은 다시 들어와 배달학생 박준하(광주공고 1학년)를 수없이 때리고 짓밟았다. 끌고 나가다 계단에서 박준하가 실신하자 그를 그대로 팽개쳐두고 내려가버렸다.[93]

'살인면허'라도 받은 듯

금남로 2가 충장로 입구에 투입된 7공수여단 35대대 2백여명도 비슷한 상황을 연출했다. 주위에서 지켜보던 시민들은 도저히 믿기지 않는 광경을 목도하면서 충격에 빠졌다. 공수대원들은 광주은행 본점, 가톨릭센터 앞을 지나 동구청과 관광호텔 앞으로 가면서 운행 중에 멈춰 세운 버스의 승객이나 행인 가운데서 젊은 사람은 무조건 잡아서 팬티만 남긴 채 옷을 벗겨 구타하고 머리를 땅에 처박게 하였다. 시위현장은 순식간에 아수라장으로 변해버렸다. 그들은 남자든 여자든 가리지 않았다. 무조건 닥치는 대로 서너명씩 달려들어 곤봉으로 패고 군홧발로 아무데나 차고 짓밟았다. 공수부대는 마치 '살인면허'를 받은 것처럼 잔인했다.

오후 4시가 약간 지난 시각, YWCA 회장 조아라(曺亞羅, 68세)는 공용버스터미널 부근에서 이런 광경들을 지켜보았다.[94] 공수대원들은 지나가는 시내버스를 정차시켜놓고 차안을 검문하면서 학생으로 보이면 불문곡직하고 끌어내렸다. 약간이라도 반항하는 사람에겐 공수대원 7~8명이 우르르 달려들어 돌아가면서 난타한 후에 "광주 놈들은 모조리 죽여버려야 한다"고 고함을 질러댔다. 안내양이 왜 이러느냐고 말리자 "네년은 뭐냐"면서 곤봉으로 후려갈겼다. 안내양은 차 아래로 실신하여 굴러떨어졌다. 만약 시내버스를 세웠는데 버스가 몇 미터 앞으로 더 나가서 정차하면 곧장 버스 위로 올라가 운전기사의 뒤통수를 곤봉으로 타격했다.

시내버스에서 내린 학생처럼 보이는 젊은이 한명이 막다른 골목까지 달아나다 공수대원에게 붙잡혔다. 그 자리에서 무릎을 꿇고 살려달라고 싹싹 빌었다. 대문 앞에서 지켜보던 노인이 그 젊은이를 자신의 몸으로 가리면서 봐달라고 사정했다. 공수대원은 "비켜, 이 새끼!" 하면서 그 노인을 곤봉으로 내리쳤다. 노인은 피를 흘리며 맥없이 고꾸라졌다. 쫓기던 학생이 돌을 집어들자 공수대원은 가차 없이 곤봉으로 후려쳤다. 그리고 축 처진 청년의 다리를 잡아 질질 끌고 길거리로 나갔다.

북동우체국 옆 좁은 골목의 마지막 집으로 시위 학생 한명이 후다닥 뛰어들었다. 잠시 후 공수대원 2명이 뒤쫓아오더니 비명소리가 들리고 청년이 붙들려 나갔다. 공수대원들이 사라진 뒤 이 장면을 목격한 동네 사람들이 그 집 주위로 모여들어 자신들이 본 것을 흥분된 목소리로 쏟아냈다. 집으로 뛰어 들어온 학생이 다급한 김에 안방 장롱 속으로 숨었는데 공수대원이 곧 뒤쫓아와 혼자 집을 보는 할머니에게 "방금 도망온 학생 어디 있냐?"고 물었다. 할머니가 고개를 좌우로 흔들자 군인들은 그 할머니를 곤봉으로 후려치고 군홧발인 채 안방에 들어가 장롱 속의 청년을 끌어냈다. 동네 사람들은 "죽일 놈들"이라며 치를 떨었다.[95]

쑥대밭이 된 체육대회장

광주일고 부근에서도 비슷한 상황이 벌어졌다. 충장로 5가 입구 중국집 '제일관'에서 일하던 김범동(33세, 요리사)은 고장난 버너를 수리하다가 공수부대가 대학생 시위대를 쫓는 광경을 보았다. 호기심에 구경하던 중 광주일고와 붙어 있는 이발소 앞 도로변에서 젊은 여자 한명이 공수부대에게 폭행당하는 것을 목격했다.[96] 3~4명의 공수부대가 여자의 블라우스를 낚아채자 옷이 찢어지면서 맨살이 드러났고, 여자를 군홧발로 차버리자 여자는 인도에서 차도로 굴러떨어졌다. 도로에 나뒹구는 그 여자에게 공수부대원들은 또 달려들어 어디를 찍어버렸는지 '퍽' 소리와 함께 그 여자는 잠잠해졌다. 충장로에서 50여명의 사람들이 그 광경을 지켜보면서 발만 동동 구르며 여자를 때리지 말라고 소리를 질렀다. 그 순간 충장로 5가로부터 4가까지 공수부대 30여명이 우르르 몰려왔다. 철망이 달린 헬멧을 쓰고 총을 멘 채 진압봉을 든 상태였다. 구경하던 사람들은 혼비백산해서 도망갔다. 그때까지 손에 기름 묻은 장갑을 끼고 슬리퍼를 신고 있던 김범동은 설마 하는 마음으로 빨리 도망가지 않았다. 식당 문 앞에서 그는 공수부대와 맞닥뜨렸다. 무턱대고 달려든 그들은 총 개머리판으로 다짜고짜 그의 어깨를 내리찍었다. 그 자리에 정신을 잃고 쓰러진 그는 주변 사람들에 의해 한일은행 앞 김두원신경외과에 실려 갔다.

이날 광주일고 운동장에서는 조선대 의대 동문 체육대회가 열렸는데 행사가 끝날 무렵이었다. 공수부대원들이 일부는 학교 교실로, 일부는 체육대회장으로 들이닥쳤다. 순식간에 쑥대밭이 돼버렸다. 의과대학 동문중 일부는 붙잡혀가고, 나머지는 제대로 인사도 나누지 못한 채 도망치듯 흩어졌다. 이때 의과대학 4학년 졸업반 학생 이민오(25세)는 체육대회 도중 바로 옆 금남로 쪽으로 구경하러 잠시 나왔다가 공수대원의 표적이 됐다. 자신을 뒤쫓아오는 공수대원들을 피해 광주일고 교장 관사로 도망쳐 숨었지만 관사 안으로 들어온 그들에게 결국 들키고 말았다. 숨어 있던 그를 발견하자 공수대원은 군홧발로 그의 복부를 걷어찼고 아파서 쓰러진 채 뒹구는 그를 군홧발로 내리찍듯 밟고 짓이겨댔다. 이민오는 그날 밤 국군통합병원에서 복부절개 수술을 받았다. 췌장 일부가 끊어졌고, 장파열로 피가 2500씨씨 정도 흘러나왔는데, 췌장 80퍼센트와 비장을 적출하는 큰 수술로 겨우 목숨을 구했다.[97] 그날 조선대 의대 2학년 박병률(朴秉律, 23세)도 공수부대원에게 구타를 당하여 뇌진탕으로 병원에 입원했다.

공수대원에게 두들겨 맞는 경찰

전남도청 부근 금남로 1가에 인접한 관광호텔에서 이발관을 운영하던 김후식(39세)은 '경찰'이 공수대원에게 구타당하는 장면을 목격했다.[98] 이발관에 있는데 밖이 소란스러워 종업원들과 함께 나가봤다. 광주은행 본점 앞에서 1백여명의 학생들이 데모를 하다 공수부대원에게 밀려 도망가고 있었다. 뒤쫓아간 공수대원들이 30~40명의 시민, 학생을 동구청과 관광호텔 앞으로 붙잡아왔다. 공수대원들은 붙잡혀온 시민, 학생 들에게 팬티만 남기고 옷을 벗게 한 후 그들을 구타하고 머리를 땅에 처박게 했다. 한국은행 부근에서 공수대원 2명이 여학생을 끌고 왔다. 여학생이 살려달라고 애원하자 공수대원들은 욕을 하며 더욱 거세게 발길질했다. 잠시 후 공수대원들이 다른 사람을 잡으러 간 사이에 어떤 남자가 그곳에 잡혀 있던 사람들을 모두 풀어줬다. 30~40명의 시민, 학생을 풀어준 사람은 도경 '경비과장'이라고 했다. 그것을 보고 득달같이 달려온 공수대원들은 경비과장을 초주검이 되도록 두들겨 팬 뒤 동구청 뒷골목으로 끌고 갔다.

안병하 전라남도 경찰국장은 18일 오전 11시 경찰의 시위진압 방침을 하달했다. "분산하는 자는 너무 추격하지 말 것, 부상자가 발생하지 않도록 할 것, 저항하는 자는 연행할 것, 연행과정에서 학생들의 피해가 없도록 할 것" 등을 지시했다. 시위가 격렬해지자 "시위 중인 학생들을 철저하게 검거하라"고 다시 명령했다.[99]

오후 4시경 충장로 1가의 충일당구장에서 재수생 조훈철(20세)은 친구들과 막 당구 게임을 끝내고 손을 씻으려던 참이었다.[100] 공수부대원 2명이 진압봉을 들고 험악한 표정으로 들어왔다. 그들은 손이 깨끗한 사람과 지저분한 사람을 나누어 지저분한 사람들을 진압봉으로 후려치기 시작했다. 돌을 던지느라 손이 더러워진 것이라고 생각하는 듯했다. 조훈철이 "당구 치느라 초크가 묻어서 손이 더러워졌다"고 호소했으나 공수대원들은 막무가내였다. 그를 진압봉으로 한참 때린 후 광주우체국 앞으로 끌고 갔다. 우체국 앞에는 이미 많은 사람이 잡혀와 무릎을 꿇고 있었다. 잠시 후 공수대원들은 그들을 트럭에 싣고 갔다.

오후 4시 30분 이근재(57세)는 금남로 근처를 지나가던 길에 공수대원들이 어린 여학생을 때리는 것을 목격하고 항의하다가 진압봉에 머리를 맞고 기절했다.[101]

애국가를 부르며 만세 삼창을 하다

동명동, 산수동 일대 시위대는 아직 공수부대 투입 사실을 모르고 있었다. 2천여 명의 시위대는 동명동파출소를 향하여 달려갔다. 전남대생 유승규(21세)는 분노한 학생들이 파출소를 때려부수고 벽에 걸린 대통령 최규하의 사진을 떼어내는 것을 목격했다. 군중 사이에서 "허수아비 최규하" "꼭두각시 최규하 죽여라!" 하는 소리들이 터져 나왔다. 시위대는 갖가지 서류와 책상, 의자 들을 밖으로 끌어내어 불 속에 집어던졌다.[102] 가까이 있는 지산동파출소에서도 마찬가지 상황이 벌어졌다. 불타는 집기류 주위에 둥그렇게 둘러서서 학생들은 애국가를 불렀고, 이어서 만세 삼창까지 마친 뒤 산수동 오거리 쪽으로 행진을 계속했다. 이때가 오후 4시 40분쯤이었다.

산수동으로 가는 도중에 갑자기 대열 후미에서 '와아' 하는 함성이 일었다. 시위 대열에 섞여 있던 홍순희(20세, 대학생)가 바라보니 농장다리 약간 못 미쳐서 철망으로 창문을 가린 경찰 병력 수송 버스 한 대가 경찰을 가득 싣고 법원 방향으로 올라오고 있었다. 시위대가 차를 순식간에 둘러싸고 돌을 던졌다. 차량보호용 철망이 파손됐고, 겁에 잔뜩 질린 표정으로 경찰 42명이 밖으로 나왔다. 담양에서 광주의 시위진압을 위해 긴급 차출된 경찰들이었다. 시위대는 붙잡은 경찰을 볼모로 연행된 학생들과 '인질 교환'을 요구하자는 데로 의견이 모아졌다.[103] 경찰들을 가운데 세우고 주위를 빙 둘러싼 채 시위대는 도청 쪽을 향해서 걸어갔다. 동명로 입구 청산학원 근방에 이르렀을 때는 오후 5시경이었다. 군용 트럭 몇 대가 공수부대를 가득 싣고 나타났다. 순간 불안이 엄습하면서 분위기가 싸늘해졌다. 시위대는 이미 오전에 전남대 앞에서 공수부대의 위력을 본 터라 겁에 질린 것이다. 볼모로 붙잡힌 경찰들을 모두 풀어줘버렸다. 그사

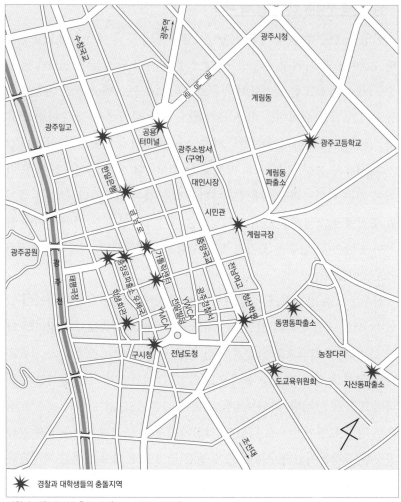

경찰과 대학생들의 충돌지역(5.18. 11:00-17:00)

이 사방에서 포위하고 있던 공수대원들이 시위 학생들의 전면으로 짓치며 공격해왔다. 순식간에 시위대가 흩어지고 아수라장이 됐다. 공수대원들은 제각기 한명씩 목표를 정하여 도망가는 학생들을 추격했다.

광주교육대학 교정에도 오전 10시경부터 전남대에 진주한 7공수여단 33대대 병력 가운데 30명이 별도로 배치됐다. 직업군인으로 제대를 앞두고 휴가 차 집에 와 있던 전계량(田桂良, 45세)은 오후 4시쯤 교육대 앞 자신의 집 2층에서 밖을 내다보았다. 공수부대원들이 2~3명씩 도로에서 짝지어 다니며 젊은이들만 쫓아가서 붙잡아왔다. 그들을 집 뒤쪽 공터로 끌고 와서 일단 꿇어앉힌 뒤, 군홧발로 차서 피 곤죽을 만들어 군용 트럭에 실었다. 그 광경을 지켜보던 전계량은 자신도 군인이지만 '군인이 어떻게 저럴 수 있을까?' 하며 몸을 부르르 떨었다.[104]

그날 저녁 9시 텔레비전 뉴스나 라디오에서는 광주에 대해 단 한마디도 언급하지 않았다. 이렇듯 엄청난 사태가 벌어졌는데도 언론은 철저히 광주 상황을 외면했다. 18일은 일요일이라 신문도 나오지 않는 날이었다. 광주는 어둠속에서 '공포의 도가니'로 변해갔다.

최초 희생자 청각장애인 김경철

5·18 최초 희생자는 청각장애로 말을 하지 못하던 김경철(金敬喆, 24세)이다. 18일 아침 김경철의 집에는 백일을 갓 지난 그의 첫딸을 축하해주기 위해 온 가족이 모였다. 김경철과 황종호(22세), 박인갑(25세), 셋은 모두 청각장애인인데 친구로 지냈다. 그들은 백운동 까치고개 부근에 상점을 두고 광주 시내 다방이나 가게를 돌아다니며 구두를 닦거나 신발을 만들어서 팔았다. 18일 오후, 그날도 그들은 평소처럼 함께 일감을 찾아 시내 중심가 이곳저곳을 돌아다녔다. 충장로 제일극장 골목 입구에서 갑자기 나타난 3~4명의 공수부대원이 김경철의 머리를 진압봉으로 후려쳤다. 그는 피를 흘리면서 그 자리에서 쓰러졌다. 황종호와 박인갑은 겁에 질려 골목에 몸을 숨긴 채 김경철이 맞는 장면을 목격했다. 그들도 곧 반

대편에서 나타난 계엄군에게 붙잡혀 소총 개머리판으로 두들겨 맞고 군화 발길에 짓밟히는 등 구타를 당했다. '우리는 말을 못하는 청각장애인입니다! 살려주십시오.' 두 손을 비비며 손짓 발짓으로 의사 전달을 하기 위해 안간힘을 썼다. 비비는 손 사이로 피가 홍건히 떨어져 손이 피범벅이 되었다. "이 자식들, 병신 흉내 내면 살려줄 줄 알아!" 빌면 빌수록, 구타는 더욱 심해졌다. 계엄군은 정신이 가물가물한 둘을 질질 끌고 가 장갑차 속에다 집어던졌다. 뒤늦게야 그들이 진짜 청각장애인이라는 사실을 눈치채고 밤 11시경 풀어줘 황종호와 박인갑은 집으로 돌아올 수 있었다.

18일 오후에 적십자병원으로 실려 간 김경철은 다시 국군통합병원으로 옮겨져, 19일 새벽 3시에 사망 판정을 받았다.[105] 광주지방검찰청과 군 당국이 합동으로 작성한 김경철 시신 검시서에는 '후두부 찰과상 및 열상, 좌안상검부 열상, 우측 상지전박부 타박상, 좌견갑부 관절부 타박상, 전경골부, 둔부 및 대퇴부 타박상'이라고 적혀 있다. 뒤통수가 깨지고, 왼쪽 눈알이 터지고, 오른쪽 팔과 왼쪽 어깨가 부서졌으며 엉덩이와 허벅지가 으깨졌다는 의미다. 사망진단서에는 후두부 타박상에 의한 뇌출혈이 직접 사인이었다.[106]

오후 5시쯤 공수부대가 시내에 투입된 지 1시간 정도 지나자 청산학원 앞 진압을 끝으로 금남로 주위의 학생시위는 완전히 자취를 감췄다. 그러나 공수부대의 진압작전은 계속됐다. 상점, 다방, 이발관, 음식점, 사무실, 가정집, 당구장 등 시내 중심부 곳곳을 공수부대원들은 이 잡듯 뒤졌다. 아직까지 숨어 있거나, 미처 빠져나가지 못한 학생들을 색출하여 개처럼 질질 끌고 나왔다.

반전의 조짐

오후 6시쯤 계림동 부근에서는 청년과 학생 3백여명이 소규모 공수부대와 충돌했다. 이때 청년·학생들은 각목과 파이프, 식칼 등을 손에 들고 있었다. 지금까지 시위대가 일방적으로 당하기만 하던 상황과는 달랐다. 공수부대와 과감히 부딪친 시위대는 좀처럼 물러서려 하지 않았다. 쌍방이 부상자를 계속 내면서 치열한 공방전이 벌어졌다. 아시아자동차 공장 노동자 이장의(30세)는 광천동에 사는 친구의 아기 돌잔치에 갔다가 돌아오던 길에 우연히 이곳을 지나치다 변을 당했다. 오후 6시경 계림극장 앞에 쫙 깔려 있는 공수대원들을 지나쳐 가는데 갑자기 "저놈 잡아라!"는 고함소리가 들리더니 이리떼처럼 달려든 공수대원들에게 붙잡혀 진압봉으로 두들겨 맞고 대검으로 네군데나 찔렸다.[107]

그런 모습을 지켜보면서 분노한 시위대의 반격이 시작됐다. 죽기를 각오하고 달려드는 시위대에게 마침내 공수부대가 포위되면서 조금씩 밀리는 모습이 보이는가 싶더니, 갑자기 진압군의 대열이 무너지면서 공수부대가 산수동 오거리 방면으로 도주하고, 시위대가 추격하는 상황이 펼쳐졌다. 그러다 잠시 후 증강된 공수부대가 다시 반격을 가해왔다. 열세에 빠진 시위대는 다시 후퇴하면서 사방으로 흩어져 인근의 주택가로 몸을 숨겼다.

공수부대는 산수동, 풍향동 일대를 포위하고, 밤늦도록 이 잡듯이 뒤져 학생처럼 보이는 젊은이는 무조건 끌고 갔다. 밤중이 되면 계엄군이 전남대나 조선대 부근 자취집, 하숙집을 수색하여 학생들을 끌고 갈 것이라는 소문이 흉흉하게 떠돌았다.

오후 6시 전남북 계엄 당국은 '계엄분소 공고 제4호'를 통하여 광주 시내 일원의 통금시간을 9시로 앞당긴다고 발표하면서 각자 빨리 귀가할 것을 종용했다. 저녁 7시경 정웅 31사단장은 7공수여단 김일옥 35대대장으로부터 시위진압을 완료했다는 보고를 받았다. 그러나 그후에도 시위는 밤늦게까지 게릴라식으로 이어졌다. 저녁 8시경 가톨릭센터 앞에서 다시 불어난 6백여명의 시위대가 계엄군과 대치하다 쫓겼다. 수십명이 연행되고 2천여명의 젊은이들이 노동청과 한일은행 앞으로 밀렸다가 흩어지는 등 산발적인 시위가 이어졌다. 시위대 연행은 밤늦게까지 계속되었고 곳곳에서 비명소리가 끊이지 않았다. 밤 11시가 되어서야 시위가 겨우 잦아들었다. 비릿한 피 냄새가 골목마다 역겨웠다.

'피의 일요일' 밤, 전남대생 노준현(盧俊鉉, 24세)과 임낙평은 어둠속에서 계속 전화기를 돌렸다. 지인들의 안전을 확인하고 시내에서 목격한 장면들을 알려주기 위해서였다.[108] 속삭이는 목소리들은 전화선을 타고 또는 옆집과 옆집의 담을 넘어 전해졌다. 공수부대의 만행에 대한 흉흉한 소문은 광주 전역에 들불처럼 번져갔다. 시민들은 공포와 분노를 억누르며 뜬눈으로 밤을 새웠다.

18일 하루 동안 연행자가 대학생 114명, 전문대생 35명, 고교생 6명, 재수생 66명, 일반 시민 184명 등 모두 405명이었다.[109] 이 가운데 68명이 두부 외상, 타박상, 자상 등을 입었고 12명은 중태라고 기록되어 있다.[110] 그러나 실제 연행자와 부상자는 그보다 훨씬 많았다.

그날 31사단은 유사시에 탈취당할 것을 우려하여 광주 시내 전역과 직장예비군 무기고에 있던 총기 4717정, 탄약 116만발을 회수, 군부대로 옮겨 보관하였다. 또한 분산된 무기고의 탄약 55만발도 군부대 및 경찰서에 보관하고, 계엄 당국에 무기고 접근자에게는 발포할 수 있도록 승인해달라는 건의를 하였다.[111]

정부 측 동향

18일 오후 4시 30분 최규하 대통령은 5·17 비상계엄 전국 확대 조치와 관련하여 대통령 특별성명을 발표했다. "국가를 보위하고 3700만 국민의 생존권을 수호하기 위해 필요한 조치를 취했다"고 하였다. 이 특별성명은 이날 오전 보안사에서 만들어준 초안을 기초로 청와대가 가다듬은 것이었다.[112]

이날 새벽 1시 45분 국회가 계엄군에 의해 봉쇄됐다. 수도군단인 33사단 101연대 1대대 3중대가 국회의사당을 점령하고 국회의원들의 출입을 막았다. '포고령 10호'는 국회 활동을 정지시켰다. 18일 오전 10시 40분 계엄사 보도처는 22개 언론사 편집부장들을 불러 보도검열지침을 통보하였다.[113]

이희성 계엄사령관은 18일 오전 8시 30분부터 계엄처 주관 계엄회의를 주재했다. 보안사, 중앙정보부, 치안본부, 내무부 등 치안관계자 모두가 참석하여 주요 현안을 보고하고 점검하는 회의였다.[114] 이 회의에서 국가적 위기상황을 국민들에게 홍보하여 군이 나서서 사회질서를 유지할 수밖에 없다는 논리를 확산시키라고 지시했다.

오전 11시 30분부터 12시 55분까지 계엄사령관은 사무실에서 글라이스틴 주한 미 대사와 한미연합사령부 참모장을 접견했다. 글라이스틴은 "미국은 법과 질서를 유지하려는 한국정부의 노력에 반대하지 않는다"며 계엄확대 조치에 대해 원칙적인 동의를 표명했다.[115]

존 위컴 한미연합사 사령관은 18일 오후 5시 미국에서 급히 한국으로 돌아왔다. 위컴 사령관은 5월 14일 한반도 주변정세 등을 워싱턴 당국과 협의하기 위해 잠시 미국으로 갔었다. 당초 27일 돌아올 예정이었으나 사태가 심상치 않다고 판단한 글라이스틴 주한 미국대사의 요청으로 서둘러 한국에 돌아왔다.

'11공수여단' 증파 결정

신군부 수뇌부들은 오후 1시부터 2시간 30분 동안 계엄사령관 주재로 오찬 회의를 열고, 광주에 추가로 공수부대를 투입할 것을 결정했다. 회의 참석자는 이희성, 황영시, 전두환, 노태우, 정호용 등 신군부 핵심인물들과 유병현 합참의장, 해군 및 공군 참모총장 등이었다. 전국 각 지역의 18일 오전 시위상황을 점검하고 대처방안을 논의하는 자리였다. 다른 지역은 조용한데 광주에서만 학생들이 반발하고 있으며, 시위가 확산 조짐을 보인다는 보고가 있었다. 참석자들은 부마사태 경험으로 미루어 '조기 진압'이 필요하다고 입을 모았다. 이 자리에서 광주에 즉각 공수부대를 더 투입하기로 결정했다.[116] 이희성 계엄사령관은 식사 도중 김재명 작전참모부장에게 1개 공수여단의 증파를 곧바로 지시했다. 오후 2시 김재명은 특전사령관 정호용에게 어느 부대를 보내면 좋겠냐고 물었다. 정호용은 11공수여단(여단장 최웅)을 광주로 보내라고 지명해줬다.[117] 김재명은 11공수여단의 광주 이동을 '육본작전명령 19-80호'로 시달했다.

이 시각 광주 현장에서 시위진압을 지휘하던 정웅 31사단장은 경찰력만으로도 충분히 시위를 막을 수 있다며 공수부대 투입 자체를 꺼리던 참이었다. 그러나 보안사의 판단은 달랐다. 오전에 시위가 막 시작되자마자 조기 진압을 위해 참모차장 황영시에게 공수부대 증파를 요청하였다.[118]

오후 3시 30분경 특전사령관 정호용은 육본에서 오찬 회의가 끝나자마자 곧바로 동국대로 가서 11공수여단장 최웅 준장을 만나 광주로 출동할 것을 지시하였다. "광주에서 지금 7공수여단 2개 대대가 계엄군으로 나가 있는데 소요진압 작전을 못하고 매우 고전을 면치 못하고 있다. 그들을 도와 시위진압에 최선을 다하라."[119] 하지만 이때 정호용의 지시는 사실과 달랐다. 광주에서 7공수여단이 시내에 투입된 시각은 오후 4시경이었다. 공수부대가 아직 금남로에 투입되기 전인데도 마치 이미 투입됐는데 '매우 고전을 면치 못하고 있다'는 식으로 상황을 호도한 것이다.

또한 정호용은 "광주에는 지금 경상도 군인이 전라도 사람을 씨를 말리려 한다는 유언비어가 유포돼 광주시민들이 격분하고 있으니 서울 출신 최장군이 현장에 가서 오해를 불식해야 한다"고 말했다.[120] 그러나 이때도 역시 광주 시내에는 아직 그와 같은 유언비어가 퍼지지 않은 시점이었다. 유언비어가 확산된 것은 오후 4시부터 시작된 7공수여단의 잔혹한 진압 이후부터였다. 믿기지 않는 충격적인 현실이 유언비어 확산의 비옥한 토양이 됐다.

11공수여단 61대대 260여명과 대대장 안부웅 중령은 최웅 여단장과 함께 선발대로 오후 4시 30분경 성남비행장에서 광주행 군용비행기를 탔다. 61대대 잔류 병력과 62, 63대대 병력은 오후 5시 청량리역에서 열차를 타고 광주로 향했다. 이때 61대대 이경남(李敬南) 일병은 자기 부대가 어디로 향하는지도 모른 채 기차에 올랐다. '제주도에 대대적인 게릴라들이 침투해서 그곳으로 간다'는 막연한 소문만 듣고 불안한 심정으로 따라 나섰다. 명령에 따라 움직이는 생활에 익숙해진 까닭에 누구도 어디로 무엇 때문에 움직이는지 묻지도 않았고, 시키는 대로 할 뿐 답답해하지도 않았다.[121]

오후 5시 50분 광주공항에 도착한 11공수여단 61대대 선발대는 숙영지 조선대로 이동하였다. 아직 어두워지지 않은 광주 시내 상가지역을 위협적인 무력시위를 하며 통과했다. 7공수여단의 진압작전이 한판 휩쓸고 간 뒤였다. 이경남 일병 눈에 비친 광주 시내 풍경은 혼란스럽고 을씨년스러웠다. 공수대원을 바라보는 시민들의 눈초리는 싸늘했고, 공포에 질려 있었다.

밤 9시 정웅 사단장은 상황실에서 작전회의를 열었다. 7공수여단 병력을 한군데로 모아 도청을 중심으로 한 경찰서나 파출소, 도로교차점 등 26개 거점에 각각 장교 1명, 사병 10명, 경찰 2개 분대 24명씩을 한조로 하여 배치하였다. 그후 11시 40분에 11공수여단이 추가로 투입되자 다시 작전회의를 열어 7공수여단 배치 거점을 11공수여단에 인계토록 하고, 7공수여단은 전남대와 조선대로 복귀하여 휴식을 취하도록 조치하였다.

적극적 공세로의 전환

5월 19일 월요일 | 항쟁 2일째

학생시위에서 민중봉기로

공수부대의 충격적인 진압 장면을 목격한 시민들은 지난 밤 공포에 떨며 제대로 잠들 수 없었다. 고도로 훈련된 진압군은 야음을 틈타 공격준비를 더욱 강화했다. 11공수여단 798명(장교·102명/사병 696명)은 19일 새벽 2시 10분 조선대에 도착하였다. 첫날 금남로를 핏빛으로 물들인 7공수여단 35대대는 11공수여단의 작전통제 아래로 들어갔고, 31사단 병력도 재편성되었다.

새벽 3시 61대대장 안부웅 중령은 조선대 학군단 사무실에서 배속부대인 31사단 작전참모의 지시를 받았다. 이때 안중령은 "특수부대의 운영은 집결 보유하거나, 중앙 기동타격대로 운영하는 것이 타당하지 병력을 분산하다보면 이 부대의 특성을 살릴 수가 없기 때문에 이런 명령은 부대장으로서는 받을 수가 없다"고 이의를 제기했다.[122]

항쟁기간 중 11공수여단 61대대장이 31사단 장교의 작전통제를 직접 받은 것은 이때 딱 한번뿐이었다. 원칙대로라면 광주에 투입된 공수부대는 모두 배속부대인 31사단의 통제를 받게 되어 있었다. 하지만 첫날 이후 어떤 지시도 31사단으로부터 받은 적이 없고, 작전상황을 31사단에 보고하지도 않았다.[123]

오전 9시 조선대 학군단 사무실에 최웅 여단장이 나타나자 11공수여단 대대장들 3명이 모두 모였다. 여단장은 대대별로 작전지역을 알려주고 시위진압에 나서는 부하들을 격려했다. 최웅 여단장 자신은 상무대 전교사 사령부에 상주하면서 조선대까지 헬기로 왕래하며 작전을 지휘했다.

오전 9시 50분 사단 예비대로 편성된 7공수여단 33대대(59명/253명, 차량 15대)도 진압작전에 투입됐다. 목포지역에는 7공수여단 1개 지역대를 별도로 편성토록 하였다. 목포지역의 공수부대 배치는 19일 아침 8시 20분 이희성 계엄사령관 주재로 열린 일반참모회의에서 내린 지시였다. 계엄사령부는 "호남사람들이 우상처럼 따르는 김대중"의 고향인 "목포지구의 상황을 주시하고 제7특전여단 일부를 전환 배치할 필요성 유무를 검토"하라고 지시했다. 9시 40분에 참모회의가 끝나고 10분 후 광주 현지에서는 곧바로 7공수여단의 일부를 목포지역대로 편성하였다.[124]

그리고 계엄사령부는 18일 배치된 11공수여단에 이어 19일 오전 6시 30분경 또다시 1개 공수특전여단을 더 증원하도록 이미 결정한 상태였다. 이날 아침 아직 시위가 시작도 되기 전인데 공수부대의 추가 증파를 결정한 것이다.

계엄사령부는 마치 손금 들여다보듯 광주 상황에 집중하면서 전체 상황을 통제하였다. 현장 지휘관의 판단에 따라야 할 세세한 사항까지도 사령부에서 직접 명령했다. 계엄사령부에서 전교사에 내려온 작전명령은

'훈련형 명령'이 아닌 '명령형 명령'이었다.[125] 서울에 위치한 계엄사령부가 이렇듯 광주의 현장상황을 자세하게 파악할 수 있었던 것은 '정보 신경망'을 독점하며, 그림자처럼 움직인 보안부대 때문이었다.

시민들은 날이 밝자 시내 상황이 어떻게 되어가는지 궁금해 밖으로 몰려나오기 시작했다. 학생이나 젊은이가 있는 집안에서는 걱정이 태산 같았다. 어젯밤 집에 돌아오지 않은 학생의 부모는 밤새 잠을 이룰 수가 없었다. 아직 별 탈이 없는 집안에서도 부모들은 공수부대의 무차별적인 살육을 피하여 시골로 피신할 것을 자식들에게 강하게 권했다. 상당수의 학생들은 시골로 떠나기도 했고 아직 광주에 남아 있는 학생들은 온 가족이 붙잡고 밖에 나가지 못하게 말렸다.

대학을 제외한 초·중·고등학교는 이날 오전까지 정상 수업을 계속했고, 시내 중심가의 상가들은 대부분 철시했지만 관공서나 일반 기업체 공장 등은 대체로 정상 근무를 하고 있었다. 이른 새벽부터 군인과 경찰이 시가지 전역에 걸쳐 삼엄한 경비를 서고 있었으며 금남로는 차량이 전혀 통행할 수 없었다. 시민들의 왕래가 잦은 곳도 대개 계엄군 일개 소대 병력 정도가 주둔하여 지나가는 사람들 가운데 젊은이들과 차량의 통행을 통제했다. 특히 공단지대 광천동 부근에서는 모든 차량을 검문했다. 시장에서는 사람들이 봇짐을 펴지도 않은 채 끼리끼리 모여서 어제 목격한 일들을 주고받았다.

도시 전체에 무거운 긴장이 감돌았다. 공포심과 더불어 분노의 불길이 이글이글 타오르기 시작했다. 시민들의 추측은 구구했다.

"김대중이를 잡아죽이고 광주 시민도 모두 때려잡으려나 봐."

"공수부대가 경상도 군인들이라던데……"

"전라도 사람은 몰살시켜도 좋다고 한다면서?"

골목마다 서로 모르는 사람들끼리 어제의 충격을 되살리면서 이야기가 꼬리를 물고 번져나갔다. 사람들은 이야기를 하면서 서로 분노에 공감하기 시작했다. 시민들은 그냥 이러고 있을 게 아니라 시내로 나가 어떻게 돌아가는지 살펴보자며 금남로를 향하여 사방에서 몰려들기 시작했다.

경찰은 금남로 교통을 완전히 차단하였다. 기동경찰대가 도청 앞에 바리케이드를 치고 계엄군이 시내 요소요소에 배치되었다. 아침 9시가 되자 금남로에 군중들이 모여들었다. 숫자가 백여명을 넘어서자 군인과 경찰이 군중들을 쫓기 시작했다. 상무관 골목에서 계엄군에게 쫓기던 청년들을 경찰이 저지하지 않고 그냥 보내자, 공수대원들이 경찰 경위를 구타하는 일이 발생했다. 그 광경을 지켜보던 시민들은 공수대원에게 야유를 보내면서 경찰에게는 박수를 쳐주었다.[126]

오전 10시가 되자 금남로에 빽빽이 모여든 군중은 3천~4천명으로 불어났다. 시민들은 침묵하며 군경의 저지선을 노려보고 있었다. 사람들이 모여들수록 시민들의 심리적 연대감은 강해지고 있었다. 어제와 달리 청년·학생들보다는 자유업에 종사하는 소상인들, 가게 종업원들, 주민들, 부녀자 등이 훨씬 더 많았다. 수천명으로 불어난 시민들을 보고 있던 군과 경찰은 확성기와 군 헬기를 동원하여 해산을 종용했다. 누구 하나 해산하려는 기미는 보이지 않았으며 시민들은 공중에 떠서 돌아다니는 헬기를 향해 주먹다짐을 하며 욕설을 퍼부었다.

이날 공수부대와 시위대의 첫 충돌은 충장로파출소 앞에서 시작됐다. 새벽에 배치된 11공수여단 61대대 경계지역이었다. 오전 10시 40분부터 경찰은 적극적으로 군중을 해산시키기 위해 최루탄을 쏘기 시작했다. 여기에 맞서 시민들의 투석이 시작되었다. 시민들은 최루탄 가스가 자욱해지면 부근 골목의 주택가나 상가에 숨었다가 잠시 후 다시 몰려들기를

5월 19일 오전 금남로에 투입된 11공수여단.(사진 나경택)

거듭했다. 시민들은 차츰 시위대로 변하면서 격렬해지고 있었다. 도로변의 대형 화분을 넘어뜨리고, 보도블록을 깨서 투석을 했다. 교통 철책과 공중전화 박스 등으로 닥치는 대로 바리케이드를 치고 싸우기 시작했다.

시위대 가운데 섞여 있던 학생과 청년 들은 「애국가」「정의가」「우리의 소원은 통일」 등의 노래를 불렀고, 시위 양상은 차츰 전투적으로 바뀌어갔다. 청년들이 중앙로 지하상가 공사장에서 각목과 철근, 파이프 따위를 가져다 자체 무장을 시작했다. 이제는 돌, 각목뿐만 아니라 화염병이 시위 군중의 무기로 등장했다.

경찰과 시민의 충돌이 시작된 지 30분쯤 지나자 군용 트럭 30여 대에 나눠 탄 공수부대가 도청 앞과 광남로 사거리에 나타났다. 광주 시내에 병력 배치를 막 끝내고 조선대로 돌아와 세면을 하려던 11공수여단 61대대장은 1지역대장으로부터 "충장로파출소에 배치된 1개 지대가 시위대들에게 포위되어 돌과 화염병으로 맞고 있는 중이니 지원해달라"는 무전을 받았다. 급히 작전장교와 함께 지휘 차량을 타고 싸이렌을 울리면서 현장으로 달려갔다. 시위대가 공수부대를 밀어붙이고 있었다. 즉각 11공수여단 참모장에게 무전으로 병력지원을 요청했다. 잠시 후 양동 복개상가 등 시내에서 무력시위를 마친 62, 63대대가 61대대 지역에 증원돼 진압에 참여했다.

충장로파출소에서 시위대를 몰아낸 다음 공수부대는 금남로의 양쪽 끝에서 시위 군중을 포위, 압축하기 시작했다. 공수부대의 진압은 어제보다 더 공격적이었다. 며칠 굶겨놓은 맹수가 먹음직한 고깃덩어리를 발견한 것처럼 시위 군중을 덮쳤다. 공수대원들은 돌멩이가 날아와도 피하지 않고 그대로 맞으면서 돌진했다. 곤봉과 총 개머리판, 대검으로 때리고 휘두르고 찌르면서 시위대의 중심부로 파고든 공수부대는 그들의 위장

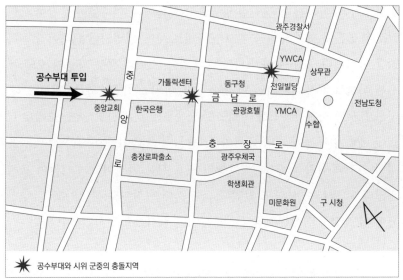

공수부대와 시위 군중의 충돌지역(금남로, 5.19. 10:30~13:00)

군복마저 피로 벌겋게 물들였다. 시민들은 수많은 희생자를 도로 위에 남겨놓은 채 뿔뿔이 흩어졌다 다시 모여들곤 하였다. 잘 훈련된 공수부대의 조직적 폭력에 밀려난 시위대는 골목으로 숨어들어 일반 주택가나 다방, 사무실, 상점 등지로 피신했다. 살육은 어제와 마찬가지 양상으로 되풀이되었다. 공수대원은 아무 집이나 문을 박차고 들어가 젊은 사람이면 남녀를 불문하고 곤봉으로 난타하고 길바닥으로 질질 끌고 나왔다.

공수대원은 3~4명이 1조가 되어 주변 건물들을 이 잡듯이 뒤졌다. 길가로 끌려 나온 '포로'들은 여러사람들이 보는 앞에서 발가벗겨졌다. 군대 유격훈련장처럼 가혹한 기합이 이어졌다. 공수대원들은 그들을 팬티만 입히고는 알몸으로 화염병 조각과 돌조각이 널려 있는 거리 한복판에서 손이 뒤로 묶인 채 엎드려서 아랫배로만 기어가게 하는 올챙이 포복과 통닭구이, 원산폭격 등 잔인한 방법으로 괴롭혔다. 여자들이 붙잡혀 오면 겉옷은 물론 속옷까지 북북 찢고 군홧발로 차며, 머리카락을 휘어잡아 머리를 담벽에다 쿵쿵 소리가 나도록 찧었다. 그러다 군용 차량이 오면 체포된 사람들을 쓰레기처럼 던져 올렸다. 마치 살육을 즐기는 것 같았다. 성한 포로들은 원산폭격을 시켜놓고 노래를 부르게 하고, 서로 교대로 트럭에 올라가 두들겨 패다 내려가곤 했다. 폭력 테러가 아니라 생지옥 풍경이었다. 목격자들 중에는 '그들이 결코 같은 국민이라는 생각이 들지 않았다'고 말하는 사람도 있었다. 공수부대 현장 지휘관조차도 당시 상황이 어느 정도 심했는지를 검찰조사에서 간접적으로 시인하고 있다.

당시 광주시민의 정서를 생각지 않고 게릴라전을 전문으로 심한 훈련을 받아온 공수부대를 진압부대로 사용한 것은 군 수뇌부의 잘못이라고 생각되며, 저희로서는 훈련한 대로 시위진압을 하려 했으나 시위 주동자를 끝까지 추적해 제압하는 과정에서 많은 군중들의 저항을 물리치려다보니 과격해진 것이 아닌가 합니다.[127]

미도장 여관 난입 폭행

19일 10시경 금남로 3가에서 시위하던 검정 작업복 차림의 청년이 공수대원에게 쫓겨 가톨릭센터 건물 뒤쪽 미도장으로 도망쳐 들어갔다. 청년이 들어오자 지배인 조건수(27세)는 재빨리 셔터를 내리려고 하였다. 그러나 뒤쫓던 1개 소대 병력의 공수대원이 셔터 아래 틈을 밀치고 뛰어들어 지배인과 경리주임 손병섭(23세)을 구타한 뒤 거칠게 끌고 갔다. 특실 담당 직원 장익수(23세)가 도망쳐 들어온 청년을 201호 욕실에 데리고 들어가 함께 숨었다. 공수대원이 각 층의 객실을 뒤지고 다니다 201호 문

5월 19일 금남로에서 시민들을 연행하는 공수부대.(사진 나경택)

을 부수고 들어가 숨어 있던 청년과 장익수를 피가 철철 흐르도록 두들 겨 패서 끌고 갔다. 뿐만 아니라 공수대원들은 투숙 중이던 젊은 신혼부 부까지 끌고 갔다. 그때 미도장 직원 7명이 끌려갔다. 보일러공 박필호 (20세)는 지하 보일러실에 있다가 무서워서 입고 있던 예비군복 바지를 벗고 일부러 헌 작업복에 다 떨어진 슬리퍼를 신고서 얼굴에 연탄가루를 칠하고 기계를 만지는 시늉을 하고 있었다. 하지만 6명의 공수대원들이 지하실로 들이닥쳐 대검을 들이대면서 막무가내로 두들겨 팼다. 종업원 김병렬(16세), 김영대(22세)도 여관 직원이라고 말했지만 아무 소용이 없 었다.

그때 나는 관광호텔 뒤에 있는 미도장인가 하는 여관을 7~8명이서 수색하기 위해 갔더니 앞에 철문이 닫혀 있더군요. (…) "이 개새끼들이 겁대가리 없네" 하면서 태권도 동작 발차기 2단 뛰어차기로 일부는 때리고 일부는 진압봉으로 구타를 시작했습니다. 이 진압봉은 서두에 설명했듯이 너무나 단단하고 무게가 있어서 조금만 힘을 가해서 때리면 손목이나 팔목으로 막으면 팔이 부러지는 것이었습니다. 4~5명의 종업원이 불과 2~3분 사이 하얀 와이셔츠에 나비넥타이는 간 곳이 없이 시멘트 바닥 위에 나뒹구는 것이었습니다.[128]

쓰러진 종업원 4명을 모두 일으켜 세워 벽에 등을 대고 서게 하자 마침 지역대장인 소령이 들어왔다. 그는 종업원들에게 무릎을 꿇게 한 다음 군홧발로 있는 힘을 다해서 그들의 얼굴을 한번씩 걷어찼다. 얼굴이 뭉개지면서 피가 쏟아졌다. 눈뜨고 볼 수 없는 처참한 얼굴로 변했다. 공수대원들은 곧이어 객실을 수색하여 10여명 이상의 20대, 30대 젊은 사람들을 2열 종대로 집합시켰다. 30대 중반의 사나이가 신혼여행 왔다고 사정을 하였다. 하지만 공수부대는 대화가 필요 없었다. 하소연하는 그를 무자비하게 구타했다. 신부가 나와서 사정사정하였으나, 공수부대원들은 일단 붙잡힌 사람들은 무조건 두들겨 팬 다음 팬티만 남긴 채 옷을 모두 벗었다. 기를 죽여 그들이 도망가지 못하게 하기 위해서였다. 그리고 그들의 혁대로 손을 뒤로 묶고, 묶인 손으로 자신의 옷을 들도록 한 채 그들을 공수부대가 타고 온 트럭 옆으로 끌고 갔다. 금남로 한가운데에 30~40명씩 집합시킨 후 '뒤로 취침' '앞으로 취침' '좌로 굴러' '우로 굴러' 등을 시켜 혹심하게 기를 죽이고 트럭 뒤에 2열 종대로 올라타게 했다. 손이 뒤로 묶인 상태에서 사람이 차량에 올라가기 어려웠으므로 뒤에서 다른 연행자가 머리를 들어서 앞사람을 밀어 올렸고, 그 뒤로 다음 연행자가 짐짝처럼 차곡차곡 쟁여졌다.

19일 오전 윤공희(尹恭熙) 대주교는 가톨릭센터 6층 교구청 사무실에서 그 광경을 생생하게 목격했지만 감히 쫓아 내려가 만류하지 못했다. 그 사람들의 생사가 궁금한데다가 왜 내려가 만류하지 못했는지 싶어 두고두고 성직자로서 마음 아프고 가슴이 미어지는 광경이었다. 한 청년이 저고리를 벗어들고 와이셔츠 바람으로 있는데 가슴과 목덜미에서 피를 흘리고 있었다.

피를 흘리며 비칠비칠하고 금남로 쪽으로 들어오다가 몇발짝 움직이다 풀썩 주저앉고 군인들이 막 이렇게 위협을 하고, 저 사람 저렇게 험하게 다치고 피를 흘리는데, 빨리 응급조지를 취해야 하는데, 군인들은 그냥 내버려두고, 나도 어떻게 하지 못하고, 그때 문득 생각나는 게 복음에 '착한 사마리아인의 비유'가 생각이 났어요.[129]

'인간사냥'

12시쯤 YWCA 1층 신용협동조합에는 김영철(金永哲, 32세), 박용준(24세) 등 여러명의 직원들이 있었고, 2층 양서협동조합에서는 직원 황일봉(23세) 등이 밖을 내다보고 있었다. 공수대원들이 신협 사무실로 들이닥쳐 박용준의 소지품을 조사하고, 양서조합 직원 황일봉을 현관으로 끌어내어 진압봉으로 내리치려고 했다. 그때 맞은편 건물 무등고시학원에서 공무원시험 준비를 하던 청년들이 유리창 너머로 이를 지켜보다 "야, 그러지 마!"라고 야유를 보냈다. 공수들이 무등고시학원으로 뛰어 올라갔다. 수업을 받고 있던 정방남(19세)은 엉겁결에 몽둥이와 개머리판으로 두들겨 맞는 수난을 당했다. 밖에 있던 40여명의 공수대원들은 무등고시학원의 셔터 문을 내려서 사람이 겨우 빠져나갈 수 있을 정도로만 해놓은 상태에서 학원생들을 기어 나오게 했다. 그리고 이들이 나오는 즉시 진압봉으로 머리, 어깨, 허리 등 온몸을 사정없이 두들겨 팼다. 공수대원들은 쓰러진 학원생들을 군용 트럭에 싣고 상무대로 데려갔다. 정방남은 그때 입은 부상 '소뇌변상 및 척추변상'으로 시름시름 앓다가 비쩍 마른 상태에서 1994년 1월 6일 사망했다.[130]

이 모습을 맞은편 건물에서 지켜보던 신협 직원 박용준은 온몸을 부르르 떨며 소리쳤다. "이 개만도 못한 놈들, 총만 있다면 모두 쏘아 죽여버려야 해!" 박용준은 그때부터 시위에 가담하였고, 5월 27일 새벽 계엄군의 최후 진압작전에 총을 들고 맞섰다. 결국 그때 자신의 직장 YWCA 신협 건물 안에서 진압군의 총에 맞아 사망했다. 김영철 역시 도청에 들어가 항쟁지도부 기획실장을 맡았고, 도청을 사수하다 27일 새벽 체포됐다.

금남로 1가 전일빌딩 부근에서 취재하던 『동아일보』 김충근(金忠根) 기자 눈에는 금남로에서 계엄군에게 붙들려 얻어맞던 청년 한명이 무등고시학원으로 도피하는 모습이 포착됐다. 뒤쫓던 계엄군이 고시학원 계단 위를 무장한 채 따라가다 소총에 장착된 '대검을 뽑아 청년의 등 뒤에 던지는 장면'을 목격했다. 시민에 대한 군의 도발이 백주에 자행된 후 광주의 시위는 매일 군과 시민이 맞부딪쳐 살육전과 같은 형태로 전개됐다. 김기자가 시내 곳곳에서 맞닥뜨린 상황은 상상을 초월하는 것이었다. 일반적으로 시위진압이란 데모 군중에게 제한된 공격을 가하거나 위협을 느끼게 함으로써 운집한 군중을 해산하는 형태인 데 반해 광주의 상황은 전혀 그것이 아니었기 때문이다. 계엄군이 금남로에 나타나 시위 시민과 맞부닥뜨리면 우선 시민과 계엄군 간의 경계선이 없어졌다. 즉, 계엄군은 '콩을 땅바닥에 뿌렸을 때 콩이 사방으로 튀는 것'같이 각개 약진으로 시민 속에 침투, 남녀노소 닥치는 대로 무차별 공격을 가했다. 그가 궁여지

책으로 떠올린 단어는 '인간사냥'이었다.[131]

현장을 취재했던 AP통신 테리 앤더슨(Terry Anderson) 기자도 "이는 사실상 군인들에 의한 폭동이었다"고 말했다.[132] 공수부대는 시위진압을 위해 폭력을 쓴 게 아니라 체포를 위해 폭력을 쓴 것이다. 17년 뒤 1997년 대법원은 "계엄군이 난폭하게 광주시민의 시위행위를 진압한 행위가 내란죄의 구성요건인 폭동의 내용으로서의 폭행·협박에 해당"한다고 판결했다.[133]

곳곳에서 부상자가 속출하자 택시 기사들은 자진하여 부상자들을 병원으로 운반했다. 만약 공수대가 이런 광경을 목격하거나 택시에 실려 병원으로 가는 부상자를 발견하면, 부상자를 다시 끌어내려 곤봉으로 난타하고 운전사까지 사정없이 구타했다. 부상자 운반을 돕던 경찰에게까지 곤봉을 휘둘렀다. 공수부대 대대장인 모 중령은 부상 시민의 수송을 지휘하던 안수택(安洙宅) 전남도경 작전과장에게 "부상 폭도를 빼돌리거나 시위 학생을 피신시키면 너희들도 동조자로 취급하겠다"면서 폭언을 퍼부었다. 공수대의 잔인한 만행을 지켜보던 진압경찰의 간부 한사람은 충장로 주변 골목길에서 서성이는 시민들에게 "제발 집으로 돌아가라, 공수부대에게 걸리면 다 죽는다"면서 울먹였다.[134]

점심때쯤 시내는 텅 비워진 채 침통한 정적이 내려앉았다. 금남로는 교통이 완전히 차단되었고 도청 앞은 다시 기동경찰이 바리케이드를 치고 경계에 들어갔다. 한바탕의 살육이 태풍처럼 휩쓸고 지나간 뒤 군 병력이 시내 주요 지점을 지키는 가운데 거리에서는 외신 기자들과 외국 텔레비전 카메라맨들이 뛰어다니는 것만 보일 뿐이었다. 18일 시위를 대학생들이 주도하였다면, 19일 오전 상황은 연행된 사람들 중 일반 시민이 절반에 이를 정도였다. 그만큼 시민들의 분노가 커진 것이다. 오전 11시 30분부터 오후 1시까지 금남로에서 연행된 사람들은 계엄사 「계엄일지」에 다음과 같이 기록돼 있다.

건축가 1, 제조업체 노동자 8, 노동자 1, 운전사 1, 종업원 10, 농업 1, 상업 1, 전도사 1, 회사원 9, 재수생 20, 광주보건전문대 학생 1, 농원공전 1, 동신전문 4, 목포대 1, 안양공전 1, 고교생 1, 전남대 4, 전자공 1, 조대공전 1, 조선대 26, 한국체대 1, 한양대 1, 기타 11, 계 107명.

19일 오전 조선대 운동장에 진주한 공수부대에게 식수를 공급하기 위해 배관공사를 하던 배관공 황강주(20세)는 군용 트럭이 쉴 새 없이 청년들 30~40명씩을 가득 싣고 운동장으로 들어오는 것을 목격했다. 공수부대는 트럭에 있던 청년들을 끌어내려 낮은 포복으로 운동장을 몇바퀴씩 돌게 하고 무자비하게 구타한 후 체육관으로 끌고 갔다. 이런 일이 그날 그가 확인한 것만 해도 여덟차례나 되었다.[135]

고교생들의 시위 참여

광주 시내 고등학교들은 오전부터 술렁거리다 12시를 전후하여 교내시위에 돌입했다. 대동고에서는 학생들이 대열을 지어 운동장을 돌면서 구호를 외치며 시위를 했다. 중앙여고에서는 학생회장 박찬숙 외 6백여 명이 "민주주의가 말살되었다. 학생이 많이 죽었다"고 외치며 운동장에 모이자 경찰이 교문 앞을 막아섰다. 12시 20분 광주일고에서는 학생 2천여명이 교내시위를 시도했다. 오후 2시경 송정리의 광산여고 학생회장 3학년 김영란(18세)은 정광고 학생회장과 점심시간에 만나 5교시가 끝나면 거리로 뛰쳐나가자고 약속하고 반장 5명을 소집하여 행동 통일을 하자고 결의하였다. 그러나 교문에 경찰이 진주하여 무장한 채 가로막아 그들의 시내 진출은 좌절되었다.

교내시위가 일어나자 대부분의 고등학교는 오후 3시경 휴교령을 내리고 학생들은 귀가하도록 조치하였다. 하지만 교문을 빠져나온 고등학생들은 20명씩 또는 30명씩 짝을 지어 시위대에 가담하기 시작했다. 시위에 가담한 고교생들은 물불을 가리지 않는 10대 특유의 열정 때문에 과감하고 격렬했다. 공수부대의 전면에 자신의 몸을 던졌다. 고등학생의 희생이 이어질수록 시민들은 안타까워했고, 시민들의 감정은 비통함을 넘어 비장함으로 바뀌어가고 있었다. 전라남도교육위원회는 광주 시내 고등학교 37개교에 대하여 다음날인 20일 하루 동안 휴교조치를 내렸다. 하지만 휴교상태는 항쟁이 끝나는 27일까지 계속되었다.

생존 본능의 폭발

5월항쟁은 진행과정에서 몇번의 계기를 넘기면서 질적으로 고양되어 갔다. 바로 이날 오후가 그 질적 비약의 첫번째 계기이다. 19일 오전부터 시위대의 중심세력이 학생에서 일반 시민으로 옮겨갔다. 또한 19일 오전까지 산발적이고 비조직적인 수동적 저항과 이에 대한 공수부대의 잔인한 진압으로 시위대가 일방적인 피해만 당하던 수세 국면이 공세로 전환되기 시작한 것이다. 정오 무렵 계엄군이 블록마다 통행을 차단하면서, 거리는 완전히 통행이 끊겼다. 오전에 벌어진 계엄군의 만행을 똑똑히 본 시민들은 치를 떨었다. 이제는 '어떠한 희생을 치르더라도 저들을 광주에서 몰아내야 우리가 살아남을 수 있다'는 결의를 다지게 되었다. 오후부터 시민들의 대응이 달라졌다.

공수부대의 가공할 폭력 앞에 모두들 기가 막혀버린 상태였다. 이러다가는 '전부 몰살당할 것 같다'는 극도의 위기감이 도시를 무겁게 짓눌렀다. 도대체 이 엄청난 국가폭력의 도가니에서 양심과 분노 외에는 아무것도 가진 게 없는 사람들이 무슨 수로 저항하며, 살아남을 수 있단 말인가! 국가의 이름을 앞세워 시민들에게 무자비한 폭력을 행사하는 자들은 공포심과 무력감을 조장해 집단적 굴종을 강요했다.

그러나 바로 이 순간 누구도 믿을 수 없는 상황이 펼쳐졌다. 압도적인 국가폭력은 잠재돼 있던 민중의 원초적 생존 본능의 뇌관을 건드렸다. 뜻밖에도 민중은 자신들의 심연에 숨겨져 있던 생존 본능의 무한한 힘을 자각하기 시작한 것이다.

오후 1시 30분경 금남로에 진주해 있던 공수부대 병력이 조선대로 점심식사를 하기 위해 빠져나갔고, 공수부대의 최소 경비 병력과 경찰 병력만이 바리케이드를 지키고 있었다. 그 틈을 타고 시위 군중이 다시 금남로로 몰려들었다. 금남로뿐만 아니라 충장로 입구에까지 시위 군중이 가득 찼으며 MBC 앞에서도 출동한 군인들과 대치했다. 가톨릭센터 앞에 모인 시위 군중은 삽시간에 4천~5천명에 달했다.

"시민 학생 여러분, 이성을 잃으면 혼란이 가중됩니다. 지체 말고 즉각 해산하여 집으로 돌아가십시오. 여러분들은 지금 극소수 불순분자 및 폭도들에 의해서 자극되고 있는 것입니다. 시민이 가담하거나 동조하면 가정과 개인에 중대한 불상사가 닥칩니다. 그때 우리는 여하한 사태가 발생하더라도 더이상 책임질 수 없습니다."

군용 헬리콥터 두대가 시위 대열 머리 위로 저공비행을 하면서 선무방송을 계속했다. 헬기에서는 또 전단도 뿌려댔다. 전단을 주워 읽던 사람들은 다시 분노했다. 선무방송과 동일한 내용이었다. 시민들은 각자가 들고 있던 각목이나 철근, 연장 등을 더 높이 치켜들고 허공을 향하여 부르

5월 19일 가톨릭센터 앞에서 불타는 차량을 사이에
두고 대치해 있는 시민과 공수대원들.(사진 나경택)

짖었다. "저놈부터 죽여라!" "헬리콥터를 떨어뜨리자!" "그래, 네놈들이 말한 대로 우리 모두가 폭도다. 죽일 테면 죽여봐라!"

오전보다 시민들 숫자가 훨씬 많아졌다. 뿐만 아니라 구경꾼에서 참여자로 시민들의 모습이 적극적으로 변했다. 시민들은 금남로 양쪽을 차단한 경찰을 향하여 돌과 화염병을 던지며 계속 밀어붙였다. 오전에는 시위대열에서 찾아볼 수 없던 40대 이상의 중년층과 부녀자 들도 많이 끼여있었다. 군과 경찰도 만만치 않게 버티고 있었으며 돌과 화염병, 가스 연기와 경찰의 계속되는 해산명령 방송소리가 저지선 앞에서 어지럽게 교차했다.

밀고 밀리는 공방전이 치열한데 어떤 청년이 가톨릭센터 차고에서 승용차 네대를 끌어다가 차 내부의 의자에 기름을 붓고 불을 붙여서 군과 경찰의 바리케이드를 향해 시동을 건 채 밀어붙였다. 그중의 한대는 CBS 취재차였다. 군과 경찰은 전력을 다하여 최루탄을 쏘아댔다. 치열한 공방전이었다. 불붙은 차가 경찰 바리케이드에 부딪쳐 폭발하자 군중들은 환호성을 올렸다.

곧이어 금남로 2가 제일교회 신축 공사장에서는 기름이 가득 들어 있는 두개의 드럼통이 나왔는데, 청년들이 드럼통에 불을 붙여서 군경 저지선 쪽으로 굴려 보냈다. 그중 드럼통 하나가 굉장한 폭음을 내면서 폭발했고 화염이 공중 높이 치솟았다. 이 장면은 여러 신문사의 사진기자가 카메라에 담았는데 각 신문사들은 5월 25일 처음으로 '광주' 기사를 보도할 때 이 사진을 일제히 게재하였다.[136] 폭음과 환호성, 불길, 감격으로 시위대 후미까지 열기가 고조되면서 싸움이 더욱 치열해졌다. 군경도 가스차와 최루탄만 사용하지는 않았다. 갑자기 시위대 전면에 접근해서 곤봉과 총개머리판, 대검을 휘두르며 시위대를 멀찍이 흩어지게 한 뒤에 다시 제자리로 물러났다. 시위대는 잠시 흩어졌다가 또 모여들곤 하였다. 마치 거대한 풍선이 바람이 빠졌다가 다시 팽팽해졌다 하는 모양 같았다.

시위 군중은 도로변의 대형 화분, 공중전화 박스, 교통 철책, 정류장 입간판 따위로 바리케이드를 치고, 계속해서 보도블록을 깨서 돌 부스러기를 만들었다. 보도블록을 깨는 작업은 시위대 후미나 중간쯤에 끼여 있던 아주머니와 아가씨 들이 맡았다. 청년들은 직접 전투를 담당했다. 지하도 공사장에서 일하던 인부들도 무기가 될 만한 연장이나 각목, 철근, 파이프 등을 계속해서 시위 대열에 날라다 주었다.

오후 2시쯤 군과 경찰은 진압화기가 바닥난 듯 방패를 앞세우고 곤봉을 손에 쥔 채 긴장된 모습으로 제자리를 고수했다. 잠시 후 갑자기 가톨릭센터 앞에서 함성이 터지면서 2백여명의 시민이 가톨릭센터 안으로 물밀듯이 들어갔다. 7층에서 대여섯명의 무장군인이 시민들의 시위상황을 무전기로 연락하는 것이 목격된 직후였다. 시위 군중들은 단숨에 7층으로 올라가 사무실 문을 부수고 실랑이 끝에 군인들 몇명을 붙잡았다. 그동안 쫓기기만 하던 시위대가 획득한 작은 승리였다. 그러나 시위대에 붙잡힌 군인들은 공수부대가 아니었다. 그들은 가톨릭센터 7층 CBS방송국에 파견된 31사단 96연대에 소속된 10명의 향토사단 군인이었다. 군인들을 인질로 삼은 것도 잠시였다. 점심을 끝낸 공수부대 병력이 도청 앞과 광남로 사거리에서 점차 포위망을 좁혀왔다.

바둑판식 분할점령

오후 2시 30분경 11공수여단 병력이 오전 진압작전을 마치고 조선대에 돌아와 점심식사를 마칠 때쯤 최웅 11공수여단장이 아침 첫 출동 때처럼 전교사에서 헬기를 타고 조선대로 와서 대대장들을 불러모아 다음과 같이 직접 작전지시를 했다.

"지금 금남로 한일은행 일대에 약 2천여 명이 집결해 공공시설을 파괴하고 노상에 휘발유를 뿌려 불을 지르는 등 난동 피우고 있으니 전대대가 출동하여 해산시키라."[137]

최웅 여단장의 명령에 이어 11공수여단 양대인 참모장이 광주일고부터 금남로를 따라 도청 쪽으로 폭동진압 대형을 유지하면서 진압하라고 구체적인 작전지시를 내렸다. 작전에 투입된 대대장들은 무전기를 통해 시위상황을 수시로 여단본부에 보고했고, 이들의 보고내용을 바탕으로 병력이동 지시가 여단본부로부터 직접 하달됐다. 시위대의 '작은 승리' 뒤끝에는 공수부대의 훨씬 큰 보복이 뒤따랐다.

오후 2시 50분경 11공수여단 61·62·63대대와 7공수여단 35대대는 금남로와 한일은행 앞에서 모든 병력을 집중하여 '다이아몬드형'으로 시위진압 대형을 갖춘 상태에서 강력한 진압작전을 개시했다. 공수부대는 데모 군중을 분리, 해산시키기 위해, 설대, 횡대, 종대, 다이아몬드 등 4가지 기본 대형을 유지하며 진압을 한다. 설대 대형은 시위 군중을 향해 부대원을 삼각형으로, 횡대는 도로가 넓을 때 일렬 횡대로, 종대는 한줄로 길게 세워 진압병력을 두텁게 하는 것이고, 다이아몬드형은 사방에서 데모 군중이 몰려올 때 사각형으로 대형을 유지하며 시위 군중을 막아내는 방법이었다. 그 시각 금남로에는 공수부대가 다이아몬드 대형을 유지하지 않고서는 불가능할 만큼 이미 군중들 숫자가 크게 불어난 상태였다. 어떤 경우든 공수부대는 시위대를 해산한 후 주동자는 반드시 체포해야 한다는 것이 기본 방침이었다.

11공수여단 61대대는 유동 삼거리에서 도청 쪽으로, 7공수여단 35대대는 도청에서 금남로 방면으로 압축해 들어갔다. 광주시청 상황일지는

"오후 3시 14분, 조선대에서 전차 1대, 장갑차 1대, 트럭 22대에 병력을 싣고 도청 쪽으로 내려옴"이라고 기록했다. 시위 군중은 필사적으로 저항했지만 역부족이었다. M60 기관총으로 무장한 장갑차가 무서운 속력으로 시위대를 향해 돌진했다. 금남로 1가 쪽에서도 수백명의 공수대원들이 달려왔다. 종대로 달려오던 그들은 대열을 횡대로 바꾸더니 미친 듯이 진압봉을 휘둘렀다. 무서운 질주였다.[138]

시민들이 "공수가 몰려온다!"고 소리치면서 발을 동동 구르며 가톨릭센터 건물 위를 바라보았다. 까맣게 몰려드는 공수대원들을 보고 조금 전 옥상으로 올라갔던 사람들이 우르르 몰려 내려왔다. 일부는 미처 계단으로 내려오지 못하고 2층 유리창을 열고 밖으로 뛰어내리기도 했다. 건물 뒤쪽 차고 위 천막으로 뛰어내린 사람들도 있었다. 공수대원들은 도망치는 사람들까지 진압봉으로 때리고 대검으로 찔렀다. 미처 빠져나오지 못한 사람들은 처참하게 폭행을 당하고 끌려갔다. 그곳에서 수많은 부상자가 생겼다.

오후 3시 40분경 예비병력으로 대기 중이던 7공수여단 33대대 280명(30명/250명)도 시내에 투입되었다. 5개 공수대대 전부가 광주 시내에 배치되어 총력전을 펼쳤다. 무장공비를 토벌하듯 무섭게 달려드는 공수부대를 향해 시위대가 백병전으로 대항했다. 시위 군중이 모여 있는 장소는 '바둑판식 분할점령'이 진행됐다. 공수부대는 군중들을 여러 무더기의 작은 조각으로 잘라내 금남로에서 이들을 밀어낸 다음, 오후 4시경 7공수여단과 11공수여단을 연결했다. 가톨릭센터 부근과 금남로를 가득 메웠던 시위대는 1시간여 만에 완전히 해산됐다.

그러나 금남로에서 빠져나간 시위대는 좌우측 도로변으로 밀려가면서 더욱 치열하게 시위를 이어갔다. 도청에서 금남로를 바라볼 때 충장로,

적십자병원, 광주공원, 광주천, 광주일고, 현대극장, 양동시장 등이 좌측이라면, 공용버스터미널, 소방서, 대인시장, 전남여고, 중앙국민학교, 문화방송, 녹두서점, 노동청은 우측이고, 광남로, 유동, 임동, 무등경기장 등은 정면으로 북쪽 방향에 위치해 있다. 마치 풍선 가운데를 꾹 누르면 주변이 부풀어 오르는 것처럼 시위대의 흐름도 이와 같았다. 시위대는 금남로 양측으로 분산돼 움직이다 기회만 되면 금남로로 몰려들곤 하였다. 기름통의 폭발과 바리케이드의 파괴, 짧은 시간이었지만 가톨릭센터 건물에서 있었던 군인들의 제압 등 19일 오후 금남로 전투에서 시위 군중이 거둔 부분적인 승리의 성과는 그들의 사기를 크게 드높였다. 이는 항쟁의 흐름을 공세적인 국면으로 전환시키는 변곡점이 됐다.

싸우다 죽자

오후 3시경 시외버스 공용터미널 앞, 운집한 시민들이 소방서 부근에 진을 치고 있던 공수부대원들에게 돌을 던졌다. 공수대원들이 달려오면서 공중을 향해 화염방사기를 쏘자 엄청난 가스가 뿜어져 나왔다. 소방서 뒤쪽에는 장갑차 한대가 세워져 있었고, 그 주변에서 공수부대와 시민들이 대치하고 있었다. 시민들이 욕설을 퍼붓고 야유를 보내도 반응을 보이지 않던 공수대원들의 태도가 갑자기 돌변했다. 최루탄을 쏘며 시민들을 무작위로 체포하기 시작했다. 사람들은 주변 민가로 몸을 숨겼지만, 잠시 후 그곳으로 들이닥친 공수대원들에게 구타당하고 트럭에 실려 조선대를 거쳐 상무대로 끌려갔다.[139]

일부 시위 대열은 금남로에서 공수부대에 밀려 중앙국민학교 후문으로 후퇴해간 뒤 화염병을 던지면서 MBC 부근에까지 이르렀다. 시위대는 MBC 방송국 안으로 들어가 유리창과 기물을 부수고, 차고에서 취재차 2대와 또다른 승용차를 포함하여 8대를 끌어내 불을 질렀다. MBC는 이튿날 완전히 불타버릴 때까지 세차례 시민들의 공격을 받게 되는데 이 것이 첫번째였다. 이 엄청난 학살사태를 철저하게 외면하고 있는 데 대한 시민들의 응징의 표시였다. 이때 연락을 받은 7공수여단 33대대가 진격해왔다. MBC 방송국 경계병 10명(1명/9명)의 구출작전을 실시했다. 그 과정에서 또다시 대검으로 찌르고 곤봉으로 타격했다. 붙잡히지 않은 사람들은 간신히 광주고등학교 방면으로 쫓겨갔다. 이곳에서도 공수대의 만행은 똑같이 자행되었다. 오후부터 증원된 공수부대가 시내 중심부 금남로를 장악하자 시위대는 광남로, 충장로, 계림동, 양동 등지로 차츰 그 활동범위를 넓혀나가고 있었다.

양동시장 부근에서 시위대를 뒤쫓던 공수대원이 복개상가 2층으로 청년 한명을 쫓아 악착같이 따라 올라갔다. 그 광경을 보고 시민들이 다시 공수대원의 뒤를 쫓아 올라갔고, 시민들에게 역으로 완전히 포위된 공수대원이 겨우 빠져나갔다. 양동시장 입구 부근에서는 추격하던 공수대원 한 무리가 노점상 아주머니의 과일 그릇이 그들의 진로를 방해하자 아주머니의 아랫배를 군홧발로 내질렀다. 비명을 지르면서 아주머니가 쓰러지자 주위의 노인들이 일으키려고 다가갔다. 공수대원은 노인을 곤봉으로 후려갈겼다. "네놈들 때문에 다 잡은 놈들을 놓쳤다!"면서 고함을 질렀다.

건설자재 사업을 하던 박남선(朴南宣, 26세)은 양동 복개상가 앞에서 계엄군이 흰 블라우스와 검정 치마를 입은 여고생의 가슴을 대검으로 희롱하는 것을 목격했다. 그 광경을 보고 격분한 시민들이 "그러지 말라"고 항의하고, 할머니 한분이 "내 새끼를 왜 이러느냐"고 하자 공수들이 군홧발로 할머니를 걷어찼다. 시민들이 짐승 같은 놈들이라고 욕을 하며 돌을

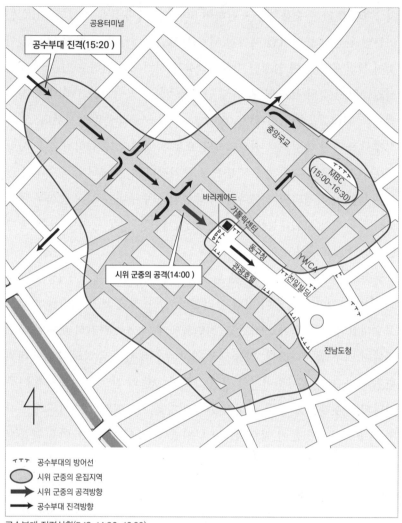

공수부대 진격상황(5.19. 14:00~16:30)

던지자 공수대원들은 대검을 들고 그들을 쫓아갔다. 박남선은 이 모습을
보고 격분하여 항쟁의 물결에 몸을 던졌다. 21일 공수부대가 시내에서 퇴

각하자 박남선은 도청에 들어가 시민군 상황실장을 맡게 된다.

광주공원 방면으로 퇴각한 시위대를 따라 공수대원들은 끝까지 추격했다. 공원의 오르막길에서 사태를 보러 나온 주부들까지 공수대원에게 무차별 구타를 당했다. 이를 보고 있던 주위의 노인들이 공수대원의 폭력을 만류하자 그들은 노인들의 머리를 곤봉으로 후려쳤다. 이런 모습을 도망치며 바라보던 시위 군중이 갑자기 일시에 돌아섰다. "좋다. 우리 모두 다 죽여라!" 하면서 공수부대의 정면으로 달려들었다. 전혀 예상치 않은 반응이었다. 갑자기 시위대가 거세게 반격해오자 추격하던 공수대원 7~8명이 기겁을 하면서 달아나기 시작했다. 이들 중 한명이 양림동 적십자병원 앞에서 무리에서 떨어져 광주천변을 따라 양림교 쪽으로 도주했다. 이 현장에 윤상원이 있었다. 그는 곧바로 녹두서점에 전화해서 김상집(金相集, 24세)에게 자신이 목격한 상황을 전했다. 윤상원은 가톨릭센터 앞에서 광주공원까지 시민들과 함께 도망쳤는데 공수대원들이 끝까지 추격해오자 광주공원에 있던 할아버지들이 흥분해서 야단을 쳤다. 항의하던 노인들을 공수대원들이 마구 짓밟자 분노한 시민들이 뒤돌아서 추격하던 그들에게 달려들었다. 이에 겁을 먹은 공수대원들이 줄행랑을 쳤는데, 그 가운데 한명이 대열에서 낙오되었다. 시민들이 뒤쫓자 그는 광주천을 따라 도망치다 다급해지니 다리 밑으로 뛰어내렸다. 시민들이 그를 향해 돌을 던졌다. 윤상원은 그가 아마 죽었을지도 모르겠다고 녹두서점에서 전화를 받던 김상집에게 말했다. 시위를 하다 언제 붙잡혀 죽을지 모르는 급박한 상황이라 김상집은 심정이 착잡했다.[140]

오후 4시 15분 장동로터리 전신전화국에서 중앙로 김정형외과 앞 사거리까지 시민들이 3천여명으로 늘어나자 공수부대가 몰려왔다. 오후 4시 20분 조선대 정문에도 시민 1천여명이 몰려들었다. 오후 4시 30분 유동 삼거리에는 경찰이 5겹의 방어벽을 만들어 금남로 쪽으로 사람들이 들어가지 못하도록 도로를 차단했다. 북동사무소 앞에서는 공수대원 3백여명이 가택을 수색하며 젊은 사람들을 붙잡아 구타하고 연행하였다.[141] 오후 4시 30분 공용버스터미널 위쪽의 소방서 사거리에서 어떤 여성이 확성기로 외치고 있었다.

"나는 공산당도 아닙니다. 난동자도 아닙니다. 단지 선량한 광주시민의 한사람일 뿐입니다. 아무 죄 없이 우리 학생, 시민 들이 죽어가는 것을 더이상 바라보고 있을 수만은 없습니다. 우리 모두 나섭시다. 학생들을 살립시다. 계엄군을 물리치고 우리 스스로 광주를 지킵시다."

삽시간에 그녀 주위로 시민들이 몰려들었다. 수천명으로 불어난 시위대열은 시내 진출을 기도했다. 잠시 후 이곳에 공수부대가 차량으로 수송되어 왔다. 육군본부「작전상황일지」와 전교사 교훈집에 따르면 오후 4시 40분 현재 병력배치 상황은 다음과 같다. 시외버스 공용터미널 부근에 학생 2천여명이 모여서 시위를 하자 11공수여단 61대대(27명/172명)가 투입되었다. 전교사 제11병참 정비대대의 방위병(11명/360명)까지 동원되어 노동청과 수협 도지부, 대성학원, 전신전화국, 대인슈퍼체인 부근 4차로에 배치되었다. 11공수여단 62대대는 한일은행 앞, 63대대는 광주고교 앞, 7공수여단 35대대는 광주소방서에 배치되었다. 오후 들어 여러차례 군 병력이 증강되었고, 목포와 여수 지역을 제외한 전라남도 내 8개 경찰서에서도 경찰 1800여명을 긴급 차출하여 광주에 투입하는 등 진압군측도 총력전을 펼쳤다. 그러나 광주시 전역에 걸쳐 확산되고 있는 시위를 진압하기에는 역부족이었다. 간선도로와 작전상 주요 지점 몇군데, 외곽으로 연결되는 국도만을 겨우 확보할 수 있을 뿐이었다.

그 시각 공용터미널과 가까운 소방서 부근에 11공수여단 병력이 장갑차를 몰고 출현했다. 1천여 명의 군중이 집결하자, 학생으로 보이는 청년 하나가 앞쪽으로 나오더니 울음을 터뜨리며 자기 친구가 공수대원에게 맞아 죽었다면서, "우리 모두 친구와 형제 들의 원수를 갚아야 한다"고 외쳤다. 그가 직접 앞으로 나아가 공중전화 박스와 가드레일을 부쉈고, 시민들이 일시에 합류하여 순식간에 공용터미널 후문 소방서 방향으로 바리케이드가 쳐졌다. 청년 7~8명이 넘어진 공중전화 박스 뒤에 몸을 숨기고 전화박스를 엄폐물로 삼아서 밀며 앞으로 나아갔다. 공수부대와의 거리가 50여 미터로 좁혀졌을 때 일제히 돌을 던졌다. 지금까지 시위 중 가장 강력하고 치열한 '공용터미널 전투'는 이렇게 시작되었다. 계엄군 뒤쪽에서 대기하고 있던 장갑차가 갑자기 정면으로 돌진해 나와 바리케이드를 부숴버리고 길 한복판의 시민들을 양쪽으로 갈라놓았다. 시위대가 3천여 명으로 늘어났다. 공수부대를 실은 군용 트럭 10여 대가 들이닥쳤다. 공수대원들은 시위대의 후면 공용터미널 로터리 부근을 강타하기 시작했다. 방독면을 쓴 채 1개 소대 혹은 중대 규모로 열을 지어 전진하며 최루탄을 수없이 쏘아댔다. 시위대는 주변 골목으로 흩어지기도 하고 바로 옆 공용터미널 빌딩 3층 옥상에 올라가 돌을 던지기도 하였다. 붙잡힌 학생들과 청년 15명 정도가 로터리 한가운데서 머리를 땅에 처박은 채 줄지어 엎드려 있었는데, 그중 고등학생 하나가 갑자기 벌떡 일어나더니 북동 청과물 공판장 쪽 골목으로 혼신을 다해 달아났다. 시민들은 박수를 치며 환호했다. 3명의 공수대원이 곤봉을 휘두르며 달려오자 시민들이 일시에 와락 달려들었다. 공수대원들은 혼비백산하여 다시 쫓겨갔다. 지하도 속으로 쫓겨간 시민들은 어두컴컴한 지하도 속에서 공수대원들에게 붙들려 진압봉으로 심하게 구타당했다. 부상자 가운데는 대검에 찔려 자상을 입은 사람도 있었다. 김인윤(남, 20세)은 19일 공용터미널

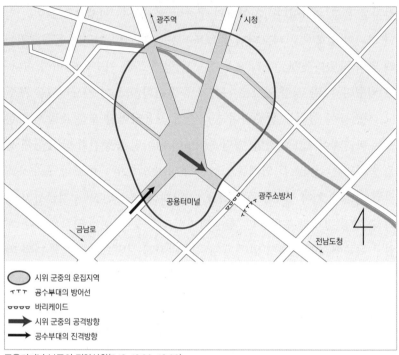

시위 군중의 운집지역
ㅏㅜㅜ 공수부대의 방어선
ㅂㅂㅂㅂ 바리케이드
➡ 시위 군중의 공격방향
➡ 공수부대의 진격방향

공용터미널 부근의 진압상황(5.19. 16:00~18:00)

앞에서 착검한 공수대원에게 쫓겨 터미널 안으로 피신했는데, 공수대원
이 유리창을 부수며 쫓아 들어와 대검으로 얼굴을 찌르고 개머리판으로
후두부를 구타했으며 이때 대검에 많은 사람이 다쳤다고 말했다.[142] 하지
만 이 자리에서 진압을 진두지휘한 11공수여단 61대대장은 검찰조사에
서 "19일이면 저의 대대로서는 진압 초기인데 초기부터 착검하고 진압
할 리가 있겠습니까" 하면서 공수대원들의 착검 사실을 완강하게 부인했
다.[143] 공용터미널 사무실까지 몰려 들어간 병사들은 여러 방을 뒤져 안
내양의 머리채를 끌고 가는 등 20여분 동안에 진압을 완벽하게 마무리했
다. 이때부터 시외버스 발착이 광주역 앞에서 이루어지게 되었다. 육군본

부「작전상황일지」는 "시외버스 공용터미널에 1천여명의 시민들이 운집하여 제11공수여단 61대대와 대치하다가 오후 7시 30분에 흩어졌다"고 기록하고 있다.

터미널 로터리 부근에서 머리가 깨지고 팔이 부러져 온통 피범벅이 된 부상자를 급히 병원으로 운송하던 택시 기사에게 공수대원이 부상자를 내려놓으라고 명령했다. "당신이 보다시피 지금 죽어가는데 사람을 우선 병원으로 운반해야 되지 않겠느냐"고 호소했다. 공수대원은 차의 유리창을 부수고 운전기사를 끌어내려 개머리판과 진압봉으로 마구 내리쳤다. 시내 곳곳에서 이와 유사한 상황들이 벌어졌다. 이런 상황은 택시기사들의 분노를 폭발시켜 다음날인 20일 '차량시위'의 직접적 계기가 되었다. 운전기사 정영동(26세)은 청년 3명을 태우고 시외버스 공용터미널 앞을 지나는데, 공수대원들이 달려들어 차를 세우고 청년들을 차에서 끌어내려 무자비하게 구타했다. 군인들은 정영동에게 "이 자식도 데모하고 다니는 놈들을 실어다주니 똑같은 놈"이라면서 곤봉으로 후려쳤다. 그는 순간 정신을 잃었다. 깨어보니 시외버스 공용터미널 부근 병원이었다. 응급치료를 받은 후 다시 공용터미널로 가보았더니 군인들은 보이지 않고, 운전기사들이 한쪽에 모여 공수부대의 만행을 이대로 보아 넘길 수 없으니 힘을 합치자면서, "내일 무등경기장에서 기사들이 모여 대대적으로 차량시위를 벌이기로 약속했으니 모두 참석하자"고 말했다.[144]

최초의 발포

오후 4시 50분 계림동 광주고등학교 앞 도로에서 최초의 발포 상황이 발생했다. 사직공원 부근에 공수대원의 사체가 있다는 제보를 받고 조선대에서 출동한 장갑차가 위협 시위를 하면서 계림동 일대를 돌아다녔다.

시민들은 광주고와 계림파출소 사이 도로에 모여 있다가 돌을 던져 장갑차의 앞쪽 양옆에 달린 감시경을 깨버렸다. 장갑차가 방향을 잃고 보도블록 위로 올라서자 시동이 꺼져버렸고 시민들이 다가섰다. 이때『동아일보』김충근 기자가 이 장면을 취재하려고 접근했다. 포위된 장갑차 안에서 11공수여단 63대대 작전장교 차정환 대위가 고개를 내민 채 다급하게 김기자를 불렀다. 차대위는 김기자에게 "완전 포위되었으니 우리가 무기로 엄호하는 동안 빨리 도청 앞 본부에 가서 군 병력을 보내주도록 조치해달라"고 연락을 부탁했다. 취재차가 군중 사이로 빠져나가려 할 때 시민들이 차량에다 발길질을 하고 "사람이 죽어가는데 왜『동아일보』는 침묵하느냐"며 욕설을 퍼부었다.[145] 군중 속에 있던 위성삼(魏聖三, 26세, 조선대 4학년)이 짚단에 불을 붙여 장갑차 뚜껑에 올려놓았다. 그때 장갑차 뚜껑이 열리고 M16 총구가 나오더니 군인 한명이 고개를 내밀며 공중에다 총을 두발 쏘았다. 총소리에 놀라 다들 순식간에 흩어졌다. 누군가 '공포탄'이라고 외치자 사람들이 다시 모여들었다. 그 순간 다시 총성이 울렸다. 고교생 한명이 픽 쓰러졌다. 사람들이 순식간에 흩어져 골목에 찰싹 붙어 몸을 숨겼다. 잠시 후 장갑차의 시동이 걸렸다. 공수대원들은 총을 겨눈 채 장갑차를 몰고 그곳을 빠져나갔다. 쓰러진 학생은 김영찬(18세, 조대부고 3학년)으로 항쟁기간 중 발생한 최초의 총상환자로 기록되고 있다.[146] 김영찬은 주위에 있던 공중보건의 정은택 등 시민들에 의해 부근 외과병원으로 옮겨져 응급수술을 받은 뒤 다시 전남대병원으로 이송되어 이틀 뒤인 21일에야 혼수상태에서 깨어났다. M16 총알이 복부 오른쪽을 관통하여 좌측 엉덩이로 빠져나간 중상을 입었다. 장 출혈이 심했는데, 2미터 이상 장을 잘라내고, 5번 이상 수술을 받는 동안 20여명으로부터 수혈을 받아 겨우 목숨을 보전할 수 있었다.[147] 김영찬을 쏜 차정환

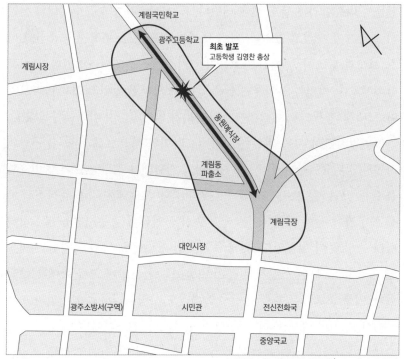

광주고 앞 최초 발포 현장(5.19. 17:10~17:30)

대위는 다음날 보안대에 불려가 발포경위에 대해 간단히 조사받은 후 부
대에 복귀했다.[148] 그러나 차대위는 5월 24일 11공수여단이 주남마을에
서 광주비행장으로 철수하던 중 효천마을 야산에 매복해 있던 계엄군의
오인사격으로 인해 사망했다.[149]

광주의 눈물

오후 7시쯤 땅거미가 덮이기 시작한 거리에는 가랑비가 내렸다. 금남
로에 내리는 비는 오후 내내 벌어진 살육과 혈전의 흔적을 지우면서 시

민들의 비통함과 슬픔도 씻어 내렸다. 금남로는 경찰과 공수부대가 여전히 철통같이 지키고 있었다. 가스 냄새가 자욱했고, 부서진 공중전화 박스, 보도블록 조각들, 깨진 가로등이 괴기스럽고 을씨년스러웠다. 도심은 암흑이었다. 주민들은 어둠에 몸을 맡긴 채 황폐한 삶의 터전을 바라보았다. 도대체 왜 광기로 번뜩이는 살육파티가 벌어지는지 이해할 수 없었다.

어두워지면서 시위 대열은 고속버스터미널 부근으로 몰렸다. 근방의 자동차 정비공들을 중심으로 1천여명의 시위대가 경상남도 차량 번호판을 달고 있던 8톤 트럭 한대를 불태워버렸다. 트럭에는 각종 플라스틱 제품들이 가득 실려 있었다. '경상도 출신 군인들이 광주시민을 말살하러 왔다'는 소문이 떠돌았다. 워낙 충격적인 장면들을 많이 목격한 시민들인 터라 그 소문은 스펀지에 물 스며들듯 자연스럽게 그들 속에 파고들었다. 일부 군중들은 트럭 운전사도 경상도 사람이니까 죽여버리자고 흥분했다. 하지만 "운전수야 무슨 죄가 있겠느냐. 전두환이 죽일 놈이고 공수부대가 천인공노할 놈들이지"하며 일부에서 말렸다. 덕분에 운전사는 무사했다. 시위대는 타오르기 시작한 트럭을 몰고 고속버스터미널 쪽으로 몰려가 정부의 선전 구호가 적힌 대형 아치를 불살랐다. 오후 8시 20분에는 공수대원들이 광주실내체육관에서 운동 중인 역도 선수 5~6명 중 2명을 연행해갔다. 시내 곳곳에서 1백여명 정도씩 분산된 시위대는 곡괭이, 삽, 몽둥이 등으로 무장하고 비가 오는데도 아랑곳하지 않고 통금 시간인 9시가 훨씬 넘어서 자정에 이르기까지 시위를 계속했다. 19일 밤 시위현장에서 체포된 숫자만 277명에 이를 만큼 시위는 격렬했다. 이날 군과 경찰 24명, 시민 수십명이 부상을 입었고, 부상자 가운데 최미자(여, 19세) 등 5명은 대검 따위의 날카로운 물체에 찔려 '자상'을 입은 것으로 확인됐다.[150]

특히 이날 밤 도청에서 북쪽 양동, 유동, 임동, 고속버스터미널, 광주역에 이르는 지역에서는 밤늦도록 게릴라성 시위가 치열하게 펼쳐졌다.

훨씬 늘어난 '대검' 사용

한편 이날 낮부터 광주 시내 종합병원과 개인병원에는 중환자가 대거 몰려들었다. 그들은 다행히 계엄군의 트럭에 실려 가지 않고 중상을 당한 채 달아났거나 주위의 도움을 받아 계엄군의 무자비한 손길을 벗어난 사람들이다. 그러나 병원에 옮겨져서 죽어가는 사람도 많았다. 학생, 청년뿐만 아니라 노인, 부녀자, 중학생, 심지어는 어린이의 시체도 보였는데, 광주 시내 병원 시설들은 이들 모두를 수용할 수 없는 형편이었다.[151] 19일 공수부대의 진압은 18일에 비해 더욱 잔혹했다. 18일처럼 '진압봉'을 주무기로 사용했지만 '대검' 사용이 훨씬 늘었다. 전날 7공수여단의 무자비한 진압에도 불구하고 시민들의 저항이 오히려 격렬해지자 11공수여단이 투입되면서 진압의 강도를 더욱 높인 결과였다. 천하무적을 자랑하던 공수부대는 자존심에 상처를 입고 약이 올라 보복을 별렀다. 시위 참가자뿐 아니라 구경하던 사람마저 그들의 표적이 됐다. 이때 부상자들 중에는 끝내 회복하지 못하고 후유증으로 시름시름 앓다가 사망한 사람들이 적지 않았다.

자정까지 시민들은 모두 집으로 돌아갔다. 그들은 낮에 본 광경들을 얘기하면서 치를 떨었다. 가족 중에 아직도 돌아오지 않은 젊은이가 있는 집에서는, 사방으로 전화를 걸어보는 등 밤중 내내 불안감에 시달려야 했다. 텔레비전에서는 평소처럼 연속극이나 오락 프로그램만 방영되고 있었다. 나라의 한편에서는 '집단적인 인간사냥'이 벌어지는데, 텔레비전에서는 다리를 흔들어대며 춤을 추는 출연자의 모습만을 내보내고 있었다. 광주시민들은 배신감과 타오르는 분노를 주체할 수 없었다. 이러한 감정들이 다음날 시위대가 문화방송국을 불태워버릴 수밖에 없도록 만든 것이다.

강경진압을 주도한 정호용

정호용 특전사령관은 광주에서 시위가 격렬해지자 강경대응을 주도한 것으로 알려졌다. 당초 그는 공수부대가 초기에 강하게 진압하면 금방 시위가 가라앉을 것이라고 주장했다. 국회 광주청문회 등에서는 특전사령관의 이런 강경한 입장이 현장에 투입된 공수대원들의 태도를 더욱 공격적이고 무자비하게 만들었다는 지적이 제기됐다. 그가 광주진압에 이렇듯 강경하게 나선 이유는 12·12쿠데타 때의 부재를 만회하기 위해서였다는 지적이다.[152] 아무튼 정호용은 처음부터 적극적이고 강경했다. 그 결과 광주의 시위진압에 공을 세워 충무무공훈장을 받았다.

하지만 그는 정작 공식적인 지휘라인에 있지 않았다. 자기 휘하의 공수부대가 2군사령부의 전교사 소속 31사단에 배속되어 작전에 조언하거나 군수물자 지원 등 후방에서 돕는 정도의 소극적인 역할에 머물 수밖에 없었는데도, 12·12, 5·18을 통틀어 전두환, 노태우에 이어 세번째로 중요한 공적을 세운 인물로 평가받았다.[153] 물론 그의 공적은 12·12와는 상관없고, 5·18 광주진압만으로 그렇게 된 것이다. 표면에 드러나지 않았지만 그만큼 그가 광주진압에서 중추적인 역할을 했다는 의미다.

정호용은 19일까지 서울에 머물면서 7공수여단에 이어 11공수여단을 추가로 투입한 뒤, 20일 광주로 직접 내려왔다. 이에 앞서 19일 새벽 6시 30분경 그는 제3공수특전여단장 최세창 준장에게 '광주지역에 출동할지 모르는 형편이니 만반의 준비를 갖추고 대기하라'는 지시를 해둔 상태였다. 20일 오전 헬리콥터 C-54 특별기를 타고 광주에 도착한 정호용 사령관은 7공수여단장 신우식 준장과 11공수여단장 최웅 준장, 그리고 작전참모 장세동 대령으로부터 지금까지의 광주 일원의 시위상황에 관해 자세하게 보고를 받은 다음 전교사 윤흥정 사령관과 김기석 부사령관을 만나 대책을 논의했다. 정호용이 육사 선배로 평소 친분이 두터운 윤흥정에게 '더욱 강경하게 진압해야 한다'는 요지로 말을 이었다. "선배님, 중앙에서도 마찬가지입니다만 계엄확대 조치에도 이렇게 소요가 계속된다면 가만히 있을 수 없지 않습니까? 차라리 계엄군의 확고한 의지를 보여줌으로써 초기에 군중들의 심리를 가라앉혀야 옳지 않겠습니까?"[154] 그러나 윤흥정 사령관은 정호용에게 동조하는 대신 이날 오전 열린 '광주지역 기관장회의'에서 참석자들이 공수부대의 과잉진압에 대해서 반발하던 분위기를 완곡하게 전했다.

광주지역 기관장회의

그렇다면 '광주지역 기관장회의' 분위기는 어떠했던가? 이날 오전 10시경 상무대의 전교사에서는 윤흥정 계엄분소장이 긴급 소집해 군·관·민 방위협의회를 중심으로 광주 시내 주요기관장 회의가 열렸다. 정시채 부지사(장형태 도지사가 모친상을 당했기 때문에 대신 참석), 이대순 교육감, 배명인 검사장, 재향군인회장, 정석환 중앙정보부 광주분실장 등 민간인들과 정웅 31사단장, 신우식 7공수여단장, 장사복 전교사 참모장, 이재우 505보안부대장 등이 모두 참석한 자리였다. 이 자리에서 윤흥정 사령관은 기관장들로부터 '계엄군의 과잉진압'에 대해 차마 듣기 거북한 이야기를 들어야 했다. "정말 군복을 입고 있기가 부끄러울 정도"였다.[155] 특히 18일 저녁 윤흥정은 광주 시내에 있는 친지로부터 많은 항의성 전화를 받았다. 이 전화 가운데 천주교 광주대교구 윤공희 대주교의 간곡하고도 격앙된 전화도 있었다.[156] 윤사령관은 곧바로 장사복 전교사 참모장에게 직접 상황을 파악해보라고 지시했다. 장사복 참모장은 "말단 사병들에 의해 일부 과잉진압이 있었다"고 보고했다.[157] 윤흥정은 참모장의 보고를 듣고 당장 광주 시내 주요기관장 회의를 소집하라고 지시했다.

회의가 시작되자 기관장들의 볼멘소리가 터져 나왔다. 이대순 교육감은 "고등학생들도 등교를 거부하는 몇 학교가 있다. 이렇게 나가다가는 고등학생들도 들고 일어날 것 같다. 너무 강경하지 않느냐. 시위진압을 부드럽게 해야 되지 않느냐"고 항의했다. 정시채 부지사는 "부마사태와 같이 하면 되느냐. 광주가 부산과 같은 줄 아느냐. 지역 특성을 감안해야 하는데 전혀 그런 것을 모르는 것 같다"고 지적했다. 18일 최초 진압에 나선 7공수여단의 책임자 신우식 준장은 기관장들의 이런 항의에 아무런 말이 없었다. 기관장들은 "공수부대를 아주 시내에서 철수시켜달라"고 요구했다. 만약 이들을 시내에서 철수시키기가 어렵다면 시민들의 격앙된 감정을 고려해서 공수부대가 아니라 일반 군인처럼 보이게 얼룩무늬 공수부대 복장만이라도 갈아입혀달라는 요구도 나왔다.[158]

윤흥정은 그 자리에서 31사단장과 공수부대 지휘관들에게 유혈진압을 하지 말라고 강력하게 지시하고, 회의 참석 기관장들에게는 앞으로 절대 그런 일이 없도록 하겠다고 약속했다. 회의가 끝나자 연행자 가운데 주동자가 아닌 사람은 모두 석방하고, 병영집체교육 중인 대학생들은 훈련을 중지시켜 귀가토록 조치했다. 그러나 윤흥정의 '무혈진압' 지시와 후속조치에도 불구하고 7공수여단에 이어 새로 투입된 11공수여단은 시위 현장에서 여전히 '유혈' 강경진압을 지속했다. '전교사-31사단-공수부대'로 이어지는 계엄군의 공식 지휘체계가 아예 작동하지 않은 것이다.

정웅의 고뇌와 결단

이날 밤 11시 정웅 31사단장은 7공수여단 33대대장 권승만 중령, 35대
대장 김일옥 중령, 11공수여단장 최웅 준장, 안병하 전라남도 경찰국장,
그리고 자신의 휘하에 있는 연대장, 대대장, 참모 들을 모두 불러모았다.
그리고 '강경진압'을 멈추고, '무혈진압'으로 전환하라고 '31사단 작전
명령 제3호'를 지시했다. '대검사용 금지, 진압봉 머리 타격 금지, 분산 주
력, 연행 금지 등'이 주요 내용이었다. "장차 군법회의에서 사형당할 것을
각오"하고 "독단으로 강경진압 명령을 무혈진압 명령으로 사단작전명령
을 변경시켜 하달"하였다는 것이다. 정웅 사단장의 각오는 비장했다.[159]
상대가 적군이라면, 부대와 함께 싸워 적군을 패퇴시키거나 아니면 자신
이 전사하면 된다. 그런데 상대는 '적'이 아니라 자신이 지켜야 할 '광주
시민'이었다. 어떻게 하는 것이 가장 슬기로운 길인가? 그는 참모와 지휘
관 들을 모아 개별적으로 의견을 물었다. 10명 중 8명은 정웅과 같은 생각
이었고, 2명은 모호한 의견이었다.[160]

그러나 군부 실세들의 생각은 윤흥정, 정웅 등 현지 지휘관의 판단과
정반대였다. 그들은 더욱 강경하게 몰아쳤다. 광주 상황을 점검하고 서울
로 돌아간 정호용은 주영복 국방부 장관, 이희성 계엄사령관, 전두환 보
안사령관 등과 만나 강경대응을 주문했다. "광주소요가 쉽게 수그러들지
않을 것 같다. 유언비어 때문에 광주시민들의 감정이 아주 악화되어 있
다. 계엄군을 조속히 증대해야 한다"고 주장했다. 계엄사령관이 난색을
보였다. "서울에도 아직 산발적인 시위 움직임이 있는데 광주에다만 군
을 더 투입할 필요가 있겠느냐"는 반응이었다. 정호용이 반발했다.

"서울은 더이상 시위가 확대되지 않을 것이고, 광주는 그대로 두면 혼
란이 굉장해진다. 3공수여단장에게 출동준비를 지시했는데 1공수여단도

동시에 내려보내야 할 것 같다."

보안사령관의 판단과 지시가 곧 최종 가이드라인이었다. 듣고 있던 전두환이 "3공수여단과 20사단을 함께 내려보내는 것이 좋겠다"고 결말을 지었다.[161]

이날 아침 8시 20분부터 9시 40분까지 계엄사령부에서 열린 일반참모회의에 참석한 육군본부 인사참모부 박○○ 차장은 이 회의 분위기를 좀더 자세하게 전해준다. "5월 19일 월요일 아침 일반참모회의에서 이희성 참모총장은 '광주사태는 공산당에 의해 조종되고 있다. 폭도들에 의해 계엄군의 생명이 위협받는 경우가 생기면 당연히 자위권을 발동해야 한다'고 말했다"는 것이다.[162]

공수부대를 앞세운 신군부의 강경진압은 광주시민들을 분노케 하여 이들의 시위 참여를 촉발시켰는데, 급기야 시위는 공수부대의 진압에 시민들이 직접 맞서는 양상으로 변해갔다. 광주 현지 지휘관인 윤흥정 전남북계엄분소장과 정웅 31사단장의 무혈진압 방침 천명이 있었고, 전교사 참모들 역시 내심으로는 강경진압 방침에 반발했다. 이런 기류를 감지한 계엄사 부사령관 황영시 육군참모차장은 19일 보안사를 통해 좀더 강력한 지시를 내렸다.

계엄부사령관 지시사항. 80. 5. 18. 계엄부사령관은 전남대학교 소요에 단호한 계엄사의 조치를 보여주기 위하여 보안사 계통에서 전교사령관에게 지휘 조언, 강력하게 다루도록 조치해줄 것을 요망하고 있음.[163]

계엄군의 축차투입

오후 3시 이희성 계엄사령관은 청와대에 광주사태 전반의 상황과 더불어 3공수여단의 추가 투입, 20사단 증파 등을 보고했다. 오후 6시 계엄사령부는 3공수여단 5개 대대 1392명을 광주에 더 증파한다는 지시를 전교사에 내려보냈다. 현지에서 요청하지 않았지만 계엄사령부가 일방적으로 취한 조치였다.

밤 11시 8분 최세창 여단장이 이끄는 3공수여단은 서울을 출발해서 20일 아침 7시 광주역에 내려 얼마 후 전남대에 도착했다. 7공수여단 2개 대대, 11공수여단 3개 대대와 더불어 3공수여단 5개 대대가 출동함으로써 광주 시내에는 총 10개 대대의 공수부대 병력이 투입된 것이다. 부마항쟁 때도 출동한 3공수여단은 공수부대 가운데서도 최정예 부대로 꼽혔다.

이렇게 18일부터 21일까지 매일 새로운 부대들이 '축차투입'된 것이다.[164] 18일에는 7공수여단 2개 대대 688명(84명/604명), 19일은 11공수여단 3개 대대 1200명(162명/1038명), 20일은 3공수여단 5개 대대 1392명(255명/1137명)이 투입돼 공수부대만 3280명(501명/2779명)이었다.

이날 밤 11시 40분 2군사령부를 통해 전교사에 하달된 충정작전 지침은 '바둑판식 분할점령'이라는, 시위를 해산시키기보다는 퇴로를 차단하여 체포하는 데 중점을 둔 강경한 내용을 담고 있었다. 군복을 갖춘 정규부대가 아니라 민간인 복장으로 시위대 속에 위장 침투하여 시위대 가운데서 주동자를 색출, 체포하는 역할을 담당하는 '편의대'를 운용한다는 내용도 있었다.

계엄 당국의 강경진압 방침에도 불구하고 전남북계엄분소는 2군사령관 훈시문을 접수하여 일선 부대에 시달하면서 계엄사의 방침과는 크게 차이 나게 다음과 같이 완화된 진압지침을 내려보냈다.

(1) 계엄군의 이상적 행동을 강구할 것

(2) 이적 행위자는 단호히 조치할 것

(3) 선량한 학생 및 시민은 보호할 것

(4) 군인의 기본자세를 견지할 것

(5) 정부 재산을 보호할 것[165]

3명의 베테랑 보안요원 투입

보안사령부는 광주지구 보안부대의 대응조치가 미흡하다는 전두환 보안사령관의 지적에 따라 고위직 보안요원 3명을 광주에 파견했다.

19일 오후 4시경 송정리 비행장에 도착한 보안사 기획조정처장 최예섭 준장은 19일 밤부터 5월 27일 계엄군이 도청을 재점령할 때까지 전교사 부사령관 부속실과 광주지구 보안부대장실 옆방에 머물면서 진압작전 상황을 보안사령부에 보고했다. 특히 전교사 작전회의에 참석하거나 시민 협상대표를 직접 만나는 등 광주 현지에 머물며 상황을 최일선에서 직접 조율했다. 최예섭 준장은 광주 현지에서 발생하는 주요 상황을 전두환 사령관에게 직접 보고하고 조정하는 핫라인 역할을 수행한 것이다. 광주 505보안부대장 이재우 대령 역시 사령부에 각종 보고를 올렸지만 "진압작전에 관한 상황정보 등 중요 사항은 최예섭 준장이 사령부에 직접 보고"했다.[166]

이학봉 보안사 대공처장은 계엄확대와 동시에 치안본부 수사업무 조정을 위해 합동수사본부에 파견 나와 있던 홍성률 대령에게 광주로 내려가 상황을 파악할 것을 지시했다. 5월 20일 오전 8시경 광주에 도착한 홍대령은 아침 9시 30분경 광주 시내로 잠입하여 첩보를 수집하고, 21일 이후에는 시내에 은신하면서 시위대의 위치, 무장상황, 이동 및 공격 상황, 시민과 수습대책위원회의 동정 등을 파악하다가 24일 오후 2시경부터 광주지구 보안부대로 돌아가 머물렀고 6월 8일 보안사로 복귀했다. "홍성률 대령은 광주 출신으로 정확한 정보를 수집하여 보고함과 동시에 시민과 시위대와의 분리공작을 추진한 것"이라고만 알려졌다.[167]

5월 22일에는 보안사 감찰실장으로 합동수사본부 수사국장으로 있던 최경조 대령이 '광주지역 합동수사단장'으로 파견됐다. 그는 합동수사본부에서 파견된 수사요원 30여명과 현지 수사요원 10여명을 지휘하여 시위 관련자에 대한 수사업무를 총괄했다. 광주505보안부대장 이재우 대령이 수사부국장을 맡았고, 서의남 대공과장이 실무를 담당했다. 최대령은 기존 수사팀 편성을 확 바꿨다. 이전에는 보안부대반, 경찰부대반, 헌병반 등 파견부대 위주로 편성된 것을 연행자 성분에 따라 학생반, 일반폭도반, 재야반, 행정반 등 4개 팀으로 바꾼 것이다. 광주지역 합동수사단은 항쟁기간 중 연행되어 온 시민 약 3천여명을 수사했다. 이때 국군통합병원에서 군의관으로 근무하던 광주 출신 이정융(36세)은 최경조 대령과 친분이 두터웠다. 최대령은 이정융에게 "사북사태 때 무장하지 않은 채 3천명 정도가 난동을 부려 80명이 구속됐는데 여기에 비해 광주는 무기를 가진 30만명이 난동을 부렸으니 적어도 8천명은 구속 기소돼야 한다"는 생각을 피력했다고 한다.[168]

아무튼 이들 3명의 중량급 보안요원의 증원이 계엄군 증파와 더불어 이뤄졌다. 이들은 광주 현지에서 정보의 말초신경망으로서 임무를 수행했다.

북한 특수부대 침투설

30여년이 훨씬 더 지난 요즘도 광주는 여전히 '유언비어'에 시달리고 있다. 5·18 기간 동안 있었다는 '북한군 6백명 침투'라는 유언비어다. 간첩도 아니고, 아예 북한 특수부대원 6백명이 항쟁기간 중 광주에 잠입하여 시민들 사이에 섞여 시위를 자극하여 폭동으로 이끌었다고 한다. 요즘 유언비어는 한걸음 더 나아가 당시 북한 특수부대가 공수부대와 광주시민들을 향해 총을 쏘고 잔학행위를 주도했는데, 이런 것들이 마치 공수부대의 소행인 것처럼 잘못 전해져오고 있다는 주장이다.

이 정도면 누군가가 악의적인 의도를 가지고 계획적으로 유포하는 '유언비어'라고 보는 게 타당하다. 이런 '유언비어'는 우리 사회 일각의 보수화 분위기를 틈타 더욱 기승을 부리고 있다. 탈북인사들 몇명과 이들의 주장에 기댄 일부 극우 선동가들이 각종 인터넷 매체, 인쇄물 등을 통해 이런 분위기를 확산시키는 데 앞장서고 있다. 만약 그들의 주장대로 1980년 5월 광주에서 벌어진 학살행위가 북한 특수부대가 침투해서 저지른 만행이라면 이를 막아야 할 임무는 국군에 있었음에도 불구하고 우리 군은 북한 특수군은커녕 단 한명의 간첩도 색출하지 못했다는 점을 어떻게 변명할 것인가. 군이 스스로의 존재가치를 부정하는 논리적인 모순이 아닐 수 없다. 이들의 주장은 본질적으로 5·18 때 퍼진 유언비어와 논리나 맥락이 흡사하다.

보수논객으로 알려진 조갑제조차 '북한 특수부대 침투설'을 부인했다. 그의 주장을 요약하면, 광주시민 수십만명과 진압군이 목격자이고 수백명의 직업적 구경꾼들, 즉 내외신 기자들이 취재했지만, 어느 기자도 북한군 부대가 개입했다는 생각을 하지 않았다. 당시 진압군 장교들 중 어느 한사람도 북한군의 출현에 대해서 보고하거나 주장한 사람이 없다. 북한군이 소대 규모로 일으킨 1·21 청와대 습격 사건(1968. 1), 중대 규모이던 삼척·울진 무장공비 침투 사건(1968. 11)을 진압하는 데도 국군은 각각 수십명의 전사자를 냈던 것에 비춰 대대 규모의 북한 특수부대가 개입했

국방부는 5·18 당시 북한군 특수부대가 개입했다는
주장을 공식 부인하는 입장을 발표하였다.
(국방부 법무관리실, 2013. 10.)

다면 군인 사망자가 23명 정도에 그칠 리가 없다. 대대 규모라면 국군과
대규모 전투가 발생했을 것이다. 5·18이 발생하자마자 곧바로 북한 당국
이 특수부대 출동을 명령했더라도 광주에 도착하려면 빨라야 5월 20일
이후일 것이고, 그때는 이미 계엄군의 광주외곽 봉쇄작전이 시작돼 북한
군이 침투할 여지가 전혀 없었다. 1개 대대 중 3분의 2가 희생됐다면 약
2백명 이상이 죽었을 텐데 그들의 시신은 모두 어디로 갔을까? 단 하나도
발견된 게 없다. 광주사태의 국가적 조사는 1980년 사건 직후 계엄사 발
표, 1985년 국방부 재조사, 1988년 국회 광주청문회, 1995년의 검찰 및 국
방부 조사, 1996~97년의 5·18재판, 2007년 국방부 과거사진상규명위원
회의 조사, 2012년 국정원의 비공개 조사까지 7차례나 있었지만 북한군
이 대대 규모로 들어왔다는 증거나 정황은 한번도 발견된 적이 없다.[169]

그럼에도 불구하고 일부에서 계속 북한군침투설이 주장되자 2013년
6월에는 정홍원 국무총리가 국회 본회의에서, 2013년 10월에는 국방부가
'탈북자 단체의 주장에 대한 군의 입장'을 발표하여 '5·18 민주화운동에
북한군이 개입하지 않았다'고 공식적으로 밝혔다.[170]

미국의 전력 증강

19일 미국의 태평양지구 공군사령관 휴즈 중장은 하와이 호놀룰루에서 기자회견을 하였다. "북한의 남침으로 한반도에 전쟁이 일어날 경우, 오끼나와에 주둔하고 있는 미국의 전술 공군기들은 매우 빠른 시간 내에 한국 전선으로 출격할 것이며 어떠한 북한의 공중공격도 격퇴할 능력을 한미 공군은 보유하고 있다"고 말했다.[171]

또 미 국방정보국이 워싱턴의 합참본부에 다음과 같은 전문을 19일자로 보냈다. "3만여 학생들이 광주에서 난동을 부리고 있는데, 수를 파악하기 어려우나 노동자 등 학생 아닌 사람들도 참여하고 있음이 분명하다. 한국군은 군중을 해산시키기 위해 가스와 무장수송차량, 그리고 확성기를 단 헬리콥터를 사용하고 있으나 별 효과가 없다. 상황이 극히 심각하게 돌아가고 있다." 이 전문은 광주 송정리의 미 공군기지에 주둔한 미군 정보장교들이 작성하여 미국에 보낸 것이다.[172]

주한 미국대사관 관리들은 19일 오전 광주 미국문화원장 데이비드 밀러가 대사관에 전화로 보고해 왔을 때에야 비로소 광주에서 일어난 폭력 사태에 대한 단편적인 정보나마 처음으로 입수할 수 있었다. 그러나 미국의 공식 입장과 달리 글라이스틴 주한 미 대사는 팀 샤록(Tim Shorrock) 기자와의 인터뷰에서 항쟁기간 내내 광주관광호텔에 투숙한 미 정보요원으로부터 매일 광주 시내에서 발생하는 상황을 상세하게 보고받았다고 말했다.[173]

아무튼 미국의 공식 입장은 밀러 원장이 광주에서 심한 폭동이 일어나고 있다는 말을 광주시민들로부터 들었으며, 수많은 상해사건, 심지어 몇몇 살해사건의 책임이 특전사 부대에 있다는 말도 들었다는 것이었다. 서울의 미군 관리들도 19일 광주의 아는 사람으로부터 그와 비슷한 내용의 전화를 받았다. 검열통제를 받는 한국의 보도매체들은 18일과 19일 광주에서 일어난 사건들에 관해 아무것도 보도하지 않았다. 미국대사관의 19일 광주 상황에 대한 단편적인 지식은 밀러 원장과 광주에서 12마일 떨어진 미 공군기지에서 보내온 관찰보고와 외국 기자들의 보도에 근거를 둔 것이었다. 한국정부의 관리들은 광주에 특별한 문제가 발생했다는 것을 부인하거나 그 심각성을 애써 대수롭지 않은 것으로 말했다.[174]

전면적인 민중항쟁
5월 20일 화요일 | 항쟁 3일째

3공수여단의 추가 투입

20일 전라남도교육위원회는 광주 시내 중·고등학교에 대해 전면적인 임시휴교 조치를 취하였다. 새벽 5시 전교사는 500MD 헬기 3대를 계엄사령부에 요청하였다. 아침 7시 서울 청량리역에서 새벽 1시 20분에 출발한 3공수여단 5개 대대가 광주역에 도착하였다. 최세창 3공수여단장과 대대장들은 광주역에 마중 나온 정웅 31사단장의 안내에 따라 차량을 이용하여 숙영지 전남대로 이동했다. 3공수여단이 들어오자 7공수여단 33대대는 전남대를 비워주고 조선대로 숙영지를 옮겼다. 3공수여단은 낮에는 금남로 일대에 배치됐다가 어두워지면서 시위가 치열해지자 전남대 입구, 광주역, 광주시청 등 광주의 서북부지역 시위진압을 담당하게 되었다.[175] 7공수여단 33대대를 추가로 배속받은 11공수여단은 광주 동부지역을 담당하기 위해 임무를 조정했다. 11공수여단 61대대는 금남로

2가 상업은행 부근, 62대대는 충장로 광주우체국 일대, 63대대는 금남로 3가 광주은행 일대에 배치하고, 7공수여단 33대대는 광주역에 배치하였다가 오후에 계림파출소 부근으로 이동시켰다.

육군본부가 발행한 『폭동진압작전 교범』에는 "진압대상이 일반적인 시위로서 물리적인 힘에 의한 진압이 요구될 시는 수적으로 우세한 보병부대를 요청하고, 소요사태가 극렬화하여 무장폭도들이 특정시설을 거점으로 항거할 시는 특공작전을 수행할 수 있는 특수부대를 요청한다"고 명시돼 있다.[176] 그러나 계엄 당국은 이를 무시한 채 맨 마지막 단계에서나 투입해야 하는 공수부대를 가장 먼저 출동시켰다. 이 때문에 5·17 조치로 광주에서 발생할 시위에 대비해 3개 공수특전여단의 작전스케줄을 미리 세워놓고 각본에 따라 '광주살육'을 저질렀다는 지적을 받았다.[177]

두번째 희생자 김안부

아놀드 피터슨(Arnold A. Peterson) 목사는 아침 8시 양림동에 머물던 전도대회단과 광주기독병원에 예배를 드리러 갔다. 피터슨 목사는 미국 침례교 선교사로 1975년부터 광주에서 선교활동 중이었다. 그는 18일과 19일 시내에서 벌어진 일들을 목격했는데, 만일 이날 정부가 공수부대원들의 잘못을 사과하고 공수부대를 철수시켰다면 아마도 시민들이 더이상 피를 흘리지 않고 문제가 해결되었을 것이라고 생각했다. 그러나 상황은 그렇게 전개되지 않았다. 찬송가를 부른 후에 의사 한사람이 기도했다. "사랑하는 하느님, 어찌하여 우리의 군인들이 우리의 형제와 자매와 아이들을 죽입니까"라며 울음을 터뜨렸다. 대부분의 신도들도 울었다. 피터슨 목사는 그때까지 사람들이 분노의 감정을 그렇게까지 강하게 분출했던 것을 본 적이 없었다.[178]

지난밤부터 내리던 비는 20일 오전 9시쯤까지 내리다가 그쳤다. 시민들은 이른 아침 비를 맞으며 변두리 지역에서 시내 중심가로 몰려들었다. 중심가로 나가면 자신의 생명을 보장받을 수 없다는 사실도 알았고, 공수부대가 시내 요소요소를 막고 있다는 것도 알았지만, 공포보다는 분노가 앞섰다. 군경의 경비와 검문은 여전히 다리, 로터리, 네거리 부근 등 주요 길목에서 시행되고 있었다. 가끔 길가에 털썩 주저앉아 머리를 쥐어뜯으며 통곡하는 아낙네들이 보였다. 옷을 찢어대며 내 아들 살려내라고 거의 미친 듯이 울부짖고 있었다. 누구 하나 뭐라고 위로할 수도 없었고 자기도 모르는 사이에 뜨거운 눈물이 솟구쳐 주먹으로 눈가를 닦을 뿐이었다.

비가 그치면서 오전 10시경 대인시장 주변에는 1천여 명의 시민들이 모여들었다. 가정주부, 고등학생, 노년층까지 합세한 군중들은 전날의 피해 상황과 자신들이 목격한 공수부대의 잔인한 진압 광경을 이야기하며 공감대의 폭을 넓혀나갔다. 이날 새벽 안면이 짓이겨진 채 죽어서 광주공원 부근의 전남주조장 앞길에서 발견된 김안부(35세, 일용노동자)에 대한 소문도 빠르게 퍼졌다. 최초 희생자 김경철에 이어 두번째 사망자였다. 사망 원인은 '전두부 열상'으로 무엇인가에 강한 충격을 받아 앞머리가 깨진 것이다. 시청 상황일지에는 "19일 오후 6시 30분에 광주공원 광장에서 공수들이 대학생 8명을 팬티만 입힌 채 원산폭격이라는 기합을 주고 있었다"고 기록되어 있는데, 김안부는 그 시간쯤 광주공원 근처 시위 행렬에 합류했거나 구경하다가 변을 당한 것으로 추정된다. 통행금지 때문에 밖에 나갈 수 없어 밤을 새우고 아침 일찍 남편을 찾아 나선 김말옥(22세)은 술 배달을 하는 아저씨들이 광주공원에서 난리가 났다고 하는 이야기를 듣고 혹시나 하는 생각에 그곳으로 달려갔다. 남편은 회색 티 한벌에 비를 철철 맞은 채 잠자는 것마냥 눈을 뜨고 누워 있었다. 한이 맺혀서 눈을

감지 못하고 죽은 듯했다.[179]

대인시장 상인들은 '이 난리판에 무슨 장사냐'며 아예 장사를 집어치우고 시위에 참가하기 시작했다. 사람들은 광주고교 방면을 돌아 시민관 사거리로 나아갔다. 시위 대열은 금남로에 도착하기도 전에 장갑차를 앞세우고 봉쇄하는 공수부대에 의하여 사방으로 흩어졌다.

오전 10시 20분부터 12시 50분까지 윤흥정 전교사령관이 소집한 두번째 광주지역 기관장회의가 전교사에서 열렸다. 시민들의 분노가 커서 안되겠으니 공수부대를 철수시키든가, 철수가 불가능하면 공수부대 복장을 일반 군인 복장으로라도 교체해달라는 기관장들의 건의에 윤사령관은 신중히 고려하겠다고 말했다.[180] 이어서 오후 2시부터 20분간 각계 시민대표 56명과 전교사 전투발전부장 김순현 외 참모 8명이 참석한 간담회가 열렸다. 이 자리에는 광주상공회의소 회장, 전남의사회장, 전남약사회장, 한국부인회 광주지회장 등이 참석했으며, 공수부대의 과격진압과 유언비어 문제가 제기됐다.[181]

알몸에 팬티와 브래지어만 걸치고

오전 10시 30분경, 전날처럼 금남로에서는 공수부대원들이 시민들을 잡아서 옷을 벗겨 때리고 기합 주는 모습이 여러사람 눈에 목격됐다. 7공수여단 35대는 한국은행 맞은편 가톨릭센터 앞에 배치됐다. 『동아일보』 김영택(金泳澤) 광주 주재기자가 목격한 장면이다. 금남로 3가 가톨릭센터 바로 앞이었다. 희한한 일이 벌어지고 있었다. 30명이 넘는 젊은 남녀가 팬티와 브래지어만 걸친 알몸으로 붙잡혀 기합을 받고 있었다. 4열로 줄지어 선 젊은이들. 기자가 좀더 가까이 다가가 세어보니 어떤 줄은 7명, 어떤 줄은 6명, 어떤 줄은 8명이었다. 정확하진 않으나 그 가운데 여자는 10여명쯤으로 짐작되었다. 거의가 20대의 젊은 사람이었고 두어명쯤 30대로 보이는 사람도 있었다. 여자들의 신발은 굽 높은 하이힐이 많았다. 10여명의 공수부대원들이 손에 방망이를 들고 이 무리를 빙 둘러서서 지키는 가운데 하사관인 듯한 군인이 줄 가운데서 구령을 하고 있었다. '엎드려뻗쳐, 뒤로 누워, 옆으로 누워, 다섯번 굴러, 쭈그리고 앉아, 손을 귀에 대고 뛰어, 엎드려 기어, 한발 들고 서' 등 수없는 갖가지 동작을 이들에게 강제로 하게 했다. 만약 이들이 조금이라도 구령을 따라 하지 않거나 동작을 느리게 할 경우 몽둥이가 가차 없이 날아갔다. 특히 여성들의 곤욕스러움은 눈뜨고 볼 수가 없었다.[182]

이 광경은 가톨릭센터 6층에서 조비오 신부도 내려다보고 있었고, 교구 사무실에서는 수녀와 일반 직원 들이 보고 있었다. 이때 조신부는 "내가 비록 성직자이지만 옆에 총이 있었다면 쏴버리고 싶은 심정이었다"고 뒤에 군법회의 법정에서 진술했다.[183] 전남대 학생과장이던 서명원(徐銘源, 41세)도 이 광경을 목격했다.[184]

오전 11시 녹두서점에서는 윤상원, 정상용(鄭祥容, 30세), 이양현(李樣賢, 30세), 정현애(鄭賢愛, 28세), 김상집 등이 모여 향후 대책을 논의하였다. 녹두서점은 사회과학 서적을 전문으로 판매하였기 때문에 평소 운동권 학생들이 즐겨 찾는 곳이었다. 서점 주인 김상윤이 17일 밤 예비검속으로 붙잡혀간 뒤 광주 시내 상황이 심각해지자 사람들이 다시 모여들기 시작했다. 그들은 시위를 이끌어갈 지도부가 필요하므로 전남대 총학생회 집행부가 광주시민들 앞에 나타나야 한다고 의견을 모았다. 박관현 전남대 총학생회장은 16일까지 이어진 '민주화대성회'를 통해 시민들 뇌리에 강한 인상을 남긴 인물이었다. 윤상원은 18일 광천동 들불야학에서 박관현과 마지막으로 헤어졌을 때 그에게서 비상연락용으로 받은 양강섭

총무부장의 전화번호로 연락을 했다. 그러나 통화가 되지 않았다. 18일 오후부터 박관현 총학생회장을 비롯해 모든 간부들과 연락이 완전히 끊겼다. 예비검속을 피한 민주인사들과도 연락이 두절되고, 다른 지역과도 연락할 수 없었다. 시위상황에는 남아 있는 사람들끼리 자체적으로 대처할 수밖에 없었다. 화염병 제작과 소식지 만드는 작업만 계속하기로 결정하였다.

11시 30분 11공수여단 61대대가 광주우체국, 63대대가 광주은행, 7공수여단 35대대가 한일은행, 33대대가 계림파출소에 출동했다. 어제와 마찬가지로 오전에 금남로에서 시위대와 공수부대 간에 몇차례 밀고 밀리는 공방전이 벌어졌고, 폭행과 연행이 이어졌다. 정오가 되면서 시위는 잠시 소강상태를 보였다.

전두환을 만난 김수환 추기경

언론의 외면 때문에 외부와 단절된 채 외로운 싸움을 벌일 수밖에 없던 광주시민들은 처참한 상황을 외부세계에 알리기 위해 혼신의 노력을 기울였다. 서울 등 외지에 사는 친지나 지인 들에게 닥치는 대로 전화를 했지만 잘 연결되지 않았다. 어떤 이들은 광주를 빠져나가 직접 소식을 전하고자 시도하였지만 이도 역시 여의치 않았다.

20일 오전, 김수환(金壽煥) 추기경은 전두환 보안사령관을 찾아갔다. 19일 오후 광주에서 올라온 윤공희 대주교를 통해 공수부대의 유혈진압 소식을 전해 듣고서, 곧바로 실권자 전두환을 만나야겠다고 마음먹었다. 어떻게든 유혈사태는 막아보아야겠다는 생각에서였다. 보안사령관 겸 중앙정보부장 서리 전두환은 박정희 대통령이 김재규에게 총을 맞은 궁정동 바로 그곳을 집무실로 사용하고 있었다. 김추기경은 광주에서의

'유혈사태를 지속시키지 말아달라'는 부탁을 하려고 갔다. 하지만 제대로 이야기를 나눌 수 없었다. 이야기를 몇마디 나누려고 하면 계속 전화가 걸려왔다. 광주에서 사태가 시시각각으로 악화되어간다는 내용의 보고였다. 전화 때문에 이야기가 계속 끊겼다. 전두환은 "지금 내란사태가 벌어져 도저히 이야기를 할 수 없다"면서 자리를 뜨고 말았다. 추기경은 결국 전두환에게서 긍정적인 답변을 듣지 못하고, 오히려 그가 내란사태라면서 더 강경한 입장을 취하게 되리라는 것만 느끼고 나오게 되었다.[185]

그 시각 광주역, 공용터미널, 서방 삼거리를 경비하던 3공수부대는 화염방사기로 무장을 갖추고 있었다. 화염방사기는 최루가스를 대량 살포하기 위한 용도로 사용했다.

금남로에 모여든 사람들과 공수부대원 사이에는 언제 폭발할지 모르는 팽팽한 긴장이 감돌았다. 만약 이제 또다시 충돌이 시작되면 그 폭발력은 엄청날 것임이 틀림없었다. 시민들은 목숨을 버리고라도 단호하게 저들과 싸우겠다는 태도였다. 처절하고 외로운 항거를 하고 있는 자신들이 '폭도'라고 매도되는 것에 격노하면서 전의를 다져가고 있었다. 시민들에게 광주는 이웃들과 함께 살아가는 따뜻한 보금자리였다. 그런데 영문도 모른 채 침입자들에 의해 난도질당하고 있었다. 마치 미국의 서부개척시대에 백인들이 갑자기 평화롭게 살던 인디언 마을을 습격하여 인디언들을 무자비하게 도륙하는 것과 흡사했다. 총과 대포로 무장한 백인 침입자들에 대항하여 활과 칼만 가지고 매복과 기습타격으로 승리를 거두곤 하던 인디언처럼 사활을 건 본능적 투쟁이 광주에서 펼쳐지고 있었다.

고등학생들도 유인물 뿌려

20일부터 광주에는 신문도 들어오지 않았다. 관제언론과 계엄군의 선무방송, 삐라, 근거 없는 유언비어 등이 어지럽게 난무했다. 이런 상황을 이겨내기 위한 유인물 작업팀의 노력이 치열하게 전개되고 있었다. 유인물은 주로 대학생들이 제작했다. '들불야학'과 '백제야학'에 참여하고 있던 학생들과 극단 '광대' 회원들, 그리고 전남대 총학생회 비밀기획팀이 비공식적으로 운영하던 '대학의 소리' 제작팀 등이 자발적으로 유인물을 만들었다. 급하게 만들어진 소식지라 조잡했고, 격한 감정이 배어 있었다. 금남로 일대에 밤사이에 뿌려진 유인물은 배포되자마자 바닥이 났다. 하나라도 더 읽고자 하는 사람들은 읽고 난 유인물을 고이 접어 다른 사람들에게도 보여주기 위해 가져갔다.

고등학생들도 유인물을 만들어 뿌렸다. 월산동의 덕림사와 덕림교회의 중·고등학생 모임에서 알고 지내던 조강일(18세, 진흥고 3학년) 등 고교생 10여명은 18일 공수부대의 만행을 목격하고 고등학생 신분으로서 할 수 있는 것이 무엇일까 궁리하다가 유인물을 제작하게 되었다. 그들은 덕림교회와 덕림사에서 등사기를 빌려 20일 밤부터 유인물을 제작하여 양동 닭전머리, 양동시장으로 가는 길목 등에서 시민들에게 배포하였다. 21일부터 조강일 등 4명의 남학생은 시위 차량을 타고 나주에 가서 총기를 획득해 덕림산에서 지역방위 활동을 하였다. 하지만 당시 통장이던 조강일 아버지와 덕림사 주지스님은 그들이 총을 들고 다니는 것을 위험하게 여겨 총을 빼앗았다. 26일에도 그들은 다시 한번 유인물을 만들어 배포하였다.[186]

'군법회의 회부' 협박

정웅 31사단장은 19일 밤 무혈진압 지시를 내린 이후 20일 오후부터 작전지휘권을 박탈당했다. 공식적으로 공수부대 지휘권이 31사단장에서 전교사령관으로 넘어간 것은 다음날인 21일 오후 4시였지만 그 하루 전에 이미 공수부대가 그의 통제에서 완전히 벗어나 그들로부터 아무런 보고도 받지 않는 상태였다.[187] 그런데 공수부대 지휘관들은 처음부터 정웅 31사단장을 아예 안중에 두지 않았다. 3공수여단 모 대대장은 검찰에서 "공수부대 여단장 정도 되면 직속상관인 특전사령관 이외에 31사단장이나 전교사령관 등을 가볍게 생각했을 것이고, 사실 대대장들도 31사단장 알기를 우습게 아는 경향이 있었으며, 정호용 특전사령관이 광주에 내려와 있는데 실세인 특전사령관 말을 듣지 힘없는 31사단장 말을 듣겠냐"고 말했다.[188]

7공수여단장 신우식에 따르면 정호용은 항쟁기간 중 5월 20~21일(2일), 5월 23~24일(2일), 5월 26~27일(2일) 등 세차례에 걸쳐 총 6일 동안 광주에 머물렀다.[189] 공수부대 각 여단장들은 당연히 여단본부가 있는 전남대나 조선대에서 자신의 부대와 함께 있어야 했다. 그러나 이들은 정호용 사령관이 위치한 전교사에 주로 머물면서 무전으로만 작전을 지휘했다. 그러다보니 일선 대대장들로부터 불만이 쏟아졌다. 20일 밤 광주역에서 발포를 했던 3공수여단 대대장들은 검찰 조사과정에서 이 점에 대해 불편한 심기를 감추지 않았고, 21일 도청 앞 집단 발포를 앞둔 긴박한 상황에서 11공수여단 61대대장은 노골적으로 무전기에 대고 욕설을 퍼부었다. 공수부대는 무전 주파수를 독자적으로 사용하였기 때문에 전교사로서는 공수부대의 교신내용을 알 수가 없었다. 전교사 작전참모 백남이 대령은 공수부대가 상급부대인 전교사에 제대로 상황보고를 하지 않고 특전사 상황실과의 교신만을 통해서 독자적으로 작전을 수행했다고 말했다.[190] 정호용 사령관과 더불어 특전사 작전참모 장세동 대령은 권총을 차고 상황실로 찾아와 자신들에게 "협력하지 않으면 군법회의에 회부하겠다"고 협박했으며, 전교사에 파견돼 있던 보안부대 김모 소령도 "협력하는 게 신상에 좋을 것"이라고 협박했다는 것이다.[191]

어린 꼬마의 손을 잡고 나온 할머니

이날 오전 시위는 다소 소강상태를 유지했다. 공수부대 진압태도 역시 다소 누그러진 모습이었다. 하지만 오후가 되면서 상황은 급변했다. 3공수여단 11대대는 황금동 주변, 12대대는 광주시청, 13대대는 광주일고, 15대대는 월산동과 누문동, 16대대는 광주역 로터리, 7공수여단 33대대는 계림파출소와 광주고, 35대대는 한일은행 주변, 11공수여단 61대대는 도청, 62대대는 광주우체국 주변, 63대대는 대인동파출소 부근에 배치되었다.[192] 3개 여단 10개 대대 공수부대 병력이 총동원돼 합동으로 진압작전을 펼칠 준비를 마쳤다.

점심시간이 지나면서 시위는 금남로 외곽에서부터 시작됐다. 오후 2시 40분 동명동 부근에서 하교하던 중학생 3백여명이 길거리에 늘어선 계엄군에게 돌을 던지며 대치하다 최루탄과 페퍼포그 세례를 받고 물러났다. 계림동 동문다리 일대에서도 중고생 2백여명이 돌을 던지고 도망쳤다. 계림파출소 앞에서는 7백여명의 시민이 군과 대치하는 등 곳곳에서 산발적인 충돌이 시작됐다.

오후 3시가 지나자 시민들은 변두리에서 다시 금남로로 몰려들기 시작했다. 오후 3시 40분 조흥은행 앞에 2백여명의 시위대가 모이고, 3시 55분 금남로 4가에 또다시 수천명의 군중이 집결하였다. 유치원에나 다닐 법한 어린 꼬마의 손을 잡고 나온 할머니로부터 술집 여자로 보이는 아가씨들, 점원, 학생, 봉투를 든 회사원, 가정주부, 요식업소의 종업원 등 전 계층, 전시민이 거리로 쏟아져 나왔다. 경찰의 최루탄이 터지기 시작했다. 시민들은 잠시 물러났다가 다시 몰려왔다. 몇차례인가 이런 상황이 반복되면서 군중들 숫자는 수만명으로 불어나 인산인해가 되었다. 사람들의 숫자가 많아지자 청년·학생들이 중심이 되어 금남로와 중앙로의 교차로와 지하상가 공사장 부근에 주저앉아 농성을 시작했다. 농성에 참여하는 사람이 점점 늘어났다. 시민들은 더이상 피하거나 달아나려 하지 않았다. 길바닥에 주저앉아, "차라리 우리 모두를 죽여라!"고 절규하면서 태극기를 흔들었다. 지금까지 일방적인 우세를 보이던 공수부대가 점차 수세적인 입장으로 바뀌고 있었다. 최양근(23세, 전남대 법대 3학년) 등 몇명의 학생들이 나와서 농성을 이끌었다. '우리는 왜 싸우는가'를 시위 군중들에게 얘기했고, 유인물을 낭독했으며, 사이사이에 노래를 불렀다. 「아리랑」「우리의 소원은 통일」「정의가」「투사의 노래」 등이 계속 반복되었는데, 시민들은 처음에는 잘 부르지 못했으나 나중에는 모두들 따라 부르기 시작했다. 「아리랑」을 부를 때는 거의 울음바다가 되었다. 시민 한 사람이 일어나 스피커를 준비할 수 있도록 모금을 하자고 말했다. 10분도 지나지 않아 약 32만원이 걷혔다. 모금함을 든 학생이 그 자리에서 돈을 센 후 걷힌 돈의 금액을 공개했다. 공수부대 지휘자는 농성 중인 군중들을 향하여 집으로 돌아가라고 명령했다. 시위 군중들이 더욱 목청이 터져라 노래를 불렀다. 그러자 공수대원들이 벌떼처럼 몰려와 무자비하게 진압봉을 휘둘렀다. 농성장은 일시에 피투성이가 되었고 군중은 어지럽게 흩어졌다. 공수대원들은 골목까지 쫓아오거나 대검으로 쑤시지는 않았다. 그러나 진압봉을 휘두르기는 마찬가지였다. 공수부대가 소규모로 쪼개지면 오히려 군중들에게 역포위되는 상황이 발생하면서부터 공수대원의 집요한 추격은 줄었다. 아니 더이상 시위대를 추격할 수 없는 상황으로 바뀐 것이다. 소수의 공수대원이 추격하면 골목으로 쫓기다가도 시위대가 갑자기 돌아서서 정면으로 맞서는 일이 빈발했다. 비좁은 골목의 앞뒤에서 수많은 시위대에게 포위되면 공수대원이 오히려 고립돼 공격을 당하는 처지로 변했다. 이렇게 되자 공수부대는 분산 배치된 병력을 대대 단위로 통합하여 대규모 시위대와 맞서는 대응방식으로 전환했다.

'우리 모두 이 자리에서 죽읍시다'

공수부대의 집요한 추격이 줄자 상대적으로 운신의 폭이 넓어진 시민들의 숫자가 엄청나게 불어났다. 이제는 더이상 물러나지 않을 기세였다. 좁은 골목과 건물 사이로 흩어진 시민들은 '모이자, 모이자' 하는 구호를 끊임없이 외치면서 뭉쳤고, 세력이 커지면 대규모 공수부대와 일진일퇴를 거듭했다. 모금된 돈으로 마련된 스피커도 등장했다. 한사람이 스피커를 잡고 또 한사람은 배터리를 들고, 다른 사람은 마이크로 투쟁을 독려하기 시작했다. 세명이 하나의 팀을 구성한 가두방송단인 셈이었다.

"우리 모두 이 자리에서 먼저 가신 님들과 같이 죽읍시다!"

시위대의 사기가 한꺼번에 고양되면서 투석전이 치열해졌다. 도청 앞 광장으로 통하는 여섯갈래 방향의 도로를 따라서 시민들의 대열은 물결처럼 밀어닥쳤다. 시위대는 맨 앞줄에 드럼통이나 대형 화분을 눕혀놓고는 공수부대의 저지선을 향하여 이를 밀면서 한걸음씩 나아갔다. 이제 구경만 하거나 방관하는 시민은 거의 없었다. 모두 결사적이었다. 도로 부근의 상점이나 주택가에서도 시민들이 커다란 물통, 세숫대야 따위에 물을 가득 채워서 밖으로 내놓았고, 리어카와 자전거 또는 함지로 지하상가, 공사장 주변에서 자갈, 각목, 잘라진 철근 등을 실어 날랐다. 모두가 최루가스에 곤욕을 치르고 있었지만, 시민들은 최루탄이 터져도 물러서지 않았다. 아주머니들과 요식업소 아가씨들은 물수건과 치약을 준비하

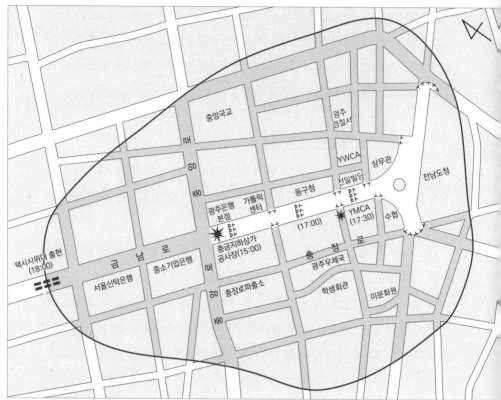

금남로 시위1(5.20. 15:00-18:00)

여 군중들 사이로 들고 다니면서 시위하는 시민들에게 나눠주고 있었다.
시민들은 얼굴, 특히 코밑 부분에 치약을 발랐다. 맵고 뜨겁고 가슴이 막
히는 최루가스를 참아내기 위한 방법이었다. 도청을 중심으로 여섯갈래
의 도로에는 겹겹이 군경 저지선이 쳐져 있었다. 그 뒤로는 분수대를 중
심으로 수많은 군 병력이 진을 치고 있었다. 시위 군중과 계엄군은 치열
한 접전을 벌이다가 지치면 잠시 물러남으로써 소강상태가 되풀이됐다.
오후 5시 50분 충장로 입구 쪽 시위 군중 5천여명은 스크럼을 짜고 도청

을 향하여 육탄돌격을 감행했다. 계엄군과 충돌한 시위대는 다시 물러나와 대도호텔과 광주은행 남문지점 앞에서 연좌했다. 공용버스정류장에서 노동청 방향으로 여고생 6명이 대형 태극기를 펼쳐 든 채 앞장서고 수백명의 시민이 그 뒤를 따르는 시위 대열도 나타났다. 공수부대로서는 광주시민의 이런 반응을 도무지 이해할 수 없었다.

택시 기사들의 봉기

저녁 7시쯤 갑자기 유동 쪽에서부터 수많은 차량이 일제히 전조등을 켜고 경적을 울리면서 도청을 향해 돌진해왔다. 맨 선두에는 짐을 가득 실은 대한통운 소속 12톤 대형 트럭과 고속버스, 시외버스 11대가 잇따랐고, 그 뒤로 2백여대의 영업용 택시가 금남로를 가득 메운 채 따라왔다. 선두 트럭 위에는 20여명의 청년들이 올라서서 태극기를 흔들었으며, 버스 속에는 태극기를 든 청년, 각목을 든 아가씨들도 타고 있었다. 차량 행렬은 어마어마한 지진해일처럼 밀려왔다. 응축된 민중적 투쟁 역량이 한꺼번에 분출되어 나왔다. 오후 내내 치열한 공방전에 지쳐 있던 금남로 시위 군중들에게 이 격랑은 새로운 힘이 되었다.

바로 이때가 항쟁의 결정적인 비약이 이루어지는 두번째 계기였다. 첫번째는 19일 점심 무렵 금남로 가톨릭센터 앞에서였다. 그때는 시위 군중들의 분노가 집단적으로 폭발했지만 즉흥적이고 비조직적이었다. 그러나 두번째는 달랐다. 20일 저녁의 대규모 차량시위는 조직적이었다. 자발적이고 즉흥적으로 이루어진 시위였지만 운수노동자들의 강력하고 일체화된 행동에는 강한 폭발력이 응축돼 있었다. 민중 스스로 역사의 전면에 자신의 온 생애를 던지는 순간이었다. 그들의 눈빛, 그들의 연대감, 그들의 헌신적인 결의야말로 5월항쟁의 정점이었다. 지난 3일간 지표면 아래서 부글부글 끓던 분노의 용암이 임계점에 이르면서 지표층을 뚫고 수직으로 치솟아 이튿날 새벽 동이 틀 때까지 온 시가지를 휩쓸어버렸다.

20일 오후 2시경 광주역 부근에 10여대의 택시가 모여들었다. "우리가 영업하다가 손님을 실어준 것이 무슨 죄길래, 죄 없는 운전기사들을 공수부대가 때려 패고 죽이느냐." "우리를 이런 식으로 곤봉과 대검으로 살해한다면 더이상 영업을 집어치우고 싸워야 한다." 흥분된 의견들이 오고가는 사이에 택시는 20여대로 불어났다. 기사들의 분노는 조직적으로 대응하자는 방향으로 모아졌다. 택시 기사들은 시내 곳곳을 운행하면서 공수부대의 무자비한 만행을 누구보다도 많이 목격할 수 있었고, 그들 자신 역시 피해가 컸다. 공수대원들이 죽어가는 환자를 병원으로 싣고 가는 차를 정지시켜, 폭도를 빼돌린다는 이유로 택시 기사를 진압봉으로 두들겨 패고 대검으로 위협하는 상황이 다반사로 벌어졌다. 자신들의 집단행동에 큰 위험이 따를 것이라는 점은 누구보다 그들 스스로가 잘 알았다.

기사들은 전부 무등경기장으로 모이자고 결정하고는 서로 연락하기 위하여 시내 전역으로 흩어졌다. 그중에는 공수대에게 맞아서 머리에 붕대를 감은 기사들도 보였다. 오후 6시까지 무등경기장에 모인 택시는 2백대가 넘었다. 운전기사들은 차를 질서정연하게 모아놓고 지금까지 목격한 잔학상과 동료 기사들의 부상 사실을 알리며 공수부대의 만행을 성토하면서 '군 저지선의 돌파에 앞장서자'고 결의했다. 수건으로 머리를 질끈 동여매고 각자 자신의 차에 올라탔다. 택시는 그들 가족의 유일한 생계수단이었다. 하지만 지금 그들은 그 택시를 무기로 삼아 목숨을 던지겠다는 비장한 각오였다.

무등경기장을 출발한 차량은 두줄로 갈라져 도청으로 향했다. 한줄은 임동길과 유동 삼거리를 거쳐 금남로로, 다른 한줄은 신안동 전남대 사거

5월 20일 저녁 도청으로 향하는 차량시위대.(사진 나경택)

리를 지나 광주역에서 공용정류장 방향으로 우회하여 금남로에서 시위대와 합류했다. 차량들은 일제히 전조등을 켜고 경적을 울리면서 돌진했다. 차량 행렬의 맨 앞에는 대형 트럭과 고속버스, 시외버스가 서고 그 뒤를 택시들이 뒤따랐다. 트럭과 버스 위에서는 청년들이 대형 태극기를 흔들었다. 차량들은 점점 도청을 향해 돌격해가고 장엄한 전조등 불빛은 시민들을 열광케 했다. "민주기사 드디어 봉기했다"는 외침이 울려퍼졌다.

공수부대의 무전기들이 여기저기서 시끄럽게 잉잉댔다. 공수부대는 차량시위 대열의 이동상황을 생중계하듯 서로에게 알리면서 대비책을 강구하느라 분주했다. 전전긍긍하는 모습이 역력했다. 이때 금남로에서 도청을 지키던 61대대장 안부웅 중령에게 40대쯤 되는 남자 두명이 다가와 무등경기장에서 차량들이 도청을 향해 돌진해오고 있다는 소식을 전해줬다. 돌진 차량에 의해 금남로 저지선이 뚫리면 당장 도청이 시위대 수중에 넘어갈 판이었다. 안중령은 무전으로 현장 상황을 즉시 여단 상황실에 보고했다. 여단에서는 한대의 차량에도 강습돌파를 허용해서는 안된다는 명령이었다. 여단본부는 금남로 상황을 전혀 이해하지 못하는 듯해 안중령은 답답했다. 어떤 방법을 쓰든지 도청을 방어해내야 했지만, 61대대만으로는 돌진해오는 차량을 막아내기에 역부족이었다. 62대대장에게 무전으로 긴급협조를 요청했다. 차량 저지를 위해 금남로 중앙분리선을 기준하여 도청에서 보았을 때 우측은 61대대, 좌측은 62대대가 담당하기로 하였다. 전투경찰은 공수부대 뒤편에서 가스탄 투척을 준비하도록 하였다. 공수 병력은 금남로 양쪽 골목으로 피신시켰다. 돌진하는 차량을 막기 위해 병력으로 도로 중앙에 장벽을 쌓는다면 부상자만 속출할 것이 뻔했기 때문이다. 이때 정보장교 장○○, 본부중대장 정○○ 두명의 대위가 돌진 차량을 직접 막아보겠다고 나섰다. 안중령은 이들을 중심으로 급히 특공대를 조직했다. 주변 빌딩들은 모두 셔터가 내려져 장애물로 사용할 마땅한 물건도 없었다. 눈에 띄는 것은 도로 옆에 놓여 있는, 인조시멘트로 만들어진 무거운 화분대뿐이었다. 공수대원들이 화분대 3개를 도로 가운데로 옮겨놓자마자 전조등을 번쩍거리며 차량들이 들어오기 시작했다.[193]

시위대, 군인들과 육박전을 불사하다

차량 행렬이 금남로에 이르자, 저지선 앞에서 대치하고 있던 시민들은 환호성을 지르며 감격의 눈물을 흘렸다. 철통같은 저지선 앞에서 더이상 어쩌지 못한 채 교착상태에 있던 시위 군중들은 엄청난 지원군을 만난 듯 열광했다. 곧 그들은 손에 손마다 쇠파이프, 각목, 화염병, 곡괭이, 식칼, 낫 등을 들고 돌멩이를 던지며 차량을 엄호하면서 함께 돌격했다.

61대대장은 급한 대로 버스나 트럭 등 대형 차량은 막을 수 있을 것 같다고 생각했다. 만약 택시처럼 소형 차량이 화분대 틈새로 들어오면 뒤에 대기하는 경찰 페퍼포그 차로 막을 수밖에 없다고 판단했다. 그가 페퍼포그 차를 화분대 사이에 배치하는 사이에 버스와 트럭이 코앞에 다가왔다. 공수부대는 엄청난 양의 최루탄을 쏘아대고 페퍼포그 차는 총력을 다해 가스를 뿜어댔다. 마치 모든 시위 군중을 질식사시켜버릴 듯, 가스탄이 앞으로 진격하는 차량들의 유리문을 부수며 차 안에 떨어졌다. 이때 돌진하던 선두 차량 '광전교통' 소속 '전남 5아 3706' 버스가 전조등을 켜고 시위대의 엄호를 받으면서 군 저지선을 향해 일직선으로 돌진하다 화분대 장애물을 발견했다. 운전사가 움찔하며 브레이크를 밟고 급히 핸들을 우측으로 꺾었다. 차가 가로수를 들이받고 멈췄다. 이 순간 공수특공대 장○○ 대위가 몸을 날려 운전석 앞 유리를 진압봉으로 타격했다. 4명

의 특공대가 옆 유리를 깨고 가스탄을 차 안에 무더기로 던져 넣었다. 공
수대원 수십명이 몰려나와 차량을 부수고 차 안으로 들어갔다. 운전사와
20대 청년 9명을 끌어내어 곤봉으로 난타했다. 끌려 나온 그들은 이미 모
두 축 늘어진 채 거의 실신 상태였다. 하지만 공수대원들은 그들을 계속
해서 군홧발로 짓밟고 곤봉으로 내리쳤다. 붙잡힌 사람들은 경찰에 인계
돼 잠시 후 도청으로 옮겨졌다.[194]

김영남(23세)은 지하상가 공사장 부근에 서 있다가 사람들과 함께 선두
차량인 버스에 올라탔다. 도청 앞을 지키고 섰던 공수부대가 시위 차량을
향해 최루탄을 쏘아대며 다가왔다. 차들이 즐비하게 늘어서 있어 뒤로 후
퇴할 수도, 차 밖으로 도망갈 수도 없는 상황이었다. 공수부대는 버스의
유리창을 방망이로 두들겨 깨고는 창문 안으로 최루탄을 집어넣었다. 최
루가스로 정신을 차릴 수 없던 차 안의 사람들은 창문을 통해 밖으로 뛰
쳐나갔다. 김영남도 콧물과 눈물로 뒤범벅이 된 채 유리창으로 나오자마
자 무자비하게 온몸을 짓밟혔다. 금남로 2가 제일은행 앞으로 끌려갔는
데 그 이후로 정신을 잃어버렸다.[195]

자연스럽게 차량 방벽이 쳐지면서 뒤의 차량들도 더이상 앞으로 전진
할 수 없게 됐다. 주위에서 지켜보던 시민 5백여명이 그들을 구해내려고
고함을 지르며 달려들었다. 공수대원들은 이들을 무자비하게 난타했다.
겁에 질린 시민들은 모두 쫓겨갔다. 중년 부인 한사람이 공수대의 저지
를 뿌리치며 약과 물수건을 가지고 달려가 부상자를 치료하려다가 길바
닥에 흥건하게 고여 있는 피를 보고 "이 피를 좀 봐라, 너희들이 우리나라
국군이냐?"라고 울부짖으며 실신해버렸다. 뒤따르던 차량의 운전기사
한명이 어지러움과 질식 상태를 견디지 못하고 계엄군과 겨우 20여 미터
를 남겨둔 채 차량을 멈추었다. 차에서 내린 사람들은 방향감각을 잃고서

연기 속에서 사방을 헤맸다. 계엄군이 곤봉으로 기사의 머리를 타격하자 기사는 픽 쓰러졌다. 뒤쪽에 있던 기사들은 재빨리 운전석에서 뛰어내려 피신했지만, 최소 20여명 이상의 시민들이 군경에 연행되었다.

과도한 진압행위를 만류하는 공수대원조차 있었다. 『조선일보』 월산동 지국을 운영하는 이상현은 금남로 2가 동구청 3층에 있는 『조선일보』 지사로 가기 위해 택시를 탔다. 택시가 금남로에 들어섰을 때 차량시위 대열에 끼여 움직일 수가 없었다. 그때 공수대원 3명이 택시 뒷문 유리창을 깨뜨리고 그를 끌어내어 양쪽 팔, 허리, 양쪽 무릎 등을 무수히 두들겨 팼다. 그러던 중 지나가던 공수부대 상사가 이 공수대원들에게 그만 때리라고 말리고는, 쓰러져 있는 그에게 다가와 빠져나가라고 했다.

군경 저지선에서 속출하는 희생자

차량을 엄호하던 시민들은 구석구석에 몸을 숨기고 계엄군의 저지선을 향하여 돌을 날렸다. 공수대원들은 날아오는 돌에 아랑곳하지 않고 달려왔다. 밀려든 차량들은 서로 부딪히며 대혼잡을 이루고 있었다. 공수대원들은 2백여대가 넘는 모든 자동차의 유리와 전조등을 모두 깨버렸다. 군경은 저항하는 시위대를 차량 대열의 끝까지 밀어붙였다. 시위대는 군인들과 육박전을 벌였다. 비명과 함성이 끊이지 않았다. 수십명의 시민들이 도청 안으로 끌려갔다. 임재구(16세, 고교생)는 전일빌딩 앞에서 수백대의 차량이 전조등을 켠 채 질주해오는 것을 구경하고 있다 최루탄이 매워 눈을 뜰 수 없자 친구와 함께 다가오는 택시에 올라탔다. 차에 탄 지 채 5분도 안 되었을 때 진압이 시작됐다. 택시 시트 밑에 숨었지만 전조등과 유리창을 깨고 덤벼드는 공수대원들에게 붙잡혔다. YMCA 앞에서 먼저 잡혀온 30여명의 시민들과 함께 한참 동안 고개를 땅에 처박고 있

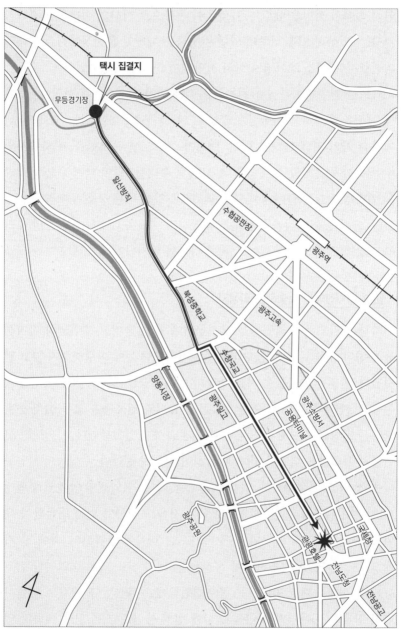

택시들의 진격로(5.20. 18:00−18:30)

다 도청 안으로 끌려가 죽도록 얻어맞았다. 얼굴이 피투성이가 된 채 퉁퉁 부어 스스로도 알아볼 수 없을 지경이었다. 임재구는 다음날 21일 오후 도청 앞 집단 발포 후 계엄군과 경찰이 급히 퇴각하느라 허겁지겁하는 틈을 타서 다친 팔을 부둥켜안고 도청 뒷담을 넘어 가까스로 도망쳐 나왔다.[196]

20여분간 계속되던 격렬한 충돌이 끝났다. 아직까지도 상당수의 차량이 시동이 꺼지지 않은 채 부르릉거렸다. 수십대의 버스, 트럭, 택시 사이에서는 머리가 깨어지거나 어깨가 내려앉아 피투성이가 된 채 실신한 부상자들이 여기저기서 신음소리를 냈다. 공수부대는 멈춰 선 차량에서 자동차 열쇠를 전부 빼내 시동을 껐다. 빼낸 차량 열쇠는 경찰기동대장에게 넘겨줬다. 안내양 차림의 20대 처녀 2명은 머리가 깨어진 운전사 차림의 30대 청년을 부둥켜안고 통곡을 했다. 시민들이 쓰러진 환자들을 이송하며 외치는 "환자가 위독하니 구급차를 빨리 보내라"는 절규가 유혈극의 참혹상을 말해주었다. 금남로에 몰려든 시위 차량들은 정면 돌파를 시도하였으나 많은 희생자를 낸 채 끝내 공수부대의 저지선을 뚫지는 못했다. 11공수여단 61대대장은 이때 상황을 검찰에서 당시 시위대 버스에 의해 경찰 병력 4명이 압사당했다는 소식이 들려 "시위대 차량이 공수부대를 깔아뭉갤지도 모른다는 공포감이 병력들에게 퍼져 있는 급박한 상황"이었다고 진술했다. 실제로 이때부터 공수부대는 자신들이 살기 위해 싸울 수밖에 없는 상황이 됐다. 그날 밤중 내내 공수부대는 극도의 공포에 사로잡힌 채 밤을 새워야 했다.[197]

'참상을 사실대로 보도하라'

저녁 7시 40분경부터 약 50분가량 도청 앞 금남로에서는 격렬한 충돌

이후의 소강상태가 이어졌다. 시위 군중은 금남로 4가 국민은행 앞까지 밀려갔다. 금남로에서 빠져나온 시위대는 제봉로와 충장로 쪽으로 밀려들었다. 계엄군의 완강한 저지에 정면 공격이 불리하다고 여긴 시민들은 제봉로에 위치한 MBC 방송국으로 향했다. 저녁 7시 45분경 MBC를 둘러싼 시위 군중 5천여명은 저녁 '8시 뉴스' 시간에 광주 상황에 대해서 '사실 그대로 지금 밖에서 진행되는 모든 참상을 보도할 것'을 거세게 요구했다. 요구가 받아들여지지 않자 8시 30경 방송국 건물에 화염병을 던졌다. MBC 직원들과 31사단 96연대 1대대 소속 경계 병력이 달려들어 소화기로 불을 껐다. 이때는 불이 더이상 번지지 않았다. 같은 시각 광주역 부근에 있는 KBS 방송국도 시위대에 의해 점거되었다. 성난 군중에 의해 방송기자재가 파손되는 바람에 방송이 완전 중단되었다.

이렇듯 언론에 대한 시민들의 거센 요구에도 불구하고 사건 현장에서 빤히 지켜보면서 신문에 단 한줄도 기사화할 수 없던 광주지역 기자들은 심한 자괴감에 빠졌다. 그들이 선택할 수 있는 유일한 저항은 절필이었다. 20일 전남매일신문사 기자들은 단체로 사직서를 제출했다. 사직서는 간결했지만 기자들의 곤혹스러운 심정과 항변이 고스란히 담겨 있었다. "우리는 보았다. 사람이 개 끌리듯 끌려가 죽어가는 것을 두 눈으로 똑똑히 보았다. 그러나 신문에는 단 한줄도 쓰지 못했다. 이에 우리는 부끄러워 붓을 놓는다."[198]

방송사를 공격한 시위대는 노동청과 학동, 충장로 입구에서 길을 가득 메운 시위 군중들과 합류하여 다시 도청 광장으로의 진출을 시도했다. 계엄군을 도와 경찰은 엄청난 양의 최루탄과 페퍼포그를 퍼부으면서 도청 광장으로 밀려드는 시위대의 전진을 필사적으로 막았다. 어둠속에서 밀고 밀리는 공방전이 거듭되었다. 최루탄을 쏘면서 계엄군이 다가오면 시민들은 일시에 좌우로 흩어져 숨었다. 잠시 후 연기가 조금 걷히면 콜록거리면서 순식간에 몇만명의 무리가 만들어졌다.

　외곽지역인 학동, 방림동, 산수동, 지산동, 유덕동, 광천동, 화정동 등지에서도 시민들이 몰려들었다. 이들은 손에 곡괭이, 삽, 낫, 몽둥이, 연탄집게, 빨랫방망이 등을 들고 나왔다. 광주 시내 전역에 금남로 혈전에 관한 소문이 빠르게 퍼져나갔다. 유동 부근에서는 시위대가 드럼통을 굴리며 골목골목으로 돌아다니면서 사람들을 불러냈다. 변두리 지역 유덕동에서는 농사짓는 농민들 50여명이 하얀 한복을 입은 채 쇠스랑, 괭이, 죽창을 들고 시내로 몰려나왔다. 이색적인 풍경이 펼쳐지자 길거리에서 구경하던 시민들은 박수를 치며 이들을 격려했다. 산수동 오거리 부근에도 사람들이 모여들었다. 저녁식사를 마치고 난 후 시내 상황이 어떻게 돌아가는지 궁금한 사람들이 집 밖으로 쏟아져 나왔다. 전남대 학생 김한중, 유승규, 김현철(21세) 등은 골목골목을 돌아다니며 외쳤다. "산수동민 여러분! 오늘밤 우리가 계엄군을 쳐부수러 갑시다. 각자 무기가 될 만한 것들을 들고 나오십시오." 처음 몇십명이 스크럼을 짜고 출발한 시위 행렬이 산수 오거리를 지나 장동 로터리를 거쳐 MBC 방송국, 제봉로에 들어섰을 때 사람들의 수는 1천명으로 불어나 있었다. 주로 청장년 남자들이었다. 시위 행렬은 주변에 있는 공중전화 박스, 관공서의 유리창 등을 몽둥이로 깨부수면서 나아갔다. 시외버스 공용터미널에서 그곳에 운집해 있던 1천여명의 다른 동네에서 온 시민들과 서로 환호하며 합류하였다. 이렇게 변두리 지역 여러 골목에서 모여든 시민들이 도심을 가득 채웠다. 마치 조그마한 도랑물이 모여 거대한 강물을 이루는 것처럼 보였다. 수만명을 넘는 엄청난 숫자의 시위대가 운집했다. 도청 앞 분수대로 통하는 모든 도로가 시위 군중으로 꽉 차 인산인해를 이루었다. 이렇게 도심으로

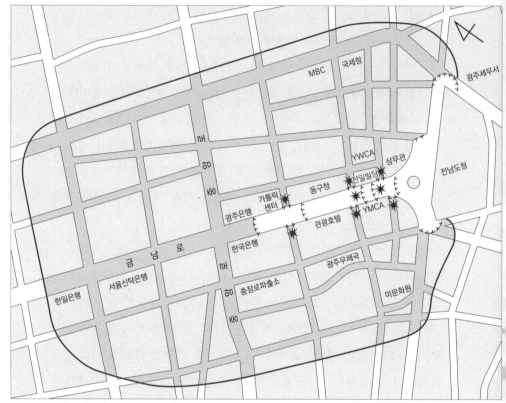

금남로 시위 2(5.20. 18:00~21:00)

모여든 사람들은 서로 얼굴도 잘 모르는 사이였지만 밤새 이어진 도청, 조선대, 광주역 전투 속으로 자연스럽게 함께 빨려 들어갔다.

밤 8시 30분경 금남로에서 밀려온 시위대는 광주소방서에서 소방차 4대를 끌어낸 다음 다시 금남로로 향했다. 한일은행 쪽에서 요란한 싸이렌을 울리며 지나가는 소방차 뒤로 2만여명의 시민들이 "와아 와아" 하면서 뒤따라갔다. 시민들은 금남로 한가운데 멈춰 있는 차량들을 밀쳐내고 소방차가 지나갈 수 있는 통로를 만들었다. 도청이 가까워지자 최루탄이 소나기처럼 쏟아졌다. 시민들은 최루가스를 씻어내기 위해 소방차에 장착된 호스로 물을 뿌렸다. 야간 접전이 치열해질수록 양측의 사상자는 늘어갔다. 도시 전체가 암흑의 용광로로 변했다. 분노와 격정, 비명과 환희, 삶과 죽음이 어지럽게 교차하면서 도심은 핏빛으로 물들어갔다.

박기현(朴基賢, 14세, 동성중 3학년)은 20일 오후 늦게 책을 사러 계림동 동문다리 부근까지 자전거로 나왔다가 공수대원에게 붙잡혀 진압봉으로 두들겨 맞았다. 다음날 앞머리가 깨지고 온몸이 시퍼렇게 멍이 들고 눈이 튀어나온 채 전남대병원에서 시체로 발견됐다.[199]

노동청 앞에서 경찰 4명이 사망하다

시위 군중들은 치열한 투쟁과정에서 스스로 무기를 창출해냈다. 자동차를 무기로 선택했다. 택시 기사들은 스스로 죽음을 각오하고 자신이 가진 전재산이거나 책임을 져야 할 자동차를 운전하여 계엄군을 향하여 돌진했다. 시위대는 눈에 띄는 대로 자동차를 동원하여 시위 대열에 동참시켰다. 외부지역에서 광주로 들어오는 버스나 트럭, 승용차의 운전기사에게 광주 상황을 설명하며 시내로 들어가 시위에 합세해주길 요청했다. 서울에서 오는 차는 장성을 지나 운암동, 무등경기장을 거쳐 광주역 근처의 고속버스터미널로 들어왔다. 그러나 시내 터미널로 가는 길이 시위 군중에 막히자 무등경기장에서 차들이 멈췄다. 시위대는 운암동과 무등경기장 근처에서 광주로 진입하는 버스, 트럭, 승용차 등을 시내로 투입하는 역할을 하였다.

20일 오후 박남선과 몇몇 청년들은 동운동 주유소를 거점으로 화염병을 만들고, 고속도로에서 들어오는 차를 유도하거나 운전기사를 설득해서 시내로 투입하는 일을 계속했다. 광주역 역전파출소를 점령한 군중은 유리창을 부숴버렸다. 양동파출소와 학동파출소도 시위대가 점령했다. 고속도로에서 운암동과 무등경기장으로 진입하는 차량들은 광주역과 금남로 방향으로 줄을 지어 흘러들어갔다. 가로등이 꺼져 어두운 가운데 도로를 따라 시위 차량의 전조등만 길게 불빛을 늘어뜨린 모습은 장관이었다.

밤 9시 20분경 노동청 앞 오거리에서 돌진하는 광주고속 버스에 깔려 경찰 4명이 사망하는 사고가 발생했다. 광주와 남원 간 정기노선을 운행하던 광주고속 운전기사 배용주(裵龍柱, 34세)는 오후 7시 남원에서 출발, 광주에 도착한 시각이 밤 9시쯤이었다. 공용버스터미널에 도착하자 간부가 회사 입구를 빠져나가는 버스를 뒤따라 나가라고 했다. 영문도 모른 채 간부가 시키는 일이라 따라나섰다. 그의 차에는 동료 운전기사 김갑진(30세)과 서너명의 시위대원이 탔다. 노동청 앞에서 도청을 향해 전진하다 상무관 앞에 이르자 페퍼포그가 버스 안으로 밀려와 배용주는 눈을 뜰 수 없었다. 운전대를 놓고 운전석 밑으로 몸을 움츠렸다. 기아가 걸린 상태로 버스가 도로 귀퉁이로 미끄러져서 어딘가에 부딪치며 멈추었다. 여기저기에서 비명소리가 들렸다. 차가 멈추자 그는 버스에서 뛰어내려 몸을 피했다.[200] 그 차에 경찰들이 치여 죽은 줄 몰랐다. 이 자리에서 시위 진압을 하고 있던 전남도경 2기동대 소속 남동성이 목격한 상황은 다음과 같다.

경찰기동대가 네줄로 서서 수백명의 군중과 대치하고 있었는데, 노동청 쪽에서 약 1백 미터 떨어진 곳에 있는 주유소가 시민들 수중에 들어갔다. 데모대는 주유소에서 퍼낸 기름으로 차에 불을 질러 불타는 차를 경찰 쪽으로 계속 밀어붙였다. 밤 9시쯤 됐을까? 군중 쪽에서 버스 한대가 경찰 쪽으로 달려오고 있었다. 이 버스는 불타는 차 사이를 곡예하듯 빠져나와 전경부대를 향해 달려오는 게 아닌가! 남동성은 "피하라!"고 소리치면서 버스를 향해 돌을 던졌다. 전경들은 양쪽으로 쫙 흩어졌다. 버스는 속도를 늦추며 오른쪽으로 비켜 담벼락을 긁으면서 멈췄다. 그가 버스 쪽으로 달려가서 보니 버스와 담벼락 사이에 경찰관들이 여러 명 끼여 있었다. 순간 울음소리, 신음소리가 뒤엉켰다. 경찰들이 그들을 끌어내려고 팔, 다리를 잡아당기자 이미 축 늘어져 있었다.[201]

다음날 아침 회사에 출근한 광주고속 운전기사 배용주는 자신의 차에 깔려 경찰 4명이 죽었다는 소식을 동료 기사로부터 전해 듣고 깜짝 놀랐다. 항쟁이 끝난 뒤 그는 체포되어 재판에서 사형선고를 받았지만, 1982년 크리스마스 때 사면되었다. 그 차에 탔던 동료 운전기사 김갑진도 운전 당사자로 오인, 체포되어 극심한 고문과 구타로 중상을 입었다. 나중에 배용주의 체포로 김갑진은 살인 혐의가 풀려 석방되었으나 후유증으로 1986년 사망했다. 그날 밤 사고로 함평경찰서 소속 정춘길, 강정웅, 이세홍, 박기웅 등 4명이 숨졌고, 5명이 부상을 입었다.

이날 밤 벌어진 시위는 도청과 광주역 두 군데로 집중됐다. 계엄군이 다른 곳은 모두 포기하고 두 곳만 집중 방어했기 때문이다. 우선 도청 주위 상황부터 살펴보자.

도청을 중심으로 충장로 입구, 노동청 방향, 금남로 정면 등 사방 군데서 파상적으로 시위대의 공격이 펼쳐졌다. 온 시가지가 불에 훨훨 타는 듯했다. 시위에 동원된 차종도 여러 가지였다. 대형·소형 버스, 지프, 택시, 크고 작은 트럭 등이 시위대의 무기였다. 치열한 공방이 계속되면서 계엄군 저지선과 시위대의 간격은 50미터쯤으로 좁혀졌다. 양측의 가운데는 멈춰 선 차량들로 가득 메워져 있었고, 그 차량들에서 불길이 치솟았다. 불타던 차량은 가끔씩 펑펑 소리를 내면서 폭발하여 불기둥이 하늘

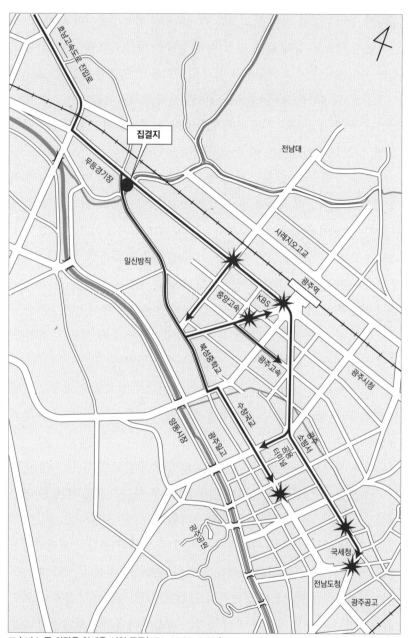

고속버스 등 차량을 앞세운 시위 군중(5.20. 20:30~21:30)

로 솟구쳤다. 계엄군의 가스탄이 쉴 새 없이 시위대를 향해 날아왔고, 시위대의 돌멩이가 우박처럼 계엄군의 머리 위로 날아갔다.

노동청 오거리 한곳에서만 거의 20대 이상의 차량들이 불길에 휩싸였다. 주유소에 이어 노동청 맞은편의 도청 차고도 시위대의 공격목표가 되었다. 차고에서 차량을 끄집어낸 시민들은 차의 시트에 불을 붙여 발화 여부를 확인하고, 차를 몰고 간 운전사는 군경 저지선 십여 미터 전방에서 뛰어내려 재빨리 도망쳤다. 제때 뛰어내리지 못한 운전사는 군경 저지선 깊숙이까지 들어가 붙잡힘으로써 거의 실신상태로 끌려갔다. 치열한 공방 이후 교착상태가 심야까지 계속되었다. 밤이 깊어지면서 외곽에서 계속 몰려드는 시민과 피곤에 지쳐 돌아가는 사람 간에 자연스럽게 시위대의 교체가 이루어졌다. 밤 9시 13분 3공수여단 11대대가 방어하던 금남로에는 시위대가 '7만여명' 정도라고 계엄사 「계엄일지」에는 기록돼 있다.

밤 9시 20분경 계림동 오거리에 배치된 7공수여단 33대대는 철수해서 조선대를 방어하라는 11공수여단장의 명령에 따라 조선대로 복귀했다. 33대대가 계림동에서 철수할 때 시민들은 공수대원들을 향해 "광주에서 물러가라"고 외쳤다. 손에 각자 삽, 낫, 곡괭이, 각목 등을 들고 애국가를 부르면서 할아버지, 할머니, 어린이, 학생까지 포함된 시위대 수천명이 접근해왔다. 시민들은 경상도 군인들만 광주에 투입됐다는데 정말이냐고 물었다. 광주 출신 이모 대위가 주민등록증까지 꺼내 보이며 확인시켜주자 흥분했던 시민들의 태도가 다소 누그러졌다.

MBC 방송국 방화

밤 10시경 MBC 부근에서 폭음과 함께 불기둥이 하늘로 치솟았다. MBC가 불길에 휩싸였다. 건물 뒤쪽에서 시작된 불길은 순식간에 건물

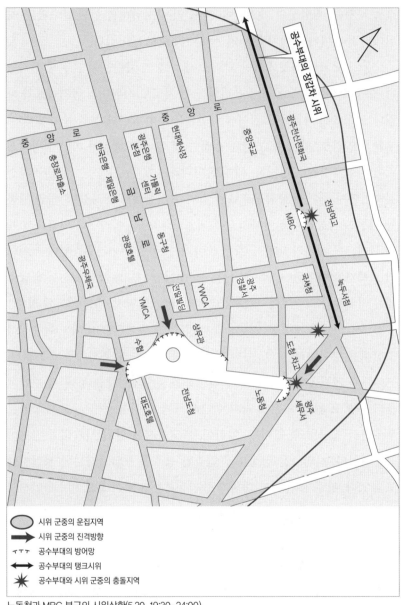

공수부대의 정압차 시위

중앙로

중앙로

충장로파출소

한국은행 광주지점

광주은행 본점

현대예식장

가톨릭센터

광주은행 제일은행

중앙국교

광주전신전화국

광주교

MBC

전남여고

미 만 로

광주우체국

광림호텔

동구청

국세청

독두서점

YMCA

전일빌딩

YMCA

상무관

광주경찰서

수협

대도호텔

전남도청

노동청

도청 차고

광주세무서

시위 군중의 운집지역

시위 군중의 진격방향

공수부대의 방어망

공수부대의 탱크시위

공수부대와 시위 군중의 충돌지역

노동청과 MBC 부근의 시위상황(5.20, 19:30~24:00)

전체로 번졌다. 온 시가지가 훤하게 밝아졌다. 방송국 인근 주민들은 불이 번질까봐 살림도구들을 끄집어내고 잠자는 아이들은 대피시켰다. 시위 청년들이 합세해서 불길이 인근 주택가로 번지지 않도록 최선을 다했다. MBC에 대한 세번째 공격이었다. MBC가 불타는 동안 사방에서 시위 군중들이 모여들어 인산인해를 이뤘다.

이때까지도 MBC 뉴스에는 단 한마디도 광주 상황이 보도되지 않았다. 계엄 당국의 발표만 되풀이되고, 오락프로그램만 방영되었다. 불이 나자 MBC는 모든 사원을 퇴근시켰다. 경비를 서던 31사단 계엄 병력 10여명도 철수해버렸다. 불길은 새벽 1시쯤 수그러들었고, 4시가 돼서야 완전히 꺼졌다.[202]

MBC 텔레비전은 밤 8시 25분, KBS 텔레비전은 밤 10시 5분에 방영이 중단됐고, 라디오는 광주기독교방송 밤 8시 30분, MBC 라디오 밤 9시 25분, 전일방송 밤 11시 9분에 각각 전원 스위치가 꺼졌다. 다만 KBS 라디오만 방송을 계속했는데, 21일 새벽 시위 군중들의 방화로 새벽 5시 40분경 중단됐다가 곧바로 아침 7시 28분부터 송신소에서 방송을 재개했다. 항쟁기간 중 유일하게 방송을 계속하던 KBS 라디오는 정부와 계엄사의 선무방송만을 내보냈다.

밤 10시 30분경 동명동 앞길에서는 공수대와 시위 군중이 충돌, 일진일퇴의 공방전을 벌였고, 최루탄 가스에 실신해 있다 군인들에게 붙잡혀 집단 폭행을 당한 노랑색 작업복 차림의 30대 청년 1명이 숨진 시체로 발견되었다.[203] 또한 밤이 깊어지면서 도청 건물에는 곳곳에서 체포된 시민, 청년·학생과 경찰관과 군인 들이 밀어닥쳐 아수라장이 되었고, 경찰관 중에는 과로로 쓰러져가는 사람들도 속출했다.

이날 밤 8시 50분경에는 광주시청이 시민들 수중으로 넘어왔고, 10시경에는 광주경찰서와 서부경찰서를 시위대가 점거했으며, 자정이 지나자 광주세무서가 불길에 휩싸였다.

심야의 혈투

밤 11시쯤 전남도청을 제외한 광주 전지역이 사실상 시위대에 의해 장악된 상태였다. 최웅 11공수여단장은 예하 부대 모든 병력을 도청 앞으로 집결시켰다. 그때까지만 해도 도청을 중심으로 금남로, 제봉로, 충장로 등 시내 중심권의 주요 지역에 병력이 배치돼 있었으나 더이상 넓은 지역을 방어할 수 없다고 판단했다. 11공수여단 61, 62, 63대대와 7공수여단 35대대 등 1200여명의 공수부대 병력이 도청으로 집결했다.[204]

그리고 이날 밤 광주역에서 집단 발포 소리가 들리자 도청 부근에 있던 11공수여단 일부 대대장들이 실탄을 분배했다.[205] 11공수여단 61대대의 경우 밤 10시경, 62대대는 밤 12시경, 63대대는 뒤늦게 21일 아침 10시 30분경 각각 중대장들에게까지 경계용 실탄 15발이 든 탄창 1개씩을 지급했다.[206] 육군본부의 『폭동진압작전 교범』에 따르면 원칙적으로 시위 진압을 할 때 실탄을 개인에게 보급해서는 안 된다. 전쟁발발 상황도 아니고, 대간첩작전을 하는 것도 아니기 때문이다. 하지만 11공수여단 대대장들은 동료 대원이 다치고 광주역 쪽에서 총성이 들리는 등 상태가 악화되어 병사들이 불안해하자 '심리적 안정'을 위해 실탄을 분배했는데, '함부로 사용하지는 말라'고 지시했다. 인명살상용 실탄의 분배는 곧 '발포'로 연결될 소지가 크다. 때문에 통상적으로 실탄 지급은 상부에서 엄격하게 통제한다. 이들 대대장들은 상부에 보고도 하지 않은 채 자신들 선에서 자의적인 판단에 따라 실탄을 분배했다. 물론 11공수여단 병력은 이날 밤 발포를 하지는 않았다고 주장하지만, 자정 무렵 도청 인근 지역

에서 예광탄 불빛을 목격했다거나 총성을 들었다는 시민들의 증언이 상당수 있다.[207]

자정이 가까워졌을 때였다. 공수부대는 최루탄이 동이 난 지는 오래고 오직 진압봉에 의존할 수밖에 없었다. 조선대 안의 여단본부 자체가 시위대에 포위돼 공격을 받다보니 도청 쪽 병력에 최루탄을 보급할 여력이 없었다. 소수의 공수부대 병력과 수만명에 이르는 시위대가 '야간에 패싸움하는 듯한 상황'이었다. 그믐 무렵이어서 달빛도 없고, 건물과 가로등 불빛도 모두 꺼져 완전히 암흑 속의 아수라장이었다. 공수대원들은 낮부터 밥도 못 먹고, 잠을 자기는커녕 휴식도 취할 수 없었으며, 물 한방울 마실 수 없는 상황에서 버티고 있었다. 취사차량이 접근하지 못해 대부분 식사를 비상식량으로 때웠다. 부상자가 속출해도 구급차가 쉽게 올 수 없었다. 61대대의 경우 3백여명 중 약 70명 정도가 대부분 시위대의 돌에 맞아 부상을 입었다. 공수부대원들은 특성상 동료가 시위대로부터 얻어맞으면 복수심이 불타오르게 마련이어서 지휘관도 통제하기 어려울 정도의 상황이었다.[208]

11공수여단 61대대장은 대원들의 사기저하 상황을 극복하기 위해 공격명령을 내렸다. 2지역대장이 가지고 있던 메가폰을 받아 쥐었다. "우리는 이 자리에서 목숨을 바쳐야 한다. 우리는 살아 돌아갈 생각을 말자"고 부대원들을 독려하며 그들과 함께 금남로로 몰려든 시위대를 향해 분산 및 추격을 감행했다. 공수대원들은 일제히 시외버스터미널까지 중간의 골목길을 차단하면서 추격했다. 그러다가 62대대와 축차철수 방법으로 「특전사가」를 부르면서 사기를 잃지 않은 모양새로 철수했다. 이때 접전으로 대대원 4명이 타박상을 입어 구급차로 후송되었다.

전투경찰 남동성은 동료들과 함께 자정을 지나 충장로로 출동했다 돌아오는 길에 몇명이 고립돼버렸다. 시위 군중 한 무리가 돌을 던지고 몽둥이를 휘두르며 다가오자, 동료 한명이 "우린 여기서 죽는다"고 공포에 질려 소리를 지르며 달아났다. 그때 공수부대 1개 소대 병력이 장갑차를 앞세우고 그들을 구출하기 위해 돌입했다. 공수부대원이 휩쓸고 지나간 길바닥에 교복을 입은 중학생 두명이 쓰러져 있었다. 남동성이 달려가서 살펴보니 중학생 한명은 이미 숨이 끊어진 채 무엇에 밟혔는지 가슴이 푹 꺼져 있었다. 다른 한명은 "엄마! 엄마!" 하는 희미한 신음소리를 냈지만, 그 소리마저 곧 멎었다. 남동성은 두 소년을 길에서 들어내 가게 옆에 붙여놓고 부대로 돌아갔다. 이날 밤 몇사람의 시민이 더 죽는 것을 보면서 남동성은 하느님을 원망하며 속으로 '엉엉' 울었다. 누구에 대한 '분노'라기보다는 '허망함' 때문이었다.[209]

혜성처럼 나타나 가두방송을 하는 여성들

이날 밤 도청을 사수하던 계엄군을 심리적으로 가장 괴롭힌 것은 시위대를 독려하는 날카롭고도 애절한 여성의 목소리였다. 그러나 용달차에 매달린 스피커를 통해 흘러나오는 목소리는 격렬하면서도 단호했다.

계엄군 아저씨, 당신들은 피도 눈물도 없습니까? 도대체 어느 나라 군대입니까? 경찰 아저씨, 당신들은 우리 편입니다. 제발 우리를 도와주십시오. 도청 광장을 잠시만 비켜주면 우리는 평화적으로 시위를 하고 물러나겠습니다. 경찰 아저씨, 최루탄을 쏘지 마십시오. 우리는 맨주먹입니다. 그러나 우리는 꼭 이깁니다. 시민 여러분, 모두 힘을 합칩시다. 끝까지 물러서지 말고 광주를 지킵시다.

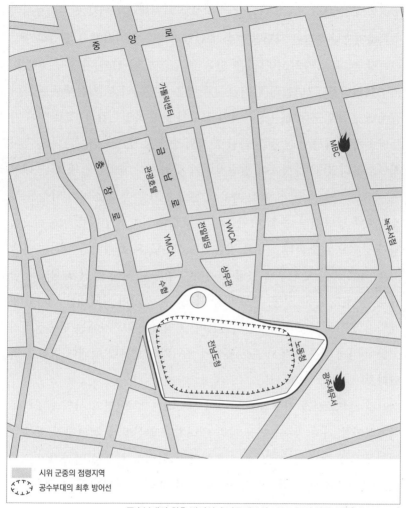

중앙로

가톨릭센터

무등고시학원

전일빌딩

관광호텔

YMCA

전일빌딩

YWCA

수협

상무관

MBC

독무서점

전남도청

노동청

광주세무서

시위 군중의 점령지역

공수부대의 최후 방어선

공수부대의 최후 방어선과 광주세무서, MBC 등의 방화 상황(5.20. 24:00)

세무서 앞에서 시위대 진입을 막고 있다 가두방송을 들은 어느 공수대
원은 이 목소리가 시민들에게는 슬픔과 울분, 분노 등을 온몸으로 느끼게
할 만큼 전율적이었다고 느꼈다. 계엄군의 심금마저 깊이 울리는 선무방

송이었다. 그래서 공수대원들이 그 여자를 저격해서 살해하려고 집요하게 추적하였으나 수많은 사람들 가운데 있었기 때문에 저격할 수 없었다.[210]

이날 밤 목소리의 주인공은 전옥주(全玉珠, 31세)와 차명숙(車明淑, 19세)이었다.[211] 그녀들의 뛰어난 호소력은 시민들의 분노를 행동으로 이끌어냈고 계엄군에게는 심리적인 공포감을 불러일으켰다. 그녀들이 가두방송에 참여하게 된 것은 금남로 시위 중에 모금으로 마이크가 갖추어지면서부터였다. 차량에다 방송장비가 갖춰지자 자연스럽게 시위 대열을 이끄는 역할을 했다. 여성 특유의 톤이 높고 맑은 목소리가 남성들 목소리보다 낭랑했다. 주위 사람들이 그때그때 적어서 넘겨준 방송원고를 자기 감정으로 소화해 교대로 방송했다. 마이크와 스피커가 설치된 용달차를 타고 20일 오후부터 21일 오전까지 한숨도 자지 않고 밤새도록 금남로, 광남로, 유동, 임동, 광주역 등 격전지를 오가며 시위대를 격려했다. 계림전파사에서 장비를 구입하였으며, 저녁 9시 30분경에는 방송장비가 고장이 나자 학운동 동사무소 옥상의 스피커와 앰프를 떼내어 방송을 하였다.[212]

21일 새벽 2시경 가두방송 차량이 선도하는 2천여 명의 시위대는 양동 복개상가를 거쳐 광주천변을 따라 내려가다 일신방직, 전남방직, 무등경기장을 경유하여 광주역으로 집결했다. 시위대를 향해 실탄까지 발포되는 격렬한 상황에서 전옥주의 방송은 광주역 근처 시위대의 사기를 드높였고, 3공수대원들의 귀에 선명한 각인을 남겼다.

광주역 전투

20일 밤 '광주역 전투'는 '금남로 전투'에 이어 사실상 5·18항쟁의 최고 정점을 이루었다. 마치 화산이 폭발하는 듯했다. 5·18 기간 중 '최초의 집단 발포'가 이날 밤 광주역에서 발생했다.[213] 최소 5명 이상의 시민이 이날 밤 목숨을 잃었고 상당수의 부상자가 발생했다. 공수대원도 1명 사망했다. 대한민국 최정예로 알려진 3공수여단은 발포에도 불구하고 사실상 시위대의 공격을 더이상 막아내기 어려운 상황에까지 이르렀고, 마침내 21일 새벽 1시부터 2시까지 광주역 사수를 포기했다. 3공수여단은 도망치듯 황망히 전남대로 퇴각할 수밖에 없었다.

광주역 전투에서 발생한 예상치 못한 3공수여단의 패퇴는 신군부 지휘부를 혼란에 빠트렸고, 계엄군의 '외곽 전환배치'라는 작전개념으로의 근본적인 변화를 가져왔다.[214] 그러나 광주역 전투는 오랫동안 사건의 실체가 제대로 드러나지 않고 베일에 싸여 있었다.[215]

광주역은 도청과 마찬가지로 도심 교통의 중심지로 상징적인 장소다. 고속도로가 마비되자 서울로부터의 병력과 보급품 수송을 위한 철도 운송의 요충지로 기능했다.[216] 20일 저녁부터는 시위대와 공수대의 관계가 바뀌었다. 오후까지는 공수대원이 쫓고 시위대가 쫓기는 처지였다면 택시 기사들을 중심으로 대규모 차량 공격이 시작되면서 전세는 완전히 역전되었다.

저녁 6시 30분경 3공수여단 본부요원이 2.5톤 군용 트럭 2대로 시내 작전부대의 저녁식사 보급을 위해 전남대에서 5백 미터가량 떨어진 신안동 굴다리 부근에 이르렀을 때 시위대 2천여명이 공격하여 식사 공급을 끊었다. 저녁식사가 그렇게 되자 전남대에 잔류해 있던 16대대 병력이 출동, 최루탄과 진압봉으로 시위대를 강력하게 진압했다.

저녁 7시경 무등경기장에서 2백여대의 택시들이 집결하여 차량시위가 시작되자 3공수여단은 광주역 부근에 16대대 병력을 본격 배치했다. 저녁 10시경 이 차량 가운데 일부가 KBS와 중앙고속터미널 등을 거쳐 광주역 부근으로 접근하자 총성이 들렸다.[217] 이때까지만 해도 시위대의 접근을 막기 위해 계엄군이 공포탄을 발사한 것으로 보인다.

3공수여단 12대대와 15대대는 저녁 8시부터 광주역 앞 광장에 바리케이드를 치고 시위대와 대치했다. 16대대 일부는 광주역과 인접한 '신안 사거리'를 차단했다. 11대대는 금남로에서 도청에 집결하는 시민들에게 포위된 상태였다. 13대대는 공용버스터미널에서 시위대의 차량 공격을 받고 광주시청으로 밀려났다.[218]

무등경기장에서 광주역까지 직선도로는 2.5킬로미터에 불과하다. 무등경기장에 집결해 광주역을 향하던 시위 대열은 신안 사거리에서 저지당해 그곳에서 군인들과 대치했다. 신안 사거리에서 광주역까지는 약 8백 미터이다. 무등경기장에서 임동 길을 직진하여 금남로 방면으로 향하던 시위 대열은 임동 오거리에서 다시 광주역과 금남로 방향으로 각각 갈라졌다. 그중 광주역으로 향한 시위 대열은 역 광장과 1백 미터 정도 거리의 KBS 방송국을 지키고 있던 병력과 대치했다. 시시각각 시위대의 규모가 커지고 있었다.

밤 9시 무렵 시위대는 주로 KBS 앞쪽과 신안 사거리로 몰려들기 시작했다. 무등경기장 쪽에서 계속 시내로 밀려오는 차량들이었다. 신안 사거리를 지키고 있던 3공수여단 16대대를 향해 고속도로 입구 쪽에서 차량 1백여 대가 일제히 전조등을 켜고 경적을 울리며 밀집대형을 갖추고 위협적인 기세로 다가왔다. 16대대가 바리케이드를 치고 시위 차량을 가로막았다. 16대대장 김길수 중령이 앞으로 나섰다. 시위대 앞줄에 있는 사람들이 차량 위에서 각목과 쇠파이프를 들고 거칠게 항의했다. 시위대 속에서는 "깔아 죽여버리자"는 소리가 튀어나왔다.

"나를 죽이면 내 부하들도 당신들을 죽인다. 이런 식으로 하지 말고 대화를 하자. 요구조건이 뭐냐."

"광주역으로 갈 테니 길을 비켜달라."

"나도 위에 지휘관이 있으니 5분만 참아달라."

공수부대는 그 5분 동안 방송 차량으로 시위대의 해산을 종용했다. 그러나 시위대는 물러서지 않았다. 5분이 지나자 가스탄 10여발을 발사하면서 동시에 "돌격 앞으로!" 하는 기합소리와 함께 공수대가 시위대를 분산시키기 위해 진압봉을 휘두르며 달려 나갔다. 매캐한 최루가스와 공수부대가 거칠게 휘두르는 진압봉을 피해 차량에 탔던 사람들이 도망쳤고, 몇명은 붙잡혔다. 공수대원은 그 틈을 타 맨 앞쪽 차량의 열쇠를 빼앗고, 타이어 바람을 빼버렸다. 자동적으로 차량들로 바리케이드가 만들어져 더이상 고속도로 방향에서 밀려드는 차량이 광주역 쪽으로 진행할 수 없게 되었다. 상황이 진정되자 16대대장은 1개 팀만 신안 사거리에 배치하고 나머지 가용병력은 광주역 쪽으로 보내 데모 군중과 대치하고 있는 지역대를 지원했다.[219]

밤 10시경 시위대 공격의 수위가 점차 높아져갔고, 광주역을 향해 돌진하던 시위대 트럭에 하사관 3명이 중상을 입었다. 이 소식이 빠르게 공수대원들 사이에 퍼졌다. 화가 치민 12대대장과 15대대장은 돌진하는 시위대 차량의 바퀴를 향해 권총을 발사했다.[220]

'무인 차량' 공격

광주역의 3공수부대를 향한 시위대의 '무인 차량' 공격은 운전자가 트럭의 가속기에다 돌이나 쇠뭉치 등 무거운 물건을 동여맨 다음 최대한 경계선에 가까이 차를 몰고 가서 운전대를 고정시킨 채 달리는 차에서 뛰어내리는 방식으로 진행됐다. 돌진하던 차가 분수대를 들이받거나 경계 중인 공수대원을 향하다 도로 턱이나 건물 담벼락에 부닥쳐 멈추곤 했다. 뒤이어 달려가던 차들이 그 뒤를 덮치며 폭발음과 함께 불길이 치솟았다.

공수대원을 향한 시위대의 차량 공격은 약 20~50회 정도 지속됐다. 시위대는 일부 차량을 운전사도 없이 시동만 걸어놓은 채 쇠뭉치 등 다른 도구로 가속기를 눌러 돌진시켰다. 무인 차량 공격은 공수대원들에게 '공포' 그 자체였다. 공수대원들은 누군가 "차 온다!"고 외치면 도로 위에 있다가도 급히 인도로 피했다. 멍하게 서 있다가는 차에 치여 죽을 판이었다. 그러나 무인 차량은 공수대원에게 심리적 위협은 되었어도 실질적인 위협은 되지 못했다. 무인 차량 공격이 이어졌지만 차 자체가 목표지점까지 가지 못한 채 중간지점에서 멈춰버리는 경우가 많았다. 그러자 운전자가 아예 붙잡히거나 죽을 각오를 한 채 중간에 뛰어내리지 않고 끝까지 운전하여 돌진하는 차량도 생겨났다. 18~24세 전후의 젊은이들이 앞가슴에 타이어 튜브를 감고 시속 1백 킬로미터 속력으로 군인들 앞으로 돌진하였다. 죽느냐 죽이느냐의 막다른 상황까지 도래하였다. 이제 시위대가 계엄군을 공격하는 역상황이 일어나고 있었다.[221]

차량 4대 정도가 역 앞 로터리에서 곤두박질쳤다. 15대 정도의 화물차량 적재함에 탑승한 시위대들이 화염병을 던지기 시작했으며, 2~3대가 동시에 돌진해올 때가 가장 위험했다. 부상자들은 곧 전남대병원을 거쳐 수도통합병원으로 후송되었다.[222]

휘발유 불기둥 치솟아

고등학생 김용완(金容完, 16세)은 2톤 트럭을 타고 광주역으로 돌진하다 체포되었다. 그는 광주역 앞에서 돌을 던지다 드럼통에 불을 붙여 이를 계엄군을 향하여 밀어붙였다. 그것으로는 공격이 제대로 되지 않자 운전사와 다른 청년 2명과 함께 2톤 트럭에 올라탔다. 광주역으로 차를 몰고 갔지만, 도로에 널려 있는 돌멩이 때문에 차가 덜컹거리며 속도를 내지 못하는 사이에 차량으로 뛰어든 5, 6명의 공수들에게 붙잡히고 말았다. 사정없이 강타하는 진압봉에 복부를 맞고 김용완은 시멘트 바닥에 쓰러졌다. 곧 대검이 왼쪽 다리를 찔렀다. 군홧발이 얼굴을 짓뭉개더니 땅바닥에 엎어진 그를 이리저리 끌고 다녔다. 그는 살점이 떨어져 나가고 얼굴은 온통 피범벅이 됐다.[223]

공용버스터미널에서 광주역으로 향하는 모퉁이 주유소에서 청년들이 트럭에다 드럼통 2개를 싣고 휘발유를 가득 채워서 불을 붙인 뒤 한 청년이 차를 몰고 광주역을 향하여 질주해나갔다. 청년은 계엄군 전방 20여 미터쯤에서 밖으로 뛰어내렸고, 트럭은 그대로 불덩이가 된 채 돌진하여 바리케이드를 부수고 광주역 앞 광장의 분수대를 들이받았다. 휘발유 드럼통이 폭발해 불기둥이 하늘 높이 치솟았다.

밤 10시 공수대원 1명 최초 사망

밤 10시경 상무대에 머물고 있던 최세창 여단장은 무전을 타고 시시각각 들어오는 부상 소식과 대대장들의 다급한 보고를 받고 3공수여단 모든 병력을 광주역으로 집결하도록 지시했다. 그러나 시내가 완전히 시민들에 의해 장악됐기 때문에 공수부대가 시위대의 물결을 뚫고 광주역까지 이동하기가 쉽지 않았다. 시위대 1만여 명이 광주시청을 공격했다. 12대대 일부 잔류병이 시청을 지키고 있었는데, 시위대의 공격으로 시청이 위험에 빠지자 본부로 긴급구조 요청을 보냈다. 공용터미널을 지키던 13대대가 시위대를 뚫고 1킬로미터를 달려가 시청에서 겨우 그들을 구출할 수 있었다.

16대대가 방어하던 신안 사거리에서는 시위대의 화물트럭에 깔려 공수대원 1명이 사망했다. 밤 10시가 약간 지난 시각, 5·18 기간 중 최초로 사망한 계엄군이었다. 광주역 부근에서 빠른 속도로 달려오던 8톤 화물트럭이 신안 사거리에서 오른쪽 전남대 쪽으로 급히 방향을 꺾었다. 경적을 울리며 트럭이 다가오자 광주역 쪽을 지키던 공수대원들은 피했지만, 트럭은 속도가 빠른데다 급하게 우회전하려다보니 사거리 모퉁이에 있는 주유소를 들이받고 전복됐다. 그때 주유소 쪽에서 맞은편 방향을 경계하느라 미처 뒤쪽을 보지 못한 대대장 운전병 정관철 중사가 차에 깔려 그 자리에서 사망했다.[224] 트럭이 뒤집히면서 민간인 2명도 그 차에 치여 쓰러졌다. 16대대 본부중대가 곧바로 차량 조수석에 있던 청년 1명을 체포했다. 운전사는 도망쳤고 현장에서 붙잡힌 청년은 이금영(17세, 화물차 조수)이었다. 이날 밤 공수대원들은 시내에서 연행돼 온 시민들을 5~6명씩 나일론 줄로 묶고 옷을 벗긴 채 등 뒤에 붉은색 매직으로 '폭도' '운전' 등으로 표시했다. 공수대원들은 전남대로 데려온 이금영을 보고 자신들의 동료를 죽였다며 대검으로 그의 머리를 그어버렸다. 그는 교도소로 옮겨가서도 초주검이 되도록 두들겨 맞았다.[225]

최초의 집단 발포, 누구의 명령으로 누가 했는가?

16대대 공수대원 1명이 시위대 차량에 치여 죽었다는 사실이 무전기를 타고 3공수여단은 물론 도청과 조선대를 방어하던 11공수여단, 7공수여단 소속 지휘관들에게도 삽시간에 전파됐다. 동료가 시위대에게 희생됐다는 사실이 알려지자 계엄군의 대응이 훨씬 과격해졌다. 대대장들은 무전으로 실탄 지급을 요청했다. 최세창 3공수여단장은 "경계용 실탄은 위협사격용으로만 사용하되, 위협용 이외에 사용할 때는 사전에 보고하라"는 지시와 함께 실탄을 지급하도록 지시했다. 이때가 밤 10시 30분경이었다.[226]

3공수여단장의 지시가 떨어지자 전남대에서 대기 중이던 여단본부 대기병력 20여명으로 지원조가 편성되어 실탄 보급 작전이 시작됐다. 실탄은 3공수여단 본부가 주둔한 전남대에 한꺼번에 보관되어 있었다. 여단본부 이○○ 일병은 작전참모의 인솔 아래 전남대 정문으로부터 약 9백여 미터 전방 신안 사거리에 배치된 16대대에 경계용 실탄 1백여발을 보급했다.[227] 그러나 다음이 문제였다. 지원조가 다시 전남대로 돌아와 광주역까지 실탄을 싣고 가려는데 수백명의 시위대가 앞을 가로막아 더이상 전진할 수 없었다. 수차례 경고방송을 하고, 최루탄을 발사했지만 시위대는 물러서지 않았다. 결국 광주역 뒤쪽으로 안보회관 사거리를 경유하여 2.5킬로미터를 빙 돌았다.

전남대에서 실탄을 싣고 광주역까지 가서 직접 전달한 3공수여단 본부대대 이○○ 일병은 군수과 요원으로부터 하얀 천에 포장된 실탄 120발을 수령하여 광주역으로 다시 출동하였다. 지원조는 운반 차량인 트럭 양편으로 나누어 걸어서 이동하면서 아스팔트와 건물을 향해 위협사격을 하였다. 트럭 위에 설치된 M60 사수는 사격을 하여 걷고 있는 병력을 엄호해주었다. 이○○ 일병은 M60 사수가 조○○ 상사인 것으로 기억한다. 그러나 주위가 어두워 광주역에 도착하기 전까지 사격에 의해 발생한 사망자와 부상자가 몇명인지는 알 수 없었다. 이동 과정에서 3공수여단 작전참모이던 소령 한명이 권총을 빼들고 "후퇴하면 쏴 죽인다"고 고함을 쳐 공포 속에서 광주역 부근까지 접근했다. 광주역에 도착해보니 군인들이 역 건물을 뒤편으로 하고 일렬로 도열한 채 사격을 계속하고 있었고, 분수대 쪽에서는 시민들이 탄 버스와 트럭이 돌진해오다 분수대에 처박혔다. 이때 20명 정도의 시민이 피가 흥건한 채 분수대 주위에 방치돼 있는 모습이 이○○ 일병 눈에 보였다.[228]

최세창 여단장은 최대한 발포를 자제하라고 지시했다고 하지만 실탄 분배는 발포를 전제로 한 것이었다. 시위 대열의 선두는 죽음이 지척에 와 있음을 직감했다. 그러나 피하거나 물러서려고 하지 않았다. 시위대는 계엄군을 사방으로 포위한 채 시시각각 조여들었다. 공수 병력 손에 실탄이 지급되고 나서 곧이어 예광탄이 공중으로 길게 포물선을 그었다. 총성이 요란하게 울려퍼졌다. 광주역 광장은 순식간에 싸늘한 분위기가 엄습하며 정적 속으로 빠져들었다. 매캐한 최루가스가 자욱한데 어지럽게 뒤엉킨 차량들을 태우면서 치솟는 불길만이 어둠을 밀어내고 있었다. 잠시 시위대가 조용해지는가 싶더니 누군가 "공포탄이다!" 하고 외쳤다. 그러자 군중들이 다시 "와! 와!" 소리를 내면서 불나방처럼 뛰어들었다. 시민들은 캄캄한 어둠속에서 사람들의 비명을 들으면서 분노의 눈물을 삼켰다.

M16 자동소총의 연발사격 소리가 날카로운 파열음을 내면서 콩 볶듯이 울려퍼졌다. 심야에 발생한 '최초의 집단 발포' 순간이었다. 선두에 섰던 청년들이 픽픽 쓰러졌다. 다시 또 연발사격의 총소리. 출렁이던 거리는 어둠속에서 갑자기 얼어붙었다. 순식간에 시위 군중들이 좌악 흩어졌다. 제각기 상체를 구부리고 길 양쪽 건물 뒤로 몸을 숨겼다. 길 위에 쓰러진 사람들은 고통스러운 듯 몸을 비틀다 움직임을 멈췄다. 시위대가 흩어지자 공수대 사격도 그쳤다.

20일 밤 광주역 전투에서 총탄 등에 맞아 숨진 사람은 김재화(26세, 회사원), 이북일(29세, 오토바이 상사), 김만두(45세, 노동), 김재수(25세, 미장공), 허봉

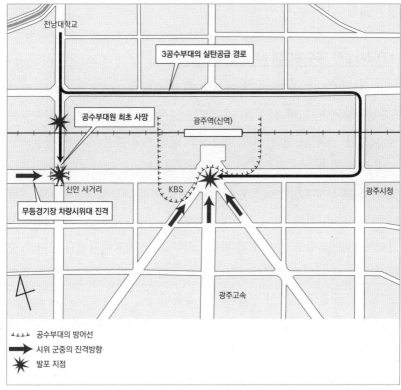

최초의 집단 발포가 행해진 광주역 전투(5.20. 21:00~5.21 04:00)

(26세, 이발사) 등 5명이고, 부상자는 최소한 11명이 넘는다.

　누가 발포명령을 내렸는지, 누가 발사했는지는 아직까지도 공식적으로 밝혀지지 않았다. 군의 문서에도 이와 관련된 기록이 일절 남아 있지 않다.[229] 그 시각 상무대 전교사에 있던 윤흥정 사령관이 총성을 듣고 상황 확인을 지시하자 현장 공수부대 지휘관은 단순한 공포사격이라고 보고했다. 하지만 이때 31사단과 전교사는 공수부대와 별도로 정보 수집을 위해 광주 시내에 자체 정보활동조를 파견하여 광주역 발포사실을 파악

하고 있었다.[230]

전교사령관 '공수부대의 시 외곽 철수' 건의

밤 11시경 윤흥정 전교사령관은 이희성 계엄사령관에게 전화를 해서 '공수부대의 시 외곽 철수'를 건의했다. 공수부대를 외곽으로 철수시키지 않으면 "시민과 군 간에 유혈충돌이 발생하여 많은 피해가 예상되므로 부대를 외곽으로 철수하는 것이 좋을 것 같으니, 승인해달라"는 전화였다. 원래 작전부대의 이동은 2군사령관을 거쳐 계엄사령관에게 보고해야 하는 사안이었다. 하지만 현장 지휘관이 얼마나 급박했으면 계엄사령관에게 이런 요청을 직접 했겠나 싶어서 이희성 계엄사령관은 곧바로 승인했다. 그때 참모총장 관사에는 주영복 국방부 장관이 함께 있었는데 그도 역시 고개를 끄덕이며 동의하는 눈치였다.

밤 11시 20분 2군사령부로부터 '발포 금지, 실탄 통제, 3개 공수여단의 임무를 제20사단에게 인계(교대) 검토, 특전사부대 대대 단위로 분산 집결, 선무공작을 위한 홍보활동 강화' 등의 작전지침(작상전 444호)이 전교사에 내려왔다. '발포 금지, 실탄 통제' 지시는 3공수여단이 광주역 앞에서 발포한 직후에 이뤄진 조치였다.[231] 집단 발포가 있자 이를 통제하기 위해 상부에서 급하게 내린 지시였다.

이날 밤 상황이 얼마나 절박하고, 공수대원들의 자괴감이 얼마나 컸는지를 현장에 있던 한 지휘관의 넋두리 속에서 엿볼 수 있다.

모든 것을 잊고 전남대로 철수하기로 했다. 모두 입에서 똥냄새가 나고 있었다. 12, 13대가 살아 돌아오니 꿈만 같았다. 그때서야 16대대 운전병이 돌진 차량에 치여 풍지박살(풍비박산-인용자)이 되었다는 사실을 알고 눈물을 머금었다. (…) 하여튼 우리로서는 상상도 못한 상황이 벌어졌다. 자고 이래 공수부대는 해병대한테도 맞아본 적이 없으며 맞았다 하면 전부대원이 총을 들고 집단 보복을 자랑하던 공수부대 역사가, 명예가, 전통이 똥칠을 하고 말았다. 그러나 누구 하나 이건 '수치'라고 얘기를 꺼내는 부대원은 없었다. 그만큼 치욕이 컸다. 얘기를 꺼내는 것 자체가 치욕이고 불명예였기 때문이다.[232]

2시간 남짓 사투를 벌인 끝에 마침내 21일 새벽 1시경 3공수여단의 모든 병력은 광주역에 합류하였고, 이때부터 본격적으로 철수 준비를 할 수 있었다. 11대대가 선발대로 통로를 개척하며 시작된 광주역 철수 작전은 새벽 2시부터 시작돼 새벽 4시 30분에야 전남대로의 퇴각이 완료됨으로써 무려 2시간 넘게 걸렸다. 철수 과정도 순탄치 않았다. 공수부대가 앞을 가로막는 시위대를 돌파하기 위해 진압봉으로 구타하여 1명이 사망하고, 중상 3명, 경상 1명이 발생했다.

이날 밤의 광주역 작전 결과를 특전사 「전투상보」는 다음과 같이 기록했다.

KBS 기술자 5명, 보병 5명/35명 구출, 무기고 화기를 가지고 16대대의 엄호하에 전남대학교로 복귀. 작전결과: 아군 1명 사망, 5명 부상, 민간인 2명 사망, 5명 부상(폭도의 차량 공격에 의한 자체 피해). 장비 소모: 가스탄 409발, CS 분말 3통, E-8 발사통 3대.

불길에 휩싸인 광주세무서

자정이 넘으면서 시위대는 주로 공수부대가 집중 방어하는 세군데로 몰려들었다. 도청, 광주역, 조선대 등이었다. 가로등 없는 거리와 불 꺼진 주택가는 암흑 덩어리였다. 시위대의 분노는 차량의 불빛을 따라다니며 출렁거렸다. 총소리와 예광탄, 함성과 경적 소리만 어둠의 도시를 지배했다.

도청 부근 시위는 자정이 지났지만 지속됐다. 시위대의 주력은 방송 차량을 따라 노동청에서 광주역 사이를 왔다갔다하기를 반복하였다. 전옥주는 마이크를 잡고, 청년 1명은 스피커를, 또다른 1명은 앰프를 들고 움직였다. 시위대는 각목이나 쇠파이프를 든 20대 청년들이 대부분이었다. 군데군데 교복 차림의 여고생들이 다친 청소년들에게 응급치료를 해주기도 했다. MBC 방송국과 노동청 앞 등 시내 곳곳에서는 불길이 계속됐다.

21일 0시 30분경 노동청과 MBC 부근을 오가던 일부 시위대가 '붙잡혀간 사람들을 구출하자'며 조선대 쪽으로 방향을 틀었다. 시위 군중 3천여명이 고속버스 3대로 조선대 돌파를 시도하였다. 7공수여단 33대대가 조선대 정문에 차단기를 설치하고 시위대를 막았다. 버스 1대가 조선대 담을 들이받았다. 공수대원이 뒤따라오는 버스를 향해 최루탄을 던지자 버스는 주위에 있는 민가를 들이받고 정지하였다. 공수는 시위대원 3명을 끌어내 구타하면서 연행했다.[233]

0시 35분경 노동청 쪽에서도 2만여명의 군중들이 도청 방향으로 군경을 밀어붙이며 저지선을 뚫으려고 시도하였다. 전옥주와 차명숙은 마이크로 경찰을 향하여 "도와주세요. 경찰관 아저씨, 아저씨들은 우리의 동지입니다. 비켜주세요. 우리를 도와주세요" 하며 계속 울부짖었다. 점차 감정이 격해지고, 구호도 더욱 선동적으로 바뀌어갔다.

0시 45분 문장우(文章宇, 27세, 예비군 중대장)는 수백명의 시위대와 합세하여 광주세무서로 향했다. 세무서 정문 양쪽에서 경계를 서던 2명의 공수대원은 시민들이 함성을 지르며 세무서 쪽으로 물밀듯이 몰려들자 그 기세에 놀라 건물 안으로 쫓겨 들어가면서 총을 쏘았다. 그때 문장우는 세 사람이 쓰러지는 것을 목격했다. 흥분한 시민들이 "우리가 낸 세금으로 휴전선 지키라고 했더니 국민의 가슴에 총부리를 겨누다니! 세무서도 필요 없다. 불 질러버리자!"고 소리쳤다. 문장우는 당장 청년들을 규합하여 주유소에서 휘발유를 가져와 군용 트럭에 붓고 불을 붙였다. 그와 다른 청년 1명이 트럭을 후진으로 몰고 가다 건물 앞에서 뛰어내렸다. 세무서 건물에 불이 붙었다. 시민들이 박수를 치며 환호성을 질렀다. 총소리, 비명소리로 순식간에 아수라장으로 변했다.[234] 한참 후 총성이 그치자 시위대는 세무서 정문을 박차고 들어가 닥치는 대로 기물을 부수고 불을 질렀다. 만세를 외치며 그 자리에서 애국가를 불렀다. 세무서의 예비군 무기고에서도 불이 타올랐다. 새벽 3시경 시위대 중 일부가 광주세무서 직장예비군 무기고에서 카빈 소총 17정을 가지고 나갔다. 최초로 시위대 수중에 총이 들어왔다. 그러나 이미 군부대에서 실탄을 가져가버린 상태였기 때문에 빈총에 불과했다.[235]

시내 전역에서 '계엄철폐'와 '전두환 퇴진'의 구호가 깜깜한 밤하늘을 뒤덮었다. 도심 전체가 열기에 휩싸여 부글부글 끓는 용광로와 같은 상황은 다음날 아침까지 이어졌다. MBC 방송국 전소에 이어 광주세무서, 노동청, KBS가 불탔고, 광주역이 점거됐으며, 광주지검, 법원청사를 비롯하여 8개 파출소도 이날 밤 파괴되었다.

한편 이날 20일 오전 9시경 김영삼 신민당 총재는 5·17 비상계엄 전국확대 조치를 비난하는 성명을 상도동 자택에서 발표했다. 그로부터 한시간 뒤 황낙주, 손주항 의원을 비롯한 보좌진, 보도진 등 3백여명이 국회의사당으로 들어가려다 군인들에 의해 저지당했다. 계엄 당국은 의원들의 출입을 강제로 막아 임시국회 자체를 무산시켜버렸다. 원래 이들은 이날 104회 임시국회를 열어 계엄해제 결의안을 채택할 예정이었다.

정부는 이날 신현확 총리 후임으로 박충훈 국무총리 서리를 임명하였다. 언론은 그때까지도 광주지역의 심각한 상황에 대해서 전혀 보도하지 않았다.

05 무장투쟁과 승리의 쟁취

5월 21일 수요일 | 항쟁 4일째

20사단 증파

21일 새벽 2시 40분부터 아침 8시 50분 사이에 20사단 61연대에 이어 사단사령부와 62연대가 차례로 송정리역에 도착했다. 60연대는 21일 밤 광주로 이동했다.[236] 광주 시내 상황은 20사단 병력이 이동하는 동안에도 시시각각 변했다. 당초 송정리역을 거쳐 광주역까지 병력수송 열차가 진입할 예정이었으나 광주역은 지난밤 치열한 전투 끝에 이미 시위대들이 장악했기 때문에 접근조차 불가능했다. 20사단은 광주시민들의 분노가 어느 정도인지 전혀 모르는 상태에서 투입되었다. 21일 새벽 6시 25분 500MD 헬기 5대가 전교사에 추가로 내려왔다.

희생자의 시신을 리어카에 싣고

21일 새벽 4시 무렵 광주역 맞은편 KBS 광주방송국이 화염에 휩싸였다. 여명이 밝아오면서 광주역 광장은 불에 탄 차량의 잔해들이 앙상한 뼈대를 드러냈다. 아직도 불더미 속에서는 검은 연기가 피어올랐다. 마지막까지 남아 있던 시위대는 공수부대가 광주역을 비우고 완전히 물러간 것을 뒤늦게야 알아차렸다. 시위대는 3공수여단이 철수한 광주역 대합실을 향해 태극기를 휘두르며 진격했다.

"이겼다! 우리가 공수부대를 몰아냈다!"

시위대는 함성을 지르며 광주역을 향해 내달았다. 그러나 50미터쯤 앞에서 멈칫했다. 2구의 시신이 눈에 들어왔다. 얼굴이 흉측하게 뭉개진 상태였다. 워낙 급하게 퇴각하느라 계엄군은 미처 시위대의 시신을 치우지 못한 것 같았다.[237]

밤새워 가두방송을 한 전옥주는 광주역에서 발견된 희생자 2명의 시신을 리어카에 옮겨 싣고 태극기로 덮은 다음 금남로에 있는 광주은행 본점 앞까지 1천여명의 시위대와 함께 행진을 벌였다. 전옥주는 시민들과 함께 리어카에 실린 2명의 희생자를 향해 묵념을 올렸다. 그때까지 계엄군이 사람을 죽였다는 소문은 무성했으나 시위에 참여한 대부분의 사람들이 자신의 눈으로 직접 희생자를 확인한 적은 거의 없었다. 하지만 유언비어와 뒤섞여 떠돌던 소문이 현실로 드러났다. 그녀는 도청 앞에서 경계를 서고 있던 11공수여단 소속 어느 대대장 앞으로 다가가서 희생자의 시신을 보여주며 따졌다. 그러자 그 중령은 "계엄군이 죽인 것이 아니라 간첩이 나타나서 그런 것"이라고 말했다.[238] 계엄군의 앵무새 같은 억지스러운 변명에 시민들의 분노는 더욱 커졌다.

'부처님 오신 날'의 비극

21일은 '부처님 오신 날'이었다. 자비와 평화와는 거리가 먼 '참담한 비극'이 광주를 엄습했다. 지난밤 파괴되거나 불타버린 주요 관공서는 광주세무서, 전남도청 차고, 광주 시내 16개 파출소, 노동청, MBC, KBS 등이었다. 시내 중심가 도로는 폐허처럼 변했다. 차량의 잔해와 찌그러진 바리케이드, 아스팔트 위에 우박처럼 널린 보도블록 조각들, 화염병 파편, 땅바닥 곳곳에서 찐득하게 굳어가는 핏자국…… 아직도 타다 남은 건물에서는 검은 연기가 피어오르고 있었다.

21일 새벽 2시경부터 광주에서 외부로 통하는 시외전화가 완전히 끊겼다. 고속버스와 열차도 시내로 진입할 수 없었다. 광주 주재 중앙지 신문이나 방송 기자들은 도경찰국에 있는 경비전화를 이용하여 서울시경 기자실의 중계로 본사에 상황을 송고했다. 촬영한 필름을 숨긴 외신 기자들은 계엄군의 눈을 피하여 오토바이나 자전거 따위를 이용해 광주 외곽으로 빠져나갔다. 통신이 가능한 순천, 목포, 전주 등으로 가서 본국에 기사를 송고하기 위해서였다.

광주 시내는 언론으로부터 차단되었다. 시민들은 라디오 방송밖에 들을 수 없었기 때문에 스스로 유인물을 발행하면서 소식을 알렸다. KBS, MBC는 지난밤 불타버렸고, 『전남일보』와 『전남매일신문』의 편집은 중단되었다. 외부에 광주 상황이 어떻게 알려지는지 모두들 궁금했지만 확인할 방법이 없었다. 외부의 정보로부터 차단된 광주는 육지 속의 섬처럼 완전히 고립됐다.

계엄군은 이제 도청, 전남대, 조선대 등만 겨우 지키고 있을 뿐 나머지 지역에는 전혀 통제력이 미치지 않았다. 경찰서와 파출소까지도 텅 비었다. 시민들에 의해 계엄군이 완전히 포위된 형국이었다. 조선대에서 도청까지 길이 막혀 도청을 지키는 11공수여단에 식사차량이 접근할 수조차 없었다. 계엄군들은 20일 오후부터 비상시에 먹는 전투식량으로 식사를 대신하고 있었다.

시민들은 동이 트자마자 차량을 이용하여 외곽지역 주민들을 시내 중심가로 실어 나르기 시작했다. 금남로에 모여든 사람들의 숫자는 오전 9시쯤 1만여명으로 불어났다. 금남로는 관광호텔 앞에서부터 한국은행 사거리까지 사람들이 인산인해를 이루어 발 디딜 틈이 없을 정도였고, 그 뒤쪽 유동 삼거리까지도 차츰 사람들이 들어차기 시작했다.

아주머니들은 주먹밥을 지어 지나가는 시위 차량에 올려주었다. 길거리 상점마다 음료수를 박스째 시위 차량에 제공했고, 주유소에서는 무료로 기름을 넣어주었다. 운송회사나 차량 소유자들 가운데 상당수는 자발적으로 자신의 차를 시위용으로 내놓기도 하였다. 간혹 시위대가 차량을 강제로 징발하더라도 별다른 저항은 없었다. 분노가 공포심의 임계점을 넘어서자 생존 본능이 거대한 집단적 공명 현상을 만들어내고 있었다.

20사단 지휘 차량 14대 탈취

20사단은 광주에 도착하자마자 시위대의 거센 저항에 부닥쳤다. 아침 8시 송정리역에 내린 20사단 61연대 소속의 장교 82명, 사병 1413명이 차량 40대와 함께 전교사에 도착했다. 곧바로 광주교육대학으로 이동하라는 지시가 있었다. 부대가 상무대에서 국군통합병원을 지나 농성동 사거리 근방에 이르렀을 때 시위대는 바리케이드로 도로를 차단한 상태였다. 61연대 2대대장 김형곤 중령은 "광주시민들이 몹시 흥분된 상태"라고 직감했다. 주위에서 구경하던 사람들이 대대장에게 "계엄군이 시내로 들어가지 않는 것이 좋겠다"고 만류했다. 그는 연대장에게 무전으로 상황을 전하고 상무대로 복귀했다. 주위에서 이런 모습을 지켜보던 시민들이 2대대를 향해 "박수치며 환호"했다.[239]

광주지역 유지나 기관장 들은 지난 며칠간 여러 경로를 통해 전교사측에 시내에서 공수부대를 철수시켜달라고 거듭 요구했다. 만약 그게 어렵다면 공수부대에 대한 시민들의 감정이 극도로 악화돼 있으니 일반 군인으로라도 교체해달라고 하였다. 전교사는 20사단이 도착하자마자 병력 교체를 시도한 것이다. 하지만 상황은 예상보다 빨리 변해 20일 아침에는 공수부대가 아닌 일반 군인마저도 시내 진입이 불가능할 정도로 시민들의 분위기가 격앙됐다.

아침 8시 45분 20사단 일부 병력과 장비가 고속도로를 이용해 광주에 도착했다. 화학대장 인솔 아래 이동한 사단장 전용 지프 등 지휘부 차량 14대였다. 이들이 광주에 진입하자마자 광주공단 입구에서 도로를 차단하고 있던 3백여명의 시위대가 화염병으로 기습 공격하여 14대의 지프를 순식간에 모두 빼앗아버렸다. 지휘부 차량에는 소총이나 수류탄 등 살상무기는 없었으며, 이 과정에서 20사단 병사 1명이 생포되었다가 이날 낮 12시경 풀려나 부대로 무사히 복귀했다. 군인들로부터 지프 14대를 빼앗은 시위대는 사기가 충천했다. 일부는 그 군용차를 타고 시내로 나갔고, 나머지는 더 많은 차량을 가져오자며 아시아자동차 공장(현 기아자동차 광주공장)으로 향했다.

20사단이 도착하자마자 겪은 이 두개의 '사건'은 계엄군 지휘부가 광주 현지 상황을 잘못 판단한 결과였다. 광주에 파견된 보안사 홍성률 대령은 검찰조사(1995)에서 다음과 같이 말했다.

광주로 내려가 시위 격화 원인을 파악해보니 초기 시위진압에 투입된 공수부대원들이 서로 형님 아우 하며 친족처럼 지내는 광주시민의 정서를 무시한 채 시위대 해산에 중점을 두기보다는 끝까지 시위 주동자를 추적 체포하며 강경하게 진압하는 바람에, 이를 본 광주시민들이 격분하여 시위가 확대되었습니다. 따라서 공수부대를 통한 강경 시위 진압보다는 시간이 걸리더라도 광주시민 정서를 감안한 선무활동 등을 통해 사태를 수습해야 할 것으로 판단했습니다. 이런 판단은 현지 보안부대인 505보안부대의 판단과도 일치하여 보안사령부로 보고했으나 사령부에서는 이를 무시하고 강경진압만 고집해 사태가 악화된 것입니다.[240]

보안사령부 정보과장 한용원도 "지휘부에서는 너무 현지 사정을 무시한 채 부마사태 당시의 진압 사례만 생각"하고 광주에도 "공수부대가 투입되기만 하면 사태가 가라앉을 것으로 안이하게 생각하여 아무 준비 없이 병력부터 출동시킨 것이 잘못"이라고 말했다.[241]

시민군의 장갑차

시위상황은 시시각각 급변했다. 전날 밤 광주역에서 있었던 3공수여단의 발포가 희생자의 발생으로 이어지자 격분한 시위대는 21일 아침부터 광주 소식을 외부에 알리기 위해 광주 시내를 빠져나갔다. 한편으로 시위대는 상무대 쪽과 서울 방향에서 군인들이 시내로 들어오지 못하도록 광주공단 입구와 돌고개 입구 등 주요 진입로를 폐타이어, 나무, 철조망 등으로 막아버렸다.

아시아자동차 공장에 근무하던 김정기(19세)는 21일 아침 가톨릭센터 앞에서 지나가는 시위대 차량에 탑승했다. 밤을 꼬박 새웠기 때문에 아침이지만 졸음이 쏟아졌다. 누군가 아시아자동차 공장으로 가서 차를 끌고 나오자고 말했다. 20여명의 정문 경비원들이 그가 탄 차량의 진입을 완강하게 막았다. 김정기는 자신의 얼굴을 아는 경비원이라도 만나면 곤란할 것 같아서 처음에는 일부러 내리지 않았다. 잠시 후 시위대의 기세에 밀려 정문이 열렸지만, 차를 가지러 갔던 사람들이 빈손으로 돌아왔다. 차가 보이지 않는다는 것이다. 공장 내부사정을 잘 아는 그가 나섰다. "내가 이 공장에 근무한다. 그쪽은 부품조립 라인이라 차량이 없다." 다시 사람들을 이끌고 제3공장 쪽으로 뛰어갔다. 공장동 문을 열자 출고를 앞둔 새 차들이 즐비하게 진열돼 있었다. 누군가 '장갑차'도 있느냐고 물었다. 김정기는 마침 며칠 전 주행시험장 쪽에 들렀을 때 그곳에서 장갑차와 가스살포 차량을 본 기억이 났다. 사람들이 장갑차도 끌고 나왔다. 그는 경비원들의 시선을 피해 홀로 걸어 나왔다. 그들이 차를 가지고 나올 때쯤 또다른 시위 차량 4~5대가 아시아자동차 공장으로 밀어닥치는 게 보였다. 그때부터는 시위대가 아무런 제지도 받지 않고 공장으로 진입했다.[242]

김정기 이외에도 김태헌(金泰憲, 19세, 재수생), 이용일(18세, 재봉견습공), 정원훈(17세, 고교생), 강구영(18세, 고교생), 노동규(22세, 점원), 허오제(17세), 김백천(33세, 양동시장 야채가게 운영) 등 여러사람들이 이날 각각 별도의 차량을 타고 시위대와 함께 아시아자동차 공장에 들어가서 군용 트럭과 장갑차 등을 몰고 나왔다.[243] 회사측에서는 차가 움직이지 못하게 아예 배터리나 부품 일부를 분리하여 별도의 장소에 보관하기도 하였다. 하지만 시위대 가운데 자동차 수리공이나 운전사 들이 나서서 배터리를 부착하거나 부품을 조립한 다음 차량을 움직였다.

이날 오후까지 시위대는 몇차례에 걸쳐 아시아자동차 공장에 들이닥쳤는데, 56대의 군용 트럭을 포함해, 장갑차, 버스, 가스차, 지프 등 총 414대의 차량이 공장에서 시내로 쏟아져 나왔다. 시위대는 아시아자동차 공장에서뿐 아니라 다른 차들도 시위에 동원했다. 고속버스와 시내버스, 각종 화물트럭, 승용차 등 일반 차량 529대, 공용 차량 83대로 총 1026대의 차량이 항쟁기간 중 시위에 동원되었다. 그 차량들 가운데 일부는 시위대가 대열의 전면에 세워 계엄군을 공격하는 데 사용했고, 나머지 대부분은 사람들이 시외 지역으로 가서 상황을 알리며 도움을 청하기 위해 돌아다니는 데 이용했다.

시민대표와 도지사 협상

아침 9시가 넘어서자 금남로 1가 도청 앞에서부터 금남로 3가 한국은행 앞까지 군중은 눈덩이처럼 불어났다. 10시쯤에는 5만여명으로 불어나 6차선 도로가 인파로 가득 찼다.

날이 새자 계엄군은 시민들에 대한 공격행위를 중단했다. 상부의 지시였다. 더이상 강경진압이 먹혀들지도 않았지만 대낮에 강경진압을 시도할 경우 시민들을 더욱 자극할 것이라는 우려 때문이었다. 도청 앞 공수부대는 대규모 차량시위에 이어 끝없이 밀려오는 시위대의 파상적인 공세에 극도의 공포심을 느꼈다. 밤중 내내 꼼짝 못하고 도청, 노동청 부근만 지키다 아침이 되자 병력을 집결시킨 뒤 도청 주위로만 방어범위를 좁혀 두텁게 경계병력을 재배치했다. 11공수여단 61대대와 62대대가 선두에 섰고, 그 뒤편 도청 쪽으로는 전투경찰이, 좌우 측방으로는 전투경찰과 63대대 및 7공수여단 35대대가 대기하면서 유사시에 61, 62대대를 즉각 지원할 수 있도록 전열을 가다듬었다. 3지역대 소속 천○○ 중위는 광주 출신이었는데, 동생이 버스에서 태극기를 흔들며 시위대와 함께 데모하는 것을 목격했다. 동생하고 형제간에 싸우는 형국이었다.

시위 대열은 20일 저녁부터 전옥주의 가두방송에 따라 움직이고 있었다. 21일 아침 그녀는 도청 앞에서 공수부대 대대장에게 시내에서 철수할 것을 요구했다. 11공수여단 61대대장 안부웅 중령이 전옥주와의 대화에 나섰다. 시위대의 요구사항은 '계엄군 철수, 연행자 즉각 석방, 폭력사용 금지' 등이었다. 안중령은 전교사에 머물고 있는 11공수여단장 최웅 준장에게 무전으로 시위대의 요구를 전한 후 지침을 기다렸다. 잠시 후 최웅 여단장은 '도청 사수 명령 상태에서 현재로서는 철수 불가, 체포자는 전원 경찰에 인계해서 계엄군이 보호하고 있지 않음, 시위대가 폭도화하지 않으면 일체 폭력사용 금지' 등 계엄군의 대응방침을 알려줬다. 시위대는 더이상 계엄군과 말해봐야 소용이 없다며 도지사를 만나게 해달라고 요구했다. 공수부대 대대장들이 머리를 맞대고 협의했다. 시위상황이 더 악화되지 않도록 도지사와의 면담을 주선키로 했다. 전옥주, 김범태(26세, 조선대, 공무원), 김상호(21세, 전남대), 그외 시민 1명 등 모두 4명이 협상대표가 되었다. 7공수여단 35대대장 김일옥 중령이 도청으로 전옥주 일행을 안내했다.[244]

도청 안으로 들어간 협상대표는 주민등록증 제시 등 신분확인 절차를 거치고 나서 구용상 광주시장과 만났다. 한참 후 장형태 도지사가 들어왔다. 협상대표는 시민들의 요구조건을 하나하나 설명하고 수용해줄 것을 요구했다. 도지사 자신도 "시민들 못지않게 분노를 느끼고 있다"고 말했다. "원래 계엄군이 주둔하면 도지사에게 상황을 보고해야 하는데 전혀 보고를 받지 못하고 있는 상황"이라는 것이다. 도지사는 '공개 사과, 재발 방지 약속, 계엄 당국과 책임자 면담 주선' 등은 수용할 수 있다고 했다. 그러나 "계엄군의 시 외곽 철수와 연행된 시민, 학생 들의 석방 및 소재 파악 문제는 최선을 다해보겠다"고 말했다. 도지사의 권한을 넘어서는 사항이었다. 그렇다고 도지사는 딱 잘라서 '안 된다'는 말도 하지 않았

5월 21일 오전 금남로를 가득 메운 시민들.(사진 나경택)

다. 파국을 막기 위해 최선을 다해보겠다는 생각이었다. 협상대표는 합의
된 사항을 도지사가 시위대 앞에서 직접 발표해달라고 요구했다. 도지사
는 그렇게 하자며 협상대표단의 요구를 받아들였다. 전옥주는 당시 상황
을 이렇게 회고했다.

나는 시민들이 몹시 불안해하고 있으니 '계엄군을 철수하고, 연행된
학생과 시민들의 소재를 파악해달라. 그리고 공정한 보도를 하도록 하
고 계엄사령관을 만날 수 있도록 주선해달라'는 요구사항을 말했다. 도
지사는 '12시까지 계엄사령관을 만나게 해줄 테니 나가서 시민들을 자
제시켜달라. 그러면 5분 후에 나가서 시민들에게 사과의 말을 하겠다'
고 했다. 그 말을 믿고 우리는 밖으로 나와 시민들에게 협상내용을 말

한 후 「아리랑」「선구자」 등의 노래를 부르며 도지사를 기다렸다.[245]

옥외 마이크가 준비되는 동안 도지사는 잠시 도청 안에서 기다리고 있었다. 그사이에 구용상 광주시장이 시위대를 우선 진정시켜보겠다며 밖으로 나갔다. 시장이 단상에 올라가서 시민들에게 자제와 질서를 호소하는 발언을 했다. 시민들 사이에서 "집어치워라!"는 고함소리가 여기저기서 터져 나왔다. 시장은 시민들에게 쫓겨나고 말았다. 이런 모습을 지켜보던 도청 직원들은 '위험하다'며 도지사가 시민들 앞에 나서는 것을 만류했다. 도지사가 나오지 않은 채 시간이 흐르자 점차 분위기가 악화되기 시작했다. 시위 군중이 조금씩 앞으로 나아갔다. 공수부대와의 간격이 점점 좁혀지고 있었다.

오전 10시 45분쯤 장형태 도지사는 시민들 앞에 직접 서는 것을 포기하였다. 그 대신 도청 옥상에서 경찰 헬기를 타고 공중에서 금남로를 가득 메운 시민들을 향해 선무방송을 하였다. "여러분의 요구는 모두 관철시키겠습니다. 12시까지 계엄군을 철수시키겠습니다. 모두 해산하여주십시오. 연행자는 모두 석방할 테니 여러분은 해산하십시오. 저는 도지사입니다."[246] 시내는 온통 헬기에서 나오는 스피커 소리로 덮여버린 듯했다. 몇바퀴 도청 상공을 돌던 헬기는 곧바로 전교사를 향해 날아갔다. 금남로의 중앙교회 스피커와 시위대의 스피커에서는 '끝까지 싸우자'는 투쟁의지를 담은 대응방송이 쏟아지고 있었다.

녹두서점 모임

한편 이날 오전부터 주택가의 부녀자들을 중심으로 솥을 걸고 밥을 짓기 시작했다. 주월동 주부 김경애(51세)는 시내에서 계엄군이 학생들을 죽도록 때리는 것을 목격하고 집에 돌아온 뒤 문을 걸어 잠근 채 바깥출입을 삼갔다. 두려웠다. 그녀는 2~3일을 그렇게 두문불출하다 곰곰이 생각해보니 자식 키우고 사는 사람이 이래서는 안 되겠다 싶었다. 같은 동네 사는 아주머니들에게 이야기해서 쌀을 모아 밥을 짓기 시작했다. 라면상자에 비닐을 깔고 주먹밥을 만들었다. 전남대 의대 앞으로 가서 시위 차량이 지나가면 차에다 주먹밥을 올려주면서 몸조심하라고 격려했다.[247] 목숨 걸고 공수부대와 싸우는 젊은이들이 모두 자식 같았다. 이런 과정을 통해 광주시민 모두는 한 가족처럼 공동체로 동화되어가고 있었다.

밤중 내내 불길에 휩싸인 광주세무서 건물은 오전까지도 화염이 그치지 않았다. 그 옆 광주공고 앞에서는 버스가 불타고 있었다. 시위 군중과 공수부대의 대치선에서는 타이어가 불타면서 뿜어내는 검은 연기가 하늘로 치솟았다. 가톨릭센터에는 시위대가 만든 벽보가 어지럽게 부착돼 있었다. '때려잡자 전두환' '물러가라 최규하' '사라져라 신현확' '비상계엄 해제하라' '칼부림이 웬 말이냐' '전남인은 궐기하라' 등 격하게 휘갈겨 쓴 구호들이 건물 벽면 여기저기서 눈에 띄었다.

오전 11시 무렵 녹두서점에서는 어제 모인 윤상원, 정상용, 이양현, 정현애, 김상집 등이 다시 머리를 맞댔다. 강력하고 신뢰할 수 있는 지도부가 필요하다는 데 의견을 모았다. 어떤 상황에서라도 소식지를 꾸준히 발간하기로 하고, 윤상원이 이끄는 들불야학팀이 그 일을 맡도록 했다. 또 녹두서점이 너무 노출되었으니 다른 장소에서 만나자고 하였다. 윤상원은 시내에 무질서하게 돌아다니는 차량들에게 '오후 1시에 가톨릭센터 앞으로 집결하도록 알리자'고 제안했다. 이후 김상집이 트럭을 타고 돌아다니면서 만나는 차량마다 가톨릭센터 앞으로 모이자고 전했다. 하지만 시민들의 분노와 투쟁을 담아낼 수 있는 적절한 수단은 아직 없었다.

회의가 끝났을 때 들불야학 교사 전용호(田龍浩, 23세)가 녹두서점으로 들어왔다. 윤상원은 전용호에게 소식지를 들불야학이 전담하여 만들기로 했다고 말하고는, 전용호와 함께 지나가는 트럭을 잡아타고 광천동 들불야학으로 가서 교사와 학생 10명을 모아 소식지를 본격적으로 제작하기 시작하였다. 윤상원은 소식지의 명칭을 '투사회보'로 정했다.

추기경, 글라이스틴을 만나다

21일 오전 11시경 금남로에서 긴장감이 극도로 높아져가고 있을 때 천주교 김수환 추기경은 서울에서 글라이스틴 주한 미 대사를 만났다. 추기경은 전날 전두환 보안사령관을 만나 강경기류를 확인한 후 미국만이 유일하게 신군부의 질주를 멈출 수 있다고 생각했다. 밤중 내내 글라이스틴 주한 미 대사와 전화가 연결되지 않았다. 속이 타자 한동안 끊은 담배를 꺼내 연거푸 피웠다. 이미 계엄사령관이 무력 충돌을 예고하는 경고방송을 내보낸 뒤라 마음이 급했다. 추기경은 미 대사를 만나자마자 "어제 저녁부터 광주 일 때문에 당신을 만나고 싶었는데, 어떻게든 무력 충돌은 막아야 되지 않겠느냐"고 말했다. 글라이스틴 대사도 "바로 그 일 때문에 어제 위컴 사령관하고 함께 있었으며, 최선을 다하고 있다"고 말했다. "유혈사태만은 꼭 막아달라"고 당부한 뒤 돌아 나왔다. 나중에야 알려진 사실이지만 글라이스틴은 이때 워싱턴의 국무성 고위관리들과 광주 무력진압 방안에 대해 심도 깊게 상의하고 있었다. 미국의 승인 아래 20사단은 21일 새벽 이미 광주에 도착해 있었다.

추기경은 내친김에 곧바로 군종신부를 통해 계엄사령관 이희성에게도 연락했다. 최종 명령은 계엄사령관이 내릴 것이라고 판단했기 때문이다. 둘은 명동성당에서 만났다.[248] 추기경은 "최대한 평화적인 해결방법을 찾아달라"고 당부했다. 그러자 계엄사령관 이희성은 '사태가 남쪽으로 확산되면 무력 투입의 필요가 크지 않고, 만약 이것이 북쪽(서울쪽)으로 확산된다면 무력으로 막을 수밖에 없다'는 취지로 답변했다.[249]

일촉즉발의 상황

21일 오전 군 헬리콥터가 도청 옥상과 광장으로 부지런히 이착륙하는 모습이 눈에 띄었다. 금남로에서 군경과 대치해 있던 시민들은 계엄군이 철수하기 위해 예비작업을 하는 것이 아닌가 추측했다. 이때도 어제와 마찬가지로 격문이 적힌 유인물이 금남로와 시내 여러곳에 뿌려졌다. 공수부대의 학살 만행을 고발하면서 전국민이 궐기할 것을 촉구하는 내용들이었다. 한데 어제와 달리 시민들의 움직임을 조직적으로 통제해야 한다는 생각이 유인물에 나타났다. 전남대는 공용터미널, 조선대는 계림파출소, 전문대와 간호대는 문화방송, 남녀 고등학생은 산수동 오거리에서 각 동별로 모여서 모두 도청으로 집결하자는 내용이었다. 이때부터 시민들의 구호는 오직 '도청으로!'였다.

10시 8분경 도청 앞 광장에 군용 헬기가 착륙했다. 10시 10분경에는 상무관 앞의 11공수여단 63대대 장교와 하사관 들에게 1인당 10발씩 실탄이 지급되었다.[250] 이 광경을 『동아일보』 김영택 기자가 도청 3층 도지사실 복도에서 내려다보고 있었다. 김기자는 황급히 지사실로 들어가 자신이 목격한 실탄 지급 상황을 장형태 도지사에게 말했다. "지금 실탄이 지급되는 것으로 보아 아마 공식적인 발포가 있을 모양"이라며 우려도 함께 전했다. 도지사는 곧바로 윤흥정 계엄분소장에게 전화를 걸어 "발포만은 삼가달라"고 호소했다.[251]

바로 그 시각인 오전 11시경 육군본부 작전참모부장 김재명은 서울에서 헬기를 타고 전교사에 도착하였다. 그는 현장 지휘관들과 면담한 후 이날 '상무충정작전'의 기본 골격을 만들었다.[252]

　잠시 후 도청 앞 상공의 헬기에서 도지사의 선무방송이 흘러나왔다. 흥분한 시민들을 향해 '자제해달라. 공수부대 철수를 건의하겠다'는 내용이었다. 11공수여단 61대대장 안부웅 중령은 '정말 12시에 철수하느냐'고 조선대에 있던 11공수여단본부 양대인 참모장에게 무전을 쳤다. 10분쯤 지난 뒤 참모장으로부터 회신이 왔다. 전교사에 있는 최웅 11공수여단장에게 확인한 결과 '아직 철수 계획이 없으니 도청을 사수하고, 선무활동을 지속하라'는 내용이었다. 안중령은 '명령 없이 사격하지 말라'고 부하들에게 지시했다. 하지만 실탄은 이미 분배된 상황이고, 조금씩 계엄군을 향해 밀고 들어오는 시위대의 기세는 자못 위협적이었다. 이때 상무대에 머물던 11공수여단장은 선임 대대장인 61대대장 안부웅 중령에게 여단장을 대신해서 도청 앞 현장상황을 총지휘하라고 지휘권을 부여한 상태였다. 4명의 대대장들은 시시각각 다가오는 위기상황에 어떻게 대처할 것인지 논의하기 위해 도청 앞 분수대 부근에 모여 수시로 머리를 맞댔다. 이 자리에서 죽는 한이 있더라도 명령에 따라 현장을 지켜야 한다는 게 61대대장의 생각이었다.

　분수대 앞 시계탑이 정오를 가리키자 긴장이 더욱 높아졌다. 시위대는 계엄군이 정오까지 퇴각할 것을 요구했고, 도지사가 그렇게 해보겠다고 약속했었다. 그러나 정오가 지났지만 계엄군은 여전히 꿈쩍도 않고 그대로였다. 시민들이 술렁거리기 시작했다. 시민들은 '속았다'면서 차량을 앞세우고 도청을 향해 밀어붙일 기세였다. YMCA 건물까지 진출한 시위대와 분수대를 등진 계엄군의 거리는 불과 50여 미터 정도까지 좁혀졌다.

　시위대의 거센 항의에도 불구하고 11공수부대는 묵묵부답이었다. 오히려 방독면을 착용하면서 최루탄을 즉각 투척할 수 있는 공격적인 자세를 취했다. 시위대 맨 앞열에 선 사람들이 계엄군에게 최루탄을 투척하지 말라고 요구했다. 앞쪽에는 여러대의 버스와 트럭이 서 있고 버스 지붕부터 도로까지 발 디딜 틈 없이 사람들이 가득 들어선 채 팔을 흔들며 구호를 외쳐댔다.

61대대장은 계속 무전 보고를 하면서 상부로부터의 명령을 기다렸다. 현재의 상황은 곧 충돌로 이어질 것이 분명했다. 부대원 상당수가 위험에 처할 수 있다는 판단이 들었다. 전교사 계엄분소에 있는 여단장으로부터는 계속 '회의 중'이라는 답변만 되돌아왔다. 화가 난 61대대장은 무전기에 대고 고함을 질러댔다.

"도대체 상부에서는 이곳 상황을 제대로 알고나 있는 거냐?"

"발포를 할 것인지, 철수를 할 것인지 어떤 지시가 있어야 할 것 아니냐!"

일촉즉발의 위기상황이었다. 하지만 상부에서는 계속해서 '선무활동을 강화하라'는 지시만 무전으로 전달됐다. 이때 전교사에 머물던 3, 7, 11공수 여단장들은 시시각각 긴장감이 높아지는 도청 앞의 긴박한 상황을 공수부대 전용 주파수의 무전기를 통해 함께 파악하고 있었다.

시위대와 계엄군의 간격은 서로 숨소리도 들릴 만큼 가깝게 좁혀졌다. 12시 30분경 전남도청 앞 계엄군 쪽 가까이에 있는 대도호텔 옥상에서 카메라로 촬영을 하던 『전남매일신문』나경택(羅庚澤) 기자는 공수부대 대위가 통신병에게 하는 이야기를 들었다.[253]

"발포명령 어떻게 됐나?"

"아직 안 떨어졌습니다."

그로부터 10분 정도 지났을까? 통신병이 흥분된 어조로 말했다.

"발포명령입니다."

공수부대는 61, 62대대가 금남로 쪽을 향해 맨 앞줄에 섰고, 63대대는 유사시에 즉각 증원할 수 있도록 15미터 후방에, 35대대는 도청 울타리 벽을 둘러싸고 있었다.

공수부대 장갑차에 깔려 군인 사망

오후 1시 즈음해서 시위대 대표가 공수부대에게 5분 내에 철수하라고 '최후 통첩'을 했다. 61대대장이 협상을 시도하며 상부의 지시를 기다리는데, 화염병이 날아와 대기중인 장갑차에 불이 붙었다. 급히 장갑차를 후진시키는데 시위 군중이 성난 파도처럼 밀려왔다.

이때 미처 피하지 못한 2명의 사병이 공수부대의 장갑차에 치였다. 11공수여단 63대대 소속 권용운 일병이 즉사하고, 다른 1명은 중상을 입었다. 계엄군의 장갑차가 급히 퇴각을 하면서 넘어진 군인을 덮친 것이다. 공수부대 장갑차의 '무한궤도' 밑에 하반신이 깔린 그 병사가 상체는 위로 들려진 채 입에서 붉은 피를 쏟아내던 처참한 장면을 바로 곁에서 같은 부대 소속 이경남 일병이 목격했다.[254]

공수대원 1천여명은 버스 2대와 장갑차의 기습을 받고 잠시 뒤로 물러났으나, 곧바로 전열을 가다듬은 다음 다시 분수대 앞 광장을 장악했다. 12시 58분 시위대가 관광버스 2대를 몰고 쏜살같이 공수부대가 장악한 도청 광장 한가운데로 진입해 들어갔다. 버스 1대는 다시 시위 대열 쪽으로 되돌아왔다. 다른 1대는 분수대 옆에서 멈춰 서고 말았다. 그 순간 총성이 울렸다. 운전기사가 총에 맞아 그 자리에서 숨졌다.[255]

시위 대열의 앞쪽에 서 있던 김용대(28세)는 이 광경을 현장에서 목격했다. 그 관광버스에는 상당수의 청년들이 타고 있었는데, 버스가 YMCA 앞에서부터 속력을 내며 분수대를 돌아 상무관 쪽으로 빠져나가자 공수대원들이 차를 향해 총을 쏘았다. 총알이 차에 부딪혀 불꽃이 튀었다. 그 차에 탄 시민들은 김용대가 보는 동안에는 한명도 밖으로 빠져나오지 못했다. 쓰러진 공수대원 2명이 배낭을 고쳐 메는 것이 보였다. 그중 한명은 부축을 받아 절뚝이며 길옆으로 빠지고 있었다.[256]

12시 59분 아시아자동차 공장에서 시위대가 끌고 나온 장갑차 한대가 전속력으로 시위대를 앞질러 질주해 들어갔다. 시위대의 장갑차가 분수대 왼편으로 방향을 꺾어 도청 앞을 우회전하며 빙 돌아 전남대 의대 방향으로 빠져나갔다. 아시아자동차 공장에서 장갑차 조립공인 40세 초반의 남자가 끌고 나와 운전했다. 이 장갑차는 21일 오후 계엄군이 금남로에서 철수할 때까지 3차례에 걸쳐 총탄이 쏟아지는 공수부대 방어선을 향해 돌진했다. 이 장갑차 안에는 양동영(18세, 서석고등학교 3학년) 등 9명이 탑승하고 있었다.[257]

애국가와 함께 시작된 집단 발포

오후 1시 정각 도청 옥상에 설치된 스피커를 통해 애국가가 울려퍼졌다. 그 순간 일제히 사격이 시작됐다. 1시 이전의 발포가 급작스러운 상황에서 이뤄졌다면 1시부터는 명령에 따라 '집단 발포'가 시작된 것이다. 아비규환의 현장으로 변해버린 금남로는 순식간에 텅 비었고, 적막감이 감돌았다.

곽형렬(21세, 전투경찰)은 도청 민원봉사실 앞에 도열한 진압경찰 부대 속에서 집단 발포 순간을 목격했다. 시위 군중 뒤쪽에서 차량들이 계엄군을 향해 앞으로 돌진해오는 순간 애국가가 울려퍼졌다. 그때 곽형렬은 '애국가가 울려퍼지면 모두들 부동자세를 취하니까 흥분되어 있는 시민들을 잠시 멈추게 하려고 애국가를 울리는 모양'이라고 생각했다. 그러나 애국가가 채 끝나기 전에 한꺼번에 여러발의 총성이 울렸다. 탄피가 아스팔트 위에 툭툭 떨어지고 분수대 주변에 연기가 자욱했다. 곽형렬이 서 있는 곳과 직선거리로 10미터 정도 떨어진 곳에 노동청을 향해 공수부대 장갑차 한대가 서 있었다. 그 장갑차 안에서 공수부대원이 탄창이 꽂힌 탄띠를 다른 공수대원들에게 던져주고, 또 실탄 박스를 내려주는 모습을 훤히 볼 수 있었다. 공수대원들은 실탄 박스에서 꺼낸 탄창을 총에 끼웠다. 장교인 듯한 사람이 소리쳤다.

"이 새끼들! 조준사격 안 하나?"

공수대원들은 그때부터 조준사격을 하기 시작했다. '무릎쏴' '서서쏴' 자세를 취하고 시민들을 향해 총을 쏘았다. 이때까지 시민들에게는 총이 없었다. 곽형렬은 그때 만약 시민들에게 총이 있었다면 공수대원들이 '조준사격 자세'를 취할 수 없었을 것이라고 말했다.[258]

금남로는 순식간에 아수라장이 됐다. 여기저기서 피를 흘리며 사람들이 쓰러졌다. 10분쯤 지난 뒤 다시 1천여명의 군중들이 한국은행 광주지점과 금남로 3가 양쪽 보도에 슬금슬금 모여들었다. 지하상가 공사장 위 인도에 모여든 젊은이들은 대형 태극기를 흔들며 구호를 외치기 시작했다. 그리고 볼멘소리로 애국가를 불렀다. 숙연하고 비장했다. 이때 5~6명의 젊은이가 갑자기 큰길 한복판으로 뛰쳐나갔다. 그 가운데 한명이 태극기를 흔들며 '전두환 물러가라' '계엄령 해제하라'는 구호를 외쳤다. 도청 광장으로부터 3백여 미터 떨어진 금남로 한복판이었다. 시민들의 긴장된 시선이 그 광경을 지켜보고 있었다. 그때였다. 요란한 총성이 잇따라 울렸다. 태극기를 흔들던 청년의 머리, 가슴, 다리에서 붉은 피가 쏟아졌다. 태극기에도 피가 흥건하게 젖어들었다. 총탄은 주변 건물 옥상에서 날아오고 있었다. 저격수들이 조준사격을 하고 있었다. 공수대원들은

3~4명씩 조를 편성해서 수협 건물, 전일빌딩, 관광호텔 등 금남로 주변의 높은 건물 옥상에 올려 보내졌다. 그들은 시위대의 앞쪽에 나서서 선동하는 사람들을 조준하여 저격했다.[259]

잠시 사격이 멈췄다. 그 순간을 틈타 몇명의 청년이 쏜살같이 도로에 뛰어나와 쓰러져 있는 시신과 꿈틀거리는 부상자들을 끄집어냈다. 그러자 더욱 놀라운 일이 이어졌다. 다른 청년들이 다시 태극기를 들고 금남로 한가운데로 뛰쳐나와 구호를 외쳤다. 또 총성이 울렸다. 그 청년들도 공중에 피를 뿌리며 금남로 한가운데서 맥없이 쓰러졌다. 또 사람들이 부상자와 시신을 들어냈다. 그러자 다시 몇몇이 태극기를 흔들며 금남로로 뛰어들었다. 총알은 여지없이 날아와 그들을 쓰러뜨렸다. 이렇게 하기를 대여섯번. 정말로 충격적인 광경이 반복되고 있었다.[260]

'우리도 총이 필요하다'

김용대는 전일빌딩 건물 벽에 붙어서 이 광경을 목격했다. 그는 총소리를 뒤로 한 채 동구청 쪽으로 뛰어갔다. 눈에 보이는 공수는 한명도 없었다. 그런데 도대체 어디서 총을 쏘는지 궁금했다. 수협 건물 옥상에 3명의 공수대원이 '서서쏴' '무릎쏴' 자세로 조준사격을 하는 모습이 눈에 들어왔다. 그 순간 동구청 앞에서 김용대 자신도 총을 맞고 쓰러졌다.[261] 황영주(17세)는 관광호텔 앞에서 곁에 있던 사람이 입으로 피거품을 쏟으며 쓰러지는 모습을 목격했다. 너무 놀라 광주우체국까지 죽어라 뛰었다. 친구 배준철이 황영주를 살펴보니 옷이 피범벅이 돼 있었다. 가슴에 총을 맞은 것이다.[262] 이성자(여, 15세)는 친구 4명과 같이 그 시각 홍안과병원 앞을 지나가던 중 건물 위에서 공수대원이 쏜 총탄에 가슴을 맞아 사망했다.[263] 금남로뿐 아니라 노동청 방향에서도 무차별 사격이 행해졌다.

이대성(26세)도 노동청 부근에서 교련복을 입은 학생 한명이 배를 움켜잡고 고꾸라지는 모습을 보았다. 온몸에 소름이 끼쳐 바닥에 엎드린 채 골목을 향해 기어갔다. 바로 그 순간 그는 엉덩이에 총을 맞았다. 그 옆에 있던 세명의 시민도 공수가 쏜 총에 맞고 쓰러졌다.[264]

첫 집단 발포 후 공수대원들은 전일빌딩, 상무관, 도청, 수협 전남도지부 건물 옥상에 배치되었다. 11공수여단 62대대 소속 한○○ 일병은 "관광호텔 옥상에 4명이 1조가 되어 올라갔으며, 사수의 지시에 따라 조준경이 달린 총으로 주동자나 총기를 휴대한 시위대를 조준 사격"했다.[265] 11공수여단 61대대장 안부웅 중령도 당시 상황이 긴박해 도청 인근 건물 옥상에 병력을 올려 보내 그들이 경계병 임무를 수행하며 차량 돌진자나 극렬주동자 및 옥상에서 사격하는 시위대에 사격을 한 것은 사실이라고 검찰조사(1995)에서 실토했다. 이때 여단별로 M16 조준경이 지급됐는데, 3공수여단에 1백정, 7공수여단에 102정, 11공수여단에 81정이 각각 배당됐다.[266]

전투경찰로 시위진압에 참여한 곽형렬은 장갑차에서 캘리버50이 발사되는 장면을 목격했다. 기관총이 거치된 장갑차와 시위 군중들이 있는 노동청 사이는 1백 미터도 안 되는 짧은 거리였다. 시위대는 죽는다는 사실을 빤히 알면서도 불나방처럼 뛰어들었다.[267] 백제야학 교사이던 손남승(22세, 전남대생)도 동료 야학교사 김홍곤(23세, 전남대생)과 함께 조선대 입구에서 전남대 의대 로터리 쪽으로 걸어가던 중 장갑차가 기관총을 좌우로 쏘면서 돌진하는 모습을 목격했다. 장갑차에서 쏜 총탄이 그의 양 어깨를 스치면서 지나갔다.[268]

오후 1시 30분 공수부대 저격병의 발포가 한창인 때였다. 머리에 흰 띠를 두르고 윗옷을 완전히 벗어버린 상태로 태극기를 흔드는 한 청년을 태운 장갑차가 도청 광장으로 돌진해 들어갔다. 저격수들이 그 청년을 향해 집중적으로 총탄을 퍼부었다. 장갑차 위 청년의 머리가 푹 꺾어졌다.[269] 총에 맞아 몸과 목이 따로 움직이는 청년을 태운 채 장갑차는 도청 광장 옆을 끼고 순식간에 빠져나갔다. 수많은 시민들이 이 장면을 목격하였다.[270] 그 충격적인 장면은 시민들의 기억 속에 오래도록 강렬한 이미지로 새겨졌다. 충장로 입구 도심빌딩 5층에 살던 황호정(62세)은 자신의 집에서 창문을 닫으려는 순간 총탄에 맞아 숨졌다. 장갑차 위의 청년이 쓰러진 후에도 도청으로 돌진하는 차량들이 이어졌다. 그들 역시 대부분 총에 맞아 쓰러졌다.[271]

이런 광경을 지켜보던 시민들은 더이상 이렇게 일방적으로 당할 수만은 없다고 생각했다. 분노한 청년들이 '우리도 총이 있어야 한다'며 무기를 찾아 나서기 시작했다.

발포명령

21일 도청 앞 발포는 누가 명령했는가? 지금까지도 밝혀지지 않았다. 도청 앞 현장의 가장 중심에 서 있던 11공수여단 61대대장 안부웅 중령은 "통제가 불가능한 상황에서 사격이 이뤄졌다"고 말했다. "사격지시를 내린 사람도, 받은 사람도 없었다"는 것이다. 그는 "시위대가 카빈이나 기타 총으로 무장하고 있는 모습을 본 사실이 있으며 시위대의 차량 돌진과 동시에 시위대 쪽에서 사격이 있었다"고 주장했다.[272] 또 그는 "집단 발포 후 상부에 보고하지 않았다"고 말했다.[273] 11공수여단과 7공수여단의 「전투상보」에는 당연히 기록돼 있어야 할 '계엄군의 집단 발포에 대한 기록'을 전혀 찾아볼 수 없다.[274]

61대대장 주장대로 '통제할 수 없는 우발적인 상황'에서 첫 발포가 있었다고 하더라도 그 이후 건물 옥상에서 저격병들이 비무장으로 있던 시민들에게 조준사격을 한 것도 '통제할 수 없는 우발적인 상황'이라고 할 수 있을까? 만약 발포명령이 없는 상태에서 지속적으로 시민을 향해 조준사격을 했다면 그 군인은 발포하지 말라는 명령을 어긴 것이다. 따라서 군법회의에 회부되어 처벌되었어야 마땅하다. 그러나 그런 이유로 처벌된 군인은 없었다. '윗선' 누군가로부터 분명히 발포명령이 있었다는 방증이다.

그렇다면 '윗선'에서는 정말 도청 앞 집단 발포 여부에 대해 전혀 몰랐을까? 그렇지 않다. 특전사령관 정호용이 1989년 5월 모 월간지 기자에게 한 말이다.

"사태가 악화되자 발포 여부를 묻는 급전이 날아와서 나는 지휘계통 안에 서 있지 않았지만 '절대 발포 불가 명령'을 내렸다."[275]

'발포명령'이건 '발포 불가 명령'이건 정호용이 자신의 휘하 공수부대에게 '명령'을 내렸다는 점은 틀림없는 사실이다.[276]

'12·12, 5·18 재판'에서 사법 당국은 이날 계엄군의 집단 발포 행위가 어떤 이유로도 정당화될 수 없다는 것을 분명히 했다. 고등법원(1996)은 '광주시민'을 '헌법제정권력'이라고 규정했다. 대법원(1997)은 "광주시민들의 시위는 헌정질서를 수호하기 위한 정당한 행위"이고, 신군부가 "공수부대 병력을 동원하여 난폭한 방법으로〔광주시민의 시위를—인용자〕분쇄한 것"은 '국헌문란'이라고 판시하였다.[277]

'자위권 발동'이라는 면죄부

'발포명령'과 표리관계에 있는 것이 '자위권 발동'이다.[278] 발포명령이 발포행위에 대한 구체적인 지시라면, 자위권 발동 주장은 '윗선'에서 포괄적으로 발포명령을 가능하게 하는 여건을 마련해주는 행위이다. 집단 발포로 무고한 광주시민들을 사살한 가해자들은 '발포명령'을 은폐하기 위해 '자위권'이라는 명분을 앞세웠다.

20일 밤 10시 30분경 최세창 3공수여단장은 광주역 앞 공수대원들에게 실탄을 지급할 것을 지시했다. 이로 인하여 밤 11시경 광주역 앞에서 3공수여단의 발포로 광주시민 김재화 등이 사망했다.

전교사령관 윤흥정은 심야에 들려오는 집단 발포 총성을 듣고 사실 확인을 했으나 최세창 등은 발포 사실을 숨겼다. 2군사령부는 11시 20분경 예하 부대(전교사와 공수여단)에 '발포 금지, 실탄 통제' 지시를 내린다.[279]

그뒤 21일 새벽 4시 30분 계엄사령관실에서 긴급대책회의가 열려 처음으로 '자위권 발동' 문제가 본격적으로 논의됐다.[280] 새벽 회의 내용은 오전 9시경 '계엄사 대책회의'를 통해 다시 한번 확인됐으며,[281] 이에 따라 오전 10시 49분 계엄사령관 이희성은 계엄군의 '자위권 보유'를 재확인했다.[282]

이날 오전 2군사령관 진종채는 작전참모 김준봉과 함께 광주에서 헬기를 타고 계엄사로 가서 '자위권 발동'(자료에는 '소탕계획')을 건의했다. 그러자 계엄사령관 이희성은 "자위권 발동은 대단히 중요한 문제"라면서 "장관에게 직접 보고하자"며 함께 국방부장관실로 갔다.[283]

오후 2시경 국방부장관실에서 장관 주영복, 한미연합사 부사령관 유병현, 보안사령관 전두환, 수경사령관 노태우, 육사 교장 차규헌, 특전사령관 정호용 등이 참석한 가운데 회의가 열렸다. 2군사령관의 광주 현지 상황에 대한 보고에 이어 계엄사령관이 자위권 발동의 기본요건에 대해 언급했다. 보안사령관 전두환은 '자위권 발동'을 주장했다. 이 회의에서 '자위권 발동, 5월 23일 이후 폭도소탕 작전 의명 실시' 등이 최종 확정되

었다.[284]

오후 4시 30분 또다시 국방부장관실에서 회의가 열렸으며, 이 회의에서 군의 자위권 보유를 천명하는 담화문을 발표하기로 결정되었다.[285] 계엄사령관 이희성은 보안사가 작성한 초안을 바탕으로 계엄사에서 약간 수정하도록 한 다음, 오후 7시 30분 텔레비전과 라디오를 통해 '자위권 보유'를 천명하는 계엄사령관 경고문을 발표했다.[286] 군이 텔레비전과 라디오를 통해 생중계로 자위권 보유를 천명한 것은 광주시민들에 대한 경고이자, 항쟁을 결단코 진압하겠다는 신군부 스스로의 강력한 결의의 표명이었다.[287] 광주 현지에 출동한 지휘관들은 '자위권 발동' 지시를 '발포명령'으로 받아들였다. 신군부가 무장한 시위대를 폭도로 규정한 이상 진압과정에서 발포행위로 인해 많은 희생자가 발생하는 것은 필연적이었다.[288]

'자위권 발동' 지시(계엄훈령 제11호)가 예하 부대로 하달된 시각은 각기 달랐다. 오후 6시에는 11공수여단 양대인 참모장에게 최웅 여단장으로부터 '사격 유효 명령', 즉 공식적인 '자위권 발동' 지시가 내려왔다. 그러나 정식 지휘계통인 2군사령부는 이보다 2시간 반이나 더 지난 저녁 8시 30분에야 31사단장에게 자위권 발동 명령을 하달했다.

지휘체계 이원화

'발포명령'에 대한 혼선은 '지휘체계의 이원화'와 연결돼 있다. 작전 지휘체계가 형식적으로만 '계엄사령부―2군사령부―전투병과교육사령부―31사단―3, 7, 11공수여단' 등으로 잡혀 있었다. 공식적인 지휘체계와 달리 각기 보안사령관과 특전사령관인 '전두환―정호용'으로 이어지는 별도의 지휘체계가 작동하면서 부대가 운용되었다는 '지휘체계 이원화'에 대한 지적이 끊이지 않았다.

공식적인 지휘체계가 작동했다면 31사단과 전투병과교육사령부 작전참모를 통해 발포명령이 전달돼야 한다. 그러나 5월 20일 밤의 광주역 발포와 21일 오후 1시경의 도청 앞 집단 발포는 그렇지 않았다.

20일 밤 10시 30분경 3공수여단장 최세창은 실탄 분배를 지시했고, 11시경 광주역에서 집단 발포가 발생했지만, 상급자인 31사단장 정웅이나 전교사령관 윤흥정에게 이 사실을 보고하지 않았다. 21일 오후 1시경 도청 앞 집단 발포 사실도 11공수여단장 최웅은 31사단장과 전교사령관에게는 보고하지 않았다.

전교사 작전참모 백남이 대령은 "공수부대의 과잉진압 사실에 대한 보고가 전혀 없어 자신이 직접 부하들을 사복으로 갈아입혀 시내에 보낸 뒤 상황보고를 받고서야 알았고, 21일 도청 앞 집단 발포 사실도 그렇게 알았다"고 말했다.[289]

12·12, 5·18 재판에서 사법 당국(1997년)은 특전사령관 정호용이 작전통제권자인 전교사령관의 자문에 응하거나 그에게 조언하는 데 그치지 않고, 공수부대 증파 결정, 전교사령관 교체 등 중요한 결정에 직접 관여하고, 수시로 광주에 내려가 3개 공수부대 여단장들과 접촉하면서 진압대책을 논의하고 작전지휘에 개입했으며, '상무충정작전' 시행 때 중요 물품 조달과 주요 지점별 특공조 선정 등 주도적인 역할을 수행했다고 확인했다.[290]

5월 20일 11시경 광주역 앞에서 3공수여단의 발포가 이루어지자 2군사령부는 11시 20분 실탄 통제를 지시했다. 그러나 이 지시는 하급부대인 공수부대에 제대로 전달되지 않았고, 오히려 이 지시가 내려간 뒤인 20일 자정 무렵에도 도청 앞에서 작전 중이던 11공수여단에서는 실탄이 중대장급 간부들에게까지 분배됐다.[291] 그밖에 24일 송암동과 호남고속도로 톨게이트 부근에서 계엄군 간의 '오인전투'에 의해 발생한 군인들의 많은 희생도 '지휘체계의 이원화'에서 비롯된 대표적인 사례로 지적된다.

두려움보다 분노가

조선대생 김종배(金宗培, 26세)는 21일 도청 앞 시위 대열에 섞여 있었다. 그는 여고생 한명이 위에는 교복을, 아래는 흰 체육복을 입고 지나가다 총탄을 맞고 쓰러지는 것을 목격하였다. 총성이 멈추고 한참 지난 뒤에야 쓰러진 여학생을 홍안과로 데려가 살펴보니 이미 숨진 후였다. 마음속 깊은 곳에서 분노가 치솟으면서 자신도 모르게 울음이 터져 나왔다. 천진한 소녀가 그의 눈앞에서 바람에 지는 꽃잎처럼 붉은 피로 물든 채 쓰러져갔다. 그는 그날 오후부터 두려움을 떨쳐내고 시위대에 적극 동참하였다.[292]

비슷한 시각 고려시멘트 직원 김준봉(金俊奉, 21세)은 도청 뒤에 있는 회사 건물 옥상에서 시내 상황을 살피고 있었다. "도와주세요!" 날카로운 비명소리가 들렸다. 옥상에서 내려다보니 피범벅이 된 국민학교 3학년 정도의 어린아이를 어떤 사람이 붙잡고 있었다. 재빨리 옥상에서 내려가 그 아이를 데리고 적십자병원으로 달려갔다. 평범한 회사원이던 김준봉도 이때부터 시위에 참여했다.[293]

헬기 기총소사

21일 오후 도청 앞 집단 발포가 있던 무렵 계엄군이 헬기에서 시민들에게 기관총 사격을 했다는 주장이 여러 목격자들에 의해 제기되면서 논란이 되었다. 오후 2시 승려 신분으로 부상자 구호활동을 하던 이광영(李

5월 21일 광주 시내 상공을 비행하는 계엄군의 헬리콥터.(사진 나경택)

光榮, 27세)은 월산동 로터리에서 헬기가 총을 쏘는 것을 목격하였다. 그
가 탄 차가 월산동 로터리에서 백운동 쪽으로 달리는데 도청 쪽에서 헬
기가 날아오면서 총을 쏘았다. 그 순간 총에 맞은 듯 여학생 한명이 가로
수 아래 픽 쓰러졌다. 급히 차에서 내려 상처를 지혈하고 학생을 차에 태
워 적십자병원으로 옮겼다.[294] 박금희(朴今禧, 전남여상 3학년)는 이날 오후
기독병원에서 헌혈을 마치고 막 나오다 헬기에서 쏜 총탄에 맞아 사망
했다.[295]

　　조비오 신부는 도청 쪽에서 사직공원 쪽으로 이동하는 헬기에서 지축
을 울리는 기관총 소리와 함께 번쩍이는 불빛을 봤다. 헬기는 지상 130미
터 정도의 높이로 날아갔다. 헬기의 기총소사 소리를 듣고 조신부를 포함

해 호남동 성당에 모인 신부들은 계엄군과 시민들 사이에서 평화적인 중재를 하려던 계획을 완전히 포기하고 뿔뿔이 헤어졌다.[296]

미국인으로 광주 양림동에서 사목활동을 하던 개신교 목사 아놀드 A. 피터슨도 헬기의 기총소사를 목격했다. 21일 점심 이후 광주기독병원에서 양림동 집으로 돌아온 뒤, 그는 옥상에 있는 발코니로 올라갔다. 거기서 광주 상공을 날아다니는 헬리콥터의 밑면에서 불빛이 번쩍이는 모습을 사진에 담았다.[297] 이들 세사람의 성직자만이 아니고 훨씬 더 많은 사람들이 비슷한 시각 헬기의 기총소사를 목격했다고 검찰에 증언기록을 제출했다.[298] 또한 도청 앞 전일빌딩 10층에서 한꺼번에 많은 총탄 흔적이 발견됐는데 2016년 말 이루어진 국립과학수사연구소 감식 결과 헬기의 기총소사 흔적으로 밝혀져 관심을 끌고 있다. 만약 기총소사가 확실하다면 계엄 당국의 '자위권' 주장은 정당성을 잃게 된다. 헬기에서 사격하는 것은 누가 뭐래도 의도적인 발포이지, '자위권'을 앞세워 발포 상황을 합리화할 수 있는 '위급한 상황'과는 거리가 멀기 때문이다.[299]

먹잇감을 찾는 '맹수', 저격병들

오후 1시 40분 군용 헬기 1대가 도청 앞 광장에 착륙하여 31사단 소속 계엄군 9명을 태우고 떠났다. 군용기와 경찰 헬기가 부상당한 공수대원과 중요문서를 여러차례 이송했다.

오후 2시 헬기에서 전단이 뿌려지고 있었다. 공중에서 떨어지는 전단을 주워서 읽은 시민들은 더욱 분노하여 헬기에다 대고 공중에다 주먹질을 하였다. 전남북계엄분소장 명의로 뿌려진 전단은 "어젯밤 시위 군중의 난동으로 10명의 군경이 사상당하고, 경찰서를 비롯한 일부 관공서와 3개 방송국이 파괴 방화"되었다며, 질서회복을 위해 "즉시 귀가하라"는 내용이었다. 피해 시민들에 대한 대책, 연행자 처리 등에 관해서는 한마디도 언급되어 있지 않았다. 시민들은 분노와 공포에 치를 떨었다.

오후 2시 35분 공수대원들은 분수대에서 금남로의 70미터쯤 떨어진 곳에 소형 트럭과 버스로 바리케이드를 쳤다. 시민들은 거기서 3백~4백 미터 정도 멀찌감치 떨어진 곳에서 웅성거리다 다시 가톨릭센터 앞까지 접근했다. 아시아자동차 공장에서 끌고 나온 군용 트럭에 불을 질렀다.

2시 55분 도청 별관과 수협 전남지부 옥상, 도심빌딩 위에 배치된 공수부대 저격병들은 먹잇감을 찾는 맹수처럼 몸을 숨긴 채 골목을 노려보았다. 행인이 얼씬거리면 조준사격을 퍼부었다. 광주 대동고 3년생 전영진(田榮鎭, 18세)이 노동청 부근에서 저격병의 M16 총탄에 머리를 맞고 숨졌다.[300] 구 시청 사거리에서도 5~6명의 청년들이 총에 맞아 신음하고 있었다. 부상자를 구하기 위해 접근하는 사람들에게도 공수대원들은 총을 난사했다. 이광영이 지프를 타고 부상자에게 접근하여 손을 뻗는 순간 총탄이 그의 허리를 관통했다. 같은 차에 탔던 5명 중 2명이 현장에서 즉사했고, 2명은 부상당했으며, 운전하던 사람만 무사했다.[301] 동구청 미화원이던 김광영(29세)은 장동 로터리 MBC에서 노동청 방향으로 길을 걷다 곁에 있던 두 사람이 총에 맞아 쓰러지는 것을 목격했다. 한명은 즉사했고, 부상당한 다른 한명은 병원으로 옮겨졌다.[302]

일단 피신하는 민주인사들

도청과 직선으로 3백여 미터 거리에 있던 녹두서점에도 오후 1시 콩 볶는 듯한 총소리가 들려왔다. 서점 안에 있던 사람들은 바짝 긴장했다. '설마' 했는데 최악의 상황이 벌어진 것이다. 녹두서점에 모여든 사람들은 서점이 정보기관에 노출돼 위험하기 때문에 불로동 광주천 옆에 있는 '보성건설' 사무소로 옮기기로 했다.[303] 오후 3시경 20여명 정도의 대학생과 청년 들은 보성건설 사무소에서 이 상황에 어떻게 대처할지 머리를 맞대고 논의하였다. 하지만 별 뾰족한 수가 없었다. 그때 전화벨이 울렸다. '군용 트럭 20여대가 화정동 잿등을 넘어 광주 시내로 들어가고 있다'는 소식을 정상용의 부인이 다급하게 알려왔다. 이 자리에 있던 청년·학생들은 대규모 군인이 투입된 진압작전의 신호탄이라고 판단했다. 당장 각자 피신하기로 의견을 모았다. 유신정권 아래서 민주화운동 등 시국사건에 연루된 이력 때문에 자신들이 가장 먼저 체포될 것이라고 예상한 것이다. 비장한 마음으로 '살아서 다시 만나자'며 서로 꽉 껴안은 다음 헤어졌다.

이양현과 정상용은 고향인 함평으로 빠져나갔다.[304] 녹두서점 주인 정현애는 시동생 김상집과 함께 시내를 벗어나 친척집으로 피신할 요량이었다. 오후 3시 30분경 김상집과 정현애는 시외로 빠져나가기 위해 양림교를 건너던 중 나주 쪽에서 시내로 들어오는 무장시민군의 트럭을 목격하였다. 불과 30여분 만에 1백여대의 차량이 무기를 싣고 광주공원 방향으로 모여들었다. 그 시각 광주공원에서는 김원갑(金元甲, 20세, 재수생), 김화성(金和成, 21세), 문장우, 박남선 등 청년들이 시위대에게 무기를 분배하기 시작했다. 정현애, 김상집 등은 시민들이 무장하는 모습을 지켜보면서 발걸음을 돌려 다시 녹두서점으로 돌아왔다. 죽더라도 시민들과 함께 죽어야겠다고 생각한 것이다.[305]

무기 분배

무기를 분배하는 시위대나 무기를 받는 시민들의 모습은 비장했다. 오후 3시 30분경 화순에서 무기를 가지고 온 시위대는 광주 지원동 다리와 학동 석천다리 부근에서 M1과 실탄을 분배하였다. 비슷한 시각 나주와 담양에서 유입된 무기는 시위대가 유동 삼거리, 충금지하상가, 한일은행, 광주공원 부근에서 시민들에게 나눠줬다. 총을 갖고자 너도나도 나서는 분위기였기 때문에 차량 위의 총기는 잠깐 사이에 모두 없어졌다.

문장우는 총을 분배한 후 총기사고를 방지하기 위한 교육도 하였다. "M1은 안전장치를 잠그면 개머리판에 충격을 줘도 자물쇠가 풀리지 않으나 카빈은 안전장치를 잠가도 실탄이 나가므로 개머리판에 충격을 가하지 말라"는 것과 "클립을 빼도 실탄이 한발 남게 되니 클립을 뺀 후 반드시 실탄도 빼라"는 등 기초적인 총기조작법을 알려줬다. 계엄군과 밤에 대치할 경우 동일한 자리에서만 총을 쏘면 총구의 불빛 때문에 계엄군에게 위치가 노출되므로 총을 쏜 후 반드시 자리를 이동하라고 했다. 또한 총구 가늠자에 담뱃갑에 들어 있는 은박지를 붙여 총구의 방향을 표시해서 아군의 피해가 없도록 하라고 교육했다. 만일을 대비하여 수류탄 투척 방법도 가르쳤다. 수류탄은 안전핀을 뽑은 상태에서 던지면 몇 초 사이에 터지게 된다는 것 등이었다. 그는 대충 교육을 마친 후 사람들을 집결지 광주공원으로 모이게 하였다. 수류탄은 너무 위험하기 때문에 최대한 회수하였다.[306]

박남선은 나주경찰서 무기고에서 총기를 획득하여 광주 시내로 돌아온 뒤 유동 삼거리에서 시민들에게 무기를 나눠주었다. 유동 삼거리에는 아시아자동차 공장에서 시위대가 가져온 트럭들과 APC장갑차 2대, 각지에서 무기와 시위대를 싣고 온 차량들로 가득 차 있었다. 박남선은 무장 시위대에게 금남로를 통해 도청으로 가면 정면에서 공수대원의 총격에 당할 가능성이 크기 때문에 전남여고와 광주천변 방향으로 나누어 측면 공격을 시도하자고 하였다. 그는 장갑차를 타고 현대극장과 광주공원을

거쳐 적십자병원으로 가서 임시본부를 차렸다.[307]

특공대 조직

시위대가 총기로 무장하면서 오후 3시경부터 시위는 전혀 다른 양상으로 변했다. '시민군'과 '계엄군'의 교전으로 바뀐 것이다. 계엄군은 M16 소총 등 최신식 무기로 무장한 최정예 공수부대였다. 여기에 맞서 평범한 시민들이 카빈이나 M1 등 재래식 소총으로 무장하여 대항했다. 이 둘의 전투력은 비교할 바가 아니었다. 하지만 아무리 재래식 소총이라도 총알을 맞으면 생명이 위험하기는 마찬가지였다.[308]

시위대의 무기 획득은 계속되었다. 정영동은 광주공원에서 총을 지급받은 뒤 지프를 타고 시내 곳곳을 돌아다니며 "이제부터는 군인이 아니라 시민군이 광주를 지키겠습니다"라고 외쳤다.[309] 임춘식(28세)은 가톨릭센터 뒤쪽 사거리 골목에서 몸을 숨긴 채 금남로에서 총에 맞아 사람이 쓰러질 때마다 땅바닥에다 '바를 정(正)'자로 표시했다. 쓰러진 사람 숫자가 37명이 될 때까지 표기하다 분통이 터져 그만뒀다.[310]

광주공원에서는 3백명 이상의 청년들이 사격연습을 했다. 예비군훈련 때와 마찬가지로 총에 실탄을 넣은 다음 다섯발씩 표지판을 향하여 쏘았다. 총기조작법과 수류탄 사용법도 조를 나눠 교육받았다. 사격교육이나 부대 지휘는 예비역 장교나 예비군 가운데 하사관 출신 등 리더십이 있는 사람들이 맡았다. 기초적인 총기류 사용 교육을 마친 무장시위대는 특공대를 조직했다. 지원자들이 너도나도 참가하겠다고 몰렸다. 누군가 특공대 선발 기준을 제시했다. 그에 따라 연습사격 명중률을 기준으로 1백여명을 먼저 선발한 다음 처와 자식 등 부양가족이 있는 사람과 독자 등은 제외하였다. 60명 정도를 따로 선발하여 10명씩 6개 조를 편성했다. 각 조별로 자동차와 태극기, 무전기, 수류탄 1~2발을 공용으로 지급했다. 개인화기로는 카빈 소총 1자루, 실탄 36발, 탄창 2클립 등을 분배하였다.

1조는 정찰, 2조는 도청 감시, 3조는 외곽도로 경계, 4조는 치안유지 등 각각 별도의 임무가 주어졌다. 특공대에 참여한 사람들은 대부분 젊은 예비군들이었지만 그 가운데는 간혹 나이를 숨긴 채 지원한 학생들도 포함돼 있었다.

오후 3시 30분이 넘어서면서 무장한 시민군들이 속속 도청 부근으로 집결하기 시작했다. 화순경찰서에서 무기를 가져온 김태헌은 오후 4시경 도청 부근으로 왔다. 충장로 3가에서 금남로를 향해 건물 사이로 들어서는데 날카로운 비명소리가 들렸다. 금남로에는 총탄에 맞은 사람들이 쓰러져 신음소리를 내고 있었다. 충장로 3가 건물 속에 들어가 몸을 낮추고 도청을 향해 방아쇠를 당겼다. 도청 쪽에서 공수부대원이 쏜 총탄이 건물 벽에 부딪혀 불꽃이 튀어 올랐다.[311]

전남대 의대 병원 옥상에 설치된 LMG

공수부대가 지키던 도청과 전남대병원의 직선거리는 3백 미터 정도다. 시위대가 예비군 무기고에서 획득한 총기 가운데는 LMG(경기관총)도 있었다. 그중 2정의 LMG가 전남대병원 옥상에 설치되었다.[312] 조인호(20세, 다방 주방장)는 21일 오후 전남대병원 부근에서 시민들 틈에 끼여 LMG를 보았다. 전남대병원 로터리에서 트럭에 탄 시위대 40~50여명이 지원동 탄약고에서 무기를 가져왔다면서 트럭 주위에 모여든 시민들에게 총을 나눠주었다. 이때 LMG 2정도 눈에 띄었다. 27살이라는 키가 작은 청년이 군대에서 자신이 LMG 사수였다면서 길바닥에 기관총을 거치한 뒤 공중에 대고 3발을 쏘았다. '드드득' 하는 총소리가 엄청나게 컸다. 그 총소리가 너무 커서 그랬던지 시내 전체가 갑자기 조용해지는 듯했다. 그때 무등산 쪽에서 군용 헬기 3대가 저공으로 접근하면서 도청 부근에 이르자 상공을 선회했다. 그러자 그 청년은 "저놈들도 같은 패거리니 쏘아버리자"면서 헬기를 향해 LMG를 발사했다. 총에 맞은 듯 헬기가 황급히 송정리 쪽으로 날아가버리고 나머지 2대의 헬기도 높이 떠올라 시야에서 사라졌다.[313]

헬기가 떠난 후 그 자리에 있던 시민들은 LMG 2정을 어디에 설치할 것인지를 두고 설왕설래했다. 전남대병원에 설치하려 하니 환자 때문에 곤란하다는 반응이었다. 개인 건물에 설치하려고 하자 건물 주인들이 반대했다.[314] 당시 도청에 머물고 있던 『동아일보』 김영택 기자는 오후 4시 43분경 전남대 의대 부속병원 12층 옥상에서 학생인 듯한 젊은 사람 3~4명이 무엇인가 열심히 움직이는 모습을 목격했다. 한참 동안 부산하게 움직이던 이들 사이로 기관총 LMG 총신이 나타났다. 그것도 1대가 아니라 2대였다. 결국 LMG가 전남대병원 옥상에 설치된 것이다. 하지만 이곳에 설치된 LMG는 더이상 발사되지 않았다. 그 시각 계엄군이 시내에서 철수해버린 것이다. 단지 그것은 위협용이었을 뿐이다.[315]

전남대 전투

21일 오전 금남로뿐 아니라 3공수여단이 주둔해 있던 전남대 앞으로도 시위대 수만명이 몰려들었다. 무더기로 연행된 시민들이 전남대에 억류돼 있다는 말이 파다하게 퍼졌기 때문에 그들을 구출하자며 모여든 것이다. 오전 10시부터 모이기 시작한 시민들의 숫자는 정오 무렵 정문 쪽 4만여명, 후문 쪽 1만여명에 달했다. 시위대는 아시아자동차 등에서 노획한 차량을 앞세우고 정문과 후문, 농대 후문 등 세 방향에서 전남대를 공격하였다.

버스와 트럭, 소방차와 군용 지프 등을 앞세운 채 교문을 사이에 두고 3공수여단과 대치하였다. 정문 수위실 위에 계엄군의 기관총이 설치되었으나, 시민들의 강력한 요구에 따라 계엄군은 기관총을 제거했다. 11시쯤 시위대와 계엄군이 대화를 시작했다. 양측 대표가 만나서 요구사항을 말하고 결과를 알리는 방식으로 협상하였는데, 계엄군 마이크를 사용하였다. 시민들은 '계엄군의 무조건 철수'를 요구하였다. 계엄군은 '빼앗긴 차량을 돌려주면 철수'하겠다고 했지만 시민들은 들어주지 않았다.

그러던 중 12시경 갑자기 요란한 총소리가 나고 최루탄이 하늘에서 우박처럼 쏟아져 내렸다. 일명 '지랄탄'이라고 알려진 '발사통', 즉 '다연발 최루탄 발사장치'인 'E-8'이 발사된 것이다. E-8은 지난밤 광주역 전투에서 처음으로 사용됐는데 위력이 대단했다. '따다다 딱딱딱……' 공중에 쏘아 올려진 불꽃놀이 화약의 폭발음처럼 들렸다. 뿌려지는 최루가스 양도 엄청나서 넓은 면적에 연기가 자욱했다. 방독면을 착용한 공수대원들이 가스 때문에 우왕좌왕하는 시위대를 체포하기 위해 달려왔다.

임산부에게도 조준사격을

정오 무렵 전남대 앞에서 임산부 최미애(崔美愛, 23세)를 비롯한 2명이 계엄군의 총탄에 사망하고 5명 이상이 부상당했다.[316] 임신 8개월째이던 가정주부 최미애는 결혼 후 친정집 바로 곁에 세 들어 살고 있었다. 고등학교 교사인 남편은 학생들 걱정 때문에 아침부터 시내에 나갔다. 그녀는 정오까지 들어오겠다던 남편이 돌아오지 않자 걱정이 돼 골목에 나가서 기다리던 중이었다. 그녀는 전남대 정문에서 평화시장으로 들어가는 골목의 맨홀 뚜껑 위에 홀로 서 있었다. 시위대를 추격하던 공수대원이 쏜 총에 맞아 그녀가 쓰러졌다. 식구들이 뛰어나갔을 때 그녀는 피를 흘리며 이미 숨이 끊긴 상태였다. 식구들이 그녀를 집으로 옮긴 후에도 뱃속의 태아가 한참 동안 격렬하게 움직였다. 태내의 아이라도 살려보려고 인근 병원에 연락했으나 병원에서는 전화를 받지 않았다. 오후 4시경 남편이 집에 돌아왔을 때 태아는 더이상 움직이지 않았다.[317]

오후 1시 30분부터 3공수여단이 전남대에서 철수하기 시작한 3시경까지 정문 주변 민가와 도로에서 계엄군의 발포와 시위대의 희생이 이어졌다. 시위대 몇명이 전남대 정문 주위에 있는 광성여객 차고로 뛰어들어 몸을 숨긴 직후 공수대원 20여명이 사무실로 들이닥쳤다. 작업복 차림에 라면을 먹고 있던 이 회사 직원 8명을 마구 때린 후 그 자리에서 기절해 버린 한명을 제외하고 나머지 7명을 모두 연행했다. 시위와 무관한 사람들이었지만 이들이 변명할 틈도 주지 않았다.

방위병이던 최병옥(崔炳玉, 21세)은 이 시각 전남대 정문 앞 로터리에서 공수대원들이 몰려나오자 차에서 내린 뒤 주변 민가의 화장실로 뛰어 들어갔다. 이미 3명이나 그곳에 숨어 있었다. 한데 갑자기 화장실 벽에 뚫린 작은 유리창문을 통해 엄청난 화염이 뿜어져 나왔고, 화기에 숨이 콱 막혀 죽을 지경이었다는 것이다. 최병옥은 얼굴 전체에 화상을 입은 채 전남대로 끌려갔다. 뒤에 그는 뒤쫓던 공수대원이 화장실 안쪽에다 화염방사기를 발사한 듯하다고 증언했다.[318]

아빠의 마지막 모습

김연태(33세)는 오후 3시경 전남대 앞에서 투석전을 벌이다 공수대원에게 붙잡혔다. 갑자기 공수대원 2~3명이 쫓아오자 시민 10여명은 재빨리 전남대 정문 앞 다리 부근에 몸을 숨겼다. 쫓아오던 공수대원들이 다리를 막 건너려는 순간 그들을 덮쳤다. 김연태 등 6명이 그들을 잡아끌면서 두들겨 팼다. 공수대원들은 총을 쏘기 시작했다. 김연태가 붙잡고 있던 공수대원들을 놓고 뛰는데, 바로 앞에서 도망가던 사람이 발목에 총을 맞고 쓰러졌다. 50대 중반 정도로 보이는 아저씨였는데 그를 일으켜 세워 끌다시피 함께 도망갔다. 순간 뒤에서 그의 목덜미를 잡아채면서 김연태는 3명의 공수대원에게 붙잡혔다. 전남대 본관 안으로 끌려갔는데 이미 많은 시민들이 붙잡혀 있었다. 피가 범벅이 되어 신음하는 사람, 머리가 터진 사람 등 1백명은 족히 넘을 것 같았다. 30세 정도 돼 보이는 사람은 두개골이 벌어져 차마 쳐다볼 수 없는 참혹한 모습이었다.[319]

장방환(58세, 자영업)과 안두환(45세, 보일러 수리공)은 전남대 정문 근처에 살던 평범한 가장들이고 시위에 참여하지도 않았다. 장방환의 부인 박연순(51세)은 전남대 앞에서 하숙을 치고 있었는데 21일 오후 집 앞에서 벌어진 시위대와 계엄군의 공방을 구경하고 있었다. 계엄군들이 청년 두명을 끌고 가자 주변 사람들이 손뼉을 두드리며 "놔줘라!"고 소리 질렀다. 그러자 갑자기 계엄군 한명이 뒤로 홱 돌아서더니 총을 난사했다. 박연순의 남편 장방환은 외지에서 유통업을 하다가 집에 와 있었는데 전남대 앞이 소란스럽다고 잠시 나갔다 오겠다며 집을 나섰으나 그날 밤 귀가하지 않았다. 며칠 동안 남편을 찾다가 전남대 건물 안에서 피와 흙으로 범벅이 된 남편의 바지를 발견했고, 열흘 뒤인 31일 교도소에 가매장되어 있던 8구의 시신들 가운데서 남편을 확인하였다. 검시 결과 사인은 복부와 머리 '타박사'로 밝혀졌다. 두들겨 맞아 죽은 것이다.[320]

보일러 수리공 안두환도 전남대학교 정문 앞에 살고 있었는데, 21일 오후 집 안마당에 있던 화장실에서 일을 보고 나오던 중 변을 당했다. 현장을 목격한 딸들이 잠깐 밖에 나갔다 돌아온 엄마를 보자 엉엉 울며 말했다. "엄마! 군인 3명이 대문을 부수고 들어와서는 화장실에서 나오시는 아버지를 방망이로 두들겨 팼어! 때리니까 아버지 머리에서 피가 계속 나왔어. 그래도 계속 패다가 질질 끌고 가버렸어." 안두환은 끌려가면서도 울부짖는 딸들에게 자꾸만 안으로 들어가라는 손짓을 했다. 그게 그의 가족이 본 아빠의 마지막 모습이었다. 부인 김옥자(金玉子)는 아무리 공수부대라도 나이가 쉰이 다 된 사람을 죽이기야 하겠냐는 생각으로 기다렸지만 밤새 소식이 없었다. 다음날 남편을 찾으러 전남대에 들어갔다가 온통 빨간 피로 물든 남편의 옷을 발견하자 실신해버렸다. 그뒤부터 도청, 병원, 31사단, 상무대 등 사방 군데를 미친 듯이 찾아다녔다. 열흘 뒤인 31일 광주교도소 울타리 안 구덩이에서 발굴된 8구의 시신 가운데서 남편을 찾았다. 시신의 얼굴이 오른쪽으로 돌아가 있어서 바르게 해주려고 머리를 들어 옮기니 양손이 뒷머리 속으로 푹 들어갔다. 두개골 뒤쪽이 부서져버린 것이다.[321]

현지 지휘관들의 강경진압 거부

21일 오후 4시경 육군참모차장 황영시는 전교사에 있는 기갑학교장 이구호 준장에게 "전차 1개 대대, 32대를 즉각 출동시키라"고 전화로 지시했다. 이구호 준장은 그 명령을 거부했다.[322] 또 황영시는 전교사 부사령관 김기석 소장에게도 무장헬기 코브라 AH-1J 및 전차를 동원하여 시위를 조속히 진압하라고 전화로 지시했다. 김기석 소장 역시 그 명령을 거부했다. "꼭 해야 한다면 전화로 하지 말고 정식 명령계통을 통해 작전명령을 내려달라"고 말했다.[323] 그러자 황영시는 자신의 휘하에 있던 육군본부 작전참모부장 김재명을 통해 전교사 김순현 전투발전부장에게 무장헬기 코브라로 조선대 뒷산에 위협사격을 하여 시위대를 해산시키도

록 재차 지시하였다. 제31항공단은 21일 오전 10시 45분경부터 예하 제
103항공대가 보유한 코브라헬기 AH-1J 2대와 500MD 헬기 5대를 전교
사로 보내 지원하고 있었다. 그러나 이 명령 역시 제31항공단 관계자들
의 반대로 무산됐다.[324] 31사단장 정웅에게도 김재명으로부터 "전차와 무
장헬리콥터로 시위대를 저지하라"는 지시와 독촉이 있었다. 그러나 정웅
사단장은 "중무장화되어 있는 군의 전투력을 시위진압을 위해 사용할 수
없다"며 이 지시에 불응했다.[325] 한마디로 황영시의 강경진압 지시를 광
주 현지 지휘관들이 모두 거부한 것이다.[326]

계엄군의 퇴각

21일 오후 광주에서 시위가 무장 상황으로 치닫고 있다는 보고를 받은
계엄군 지휘부는 계엄군을 광주 외곽으로 전환 배치해 광주를 봉쇄한 후
자위권을 발동하여 진압하는 쪽으로 방침을 바꿨다.[327] 오후 4시경 윤흥
정 전교사령관은 계엄사령관으로부터 공수부대의 시 외곽 철퇴를 승인
받아 도청에 있던 7, 11공수여단의 퇴각을 지시했다. 이때 예비군 무기와
탄약 확보, 광주 외곽도로의 완전봉쇄 등을 명령했다.[328] 공수부대는 장
갑차를 앞세우고 노동청과 전남공고 앞을 거쳐 걸어서 조선대로 퇴각했
다. 시위대의 공격을 우려해 도로 양측 건물 옥상에 사격을 하면서 빠져
나갔다.

오후 5시 15분 계엄군이 모두 빠져나가면서 전남도경 상황실이 폐쇄됐
다. 그로부터 10분 뒤 도청 직원들과 취재 기자들이 뒷담으로 빠져나갔
다. 뒤이어 전투경찰과 일반 경찰관들도 도청 뒷담을 넘어 황망히 피신하
였다. 안병하 도경국장은 군이 철수하자 "상황이 급박하니 각 지휘관들
이 알아서 철수하되 1차 집결지는 지산유원지, 여의치 않으면 광주비행

장으로 모이라"는 지시를 내리고 자신도 전교사 쪽으로 피신했다.[329] 전투경찰들은 전투복을 벗어버린 후 트레이닝복으로 바꿔 입고 탈출하였다. 일부는 도청 뒤 민가로 피신한 뒤 사복으로 갈아입는 등 무장시민군의 표적이 되지 않기 위해 다양한 방법으로 빠져나갔다.

오후 7시 30분 이희성 계엄사령관은 육본기밀실에서 생방송을 통하여 군의 '자위권 보유'를 천명하는 경고문을 발표하였다.

퇴각하며 기관총 난사

공수부대는 11공수여단 본부가 있던 조선대에 도착했으나 잠시도 지체할 여유가 없었다. 텐트나 비품을 버려둔 채 무장시위대의 추격을 피하기 위해 급히 떠나야 했다. 조선대 퇴각 후 재집결지는 화순 방면 길목에 위치한 '주남마을'이었다. 조선대에서 주남마을까지는 약 4킬로미터 정도에 불과한 짧은 거리다.

조선대에서 퇴각하는 루트는 도로와 산길 2개로 나뉘었다. 치중대[330] 등 차량을 이용하여 철수하는 부대는 학동—지원동—소태동으로 이어지는 도로를 이용했고, 나머지 병력은 조선대 뒷산을 넘어 도보로 피신했다.

조선대에 도착한 공수대원들은 개인장구만 휴대한 채 조선대 뒷산 깃대봉을 향해 부리나케 달려 올라갔다. 공수부대 각 지역대장들 손에는 본부에서 나눠준 주남마을 위치가 그려진 지도 한장씩이 들려 있을 뿐이었다. 11공수여단과 7공수여단은 산으로 허겁지겁 올라간 다음 몸을 숨기고 있으면서 흩어진 병력을 대충 추슬렀다. 한밤중이 되자 야음을 틈타약 1백명 정도가 조선대 뒷산 너머 숙실마을로 조심스럽게 내려왔다. 이때 학동 지역방위군들이 숙실마을 입구 배고픈다리를 차단한 채 경계를 서고 있었기 때문에 더이상 움직이기 어려웠다. 무등산 입구 증심사 골짜기에 밤중 내내 갇혀 있던 11공수여단 일부 병력은 시민군들이 잠든 새벽녘에야 겨우 뒤편 산비탈을 넘어 그곳에서 빠져나갈 수 있었다. 다음날 새벽 학동 증심사 입구 일대를 방어하던 시민군들은 공수대원 한명을 붙잡아 도청 상황실로 보냈다.[331]

조선대 뒷산을 넘은 11공수여단 61, 63대대는 22일 새벽 2시 40분경 무등산 산등성이에서 머물다 아침 8시 30분경 주남마을에 들어섰다. 그러나 11공수여단 62대대의 경우 증심사 계곡에 갇혀 22일 오후 4시에야 겨우 목적지인 주남마을에 도착할 수 있었다. 62대대장은 최웅 여단장으로부터 늦게 도착했다고 질책을 당했다.[332]

7공수여단 33대대장 권승만 중령은 21일 오후 6시경 조선대에서 실탄, 보급품, 취사장비, 차량 등을 담당하는 '치중대' 7지역대 70여명 전원에게 개인당 60발씩 실탄을 지급하고 도로를 따라 퇴각하라고 지시했다. 치중대가 뒤에 남아서 어지럽게 흩어진 공용비품을 챙겨 차량에 싣고 도로를 이용해 주남마을로 출발한 시각은 오후 7시 무렵이었다. 제1차량 제대가 정문을 출발해 화순 방향으로 철수하며 2킬로미터 지점까지 빠져나가는 동안 학동과 소태동 도로 주변 건물에 몸을 숨긴 시민군들이 공수부대의 차량 대열에 간헐적으로 사격을 가했다. 이들은 오후에 광주공원에서 무기를 지급받고 팀에 편성돼 이곳에 배치된 시민군들이었다.[333] 이때 공수대원 가운데 부상자가 발생했고, 도로 주변에서 시민 여러명이 희생당했다.

11공수여단 차량부대가 남광주역을 지나 숭의실업고 방향으로 전진할 때 무장시위대의 공격을 받아 군 차량 3대가 전복되었다. 이 사고로 사병 1명이 숨졌으며, 6명이 부상을 당했다.[334] 무장한 시민군의 공격을 받자 11공수여단 장갑차 1대가 학동과 지원동을 두차례 왕복하면서 길 양쪽

주택가에 기관총과 M16 소총을 난사하였다. 기관총탄은 집 안방까지 날아들었다.

위성삼은 오후 7시경 광주공원에서 부대편성이 이루어진 후 무장을 마친 시민군들과 함께 학동시장 옆 사진관 건물에 배치돼 경계를 서고 있었다. 퇴각하던 계엄군 장갑차 1대가 기관총을 쏘면서 쏜살같이 질주해 왔다. 시민군이 사격을 하자 장갑차가 잠시 멈춘 뒤 후퇴하더니 다시 길 양옆을 향해 맹렬하게 총을 쏘면서 화순 방향으로 빠져나갔다.

조선대 부근 양복점에서 일하고 있던 송승석(24세, 양복점 종업원)은 저녁 7시경 요란한 총소리가 들려 무슨 일인가 싶어 동료와 함께 밖으로 나왔다. 그때 화순 쪽으로 향하던 공수부대 장갑차 위에서 기관총이 불을 뿜었다. 그는 엉겁결에 양복점 안으로 다시 피신하였지만 좌측 허벅지에 총상을 입었다.[335] 장갑차는 지원동과 학동 사이를 왕복 질주하면서 총을 난사했다. 임수춘(38세, 식료품가게)은 이때 학운동 자신의 가게 앞 도로에서 철수하던 공수부대의 장갑차에 치여 사망했다. 과속으로 달려오던 장갑차가 돌진하여 임수춘을 들이받았다. 그는 이웃집 문턱에 나동그라진 채 머리가 으깨져버렸다.[336] 택시회사에 다니던 전정호(55세, 회사원)도 귀가하던 중 지원동 부근에서 장갑차에서 쏜 총탄에 맞아 사망했다. 박찬욱(25세, 가구공)은 좌측 어깨 관통상을 입었다.

밀폐된 트럭에다 최루탄 터트려

3공수여단에도 21일 오후 4시경 전남대에서 광주교도소로 이동하라는 명령이 떨어졌다. 이때 전남대 강당에는 붙잡혀온 시민 130명 정도가 억류돼 있었다. 이들은 20일 밤 광주역 전투 때 잡혀온 사람들이 대부분이고 일부는 21일 오전 전남대 주변에서 체포된 사람들이었다. 강길조(姜吉

祚, 38세, 전남방직 노무계장)는 20일 오후 6시경 신안동 롯데제과 앞 도로에서 광주역을 경유하여 도청으로 진출하려던 시위대를 3공수여단이 가로막자 중재자로 나섰다가 전남대로 붙잡혀왔다. 그는 전남대에서 억류돼 있는 동안 다른 사람들과 함께 기합과 구타를 당하다 왼팔이 부러졌다.

21일 오후 퇴각 준비를 하던 3공수여단은 전남대로 붙잡혀온 사람들을 포승줄로 줄줄이 묶어서 밀폐된 트럭에다 실은 후 최루탄을 터트렸다. 강길조가 트럭 양쪽에 있는 작은 유리창을 통해 밖을 내다보니 테니스장 부근 비탈에 여학생 두명이 죽어 있었다. 쓰러져 있던 한 여학생은 전두환을 찢어 죽이자고 쓴 휘장을 가슴에 둘렀는데 온몸에 피가 범벅이 된 채였다. 트럭에 태워진 시민들은 최루탄 가스 때문에 코피를 흘리고 오줌을 쌌다. 그야말로 생지옥을 방불케 하는 상황이었다. 강길조는 숨이 막혀 도저히 참을 수 없는 상태에 이르러 머리로 유리창을 들이받자 유리 조각이 머리에 박혔다. 교도소에 도착했을 때는 날이 저물었다. 그가 탄 트럭에서만 서너명의 사망자가 나왔고, 그외에도 최루탄에 화상을 입어 얼굴이 벌겋게 벗겨진 사람도 있었다.[337]

06 항쟁의 확산

21일 오전 시위대는 아시아자동차 공장과 고속버스 회사 등에서 대거 쏟아져 나온 차량을 타고 전남 도내 각 시와 군으로 내달렸다. 광주 소식을 주변의 농촌지역에 알리고, 지원세력을 확보하기 위해서였다. 시민들이 확보한 차량은 시위의 기동성을 높임으로써, 시위의 범위를 일시에 확산시켰다.

처음에는 고속도로를 경유하여 전주-서울 방면의 진출을 시도했다. 그러나 계엄군이 장성[338]과 정읍 사이의 사남터널(현재 호남터널) 부근을 차단하고 있었다.[339] 담양-대구와 곡성-순천 등으로 연결되는 호남고속도로 진입로 입구의 광주교도소도 31사단 병력이 지키고 있었다.[340] 북쪽과 동쪽 방향으로의 진출이 어렵자 시위대는 주로 전남 도내 서남부쪽을 향해 질풍처럼 내달렸다. 나주-함평-무안-목포, 나주-영암-강진-장흥-해남-완도와 화순-송광-보성-벌교-고흥 등으로 뻗어나

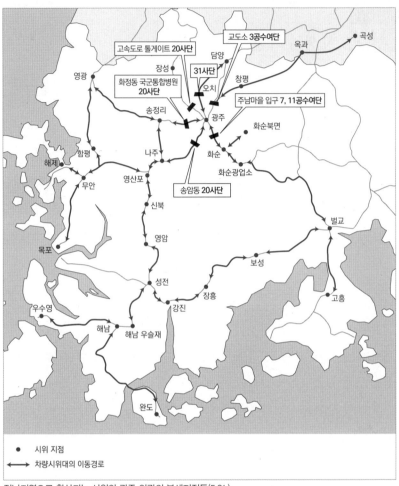

고속도로 톨게이트 20사단

교도소 3공수여단

화정동 국군통합병원 20사단

31사단

주남마을 입구 7, 11공수여단

송암동 20사단

● 시위 지점
⟷ 차량시위대의 이동경로

전남지역으로 확산되는 시위와 광주 외곽의 봉쇄지점들(5.21.)

갔다.

21일 나주지역에서 시위대가 최초로 출현한 시각은 오전 10시 43분. 1백여명이 광주고속 차량을 앞세우고 나주 금성파출소 앞에 집결했다. 군 기록에는 이 차량이 광주에서 시외로 빠져나간 최초의 시위 차량이다.

오전 10시 45분경 나주군 남평지서 앞에도 광주의 시위대가 탄 버스 1대가 나타났다. 시위대는 유리창이 깨진 버스나 트럭에 앉아 각목으로 차체를 때리며 구호를 외쳐댔다. 순식간에 사람들이 주위로 모여들었다. 차량 위의 청년들은 구호를 외치면서 흥분된 어조로 광주의 진상을 알렸다. 그들은 시가지를 돌다가 영암이나 목포 쪽으로 내려갔다. 시위 차량들은 광주 시내 상황을 지역 주민들에게 알리면서 광주시위에 동참할 사람을 모집하는 것이 주된 목적이었다.341 오전 11시 23분에는 광주에서 내려온 6대의 차에 승차한 2백여명이 선전활동 후 광주 시내로 들어오기 시작했다.342

이날 오전 화순 상황도 나주와 비슷했다. 오전 11시경 유리창이 깨진 버스와 트럭이 광주에서 너릿재 터널을 넘어 화순 읍내로 들어오기 시작했다. 차체를 각목으로 두들기면서 구호를 외치는 2백여명의 청년·학생 시위대가 화순읍에 나타났다. 시위대는 '전두환 퇴진' '계엄 해제' '김대중 석방' 등의 구호를 외치며 화순읍 일대를 돌아다녔다.

광주에서 시위대가 왔다는 소식이 퍼지면서 화순 사람들은 순식간에 읍내로 모여들었다. 며칠 전부터 광주에 공수부대가 들어와 난리가 났다는 흉흉한 소식이 들려왔지만 어느 정도인지 궁금했다. 광주에서 자취하거나 하숙하는 자녀를 둔 부모의 걱정은 이만저만이 아니었고, 친척이나 지인 들의 안위도 걱정이었다. 그러던 차에 광주에서 시위대가 나타나자 화순 사람들은 태극기를 흔들며 환호했다. 한편으로는 광주에 투입된 공수부대가 화순까지 몰려올지 모른다는 불안한 소문도 파다하게 퍼졌다.

12시쯤 화순읍은 물론 인근 농촌에 있던 사람들까지 읍내로 모여들어 얼마 지나지 않아 그 수가 2천여명으로 불어났다. 소도시 화순에서 2천여명은 터미널에서 군청 앞의 차도까지 가득 메우고도 남을 만큼 많은 숫

5월 21일 차량을 타고 확산되는 '항쟁'.(사진 나경택)

자였다. 장날에도 그렇게 많은 인파가 모인 적은 없었다. 화순 사람들은
시위대에게 물을 떠서 올려주거나 가게에서 빵과 음료수를 사서 주면서
광주 소식을 듣고, 그들과 하나가 되어갔다.

　21일 오전까지 나주, 화순, 담양 지역에는 시위 차량들이 광주 소식을
알리며 돌아다녔지만 아직 시위대가 무장은 하지 않은 상태였다. 하지만
이날 오후 광주 금남로에서 공수부대의 집단 발포가 있었다는 소식이 알
려지면서부터 사태는 걷잡을 수 없이 급격하게 달라졌다. 마른 풀섶에 성
냥불 붙인 듯 순식간에 시위대가 무장을 하는 상황으로 치달았다.

무기를 가져옵시다!

오후 1시경 전남도청 앞에서 공수부대가 시민을 향해 집단 발포를 시작했다. 오후 1시 30분경 도청 옆 골목 '진내과병원' 부근에서 한 청년이 시민들을 향해 큰 소리로 외쳤다. "여러분, 저는 학운동 예비군 중대장 문장우입니다. 지금 공수들이 무차별 발포를 하고 있는데 우리는 돌멩이나 각목 따위로 싸울 수 없지 않습니까? 우리 모두 무기를 가져옵시다." 20~30명의 청년들이 그 주위로 모여들었다. 시위대는 무기가 있을 법한 나주, 화순, 전남방직 등으로 몇명씩 조를 짜서 빠져나갔다. 총을 가져온 후에는 곧바로 광주공원에서 모이자고 했다.[343]

계엄군의 도청 앞 집단 발포 소식은 빠르게 전파됐다. 광주 상황을 알리고 합세할 사람을 모으기 위하여 오전 일찍부터 차를 타고 시외로 빠져나간 시위대에게 집단 발포 소식이 전달됐다. 나주, 화순 등지에서 그 소식을 접한 시위대는 곧바로 가까이에 있는 경찰서나 예비군 무기고로 방향을 틀었다.

나주

오후 2시경 광주에서 내려온 시위대가 격앙된 어조로 계엄군의 발포 사실을 전했다. 계엄군으로부터 광주시민을 보호하기 위해서는 무기가 필요하다고 역설했다. 이 자리에 모여 있던 나주지역 시위대 가운데 젊은 이들이 경찰서와 각 면의 지서로 무기를 찾아 나서기 시작했다.

최인영(17세, 용접공)은 도청 앞 발포를 목격한 후 화니백화점 앞에서 경찰이 사용하던 가스차를 타고 15명가량의 청년들과 함께 숨가쁘게 남평으로 향했다. 점심시간이 약간 지난 오후 2시 20분경 남평지서에 도착했다. 지서는 텅 비어 있었다. 지서 건물 뒤에 '무기고'라고 팻말이 붙어 있는 창고가 있었다. 시위대를 본 주민들은 무기고 문을 열라며 도끼를 가져다줬다. 시위대는 도끼로 문을 부수고 들어가 카빈총 20여정과 실탄 7~8상자를 가지고 나왔다. 남평에서 아무런 제지를 받지 않고 무기를 획득한 시위대는 구호를 외치면서 광주로 돌아왔다.[344]

김봉수(金奉洙, 27세, 자동차정비공)는 이때 광주에서 시위에 참여하던 중 삼양 시내버스를 타고 시위대 30여명 가운데 섞여 나주로 갔다.[345] 그 주위에서 구경하던 박윤선(23세), 유재홍(24세), 최재식(24세) 등도 합세하였다.[346] 나주시민들이 순식간에 5백여명으로 불어났다. 시위대는 나주 사람들의 안내로 총을 구하기 위해 인근 경찰서와 예비군 무기고를 찾아나섰다. 김봉수는 뒤따르던 차량 20여대와 5백여명의 나주시민과 함께 가까운 나주읍 성북동 소재 나주경찰서로 갔다. 군용 레커차 후미로 나주경찰서 무기고를 부수고 카빈 소총, 권총, 공기총 등을 꺼내 광주로 가져왔다.[347] 계속해서 시위 차량은 영산포읍으로 내달려 영강동지서에 진입해 탄약 2상자를 획득했다.[348]

고등학생 김성수(17세)는 군용 트럭을 후진해 나주 금성동파출소 무기고 문을 밀어붙였다. 문이 뚫리자 그곳에서 권총과 공기총 등을 가지고 나왔다. 그 차에 탄 20여명의 청년과 5명의 여자들은 남평지서를 거쳐 광주로 들어온 뒤 일신방직 무기고로 향했다.

나주에 살면서 광주 송정리 공군비행장까지 출퇴근하며 방위병으로 군 복무를 하던 최성무(22세, 방위병)는 '부처님 오신 날'이라 이재권(21세, 방위병), 박창남(23세), 임채호(23세) 등 친구들과 함께 근처 '갑오사'에 놀러 갔다. 점심 무렵 집으로 돌아오던 중 '난리가 났다'는 말을 듣고 급히 나주 시내로 들어갔다. 광주에서 온 2대의 타이탄 트럭과 버스에 젊은 사람들이 가득 타 있었고, 시신 1구도 함께 실려 있는 것을 목격했다. 청년 한명이 차 주위로 몰려든 사람들을 향해 "여러분, 광주에서는 지금 공수대원들이 시민들을 무자비하게 죽이고 있습니다. 보십시오! 이렇게 사람들을 죽였습니다. 우리 모두 힘을 합쳐 우리의 부모형제를 지킵시다!"라고 외쳤다. 최성무는 자신의 눈으로 시신을 직접 확인하자 피가 거꾸로 치솟는 기분이었다. 주저 없이 시위 차량에 올라탔다. 총을 들고 공수부대와 싸워야 한다는 생각이었다.[349]

이들 시위대는 나주군 노안면, 산포면 일대를 돌아다니다 곧바로 무기를 싣고 광주로 돌아오거나 혹은 그 주변 농촌지역을 돌며 광주 소식을 알렸다. 나주에서 광주로 올라온 시위대는 전남대병원 로터리 근처에서 광주의 시민군과 합류했다. 여기서 일부는 광주 외곽지역 방위에 참가하고 나머지는 다시 나주로 돌아갔는데, 이재권은 친구 임채호와 함께 농성동 지역방위대에 편성돼 활동하였다.[350]

나주 행정기관들은 자체적으로 비상상황에 대응해보려 안간힘을 썼다. 하지만 이미 18일부터 경찰서와 각 지서, 파출소의 경찰들이 대부분 광주의 시위진압에 차출된 상태였다. 경찰이라고 해봐야 각 경찰관서에 겨우 1~3명 정도씩만 남아 있었기 때문에 이들이 시위대를 막을 수는 없었다. 나주군청 직원들은 시위대가 무기를 찾으러 다닌다는 소식을 접하고 행정차량과 무기 일부를 한국화학 나주비료 공장 숲속에다 숨겨두었다. 또 카빈 소총 68정은 재무과장 관사 벽장에 숨기고, 실탄 360여발은 군청 내 땅속에 묻었다. 나주경찰서도 무기 방출을 막기 위해 실탄 회수조치를 취했으나 일부 파출소는 이미 시위 차량이 거쳐 간 뒤였다.[351]

한편 나주에 도착한 시위대 가운데 일부는 도로를 따라 두세갈래로 나뉘어서 전남 각 지역 읍면 단위의 경찰서와 지서의 무기고를 훑으며 돌아다녔다. 나주는 목포, 완도, 진도까지 이어지는 전남 서남부의 관문으로

10여개의 시·군과 연결되는 교통의 요충지다. 시위대의 한갈래는 나주—함평 사거리—무안—목포 방면으로 움직였고, 다른 한갈래는 영암—해남—완도—진도까지 내려갔으며, 일부는 도중에 영암—강진—장흥—보성까지 진출하였다. 나주에서의 시위는 23일 이후 소강상태에 들어갔다.[352]

시위대가 최초로 무기고를 습격한 것은 21일 오전 8시경으로 나주군 반남지서에서 카빈 3정과 실탄 270발을 탈취했다고 전남도경 「상황일지」에 적혀 있다.[353] 이 기록은 당시의 여러 정황에 비추어볼 때 신빙성이 매우 낮아 보인다.[354] 1980년 6월 3일경 나주경찰서가 작성하여 전남도경에 보고한 원자료 「나주경찰서 관내 총기 및 탄약류 피탈 조사보고」에는 나주 반남지서 습격 시각이 '오전 8시'가 아닌 '오후 5시 30분'으로 나타나 있기 때문이다.[355] 여러 정황이나 증언으로 볼 때 오후 1시경 금남로에서 계엄군이 집단 발포를 한 이후 나주지역에서 시민들의 무기 획득이 시작된 것이 분명하다.

「나주경찰서 관내 총기 및 탄약류 피탈 조사보고」(전남도경 작성, 1980. 6.)

	피탈시간	보고시간
남평지서	80. 5. 21. 14:20	80. 5. 21. 14:30
금성동파출소	80. 5. 21. 14:30	80. 5. 21. 16:00
산포지서	80. 5. 21. 14:00	80. 5. 21. 16:00
영강지서	80. 5. 21. 14:30	80. 5. 21. 14:35
반남지서	80. 5. 21. 17:30	80. 5. 22. 09:00
다시지서	80. 5. 21. 13:20	80. 5. 23. 12:10

화순

화순에서도 나주와 비슷한 상황이 벌어졌다. 오후 2시가 넘자 광주에서 계엄군의 발포가 시작되었다는 소식을 가지고 시위대가 숨가쁘게 너릿재를 넘어왔다.

"지금 광주에서는 계엄군의 발포로 시민들이 다 죽어가고 있습니다. 청년들은 모두 광주로 가서 함께 싸웁시다."

차에 탄 교복 입은 여고생이 울부짖듯이 외쳤다. 주위에 있던 청년들이 앞다투어 차에 올랐다. 연이어 광주에서 시위 차량 수십대가 화순에 도착했다. 시위대는 흥분한 목소리로 광주 소식을 전하면서 가까이에 있는 무기고의 위치를 물었다. 일부는 화약을 구해야 한다면서 화순광업소 위치를 물었고, 또 몇대의 차량은 보성 쪽으로 출발했다.

김태헌은 오후 2시쯤 화순읍에 도착하여 텅 빈 화순경찰서 무기고를 부순 뒤 카빈총 80여정을 차에 싣고 광주로 돌아왔다.

안성옥(17세)은 시위 차량을 타고 화순광업소에 다이너마이트를 가지러 갔다. 그러나 직원들이 폭약을 내주지 않자 광주로 되돌아온 뒤 지원동 다리에서 카빈, M1 소총 6~7정을 받아 무장하고 총을 구하기 위해 다시 화순 동면지서로 갔다. 동면지서 무기고 자물쇠를 총으로 쏘아서 부순 뒤 카빈, M1 등 소총 수십정과 LMG 1정, 기관총 1정, 수류탄 2상자 등을 두대의 차에 나눠 싣고 광주로 왔다.[356]

화순이 고향인 박내풍(朴來豊, 23세, 노동자)과 강성남(20세, 가구 노동자)은 21일 오후 역전파출소와 남면지서의 무기고에서 1백여정의 총을 획득하여 광주로 가져왔다. 또다른 20~30명의 청년들이 화순 예비군 중대본부 무기고에서 상당한 양의 총, 실탄, 공포탄을 가져갔다. 이들은 무기를 전남도청으로 운반했다. 일부는 지원동 다리에 도착해 시민군에게 다이너마이트를 전해주고 약간의 실탄을 지급받기도 했다.

오후 3시경 차량에 탑승한 시위대가 화순역 앞 지서로 가서 무기고 자물쇠를 부수고 카빈과 M1 소총 5백여정, 실탄 1600여발을 싣고 광주로 향했다. 고향 화순에 왔다가 시위에 참여한 김용균(21세, 용접 노동자)과 김창오(24세, 상업), 조병국(曹秉國, 22세, 배관 노동자) 등은 군용 트럭 3대와 지프를 타고 화순군 동면으로 갔다. 주민들의 환호 속에서 30~40여명의 시위대는 동면지서 무기고를 트럭으로 들이받고 카빈 소총과 실탄으로 무장했다.

오후 3시 30분경 신만식(申滿植, 24세, 방위병)은 트럭 4대와 함께 화순광업소에 도착했다. 그가 운전한 차가 선발대로 화순광업소에 도착했을 때 7~8명의 화순광업소 직원들이 화약을 다른 곳으로 옮기기 위해 8톤 트럭에 싣고 있었다. 신만식 일행이 총을 들이대며 화약을 내놓으라고 하자 광업소 직원들이 "불만 지르지 말고 가져가라"면서 순순히 내줬다. TNT 화약이 든 나무박스를 트럭에 나누어 싣고 다른 차에 탄 시위대와 함께 전남도청으로 와서 지하실에다 옮겨놓았다.[357]

화순지역에서는 예비군 중대장과 경찰이 일부 지역 유지들과 함께 시위대의 무기 획득을 저지하려는 움직임도 있었다. 그들은 예비군과 지역 청년 1백여명을 소집하여 총기를 미리 나누어주었다. 광주에서 온 시위대에게 총기를 빼앗기기 전에 자체 방어한다는 명분을 내세우자는 생각이었다. 그러나 이게 오히려 안전사고 위험성이 있다는 지적이 일부에서 일자 그들은 총기를 다시 회수하여 화순읍 외곽의 만년산 입구 동구리 저수지 부근 산속에 묻었다. 그런데 김영봉(화순광업소), 배봉현(裵奉賢), 이성전(李性鈿), 김정곤(金正坤), 박태조(朴泰祚), 오동찬(吳東贊), 김성진(金成鎭), 이선(23세), 차영철(車榮哲, 28세), 박홍철, 천주일 등 일부 청년들은 총기 반납을 완강하게 거부했다. 오히려 그들은 그날 밤 경찰이 숨겨둔 총기마저 찾아내 다시 읍민들에게 지급하였다.[358] 하지만 실탄이 없었다. 이성전, 김영봉, 이선, 오동찬 등 10여명의 청년들은 실탄을 구하기 위해 능주지서, 동면과 남면 지서, 순천 송광지서 등지를 밤늦게까지 돌아다녔으나 실탄을 구하지 못했다. 도중에 화순광업소에서 나오던 청년들을 만나 다이너마이트 뇌관 2백여개와 도화선 30미터를 구했다. 그리고 밤 11시경 화순 북면지서에서 약간의 무기를 구할 수 있었다.[359] 화순지역의 시위는 22일 오후 너릿재 터널이 봉쇄될 때까지 이어졌다.[360]

영암

5월 21일 점심 무렵, 영암군 신북 삼거리에는 각목을 든 시위대를 가득 실은 시외버스 1대와 스피커를 단 지프가 도착했다. 광주에서 출발하여 나주를 거쳐 영암까지 내려온 시위 차량이었다. 지프 앞좌석에서 여고생이 애절한 목소리로 광주 상황을 알리며 동참을 호소하였다. 영암지역 주민들은 빵과 음료수를 가져다주는 등 적극 동조하였다. 이때까지만 해도 시위대는 아직 무장하지 않았다.

오후 2시쯤 강덕진(23세, 운전사)은 여고생의 호소를 듣고 등 신북지역 청년 30여명을 규합하여 광주로 가기 위해 나주를 향해 출발하였다.[361] 나주로 가는 도중 광주에서 내려오던 시위 차량으로부터 금남로에서의 공수부대 집단 발포 소식을 듣고는 총을 가지고 가기 위해 영암 쪽으로 방향을 돌렸다. 영암과 영산포를 오가다 버스 2대와 승용차 1대가 합세했는데, 오후 6시경 나주 다시면지서 무기고의 자물쇠를 총으로 부수고 카빈, M1, 캘리버50과 실탄을 가지고 나왔다. 강덕진이 탄 차량은 나주 삼거리에서 20여대의 차량과 수백명의 시위대를 만나 함께 광주로 진입했다. 광주로 들어온 이들은 무기를 나눠준 다음 백운동 지역방위 시민군에 편성돼 고가도로 부근에 있는 택시회사 2층 사무실에 배치되었다.

21일 오후 영암읍에서도 광주 시위대의 소식을 듣고 영암 청년 1백여 명이 버스 2대에 올라타고 광주로 출발했다. 영암 번영회장 김희규(金喜奎, 37세, 화가)는 청년회, 상록회 등 영암읍 5개 단체 회장들과 영암군청 앞 다방에 모여 시위대를 지원하기 위해 돈을 약간씩 모았다. 돈이 얼마쯤 걷히자 이강하(李康河, 27세, 화가) 등이 포목점에 가서 광목을 사다가 '전 두환 물러가라' '김대중 석방하라' '계엄 해제하라' 등의 구호를 적고, 그 아래에다 '영암군'이라고 썼다.[362] 청년들은 이강하 등이 만들어준 플래 카드를 버스 옆면에 매달고 다녔다.

오후 4시경 트럭을 타고 광주에서 온 시위대 20여명이 영암경찰서로 가서 20여정의 총기를 가지고 나갔다. 시위대가 들이닥쳤을 때 경찰서는 텅 비어 있었다. 시위대가 영암으로 몰려온다는 소식을 듣고 영암경찰서 직원들은 무기고에 있던 실탄을 강진군 성전의 기동대로 미리 빼돌렸다.

영암에서 시위는 면 단위까지 확산됐다. 광주의 시위대로부터 소식을 전해 들은 신북면 청년 이달연, 유은열(27세), 이영일(23세) 등은 이날 오후 4시경 승용차 1대로 친구 임종문(26세), 한규영(21세), 전수룡(全洙龍, 27세) 등과 함께 시위대에 참여하기 시작하였다.[363]

강진·해남·완도

21일 오후 4시경 3대의 버스에 탑승한 광주 시위대가 강진읍에 도착하 여 구호를 외치며 시가지를 행진하자 수많은 강진읍 주민들이 나와 환호 하였다. 시위대는 오후 5시경 강진경찰서 무기고에서 총기 100여정을 획 득한 후 차량 5대에 나누어 타고 저녁 7시까지 광주로 돌아가기 위해 강 진을 떠났다.[364] 그후 저녁 8시 55분에도 다른 시위대가 성전면지서 무기 고에서 무기를 가지고 나왔다.[365]

광주에서 온 시위대로부터 광주 소식을 듣기 위해 몰려든 해남 주민들.(사진 고 천임식)

21일 정오 무렵 광주에서 출발한 시위 차량이 해남읍에 도착하였다. 차 앞의 여고생이 태극기를 들고 애절한 목소리로 급박한 상황을 설명하며 군민의 지원을 호소하였다. 해남읍민들이 모여들어 박수를 치면서 격려했다. '광주에 난리가 났다'는 소식이 퍼지자 사람들이 구름처럼 읍내로 몰려들었다. 12시 30분경 해남군 삼산면 대흥사에서 바자회를 하던 해남 청년회의소 황용택 회장 등 임원 11명은 광주에서 시위 차량이 도착하였다는 소식을 듣고 긴급 이사회를 소집하여 5개 사항을 요구하고 시위를 벌이기로 결정하였다.[366]

오후 3시경 광주에서 온 시위대와 약 3천여명의 군중이 해남읍 성내리 소재 교육청 앞 광장에 모여 성토대회를 열고 시가행진에 들어갔다. 해남읍 교회에서는 목사를 필두로 신도들이 적극적으로 지원활동을 하였다.

여신도 회원들은 김밥 등 먹을 것을 준비하고 청년회와 남신도 등 교인들은 민주화운동의 연장선에서 시가행진에 참여하였다. 약국이나 가게에서는 음료수를, 유리가게에서는 스프레이를 시위대에게 건네줬다.

오후 5시경 광주에서 또다시 시위 차량이 대거 해남으로 밀려왔다. 군용 지프 1대, 군용 트럭 2대, 버스 2대, 트럭 1대가 청년·학생 등 5백여명을 싣고 광주로 향했다. 해남경찰서는 텅텅 비었고 주요 관공서는 주민들이 자체 경비에 들어갔다. 오후 6시 30분경 해남 주민 시위대 약 2백명 정도가 4대의 버스에 타고 해남읍에 주둔한 군부대 31사단 93연대 2대대 주둔지를 찾아갔다. 얼굴을 복면으로 가리고 카빈 소총으로 공포탄을 쏘면서 위병소에 접근했다. 대대장 장○○ 중령은 시위대 대표 3명을 만나 '해남을 지키기 위해 나와 있는데 여러분들과 싸울 일이 없지 않느냐'고 설득하자 그대로 돌아갔다. 그들은 평소 서로 알고 지내는 사이였다.

오후 7시에는 해남 옥천 용동에 숨겨져 있던 광주고속버스를 해남청년회의소 회원들이 끌어오고 대한통운 트럭도 동원하였다. 저녁 8시 해남읍 중고생들이 뒤따르고 대학생들로 보이는 청년들이 앞장서서 터미널-교육청-해남중고교-고도리를 돌면서 시위를 이어갔다. 맨 앞에서 선동하는 학생은 공포탄을 쏘면서 분위기를 고양시켰고, 지서들은 유리창이 모두 깨져버렸다. 경찰들은 사복 차림으로 시위상황을 관망했다. 저녁 8시 50분 2백여명의 시위대가 차량 25대를 앞세우고 해남읍-현산면-송지면을 경유하여 밤 10시 완도읍에서 시가행진을 하였다.[367] 그중 일부는 한밤중인 22일 새벽 1시 50분 해남 쪽으로 이동하여 대흥사 유선회관, 안흥여관 등에 들어가 잠을 자면서 시위계획을 세웠다. 새벽 6시부터 시위대는 해남읍-마산면-황산면-문래면-화원면을 돌며 시위를 벌였다.[368]

장흥·보성

장흥에 시위대의 모습이 나타난 것은 22일 오전이었다. 광주에서 온 시위 차량은 강진에서 21일 하룻밤 머문 뒤 장흥에 들른 것이다. 이들은 구호를 외치며 장흥읍을 돌고 나서 보성으로 갔다가 다시 장흥으로 돌아온 뒤 강진으로 출발했다. 장흥에서도 일부 사람들이 시위에 동참하는 등 주민들이 시위대를 열렬히 환영했다.[369] 23일에는 1백여명의 시위대가 장흥군 장동면지서를 공격하였고, 2백여명이 장흥을 출발하여 보성에 도착했다가 다시 순천으로 이동하였다.[370] 장흥고교생을 중심으로 한 4백여명의 시위대가 이들을 환영했으며, 관산면에서도 버스 1대와 함께 시위대가 합류하였다.

보성지역에 시위대가 처음 나타난 시각은 21일 저녁 8시였다. 총이 아니라 각목을 든 시위대가 택시 2대와 트럭 10대에 나누어 타고 80명은 장흥 쪽으로 30명은 보성역 방향으로 이동했는데, 이들은 보성에서 시위를 전개하다 일부가 트럭 3대, 택시 2대로 벌교 쪽으로 이동하였다.[371] 23일 12시경에는 화순과의 경계지역인 문덕면에 무장시위대 1백여명이 총기 69정, 실탄 560발을 가지고 나타났다. 군과 경찰이 이들 시위대를 '소탕'할 계획을 세웠으나 시위대가 무기를 반납하고 자수하여 충돌은 없었다.[372]

함평·영광·무안

21일 오후 1시경 고속버스, 트럭 등 10여대에 분승한 광주의 시위대가 함평읍에 도착하자 함평읍 주민들은 대대적인 환영을 하며 시위를 벌였다. 유신체제 아래서 농민운동의 전환점을 마련한 '함평고구마투쟁'(1978) 승리의 열기가 채 가시지 않은 함평지역은 가톨릭농민회의 강력한 거점이었다. 함평 주민들이 함평에서 시위를 하는 동안 그중 일부는 차량 3대로 목포 쪽으로 이동했다. 오후 5시경 시위대는 함평경찰서 무기고를 부쉈으며, 그후 시위 차량 3대는 함평으로, 버스 5대는 영광으로 이동하였다.[373]

영광에도 시위대가 다녀갔지만 별다른 활동은 없었다. 군 기록에는 '21일 밤 11시 15분경 영광읍에서 시위대 20~30명가량이 군부대에 접근 중'이라는 보고와 '21일 밤 11시 34분경 송정리에서 온 25명의 시위대가 버스터미널에서 시위'한다는 보고가 있었다.[374]

21일 오후 2시경 광주에서 시위대 30여명이 3대의 버스에 탑승하고 무안읍에 도착했다. 무안지역 주민들은 시위대와 합세하여 구호를 외치며 무안군 일대를 돌아다녔다. 이들 중 일부는 목포로 가고, 나머지는 무안군 내에서 무기를 찾아다니다 광주로의 진입을 시도하였다. 광주 진입에 실패한 시위대는 송정리를 통해 영광으로 갔다가 다시 영암으로 가는 등 나주, 영광, 영암, 함평, 목포 등 인근 지역으로 돌아다니면서 계속해서 차량시위를 이어갔다.[375]

목포

21일 오후 1시 안철(安哲, 34세)[376]은 광주 상황을 협의하기 위해 죽동교회에 가서 유기문, 김현식, 정권모 그리고 광주 무진교회 강신석(姜信錫) 목사[377] 등을 만났다. 강신석 목사는 광주에서 예비검속을 피해 목포로 내려와 있던 참이었다. 강목사는 안철을 보자마자 '지금 광주에서는 난리가 나서 시민들이 죽어가는데 목포 사람들은 뭐하고 있냐'고 책망했다.[378]

21일 오후 2시 15분경 광주로부터 빠져나온 시위대 2백여명이 각목 등으로 무장한 채 4대의 버스와 택시 1대에 분승하여 나주, 함평, 무안을 거처 목포에 도착하였다. 이들은 광주에서처럼 시가지를 차량으로 행진하며 광주시민의 피해상황과 계엄군의 만행을 알리는 가두방송을 하였다. '계엄해제' '살인마 전두환 물러가라' '김대중을 석방하라' '구속 시민 학생을 석방하라'는 등의 구호를 외치며 목포시민들의 궐기를 호소하였다. 광주에서 일어난 시위 소식을 들은 목포시민들은 시위대를 열렬히 환영했으니, 삽시간에 1만여명이 목포역 광장에 운집하였다.³⁷⁹ 일부 시민은 광주에서 온 시위 차량에 '비상계엄 해제' '김대중 석방' 등의 현수막을 만들어서 달아주기도 했으며, 시위대에게 음료수와 빵 들을 실어줬다. 오후 4시부터는 목포시민들이 자체적으로 조달한 목포의 태원여객 시내버스 3대와 용달차, 승용차에 분승하여 가두시위를 시작했다. 경찰은 시위를 제지하기 위해 최루탄을 쏘았지만 이미 불붙기 시작한 시민들의 분노 앞에 위험을 느끼고 사복으로 갈아입은 채 경찰서와 파출소를 비우고 피신해버렸다.

안철은 목포역 광장에서 엠네스티 간사 최문(24세)에게 활동지침을 알리는 방송을 하도록 했다. 최문이 목포역 방송실에 들어가서 마이크로 방송을 시작하자 이를 듣고 목포실업전문대 박상규(22세)가 방송실에 나타났다. 박상규는 그곳에서 마이크를 넘겨받아 대학생들은 따로 모이라는 방송을 하였다. 그와는 별도로 서울에서 야학활동을 하다 군대에 가기 위하여 내려온 양지문(23세)과 연동교회에서 야학을 하던 대학생, 교회의 청년회 활동을 하던 대학생 등 15명 정도의 청년·학생들도 목포역 앞 시위에 참여한 후 대책회의를 하였다.

군중들은 유달산에 위치한 KBS 방송국에 들어가 대민 방송을 시도했으나 여의치 않자 다시 나왔다. 광주에서 온 시위 차량은 상당수의 목포 청년들을 싣고 다시 광주 방향으로 빠져나갔다. 오후 7시 20분쯤 군용 헬기 1대가 10여분 동안 목포 상공에서 시위대의 동태를 정찰한 후 돌아갔다. 이때부터 그동안 시가지를 누비기만 하던 시위 행렬은 시청 등 관공서를 공격하며 유리창을 파손하기 시작했다. 연동파출소와 항동파출소 무기고를 부수고 무기를 꺼낸 다음, 경찰 트럭 1대, 호송차 1대를 불태웠다. 9시 20분부터 3차례에 걸쳐 KBS와 MBC에 들어가 유리와 기물을 부쉈다. 20여대 이상의 차량이 시위에 지속적으로 동원되면서 시위대의 열기는 점차 더해갔고 밤이 깊어가면서 그 숫자가 크게 불어났다.

21일 오후 8시 목포와 무안의 경계지점에 위치한 지산 군부대 앞에서는 광주로 빠져나가던 버스 2대를 향하여 군인들이 약 15분 동안 총격을 가하여 부상자가 발생하였다. 이때 목포 태원여객 버스 운전기사 김동문(47세)과 탑승자 김호성(金好成, 25세)이 부상을 입었다. 사전 경고 없이 군부대 앞 양쪽 언덕에서 집중적으로 총탄이 날아들었다. 김호성은 오른손과 복부에 3발의 총을 맞았다.[380]

21일 밤 12시를 지나자 목포 시내에서 부녀자나 노인, 어린이는 집으로 돌아갔고 시위는 학생들과 청장년층 중심으로 새벽까지 이어졌다. 22일 새벽 2시 시위대는 중앙정보부 목포 분실, 항동파출소, 세무서, 해안경찰대 등을 파괴하고 무기를 꺼내 무장하였다. 새벽 3시에는 남양어망 공장도 파괴되었다.[381]

광주·담양

담양경찰서도 이날 낮 시위대의 공격을 받았다.[382] 강주원(20세, 대학생)을 비롯해 10대의 차량에 탑승한 50여명의 시위대는 미리 준비해 간 쇠파이프로 경찰서 유리창을 부수고 무전기와 무기를 획득했다.[383] 오후 4시경 유석(17세, 대동고 2학년)은 삼륜차, 버스, 트럭 등 약 30~40대에 이르는 차량 대열에 합류하여 담양경찰서로 갔다. 서울대, 고려대 학생들이 광주를 지원하려고 왔다가 담양경찰서에 붙잡혀 있다는 소문을 듣고 그들을 구출하기 위해서였다. 시위대는 벽돌 깨진 것, 타이어 등을 차에 매달고 출발했는데 교도소를 수비하던 계엄군과 충돌은 없었다. 그들이 도착했을 때 담양경찰서에는 경찰도 없고 무기도 없었다.[384]

광주 시내에도 몇몇 예비군 무기고나 민간기업 일부에는 군인들이 미처 옮기지 못한 약간의 총기가 남아 있었다. 21일 오후 광주 효덕파출소에서는 6명의 젊은이가 망치로 무기고를 부수고 카빈총을 가져갔다. 박아랑(17세, 고등학생)은 중장비 기계로 백운동파출소 무기고를 부순 다음 10여정의 카빈을 획득하였다. 홍순희는 광주 대촌지서에서 M1을 가져왔으며, 김광호(21세, 택시기사)는 광주개방대학 오른쪽에 있는 파출소에서 망치로 자물쇠를 부수고 카빈총을 꺼냈다. 시위대는 그밖에도 광주 임동에 있는 전남방직, 일신방직, 연초제조창 등에서 직장예비군용 카빈을, 광주 지원동 석산화약고에서 TNT 등을 가져와 도청으로 옮겼다.[385]

봉쇄작전과 민간인 학살

5월 21~24일

21일 오후 5시경 광주 시내에서 퇴각한 공수부대는 곧바로 광주시 외곽의 주요 도로를 봉쇄하였다.[386] 31사단은 오치에 1개 중대를 배치하여 담양 쪽 진입로를 막았고, 3공수여단은 전체 병력이 광주교도소에 주둔하면서 호남고속도로 순천 방향 진출입로, 즉 광주의 동쪽 방향을 차단했다. 11공수여단과 7공수여단 33, 35대대는 소태동 주남마을에 주둔하면서 광주의 남쪽 방면 접근로인 화순 방향을 봉쇄했다. 20사단은 광주의 서쪽과 북쪽 방면으로 통하는 세군데의 요소에, 즉 광주와 송정리 사이 도로를 연결하는 극락교, 광주와 목포를 잇는 백운동 일대, 서울로 향하는 호남고속도로 입구의 광주톨게이트 등에 각각 1개 대대씩 3개 대대 병력을 배치했다.[387] 신군부의 가장 큰 관심사는 시위가 서울로 확산되는 것을 봉쇄하는 것이었다.[388] 만약 광주시민의 집단항거 사실이 서울 등 타 지역에 알려지면 민심이 어떻게 폭발할지 예측할 수 없었기 때문이다. 이로써 계엄군은 초기 진압작전 실패 후 전면적인 외곽봉쇄 작전으로 전환하게 된다. 계엄군이 봉쇄한 지점은 광주에서 외부로 연결되는 출입구와 같았다. 이 길목을 차단하면 광주는 외부세계와 고립될 수밖에 없었다.

한편 21일 오후 4시부로 계엄사령부는 당초 31사단에 배속된 7, 11, 3공수여단 10개 대대의 지휘권을 전교사로 이관시켰다.[389] 그리고 오후 7시 30분 계엄사령관은 '계엄군이 자위를 위해 필요한 조치를 취할 수 있음을 경고'했다. 전남도청 앞 집단 발포 사실을 은폐하고 발포행위를 사후적으로 정당화하기 위한 조치였다.

「전교사 작전상황일지」에 나타난 부대별 봉쇄지점(5. 21.~24.)

부대	병력	비고
3공수여단	265명/1261명	광주교도소 경계, 남해안 고속도로 차단
7공수여단	82명/604명	광주-화순 간 도로 차단
11공수여단	163명/1056명	광주-화순 간 도로 차단
20사단	308명/4778명	60연대 추가 투입, 광주-목포 간 도로 차단
31사단	22명/294명	자대 주둔
전교사	42명/746명	자대 주둔
계	882명/8739명	5개 진입로에 6개 차단지역 운영

봉쇄지역 가운데 보안목표가 있는 곳은 경계가 더욱 삼엄했다. 국군통합병원, 505보안부대, 전투병과교육사령부, 송정리 군비행장과 광주교도소 등이 그런 곳이었다.[390]

'진짜 빨갱이구나'

21일 밤 9시 계엄사령부는 20사단 60연대를 추가로 광주에 급파하였다. '육작명 80-23호'에 따라 60연대 병력 1649명(87명/1562명)은 서울 성남비행장에서 출발하여 22일 아침 7시 광주 송정리 비행장에 도착하였다. 20사단 수색중대장 김○○ 대위(28세)는 21일 밤 갑자기 이동명령을 받고 어디로 가는지도 모른 채 33명의 수색대원들과 함께 성남비행장에서 군용수송기에 몸을 실었다. 처음에는 전쟁이 터져서 평양 근처 어느 곳에 투입되는 줄 알았다. 비행기에서 대원들은 만약 살아 돌아오지 못할 경우를 대비하여 가족에게 보낼 손톱과 머리털을 각자 조금씩 잘라 모으기도 하였다. 그는 조종사가 광주공항에 착륙한다고 말할 때에야 비로소 목적지를 알게 됐다. 전남 영광에서 태어나 광주상고를 다녔던 그로서는 자신의 고향 광주에 특수부대가 투입될 만큼 무슨 큰일이 벌어졌다는 것이 믿어지지 않았다. 날이 새자 광주공항 주위에서 총을 든 무장시위대가 눈에 띄었다. 김대위는 평소 상부로부터 교육받은 대로 광주에 무장공비가 출현했거나 고정간첩들이 폭동을 일으킨 것이라고 확신했다.

"오메, 저놈의 새끼들 진짜 역적이다. 오메, 저 새끼들 진짜 빨갱이구나."[391]

20일 아침 광주에 투입된 3공수여단 12대대 작전병 김○○의 상황인식도 비슷했다. 광주 상황에 대한 아무런 사전 정보 없이 시위진압에 투입됐다. 20일 오전 9시경 최세창 여단장이 출동에 앞서 '광주는 지금 부마사태보다 더 심각한 상황이고, 특히 용공분자가 합세해 더욱 상황이 악화됐다'는 요지로 훈시를 하였다. 전남대 교정에 걸려 있는 플래카드에는 붉은 글씨로 '김대중 석방' '전두환 물러가라' '농민수탈 금지' 등이 거칠게 적혀 있었다. '붉은 색 글씨'를 보는 순간 그는 '용공분자들의 활동'이라고 쉽게 믿어버렸다. "내가 지키는 이 국토에서 어떠한 용공적인 준동도 용서할 수 없으며 조국을 지키겠다"는 일념뿐이었다.[392]

계엄군 지휘부는 극도로 통제된 상황에서 정보조작을 통해 광주에 투입된 병사들에게 적개심을 주입하였다. 흑백 이념으로 세뇌된 병사들은 광주시민의 저항을 '용공분자들의 준동'으로 인식하고 그들을 '섬멸해야 할 대상'이라고 생각했다. 그 결과 광주시민은 '국민'의 구성원이 아니라 '적'이 됐고, 병사들은 양심의 거리낌 없이 그들을 살해할 수 있었던 것이다.[393]

예고 없이 도로 차단

21일 오후 늦은 시각 해남, 강진, 영암, 목포 등지로 나갔던 70여대의 시위 차량들이 광주로 돌아가기 위해 나주 쪽에 몰려들었다. 나주군청과 경찰서 입구 삼거리, 남문 광장은 시위 차량들로 북적거렸다. 시위에 나선 사람들이 이곳에서 나주군과 주민들이 제공하는 주먹밥, 빵, 우유 등으로 잠시 허기를 달랬다. 이때 군청에서 제공한 주먹밥은 광주로 파견 나간 나주지역 경찰들에게 제공될 것이었는데, 오후부터 시위대가 총기로 무장을 하자 식사를 운반해 갈 경찰 헬기가 올 수 없는 상황이 되어 시위대 차지가 된 것이다. 날이 어두워지면서 공수부대가 나주를 쓸어버릴 것이라는 소문이 파다하게 퍼졌다. 나주지역 청년들은 계엄군의 나주 진입을 막기 위해 스스로 총기를 들고 주요 지점에 가서 경계를 서기 시작했다. 식당 주인들과 술집 여종업원들은 자발적으로 식사와 주먹밥을 제공하였다. 이날 밤 나주소방서의 소방차 2대도 시위 차량으로 동원되었다.

이날 오후 해남에서 나주에 도착한 박행삼(朴幸三, 43세, 대동고 교사)이 시위 차량을 전부 세어보니 73대였다. 김밥으로 저녁식사를 먹고 날이 어두워졌을 때 광주로 들어가기로 했다. 시위대는 혹시 계엄군이 진입로 부근 야산에 매복해 있을지 몰라서 이를 확인해볼 요량으로 선발대를 뽑았다. 지원자들을 차량 3대에 태워 광주로 보냈다. 30분쯤 지났을 때 맨 뒤에 출발한 버스가 유리창이 완전히 산산조각난 채 되돌아왔다. 그 차에는 5명이 타고 있었는데 그중 한사람이 유리창에 몸이 걸린 채 죽어 있었다. 생존자들에 따르면 차가 남평 다리 부근을 지나갈 때 야산에 매복해 있던 군인들이 엄청나게 총을 쏘았다고 했다. 앞에 출발한 "2대의 차량에 탄 사람은 모두 죽었을 것"이라며, 되돌아온 청년들이 울분에 가득 찬 목소리로 외쳤다.[394]

오후 5시 무렵까지는 시위 차량들이 광주에 무사히 진입할 수 있었다. 그러나 20사단의 배치가 완료되자 사정이 완전히 달라졌다. 20사단(사단장 박준병 소장) 61연대 2대대(대대장 김형곤 중령)는 광주 서구 백운동 효천역 부근에 배치돼 광주와 목포 간 도로를 차단했고, 남평에 있는 비행기 비상활주로에는 61연대 1대대 1중대 병력이 출동해 2대대 통제하에 작전을 펼쳤다.[395] 남평 다리 건너 죽령산과 매봉산 옆 계곡, 그리고 효천역이 있는 곳에 매복하여 지나가는 차량에 사격을 퍼붓기 시작했다. 계엄군의 봉쇄작전에 대한 정보가 전혀 없는 상황에서 시위대가 차량으로 이 지역을 통과하던 중 갑자기 쏟아지는 계엄군의 사격을 피하기 위해 급회전하거나 가속페달을 밟다가 차량이 전복되었고, 총격으로 인한 사망자와 부상자가 속출했다.

효천역

이덕준(17세, 대동고 3년)은 시위대의 차를 타고 밤중에 효천역 부근으로 접근하던 중 봉변을 당했다. 그는 이날 오전 광주를 출발해서 나주를 거쳐 해남까지 갔다가 오후 5시 무렵 3대의 차량과 함께 해남을 출발하여 남평 비행기 비상활주로에 도착했다. 이때는 이미 사방이 어두워졌고, 이곳에 40여대의 시위 차량이 집결해 있었다. 광주로 진입하기 위해 모여든 차량들이었다. 캄캄한 하늘에는 헬리콥터가 빙빙 돌고 있었다. 차들은 전조등을 켜지 않은 상태였다. 선두에 있던 트럭 위에 어떤 사람이 올라가더니 큰 소리로 외쳤다. "지금 광주 입구 효천에는 공수부대가 들어와 있습니다. 이 순간에도 광주시민은 죽어가고 있습니다. 우리가 공수부대를 몰아내고 광주시민을 구출합시다." 남자들이 많이 탄 차를 앞으로 배치하고 여자들이 탄 차는 가급적 뒤쪽으로 보냈다. 이덕준이 탄 차가 남평을 통과했을 때 남선연탄 2.5톤 트럭에 가마니에 덮인 채 시체 7구가 누워 있는 모습을 목격할 수 있었다. 트럭에는 피가 흥건했고 아주머니 한사람이 적재함 밖으로 나와 있는 발을 붙들고 정신 나간 사람처럼 "내 새끼야, 내 새끼야" 하면서 처절하게 울부짖고 있는 장면을 목격했다. 이덕준이 탄 버스에는 남자 열댓명과 여자 열명 정도가 함께 타고 있었다. 차가 달리는 동안 남자들은 창밖으로 총을 겨누고 있었고, 시체를 목격한 여성들은 공포에 질린 채 긴장하여 통로에 앉아 있었다. 잠시 후 서서히 달리는 차 속에서 여자들이 울면서 찬송가를 부르기 시작했다. '죽음으로 가는 길, 용기를 주라'는 내용이었다. 조용히 시작한 노랫소리가 점차 커져갔다. 이덕준은 찬송가를 들으면서 밖을 바라보았다. 그 순간 두려움이 점차 사라지고 마음이 솜털처럼 가벼워지는 것을 느꼈다. 죽음이 가까이 와 있다는 것을 실감했다. 하지만 두렵다는 느낌이 서서히 가시면서 이상하리만치 차분해졌다. 차가 드들강 다리를 건널 때였다. 앞에서 콩 볶는 듯한 소리가 들렸다. 앞차가 멈추더니 "뒤로 빠지라"고 누군가 소리쳤다. 그가 탄 차는 뒤로 방향을 틀어 그 길로 나주까지 단숨에 달려와버렸다. 그 뒤 앞서가던 몇대의 차량도 나주로 되돌아왔다. 나주에 와서 앞차에 탔던 사람들에게 이야기를 들으니 맨 앞의 지프에 탄 사람들은 모두 총에 맞았고, 뒤따라 돌진하던 트럭에서는 운전수만 커브길에서 빠져나왔다고 했다.[396] 하늘에는 아직까지도 헬리콥터가 떠 있었다. 그날 밤 이덕준은 나주예식장 2층에서 밤을 새웠다.[397]

61연대장은 효천역 부근에서 시위대와 교전이 있었다는 보고를 받고 22일 새벽 0시 15분 곧바로 1대대 1중대 130명, 수색중대 70명 등 2백명(8명/192명)을 그곳에 증원시켰다. 그러고 난 뒤 얼마 지나지 않아 새벽 1시경 광주 쪽에서 버스 5~6대에 탑승하고 온 시위대와 다시 교전이 벌어졌다.

효천역 부근에서 교전이 벌어져 큰 피해를 입었다는 소식을 접하고 광주 시내 백운동에 집결해 있던 시민군들이 시신을 가져오기 위해 효천역으로 향했다. 강덕진은 22일 한밤중에 백운동 부근 외곽지역에서 경계근무를 서고 있다가 '효천에서 시민군과 계엄군 사이에 총격전이 벌어졌는데 시민군이 밀리고 있으므로 지원을 나가자'는 말을 듣고 효천으로 출동하는 버스에 올라탔다.[398] 백운동에서 출발한 버스는 5대였다. 그가 탄 버스에는 50명 정도가 타서 몇사람은 서서 갔다. 전투가 치러진 곳에 도착해 어둠속에서 지형을 살펴보니 도로 양쪽에는 논이 있고, 건너편에는 좀 떨어져 산이 있으며, 가까이에는 마을이 있는 곳이었다. 그곳에 버스 3대와 군용 트럭 1대가 있었는데 버스 1대는 논에 처박혀 있었다. 피범벅이 된 도로에는 부상자들이 쓰러져 신음하고 있었다. 먼저 도착한 시민군들이 부상자를 버스에 옮겨 싣고 출발하였다. 그가 탄 차가 광주로 돌아가려고 막 차를 돌리는데 갑자기 총소리가 나며 건너편 산에서 예광탄이 소나기처럼 날아왔다. 총알이 차에 박히는 소리가 요란하게 들리고 여기저기서 비명이 터져 나왔다. 한동안 계속되던 사격이 멎고 조용해졌다. 그가 탄 버스는 엔진을 총에 맞았는지 시동이 걸리지 않았다. 사람들이 뒤에 세워진 트럭으로 옮겨 타기 위해 유리창을 넘으려 하자 다시 사격이 시작되었다. 몇차례 계속되던 총성이 어느 순간 멎자, 사람들은 그 틈을 타서 뒷유리창을 넘어 트럭으로 옮겨 탔다. 총탄에 맞아 3명이 부상당한 채 간신히 백운동으로 돌아왔다. 어두운데다 갑자기 기습을 당한 터라 총 한번 제대로 쏘지 못하고 부상자만 낸 채 효천을 빠져나온 것이다. 하늘에서는 헬기가 윙윙거리며 탐조등을 비춰대고 있었다.

이날 밤 효천역 부근에서는 두차례의 교전 과정에서 시위대 10여명이 사망하거나 부상하였으며, 공수대원 2명이 총상을 입었다. 계엄군은 시위대로부터 총기 16정과 실탄 5백여발을 회수했다.[399]

당시 광주 진입을 봉쇄당한 차량 45대에 탑승한 3백여명은 그날 밤 나주 시내 군청이나 학교 등에 분산하여 머물렀고, 이들 대부분은 22일 아침 7시 50분경 송정리역으로 이동했다.[400]

22일 아침 날이 밝자 20사단 61연대는 효천역을 중심으로 광주 방향으로는 송암공단 앞 도로와, 목포 방향으로는 나주의 남평 다리 입구에 바리케이드를 쳐서 약 10킬로미터에 이르는 구간을 완전히 봉쇄했다. 송암동 연탄공장 앞 도로에는 돌을 쌓아 길을 차단했다. 이른 아침부터 그곳에서 참사가 이어졌다.

이른 새벽인 5시 40분경 황남열(43세, 교육공무원)은 박재영이 운전하는 차에 부인과 아들 황재영과 함께 탑승하여 광주에서 목포로 가기 위해 효천역 근처를 지나고 있었다. 그들은 송암동 남선연탄 공장 앞 검문소에서 계엄군에게 통과 허락을 받았다. 5분쯤 지나 남평 다리에 도착하기 직전 드럼통으로 도로가 차단된 것을 발견하고 속도를 줄였다. 그 순간 매복 중이던 20사단 61연대 수색중대 병력 30여명으로부터 집중사격을 받았다. 황남열이 주민등록증을 흔들며 총을 쏘지 말라고 하자 총성이 멎었다. 손을 들고 차 밖으로 나오라는 지시에 따라 모두 나왔다. 운전석 쪽에서 나오던 박재영이 약간 멈칫했다. 그러자 계엄군이 그에게 총을 쏘았고, 박재영이 그 자리에서 쓰러져 즉사하였다. 황남열과 그의 가족은 파편으로 온몸에 부상을 입었다.

황남열 가족은 통합병원으로 가기 위해 헬리콥터를 기다리던 중 또다른 승용차 한대가 앞에다 백기를 꽂은 채 광주 쪽에서 달려오는 것을 목격했다. 군인들은 이 차에도 총격을 퍼부었다. 차 안에 있던 사람들 모두 꼼짝도 하지 않았다. 그때 옆에 있던 계엄군 대위가 "보십시오. 저 차에 탄 사람들은 모두 죽었는데 당신 가족은 그래도 운이 좋은 편이오"라고 말했다.[401] 황남열 가족이 목격한 것은 광원운수회사 왕태경(27세), 해정구(39세), 공장장 장재춘(44세), 직원 임동재(20세) 등 4명이 타고 있던 차로 추정된다. 22일 아침 8시 20분 운수사업을 하던 왕태경은 지방에 있는 자기 회사의 차를 지키기 위해 아침 일찍 승용차로 광주에서 출발했다. 장재춘이 운전을 하고 왕태경이 옆 조수석에, 해정구와 임동재는 뒷좌석에 탔다가 봉변을 당한 것이다. 총탄에 맞아 턱이 부서진 채 왕태경은 그 자리에서 사망했다. 장재춘은 어깨 우측에, 해정구는 좌측 발목과 옆구리에 총상을 입었다.[402]

22일 오후 3시경 고재성(18세, 석산고 3학년)은 동창인 정국성(18세), 김재홍(19세, 숭일고 3학년)과 함께 효천에서 크레인 차를 타고 선두의 지프를 따라 나주 방면으로 출발했다. 남평에 이르기 직전 계엄군의 총격에 선두 지프와 그들이 탄 크레인 차량이 모두 뒤집혔다. 운전기사가 총에 맞자 전복된 것이다. 당시 크레인에는 13명이 타고 있었다. 고재성은 흉골 골절에다가 오른쪽 엄지손가락의 신경이 절단되고 턱뼈가 깨지는 부상을 입었다. 정국성은 차량 부속에 연결된 쇠파이프가 오른쪽 겨드랑이 밑에

꽂히는 중상을 입었다. 고재성과 정국성은 기독병원으로 옮겨 치료를 받았으나 김재홍은 오른쪽 다리를 크게 다쳐 무릎을 절단했다.[403]

이렇듯 시민들은 계엄군의 봉쇄 사실을 미처 모르고 봉쇄지점들을 통과하려다 많은 희생을 당했다. 계엄 당국은 경고방송이나 계도활동 등을 통해 도로봉쇄 사실을 시민에게 미리 알리지 않았다. 이들 가운데는 무장한 시위대도 있었지만, 광주에 있는 가족과 친지 소식이 궁금해 광주로 그들을 만나러 들어오거나 혹은 시골로 피난하기 위해 광주에서 빠져나가던 일반인들이 많았다. 봉쇄지역 주위의 마을 사람들도 계엄군에 의해 큰 피해를 입었다.

광주교도소

광주교도소는 18일부터 31사단 96연대 제2대대가 지키고 있다가 21일 오후 5시 30분 전남대에서 철수한 3공수여단으로 교체됐다. 광주교도소 부근 민간인 희생자는 대부분 3공수여단이 이곳에 머무르는 동안에 집중적으로 발생하였다. 3공수여단은 21일 오후부터 24일 오전까지 이곳에 주둔하다 그 이후에는 상무충정작전 준비를 위해 20사단 62연대와 임무를 교대하였다. 3공수여단은 교도소 도착 즉시 담양, 곡성 방면으로 가는 고속도로와 국도 입구를 차단하고 시위 차량은 물론, 무장하지 않은 민간인 차량에까지 총격을 가했다.

21일 오후 8시경 담양 대덕면 한 마을 주민 4명이 픽업 차를 타고 광주에 들어갔다 돌아오는 도중 교도소 뒤 고속도로에서 계엄군의 집중사격을 받고 2명이 죽고 2명이 부상당했다. 계엄군은 죽은 2명을 교도소 앞 고랑에다 묻었다. 죽은 사람은 마을 이장이자 새마을지도자인 고규석(39세)과 축산업을 하는 임은택(35세)[404], 부상자는 박만천(21세), 이승을(40세)이었다.[405] 생존자 이승을은 "모두 담양에 사는 사람들로 경운기 부속과 벽지를 사기 위해 픽업 차를 타고 광주에 다녀오는 도중에 교도소 길목에 바리케이드가 있어서 이것을 치우고 오는데 갑자기 공수부대가 총을 쏘았다"고 증언했다.[406]

22일 오전 10시경 트럭에 채소를 싣고 다니며 행상을 하던 김성수(金成洙, 46세)는 아내 김춘화(43세)와 막내딸 김내향(金來香, 5세)을 자신의 트럭에 태우고 진도의 집에 가기 위해 광주교도소 근처 진입로로 빠져나가려다가 호남고속도로 검문소에서 계엄군의 정지신호를 받았다. 계엄군이 가지 못하게 막자 광주 방향으로 되돌아가려는 순간 뒤쪽에서 총탄이 쏟아졌다. 막내딸은 총에 맞아 하반신 불수가 되고 부인은 뇌수술을 세번이나 받았다.[407]

교도소 앞에는 버스와 트럭으로 바리케이드가 쳐져 있었다. 그들은 서라는 신호를 보냈다. 나는 그들 앞에 섰다. 아내는 사정을 하였다. 계엄군들 중 한명이 어디론가 전화를 걸었다. 그러더니 아내를 발길로 걷어차며 안 된다고 돌아가라고 하였다. '야! 돌아가지 않으면 죽여버려!' 하며 총을 겨누었다. 나는 어쩔 수 없이 차를 돌렸다. 그 순간 총소리가 들렸다. 내 차의 여기저기를 총탄이 때리는 소리가 들렸다. 이곳을 벗어나야 한다고 차량의 속도를 높였을 땐 차 안이 피범벅이 되어 있었다. 다섯살밖에 안 된 내 딸 내향이의 허리에서는 피가 솟구치고 있었다. 아내는 어느 곳이랄 것 없이 여기저기서 피가 나왔다. 나의 옆구리에서도 피가 시트로 흘러 흥건하였다. 3백여 미터를 간 나는 정신을 잃어버렸다.[408]

22일 오전 9시 30분경 채종일(19세, 회사원)이 카빈 소총 한정을 가지고 동료들과 함께 차를 타고 서방 삼거리에 이르렀을 때 시민들이 교도소 부근에 계엄군이 매복해 있다면서 더이상 가지 못하게 했다. 그가 탄 차가 동신고등학교를 지나 서방의 말바우시장 사거리를 지날 때 앞의 야산에서 계엄군이 총격을 퍼부었다. 그는 그때 총탄에 가슴을 맞아 병원으로 실려 갔다.[409]

22일 오전 10시경 김현채(19세)는 기동순찰대로 도청에 있었는데 동신고 건너편 야산에서 전투가 벌어졌다는 소식을 듣고 출동했다. 동신고 앞 벽돌공장 근처에서 건너편 야산에 매복해 있던 계엄군들과 접전을 벌였다. 시민군 몇명이 야산에 있던 보리밭으로 접근했으나 매복해 있던 계엄군들이 총을 쏘아대자 더이상 어떻게 해볼 도리가 없었다. 잠시 후 그곳에서 철수하여 도청으로 돌아왔다.[410] 22일 오전 정영동은 무기 회수를 위해 지프를 타고 시내 곳곳을 돌아다녔다. 서방을 지나는데 교도소 쪽에서 총소리가 들려 동신전문대를 지나 무등도서관 부근에서 차를 돌렸다. 그 순간 그가 탄 지프에 총알이 날아왔다. 총소리가 멈추자 그는 급히 차를 몰고 서방 쪽으로 갔다. 총에 맞아 피를 흘린 채 쓰러져 있는 사람을 싣고 계림동의 어느 병원으로 옮겼으나 그 사람은 결국 숨지고 말았다.[411]

군 당국은 시민군의 교도소 공격으로 수감되어 있는 죄수가 풀려나는 상황을 우려했다고 주장하였다.[412] 그러나 이 근처에서 피해를 입은 시민들 가운데 누구한테서도 교도소 공격을 목표로 했다는 증언은 나오지 않았다. 담양 혹은 진도 등지로 귀가하기 위해서, 또는 광주의 피해상황을 다른 지역에 알리면서, 무기를 획득하고 지원자를 모집하기 위해 호남고속도로에 진입하려다 총격을 당했다는 증언이 대부분이다.[413]

계엄 당국은 5·18을 불순분자의 소행으로 몰기 위해 '광주교도소 습격기도 사건'을 조작하였다.[414] 5·18 관련자들을 수사한 전남합동수사단은 5·18 기간 중 신애덕과 유영선이 시위에 가담해 교도소를 습격하고, 사상범으로 장기간 복역 중인 유낙진(柳洛鎭)을 구출하도록 선동했다고 주장했다. 신애덕은 유낙진의 부인이고, 유영선은 유낙진의 동생이다. 유영선이 5·18 기간 중에 시위 군중과 함께 교도소 습격을 기도했다는 것이다.[415]

그러나 보안사의 이런 주장은 터무니없는 조작이었음이 국방부 과거사진상규명위원회 조사(2007)에 의해 밝혀졌다. 유낙진이 5·18 당시 광주교도소에서 복역한 것과, 유영선이 총상으로 사망한 것은 사실이다. 5·18 기간 중 신애덕은 조선대생으로 예비 검속된 딸 유소영의 행방을 찾기 위해 노력했을 뿐 교도소 습격을 선동한 적은 없었다. 유영선은 계엄군의 과격진압을 보고 격분하여 시위대에 합류했다가 5월 21일 오후 1시경 전남도청 앞 발포 때 머리에 관통상을 입고 의식불명 상태로 기독병원으로 옮겨졌다가 곧바로 사망하였다.[416] 그런데 광주교도소에 시민들이 접근하자 총격이 시작된 것은 21일 오후 5시경 3공수여단이 주둔하면서부터였다. 즉, 유영선이 도청 앞에서 총을 맞고 쓰러진 후에 벌어진 일들이다. 보안사는 총상을 입고 병상에서 사경을 헤매던 유영선이 복역 중인 형 유낙진을 구하려고 교도소 습격을 기도한 것처럼 조작한 것이다.[417]

주남마을

21일 오후 도청에서 철수한 7, 11공수여단은 지원동 주남마을 뒷산에 주둔하면서 22일부터 본격적으로 광주−화순 간 도로를 봉쇄하였다. 22일 새벽 6시경 11공수여단은 소태동(현재 광주 제2외곽순환도로와 교차하는 소태교 부근)에서부터 주남마을 앞까지 화순 방향 국도 주변에 61, 62, 63대대를 차례로 배치하고, 7공수여단 35대대 11지역대는 화순 쪽 너릿재 터널에 배치하여 도로를 차단했다. 이날 오후 6시 30분경 7공수여단은 화순에서 광주로 넘어오던 2.5톤 트럭 1대를 너릿재 터널에서 총을 쏴 정차시킨 후 터널로 밀어 넣고 불태워버렸다.[418] 터널이 막히자 이때부터 화순과 광주 사이의 차량 통행이 불가능하게 됐다.

방림동 주민 최병호(30세)는 23일 아침 6시경 봉쇄지역과 가까운 지원동 동산에 올라갔다가 계엄군 총격으로 오른쪽 다리에 부상을 입었다. 아침 9시 가정주부 강해중(45세)도 지원동에서 가족과 함께 화순 쪽으로 걸어가다 총탄에 맞아 실명하였다. 두 아들을 화순으로 피신시키기 위해 너릿재까지 데려다주려고 딸과 함께 그 길을 걸어가고 있었다. 그때 강해중 앞으로 시민군을 태운 버스가 지나갔다. 잠시 후 길 양쪽에 매복한 계엄군이 버스를 향해 사격을 했다. 그때 그녀가 총에 맞은 것이다. 버스에 탄 사람들은 어떻게 됐는지 강해중은 잘 모르겠다고 말했다.

오후 2시경 봉쇄지역과 인접한 용산동에서 이 마을 농부 전정일(全正日, 39세)이 집으로 돌아가던 중 마을 앞 바랑산 기슭에 잠복 중이던 11공수 병력으로부터 총격을 당해 하복부 관통상을 입었다. 오후 4시경에는 지원동 무등중학교 근처 도로를 걸어가던 김삼중(25세)이 3백여 미터 앞 바랑산에서 매복 중이던 계엄군의 총탄에 부상을 입었다.[419]

검찰의 수사결과(1995)에 따르면 주남마을 부근에서 발생한 버스 총격 사망 사건은 다음과 같다.

23일 10시경 11공수여단 62대대 4지역대가 매복하고 있는 주남마을 부엉산 아래 광주-화순 간 국도를 광주 방면에서 화순 방향으로 진행하던 미니버스가 정지 신호를 무시하고 질주하자, 부근을 순찰 중이던

5지역대 5중대원들이 집중 사격을 하여, 버스에 타고 있던 박현숙(朴賢淑, 여, 18세, 신의여상 3학년), 고영자(高英子, 여, 22세, 일신방직 공원), 황호걸(黃鎬傑, 남, 20세, 방송통신고 3학년), 백대환(남, 19세, 송원전문대 1학년), 김윤수(남, 27세, 운전사), 김춘례(金春禮, 여, 18세, 일신방직 공원) 등 10여명이 사망하였고, 여단본부로 후송된 3명 중 홍금숙(洪錦淑, 여, 17세, 춘태여고 1학년)은 헬기로 후송되었으나 성명불상 남자 중상자 2명은 공수부대원 총격을 받고 사망하였음.[420]

검찰은 23일에 한건의 총격사건만 있었던 것으로 수사를 종결지었다. 그러나 다른 목격자들의 증언에 따르면 23일 하루 동안, 지원동과 너릿재 사이 도로에서는 적어도 2회 이상의 차량 총격으로 집단적인 살상사건이 발생했다. 그중 하나는 미니버스 탑승자 18명 가운데 유일하게 홍금숙 한명만 살아남은 소위 '주남마을 앞 도로 미니버스 총격사건'이다. 다른 하나는 11명이 탑승하여 전원 사망한 것으로 추정되는 '시민군순찰대 103번 승합차 총격사건'이다. 피해자들의 증언을 중심으로 2개의 사건을 각각 재구성하면 다음과 같다.

첫번째 사건은 23일 오전 9시에서 10시 사이에 발생했다. 시위대를 태운 12인승 승합차가 지원동에서 화순 방향으로 향했다. 승합차에는 흰색 페인트로 '103번'이라고 적혀 있었다. 시민군이 차량을 통제하기 위해 순찰차량에 부여한 번호였다. 송원대 학생 백대환은 고등학교 동창생 김남석(金男石, 19세, 직업훈련원생), 황호걸과 함께 머리에 수건을 두르고 총을 멘 채 이 차를 타고 다녔다.[421] 백대환 일행은 거리에서 일신방직 종업원 김춘례, 고영자를 차에 태웠다. 이 둘은 화순에 제사를 지내러 간다고 했다. 차량통행이 쉽지 않은데다 화순까지는 걸어서 가기에도 만만치 않은 거리인지라 둘을 태운 것이다. 그들이 탄 차가 지원동 부근에 이르렀을 때 이 마을 이발소 아저씨가 차를 세우더니 탑승자들에게 "위험하니 더 이상 가지 말라"고 말했다. 이발소 아저씨에 따르면 승합차에는 11명 정도가 타고 있었다.[422] 하지만 이 말을 무시한 채 승합차는 화순 쪽으로 나아갔다. 지원동 1번 버스 종점을 막 지나 화순 쪽 벽돌블록 공장 앞에 이르렀을 때 공수부대 지휘관이 차를 세웠다. 그 지휘관이 "이것들 안 되겠다"고 하는 소리가 그 모습을 쳐다보고 있던 이발소 아저씨에게까지 들렸다. 그러더니 갑자기 총소리가 들렸고, 승합차는 벌집이 돼버렸다. 차에 탔던 사람들이 몰살당한 것이다. 승합차는 군인들이 와서 끌어갔고, 그날 이후 여러구의 시신이 그 주위 도롯가에서 거적에 덮인 채 3~4일 동안 방치되어 있다가 28일 이후에야 실려 갔다.[423] 이들 가운데 김춘례와 고영자는 친척에 의해 나중에 신분이 확인됐다.[424]

두번째 사건은 오후 2~3시경 발생했다.[425] '주남마을 앞 도로 미니버스 총격사건'은 탑승자 가운데 유일한 생존자 홍금숙의 증언으로 비교적 상세하게 알려졌다. 홍금숙은 23일 오전 어머니와 함께 전남대와 고등학교에 다니는 두 오빠를 찾아 시내 곳곳을 돌아다니다가 점심 때가 지나 어머니와 헤어져 집으로 걸어가던 중 광주공원 부근에서 25인승 미니버스에 탑승했다. 시내 교통수단이 모두 마비된 때라 집 방향으로 간다기에 올라탄 것이다. 그녀의 집은 나주 가는 길목인 주월동 옥천여상 부근에 있었다. 그런데 그 차가 월산동 대창주유소 근방에서 갑자기 지원동 쪽으로 방향을 바꿨다. 홍금숙이 이유를 물었더니 다른 곳에 잠깐 들렀다가 나주 쪽으로 간다고 해서 내리지 않고 그냥 타고 있었다. 그녀는 미니버스 속에서 박현숙이라는 여고 3년생과 서로 인사를 주고받으며 맨 뒷좌석에 앉아 있었다. 차 안에는 여자 4명을 비롯하여 학생과 청년으로 보이

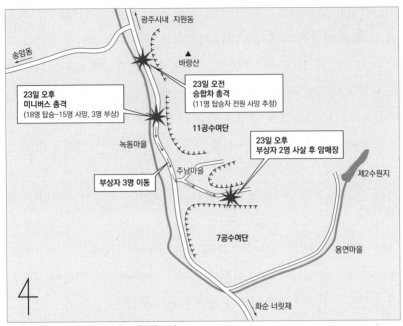

주남마을 앞 도로 차량시위대 학살 현장(5.23.)

는 남성 14명 이상이 타고 있었다. 남자 5명은 카빈 소총으로 무장을 했고 무전기도 있었다. 그들은 서로 잘 아는 사이 같았다. 시신을 수습할 관을 구하러 다닌다고 했다.

그들을 태운 미니버스가 주남마을 쪽 650미터 전방까지 접근했다. 군인 한명이 도로에서 정지신호를 보냈다. 그러나 일단 멈추면 붙잡힐 게 뻔했기 때문에 차는 더 속력을 내어 달렸다. 갑자기 요란한 총소리와 함께 차를 향해 총탄이 쏟아졌다. 총알이 계속 날아들자 누군가 "차를 돌려라!"고 소리쳤다. 차를 돌리려는 순간 운전기사가 총에 맞아 피를 흘리며 쓰러지고 말았다. 총을 가진 청년들도 산을 향해 총구를 내밀고 응사하기 시작했다. 그러자 더 많은 총탄이 날아왔다. 잠시 후 도저히 안 되겠다고 판단했는지 한 청년이 더이상 총을 쏘지 말고 각자 총을 높이 들어 항복하자고 했다. 남자들은 총을 흔들었고, 여학생들은 양손으로 손수건을 흔들며 쏘지 말라고 외쳤다. 그러나 총탄은 멈추지 않았다. 총알이 차의 앞부분과 뒷부분에 집중적으로 쏟아졌다. 뒷좌석에 앉아 있던 홍금숙은 중간으로 이동해 의자 밑에 엎드렸다. 귀청을 찢는 총성, 살려달라는 비명, 신음, 총알이 차에 맞고 튀는 소리 등으로 차 안은 삽시간에 아수라장이 되었다. 맞은편의 남자는 내장이 터져 차 바닥으로 쏟아진 채로 살려달라고 비명을 질렀다. 홍금숙은 눈을 꼭 감고 죽은 듯이 엎드려 있었다. 총소리가 멈추고 사람들의 신음소리도 거의 들리지 않았다. 온몸에 통증을 느끼며 눈을 떠보았다. 오른쪽 팔과 등, 옆구리, 엉덩이, 장딴지 할 것 없이 몸 전체에서 피가 흘렀다. 다행히 총알을 직접 맞지는 않았지만 온몸에 파편이 박힌 것이다. 가까이서 사람들의 목소리가 들려왔다.

"죽은 사람을 확인해봐!"

서너명의 군인이 차 안으로 올라왔다. 그들은 군홧발로 한사람씩 툭툭 차며 생사 여부를 확인했다. 뒤쪽에서 한사람이 겁에 잔뜩 질린 목소리로 살려달라고 애원했다. 그 사람을 끌어내린 뒤 공수들은 다시 차에 올라와 소리쳤다.

"살아 있으면 무서워하지 말고 일어나라."

그러자 앞쪽에서 살려달라는 신음소리가 났다.

"끌어내. 그리고 다시 정확하게 확인해봐!"

홍금숙은 죽은 듯이 엎드려 곁눈질로 그들을 주시했다. 갑자기 군홧발이 옆구리로 날아왔다. 통증이 심해 홍금숙은 순간적으로 소리를 지르고 말았다. 홍금숙과 중상을 입은 청년 2명이 온몸에 피를 흘린 채 끌려 나왔다. 사망자가 '15명'이라고 보고하는 공수대원의 소리를 옆에서 들었

5월 23일 발생한 주남마을 앞 '미니버스 총격사건'의 유일한 생존자 홍금숙씨의 국회 청문회(1988. 12. 7) 증언 광경.

다. 잠시 후 구급차가 와서 간단히 응급치료를 받았다.[426] 홍금숙과 남자 2명 등 생존자 3명은 경운기에 실려 산속으로 갔다. 홍금숙이 어디로 가느냐고 묻자 공수대원이 대검을 들이대며 "너도 유방이 잘리고 싶냐?"고 위협했다. 교련복 차림의 청년은 눈을 다쳤는지 손으로 눈을 가린 채 살려달라고 애원했다. 주남마을 옆 산으로 올라가다 길이 좁아지자 공수대원은 부상당한 청년들을 포승줄에 묶어 수레에 싣고, 홍금숙은 걷게 하여 본부 쪽으로 데리고 갔다. 산속에는 군인들이 많이 있었다. 그들이 청년들의 호주머니를 뒤지자 신분증과 카빈 총알 10개가 나왔다. 잠시 후 계급이 높은 사람이 와서 "귀찮게 왜 데려왔느냐? 없애버려"라고 하는 소리가 들렸다. 한사람은 상처가 심했지만, 교련복 차림의 청년은 그때 바로 병원으로 가서 치료를 받으면 살 수 있을 것처럼 보였다. 살려달라고 애원하는 두 남자를 싣고 손수레는 어디론가 사라졌다. 한참 후 홍금숙은 2명의 청년을 데리고 간 방향에서 몇방의 총성을 들었다. 그녀를 감시하던 군인은 "앞으로 누가 무슨 질문을 해도 모른다고 대답해라. 나도 너 같은 동생이 있어서 해주는 말이다. 오늘 오전에도 11명이나 죽었다"고 말해주었다. 홍금숙은 한참 후 헬기에 실려 송정리 비행장에 도착했고 병원

으로 이송돼 치료를 받았다.[427]

1995년 검찰은 수사 결과 "남자 중상자 2명은 공수부대원의 총격을 받고 사망하였음"이라고 밝혔다.[428] 그들로 추정되는 2구의 시신은 항쟁이 끝난 뒤 10여일쯤 지난 6월 3일경 당시 주남마을에 살고 있던 고등학생 임희주(林熙周)에 의해 발견되었다.[429] 또한 지원동과 주남마을 일대에서 희생된 사망자들의 시신은 도랑물에 적셔진 채 방치상태로 있었거나 도로 옆의 보리밭, 산기슭 같은 곳에 얕게 파인 구덩이에 몇구씩 한꺼번에 묻혀 있었다. 7, 11공수여단이 이곳에 주둔하던 24일까지는 주위 마을의 사람들조차 접근할 수 없었다. 희생자들의 시신은 공수부대가 주남마을에서 빠져나간 뒤 25일과 28일 각각 수습됐다.[430]

이렇듯 증언자들에 따르면 주남마을과 지원동 사이에서 23일 오전과 오후 명확히 2건의 서로 다른 사건이 발생한 것이다. 홍금숙은 '오후 3시 경'에 자신이 탄 차가 계엄군의 총격을 받았다고 했다. 그리고 '오전 9시 경'에 발생한 승합차 총격사건은 이 부근에 살던 유춘학(柳春鶴, 16세, 목공)이 목격했다. 유춘학은 검찰에서 직접 목격한 지점을 약도까지 그려서 상세하게 진술했다.[431] 두차례의 사건[432]을 통해 발생한 희생자는 최소 28명으로 추정된다. 그러나 현재까지 신원이 확인된 숫자는 10명뿐이다. 나머지 희생자들은 어떻게 처리됐는지 밝혀지지 않고 있다. 항쟁진압 이후 특전사가 당시 상황을 정리한 특전사 「전투상보」에는 주남마을 부근에서 단 한명의 시민도 살상한 기록이 없다. 또한 홍금숙은 1980년 전남합동수사단의 수사를 받고 조서를 작성했는데, 공교롭게도 다른 사람들의 조서는 대부분 남아 있지만 홍금숙의 조서는 현재 남아 있지 않다.[433] 사건을 은폐하기 위한 군 당국의 문서 조작이 치밀하게 진행됐음을 보여주는 증거다.

국군통합병원

5월 22일 오후 4시경 20사단 62연대 2대대는 오후 5시까지 광주통합병원을 확보하라는 지시에 따라 장갑차 3대를 선두에 앞세우고 통합병원 쪽으로 이동하던 중 부근 민가 지역에서 총격을 가하여 여러 사람이 희생됐다. 오후 5시 50분경 계엄군이 광주통합병원을 장악하였다.[434]

함장남은 아들 함광수(17세)와 함께 22일 오전에도 집 짓는 공사를 하다 오후에 자택인 쌍촌동 연립주택에서 쉬고 있었다. 계엄군 일부가 쌍촌동의 호남신학대학 근처 숲속에 잠복하고, 일부는 탱크 1대를 앞세우고 도로 양편에 늘어서서 시내 쪽으로 들어오고 있었다. 동네 사람들은 대부분 호기심에 그 행렬을 보려고 창문을 열고 밖을 내다보았다. 함장남 식구들도 마찬가지였다. 그런데 신학대 부근에 잠복해 있던 군인들이 갑자기 구경하는 시민들을 향해 총을 쏘기 시작했다. 아버지와 함께 건축 일을 하던 함광수는 그때 자신의 집 옥상에서 구경하다 총에 맞아 사망했다.[435]

재수생 임정식(18세)은 총탄 파편으로 다리에 부상을 입은 외삼촌을 집으로 데려오던 중 왼쪽 가슴에 총을 맞고 쓰러졌다. 완도 수협 직원 김재평(29세)은 막 출산한 딸을 보기 위해 완도에서 광주에 올라왔다가 변을 당했다. 국군통합병원 부근 벽돌공장에서 일하던 조규영(38세)은 구경하러 나갔다 총에 맞았고, 이매실(68세) 할머니는 쌍촌동 집 안방에서 문을 뚫고 날아온 총알에 우측 턱을 맞아 그 자리에서 숨졌다. 김영선(26세)은 집 앞 골목에 있다가 왼쪽 가슴을 총탄이 관통했고, 석유배달업을 하던 양회남(30세)은 집 밖에서 나는 신음소리를 듣고 생존자를 구하러 가다 총에 맞았다. 총상으로 죽은 사람들은 군인들이 시신을 가지고 가서 모두 백일사격장에 가매장했다. 가족들은 보름쯤 지난 후에야 여기저기 수소문한 끝에 겨우 시신을 찾아낼 수 있었다.

부상자도 많이 발생했다. 통합병원 근처에서 구멍가게를 하던 최복덕(여, 61세)은 거실로 들어가다 총알이 날아와 얼굴에 부상을 입었다.[436] 총알은 거실 유리창은 물론이고 장롱까지 뚫고 이불에 수없이 박혔다. 가정주부 손제선(여, 30세)은 5살짜리 아들 김철수와 함께 부상을 당했다. 손제선은 한쪽 턱이 떨어져 나갔고 아들은 손목에 총상을 입었다. 최복순(여, 39세)은 2층에서 방문을 열고 아래층으로 내려가려는 순간, 창문을 뚫고 날아온 총알이 어깨에 박혔다.[437] 직업훈련원생이던 최상언(25세)은 옥상에서 운동을 하다 총탄에 척추부상을 입었다.[438] 노동자 유복동(35세)은 현관문 새시를 뚫고 들어온 총알이 턱을 뚫고 입을 관통했다.[439] 함께 있던 그의 딸도 파편에 맞아 얼굴이 온통 피투성이가 됐다. 군인들이 정지해 있다가 "밖을 내다보면 다 죽여버리겠다!"면서 총을 난사하며 악을 썼다고 한다. 임신 3개월이던 이추자(여, 23세)는 총소리에 놀라 현관문을 열고 밖을 내다보던 중 순간적으로 날아든 총알이 오른쪽 눈가와 귀를 스쳐 부상을 입었다.[440]

계엄군의 사격이 지속되자 시민군의 화정동 지역방위대도 대응사격을 시작했다. 한참 동안 총격전이 지속됐고, 군인 한명이 사망했다.

군 자료에는 "시위대가 주변 아파트 등 고층건물에서 총을 쏘아, 군이 응사하여 민간인 3명을 사살"한 것으로, 작전 전과로는 사살 3명, 부상 10명, 체포 25명이고, 군인 피해는 전사 1명, 부상 4명이라고 기록되어 있다.[441] 그러나 검찰 수사 결과 민간인 사망자는 3명이 아니라 8명으로 밝혀졌다.[442]

해남 우슬재, 복평리

31사단 93연대 2대대는 22일 밤 9시를 기해 해남 우슬재와 복평리, 두

군데다 각기 40명과 10명씩 무장병력을 배치했다. 23일 새벽 5시 30분경 우슬재에서 발포가 시작됐다.[443] 시민 7~8명이 탄 지프가 우슬재를 지나다가 총격을 받고 차가 수렁에 빠져 탑승자가 모두 군부대로 연행되었다. 배상선(21세)은 부산에서 해남으로 오던 중 차가 끊겨 강진에서 해남으로 걸어오다 우슬재 아래에서 해남으로 간다는 트럭을 만나 함께 걷던 일행 3명과 함께 트럭에 탔다. 트럭에는 9명이 타고 있었는데 우슬재 정상에 올라서자 무장군인들이 바리케이드를 치고 통제하였다. 위협을 느낀 3명이 차에서 내려 "해남군민이 타고 있다. 쏘지 말라!"고 외쳤다. 하지만 군인들은 무차별적으로 사격을 했고, 수류탄까지 던져 현장에서 1명이 사망했다. 배상선은 총알이 대퇴부를 관통하는 부상을 입고 다른 한명은 수류탄 파편을 온몸에 맞는 부상을 당했다고 한다. 트럭은 총격을 피해 방향을 돌려 옥천 쪽으로 도주했다. 또다른 트럭에 탔던 강석신(17세, 고등학생)은 그곳에서 발가락 관통상을 입었다.[444]

뒤이어 23일 오전 10시경 해남 복평리 차단지역에서도 계엄군에 의한 희생자가 발생했다. 화원면 쪽에서 올라오는 2대의 버스가 해남읍 복평리 계엄군 차단지역에 접근하자, 이곳을 지키던 10명의 방위병들이 시위차량을 겨냥해 사격을 했다. 이때 버스 안에 있던 사람 중 1명이 죽고 1명이 복부관통상을 입었으며, 차에 타고 있던 시위대 50여명은 모두 체포됐다.

5월 24일에도 완도에서 7대의 버스에 분승해 해남으로 넘어오던 시위대가 군부대 앞에서 군과 맞닥뜨려서 일촉즉발의 숨가쁜 대치상태가 벌어졌으나, 군 부대장, 해남읍장 등의 설득으로 더이상의 총격전은 발생하지 않았다.

5월 21일부터 봉쇄작전이 본격화되고, 계엄사령관의 '자위권 보유' 천명과 '계엄훈령 제11호' 지시가 있게 되자 시민들에 대한 계엄군의 살상 행위가 공공연하고 광범위하게 발생했다.[445] 그 전까지는 급박한 상황이 아니라면 계엄군이 가급적 발포를 억제하려는 노력이라도 하였지만, '자위권 발동 지시' 후부터는 시민에 대한 무차별 사격과 사전 경고 없는 발포 등의 살상행위를 거리낌 없이 공공연하게 자행한 것이다.[446]

계엄군이 두려워한 것은 '폭도'라기보다는 집단 발포로 인한 시민 살상의 진상이 외부에 알려지는 것이었고, 그로 인한 '무장봉기의 전국적인 확산'이었다. 광주시민들은 계엄군의 철통같은 경계망을 뚫고 다른 지역 사람들에게 '사태'의 진상을 알리고자 노력했지만 전남 서남부지역을 제외한 타 지역까지 항쟁을 확산시키기에는 역부족이었다.

계엄군은 전남을 완전히 고립시킨 다음 지방의 시, 군부터 장악해갔다. 지방의 무장시위대를 진압하기 위해 해남, 남평, 영광 등 곳곳의 전략적 요충지에 병력을 배치했다. 상공에서는 헬기가 시위대를 따라다니며 정찰을 하였고, 지상에서는 무장차량으로 시위대를 추격하여 병력 매복지역에 접근하면 총격을 가하는 방법으로 시위대를 진압하였다.

22일부터 차량시위대의 광주 진입이 사실상 불가능해진 상태에서 23일부터 각 지역에서 안전사고를 우려한 주민들에 의해 자발적인 무기 회수 활동이 본격화되면서 24일경 거의 모든 지역에서 시위 차량이 눈에 띄지 않게 되었다.

제2부

광주여!
광주여!
광주여!

08 해방기간 I

5월 22일 목요일 | 항쟁 5일째

승리와 해방의 감격

항쟁 5일째, 승리와 해방의 감격은 아침 햇살 퍼지듯 온 시내에 퍼져나갔다. 처음으로 만끽하는 해방감이었다. '폭도'라고 몰아붙이던 자들이 쫓겨 나갔다. 생명을 빼앗던 자들이 감쪽같이 사라졌다.

"도청으로, 도청으로 가자!"

이 골목 저 동네에서 몰려나온 사람들이 무리를 이루어 마치 봇물이 터진 것처럼 금남로를 향하여 쏟아져 들어갔다. 18일부터 21일까지 공수부대의 작전이 치밀하고 용의주도했던 것과 달리 시민들의 대응은 즉흥적이고 우발적인 계기의 연속이었다. 하지만 이 '우발적인 계기의 연속'을 통해 '특정 집단이나 지도자가 존재하지 않지만 민중의 자발적이고 역동적인 힘'이 폭발적으로 분출돼 억압체제를 무너뜨렸고, 새로운 질서를 만들어냈다.[447]

시민들은 생전 처음 보는 공수부대의 야수적인 행위를 목격하면서 처음엔 두려움에 몸서리쳤으나, 점차 분노가 치솟았으며, 급기야 온몸을 던져 싸웠다. 더이상 설 자리가 없어지자 '우리끼리 뭉치지 않으면 모두 몰살당하고 말 것'이라는 위기의식이 시민들을 똘똘 뭉치게 만들었다. 희생정신을 바탕으로 '절대공동체'의 정신적 연대의 기반이 자연스럽게 만들어진 것이다.[448]

'말도 안 되는 상황'을 겪은 것은 공수부대원들도 마찬가지였다. 엄청난 위력으로 밀어닥치는 시민들의 알 수 없는 힘에 압도되었다. 처음 진압에 나설 때까지만 해도 부마사태처럼 위력시위 10여분쯤이면 시위대가 금방 해산될 줄 알았다. 그러나 실제 상황은 반대로 전개됐다. 공수부대원들이 과감하게 타격할수록 시위대는 공격적으로 변했다. 마침내 정체 모를 무서운 힘에 밀려 전멸당할지도 모른다는 두려움에 떨었다. 진압군들은 이런 상황을 겪자 '어떤 배후세력이 조종하고 있다'고 쉽게 믿어버렸다. 평소 충정훈련을 통해 세뇌된 그들의 눈에는 앙칼지게 달려드는 시위대가 모두 '용공분자' 혹은 '간첩'이거나 그들에 의해 조종되는 '불순분자'로 보였을 것이다. 그들은 민주화는 곧 사회 혼란이고, 사회 혼란은 북괴의 침투를 용이하게 만든다고 믿었다. 진압작전에 나설 때마다 지휘관들은 '지금 시위대에는 용공분자가 합세해 있으니 신중하게 진압하라'고 끊임없이 강조했다. 계엄군에게는 격분한 시위 군중이 대한민국의 '국민'이 아니라 격멸해야 할 '적'으로 간주되었다.

광주에 투입된 계엄군 사병들은 투입 날짜에 따라 시위상황을 각각 다르게 인식하였을 가능성이 크다. 초기인 18일과 19일에 투입된 7, 11공수여단은 평소 훈련받은 대로 '과감한 진압'을 했다. 그러나 과잉진압이 시민들의 공포심을 자극했고, 이들의 공포심이 곧 분노 감정으로 바뀌면서 사태가 순식간에 걷잡을 수 없이 커져버렸다. 이런 전후 사정을 모른 채 20일과 22일 각각 투입된 3공수여단과 20사단의 눈에는 광주시민들의 분노에 찬 반응이 '너무 과격하고 무시무시한 것'으로 보였다.[449]

핏물 자국 씻어내고

　시민들의 항쟁은 생존 자체가 위협받는 상황에서 표출된 본능적인 자기 방어로부터 시작됐으나, 역사적 파장은 훨씬 깊고 심대했다. 공수부대가 퇴각하자 시민들이 생전 체험해보지 못한 국가권력의 '진공지대'가 생겨났다. 질서를 위반했다고 해서 평소처럼 경찰이 붙잡아가지도 않았다. 시민들은 그 진공지대에 질서와 체계를 채워나갔다. 계엄군이 퇴각했다는 사실이 실감나지 않았다. 사람들은 삼삼오오 모여 지난 며칠간의 무용담과 공수부대의 잔인성, 그리고 앞으로 서로가 해야 할 일들이 무엇이며, 상황이 어떻게 될 것인가에 대해 얘기를 나누느라 시간 가는 줄 몰랐다.

　시민들은 자발적으로 금남로를 치우기 시작했다. 지난밤까지 전투용으로 쓰던 군용 트럭들을 청소 차량으로 사용했다. 차량운반용 크레인으로는 길거리에 방치되어 있는 훼손된 차량들을 끌어냈다. 금남로 바닥 여기저기에 굳지 않은 채 선홍빛을 띠고 있는 희생자들의 핏물 자국도 물로 씻어냈다.

　시내 곳곳에서는 복면한 청년들이 차량에다 '계엄철폐' '전두환 처단'이라 쓴 플래카드를 붙이고 노래와 구호를 외치며 시가지를 질주했다. 승리하고 돌아온 개선 병사들처럼 의기양양했고 시민들의 환호 또한 열광적이었다. 시민들은 이런 젊은이들을 '시민군'이라 불렀다. 아낙네들은 시위 차량을 불러 세우고 주먹밥과 김밥을 부지런히 올려주었다. 어떤 아낙네는 물통을 들고 나와 그들의 얼룩진 얼굴을 닦아주고, 등을 다독여주었다. 모두 자식이나 동생 같은 사람들이었다. 약국 앞을 지날 때는 약사들이 피로회복제와 드링크제를 한두 박스씩 차량에 올려주었고, 시민군이 이젠 많이 먹어서 필요없다고 거절해도 다른 동료들에게도 나눠주라고 기어코 올려놓았다. 골목 어귀의 슈퍼마켓이나 가게에서는 담배도 몇 보루씩 차 위에 올려주었다.

시민군의 조직화

광주공원에는 지난밤 지역방어 전투에 참가한 시민군들이 모여들었다. 이제부터 할 일은 자체 조직과 병력을 정비하여 계엄군의 반격에 대비하면서 시내의 치안을 유지하는 일이었다. 광주공원 광장에서는 시민군을 재편성하는 작업이 시작됐다. 김원갑과 김화성 등 네댓명의 청년들이 차량에 번호를 매기며 등록하면서 임무를 부여했다.[450] 공원 근처 꽃집에서 흰 페인트와 붓을 빌려다가 차량 앞뒷면에 큼지막하게 등록번호를 써주면서, 운전기사의 신분증을 참조하여 수첩에다 차량을 등록했다. 소형 차량은 구호와 연락 등의 임무를 부여했고, 대형 차량은 병력과 시민 수송, 보급, 연락 업무를 맡도록 하였다. 군용 지프는 지휘통제, 순찰 및 상황통제를, 그리고 군용 트럭은 전투를 담당토록 했다. 그들은 미리 등록된 소형 차량 운전사들에게 각자 시내를 돌아다니며 모든 차량은 공원으로 와서 등록하고 임무를 맡아달라고 알리도록 했다.

시간이 흐르면서 공원 부근에는 번호가 적힌 각종 차량들이 줄지어 늘어서기 시작했다. 그들에게는 좀더 구체적인 활동범위와 임무가 주어졌다. 이곳에서 등록된 차량은 모두 78대였다. 1번부터 10번까지는 도청에서 백운동까지, 11번부터 20번까지는 도청에서 지원동까지, 21번부터

30번까지는 서방에서 도청까지, 31번부터 40번까지는 동운동에서 도청까지, 41번부터 50번까지는 화정동에서 도청까지 담당하도록 하고, 기타 소형 차량들은 중간연락, 환자수송 등의 임무를 분담시켜 각 차량의 운행 지역과 업무를 정확하게 나누었다. 그동안 많은 차량이 파손된 채 버려져 있었고, 무질서한 운전으로 엔진이 타버린 차량도 적지 않았다. 게다가 시내 주유소마다 비축된 유류가 충분치 않아서 무엇보다도 차량통제가 시급했다.

무장시민군들은 시내 여기저기 흩어져 있다가 연락이 되는 대로 광주공원으로 속속 모여들었다. 시내 중심부의 주요 빌딩에도 시민군 경계병이 배치되었다.

계엄군은 탱크와 장갑차를 동원하여 광주 시내 진입로 6개 지점을 차단했다. 가시철조망 바리케이드로 봉쇄했고, 그 주변 야산 일대에 군인을 매복시켜 접근하는 사람들에게 총격을 가하도록 했다. 시민군도 이에 대응하여 각 지점에 2백여 미터의 간격을 두고 바리케이드를 쌓아 계엄군과 대치했다. 시민군은 불에 타버린 차량과 타이어, 교통철책, 원목, 시멘트, 화분 등으로 이중 삼중의 바리케이드를 치고 계엄군의 시내 진입에 대비하기 시작했다.

시민군은 닷새 동안이나 계속된 시위와 전투에 모두 지쳐 있었다. 그러나 공수특전단을 몰아냈다는 자부심으로 사기가 높았으며 시민들에게 불안감을 줄 만한 행동은 스스로 절제하였다. 며칠씩 세수도 못한 채 돌아다니다보니 얼굴이 시커멓게 되었고, 끼니도 거르고 잠도 모자라 광대뼈가 툭 불거지고, 눈은 움푹 꺼졌다. 대부분은 소외된 기층 민중들이었고, 소수의 학생들이 섞여 있었다. 일부는 자신과 가까운 친인척, 친구, 지인 들이 계엄군으로부터 억울하게 입은 피해 때문에 격분하여 투쟁에 참가한 사람도 있었다.

기동순찰대

무장시민군은 도청을 본부로 정하고 본관 건물 1층 출입구의 서무과를 상황실로 사용하기 시작했다. 광주공원에서 차량 편성을 마친 김원갑과 김화성이 도청에 들어왔다.[451] 계엄군이 반격해올 때 신속하게 대비할 수 있도록 무장트럭 20여대를 도청 앞에 대기시켰다. 맨 먼저 도청을 지킬 '경비반'을 조직했다. 도청 건물을 지키고 정문 출입을 통제하면서 시신을 옮기거나 관리하는 일 따위를 담당할 시민군이었다. '경비반'에게는 무기가 지급되었다.

다음은 '기동순찰대'를 조직했다. 공원에서 등록을 마친 뒤 경계업무를 부여한 차량시위대를 도청에서 다시 기동순찰대 조직으로 편성했다. 기동순찰대는 총기를 소지하고 차량을 타고 다니면서 계엄군과 대치하는 지역을 경비하는 임무였다. 이와 더불어 환자수송과 시민들이 제보해오는 불순분자, 강도, 절도 혐의자를 체포하는 등의 치안활동도 담당케 하였다. 기동순찰대에게는 군용 지프, 트럭, 장갑차, 가스차 등이 배정되었다.

기동순찰대는 광천동 공단입구와 교도소 부근, 지원동 등 계엄군과 대치하고 있는 외곽지역을 순회하며 상황을 살폈다. 무전기를 통해 도청과 소식을 주고받으며 시내와 외곽지역을 순회하다가 위급 상황이 발생하면 곧바로 현장으로 출동하였다. 22일부터 25일까지 추진된 무기 회수 작업에도 기동순찰대가 동원되었다. 시내를 돌아다니며 무기 회수를 홍보하고, 회수된 무기를 도청으로 운반하는 일을 맡았다. 22일 '경비반'과 '기동순찰대'가 만들어졌지만 시간이 흐르면서 도중에 활동을 그만두고 이탈하는 대원들이 생겼다. 그렇다고 누가 제재하거나 뭐라고 할 형편이 아니었다. 스스로 광주를 지키고자 나선 사람들이기 때문에 결원이 생기면 다시 지원자를 뽑아 대원으로 충원했다. 보수가 주어지는 것도 아니고 주유, 근무시간, 교대, 식사 제공 등도 원활하지 않았다. 식사는 차량이 돌아다니는 도중 시민들이 차에다 올려주는 주먹밥이나 김밥, 빵, 우유 따위로 때우기 일쑤였고, 도청에 들렀을 때 그곳 식당에서 먹는 밥이 그나마 제일 나은 식사였다. 몸을 씻는 일은 엄두도 내지 못하고, 옷을 갈아입거나 머리도 감지 못했다. 옷이나 모자는 계엄군과 경찰, 전경이 도청에서 퇴각할 때 버리고 간 군복, 방석모를 걸쳤고, 고등학생들은 교련복을 주로 입었다. 세수를 못해서 거무튀튀해진 얼굴에서는 긴장된 눈빛만 반짝거렸다. 그들은 대다수가 식당 종업원, 자개가구 노동자, 공장 노동자, 자취하던 대학생, 재수생 등이었다. 그들 가운데는 화순, 나주, 담양, 영암, 해남, 함평 등 광주 인근지역에서 21일 시위 차량에 탑승해 참여하게 된 청년들도 적지 않았다. 혈기 왕성한 고등학생들도 꽤 눈에 띄었다. 잠깐씩 틈을 내서 집에 들어가서 옷을 갈아입거나 씻고 오기도 했으며, 집에 갔다가 부모에게 붙들려 아예 더이상 참여하지 못한 학생도 많았다.

상황실에서는 매일 기동순찰대원을 모집하여 빈자리를 보충하였다. 그때그때 신분을 확인하는 절차를 밟기는 했지만 인적사항을 기록으로 남겨둘 수는 없었다. 사태가 어떻게 끝날지 한치 앞도 내다볼 수 없는 상황이었다. 만약 항쟁에 참여한 사람들의 인적사항이 계엄 당국의 수중에 들어갈 경우 피해가 클 것을 우려해서 증거가 될 만한 일체의 기록은 남겨둘 수 없었던 것이다. 기동순찰대 가운데 일부는 26일 출범한 '기동타격대'로 흡수되었다.

이런 일들은 대부분 시민들이 자발적으로 나서서 진행하였다. 아직 특별히 지도부가 만들어지지 않은 상태였지만 지난 며칠간 공수부대와 싸울 때도 그랬던 것처럼 모든 것을 시민들이 스스로 판단하고 자체적으로 시행하였다.

도청 상황실

22일 아침 일찍 도청에 들어간 시민군과 일반 시민 들은 질서가 잡히지 않아 우왕좌왕했다. 차츰 시간이 지나면서 일의 순서와 윤곽이 잡혀가기 시작했다. 도청 구내에서는 계엄군들이 버리고 간 총기와 방독면, 수류탄, 무전기, 작전지도 등이 뒤섞인 채 책상 위나 바닥에서 나뒹굴고 있었다. 시민군은 곧 그것들을 정리하고 분류하여 자신들이 사용했다. 학생들은 일의 매듭을 풀어나가는 데 신속했다.

그동안 시위에 참여한 대학생 이재의(李在儀, 24세), 안길정(23세) 등이 오전부터 도청에 들어가 활동을 시작했다.[452] 그들은 옆 사무실에서 진행되는 시민수습대책위원회 구성을 위한 회합을 지켜보며 별도로 학생들이 할 수 있는 일들을 찾아 나섰다. 우선 이들은 도청 상황실 전화로 외곽지역 방어를 담당한 시민군들과의 연락체계를 확립하였다. 대학생 2명을 순찰차량에 배치하여 각 외곽지역을 돌면서, 계엄군의 움직임에 변화가 있을 때에는 그 지역 주민들이 즉각 도청 상황실에 알려주도록 전화번호와 연락방법을 일러주고 매 시간마다 연락을 취할 수 있게 했다. 오전 중에 순찰차량이 한바퀴 돌고 온 뒤부터 각 지역에서 상황보고가 들어오기 시작했다. 도청 상황실에서도 지역방어의 전반적인 실태를 파악할 수 있게 된 것이다. 또한 전국 각 행정기관에서 전남도청으로 수많은 전화가 걸려왔으므로 그들에게 광주 소식을 알렸다. 도청 행정전화는 이날 오전 10시쯤부터 외부와의 통화가 가능하게 되었다.

이들은 또한 도청 안에 무질서하게 굴러다니는 수류탄, 소총, 방독면

등을 모아다가 캐비닛 안에 정리했다. 계엄군들이 미처 가져가지 못한 크고 작은 무전기가 5대 남아 있어 22일 오전까지 지속된 계엄군의 철수상황을 무전기에서 흘러나오는 교신 내용을 통해 알 수 있었다. 조선대에 주둔했다 뒷산을 넘어 집결지인 주남마을로 가다 낙오된 11공수여단 군인들이 무등산 계곡을 통과해 빠져나가는 중에 주고받은 무전 내용이 감청되고 있었다. 이들은 무전 감청을 통해 공수부대의 퇴각상황이 어느정도 파악되자 계엄군이 광주 도심권으로 당장 진입하지는 않을 것이라는 확신을 갖게 됐다.

또한 도청 정문 기둥 위에 올라가서 사망자 명단과 현재 외곽지대의 계엄군 동향 등을 상황실에 접수되는 대로 육성으로 시민들에게 보고했다. 도청 상황실에는 수많은 정보들이 다양한 채널을 통해 접수됐기 때문에 시민들의 눈과 귀는 온통 이곳으로 쏠렸다. 하지만 이런 문제들을 체계적으로 처리할 조직은 아직 준비되지 않은 상태였다.

도청에는 여대생과 여고생도 상당수가 들어와 활동했다. 누가 특별히 지시하지는 않았지만 스스로 취사실과 상황실, 수습위원실, 방송실 등에서 취사와 행정지원 업무 따위를 맡았다. 22일 오후 도청 앞 광장에서 협상보고대회가 끝나고 나오는 '대학생은 별도로 모이라'는 안내방송을 듣고 모인 이경희(20세, 목포전문대), 김선옥(21세, 전남대), 주소연(18세, 광주여고 3학년) 등은 이날부터 도청에서 활동했다.[453]

박영순(21세, 여, 송원전문대 2학년)은 24일부터 방송 차량을 타고 다니면서 홍보활동을 하였다.[454] 그밖에 청소년적십자(RCY) 봉사클럽의 여고생들도 도청에서 활동했다. 도청에 모인 사람들은 꼭 필요한 경우가 아니면 누구라고 일부러 자신의 신분을 밝히지 않았다. 대부분 서로 처음 만난 사이였지만 모두 한마음이었기 때문에 굳이 그런 걸 따져 묻지도 않았다.

상황실과 수습대책위원회 회의실에 배치된 여학생들은 출입증을 만들거나 사망자 명단을 작성하고, 시민들로부터 모금된 돈을 관리하는 일을 했다. 또 상황실 옆의 방송시설이 도청 옥상의 고성능 스피커와 연결되어 있어 광장에 모여든 시민들에게 사망자의 신원과 인적 사항을 알리는 데 사용했다. 신원이 확인된 희생자의 가족을 찾거나, 수습위원회가 시민들에게 전달할 사항이 있을 때 이를 방송을 통해 알렸다.

한편 도청에는 시민들의 다양한 민원들이 접수되고 있었으나 아직 적절한 조치가 취해지지 못했다. 여러곳에서 거동 수상자에 대한 시민들의 신고가 들어왔고, 기동순찰대가 출동하여 이들을 붙잡아왔다. 시민들이 수상하다고 신고한 사람들은 대개 숨긴 카메라로 시민군의 동향이나 인상을 촬영하고 다니거나 워키토키, 소형 무전기를 휴대한 자들이었다. 붙잡혀온 사람은 임시로 설치된 '조사반'에 넘겨져 조사가 진행되었다.

오전 11시경 학운동 지역방위대원들이 공수대원 한명을 포로로 붙잡아 도청 상황실로 데리고 왔다. 그는 퇴각하던 중 산속에 숨어 있다 잠이 들어 부대에서 떨어져버린 것이다. 새파랗게 질려서 "목숨만 살려달라!"며 부들부들 떨고 있었다. 악착같이 시위대를 쫓아와 대검을 꽂던 용기는 이미 온데간데없었다. 그 공수대원은 조사반에서 몇가지 조사를 한 다음 다시 원래 부대로 복귀시켰다.[455]

수상한 사람들

도청 1층 상황실을 비롯한 여러 사무실은 시간이 흐를수록 드나드는 사람들이 늘어났다. 22일 오후가 되자 도저히 통제가 불가능할 정도로 사람들로 붐볐다. 단순히 호기심 때문에 드나드는 시민들도 많았지만, 계엄군의 정보원이나 공작원이 끼어들 수 있는 소지도 그만큼 컸다. 도청 내에서 별도의 사무실 공간을 차지하고 자칭 '조사반' '정보반' 등등의 명칭을 붙여서 활동하는 사람들도 있었는데, 이들 가운데는 신분이 확실하지 않은 사람들도 섞여 있었다. 학생수습위원회 부위원장을 맡았던 황금선(黃今善, 28세)은 항쟁기간 중 도청 2층에서 순천 사람을 한명 만나 이러저런 이야기를 나눴는데, 나중에 상무대에 잡혀가서 보니 합동수사단 대령이었다.[456]

30대 중반의 민간인 김양오가 도청 건물 1층 지방과 사무실에 '조사반'을 설치했다. '강력계, 일반계, 용공계 3계를 두고 20여명이 함께 일을 하였다. 강력계장은 복학생이, 일반계장은 보안대 출신의 부산 사람이 맡았고, 용공계장은 중앙정보부에서 추천한 메모지를 갖고 들어와 수습위원 중 누군가에 의해 추천된 사람이었다.' 도청 내 시민군의 움직임이 계엄군측에 흘러 들어갈 가능성이 컸다. 조사반장 김양오는 25일까지 활동하다 계엄군의 시내 진입이 확실시되자 도청을 빠져나갔다.[457]

당시 도청 상황실에 있던 이재의, 안길정 등 전남대 학생들의 눈에는 초기에 '조사반원'이라고 활동하는 사람들이 평범한 사람들처럼 보이지 않았다. 조사업무를 담당하던 40대 남자 두사람은 스포츠형의 머리나 단단한 몸매, 날카로운 눈매로 보아, 수사기관에서 근무하는 자들인 듯했다. 대학생들은 그들의 행동이 수상하다고 여겼다. 누구든 '간첩'이라고 의심부터 하는 그들의 안하무인적인 행태로 보아 자칫 그곳에서 일하고 있는 자신들마저도 간첩으로 몰릴지 모른다는 위기감이 들었다. 상황실에서 그들을 내쫓아버리는 게 좋겠다고 생각했다.

"여러분, 저는 대학생입니다. 지금 계엄군이 언제 반격해올지 모르는 상황입니다. 여기 계시는 모든 분들은 시민의 안전을 위해 최대한 노력해야 합니다. 그런데 이렇게 혼잡스럽다보니 계엄군의 첩자로 보이는 사람들까지 끼어들고 있습니다. 부득이하게 지금부터 상황실 출입을 통제할 테니 협조하여주시기 바랍니다. 이곳에 업무가 있는 분들만 저희들이 발행하는 증명서를 소지하여 출입하고, 나머지는 일체 출입을 불허하겠습니다. 만약 반드시 처리해야 할 업무가 있다면 먼저 저희들과 상의해서 증명서를 발급받아주십시오."[458]

상황실 안에 있던 사람들의 시선이 그 학생에게 집중됐다. 학생 한명이 책상 위에 올라서서 큰 소리로 외치고 있었다. 그는 소총에 실탄을 장전하고 다른 손으로는 수류탄을 쳐들어 보였다. 대개는 고개를 끄덕이며 밖으로 나갔다. 하지만 조사를 담당한 그자들만 못마땅한 듯 버티고 앉아 있었다. 학생이 수류탄을 그들에게 들이대면서 왜 나가지 않느냐고 강한 어조로 다그치자 사내들은 노골적으로 불만스러워하며 마지못해 상황실 밖으로 나갔다. 이때부터 상황실에는 증명서 소지자만 출입했다. 학생들은 상황실 경비 보초들에게 미리 이야기하여 출입증을 소지한 사람만 들여보내라고 당부했고, 이들은 충실하게 학생들의 요청에 따라 움직였다.

오후 3시경 『아시안 월스트리트 저널』(The Asian Wall Street Journal)의 외신 기자 한명이 통역을 데리고 상황실에 들어왔다. 그는 피해규모와 사태가 이렇게 커진 항쟁의 원인을 물었다. 그 기자의 이름은 노먼 소프 (Norman Thorpe)였다. 항쟁기간 중 그는 광주와 목포를 오가면서 취재 했다.[459]

오후 4시쯤에는 광주일고 재경 동창회에서 방문하여 자기들이 할 일이 있으면 도와줄 테니 무엇이 필요하냐고 물어왔고, 그들은 곧 각 병원에 있는 사망자 현황 파악에 들어갔다. 어떤 시민은 상황실로 찾아와 자신의 동생이 공수부대에게 살해되었다면서, 장례식 치르는 일을 하며 죽은 사람들의 혼백을 직접 달래도록 해달라고 울먹이기도 했다.

5월 21일 오후 공수부대의 총탄에 희생된 시민들은 최소 54명이고 부상자는 수백명에 달했다.(사진 헌트리 목사, 김영복)

급히 입관되어 도청으로 운반되는 시신들.(사진 나경택)

시민성토대회

금남로와 도청 주변에 모여든 수많은 시민들은 도청 앞 분수대를 중심으로 신문이나 전단을 깔고 앉아, 도청 안에서 무엇인가 만족할 만한 조처가 발표되기만을 기다리고 있었다. 오전 10시 30분경 군용 헬기가 공중에서 선회하며 '폭도들에게 알린다'는 내용의 전단을 살포하였다. 시민들은 전단을 받아보고 즉시 찢어버리거나 하늘에 떠 있는 헬기를 향해 주먹질하며 기가 막히다는 듯이 혀를 찼다. 11시 20분경에는 적십자병원 헌혈차와 시위대 지프가 돌아다니며 헌혈을 호소하였다. 수많은 사람들이 그 차를 타고 병원으로 몰려가 헌혈했다.

시민들은 도청에서 사망자 명단과 인적 사항을 속속 발표할 때마다 혹시 자기 자식이나 친인척, 지인의 이름이 나오지나 않을까 하여 조바심을 내며 기다렸다. 도청에서 나온 청년이 정문의 기둥 위에 올라서서 육성으로 사망자 명단을 발표하거나 구호를 제창하고 묵념을 올리면서 시민들의 비통한 정서를 모아나갔다. 도청 상황실 한편에 위치한 방송실에서도 사망자 명단이 접수되는 대로 옥상에 설치된 고성능 스피커로 이를 발표했다. 이런 방송이 나오면 시민들 속에서 간혹 울음이 터져 나오기도 했다. 시민군의 차량은 쉬지 않고 부상자들을 병원으로 운반했다. 또 시민군은 병원에 안치된 사망자 시신들을 급히 만들어진 관에 입관시켜서 도청으로 옮겼고, 신원이 확인된 시신은 다시 분수대 앞으로 가져갔다.

정오가 되자 도청 옥상의 국기게양대에 검정색 천으로 만들어진 조기가 게양되었다. YWCA 간사 정유아(26세), 이윤정(李玧姃, 25세)과 정현애 등 송백회 여성회원들이 검정 천으로 리본 3천여개를 만들어 시민들에게 나눠줬다. 남은 천은 YWCA신협 김영철이 도청 옥상 태극기 위에 조기로 걸었다.

이날 오후부터 전일빌딩, 우체국, 전신전화국 등은 예비군들이 자체 경비에 들어갔다. 시민들 사이에서는 공유재산인 공공건물은 피해를 주어서는 안 된다는 생각들이 퍼져 있었다. 비록 MBC, KBS 등 텔레비전방송국과 광주세무서, 일부 파출소가 왜곡보도와 유혈진압에 대한 항의 표시로 불태워졌지만 항쟁기간 중 다른 공공건물들은 대부분 멀쩡했다.

도청 앞 광장에 무료하게 앉아 있던 사람들 가운데 누군가 분수대 위로 올라갔다. 그동안 자신이 목격한 사실을 분수대 주위 사람들을 향해 이야기하기 시작했다. 이번에는 50대 아주머니가 분수대로 올라가 집에 들어오지 않은 자식을 찾는다며 혹시 본 사람 있으면 알려달라고 말했다. 마이크도 없는 상태에서 수만명이 앉아 있었기 때문에 뒤에서는 잘 들리지 않았다. 하지만 또 다음 사람이 분수대 위로 올라갔다. 공수부대의 만행을 규탄하고 혈육의 죽음을 알리며 오열을 터뜨렸다. 아무런 사전 계획이나 준비도 없이 자연발생적으로 궐기대회가 열린 것이다. 어떤 사람은 쉰 목소리로 구호만 외치다 내려왔다. 상당히 체계적으로 현재 상황을 설명하면서 앞으로 어떻게 싸워나가야 할 것인가를 이야기하는 사람도 있었다. 일정한 형식이나 제약도 없이 이루어지는 궐기대회였다. 집회는 산만했지만 발언자들의 한마디 한마디가 모두의 마음을 뜨겁게 만들었다. 이들의 분노와 상황인식은 매우 분명하고 거침이 없었다. 분수대는 이제 자연스럽게 커다란 공감의 영역이 형성되는 장소로 변해갔다. 말하러 나오는 사람들도 다양했다. 시장에서 장사한다는 아주머니, 국민학교 교사, 종교인, 가정주부, 청년·학생, 고교생, 농민 등 누구나 나와서 하고 싶은 말을 쏟아냈다. 다들 개인적 체험을 말했지만 사람들은 박수를 치고 서로 공감하면서 일체감을 느꼈다. 발언자들은 모두 '생존권 수호'라는 원칙에 동의하고 있었다.

오후 4시경 시민대회 진행 중에 병원 영안실에 있던 시신 18구가 도청 광장에 도착한 데 이어 5시 40분경에도 23구의 시신이 이곳으로 옮겨졌다. 구급차가 싸이렌을 울리며 분수대 앞에 관을 내려놓을 때마다 사람들은 관 주위에 둘러서서 통곡과 오열을 터뜨렸다. 관 사이로 피 묻은 시신의 일부가 조금씩 삐져나오기도 했다. 관이 열려지며 속에 안치되어 있던 희생자들의 처참한 모습이 드러났다. 목이 없는 시신, 얼굴이 깨져 완전히 뭉개져버린 시신, 손과 발이 잘리어진 시신, 내장이 터져 나온 시신, 불에 그을린 시신 등 별의별 형상의 시신들이 광장에 모인 시민들을 울게 만들었다. 희생자들의 얼굴은 대부분 분간할 수가 없었다. 급히 제작된 관은 대패질도 제대로 되지 않은 상태였고, 못도 아무렇게나 박혀 있었다.

수습대책위원회의 구성

22일 아침 8시 10분 도청 2층 부지사실에서는 정시채 부지사, 문창수 기획관리실장, 김동환 내무국장, 김경수 비상기획관 등 전남도청 간부와 일부 직원들이 나와서 머리를 맞댔다. 장형태 도지사는 21일 정오 직전에 헬기를 타고 전교사로 간 뒤 아직 그곳에 머물고 있었다. 정시채 부지사는 이종기(63세) 변호사, 사업가 장휴동, 장세균 목사, 박재일 목사, 윤공희 대주교, 조비오 신부 등 10여명의 지역 인사들에게 사태수습에 나서달라고 당부했다. 이때 정시채 부지사는 전교사에 머물고 있는 도지사에게 전화로 자신이 구상하는 수습방안을 보고했다. 도지사는 독립유공자인 최한영(崔漢泳) 옹 등 상징적인 인물 두세명을 더 포함시키라고 지시했다.

낮 12시 30분경 목사, 신부, 변호사, 관료, 기업인 등 15명의 지역 인사들이 참여하고, 독립유공자 최한영을 위원장으로 하는 '5·18 수습대책위원회'가 구성되었는데, 이 수습대책위원회는 처음부터 '관변'이라는 한계가 존재했다. 정부와 군 당국이 불신을 받는 상황에서 부지사 등 공무원의 주도로 급조된 수습대책위원회는 머지않아 불가피하게 시민들의 의지를 대변하는 새로운 대표들로 교체될 수밖에 없는 '과도기적' 한계를 안고 있었다. 아무튼 수습위원들은 오전 내내 토론을 거듭한 끝에 계엄 당국에 제시할 7개 항목의 요구사항을 결정하였다. 그러나 '군부정권 퇴진과 민주정부 수립' 등 항쟁이 제기한 본질적인 문제는 거론조차 되지 않았다.

- 계엄군의 과잉진압 인정.
- 구속학생 및 민주인사 연행자 석방.
- 시민의 인명과 재산 피해 보상.
- 발포명령 책임자 처벌과 국가 책임자의 사과.
- 사망자 장례식은 시민장으로 치를 것.
- 수습 후 시민, 학생 들에게 보복하지 말 것.
- 이상의 요구가 관철되면 무기 자진 회수 반납 무장해제.

오후가 되자 도청 앞 광장에서 전남대 명노근, 송기숙 교수가 휴대용 메가폰으로 수십명의 대학생을 모았다. 현장에서 모여든 학생들과 토론한 결과 '학생수습위원회'를 결성하기로 했다. 전남대, 조선대에서 각각 5명씩 그리고 나머지 대학들에서 5명씩을 임시대표로 뽑았다. 송기숙 교수가 이들 15명의 학생들을 데리고 오후 6시경 도청 1층 서무과로 들어갔다. 대학생 15명은 도청 1층 상황실에 모여 정해민(鄭海珉, 23세, 전남대 4학년)의 사회로 2시간여 동안 회의를 하였다. 회의 결과 '임시학생수습위원회'를 구성하기로 결정하고 임원을 선정했다. 명칭에 '임시'라는 수식어를 붙인 이유는 학생들의 직접선거를 통해 선출된 바 있는 전남대 총학생회장 박관현을 비롯해 각 대학 학생회장단이 나중에라도 나타날 경우 그들이 정식으로 '학생수습위원회'를 다시 구성해야 한다는 것이었다.

임시학생수습위원회는 위원장에 김창길(金昌吉, 전남대), 부위원장 겸 장례 담당에 김종배(조선대), 총무에 정해민(전남대), 대변인에 양원식(梁元植, 조선대), 무기관리 담당에 허규정(許圭晶, 26세, 조선대)이 선정되었고, 기타 총기회수반, 차량통제반, 수리보수반, 질서회복반, 의료반 등의 부서를 두었다. 그리하여 정시채 전라남도 부지사가 주도해서 구성한 '일반' 수습위원회와 송기숙, 명노근 교수와 협의하여 김창길, 김종배 등 10여명의 대학생이 중심이 되어 구성한 '학생' 수습위원회, 이렇게 두개의 수습위원회가 생겨났다. 일반 수습위원회는 주로 계엄 당국과 협상하거나 시민을 설득하는 데 중점을 두었으며, 학생 수습위원회는 청소, 질서유지 등 대민업무를 맡아 보게 되었다.[460]

그러나 두개의 수습위원회는 처음부터 한계를 가지고 있었다. 그동안 실질적으로 투쟁을 주도하고 무장력을 갖춘 시민군 대표, 혹은 그들의 의사를 대변할 수 있는 인물이 거의 참여하지 않은 채 급조된데다, 대중의 폭발적이고 필사적인 행동이 가져온 상황 변화의 본질을 이해하지 못했다. 수습위원회에 참여한 사람들은 단지 더이상 아까운 생명을 희생시킬 수는 없다는 차원에서 소박한 정의감으로 나섰을 뿐이다. 그들이 밤새워 지속한 회의의 결론은 각 동별로 학생자치대 조직, 시민 불안 줄이기 계몽활동 등이었다. 그들 대부분은 계엄군과 조직되지 않은 시민군의 싸움은 애초부터 불가능한 것으로 단정짓고 출발했다.

계엄당국과의 첫 협상

오후 1시 30분경 수습위원 중 선발된 협상대표 8명이 전남북계엄분소를 찾아가 계엄군측과 협상을 시작했다. 수습위원들이 상무대에 도착한 시각은 전교사령관이 윤흥정 장군에서 신임 소준열 소장으로 갑자기 교체된 직후였다. 소준열 장군은 "나는 이제 와서 잘 모르니 부사령관과 얘기하면 좋겠다"고 했다. 이때부터 전교사 부사령관 김기석 소장이 계엄군측 협상대표를 맡게 되었다. 계엄분소측에서는 김기석 부사령관과 준장 3명, 보안대장(대령), 헌병대장(중령) 등이 참석하여 수습위원들과 마주앉았다.

수습위원들은 오전에 도청에서 머리를 맞대고 정리한 7개 항의 요구조건을 하나씩 차례로 설명하였다. 우선 계엄군의 과잉진압에 대하여 인정하라고 요구하였다. 계엄군측은 시민들의 과격한 시위가 과격한 진압을 불러왔다고 변명을 하였다. 수습위원들은 비무장한 시민들이 무장한 계엄군들에게 무조건 과격하게 시위를 했다는 것이 말이 되느냐며, 계엄군이 과격하게 폭력을 행사했기 때문에 시민들이 울분을 참지 못하고 대항하게 된 것이라고 주장했지만 계엄군측은 막무가내였다. 의견이 엇갈려 평행선을 긋자 다른 사항들을 먼저 검토하기로 했다. 구속학생 및 민주인사를 '즉각 전원 석방하라'고 수습위원들이 요구하자, 계엄군측은 '선별석방' 카드를 내밀었다. 인명과 재산 피해도 '선별 보상'하겠다는 입장이었다.

이때 조비오 신부가 협상내용을 녹음이나 문서로 작성하고 서명 날인하여 쌍방이 교환하자고 주장했지만 묵살됐다. 수습위원들이 '발포 명령자를 처벌하고 대통령은 공개 사과해야 한다'고 제안하자 계엄군은 '상부에 건의하겠다'고만 답변하였다. '시민장'으로 장례식을 거행하자는 수습위원들의 제안에는 '시민들에게 자극을 줄 수 있기 때문에 안 된다'는 것이 계엄군측의 입장이었다. 또 계엄군측은 '무기 자진 회수와 반납, 계엄군 무력진압 금지, 평화적 수습'은 원칙적으로 동의하면서도 '무조건 반납'을 요구했다. '수습 후 보복금지 보장'에 대해서는 양자가 별다른 이견이 없었다.

회의 도중 계엄군측은 수시로 전화를 해서 시민들의 요구사항 하나하나에 대해 본부의 지시를 받았다. 첫 협상이 끝나자 김기석 장군은 회담장소인 퀀셋 막사의 문을 활짝 열었다. 언덕 아래 연병장에 있는 수십대의 탱크와 헬리콥터가 한눈에 들어왔다. 당장이라도 출동할 듯 탱크가 부르릉거리고, 헬기의 프로펠러 회전소리가 요란했다. "저기 보십시오. 우리는 탱크가 있고, 헬리콥터 등 첨단무기가 있습니다. 이런 잘 훈련된 군인들을 가지고 왜 우리가 광주 도심을 탈환하지 않겠습니까? 시민들 인명을 보호하려고 공격을 안 하고 있을 뿐입니다. 평화적인 수습을 원한다면 시민들이 무기를 빨리 반환하고 해산해야 할 것 아닙니까? 군도 인내에 한계가 있습니다." 당장이라도 더 큰 무력을 사용하여 공격할 수 있다는 위협이었다. 계엄군은 '작전상 후퇴한 것일 뿐'이라는 입장을 분명히 했다. 만약 시민들이 계속해서 계엄군에 대항하여 버틴다면 탱크 등 중화기를 동원해서라도 진압하겠다며 사실상 '무조건적인 투항'을 요구한 것이다. 계엄군의 강경입장을 확인한 시민 협상대표들은 기가 질려버렸다. 조비오 신부는 "항쟁기간 동안 위 7가지 요구사항 중 약속이 지켜진 것은 하나도 없었다. 수습대책위가 마련한 시민들의 요구는 물거품이 되고 만 것이다. 협상결과 얻어진 것이라곤 '선별 석방' 외에는 하나도 없었다"고 말했다.[461]

도청으로 돌아오는 협상대표들의 발걸음은 무거웠다. 기다리고 있던 다른 수습위원들에게 그 분위기를 전달한 후, 시민들에게 계엄 당국과의 협상내용을 전하고 더이상의 희생을 막기 위해 '무기 회수'를 서두르자고 의견을 모았다.

협상보고대회

오후 1시 30분쯤 출발한 수습위원들이 오후 5시 18분이 되어서야 상무대에서 돌아왔다. 수습대책위원회는 전교사의 전남북계엄분소 방문 협의결과에 대하여 '협상보고대회'를 개최했다. 시민들은 협상결과를 목이 빠지게 기다리고 있었다. 이날 오전 신임 박충훈 국무총리 서리가 광주를 방문하기로 되어 있었다. 총리가 오면 먼저 병원에 데리고 가서 죽어가는 환자들과 사망자의 시신을 보여줘야 한다는 둥 갑론을박하면서 시민들은 그를 기다렸다. 윤공희 대주교, 김성용(金成鏞) 신부 등도 남동성당에 모여서 총리를 만나려고 기다리고 있었다. 그러나 총리는 광주 시내에는 발도 들여놓지 않고 상무대에서 계엄분소장의 보고만 듣고 '극소수 폭도와 불순분자들의 터무니없는 유언비어에 현혹되거나 부화뇌동하지 말라'는 호소문만 남긴 채 돌아가버렸다. 이 소식이 알려지자 도청 앞 광장에 모여 있던 시민들은 직전 총리이던 "신현확보다 더 나쁜 놈이다. 그놈이 그놈이다. 모두 때려죽여야 한다"며 흥분했다. 정부의 태도가 강경하다는 것을 확인한 시민들은 계엄 당국과의 협상결과에 대해서도 크게 기대하지는 않는 분위기였다.

정시채 부지사의 사회로 8명의 수습위원들이 차례로 분수대에 올라가 협상내용을 이야기하면서 자신들의 소신을 말했다. 전남북계엄분소장이 '과잉진압'을 개인적으로는 인정했으며 다른 사항도 상부와 협의하여 들어주겠다며 시간을 요구했다고 말했다. 다른 수습위원들이 유혈방지와 질서유지를 강조하자 시민들은 모두 공감하는 듯 박수를 보냈다. 그러다 장휴동 수습위원이 "우리가 이런 식으로 해서는 결국 폭도밖에는 안 된다. 어서 빨리 무기를 모두 계엄사에 반납하고 시내 치안질서 유지권을 군인에게 넘겨주어야 한다"고 말했다. 그러자 이 말을 듣고 있던 시민들 가운데서 동요가 일어나더니 한 청년이 분수대에 뛰어 올라가 그의 마이크를 거칠게 가로챘다. "장휴동씨는 유신시절 국회의원에 출마한 정치인으로 시민들의 입장을 얘기하고 있는 게 아니라 그 반대의 입장을 대변하고 있다. 광주시민들이 이렇게 많이 죽었는데 무조건적인 사태수습만을 거론해서는 안 된다. 시민들이 납득할 만한 구체적인 수습방안이 먼저 제시되어야 한다." 그 청년의 주장에 시민들은 환호하며 큰 박수를 보냈다. 돌발적인 상황에 시민들이 술렁거렸다. 그 청년은 25일 새로 만들어지는 '항쟁파' 지도부의 위원장을 맡게 되는 조선대 학생 김종배였다. 김종배는 수습위원들을 향해 소리쳤다. "야! 이 광주시민들의 피를 팔아 출세하려는 놈들아. 너희들은 필요 없다. 다 꺼져라." 수습위원들이 황망히 분수대에서 내려갔다. 협상보고대회는 갑자기 수습위원들에 대한 성토장으로 변했다. 잠시 후 각 병원에 분산되어 있던 시신들이 도청 앞에 도착했다. 50여구 정도 되었다. 희생자들의 시신을 본 시민들은 더욱 분노했다. 협상보고대회는 추모대회로 변한 채 끝나고 말았다.

모여든 활동가들

군중 속에서 협상보고대회를 지켜보던 윤상원, 김영철, 박효선(朴孝善, 26세), 김태종(金泰鍾), 정현애, 정유아, 이윤정 등은 그날 구성된 시민수습대책위원회가 대다수 시민들의 의사와 다른 방향으로 나가고 있다는 것을 깨달았다. 관변 인사들이 주도하는 수습대책위원회의 투항주의적인 한계가 드러난 자리였다. 그러나 시민들은 아직 '해방 광주'를 주체적으로 발전시키고 지속시킬 준비가 되어 있지 못했다. 다양한 사람들의 요구를 민주적으로 수렴하여 새 비전을 만들고, 방향을 설정하여, 신속하게 대응해나갈 집단이 필요했다. 계엄군의 퇴각과 함께 마비돼버린 기존 행정조직을 대신할 새로운 조직도 시급했다. 시민들은 이런 비상시국을 맞아 자신의 운명을 믿고 맡길 수 있는 신뢰할 수 있는 사람들을 원했다.

지금은 민주주의 세력을 단번에 제압하려던 계엄 당국이 광주시민의 강한 저항에 부닥쳐 일시적으로 후퇴한 국면이었다. 평소 지역사회의 여론주도층인 기업인이나 보수적인 종교인, 고위 공무원, 언론인, 학자 들은 그런 역할을 맡을 수 없었다. 신군부가 집권야욕을 포기하거나 광주시민이 백기를 들고 투항하지 않는 한 이런 엄청난 상황을 슬기롭게 수습한다는 것은 불가능해 보였다. 이런 엄중한 비상시국을 미약하나마 감당해볼 수 있는 잠재력을 가진 유일한 집단은 1970년대 군사독재에 저항하면서 자연스럽게 형성된 민주화운동가들, 그리고 재야 정치권 인사들이었다.

하지만 이때 학생운동과 민주화 세력은 극도로 위축돼 있었다. 정동년, 김상윤 등 신분이 노출된 복학생들이 예비검속으로 17일 밤 연행돼버렸고, 전남대나 조선대 등 주요 대학 총학생회장단도 피신한 뒤 계엄군의 철통같은 봉쇄작전 때문에 광주에 진입하기 어려웠다. 윤한봉 등 핵심적인 재야 운동가나 사회단체와 진보적인 종교계 인사들도 곧 체포될 것이라는 위기감 때문에 은인자중하며 사태를 관망하고 있었다. 김대중을 지지하던 야당 정치권 인사들도 신군부의 연행을 피해 대부분 잠적한 상태였다. 계엄군이 광주 외곽을 철저하게 봉쇄했기 때문에 서울 등 타 지역의 민주화 세력이 함께 연대하는 것도 힘든 상황이었다. 대중의 폭발적인 에너지를 광주지역 민주화 세력이 어느 정도로 잘 조직화할 수 있느냐가 관건이었다.

그럼에도 불구하고 이때 YWCA와 YMCA 등 시민사회단체 임원들과 인권변호사, 민주화운동에 참여한 교수, 신부와 목사 등 재야 민주인사 가운데 상당수가 광주에 남아 있었다. 녹두서점, 양서조합, 신협, 들불야학, 백제야학, 극단 광대, 송백회, 민주청년협의회, 가톨릭농민회, 가톨릭 노동청년회, YMCA, YWCA, 현대문화연구소 등에서 활동하던 젊은이들과 아직 연행되지 않은 운동권 대학생들 일부도 상황을 지켜보고 있었다.

각자 흩어진 상태에서 개별적으로 시위에 참여하거나 몸을 숨겼던 이들은 18일 이후 서로 소식이 궁금하여 '녹두서점'으로 매일 자연스럽게 모여들었고, 이 숫자가 21일 오전에는 20여 명 정도까지 불었다.

그런데 21일 오후 1시 도청 앞 집단 발포가 시작되자 이들은 계엄군이 대대적인 병력을 투입하여 본격적인 진압작전을 펼치는 것으로 잘못 판단하여 뿔뿔이 흩어져버렸다. 하지만 예외적인 인물이 있었다. 윤상원과 김영철이었다. 윤상원은 처음부터 항쟁의 현장을 떠나지 않았고, 마지막 순간까지 시민들과 호흡하며 투쟁의 한가운데에 서 있었다. 김영철 역시 윤상원을 도와 들불야학 학생들과 함께 『투사회보』를 제작하였다.

한편 오전 11시경 도청 뒤쪽에 있는 남동성당에서 70년대부터 민주화운동에 앞장섰던 종교계와 학계 등 광주의 원로급 재야 민주인사들이 도청 수습대책위원회와는 별도로 수습대책을 논의했다. 홍남순(洪南淳) 변호사, 이성학(李聖學) 장로, 김성용 신부, 조아라 YWCA 회장, 이애신(李愛信) YWCA 총무, 이기홍(李基洪) 변호사, 명노근 교수, 송기숙 교수, 윤영규(尹永奎) 선생 등이 그들이었다. 이들 가운데 일부는 부지사가 주도해 만든 수습대책위원회가 시민들로부터 불신을 받게 되자 새로 개편되는 수습대책위원회에 참여하게 된다.

'무기 회수'를 둘러싼 분열 조짐

전남북계엄분소를 다녀온 뒤 수습대책위원회는 보고대회에서 일부 시민들의 반발이 있었음에도 불구하고 '무기 회수'를 결정했다. 더이상 피를 흘리지 않기 위해서는 가능한 한 빨리 계엄군에게 총기를 반납하는 것이 최선의 수습책이라고 생각했다.

도청과 광주공원에 무기접수처를 설치하고 총기 회수를 설득했다. 시민군 일부가 총기를 반납하기 시작했다. 그들은 '이제 수습위원회가 구성되었으니 그 지시에 따라 질서 있게 행동하자'며 무기 회수에 긍정적인 반응을 보였다. 그러나 무장시민군 가운데 상당수는 무조건적인 무기 회수에 당혹스러워했다. 이들은 수습대책위원회가 계엄군과의 협상결과에 아무런 진척도 없는데 왜 무기를 서둘러 회수하려는지 납득할 수 없다며 일단 무기 회수를 유보했다. 대부분 외곽지역 경비를 담당하는 시민군들이었다. '무기 회수'를 둘러싸고 시민들 내부에서 분열의 싹이 트기 시작했고 뭉쳐진 역량이 분산될 조짐을 보였다. 학생 수습위원으로 참여한 김종배와 허규정 등은 처음부터 무조건적인 '무기 회수'에 의견을 달리하고 있었다.

첫날 수습위원회는 시민군들이 소지하고 있던 무기는 그대로 둔 채 우선 길가에 아무렇게나 방치된 무기와 시민들이 자진해서 도청이나 공원에 맡겨두고 간 무기만 수거했다. 이날 저녁까지 수거한 총기는 1500정가량이었는데, 미처 정리하지 못해서 도청 수위실 주위에 수북하게 쌓아놓았다.[462]

암매장 시신들

전남대 서명원 학생과장은 22일 아침 일찍 학교에 나가서 직원들과 함께 학교를 둘러보았다. 계엄군이 지휘본부로 사용한 이학부, 가정관의 강의실에는 허리띠 5백여개, 신발 1백여켤레가 쌓여 있었고, 강의실 바닥은 온통 붉은 페인트로 두껍게 칠한 것처럼 피로 물들어 있었다. 소나무로 뒤덮인 야트막한 교내 뒷동산에서 솔잎이 유난히 많이 쌓여 있는 곳이 그의 눈에 띄어 발로 밟아보니 쑥 들어갔다. 그곳에서 고등학생 시신 1구가 나왔다. 밀가루 부대 자루에 상반신만 덮어씌워져서 땅속에 묻혀 있었다. 시신에서는 칼에 찔린 자국과 구타당한 흔적이 눈에 띄었다. 그 시신의 주인공은 광주상고 2학년 이성귀(李成貴, 16세)로 밝혀졌다. 기동순찰대원 김태찬(金泰贊, 19세)도 전남대 교정에서 여고생 시신을 발견했다. 그의 팀이 전남대에 순찰을 갔을 때 학교출판사 쪽 보도블록 깔린 곳을 주위 민가에서 모여든 개들이 자꾸 헤집길래 수상하게 여겨 그곳을 파보니 여고생이 매장되어 있었다. 허벅지에 대검으로 두군데 찔렸는데, 시신은 눈을 부릅뜬 채였고, 벌어진 입 사이엔 흙이 차 있었다. 그는 시체를 도청으로 옮겼다.[463] 희생자의 시신은 곳곳에서 발견되었다. 광주 주변 야산에서 발견된 시신들이 많았는데, 31사단 뒤 오치의 야산에 희생자가 묻힌 근처에는 계엄군이 다른 시신도 묻으려다가 시간이 부족했던지 파다가 만 구덩이도 보였다.

지역방위대

광주공원 광장은 무장시민군의 중심무대였다. 시민군의 지역방위 활동 장소는 백운동 철길과 화정동 공업단지 입구, 동운동 고속도로 진입로, 서방 삼거리, 산수동, 학운동 배고픈다리 등이었다. 각 장소마다 1개 중대 병력 정도의 무장청년들이 배치되었다.

지역방위대로는 가장 먼저 조직된 곳이 학운동 '배고픈다리'였다. 학운동 지역에서 예비군 소대장을 맡고 있던 문장우는 21일 저녁 학운동과 소태동 지역의 예비군과 동네 청년 들을 규합하여 12개조를 편성하였다.

학운동 지역방위대 활동으로 구속된 사람은 문장우·김용선(19세)·김복수(21세)·김춘석(28세)·김춘국(金春國, 25세)·유흥렬(19세)·허춘섭(許春燮, 23세)·박병기(21세)·박동섭(33세)·윤다현(尹多鉉, 29세) 등이다.[464]

군부 강경라인의 등장

22일 오전 10시 전교사령관 윤흥정 중장이 내각 개편과 함께 체신부 장관으로 입각하면서 소준열 소장이 후임 전교사령관으로 부임했다. 전두환 보안사령관은 광주 보안부대로부터 윤흥정 사령관이 시위진압에 소극적이니 그를 교체해달라는 건의를 받고 이희성 계엄사령관에게 이를 요구했다.[465] 이때 황영시 육군참모차장이 전두환과 의논하여 윤흥정 후임으로 소준열 육군종합행정학교장을 추천했다. 20일 저녁 6시경 황영시는 소준열 소장에게 내정 사실을 통보하면서 사태가 수습되면 중장으로 승진시켜주겠다고 약속했다. 소준열은 12·12 군사반란 때 신군부와 반대편에 서 있었기 때문에 승진서열에서 밀리고 있었다. 원래 전교사령관은 중장이 맡는 자리다. 그러나 황영시는 육사 동기생이자 고향이 전남 구례인 소준열 소장을 이 자리에 앉혔다. 신군부는 소준열 소장을 전교사령관에 앉힘으로써 강경진압체제를 확립했다.[466] 황영시는 이에 앞서 12·12 직후에는 전남 강진 출신 육사 동기생인 김재명 소장을 육본 작전참모부장에 앉혔다. 작전참모부장은 참모차장을 보좌하여 실제 작전계획을 세우는 자리다.[467]

정부는 22일 박충훈 총리의 신임 내각을 중심으로 광주사태 대책위원회를 구성했다. 첫 국무회의에서는 계엄사로부터 상황보고를 받은 후 사태수습은 원칙적으로 군이 하기로 정하고 정부 각 부처는 양민구호대책을 세우기로 했다. 이날 저녁 9시 30분 신임 박충훈 국무총리 서리는 텔레비전과 라디오 담화를 통해 정부 입장을 밝혔다.

"현재 광주 시내는 군 병력도 경찰도 없는 치안부재 상태다. 일부 외지에서 침투한 불순분자들이 관공서를 습격, 방화하고, 무기를 탈취하여 군인들에게 발포하여 희생자가 났다. 그럼에도 불구하고 군은 정부의 명령 때문에 시민들에게 발포하지 못하고 있다. 광주사태는 시청 직원이 사무를 보고 전기 수도가 공급되며 은행 약탈 등이 없는 것으로 보아 호전되어가고 있는 것으로 안다."[468]

중앙정보부장 서리 전두환은 22일 신라호텔에서 중앙 언론기관장들과 간담회를 가졌다. 이 자리에서 언론기관장들에게 현 사태에 대한 견해를 밝혔는데, 누군가 이 내용을 정리한 2면짜리 문건에 따르면,[469] "군이 광주 외곽을 포위하고 고립화함으로써 목포 등지에서 유입인원을 차단하고 있고, 광주비행장에 무전 연락실을 설치하여 현지 상황을 수시 보고받고 있다"고 우선 설명했다.

그리고 나서 "광주 시내 철물상회가 주요 약탈대상이 되고 있다"면서 "폭도들이 가가호호를 방문하여 합세를 강요하고 통반장을 협박"한다거나, 혹은 "있는 놈 때려잡자"는 구호까지 등장했다는 등 광주 현지 사정과는 전적으로 동떨어진 '유언비어'를 언급했다. 전두환은 한걸음 더 나아가 "공수단 복장 괴한이 10대 트럭에 분승하여 무등산으로 올라가며 '드디어 호남군인들 일어나 경상도 군인 죽이려 궐기했다'고 선동하면서, 이들이 해안을 통해 월북 기도할 가능성이 있어 해군이 해상봉쇄 중"이라고 말했다. 특히 "무장폭도가 광주교도소를 공격 중"이라거나 "무전감청 결과 통혁당 지령으로 '교도소 폭파시켜라'는 내용이 계속 타전"되고 있다며 왜곡된 정보를 언론기관장들에게 흘렸다. 또한 "김대중 깡패조직 4개파가 현지 데모에 합세"하여 활동 중이라고 주장했다.

전두환은 "군이 시가전 각오한 일대 작전을 준비 중"인데 "작전할 경우 2시간 내 진압할 자신 있다. 군은 결심한 이상 물러설 수 없다"면서 '24일'을 기해 광주 시가전을 각오하고 대작전을 펴겠다며 유혈진압을 강력하게 시사했다. 전두환은 언론사 간부, 경영진에게 "(광주사태에―인용자) 동조 내지 묵인하는 행동을 한다면 일찍이 보지 못한 조치를 취할 각오가 돼 있다"고 협박했다.

미국의 진압 동의

22일 토머스 로스 미 국방성 대변인은 "존 위컴 주한유엔군 및 한미연합사 사령관이 자신의 작전지휘권 아래 있는 한국군을 시위 군중 진압에 사용할 수 있게 해달라는 한국정부의 요청을 받고 이에 동의했다"고 밝혔다. 또한 로스 대변인은 "지금까지 북한군이 한국의 현 상황을 이용하려 한다는 움직임이나 증거는 발견하지 못했다"고 덧붙였다. 북한의 위협도 없는데 순전히 국내의 시위진압을 위해 정규군을 투입하는 데 동의한 것이다. 군사반란세력 입장에서는 미국의 협력을 끌어내 광주 무력진압의 정당성을 확보하는 데 성공한 셈이다. 호딩 카터 미 국무성 대변인은 "광주 소요사태에 대하여 깊은 우려를 표명"하면서 "폭력사태가 가열된다면 외부세력이 오판을 할 위험성"이 있는데 이럴 경우 "미국정부는 한미상호방위조약 의무에 의거, 강력히 대처"할 것임을 강조하였다.[470]

이날 미국정부는 일본 오끼나와에 있는 조기경보기 2대와 필리핀의 수빅 만에 정박 중인 항공모함 '코럴시'호를 한국 근해에 긴급 출동시키기로 결정했다. 미 행정부로서는 북한의 남침에 대비, 한국의 안전에 관한 조치를 먼저 취한 후, 한국의 국내 정치문제에 관해서도 후속조치를 마련할 것이라고 했다. '인권'보다 '안정'을 더 우선시하겠다는 입장을 공개적으로 천명한 것이다. 미국의 항공모함이 부산항에 입항한다는 소식이 알려지자 광주시민들은 미국이 전두환을 견제하려 오는가보다며 기대를 걸었다.

하지만 위컴 한미연합사령관은 이미 5월 16일 한국의 국방부 장관과 육군참모총장이 한미연합사령부에 속한 20사단의 작전통제권을 해제하여 달라고 한 요청을 '승인'한 상태였다. 20일 다시 한국정부가 20사단을 원래의 수도권 시위소요사태 진압 목적과 달리 '광주로 목적지를 변경해서 투입해도 되겠느냐'고 문의하자 글라이스틴 대사와 위컴 사령관은 '워싱턴에 있는 미국정부의 고위 관리들과 협의한 후' 그 요청에 동의했다.[471]

데이비드 밀러 공사는 광주 미국문화원장인데 5월 19일부터 21일까지 광주 금남로에 위치한 관광호텔에 체류하면서 광주 현장 상황을 글라이스틴 대사에게 매일 보고했다.[472] 밀러가 머무른 광주관광호텔은 광주의 505보안부대 요원들도 비밀 아지트로 활용한 곳이다.[473]

'반미 감정'이라는 후유증을 예견하다

글라이스틴은 워싱턴의 상관들에게 군사적 해결이 예상된다고 지적하면서, "군사적 해결책이 앞으로 미국을 곤란하게 만들 것 같다"고 보고했다. 미국의 통제 아래 있는 20사단의 이동을 승인할 경우 앞으로 '미국의 책임 문제'가 발생할 것을 5월 21일 첫번째 보고서에서 이미 예견했다.

21일 보낸 두번째 보고서는 더욱 구체적이다. "군대는 아마도 강력한 무력을 사용해 질서를 회복할 것이지만, 이미 손실은 향후 몇년간 지속될 정도로 큰 상처가 발생. (…) 왜 이 남쪽 도시에서 심각한 폭동이 일어났으며, 공공질서를 유지하기 어려울 정도로 정부의 역량이 큰 손실을 겪었는가? 아마도 지역주의가 '폭동'의 강도를 더욱 심각하게 만든 데 중요한 작용. (…) 경찰과 군대는 가혹하리만큼 심하게 반응, 그들이 전라도 사람을 어떻게 다뤄야 하는지 느끼고 있는 것 같다. (…) 폭도들은 미국이 한국 군부를 지지하고 〔있다면서 - 인용자〕, 어떤 점에서는 현재 발생하고 있는 이 사건에 대하여 미국의 책임을 연결시키고 있음. 외부로 탓을 돌리려는 이런 경향은 향후 미국을 곤경에 처하게 만들 것으로 예상됨."

21일 보낸 세번째 마지막 보고는 "광주시민 15만명 이상이 시위에 참가하고 있으며, 12·12사태를 주도한 장군들은 무척 당황하고 있다"고 전했다. 이에 따라 "위컴 장군은 국내 비상사태에 동의하면서 북괴 침투에 대비하기 위해 '데프콘 3'와 함께 몇가지 비상조치를 취했다"고 보고했다.[474]

22일 글라이스틴은 박동진 외무부 장관에게 미군이 한국군과 협조하여 광주에서 질서회복을 위해 노력하고 있는 점을 설명하면서, 미국은 이런 조치들이 "외부로 공개되지 않아야 한다"는 점을 강조했다. 왜냐하면 "미국이 계엄 당국과 공모했다는 비난과 광주지역에서의 반미 감정의 확산 위험"을 두려워했기 때문이다. 글라이스틴은 이때 전두환 등 정치군인들의 군사반란에 대한 미국의 협조가 항쟁 이후 '반미 감정' 확산으로 이어질 상황을 두려워하고 있었던 것이다.[475]

23일 글라이스틴은 광주 상황이 되돌릴 수 없는 지점에 이르렀다고 판단했다. 한국시간 오후 10시 워싱턴에 보낸 전문에서 "광주 폭도들(rioters)이 15만명으로 증가했으며 많은 차량과 무기를 장악했다"고 보고했다.

미 국가안보조정회의 비밀회의록에 따르면 23일 워싱턴 백악관에서는 카터 행정부 최고위 관리들이 모여 한국의 사태를 논의했다. 이들은 당장 "최우선 과제는 한국정부가 광주에서 질서를 회복하는 것"이며, 최소 병력을 사용해서 더이상 "혼란의 불씨를 남겨두지 않아야 한다"고 결론지었다. 일단 '질서'를 먼저 회복한 다음, 그후에 군부를 '압박'하여 정치적 자유를 더 많이 허용하도록 한다는 방침을 세웠다. 이같은 미국정부의 입장을 브레진스키는 다음과 같이 짤막하게 요약했다. "짧은 기간의 지원, 그리고 정치발전을 위한 더 긴 압력"이라고. 글라이스틴은 몇시간 뒤 박동진 외무부 장관에게 "미국이 질서회복을 위해 기여할 수 있는 일은 모두 다 하겠다"고 알렸다.[476]

한편 항쟁이 진행되는 동안에도 줄곧 광주에 머물면서 공수부대의 진압을 처음부터 끝까지 지켜본 아놀드 피터슨 목사의 시각은 데이비드 밀러 공사와 사뭇 달랐다.[477] 피터슨 목사에 따르면, 22일 오전 10시 30분 광주의 여러 교파 목사들이 광주침례교회에서 의견을 모은 결과 장세균 등 3명의 침례교 목사를 비롯해 보수교단협의회 목사들을 도청으로 보냈다. 학생들에게 계엄 당국과 협상하라고 설득하기 위해서였다. 목사들과 만난 학생들은 계엄군과의 협상에 동의했고, 장세균 목사 등은 시민 수습대책위원회에 참여했다. 이런 연유로 피터슨도 도청을 찾는 외신 기자들을 위해 통역을 맡았다. 피터슨은 주위 사람들이 위험하다며 광주에서 빠져나가라고 권유하였음에도 불구하고 끝까지 광주를 떠나지 않고 현장을 지켜보았고, 계엄군의 잔혹한 진압상황과 헬리콥터의 '기총사격'을 증언했다.

22일 오후 5시 송정리 미 공군기지에서 공군 하사 데이브 힐이 피터슨 목사에게 전화를 하여, 계엄군이 광주도청 부근을 공습할 계획을 가지고 있는데, 그때 미군의 헬기를 보내 양림동에 있는 미국인들을 구출하는 계획을 고려하고 있다고 전했다. 피터슨은 '그럴 필요가 전혀 없다'고 말했다. 피터슨은 그 구출계획이 광주를 떠나 송정리 공군기지로 피신한 '데이비드 밀러 공사가 조장한 헛된 두려움의 결과'였다고 생각했다. 피터슨은 23일 미 대사관의 부탁을 받고 광주에 머물고 있는 미국인과 다른 나라에서 온 외국인까지 8명을 찾아내 안전을 확인했는데 모두 무사했다. 피터슨 목사는 항쟁기간 중 거의 매일 광주 시내에 나가 홀로 자전거를 타고 돌아다니기도 하였지만 자신이 미국인이라고 해서 어느 누구로부터도 위협을 느껴본 적이 없었고, 오히려 자신이 만난 대부분의 광주시민들은 외국인들을 더 반기며 도와주려고 했다고 자신의 책에다 적었다.

피터슨의 증언과 팀 샤록의 비밀전문 분석에 따르면 광주 상황을 실시간으로 글라이스틴에게 보고한 데이비드 밀러는 계엄 당국의 입장에 동조하는 시각이었다. 글라이스틴의 보고에만 전적으로 의존한 워싱턴의 고위관리들 역시 광주 상황을 데이비드 밀러의 시각으로 바라본 것이다.

해방기간 Ⅱ

5월 23일 금요일 | 항쟁 6일째

도청으로! 도청으로!

외곽지대에서는 밤새도록 간헐적으로 총성이 들려왔다. 계엄군은 외곽을 완전히 포위한 채 밤중 내내 봉쇄작전을 펼쳤다.[478] 23일 아침 광주 시내는 여전히 해방감과 승리감으로 고조된 분위기였다. 거리의 차량들은 오전까지 통제되지 않은 채 마구 질주했지만 오후부터는 차츰 질서가 잡혀가고 있었다. 시민들 사이에서는 무기 회수 문제가 쟁점이 되면서 여러가지 의견들이 오갔다. 시민들은 각 동별로 모여 여러군데서 도청으로 행진해왔다. 새벽 6시부터 고등학생 7백여명이 시내 곳곳을 청소했으며 시민들도 제각기 자기의 동네와 도로를 깨끗이 쓸어냈다. 시장 주변 길가에서는 아침 일찍부터 아주머니들이 솥을 걸고 밥을 지었다. 밤새 경계근무를 한 시민군들이 차를 타고 시내로 들어와 아무 곳에나 찾아가 주저앉아서 아침식사를 했다. 식사하는 자리에서는 지난밤 곳곳에서 있었던

해방기간 동안 여성들은 길거리에 솥단지를 걸고 밥을 지어 시민군에게 제공했다.(사진 나경택)

야간전투에 관한 소식들을 주고받았다. 상가들도 띄엄띄엄 문을 열기 시작했다.

　도청 앞 광장 맞은편 상무관 강당에는 수많은 시신들이 무명천에 덮여 뉘어져 있었다. 아직 입관하지 못한 시신도 수십구였으며 무명천 위로 검붉은 피가 배어나왔다. 영령을 모시는 분향대가 입구에 설치되어 향이 피워졌고, 시신이 부패하지 않도록 방부제가 뿌려졌다. 분향하려는 시민들이 늘어선 줄은 상무관 바깥 분수대까지 광장을 가로질러 길게 구불구불 이어졌다. 분향을 위해 상무관 문턱에 들어선 사람들은 눈앞에 가득한 희생자들의 숫자에 놀랐다. 분향 후 천천히 관 사이를 돌면서 시신들의 처참한 모습을 직접 확인하며 몸을 떨면서 오열을 삼켰다.

도청에서는 아침부터 가족들의 생사를 확인하려는 사람들이 줄을 이었다. 가족들이 접수한 행방불명자 명단을 여러 병원의 입원 환자와 사망자 명단과 대조하는 일이 시작됐다. 가족의 생사를 확인하려는 사람들은 대개 여인네들이나 노인들이었다. '수습대책위원회'라고 적힌 띠를 어깨에 두른 청년들이 도청 정문 출입을 통제했다. 도청에 안치되어 있는 사망자를 확인하려는 사람들에게 한사람씩 신분증을 대조한 후 시신을 보여줬다. 대부분의 시신은 형상을 제대로 알아볼 수 없을 정도로 심하게 훼손돼 있었다. 총상을 입거나 곤봉에 맞아 사망한 시신은 머리와 얼굴이 짓뭉개졌고, 대검으로 난자된 시체는 붓거나 부패했다. 팔이 떨어져 관 속에 따로 놓여 있거나, 목이 잘려서 몸과 분리된 사체, 얼굴이 검푸르게 변색되고 눈알이 튀어나온 시체 등 비참하기 이를 데 없는 모습들을 본 유족들은 손수건을 입에다 대고 터져 나오는 오열을 억누르거나 관을 붙들고 미친 듯이 통곡하다가 탈진하여 쓰러졌다. 일단 가족이 확인한 시신은 상무관에 옮겨 안치되었다.

장례 담당 김종배는 관의 숫자가 절대적으로 부족하자 학생수습위원장이 보증하는 확인서를 가지고 시내 곳곳의 장의사를 돌아다녔다. 당장 돈이 없기 때문에 관 구입대금은 나중에 시민들로부터 모금이 되면 갚겠다는 조건으로 필요한 관 백여개 정도를 준비할 생각이었다. 그러나 대부분의 시내 장의사에서 관이 바닥난 상태였다. 이렇듯 한꺼번에 많은 사망자가 생길 것이라고 누구도 예측하지 못했기 때문에 재고가 없었던 것이다. 광주 외부에서 관을 반입하기 위해 행정기관에 요청했고, 전라남도 보사국장은 협조하겠다고 말했다. 젊은 여자 한명이 하얀 양말 수십켤레를 가지고 와서 시신의 맨발에다 하나하나 정성스럽게 신겨주는 모습이 눈에 띄었다. 그 여자는 자신의 신분을 밝히려 하지 않았으나 알려진 바로는 술집 접대부였다고 한다. 그녀는 입관할 때 물을 떠다가 직접 시신의 얼굴들을 정성스레 씻어주기도 했다.

전날 구성된 학생수습위원회에서는 무엇을 할 것인지 밤새워 논의한 결과 질서확립, 홍보, 장례, 무기 회수 활동 등을 하자고 의견을 모았다. 지역 인사들로 구성된 일반 수습대책위원회 위원들은 거의 매일 밤이 되면 집으로 돌아갔다가 날이 밝으면 나오곤 하였다. 사실 밤만 되면 계엄군들이 기습 공격을 해오지 않을까 하는 불안감이 항쟁기간 중 계속되었다.

23일 오전 10시 일반 수습대책위원회는 전날 선임된 수습위원들 중 몇 명이 사퇴를 하자 도지사실에 모여 조직을 개편했다. 새로 구성된 수습대책위원회에는 조비오 신부, 신승균 목사, 박영봉 목사, 박윤봉 적십자사 전남지사장, 독립투사 최한영 옹, 이종기 변호사, 장휴동 태평극장 사장, 교사 신영순 등이 수습위원으로 위촉되었다. 이때부터 일반 수습대책위원회와 학생수습위원회가 논의를 함께 하기 시작했다. 일종의 '확대수습위원회'였다.

두번째 협상

23일 확대수습위원회는 계엄사에 요구할 8개 조건을 다시 확정했다.

1. 계엄군, 공수부대의 지나친 과잉진압을 인정하라.
2. 연행자를 석방하라.
3. 계엄군의 시가지 투입을 금지하라.
4. 시민, 학생 처벌 및 보복 엄금하라.

5. 정부 책임하에 사망자, 부상자의 피해 보상하라.

6. 방송 재개 및 사실 보도를 촉구한다.

7. 자극적인 어휘 사용을 금지하라.

8. 시외 통로를 열어라.

학생수습위 내부에서는 현안에 대해 토론한 결과 대부분 의견의 일치를 보았다. 하지만 '무기 반납' 문제에 대해서만큼은 팽팽한 대립을 보였다. 위원장 김창길과 몇몇 학생 위원들은 더이상 피를 흘리지 않기 위해 무조건 무기를 회수하여 반납해야 한다는 의견이었다. 그러나 부위원장 김종배와 허규정 등은 시민들이 납득할 수 있는 최소한의 요구조건이 관철됐을 때 반납해야 한다고 맞섰다.

계엄사와의 두번째 협상에 수습위원회측은 조비오 신부, 명노근 교수, 한완석(韓完錫) 목사, 장휴동 사장, 김창길 학생 등 5명이 대표로 참석했다. 상무대 전남북계엄분소로 갈 때 학생 대표 김창길이 강력하게 주장하여 회수된 총기 가운데 150여정의 카빈 소총을 함께 가지고 갔다. 아직 무기 반납에 대한 이견이 많았지만 수습위원회의 의지를 먼저 보여주자는 취지였다.

수습위원들은 "우리에게 시민을 지휘 통솔할 권한이나 힘은 없다. 그러나 계엄사측에서 확실하게 다른 요구사항을 보장만 해준다면 목숨을 걸고서라도 적극 무기 회수를 하겠다"는 의지를 보였다. 하지만 계엄 당국의 입장은 단호했다. '무조건적인 무기 반납'을 요구했다. 수습위원들은 거듭된 노력에도 불구하고 계엄군을 설득하기 어렵다는 것을 직감했다. 답답하고 절박한 마음이 들었다. 협상 자체를 무력진압의 명분을 만들기 위해 마련한 것이 아닌가 싶을 정도로 계엄 당국은 완강한 입장이었다. 수습위원들은 무력 충돌을 피하기 위해서는 차라리 시민들을 설득하는 편이 더 낫겠다는 판단이었다.

협상이 길어지자 명노근 교수가 계엄사에 남아 계속 대화를 하기로 했다. 조비오 신부와 장휴동, 김창길은 연행자 중 계엄군이 선별 분류하여 석방키로 결정한 34명의 시민들을 데리고 도청으로 돌아갔다. 명노근 교수는 김기석 부사령관과 계속 토론을 하여 요구사항 중 6개 항에 대해서 일정 정도 합의를 보았다. 그러나 '예비검속자' 및 '연행자'를 전원 석방하라는 조건에서 막히고 말았다. '예비검속자'는 시위 도중 무작위로 붙잡혀온 연행자와 달리 신군부의 집권전략에 걸림돌이 될 것으로 보고 보안사에서 미리 점찍어둔 소위 운동권이나 재야 민주인사들이 대부분이었다. 김기석 부사령관은 그 문제는 자기들 선에서 해결할 수 없고, 중앙의 지시에 의해서만 가능하다며 확답을 피했다. 명노근 교수는 만약 이 사항이 관철되지 않으면 무기를 든 학생들을 설득할 명분이 없으니 어떻게든 수락해줄 것을 요청했다. 김기석 소장이 되물었다. "상무대에 연행된 예비검속자들을 풀어준다면 지금의 상황을 완전히 수습한다고 보장할 수 있겠습니까?" "나로서도 확답은 할 수 없으나 지금 감금되어 있는 정동년, 김상윤 등 전남대 복적생 대표들이 나선다면 가능할지도 모릅니다. 내가 그들을 설득해볼 테니 일단 그들을 만나게 해주시오." 그러자 김 소장이 "그러면 내일 오전 10시에 다시 만나 구체적으로 의논하기로 합시다"라고 말했다. 그렇게 다음날 면담 약속을 정하고 명교수는 갇혀 있는 사람들의 얼굴이라도 보자며 헌병대 영창으로 갔다. 그곳에서 그들의 신상이 아직 괜찮다는 것은 확인했지만, 그들과 대화는 나누지도 못한 채 얼굴만 먼발치에서 본 뒤 돌아 나왔다. 명교수는 다음날 아침 회의를 위해 광주 시내로 들어가지 않고 상무대 근처 여관에서 하루를 묵었다.

무기를 내줄 것인가

조비오 신부 등 계엄분소에 협상대표로 갔던 수습위원들 일부가 석방자 34명을 데리고 돌아오자 수습위원회에서는 무기 반납을 둘러싼 갈등이 표면화되기 시작했다. 김창길 등 '무조건 무기 반납'을 주장하는 사람들은 "계엄사가 실제로 구속된 사람들을 풀어주었다. 우리가 무기만 모두 회수하여 반납한다면 우리의 요구가 받아들여질 것이고, 만약 이 상태에서 더이상 계엄군과 대결했다가는 엄청난 피를 흘릴 것이다. 서둘러 무기를 반납해야 한다"고 더욱 강하게 주장했다. 이에 맞서 김종배 등 '조건부 무기 반납'을 주장하는 사람들은 "지금 이 시점에서 무조건 무기를 반납한다는 것은 광주시민의 피를 팔아먹는 행위다. 뿐만 아니라 시민군이 반납하려고 하지도 않을 것이다. 시민들을 납득시키기 위해서는 적어도 광주시민을 '폭도'라고 주장하는 정부의 태도에 변화가 있어야 한다. 구속되어 있는 학생과 시민 들이 당장 석방되어야 하며 금번 사태로 인한 피해가 정당하게 보상되고, 사망자의 장례식을 시민장으로 치러야 한다"라고 말했다. 그러나 비폭력투쟁을 원칙으로 내세우는 종교지도자들의 주장이 더해지면서, 수습위의 전반적인 분위기는 무기를 회수하여 반납하자는 데로 모아지고 있었다. 이런 분위기 때문에 정부의 태도 변화를 촉구하며 무조건적인 무기 반납에 반대하던 재야인사들도 자신들의 주장을 강하게 내세우지 못했다.

한편 이날 서울에서는 글라이스틴 주한 미국대사가 롯데호텔에서 공화당, 유정회, 신민당 소속 의원 8명과 점심을 함께 했다. 국회의원들은 미국이 안보 측면에서 한국을 도와준 것에 대하여 감사했고, 광주사태를 심각하게 이야기했다. 글라이스틴 대사는 '카터 행정부가 최근 한국 사태를 이란이나 아프가니스탄보다 훨씬 중시'하고 있으며 한국 방위에 대

한 미국정부의 단호한 결의를 모종의 통로를 통해 '북한 측에 전달'했다
고 밝혔다.[479]

제1차 민주수호 범시민궐기대회

수습대책위원회와 별도로 도청 상황실에서 활동하던 청년 몇사람은
시민군을 조직화하는 일에 열중하고 있었다. 그들은 계엄 당국과의 협상
력을 높이기 위해서 신속하게 방어태세를 갖춰야 한다고 생각했다. 광주
가 외부세계와 완전히 고립되어 있는 상태에서 이른 시간 내에 내부 질
서를 회복하고 방어태세를 갖추지 못하면 자칫 협상을 해보지도 못한 상
태에서 계엄군의 공격에 쉽게 무너져버리고 말 것이라고 보았다. 계엄 당
국과의 협상을 유리하게 이끌기 위해서는 무엇보다 시민들의 높은 단결
력을 보여주는 것이 필요했다.

그들은 시민군을 조직화해나가면서 고립된 도시의 불리한 점들을 깨
달았다. 방어를 지속하기 위해서는 전투장비의 철저한 관리와 실탄 확보,
유류 낭비의 통제, 대전차 방어선 구축, 식량 확보, 조직체계 정비 등이 시
급했다.

23일 오전 일찍 녹두서점에는 김영철, 윤상원, 박효선, 김태종, 정유아,
이윤정, 임영희(24세), 윤기현 등 시민사회단체 인사들과 운동권 학생들
이 속속 모여들었다. 전날 협상보고대회에서 시민들의 요구와 분노가 얼
마나 강력한 수준인지 드러났다. 대다수 시민들은 '무조건적인 무기 반
납'에 반대했으며, 관변 수습대책위원회를 불신했다. 광주시민의 운명을
그들에게 맡겨두는 것은 더욱 큰 혼란으로 이어질 게 분명했다. 운동권
청년들은 '시민궐기대회'를 추진하는 것이 좋겠다고 의견을 모았다. 시
민들의 의지를 결집하여 계엄 당국과의 협상력을 높이기 위해서는 튼튼

한 지도부를 만드는 것이 급하다고 판단했기 때문이다. 궐기대회 개최와 더불어 홍보활동이 체계적이며 조직적으로 수행될 필요성도 제기됐다. 비로소 운동권 인사들이 항쟁의 한복판으로 뛰어들 준비를 갖추기 시작했다.

오후 3시에 제1차 시민궐기대회를 개최하기로 결정했다. 윤상원은 도청에 들어가 학생수습위원장 김창길을 만나 시민궐기대회와 가두방송, 홍보전단 제작 등 홍보활동을 맡겠다고 협의한 후 도청을 나왔다. 극단 광대의 박효선과 김태종은 그동안 흩어진 단원들을 수소문해서 모으기 시작했다. 정현애, 정유아, 이윤정, 임영희도 송백회 회원들에게 녹두서점으로 모이라고 연락을 하였다. 오후 3시에 도청 앞 분수대 광장에서 궐기대회를 개최하려면 당장 준비해야 할 일이 많았다. 마이크와 앰프 등 방송장비를 구해야 했으며, 연사도 섭외하고 메시지 원고도 작성해야 했다. 행사장 주변에 설치할 현수막과 행사를 알릴 대자보 제작도 시급했다.

가장 급하게 서둘러야 할 일은 시민들에게 오후 3시로 예정된 도청 앞 광장 행사 자체를 알리는 일이었다. 윤상원이 번뜩이는 아이디어를 냈다. 전남대 스쿨버스를 타고 다니며 가두방송을 하면 시민들로부터 쉽게 신뢰를 얻을 수 있을 것이라는 제안이었다. 학생들에 대한 시민들의 신뢰가 컸기 때문이다. 운전에 능숙한 김상집과 김영철, 전용호, 서대석(徐大錫, 20세), 이윤정, 정유아, 김윤기(23세), 박정열(21세), 김광섭(24세, 서울대) 등이 승합차를 타고 전남대로 갔다. 차량 열쇠가 없었지만 김상집이 군대에서 익힌 기술로 시동을 걸어 차를 끌고 나왔다. 방송장비는 광주고등학교 방송실 것을 차량에 설치하였다. 그런 다음 시내를 돌아다니며 궐기대회 개최 소식을 시민들에게 알렸다.

한편 극단 '광대'의 김정희(22세), 이현주(21세), 윤만식(尹晩植, 28세), 최인선(21세)과 '송백회'의 임영희, 정현애, 화가 홍성담(洪性潭, 25세) 등은 국세청 앞뜰에서 여러가지 구호를 담은 플래카드를 제작하여 도청 담장과 상무관, 경찰서 차고 등에 걸었다. '민주시민 만세' '살인마 전두환 찢어 죽여라' '비상계엄 해제하라' '유신잔당 물러가라' '김대중을 석방하라' '죽을 때까지 싸운다' '승리의 그날까지'…… 빨강·검정·파랑색 페인트 글씨의 현수막이 도청 앞 광장 주위에 걸렸다. 착 가라앉아 있던 분위기가 마치 함성처럼 되살아났다. 남도예술회관 벽면과 충장로 방향 YWCA 부근 담벼락에는 사망자 명단과 함께 잔혹하게 희생된 시신과 부상자들, 그리고 병원에서 지금 죽어가는 사람들의 모습을 담은 사진이 무수히 내걸렸다. 대부분 급하게 현상한 흑백사진이었다. 시민들은 그 주변에 몰려서서 사진을 보며 눈시울을 적셨다.

점심시간이 지나자 도청 앞 광장에 시민들이 구름처럼 모여들기 시작했다. 도청 수습대책위원회에서는 아직 의견 통일이 이루어지지 않아 토의가 난항을 거듭하고 있었다. 일부 수습위원들은 대중집회가 열린다는 점을 부담스러워했다. 도청 수습위에서 집회장에 앰프와 스피커를 제공하기로 하였으나 방송장비는 준비되지 않았다. 박효선·김태종·박몽구·윤기현 등 궐기대회 준비팀은 전남대 스쿨버스에 설치된 가두방송용 앰프를 떼어 분수대 위에 설치했다. 그들이 작동법을 몰라 시간이 지체되자 시민들 중에 전파사를 운영하는 사람 두명이 분수대 무대 위로 올라와서 방송장비를 가동시켰다.

오후 3시까지 15만명에 이를 만큼 시민들 숫자가 엄청나게 불어났다. 확성기가 울리자 시민들이 분수대를 중심으로 빙 둘러 모였다. 김태종과 이현주가 분수대 위 연단에 올라가 사회를 봤다. 15만여명의 시선이 2명에게 향했다. 김태종이 마이크를 잡고 "저는 전남대학교 학생입니다"하

신문·방송이 끊겨 외부세계와 고립된 시민들은 새로운 소식을 알기 위해 대자보 앞으로 몰려들었다.
(사진 나경택)

고 말하자 순식간에 도청 앞 광장이 조용해졌다. 그 한마디에 모든 시민
들의 신뢰와 믿음이 모아졌다. 22일 같은 장소에서 열린 협상보고대회가
산만하게 이루어진 것과 달리 23일 궐기대회는 격식을 갖추어 진행되었
다. 항쟁기간 중 목숨을 잃은 민주영령에 대한 묵념과 애국가로부터 시작
되었다. 이어서 노동자, 농민, 시민, 학생, 교사, 주부 등 각계각층의 사람
들이 차례로 분수대 위에 올라갔다. 발언자들은 대부분 자신의 신분을 밝
히고 현 사태에 대해 의견을 말하거나 개인적인 억울함을 호소하였다. 노
동자 대표로는 YWCA신협 직원 김영철, 농민 대표는 19일 가톨릭농민대
회에 참석하기 위해 해남에서 올라왔다 시위에 참가한 윤기현이 마이크
를 잡았다. 시민 대표로 홍희윤(洪喜潤, 34세, 주부)이 차분한 목소리로 계
엄군의 만행을 성토하자 많은 사람들이 박수를 치며 호응했다.

주최측은 궐기대회 진행 중 피해상황이 파악되는 대로 수시로 시민들에게 알려줬다. 광주 시내 종합병원에서 가족에 의해 신원이 확인된 시신 30여구를 포함해 미확인 시신까지 사망자가 수십명, 부상자가 수백명이고, 그밖에 공수부대가 신고 간 시신이나 실종자는 몇명이나 되고 어디에 있는지 파악조차 할 수 없다고 보고했다. 시민들은 대회 도중 이런 소식이 들릴 때마다 연신 울음을 쏟아냈다. 연사들이 발언할 때는 우레와 같은 박수를 보냈다. 어떤 이들은 음료수 박스를 가져다 연단 근처에 올려주었다. 누군가 장례 준비를 위한 즉석 모금을 제안했고, 그 자리에서 약 30분 동안 1백만원 이상의 성금이 걷혀 도청의 수습대책위원회에 전달되었다. 그후 모금활동이 지속됐다. 도청 앞 광장에서뿐만 아니라 각 지역 주요 교차로에서도 '부상자를 위한 사랑의 모금함'이라 써 붙여놓고 주민들과 여고생들이 앞장서서 모금활동을 벌였다. 어린이, 노인 가리지 않고, 백원짜리 동전에서부터 천원짜리 지폐까지 집어넣었다. 모금된 돈은 8만원, 20만원 혹은 50만원이 되었으며, 모이는 대로 도청 수습대책위로 보내졌다. 모금운동은 항쟁기간 중에 끊임없이 각 단체별로 확산되었다.

최치수(19세, 고교생)는 고등학생 수습대책위원장 자격으로 연단에 올라갔다. "고등학생 여러분! 제가 이 자리에 올라온 것은 고등학생 여러분께 데모를 하자거나 누구를 쳐부수자고 선동하기 위해서가 아닙니다. 이런 일은 어른들께 맡겨두고 우리는 거리를 정리하는 등 고등학생들이 할 수 있는 일을 합시다. 제 말에 공감하시는 분들은 도청 민원실 앞에 모여주십시오." 대회가 끝났을 때 도청 민원실 앞에 약 2백~3백여명의 고등학생들이 모였다. 최치수는 그들을 이끌고 광주 시내를 한바퀴 돈 다음 도청으로 돌아왔다. 그 인원을 나누어서 일부는 식당에서 밥을 하는 여성들의 일손을 도와주게 하고, 나머지는 집집마다 돌아다니면서 시민군들에게 제공할 쌀을 얻어오도록 했다. 그들은 그날 저녁부터 도청에서 잠을 잤다.[480]

궐기대회는 박효선이 연단에 올라 수습대책위원회의 전달사항과, 제2차 민주수호 범시민궐기대회가 내일 열린다는 것을 안내하고, 모두 함께 '민주주의 만세!'를 삼창하고 나서 끝났다. 시민들은 어제까지 우왕좌왕하던 것과 달리 오늘 대회를 통해 점차 질서와 체계가 잡혀가는 것을 확인하고 만족해하는 모습들이었다. 대회가 끝났는데도 대다수 시민들은 자리에서 일어나 돌아가려 하지 않고 계속 노래를 불렀다. 고등학생 10여명은 희생된 학우들의 시신이 담긴 관 위에 대형 태극기를 덮고 운구하면서 「우리의 소원은 통일」을 불렀고, 주위 시민들도 함께 노래를 따라 부르며 눈시울을 적셨다.

시민들이 흩어질 무렵, 헬리콥터가 시내 전역에 계엄사의 전단을 뿌렸다. 전단에는 '경고문'이라는 붉은 글씨와 함께 '소요는 고정간첩, 불순분자, 깡패의 소행이고, 총기와 탄약과 폭발물을 탈취한 폭도들의 행패는 계속 가열되고 있으므로 계엄 당국은 곧 소탕하겠다'는 계엄사령관의 엄포가 적혀 있었다. 전단을 주워 읽은 시민들은 이를 갈기갈기 찢어서 버리고는 그도 시원치 않았는지 발로 짓뭉개버렸다. "우리 모두가 간첩이고 불순분자란 말이냐"라는 울분에 찬 거친 목소리가 곳곳에서 터져 나왔다. 궐기대회가 끝나고 시민들이 흩어진 후 무장한 시민군들만 시내의 요소요소와 외곽지역을 방어하며 밤을 지새웠다. 도청을 제외한 시내 전역에 소등이 실시되어 온 시가지가 캄캄했고, 변두리에서는 가끔씩 총성이 들려왔다.

강력한 지도부가 필요하다

궐기대회를 마친 다음 극단 광대와 송백회, 들불야학 등의 운동권 청년·학생들은 YWCA에 모여 평가회를 가졌다. 이 자리에 정상용, 이양현, 김성애(24세)가 나타났다. 계엄군의 봉쇄선을 뚫고 23일 오후 3시경 녹두서점에 도착한 것이다. 그들은 21일 광주를 빠져나가 고향 함평으로 피신했다가 23일 아침 일찍 걸어서 광주로 향했다. 윤상원은 정상용과 이양현을 만나니 천군만마를 얻은 것처럼 힘이 났다. 17일 자정 예비검속을 피한 민청학련 출신 윤강옥(尹江鈺, 29세)은 광주를 벗어나지 않고 개인적으로 시위에 참여하다 22일부터 윤상원과 함께 도청을 오가며 활동하던 터였다. 보성의 국민학교 교사인 흥사단 출신의 정해직(鄭海直, 29세)도 22일 새벽 4시 기차를 타고 화순에 도착하여 택시를 타고 너릿재에서 내린 후 걸어서 지원동까지 왔다가 시민군 차량을 얻어 타고 시내로 들어왔었다.

그날 오후 6시경 YWCA 소심당 강당에는 22일부터 모여들기 시작한 청년·학생, 극단 광대 단원, 송백회 회원, 들불야학 학생과 강학 등 40여명이 모여 회의를 하였다. 18일 항쟁이 발발한 이래 활동가들이 그렇게 많이 모이기는 처음이었다. 제1차 궐기대회 평가와 함께 향후 활동방향에 대해 진지한 토의가 시작되었다. 이들은 시민들의 반응은 매우 긍정적이었으나 좀더 체계적이고 조직적으로 대비해야 하고, 역할 분담이 더욱 분명하게 이루어져야 한다고 의견을 모았다. 이재의는 도청 상황실에서 파악된 현 사태의 문제점을 지적하였다. 현재 구성된 수습대책위원회는 이 상황을 극복해나갈 수 없다고 보았다. 고립되어 있는 광주가 더이상의 큰 희생을 피하기 위해서는 시급히 타 지역과의 연대를 확보해야 하며, 시민군의 조직이 튼튼해져야 하는데, 이를 위해 예비군이 체계적으로 동원돼야 한다고 지적했다. 이때까지 시내에 비축되어 있는 식량, 유류, 전기, 수도 등을 효율적으로 사용할 수 있도록 이에 대한 전반적인 방비책을 강구해야 했다. 빠른 시일 안에 장례를 치르지 않으면 시체들이 모두 부패할 것이며, 시민장 하나 치르지 못하는 도청의 행정력을 쇄신하기 위해서는 무엇보다도 강력한 지도부가 필요하다는 데 의견이 일치하였다. 사태를 평화적으로 해결하기 위해서도 계엄 당국과의 대화에서 협상력을 발휘할 수 있는 강력한 지도부가 필요했다. 이를 위해 궐기대회가 끝나면 청년·학생들을 모집하여 시민군의용대로 조직해 도청에 투입시키자는 안이 채택되었다. 지금까지 밤샘을 하며 자율적으로 경비를 서고 있는 지역방위 시민군들의 수고도 덜어주고, 아울러 무기 반납을 주장하는 일부 수습위원에 반대하며 항쟁을 주장하는 사람들의 입장을 뒷받침할 수도 있을 것이라는 생각 때문이었다.

한편 종교계와 재야인사들의 움직임도 본격화됐다. 22일에 이어 23일 오전 10시경 남동성당에 유신체제에 저항하여 민주화운동을 주도했던 인사 16명이 모여들었다. 홍남순, 조아라, 이성학, 김봉환, 이기홍, 이영생, 김천배, 송기숙, 명노근, 이애신, 김성룡, 조비오, 장지권, 장기언, 위인백, 김갑제 등이다. 정시채 부지사를 중심으로 구성된 도청의 수습대책위원회가 22일 오후 무조건 총기반납 입장 때문에 시민들로부터 불신을 받는 모습을 보고 민주화운동을 했던 재야 민주인사들이 참여하는 새로운 수습대책위원회 구성의 필요성에 공감했다. 모임에 참석한 16명 외에 그 자리에는 없었지만 목포의 안철, 강진의 김영진, YWCA의 이기봉 회장, 김경천 총무 등도 포함하기로 했다. 그들은 모두 인권단체 국제사면위원회(Amnesty) 회원들이었다. 추가로 전남도지사와 광주시장, 경찰국장, 그리고 언론계와 노동계 인사를 포함시키기로 하였다. 이들은 또한 계엄군에게 전달할 8개항을 결의하였다.⁴⁸¹ 여기에 참여한 재야인사들은 25일 항쟁지도부의 등장과 함께 수습대책위를 새롭게 재편하는 주도세력이 된다.

'희생을 무릅쓰고라도 조기에 수습해야'

23일 오전 9시경 육군참모총장실에서 이희성 계엄사령관과 황영시 육군참모차장, 정보, 작전, 군수 및 전략기획 등 참모부장, 계엄사 참모장, 진종채 2군사령관 등이 참석하여 외곽으로 철수한 계엄군의 광주 재진입을 본격 논의했다.⁴⁸² 계엄 수뇌부가 21일의 도청 앞 집단 발포와 광주 시내에서의 계엄군 전면 퇴각이라는 충격에서 겨우 벗어나 진압작전의 전열을 새롭게 정비하기 시작한 것이다. 전두환 보안사령관 등 신군부 실세들은 "전남도청을 근거지로 하여 저항하고 있는 시민과 학생 들을 조속히 진압해야 한다"고 지침을 내린 상태였고, 이 지침에 따라 이희성 사령관이 직접 재진입작전을 검토하기 위한 자리였다. 진종채 2군사령관은 사태의 장기화를 막기 위해 재진입작전을 조속히 감행해야 한다고 건의했다. 이에 대해 이희성 사령관은 '작전 개시'는 시민들의 무기 반납, 시민과 폭도의 분리, 진입작전부대 지휘관의 준비 등에 필요한 시간 등을 감안하여 '5월 25일 새벽 2시 이후' 명에 의하여 하되, 작전계획과 작전개시 시각은 현지 지휘관인 전교사령관에게 맡기도록 결정했다.

23일 오후 전두환은 특전사령관 정호용에게 '자필 메모'를 써서 주면서 광주에 내려가 소준열 전교사령관에게 전달하도록 했다. 광주 재진입작전과 관련해서 "다소의 희생을 무릅쓰고라도 광주사태를 조기에 수습해줄 것"을 당부한다는 메시지였다. 이 메모에는 또한 "공수부대를 너무 기죽이지 마십시오"라는 말도 적혀 있었다. 황영시 참모차장도 전교사령관에게 전화를 걸어서 희생이 따르더라도 사태를 조기에 수습해줄 것을 요구했다. 전두환 보안사령관의 방침은 확고했다. 시민들과의 협상을 통해 평화적인 해결책을 찾으려 하기보다는 '시민들의 희생'을 전제로 조속한 '유혈진압'을 추진하겠다는 것이었다. 신군부가 이렇듯 강경 일변도로 나간 이유는 광주의 시위가 서울 등 다른 지역으로 확산되는 것을 막지 못하면 최종 목표인 '집권'은 어그러지게 되는 상황이었기 때문이다.[483]

23일 소준열 전교사령관은 전두환, 황영시 등 신군부 실세들로부터 '자필 메모'와 독려전화를 받고 김순현 전교사 전투발전부장에게 '상무 충정작전계획'을 수립하도록 지시했다.[484] 소준열은 전교사령관에 취임하자마자 도청소탕 작전을 서둘렀다.

23일 오후 3시경 김재명 육본 작전참모부장은 소준열 전교사령관실에서 "왜 전차와 무장헬리콥터를 동원하여 빨리 광주사태를 진압하지 않고 미온적으로 대처하느냐"고 다그쳤다. 황영시 참모차장과 똑같은 질책이었다. 이 자리에 합석한 김기석 부사령관이 "전쟁이 난 상황도 아닌데 시민들의 시위 진압을 위해서 그런 무기를 어떻게 사용하라고 하느냐"고 반대 입장을 표명했더니 그는 기분 나쁜 표정을 짓고 돌아갔다.[485]

군 장성들 간의 권총 협박

24일 아침 9시 명노근 교수는 전날 약속한 대로 김기석 소장과 협상을 마무리하기 위해 전교사 부사령관실로 찾아갔다. 전투복 차림의 준장 3~4명이 부사령관실로 들어왔다. 명교수는 한쪽으로 비켜서서 그들을 지켜보았다. 갑자기 대화 도중 언성이 높아지더니 분위기가 험악해졌다. 서울서 내려온 것으로 보이는 장성 한명이 김기석 소장을 향해 권총을 뽑아 들고 쏠 것처럼 달려들었다. 김소장도 권총을 들이댔다. 위기일발의 순간이었다. 이를 지켜보던 양쪽 부관들이 서로 말리자 장성은 얼굴을 붉히며 부사령관실에서 나가버렸다. 명노근 교수는 광주지역 군 지휘관들이 시민 대표들의 의견을 수렴하여 되도록이면 희생자가 발생하지 않도록 평화적으로 수습하려고 하는 반면, 서울에서 내려온 지휘관들은 강경하게 밀어붙이려다보니까, 서로 총을 들이대고 다투는 상황이 발생한 것

이라고 짐작했다.[486]

명노근 교수는 이런 험악한 분위기 때문에 더이상 김기석 장군에게 회의를 하자는 말도 꺼내지도 못하고 상무대 정문을 나서고 말았다. 권총까지 들이대면서 협상에 의한 평화적 해결책을 찾기 위해 최선을 다하는 김기석 장군의 마음을 충분히 읽을 수 있었다. 김장군을 옥죄는 계엄지휘부의 압박 강도가 어느 정도이고, 김장군의 한계가 어디까지인지 명노근 교수 자신의 눈으로 직접 확인하는 자리였다.[487]

명노근 교수는 허탈하고 암담한 기분으로 도청까지 터벅터벅 걸어왔다. '정권장악'이라는 궁극적인 목표를 향해 돌진하는 정치군인들에게 광주시민의 민주화 요구는 절대 수용할 수 없는 장애물이었다. 유혈진압을 밀어붙이는 그들의 불퇴전의 결의를 명교수 자신의 눈으로 직접 확인했다. 오로지 '집권'만을 노리는 그들의 의도가 너무나 강하고 분명했기 때문에 김장군이 아무리 노력하더라도 결국 평화적인 사태수습은 어려울 수밖에 없다는 예감이 들었다. 명교수가 도청에 도착했을 때는 그동안 학생수습위원회의 분위기가 상당히 바뀌어 있었다. 무기를 들고 끝까지 싸워야 한다는 입장과 이제 더이상 광주시민이 피를 흘려서는 안 된다는 입장이 크게 갈등하고 있었다.

지역방위대의 무기 반납 반대

24일이 되어도 학생수습위원회에서는 무기 회수에 관해 최종 결론이 나지 않았다. 무기를 계엄사에 반납하는 데서 사태해결의 실마리를 찾자는 측과 군부의 과잉진압에 대한 사과, 명예회복, 보복 금지를 사전에 보장받자는 측의 의견이 팽팽하게 대립하였다. 그러는 중에도 22일부터 시작된 무기 회수 작업은 계속되었다. 궐기대회를 통해 확인된 바로는, 시민들은 총기를 '회수'하자는 데는 찬성하지만, 계엄사에 무조건 '반납'하자는 데는 반대하는 의견이 압도적으로 많았다. 청소년들까지 총기를 들고 다니면서, 대낮에 간간이 시내에서도 총이 발포되는 등 안전사고에 대한 불안감이 커지자 일단 무기를 회수하여 안전하게 관리하는 것이 좋겠다는 데는 대부분의 시민이 찬성했다. 그러나 계엄 당국에 무기를 반납하기 위해서는 협상이 필요하다는 의견이었다.

　수습위원 중에 비폭력투쟁을 주장하는 사람들은 자신의 신념을 바탕으로 무기 회수를 주장하였다. 계엄군에 항복하자는 것이 아니라 인도의 간디처럼 '비폭력투쟁'을 하자는 것이었다. 수습위원 가운데 재야인사로 분류되는 조비오 신부, 남재희(南才熙) 신부, 이종기 변호사, 조아라 회장 등이 그런 의견이었다. 도청 수습위원회가 무기 회수를 본격화하면서 여기저기 '무기접수창구'가 만들어졌고, 곧바로 무기 회수가 시작됐다. 기동순찰대도 변두리 가운데 시민군들이 지역방위를 하는 곳들을 집중적으로 돌아다니며 무기 회수에 나섰다. 지역 조직을 튼튼하게 짜서 방비를 철저하게 하고 있던 학운동 배고픈다리 지역방위대도 기동순찰대의 설득에 결국 총기를 반납하고 해산했다.

　23일 오후 1시 30분경 기동순찰대원들이 학운동 시민군들에게 와서 "무기가 너무 많이 분산되어 있으니 체계를 잡기 위해 무기를 회수한 후 다시 분배하겠다"며 무기 반납을 요구했다. 학운동 지역방위대원들은 고민에 빠졌다. 조건 없이 무기를 반납할 경우 어떤 일이 벌어질지 아무도 예측할 수 없었다. 그렇다고 도청 수습위와 기동순찰대까지 나서서 무기 회수를 서두르는 상황이라 무조건 거절할 수만도 없었다. 대원 중 상당수가 무기를 반납할 수 없다고 강력히 반발했다. 대원들의 의견이 나뉘어 합의가 되지 않자 문장우 대장은 기동순찰대에게 잠시 후 다시 오라고 하였다. 그후 대원들과 다시 회의를 하였다. 문장우 대장은 반발하는 대원들을 차례로 설득하여 무기 반납을 수용하기로 결정했다. 몇시간 후 다시 온 기동순찰대원들에게 대원들의 총기를 모두 반납했다. 무기를 반납함과 동시에 학운동 지역방위대는 스스로 해산했다.⁴⁸⁸

학운동 지역방위대와 달리 백운동 철길, 화정동 공업단지 입구, 동운동 고속도로 진입로, 서방 삼거리, 산수 오거리, 지원동 등 6군데서 지역방위를 맡고 있던 시민군들은 완강하게 무기 회수에 반대했다. 이들은 광주시민의 피값을 보상받아야 한다며 끝까지 싸우자는 입장을 고수했다. 특히 백운동 지역방위대는 가까운 송암동, 효덕동에서 24일 대낮에 계엄군 간의 오인전투가 발생하면서 큰 총격전이 벌어졌고, 그 마을 청년들이 계엄군에게 끌려가 보복 살해를 당한 사건마저 있던 터라 무기 회수에 대한 저항이 심했다.

수습위원 조비오 신부, 장세균 목사, 이종기 변호사, 남재희 신부는 23일부터 24일까지 시민군들이 지역방위를 맡은 외곽지역을 돌아다니며 적극적으로 무기 회수에 나섰다. 평소 천주교 신자들뿐 아니라 운동권 대학생, 재야인사들로부터도 신망이 두터웠던 조비오 신부가 '더 큰 희생은 막아야 한다'면서 특히 적극적이었다. 수습위원일지라도 무기 회수를 설득하기는 쉽지 않았다. 시민군들은 시민대표 수습위원들에게 "무기를 반납하면 광주시민의 피와 생명의 대가를 보장받을 수 있는가?"라고 반문하였다. 무기 회수에 나선 수습위원들은 "모른다!"고 대답할 수밖에 없었다. 시민군들은 "그렇다면 무기를 내놓을 수 없다"고 단호하게 거부하였다."⁴⁸⁹

25일 수습위원들은 그때까지 무기 회수가 이루어지지 않은 지역을 집중적으로 돌아다녔다. 화순 길목에 있는 학동 다리 쪽은 주남마을 뒷산에 계엄군이 주둔하고 있었다. 수습위원들이 그곳에 도착했을 때 학동 다리 시민군들은 아침도 제대로 먹지 못해 기진맥진한 상태였다. 그곳 지역방위대는 주남마을 쪽에 시신들이 있다는 제보를 받고 지프에 백기를 걸고 적십자 완장까지 찬 상태에서 계엄군 쪽으로 접근하다 집단 총격을 받은 적이 있다면서 무기 회수는 말도 되지 않는다며 버텼다. 그러나 수습위원들의 거듭되는 간절한 호소에 찬반 논란을 벌이다 마침내 무기 반납을 결정하고 50여명의 시민군이 학동에서 철수하였다.

공단 입구에는 1백여명 정도의 시민군들이 빈 버스를 이용하여 은신하고 있었다. 바리케이드 너머 통합병원 쪽에서는 계엄군이 탱크를 앞세우고 언제라도 돌진해올 수 있는 태세였다. 시민군 지휘관은 예비군이었고, 대원들은 젊은 노동자들이었다. "우리는 이래도 죽고 저래도 죽는다. 무기 반납은 절대로 못 한다. 수습이 되면 우리는 끌려가 죽는다"라며 완강하게 거부했다. 조비오 신부가 "죽어도 같이 죽고, 살아도 같이 살자"며 통사정하며 애원했다. 그러자 "철수는 하되 무기 반납은 하지 않겠다"면서 함께 도청으로 돌아왔다. 그들은 도청에 도착하자 피곤 때문에 잠시 졸면서도 총을 가슴에 품고 놓지 않았다. 수습위원 이성학 장로가 '날씨가 쌀쌀하니 돈을 걷어서 시민군들 내의라도 사주자'고 하자 윤영규 선생이 즉석에서 모자에다 돈을 걷어 공단 입구에서 철수한 시민군들에게 전해주었다. 그들은 도청 식당에서 여성 봉사대원들이 지어준 따뜻한 밥으로 굶주린 배를 채운 다음 총기를 반납하였다.[490] 무기를 반납한 시민군 중 일부는 도청 밖으로 나갔고, 약 80여명은 도청 수비에 합류했다.

무기 회수 이전 외곽지역을 경계하는 시민군 병력은 광주공원에 150~200명, 서방에 50여명, 백운동 철길에 1백여명, 농성동 사거리에 1백여명, 학운동 배고픈다리에 1백여명, 학동 다리에 50여명, 교도소 가는 쪽 고속도로 변에 1백여명 정도씩 상주했다. 도청에서 음식을 만들어 차에 싣고 이런 지역을 순회하며 식사 보급을 해준 인원이 대략 1천명 정도였다.

25일까지 회수된 총기는 약 4500여정이었다. 전체 5천여정 가운데 90퍼센트 정도가 회수된 것이다. 나머지 5백정 정도는 끝까지 도청을 사수하겠다는 항쟁파와 그에 동조하는 일부 시민군들의 손에 있었다. 무기 회수는 이렇게 끝났다.

양날의 칼, '무기 반납'

그러나 '무기 회수'는 광주시민에게 '양날의 칼'이 되었다. 청소년이나 초등학생까지 총을 들고 다니고 심지어 수류탄의 안전핀을 줄에 매달아 어깨에 두르고 돌아다니는 사람도 있었다. 그렇다고 무작정 총기를 회수하여 반납하는 것을 대부분의 시민들은 원하지 않았다. 계엄군에 대한 무조건적인 항복과 패배를 의미하는 것이기 때문이었다. 그래서 대다수 시민들은 총기 오발 등 위험한 상황을 방지하기 위해 일단 무기를 '회수'하여 안전하게 보관 관리하자는 데는 동의하는 분위기였다.

무기를 '회수'하는 것과 회수된 무기를 계엄군에게 '반납'하는 것은 전혀 차원이 다른 문제였다. 무기를 어떻게 '반납'할 것인지에 대한 최종 판단은 유보한 상태에서 수습대책위원회가 서둘러 무기 회수를 진행한 것이다. 무기 반납을 통해 사태를 수습하자는 김창길 학생수습위원장 측과 더이상의 희생은 없어야 한다며 '비폭력'을 주장하는 종교인들의 주장이 일치하면서 총기 '회수'가 급진전됐다. 그러나 회수된 무기를 계엄군에게 '반납'하는 것은 별도로 계엄군과의 협상을 거친 후 그 결과에 따라 결정될 문제였는데, 계엄군은 '무조건적인 반납' 주장을 굽히지 않았다.

반납 후 신분 보장과 평화적 해결을 원한 광주시민 입장에서 볼 때 무기 반납 협상은 아직 본격적인 논의조차 시작되지 않은 상태였다.

'비폭력투쟁'도 투쟁방법 가운데 하나인 것은 분명했다. 비폭력투쟁의 전제조건은 투쟁의 주체가 폭력을 행사하는 사람들의 야만성을 공개적으로 알릴 수 있어야 하고, 야만성이 폭로됐을 때 '심판'을 내릴 수 있는 제3의 '심판자'가 있어야 한다. 그러나 광주 상황은 달랐다. 군부가 언론을 철저히 통제하여 광주 밖에서는 안에서 무슨 일이 벌어지는지 알 수 없었다. 군부는 관객석을 봉쇄하고, 광주에만 제한된 '폭력극장'을 만들었으며, '관객이 없는 이상 비폭력은 아무런 전술적 의미가 없는 것'이었다. 이 관객의 부재는 공수부대 폭력의 부당함을 호소하고자 하는 광주시민들에게 견디기 어려운 고통이었다. 군부의 언론통제는 광주시민이 타지역 사람들의 도움을 받지 못하게 했을 뿐만 아니라 '비폭력투쟁을 선택할 수 있는 여지를 없애버렸다.'491

신군부는 언론뿐 아니라 외곽 교통로를 철저하게 봉쇄하였다. 이런 상황에서 무기 반납은 '무조건 항복'을 의미했다. 협상력 강화를 통한 사태 수습을 고려한다면 대안 없는 무기 반납은 잘못된 방향이었다. 무기 회수는 사실상 지역방위대 해산과 시민군의 와해로 이어졌다. 그 결과 협상력은 크게 약화될 수밖에 없었다. 전체 총기 수 5천여정에서 4500여정이 회수되었다는 것은 90퍼센트 이상의 무장대항력이 상실됐다는 것을 의미한다. 계엄군 봉쇄작전에 맞서 최전방에서 대치하고 있던 외곽지역 방위대의 무기 반납은 '시민군 스스로의 무장해제'를 의미했다.

이때 계엄군측의 신경을 가장 곤두서게 한 것은 도청 지하실에 보관된 다량의 TNT 폭약이었다. 폭약 382.5킬로그램, 뇌관 6800백개, 도화선 6100미터 등은 위협적인 무기였다. 계엄 당국은 비밀리에 군의 폭약전문가를 투입하여 뇌관을 모두 제거해버렸다. 이 사실을 아는 계엄 당국을 상대로 수습위원회는 힘겨운 협상을 해나갈 수밖에 없었다. 결국 '무기 반납'을 둘러싼 이견은 수습위원회의 분열과 개편으로 이어지게 되었다.

계엄사는 이날 아침 8시에 재개된 KBS 라디오방송을 통해 "총기를 소지한 사람은 24일 오전까지 국군통합병원이나 경찰서에 무기를 반납하면 책임을 묻지 않겠다"고 발표했다. 광주 시내에 다시 살육의 회오리가 몰아칠 조짐이었다. 정부가 앞으로 어떤 식으로 책임을 물을지 불안했다. 서울을 비롯한 다른 지역 사람들이 광주의 '고독한 항쟁'에 대하여 동조해줄지 끝까지 침묵하고 말지도 의문이었다.

무기 반납에 반대하며 외곽지역을 지키던 시민군들도 불안하기는 마찬가지였다. 이미 많은 무기가 회수되고 병력이 줄어든 판에 계엄군이 급습해온다면 도대체 그들을 막아낼 수가 있을지 의문이었다. 만약 밀리게 되면 전멸을 피하지 못할 것이며, 설령 살아남는다 할지라도 광주 시내에는 숨을 수가 없고, 산속으로 도망이라도 해야 되는 것 아니냐는 말까지 나왔다.

아직 무장하고 있는 시민군들은 먼저 죽은 사람들의 목숨 값이 어떤 식으로든 보상이 되어야 한다고 주장하는 사람들이었다. 잠시 승리와 해방감에 들떴던 시기가 지나자 투쟁의 열기도 식어갔다.

송암동 군 오인전투

5월 24일 새벽 1시 30분 주남마을에 주둔해 있던 7공수여단과 11공수여단은 주둔지를 20사단 61연대에 인계하고 광주비행장으로 이동하여 기동타격대 임무를 수행하라는 명령을 받았다. 20사단 61연대는 효천역 봉쇄지역을 전교사 보병학교 및 기갑학교 병력에 인계하고 주남마을로 이동했다. 아침 9시경 7공수여단은 헬기로 광주비행장으로 이동하고, 11공수여단은 20사단 61연대와 임무교대를 마치고 육로로 이동하기 위해 출발하였다. 11공수여단은 장갑차를 앞세우고 56대의 군용 트럭에 분승하여 지원동과 용산동 도로를 따라 진월동과 송암동을 거쳐 나주 남평 외곽도로를 타고 광주비행장에 도착할 계획이었다.

오후 1시 30분경 11공수여단 선두가 광주−목포 간 도로에 인접한 효덕국민학교 삼거리 부근에 이르렀을 무렵 트럭을 타고 그곳에 와 있던 무장시위대 10여명을 발견하면서 총격전이 벌어졌다.[492] 5백여 미터 정도 뒤따라가던 11공수여단 병력은 그 총소리를 듣고 주변을 향해 무조건 총격을 퍼부었다. 이때 진월동 원제마을 앞 원제저수지에서 목욕을 하던 어린이들에게조차 무차별 총격을 가하여 중학교 1학년 방광범(方光汎, 13세)이 총상을 입고 그 자리에서 숨졌다. 또 군인들은 효덕국민학교 부근 마을 어귀에서 놀던 어린이들에게도 총격을 가하여 그 학교 4학년 전재수(全在洙, 10세)가 총상으로 죽었다. 총소리에 놀란 아이들이 뒷동산으로 무작정 도망치는데 허겁지겁 뛰어가던 전재수의 검정 고무신이 무엇인가에 채어 벗겨졌다. 전재수가 뒤돌아 고무신을 주워 들려는 순간 쏟아지는 총탄에 맞아 사망했다. 전재수의 어머니는 아들의 시신을 보고 충격을 이기지 못한 채 상심하다 1984년 세상을 떠났다. 그때 효덕국민학교 운동장에서 동네 친구들과 놀고 있던 5학년 김문수(11세)도 총에 맞아 부상당했다.

11공수여단 선두가 효덕국민학교 삼거리에서 발견한 무장시위대는 그곳 지역방어를 위해 배치된 시민군 최영철(崔英哲, 20세, 양화공), 최진수(崔辰洙, 17세), 이강갑 등 5명이었다. 오후 1시경 시민군 차량은 5명을 효덕국민학교 앞에 내려주면서 각각 철모와 총을 하나씩 나눠줬다. 최영철

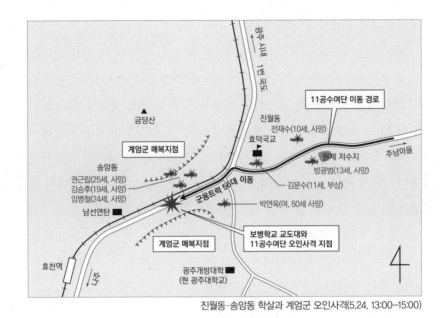

진월동·송암동 학살과 계엄군 오인사격(5.24. 13:00–15:00)

은 카빈과 M1 총을 지급받았다. 카빈 실탄은 15발, M1 실탄은 세발을 받아 바지 주머니에 넣었다. 그들을 내려놓고 차는 곧바로 시내로 되돌아갔다. 차가 떠난 지 얼마 지나지 않아 국민학생들이 학교 운동장에서 "군인이다" 하고 소리를 질렀다. 그때가 오후 2시쯤으로 기억한다. 공수부대가 지원동으로 통하는 좁은 길목으로 장갑차를 몰고 와 총을 갈겨댔다. 최영철은 도로변 집으로 재빨리 몸을 숨겼다. 총알이 귀 옆을 쌩쌩 스쳤다. 머리에 두방이나 총알을 맞았지만 철모를 쓰고 있어서 살았다. 한방은 머리 윗부분을 맞아 철모가 약간 흔들거렸고, 또 한방은 철모 뒤통수에 제대로 맞았다. 그때 앞으로 푹 넘어지면서 M1 총은 버리고 카빈 한정만 들고 도롯가에 있는 끝집 화장실로 숨었다. 일행들 중 다른 두명은 그 집 방으로 숨었다. 화장실에 숨어 있는 10여분 사이에 공수부대가 총을 어찌나 많이

쏘아대던지 꼼짝할 수 없었다.[493]

최영철은 나중에 상무대에 붙들려 간 후 알고 보니 이때 바로 군인들 간에 오인전투가 벌어진 것이다. 계엄군은 개방대학교(현 광주대) 앞쪽으로 세방이나 쏘았는데, 그때마다 논바닥이 푹푹 튀어 올랐다. 최영철이 숨어 있는 집에도 엄청나게 쏴대 흙담이 펑펑 뚫렸다. 계엄군 지휘관이 수색하라고 명령을 내리자, 군인 네명이 최영철이 숨어 있는 집으로 들어왔다. '이제 죽는구나' 생각하고 그들에게 총을 겨냥해 안전장치까지 풀었지만 차마 쏠 수가 없었다. 맥이 풀려서 몸을 가누기가 힘든 순간이었다. 결국 그들을 찾아낸 계엄군이 투항하라고 하자 그는 손을 들고 나갔다. 그 순간부터 곤봉, 개머리판, 군홧발로 전신을 수없이 구타당해 기절했다. 시위대 다섯명은 모두 그 자리에서 생포됐다.

11공수여단이 효덕 삼거리(현재 효덕지하차도)를 지나 송암공단 앞 도로에 접어들었을 때는 오후 1시 55분경이었다. 선두 11공수여단 63대대가 나주 방향으로 효천역에 5백여 미터 못 미친 지점에 다다랐을 때 근처 야산 좌우에 매복 중인 보병학교 교도대가 기습공격을 했다. 보병학교 교도대는 이날 새벽 20사단 61연대와 교체되어 이곳에 투입됐는데, 오후 그 시각 장갑차를 앞세우고 많은 수의 병력이 트럭과 함께 접근해온 것이다. 교도대는 시민군들이 무리를 지어 외곽으로 빠져나가는 것으로 착각했다. 즉각 90밀리미터 무반동총 4발을 발사하여 선두 장갑차와 뒤따르던 군용 트럭들을 폭파시켜버렸다. 뒤이어 M16 소총과 대규모 살상용 클레이어모어를 발사하고, 수류탄 등을 투척하였다. 11공수여단은 선두의 장갑차가 갑자기 폭발하자, 시민군이 땅에다 지뢰를 매설해놓고 공격하는 줄 알았다. 공수부대도 즉각 반격에 나서 30분 넘게 계엄군들끼리 치열한 전투를 벌였다.

11공수여단 병력은 선두에 대대장 조창구 중령, 작전과장 차정환 대위, 김○○ 병장 등 6명이 타고 있었다. 11공수대원은 차에서 내려 총알이 쏟아지는 방향을 향하여 응사하며 쳐들어갔다. 11공수대원은 치열한 공방 끝에 산 쪽의 매복지를 점령하고 1명을 사살, 7명을 생포했다. 붙잡힌 포로를 조사해보니 전교사 산하의 육군보병학교 교도대였다. 이때 교도대는 '수십대의 차량에 탑승한 폭도들을 선제 공격하여 제압했다'고 상부에 무전으로 보고하였다. 전교사에 있던 지휘부는 11공수여단과 교도대가 서로 적으로 오인하여 벌어진 전투라는 것을 알아차리고 뒤늦게야 양쪽에다 공격중지 명령을 내렸다. 11공수여단 63대대는 오인전투로 9명이 순식간에 사망했고, 63대대장 조창구 중령 등 33명이 부상당했으며, 장갑차와 트럭 4대가 파손되었다.[494]

보복과 학살

11공수대원은 총알이 어디에서 날아오는 줄 몰랐기 때문에 근처 마을 민가에까지 무차별적으로 사격을 가했다. 안방에서 낮잠을 자다 총탄에 맞은 노득기(33세), 집 옆의 논에서 못자리 일을 하고 있던 김영묵(64세), 벽돌공장에서 일하던 최철진(37세), 큰길에서 150미터쯤 떨어진 곳에 농장을 하던 김행남(46세), 이발사 윤영화(36세) 등이 부상을 당했다. 김행남의 집 벽과 옷가지에는 수십발의 총탄이 박혔으며, 농장에서 키우던 250여마리의 칠면조가 떼죽음을 당했다.

11공수대원은 근처 마을로 뛰어 들어가 주민들을 상대로 보복을 시작했다. 공수부대원들은 군화를 신은 채 민가에 들어가 그 마을 청년 3명을 끌어내 철길 부근에서 즉결 처형했다. 김승후(19세, 선반공)와 옆방에 세 들어 살던 권근립(25세, 노동자), 임병철(24세, 남선연탄 기사) 등이 그때 죽었다.

가족들에 따르면 임병철과 권근립은 그때 집에서 장기 놀이를 하고 있었다. 총성과 굉음이 멈춘 후 5명의 군인들이 집안으로 들이닥쳤다. 군인들은 총을 겨냥하며 소리를 질렀다. 김승후의 아버지 김길수는 그들이 가족을 시민군으로 오인할 것 같아 침착하게 대답했다. "우리 가족들밖에 없습니다." 흥분한 군인들은 "국가의 반역자들이 도로에 지뢰를 매설하여 차량이 폭파되었다"며 "반역자들을 수색하겠다"고 말했다. 그 집에 있던 청년 3명을 총구로 겨누고 밖으로 나오라고 했다. 군인들이 그들을 데리고 나간 후 몇발의 총성이 울렸다. 가족들은 불길한 예감으로 가슴이 철렁 내려앉았다. 밖이 조용해지자 김길수는 다른 가족들과 함께 조심스럽게 밖으로 나갔다. 집과 조금 떨어진 거리에 부서진 트럭 한대가 불타고 있었다. 주변에는 아무도 없었다. 불타는 트럭 가까이 가보았다. 사람이 쓰러져 있는 게 보였다. 비가 내리고 있었다. 빗물과 섞인 핏물이 도로를 따라 흘러내렸다. 좀더 가까이 다가갔다. 아들 김승후였다. 벌써 숨이 끊긴 아들은 축 늘어져 가슴에 안겨왔다. 김길수는 망연자실했다. 같이 끌려간 다른 두명의 청년도 집 앞 하수구에서 처참한 시체로 발견되었다.[495]

송암동에서 농사를 짓던 주민 박연옥(여, 50세)은 중학교에 다니는 막내아들을 찾으러 집을 나섰다가 총성과 폭음이 연속해서 울리자 도로 근처 하수구로 몸을 숨겼다. 그녀는 공수대원이 총구를 들이대고 나오라고 소리치는데도 공포에 질려 그대로 있었는데, 이에 격분한 공수대원이 하수구 안으로 난사한 총에 맞아 시체로 발견됐다.

군인끼리의 오인전투에 대한 급보를 받고 정호용 특전사령관이 상무대에서 헬기를 타고 급히 현장으로 달려왔다. 처참한 현장을 목격한 그는 부하가 죽고 다친 데만 신경을 쓰고 그들이 주민들을 살해한 행위에는 아무 관심을 보이지 않았다. 그는 나중에 이렇게 강변했다.

"절대로 그런 일은 없었다고 생각한다. 정상적인 상태에서 국군이 어떤 사람을 무자비하게 찔러 죽인다든가 더구나 아녀자나 어린애를 무자비하게 살상한다는 것은 상상하기도 싫고 그런 일은 절대 없었다고 생각한다. 그래서 이런 점에 대한 유언비어가 있지만 확실한 증거를 찾아서 이야기해야 된다. 절대로 믿지 않는다."[496]

하지만 1995년 검찰은 이 사건을 면밀하게 수사한 결과 "성명불상 무장시위대 1명과 시위대로 오인, 연행된 마을 청년 권근립, 김승후, 임병철 및 하수구에 숨어 있던 박연옥이 공수부대원의 총격을 받아 사망"하였다고 밝혔고, 이 사실은 재판에서 확정됐다.[497]

군부대 간 오인전투는 또 있었다. 송암동 오인전투와 같은 날짜인 24일 오전 9시 55분경 31사단 96연대 3대대 병력 31명(2명/29명)이 영광으로 복귀하기 위해 고속도로를 통해 이동하던 중 발생했다. 매복중인 전교사 예하 기갑학교 병력 120명(3명/117명)이 시민군으로 오인하여 31사단 병력에게 총격을 가했다. 31사단 사병 3명이 사망하고, 민간인 2명과 군인 10명이 부상을 입었다.[498]

오인전투로 인한 군인 사망 사건은 국회 광주청문회에서 계엄군 '지휘체계 이원화'의 증거로 꼽혀 논란이 되었다.[499] 또한 무반동총과 클레이모어 등 중화기까지 동원한 기습공격은 '자위권'의 범주를 벗어난 무차별 인명살해 행위였다.[500] 계엄 당국은 항쟁이 종료된 뒤 군인끼리의 오인전투에서 발생한 사망자에 대해 '폭도의 흉탄에 사망'한 것으로 공적조서를 조작하여 이들에게 훈장을 수여했다.[501]

표류하는 수습위원회

24일 오후 1시경 도청 상황실에서는 김창길 위원장의 사회로 학생수습

5월 24일 구 도청 회의실. 수습대책위원회 회의 광경. 고인이 된 홍남순, 조아라, 윤영규 등이 보인다.(사진 장재열)

위원회가 열렸다. 그 자리에서 계엄 당국에 제시할 네가지 요구사항이 채택되었다.

첫째, 광주사태에 대하여 정부는 불순분자들과 폭도들의 난동으로 보도하고 있는데, 현재의 광주항쟁은 전시민의 의지였으므로 폭도로 규정한 점을 해명 사과하라.
둘째, 사망한 사람들의 장례식을 시민장으로 하라.
셋째, 구속된 학생, 시민 전원을 석방하라.
넷째, 피해 보상을 전시민이 납득할 수 있는 범위 내에서 시행하라.

이 결의사항은 오후 3시경 학생수습위원회 명의로 계엄 당국에 제시할 것을 결의하고 김종배 부위원장이 발표했다. 이 자리에 함께 있던 정시채 부지사 등 몇몇 수습위원들은 김종배 등이 주도한 4개 항의 결의에 대해 난색을 표했다. 학생수습위원회 내부에서 김창길 위원장의 '무조건 무기 반납 후 수습' 방침에 반발하는 기류가 표면화된 것이다.

'무기 반납'을 둘러싼 김창길과 김종배 사이의 의견 차이는 '투항'과 '투쟁'이라는 본질적인 차이였다. 수습위원회가 어떤 요구를 하건 계엄 사령부 입장은 '총기를 모두 반납하고 즉시 해산하라!'는 데서 변함이 없었다. 그러나 대다수 사람들은 그동안 수백명이 억울하게 죽음을 당하고 수천명이 부상을 당한 상황에서 한마디 사과도 듣지 못한 채 총기를 반납하고 즉시 해산하자는 데 동의하지 않았다. 결국 시민들의 선택은 '백기 투항'을 하든지, 아니면 '결사항전'을 하는 길밖에 없었다. 이런 상황에서 윤상원과 정상용이 도청으로 들어가 김창길과 대립하는 김종배를 만나 다음과 같이 제안했다.

"혹시 우리가 도와줄 일이 없겠느냐? 우리도 당신의 생각에 동감이고 대다수 시민들의 생각 역시 그러하다. 당신의 의견을 관철시키려면 조직된 힘이 필요할 텐데 원한다면 대학생들을 모아보겠다."

외롭게 자기 주장을 굽히지 않던 김종배는 윤상원과 정상용의 제안을 흔쾌히 받아들여 "대학생들을 동원해달라"고 요청했다. 김종배, 윤상원, 정상용이 서로 의기투합한 것이다.

남동성당에서 모임을 가져온 재야 민주인사들도 정시채 부지사가 주도하는 수습대책위원회의 수습위원들을 신뢰하지 못했다. 김성용 신부가 잠깐 도청 수습위원실에 들렀을 때다. 우연히 수습위원 두명이 전화로 계엄 당국과 얘기하는 걸 곁에서 들으니 '학생 대표와 시민 대표가 무기 회수를 한다고 하지만 하루라도 빨리 군인들이 들어와서 수습해달라'는 내용이어서 깜짝 놀랐다.

김성용 신부는 다시 여러명의 신부들과 함께 도청에 들어가서 수습위원들과 난상토론을 벌였다. 김신부는 이번 사태를 근본적으로 해결하기 위해서는 '의인의 피가 요구된다'고 역설하였으나 관변 인사들은 무조건 무기 회수만을 고집했다. 김신부는 관변 어용인사들과 더이상 같이할 수가 없다는 생각이 들어 재야 민주인사들과 함께 퇴장하고 말았다.[502]

그 상황에서 녹두서점과 YWCA를 거점으로 학생과 재야청년 들이 궐기대회를 개최하면서 여론의 압박을 가해오자 정시채 부지사가 위촉하여 활동해온 수습위원들은 하나둘씩 도청을 빠져나가기 시작했다.

제2차 민주수호 범시민궐기대회

도청 앞 광장 주변의 담벼락에는 수습위원회의 투항주의적인 자세를 비난하는 문구가 등장하기 시작했다. 광주의 시민궐기대회 사진이 실린 일본의 『마이니찌신문(每日新聞)』도 붙여져 있었다. 각국 외신 기자들의 취재는 비교적 자유롭고 활발하게 진행되고 있었다. 시민들은 국내 기자들에게는 노골적인 거부감을 드러내는 대신 외신 기자들에게는 관대했다. 국내 기자들이 아무리 열심히 취재해도 보도가 되지 않았고, 그나마 보도된 것들은 광주의 상황을 왜곡시켜서 시민들을 '폭도'라고 몰아붙였다. 반면 외신 기자들은 시민들의 도움으로 계엄군의 봉쇄선을 들락거리며 일본까지 가서 기사를 송고했고, 돌아오는 길에 계엄군 몰래 자신이 취재한 기사가 실린 신문을 숨겨가지고 들어왔다. 국내 기자의 도청 출입은 엄격하게 통제되었지만 외신 기자들에게는 도청 출입이 자유로웠다.

수습대책위원회는 이날 오전 계엄사측과의 협상내용 8개 항을 인쇄하여 시내에 배포하였다. 계엄군이 연행자 927명 중에서 79명을 제외한 나머지 사람을 석방했다는 등 협상이 순조롭게 진행되는 것처럼 보였다. 하지만 사실과 다른 이런 내용은 곧 시민들의 반발을 불러일으켰다.

5월 24일 범시민궐기대회에서 거행된 전두환 허수아비 화형식.(사진 나경택)

　오후 2시 30분에 시작된 제2차 민주수호 범시민궐기대회에서 수습위
원회의 미온적인 태도에 대한 불만이 터져 나왔다. 10만여명의 시민들이
모인 가운데 상무관 주위에는 많은 향불이 타고 있었다. 상무관 안에 들
어가면 포르말린과 시신 썩는 냄새가 향 냄새와 섞여 역겨운데도 시민들
의 분향 행렬은 끊임없이 이어졌다. 분수대 주변에서는 주최측이 스피커
와 마이크 설치 때문에 애를 먹고 있었지만 도청 수습위원회는 도와주지
않았고 오히려 궐기대회에 냉담한 반응을 보였다. 궐기대회가 사태의 수
습을 더 어렵게 만들어가고 있다고 판단했다. 궐기대회를 통해 시민들이
비통함과 억울한 감정을 표출하면서 저항의 공동체의식이 확산되기 시
작하자, 궐기대회를 무산시키려는 계엄군측의 방해공작도 나타났다. 정

보원이 도청에 들어가 방송시설을 조작해서 마이크를 꺼버리거나 대형 교회 등에 설치된 스피커 시설을 사용할 수 없도록 만들어버리거나, 시내 전파사 등에 남아 있던 앰프, 스피커를 대부분 몰래 거둬 가버렸다.

관변 수습위원회도 궐기대회 주최측이 도청에서 끌어다 쓰던 전기를 자꾸 끊어버리고 도청 안의 앰프시설을 아예 사용할 수 없도록 만들었다. 이에 격분한 청년들이 전투경찰이 사용하던 가스 차량 안에 들어가 차 안에 달린 마이크를 사용하여 도청 수습위원회를 격렬하게 비난했다. 대다수 시민들의 뜻과는 반대로 계엄 당국과 야합하여 무조건적인 타협을 시도하려고 한다면서, 음모를 막고, 피 흘린 대가를 촉구하자고 주장했다. 도청 앞 분수대 주위에 모인 시민들은 박수갈채와 함성으로 지지의 뜻을 나타냈다. 시민들은 차량에서 배터리를 떼어다 앰프의 전원으로 사용했다. 어제와 마찬가지로 시민들이 분수대 위에 올라가 '책임자 처벌'과 '피의 보상'을 외치며 열변을 토했다. 계엄사와의 협상내용을 소상히 밝히라는 요구도 나왔다. 한참 후 수습위 쪽 대표로 이종기 변호사가 나와서 8개 항의 협상내용을 발표했다. 여기저기서 야유가 터졌다. 협상내용이 시민들의 요구에 크게 미치지 못한 데 대한 실망감 때문이었다. 대회 도중에 갑자기 굵은 빗줄기의 소나기가 쏟아졌다. 분위기가 어수선해지자 사회자가 "이 비는 원통하게 죽은 민주영령들이 눈을 감지 못하고 흘리는 눈물입니다"라고 말했다. 그러자 시민들이 모두 우산을 접고 다시 숙연한 분위기로 모여들어 비를 그대로 맞는 가운데 행사가 계속되었다. 전두환 허수아비 화형식 때는 열광적으로 환호했다. 독일 공영방송(NDR)의 힌츠페터(Jürgen Hinzpeter)와 미국 NBC 방송기자가 궐기대회 장면을 비디오로 끝까지 촬영했다. 오후 6시경 가두행진을 마지막으로 궐기대회가 모두 끝났다.

외곽에서 계엄군과 대치하던 시민군 중 상당수는 비가 내리자 방어지역을 떠났다. 그들에게 힘이 될 만한 소식은 거의 없었고, 도청 수습대책위원회는 계속해서 무기를 반납하라고 종용하는데다 비까지 내리니 분위기는 처연했다. 다음날 시민군의 병력 규모는 훨씬 줄었다. 이날 오후 임시 재개된 KBS 텔레비전은 도청 앞에 모인 군중을 여전히 '폭도'라고 몰아붙였다.

항쟁지도부의 싹

제2차 궐기대회는 온갖 어려움에도 불구하고 10만명 이상의 시민들이 자발적으로 참여하여 성황을 이뤘다. 학생수습위원장 김창길과 일반 수습위원 장세균 목사가 시민들을 흥분시키지 말라고 정상용에게 요구했다. 수습위 대표들이 계엄군과의 협상에서 이미 '무기 회수와 자체 수습에 대한 약속을 했다'는 것이 이유였다. 정상용이 말했다.

"현재 수습위와 같은 협상은 시민들이 원하지 않는다. 궐기대회를 통해 시민들의 강한 의지를 보여줘야 한다. 그래야 정부측과의 협상을 유리하게 이끌 수 있다. 만약 그렇게 할 자신이 없다면 그 자리에서 물러나라."

그날 2차 궐기대회 평가회의에서는 네가지 행동지침이 설정되었다. 첫째, 재야 민주인사들에게 연락하여 항쟁과정에 적극 참여시킨다. 둘째, 시민들이 궐기대회에 참여할 수 있도록 적극 홍보한다. 홍보에 필요한 방송시설을 확보하고 유인물, 플래카드, 리본 등을 제작한다. 셋째, 도청 내 수습대책위원회의 투항주의적 노선을 투쟁노선으로 바꿔나간다. 이를 위해서는 도청 내의 일부 투쟁지도부와 연대한다. 넷째, 『투사회보』, 차량 방송과 궐기대회를 통해 투쟁에 동참할 청년·학생들을 모아 도청에 파견한 다음 시민군으로 재편성한다. 그리고 궐기대회를 지속적으로 추

진하기 위해 역할을 좀더 세부적으로 나누었다.[503]

당면 문제들도 토의했다. 우선 정부, 국민, 국군, 서울시민, 언론, 광주시민 등 각계각층에 보내는 글을 작성하여 궐기대회에서 낭독하고, 전국적인 연대를 호소하기로 했다. 둘째, 적십자사를 통해 전국적으로 헌혈운동을 벌여 광주의 유혈사태가 어느 정도인지를 알리고, 사망자와 행방불명자 처리 문제, 식량 공급과 생필품 보급 등도 적십자사의 도움을 받기로 했다. 셋째, 청년·학생들을 조직하여 도청에 들여보내 지도부를 새롭게 구성할 계획을 세웠다. 이를 위해 다음날 YWCA로 대학생들을 집결시키기로 하였다.

'무기 반납'을 둘러싼 격론

밤 9시 도청 상황실에서 또다시 학생수습위원회가 열렸다. 무기 반납을 둘러싸고 찬반 양측이 더욱 팽팽하게 맞섰다. 김창길이 말했다. "만약 우리가 무기를 자진 반납하지 않으면 계엄군이 무력으로 진압하겠다고 공식적으로 내게 이야기했다. 계엄군이 시내로 들어오면 광주시민 전체가 몰살당하여 피바다가 될 것이다. 한시라도 빨리 무기를 반납하자." 김종배도 격한 음성으로 말했다. "우리의 요구사항이 전혀 받아들여지지 않은 상태에서 무기를 반납한다는 것은, 시민들의 피를 팔아먹는 행위이다. 이대로 무기를 반납하는 것은 절대 안 된다." 상당수의 학생들이 무기 반납에 동의하는 쪽으로 분위기가 기울었다. 이를 지켜보던 박남선이 갑자기 일어서더니 의자를 집어던지며 소리쳤다. "이런 식으로 그냥 무기를 반납하자고 주장한다면 차라리 도청을 폭파하고 자폭하겠다"며 무조건적인 무기 반납에 완강하게 반대했다. 회의는 자정을 넘어서까지 계속되었다. 25일 새벽 1시경 학생수습위원들 가운데 일부가 의견 충돌로 빠져나가면서 분위기가 더욱 뒤숭숭해졌다. 학생들은 엄청난 규모의 이 사태를 전적으로 자신들이 책임지고 수습한다는 것은 힘들다고 생각하였다. 이에 따라 이날 밤 황금선, 박남선, 김화성 등 일반인까지 포함하여 새로이 학생수습위원회 기구를 보강, 개편하였다.

위원장: 김창길
부위원장 겸 내무위원장, 총무: 황금선
부위원장 겸 장례 담당, 대변인: 김종배
상황실장: 박남선
경비 담당: 김화성
기획실장: 김종필
무기 담당: 이경식
홍보부장: 허규정

왜 싸워야 하는가!

한편 더욱 견고한 항쟁지도부를 준비하던 청년들은 투쟁노선을 새롭게 정하기 위해 논쟁을 벌였다. (편의상 항쟁지도부 준비팀 쪽을 '항', 수습위원회 쪽을 '수'로 한다.)

항: 현재의 상황을 어떻게 생각하는가?
수: 어떠한 명분으로도 더이상 피를 흘려서는 안 된다.
항: 더이상 피를 흘리지 말아야 한다는 점에는 동감이다. 그렇지만 지금 상태에서 무기를 반납하고 항복한다면 어떤 결과가 벌어지겠는가.
수: 일단 계엄군을 믿어볼 수밖에 없지 않겠는가. 계엄군은 정부 당국

과도 여러가지 사후처리 문제를 협의해본다고 했다.

항: 계엄군을 모르고 하는 소리인가. 바로 엊그제까지 계엄군이 벌인 잔혹한 학살은 우리에게 무슨 죄가 있었기 때문이라고 생각하는가. 지금 시점에서 계엄군은 누구인가? 우리의 주장, 피 흘리며 죽어간 사람들이 외쳐댄 요구사항은 한가지도 관철되지 않았는데, 여기서 항복해버리자는 말인가? 이것은 투쟁과정에서 죽은 투사들을 매도해버리는 일이다. 싸울 무기도, 사람도, 명분도 잃어버리고 저들에게 학살과 진압의 명분만을 안겨주자는 말인가?

수: 우리도 역시 우리의 주장이 관철되었다고는 생각하지 않는다. 더이상 피를 흘려서는 안 된다. 앞으로 싸움이 더 계속된다면 승산이 있단 말인가. 만약 이길 가능성만 있다면 나도 계속 투쟁하겠다.

항: 승리의 의미에는 여러가지가 있다. 먼저 가신 투사들은 누구보다도 그 점을 잘 알고 있었다. 그러면 좋다. 승리를 확신하고 싶은가. 만약 지금이라도 우리 모두가 합심해서 투쟁한다면 충분히 가능할 것이다. 그 근거는 다음과 같다. 첫째, 전세계의 여론이 모두 우리에게 집중되어 있다. 서울에서 온 사람들의 전언에 따르면, 세계 여론은 현 정부를 비난하고 있으며 심지어 미국의 여론도 광주시민의 편이다. 우리나라의 민주화가 미국의 이익과 일치된다고 생각하기 때문에 그들도 한국 군부의 강경자세를 무조건 지지하지는 않을 것이다. 둘째, 현재 최규하 과도정권은 진퇴양난이다. 나라 안으로는 우리를 중심으로 한 민주세력들이 공격하고 있고, 군 내부에서도 우리의 투쟁에 동조하고 기회를 보는 움직임도 있다. 31사단만 해도 그렇지 않은가. 우리의 항쟁이 알려지기 시작하면 다른 군부대에서도 시간이 갈수록 동요하게 될 것이다. 최소한 우리를 학살한 자들의 집권은 저지해야 한다. 셋째, 군부정권이 들어서면 외국에서도 우리

와의 경제적 관계를 단절해버릴 것이다. 우리나라 경제구조는 매우 취약해서 외국이 무역을 단절하면 더이상 버틸 수가 없게 된다. 경제가 악화되면 노동자들도 참지 않을 것이다. 사북사태와 같은 일들이 번지게 된다. 넷째, 만약에 현 상태에서 계엄군을 묶어두고 우리가 앞으로 1주일만 더 버티게 되면 전남뿐만 아니라 전국 각 지역으로 항쟁이 파급될 것이다. 지금은 국민들이 우리의 상황을 잘 모르고 있기 때문에 가만히 있지만, 진상이 알려지게 된다면 참지 않을 것이다. 만약 다른 도시에서 광주와 같은 투쟁이 시작된다면 저들은 일시에 무너지고 말 것이다. 다섯째, 이같은 상황이 벌어진다면 미국으로서는 더이상 한국 군부를 방치할 수 없을 것이다. 왜냐하면 한반도는 미국의 태평양 전략에서 사활이 걸려 있는 곳이다. 미국은 태평양을 포기할 수 없듯이 한반도를 포기할 수 없을 것이며, 북한의 위협을 무시할 수 없기 때문에 차라리 현 정권과 정치군부 대신 민주화 세력을 지지할 것이다. 여섯째, 만일 위의 모든 사항이 이루어지지 않더라도 우리가 시간을 오래 끌면 끌수록 유리하다. 왜냐하면 현재 군부가 과거의 박정희처럼 정치를 하려고 마음먹고 있으므로, 더이상 많은 사람은 죽일 수 없을 것이다. 그렇기 때문에 우리는 정부 당국과의 협상에서 현재보다는 훨씬 더 많은 것을 얻어낼 수가 있고 우리의 요구사항을 관철시킬 수 있다. 만약 지금 무기를 반납하고 항복해버린다면 우리는 희생 이외에 아무것도 얻을 것이 없다. 지금 우리가 할 일은 무기 반납이 아니라, 우선 시민들을 조직화하여 계엄군이 공격해오지 못하도록 완벽한 방어태세를 갖추는 일이다.

비밀리에 폭약 뇌관을 제거하다

도청 지하실에 보관된 다량의 폭약은 시민군이나 계엄군 양측 모두 양보할 수 없는 '아킬레스건'이었다. 시민군은 이 폭약이 자신들을 지켜줄 최후의 보루라고 믿었다. 계엄 당국과의 협상의 지렛대로 사용할 수 있을 것으로 여겼다. 더구나 많은 무기가 회수되어 외곽방어 체계가 무너진 상태라 이것 말고는 다른 어떤 협상카드도 계엄 당국의 진입을 늦출 수 없었다. 진압작전을 앞둔 계엄 당국도 진압이 급하고 중대하다 해도 광주시 절반 정도를 파괴시켜가면서까지 작전을 강행할 수는 없었다.

무기를 회수하던 사람들 중심으로 자연스럽게 도청 무기고 관리팀이 형성되었다. 첫날은 10명이 넘었는데 하루가 지나자 9명이 남았다. 모두 처음 만난 사이였지만 자주 회의를 하다보니 서로 이름을 알게 되었다. 문용동(29세, 호남신학대 4학년, 5월 27일 사망), 김영복(27세), 박선재(22세), 양홍범(20세, 권투선수), 이경식(23세, 조선대), 정남균(21세, 인천교대), 이혁(20세) 등이었다. 수습위원회 회의에는 무기고 관리 책임자로 나이가 많은 문용동과 이경식, 박선재가 교대로 참석했다.[504]

문용동은 호남신학대 4학년 학생이면서 광주제일교회 전도사였다. 그는 또한 1979년부터 상무대 군목 전도사도 함께 맡고 있었다. 당시 제일교회 한완석 담임목사는 도청 수습위원으로 참여했다. 5월 18일 오후, 문용동은 상무대 교회에서 예배를 마치고 집으로 돌아가는 길에 금남로에서 공수부대원에게 구타당해 피 흘리는 할아버지를 병원으로 옮겨 치료를 받게 하였다. 그때부터 부상자 구호와 헌혈활동을 하며 항쟁에 참여했다. 이경식의 증언에 따르면, 당시 상무대 군목인 제일교회 부목사가 문용동에게 무기를 담보로 계엄군 지휘관하고 협상을 한번 해보면 어떻겠느냐고 제안하였다고 한다. 문용동은 이경식에게 그 제안에 대해 어떻게 생각하느냐고 물었다. 이경식은 처음에는 거절했지만 문용동이 여러차례 의견을 묻자 마침내 동의했다.

23일 오후 5시 문용동, 김영복 등 2명이 무기고에 보관되어 있던 다이너마이트 뇌관 6백~7백여개를 가지고 상무대로 갔다. 그곳에는 군목인 제일교회 부목사가 기다리고 있었다. 계엄군 대표로 전교사 작전참모 장사복 준장이 기다리고 있었다. 비공식 협상이라고 했지만 무기고를 안전하게 지키는 것을 목표로 활동하고 있던 무기고 관리팀은 별도의 수습안이 준비되어 있지 않았다. 그들이 계엄군 지휘관에게 제시할 수 있는 것은 23일 수습위원회에서 제시한 8개 조항이었다. 그러나 그 요구안은 이미 수습위원회와 전교사 사이에서 결렬된 사항이었다. 애초부터 협상은 불가능했다. 대화를 끝내고 돌아 나오려고 할 때, 전교사 부사령관 김기석 소장이 나타나서 새로운 제안을 하였다. 수많은 생명을 위험에 빠뜨릴 수 있는 무기고의 안전을 위해 수류탄 안전핀만이라도 제거하면 어떻겠냐고 했다. 그동안 폭발 위험성 때문에 항시 불안한 상태이던 그들에게 그 제안은 그나마 받아들일 수 있는 것이었다. '그렇게 하자'면서 방법을 물었다. 김기석 소장은 뇌관을 제거할 수 있는 군의 폭약전문가를 보낼 테니 그의 안전을 책임져달라고 하였다. 그렇게 도청 지하실 무기고 폭약의 뇌관 제거가 도청의 수습위원회 관계자들이 배제된 상태에서 계엄 당국 책임자와 무기고 담당자들 사이에 합의되었다.

　24일 오후 5시부터 8시까지 3시간 동안 문용동을 포함해서 도청 무기고를 지키던 4명이 다시 상무대로 가서 김기석 장군을 만났다. 이때도 도청 무기고에 있던 폭약 뇌관 2288개를 가져가 전교사에서 보관하도록 넘겨줬다. 이 자리에는 군 탄약고 책임자도 참석했다. 문용동 등은 회의를 마치고 수류탄 뇌관 분리 작업을 위해 병기근무대 기술문관 배승일을 데리고 저녁 8시쯤 도청으로 돌아왔다. 그는 밤새도록 작업을 하여 수류탄 신관 279발, 최루탄 170발, 다이너마이트 2100개의 뇌관을 모두 해체하

였다.[505]

김종배, 박남선, 정상용, 윤상원 등은 무기고에서 뇌관해체 작업이 진행되고 있다는 사실을 전혀 눈치채지 못했다. 만약 그 사실을 알았더라면 상황은 크게 달라졌을지도 모른다. 하지만 학생수습위원장 김창길은 이 사실을 알고 있었다. 해체작업이 한창 진행되던 24일 밤 11시경 김창길은 부위원장 황금선과 함께 무기고 지하실에 들어가서 작업 광경을 한참 동안 지켜보았고, '수고한다'며 격려의 말을 하고 돌아갔다.[506] 군의 폭약전문가는 25일 오후 1시까지 해체작업을 마치고 항쟁지도부가 눈치채지 못하게 조용히 도청을 떠났으며,[507] 무기고 담당자들은 제거된 뇌관을 별도의 마대에 넣어 보관했다. 항쟁이 끝난 후 배승일은 폭약해체 작업의 공로를 인정받아 보국훈장 광복장을 받았다.[508]

국내 언론들의 '진실 외면'

24일 계엄 당국은 '광주'의 실상을 보여준다는 명목으로 서울의 각 언론사 사회부장들을 군 비행기에 태워 광주로 데려왔다. 그들에게 상무대의 전남북계엄분소에서 브리핑한 뒤 시민군이 바리케이드를 치고 계엄군의 진입을 막고 있는 화정동 고갯길에서 광주를 바라보게 한 후 서울로 그들을 데리고 돌아갔다. 정부가 광주 상황에 대해 언론에 최초로 언급한 것은 20일 오전 10시 치안본부의 발표였다. 그 이튿날 오전 계엄사가 석간부터 보도금지를 해제하면서 '광주폭동이 통제를 벗어났다'고 공식 보도자료를 냈다. 사태가 걷잡을 수 없이 커지자 이를 숨겨두고 있을 수만은 없다고 판단한 계엄 당국이 보도통제를 부분적으로 풀면서 제한된 정보만을 공급한 것이다.

광주에서 15만여명이 무기와 탄약, 장갑차 등을 탈취해서 계엄군을 공격했고, 그 결과 '군인과 경찰 5명, 시민 1명이 사망했다'고 밝혔다. 21일 부터 광주 소식을 보도하기 시작한 중앙 신문들은 광주를 '폭도의 도시' 로 묘사했다. '유언비어와 지역감정이 사태를 악화'시켰고, '공공건물과 차량이 파손됐다'고 강조하면서, 계엄군이 오히려 피해자인 양 보도했다.

『조선일보』는 25일자 사설에서 '남파간첩들이 지역감정을 촉발시키는 등 갖은 유언비어를 퍼뜨렸다'면서 계엄 당국의 주장을 그대로 되풀이했 다. 『동아일보』『중앙일보』등의 논조도 모두 비슷했다. 이들 신문은 광주 를 폭도에 의해 장악된 무법천지의 무정부 상태로 묘사했다.

제도언론의 외면 속에 광주사람에 의해서 '광주 알리기'가 치열하게 전개됐다. 5월 23일 서울 일부 지역에 '전두환 살육작전'이라는 제목의 8절지 크기의 유인물이 뿌려지기 시작했다. "아! 하늘은 어찌 이리도 무 심하단 말인가?"라는 문구로 시작되는 이 유인물은 외부에 뿌려진 최초 의 광주 소식이었다.[509]

푸른 눈의 목격자

국내 언론의 침묵과 왜곡 속에서 광주의 진실을 전세계에 알린 건 '외 신 기자들'이었다. 광주의 참상이 텔레비전 전파를 타고 유럽, 미국, 일본 등에 알려지자 군부에 비판적인 전세계인들의 여론이 쏟아졌다.

5월 22일 광주의 참상을 담은 생생한 영상이 독일은 물론 위성을 통해 유럽과 미국까지 톱 뉴스로 방영되었다. 광주항쟁의 생생한 현장이 전 파를 타고 세계인들에게 알려진 최초의 순간이었다.

독일 공영방송(NDR) 아시아특파원 힌츠페터가 '계엄령 하의 광주에 서 시민과 계엄군 충돌'이라는 짤막한 뉴스를 일본 토오꾜오에서 접한 시각은 5월 19일 오전이었다. 곧바로 한국행 비행기에 올라 20일 오전 광주에 도착했다. 대부분의 외신 기자들이 21일에야 광주로 향했다는 점을 고려할 때 힌츠페터의 육감은 남달랐다. 당시 외국 기자가 국내에서 취재하려면 국가홍보원에 신고해야 했지만, 그는 광주 취재 허가를 받는 것이 불가능할 것으로 예상해 아예 신고를 하지 않고 광주로 잠입했다. 20일 항쟁이 절정으로 치닫고 있을 때 광주시민들은 계엄군의 삼엄한 봉쇄망을 뚫고 들어온 외신 기자 힌츠페터를 뜨겁게 환영했다. 그는 학살 현장과 병원을 찾아다니며 비디오로 촬영했다. 베트남전쟁에서 종군기자로 활동했지만 이렇듯 비참한 광경은 처음 보았다. 가슴이 꽉 막히고 흐르는 눈물 때문에 가끔씩 촬영하는 것을 중단할 수밖에 없었다. 21일 집단 발포 현장의 총성도 담았다. 그는 필름을 독일 함부르크에 있는 본사에 보내기 위해 21일 오후 광주에서 서울을 경유하여 비행기로 일본 토오꾜오까지 직접 가지고 갔다. 검문을 뚫고 가는 데 무려 22시간이나 걸렸다. 토오꾜오 공항에서 필름만 넘겨주고 곧장 광주로 되돌아왔다. 23일부터 그는 해방 공간의 시민군 활동과 궐기대회 등 여러 장면을 찍었다. 항쟁 이후 흔히 접할 수 있던 광주항쟁의 현장 동영상 장면은 대부분 이때 힌츠페터가 찍은 영상들이다.[510]

서울에 상주하고 있던 외신 기자들은 21일부터 위험을 감수하고 광주에 들어왔다. 21일 새벽 5시 프랑스『르몽드』(Le Monde)지 기자 필리쁘 뽕스(Philippe Pons)와『뉴욕타임즈』(The New York Times) 서울 주재 기자 심재훈(沈在薰)은 렌터카를 타고 서울을 출발, 오전 9시 무렵 서광주 톨게이트에 들어섰다. 그들은 마치 개선장군처럼 시민들로부터 환영을 받았다. "무질서와 폭력이 난무하는 '폭동'(violence)이 일어난 곳이 아니라 여자, 노약자, 어린이 가리지 않고 김밥과 과일 등 음식물을 차에다 올려주는 '봉기(insurrection)의 도시'였다."[511] 이들은 시민들의 안내를 받으며 도청 일대와 병원 영안실 등을 취재하고 순천에 가서 서울지국으로 원고를 보냈다. 그 기사가 23일 『뉴욕타임즈』와 프랑스 『르몽드』지에 보도됐다. 미주와 유럽 대륙에서 가장 큰 영향력을 자랑하는 두 매체에 광주 소식이 보도되자 전세계 여론이 발칵 뒤집어졌다. 그후 텔레비전·라디오·신문·잡지 등 외신 특파원이 물밀듯 광주로 밀어닥쳤다.

21일 해질 무렵 'AP통신' 테리 앤더슨 기자는 『타임』(*Times*)지 로빈 모이어(Robin Moyer) 사진기자와 함께 광주 외곽 10킬로미터 지점에 도착했다. 피난민 행렬이 이어지는 가운데 걸어서 광주 시내로 들어갔다. 테리 앤더슨은 한눈에 "광주사태가 사실상 군인들에 의한 폭동"이라고 확신했다.[512]

AP통신 쌤 제임슨(Sam Jameson) 기자는 21일 글라이스틴 주한 미국 대사가 서울에서 미국 기자들에게 광주 상황을 처음 브리핑한 장면을 취재했다. 글라이스틴은 "광주 시위가 '완전한 폭동'으로 돌변했으며, 전두환의 계엄령 확대 결정이 '크게 잘못됐다'고 말했다." 그럼에도 불구하고 '미국은 질서회복을 위해 한국군의 군대 사용을 지지한다'고 밝혔다.[513] 『아시안 월스트리트 저널』 노먼 소프 기자도 21일 광주에 들어와 병원을 돌아다니며 사망자 숫자를 하나하나 세면서 사진을 찍었다. 정부는 그때까지도 시민들이 단 한명도 죽지 않았다고 했지만 그가 직접 확인한 사망자 숫자만 해도 수십명이었다. "정부의 가장 중요한 임무는 국민을 보호하는 일인데 자국민을 이렇게 죽이는 것은 학살이고, 거짓말하는 정부는 더욱 부도덕하다"고 생각했다.[514] 뒤이어 속속 미국 『볼티모어 썬』(*The Baltimore Sun*) 특파원 브래들리 마틴(Bradley Martin), 독일 『쥐트도이체 차이퉁』(*Süddeutsche Zeitung*) 특파원 게브하르트 힐셔(Gebhard Hielscher), 『뉴욕타임즈』 동경지국장 헨리 스콧 스토크스(Henry Scott-

Stokes), 일본의 『아사히신문(朝日新聞)』과 『요미우리신문(讀賣新聞)』 기자, 미국 NBC, ABC 기자 등도 현장 취재를 위해 광주로 내려왔다. 외신 기자들이 취재해서 보도한 내용들은 국내 언론 보도와 전혀 다른 시각이었다. 게브하르트 힐셔는 "광주항쟁을 북한으로부터 남파된 간첩, 또는 소위 용공분자들의 소행으로 돌리려고 하는 군부의 시도는 사실의 왜곡일 뿐만 아니라, 정치를 어떠한 희생을 치르더라도 법과 질서만 유지하면 되는 것으로 이해하는 편협한 사고방식과 모종의 저의가 숨겨져 있다"고 썼다.[515]

이때 외신 기자들은 항쟁의 객관적인 관찰자로서 역사의 증인이 되었다. 그런 의미에서 계엄군, 광주시민, 그리고 외신 기자는 항쟁을 구성하는 3개 주체였다. 만약 외신 기자들의 노력과 기록이 없었다면, 광주시민의 억울한 희생과 장렬한 투쟁은 '존재하지조차 않은 사건'이 되었을지도 모른다. 이들이 진실을 외면하였다면, 광주항쟁은 말 그대로 '북한의 사주를 받은 용공분자들의 폭동'으로 기억되고 있을지 모른다. 한국 기자들과 달리 외신 기자들은 편견이 거의 없었다. 이들이 광주에서 목격한 사실들은 하나하나가 경악스러움 그 자체였다.

독침사건

25일 아침 8시 자칭 정보반 반장 장계범(張桂範, 23세, 주점 운영)이 도청 농림국장실로 쓰러지듯 허겁지겁 들어오면서 어깨를 움켜쥐고 소리쳤다. "독침을 맞았다!"

조사부 신만식이 어깨를 살펴보려고 다가서자 장계범은 "당신은 필요 없어. 정형에게 부탁하네"라며 옆에 서 있던 정향규(32세, 운전기사, 본명 정형규)를 지목했다. 정향규는 장계범의 윗옷을 벗겨 상처 부위를 입으로 몇 번 빨아내는 시늉을 하더니 그도 갑자기 쓰러졌다. 주위에서 지켜보던 조사부원들이 이들을 부축하여 전남대병원으로 급히 실어갔다. 도청 안은 갑자기 긴장이 감돌았다. 그렇지 않아도 수습위원회 내의 갈등으로 밤새 뒤숭숭한데다 대치 상황이 장기화될 것 같은 조짐을 보이면서 분위기가 착 가라앉아 있던 참이었다. 이 사건은 그런 분위기에 찬물을 끼얹었다.

삽시간에 '도청에 간첩이 침투했다'는 소문이 돌았다. 하나둘씩 도청을 빠져나가는 사람들도 생겼다.

시민군 지도부는 이런 소란을 일으킨 사람들이 계엄군측 정보요원이거나 그들과 연계된 프락치일 가능성이 크다고 생각했다. 학생수습위 부위원장 김종배는 도청 안 시민군들의 동요를 가라앉힌 다음, 즉각 조사부원 김준봉에게 장계범의 행동이 수상하니 관찰하라고 지시했다. 김준봉은 병원과 도청을 오가며 장계범을 집중 감시했다. 그는 무장시민군 6명을 데리고 가서 병실 앞과 복도 등에 배치했다. 가족들이 벌써 와 있었고, 기자들이 북적거렸다. 이때 장계범이 김준봉을 조용히 불러 "도청 안 지도부 김종배도 빨갱이고 방송실 아가씨들 중에도 빨갱이가 있으니까 조사를 해봐라"고 말했다. 병원을 방문한 김준봉은 장계범에게 함부로 그런 소리 하지 말라고 입단속을 한 뒤 도청으로 돌아와 지도부에게 상황을 보고했다.

김준봉은 장계범이 찔렸다는 독침을 조사해보니 보통 볼펜심에 핀을 꽂아놓은 것에 불과했다. 그 볼펜심의 실제 주인은 시민군으로 참여한 재수생이라는 사실이 밝혀졌다. 김준봉은 여러 정황으로 보아 장계범의 행동이 수상하다고 판단했다. 다시 병원으로 가서 담당 의사를 만나 자초지종을 설명한 다음 볼펜심을 보여줬다. 담당 의사는 '독침에 맞은 것이 아니고, 일시적으로 마비현상을 일으키는 약물' 때문인 것 같다고 말했다.[516] 오후 6시경 김준봉이 병실에 갔을 때 장계범과 정향규는 병실에서 사라져버렸다. 전남대병원에는 이 사건을 취재하기 위해 KBS, 『조선일보』 등 언론사 기자 여러명이 한꺼번에 몰려와 있었다. 도청 내 시민군 지도부는 곧바로 윤석루(尹錫樓, 22세) 등 기동순찰대를 풀어 이들을 추격했다. 장계범은 발견할 수 없었고, 정향규만 체포하여 도청 조사부로 데려왔다. 수습대책위원회는 장계범이 첩자였다고 공식 발표했다. 그날 저녁 텔레비전에서는 전남도청 안에서 '독침사건'이 발생한 것으로 크게 보도 했다. 그뒤 도청 내부 분위기가 더욱 흉흉해졌다.

며칠 후 장계범의 실체가 확인됐다. 27일 도청진압 이후 전교사 헌병대 영창에 붙들려간 시민군 주요 간부들이 조사를 받을 때였다. 장계범이 복면을 쓰고 나타나 시민군 간부들이 도청에서 어떤 역할을 맡았는지 수사관에게 낱낱이 알려줬다. 1차 조사가 끝나 그들이 보안대로 넘겨졌을 때도 유일하게 장계범만 담배를 피우며 자유스럽게 돌아다니는 모습이 여러사람들에게 목격되기도 했다. 장계범은 보안대 합동수사반의 조사에서 "자신이 독침에 찔린 것이 아니라 자작극을 벌인 것"이라고 진술했다. 그는 23일부터 도청에 들어가 자신의 주도 아래 '정보부'를 조직하는 등의 활동을 하다가 25일 아침 도청에서 "독침 비슷한 것을 줍게 됐고, 그곳에서 도피하기 위해 연극을 했다"고 진술했다.[517]

전남대병원 입원 당시 장계범의 진단서에도 이같은 사실이 드러나 있다. '직경 약 3센티미터 정도의 홍반이 약물중독(독침)'에 의한 것이라고 주장했으나, 그날 오전 8시부터 오후 6시까지 입원해 있는 동안 '의식은 명료했으며, 이화학적 및 병리 검사 결과 약물중독에 의한 이상은 발견되지 않았다.'[518]

전남대병원을 몰래 빠져나간 장계범은 시민군의 추격이 무서워 집으로 들어가지 못하고 병원과 여관 등으로 피신했다. 다음날 오전 광주 '사동'에 있는 '삼촌댁'과 '송영감' 집 등을 전전하다 26일 오후에 부친과 함께 505보안부대를 찾아가 자수했다. 보안대 서의남 중령은 장계범을 특별히 관리하라고 부하직원 허장환(許壯煥) 상사에게 지시했다. 허장환은 그가 군부대의 '프락치'라고 짐작했다.[519] 장계범은 조사과정에서 자신

이 도청 안에 있을 때 수집한 시민군의 동태와 지도부에 대한 정보들을 보안대 수사관에게 말해줬다.[520]

그 무렵 보안사령부에서 특명을 받고 광주에 내려온 홍성률 대령이 '사동'에 비밀아지트를 설치하고 활동했다. 홍대령은 전남도경 정보과 정보 2계장 김○○ 경감과, 505보안부대 정보과 요원 박○○ 상사의 지원을 받으며 경찰의 정보기능을 통합해 광주 시내에서 활동 중인 3개 조의 정보수집활동을 지휘했다.[521] 그가 비밀아지트에서 수행한 특수임무가 구체적으로 어떤 것인지는 밝혀지지 않았다. 그러나 그가 광주에 머무는 동안 도청 앞 집단 발포가 있었고, 도청 안 독침사건이 발생했다. 장계범이 홍대령, 혹은 그가 지휘하던 정보원을 만났다는 직접적인 증거는 발견되지 않았다. 하지만 장계범이 이때 '사동'의 삼촌댁에 들렀다는 대목은 눈여겨볼 필요가 있다.

이와 같이 광주시민을 와해시키기 위한 계엄군의 교란작전은 다양하게 펼쳐졌다. 이 무렵 『동아일보』에는 「광주 잠입기도, 시위 선동 간첩 검거」라는 기사가 실렸다. 24일 서울시경은 간첩 이창룡이 광주에 들어가 학생, 시민들의 시위를 무장폭동으로 유도하는 임무를 띠고, 5월 20일 새벽 2시경에 남해안에 침투, 광주 잠입을 시도하다가 계엄군의 검문검색으로 포기하고, 5월 23일 새벽 5시에 특급열차로 서울역에 도착하여 배회하다가 검거되었다고 발표했다. 이 사건은 2007년 국방부 과거사진상규명위원회에서 "간첩 이창용은 5·18과 관계없이 별도로 남파된 간첩이었다"고 규정함으로써, 당시 신군부가 광주항쟁이 북한과 연관된 것처럼 여론조작을 하기 위해 허위사실을 유포한 것으로 판명됐다.[522]

시민들의 긍지

해방기간 나흘째로 접어든 25일, 시내는 질서를 회복해가고 있었다. 시장과 상점들이 문을 열었고, 경운기에 실려 온 채소가 시내에 공급되고 있었다. 슈퍼마켓이나 구멍가게에서는 사는 쪽이나 파는 쪽 모두가 사재기를 방지하려 노력했다. 담배도 한갑씩밖에 팔지 않았다. 병원에서는 처음 며칠 동안 갑자기 밀려들어온 부상자들 때문에 피가 모자라서 곤란을 겪었지만, 이 사실이 알려지자 헌혈하려는 시민들이 몰려 피가 남아돌았다. 전라북도에서도 천주교 교단이 중심이 되어 헌혈운동을 벌인 뒤 피를 가지고 왔으나 계엄군의 차단으로 광주 외곽에서 되돌아가는 일이 있었다. 전기와 수도, 시내전화도 이상 없이 공급, 가동되었다. 금융기관 사고는 거의 발생하지 않았다. 당시 시중은행이 보유한 막대한 예치금도 아무런 피해가 없었다. 5월 20일 당시 광주 시내 42개 시중은행의 현금 보유액은 약 1500억여원이었다. 325개 기업체들이 은행에 예치하지 않고 가지고 있는 돈도 상당 액수가 있었다. 도청 회계과 사무실 금고에는 직원들의 급여를 지급하기 위해 찾아둔 현금이 보관돼 있었다. 하지만 누구도 이 돈에 손대지 않았다. 만약 은행권의 현찰이 털렸더라면 일대 혼란이 초래될 수 있는 상황이었다. 그러나 당시 광주시민들은 생사를 넘나드는 상황에서도 금융기관을 습격하거나 절도행위를 하지 않았다. 시민들의 저항목표가 무엇이었는지 잘 보여주는 것이었다.

항쟁기간 중 광주 시내 범죄발생률은 평상시 정부의 통제 아래 있을 때보다 훨씬 낮았다. 사소한 범죄라도 발생하면 도청에서 대기 중이던 기동순찰대가 즉각 출동해 관련자를 데려와서 도청 조사부로 넘겼다. 행정과 치안관청의 기능이 중지된 가운데서 시민들이 보여준 높은 도덕적 자율성은, 피로 찾은 자유와 해방을 지키려는 긍지에서 비롯된 것이었다. 외국 기자들은 질서정연한 광주시민들의 생활을 목격하고 놀라워했다. 도청 수습위원회나 YWCA에 모인 청년·학생들에게 각 종교단체와 지역에서 성금이 계속 들어오고 있었다. 도청 안에 있는 시민군과 지도부 3백여 명과 지역방위대 4백여명의 식사를 위해 시민들이 자발적으로 밥을 지어 나르다가, 항쟁이 장기화할 조짐을 보이자 여러 동네 단위로 식량을 거두어 보내거나 반찬거리를 보내기도 했다.

25일 오후 3시경 광주사직공원 아래에 있는 성하맨션 주민들로부터 도청으로 '마스크를 만들어놨으니 가져가라'는 전화가 왔다. 마스크는 성하맨션 부녀회 송희성(宋熙星, 여, 43세) 회장 집에서 부녀회원들이 재봉틀로 만든 것으로 상무관의 시신 수습을 위해 '병원용 거즈'를 이어 붙여 보통 규격보다 조금 더 큰 것이었다.[523] 시민군 본부에서는 기동순찰대원 이재춘(李載春, 21세, 방위병), 양기남(18세), 오정호(32세)가 성하맨션으로 가서 마스크 1백개, 장갑 50개, 빵 50개, 주먹밥 한 보따리를 가지고 왔다. 마스크는 시신 관리가 이루어지던 상무관에 전달하고 일부는 시민군들에게 나눠주었다.[524]

항쟁이 끝난 후 계엄 당국의 수사기관은 그동안 시민들이 김밥, 빵, 음료수 등을 시민군에게 자발적으로 제공했음에도 이를 '폭도들이 강제로 탈취'했다고 조작했다. 그리고 물품을 제공한 시민들을 연행하여 조사했는데, 일부에게는 고문수사를 자행하기도 했다. 성하맨션 부녀회장도 연행되어 고문수사를 당했다.

YWCA, 청년·학생투쟁본부

전일빌딩 뒤쪽에 자리잡은 YWCA는 해방기간 동안 청년·학생들의 투쟁본부였다. 항쟁 초기 재야인사와 청년·학생들의 투쟁본부 역할을 하던 녹두서점에 22일 이후 찾아오는 이들이 많아지자 사람들이 넓은 공간을 찾아 이동한 것이다. 대자보와 현수막을 작성하고 궐기대회를 준비하기 위해 넓은 장소를 찾다가 도청과 가까운 YWCA를 사용하기 시작했다.

23일에는 궐기대회를 준비하기 위해 박효선, 김태종 등 극단 광대 팀과 홍희윤, 임영희 등 송백회 회원들이 녹두서점과 YWCA를 오가며 대자보 작성, 검은 리본 제작 배포, 모금활동, 궐기대회 원고 작성 등에 참여했다.[525] 박정열, 이연 등 대학생들도 YWCA를 근거지로 하여 전남대에서 끌고 나온 스쿨버스를 타고 가두방송을 하였다. 양서협동조합 회원인 고등학생 김향득 등도 녹두서점, YWCA, 도청을 오가며 도왔다.[526]

25일에는 광천동 시민아파트의 들불야학 교실에서 『투사회보』를 제작하던 팀이 YWCA로 옮겨왔다. 그동안 『투사회보』는 수동식 등사기 2대로 제작했는데 이곳으로 옮긴 후부터는 YWCA에서 사용하던 타이프용 등사기와 소설가 황석영의 집에 있던 고속등사기까지 가져왔다. 그때부터 하루에 회보를 수만장씩 수월하게 찍어낼 수 있게 됐다. 윤상원이 도청에서 보내준 문안을 가지고 박용준과 동근식(董根植)이 필경작업을 하였다. 김성섭 등 야학 교사와 학생들은 인쇄작업과 종이, 잉크 등 물자 조달, 배포 등을 분담하였다.[527] 궐기대회에서 발표된 원고는 『투사회보』로 인쇄되어 즉각 배포됐다. YWCA는 궐기대회 진행, 대자보 작성, 가두방송, 『투사회보』 제작까지 총괄함으로써 명실상부하게 '홍보본부'라 불릴 만큼 모양새를 갖추게 됐다.

새 지도부를 준비하던 청년들은 평소 민주화운동을 함께 해온 광주의 재야인사들에게 연락하여 25일 오전 10시 YWCA에서 현 사태에 대한 민주인사들의 의견을 모으기 위한 회의를 개최했다. 이때까지 재야 민주인사들은 도청 내 수습위원으로 참여하거나, 또는 상황을 지켜보며 관망하고 있었다. 한번쯤 전체 회합을 가져 사태수습을 위해 의견을 모아야 한다는 점에 모두 공감했다. 모임은 YWCA 2층 총무실에서 열렸다. 제헌국회의원 이성학, 변호사 홍남순과 이기홍, 전남대 교수 송기숙과 명노근, 신협 이사 장두석(張斗錫), YWCA 회장 조아라, 총무 이애신, 교사 윤영규, 박석무(朴錫武), 윤광장(尹光將) 등 재야인사와 청년 대표 정상용, 윤상원이 참석했다. 이 회동에서 지금까지의 도청 수습대책위 중심의 '투항주의적 수습방안'에 대한 비판과 더불어 새로운 수습방안을 모색하는 계기가 마련됐다.

일부는 도청 수습대책위원회에서 채택 결의한 7개 항을 근거로 시민들이 더이상 희생되지 않게 하기 위해서는 무기를 먼저 회수해야 한다고 주장했다. 청년측에서는 반대였다. 정상용이 나서서 어른들을 설득했다.

"도청 수습위는 7개 항의 협상 분위기 조성을 위해 무기를 먼저 무조건 반납하려 하는데 그렇게 해서는 사태를 제대로 수습할 수 없다고 생각합니다. 수습위에서 시민들의 의사를 모으고 확인할 수 있는 시민궐기대회조차 꺼려하면서 일방적으로 협상을 진행하려 하니 젊은 청년들은 그러한 협상태도가 옳지 않다고 봅니다. 궐기대회를 계속 추진하여 시민들의 뜻을 모으고, 강력하게 의사를 결집하여 협상에 유리한 여건을 만들기로 작정했습니다. 부디 뒤를 밀어주시고 참여해주십시오."

청년들은 관변단체 소속이거나 보수 교단의 목사들로서 수습대책위에 참여한 사람들이 시민들의 신뢰를 받지 못하고 있다고 지적했다. 또 그들은 민주화운동에 참여하였거나, 시민운동에 관여한 바도 없었기 때문에 시민들이 잘 알지도 못했다. 여러가지 의견들이 오고간 결과 이성학, 장두석, 이기홍, 박석무, 위인백을 비롯한 몇명의 재야인사들이 청년들의 주장을 지지했으며, 일부는 반대하거나 관망하는 입장이었다.

진보적인 재야 민주인사들이라고 하지만 무기 반납을 중지하고 투쟁 조직을 만들자는 정상용, 윤상원의 제안에 동의하는 것은 쉽지 않았다. 탱크와 중화기로 무장한 정규군과 훈련 한번 받지 못한 청년·학생들의 전투는 결과가 불 보듯 뻔했다. 잘못하면 수백, 수천명의 생명이 한순간에 사라질 수도 있는 중대한 사안이었다. 재야 민주인사들도 쉽게 말을 꺼내지 못했다. 그들 모두 전두환을 비롯한 정치군인들에게 굴복하지 않아야 한다는 것을 알고 있었지만 젊은이들의 목숨을 담보로 하는 결정에 입이 떨어지지 않은 것이다. 격렬한 논쟁에도 불구하고 뚜렷한 결론이 나지는 않았지만 이 과정을 통해 밖에서 관망하던 재야 민주인사들이 수습위원으로 참여하고, 다시 무장 상태로 돌아서는 계기가 만들어졌다. 전교사계엄보통군법회의 검찰부는 공소장(80 검제40호, 1980.8.22.)에서 이때 상황을 다음과 같이 기록하고 있다.

위 명노근이 도청 내 시민대표수습위원회에서 채택 결의한 7개항을 설명하고, 이 7개항이 관철되지 않더라도 무기는 일단 회수해야 되지 않느냐고 말하자, 위 박석무는 "그것은 너무 굴욕적인 언사이다" "최소한 김대중을 비롯한 구속인사를 석방하고 폭도라는 말도 취소되어야 협상이 되지 않겠느냐"라고 말하고 위 이기홍은 "강경파 학생들이 도청으로 들어가 학생위원회와 경비원을 장악하고, 김대중 석방 시까지 투쟁해야 한다. 우리 재야인사들도 도청 내 수습대책위원회를 장악할 것이니, 염려 말고 투쟁하라"(…) 위 홍남순은 이기홍의 발언을 적극 지지하며, 반복하여 재강조하고, 장두석은 "우리들도 시민대표를 장악하겠다"고 말하여 위 정상용으로 하여금 도청 폭도조직을 강경파들로 개편하여 계엄군과 대치하게 하고 (…)

전남대 학생운동권 선배였던 박석무(당시 대동고등학교 교사)는 YWCA 문을 나서는 후배 정상용과 별도로 만나 다음과 같이 말했다. "너는 도청 내부를 책임져라. 어르신들은 내가 책임지겠다. 지금 무조건 총을 놓아서는 절대 안 된다"고 강조했다. 그의 격려가 정상용과 윤상원 등에게는 큰 힘이 됐다.

YWCA에서 회의가 끝난 후 재야인사 일부는 오후 2시 도청 뒤 남동성당에서 다시 모였다. 김성용 신부, 조비오 신부, 송기숙 교수 등 몇 사람이 참가한 가운데 재야인사의 도청 수습대책위원회 참여 문제를 본격적으로 검토했다. 처음부터 도청 수습대책위에 참여한 조비오 신부는 재야 민주인사들에게 여기에 적극 참여해줄 것을 간곡히 요청했다. 평소 민주화운동에 앞장섰거나 시민들의 신망을 받는 종교인들이 나서서 사태를 평화적으로 해결하는 데 앞장서야 한다고 말했다. 수습대책위원회에서 조비오 신부는 외로웠다. 중요한 결정을 하고서도 막상 실행단계에서는 대부분의 위원들이 전혀 움직이지 않거나 아예 뒤로 빠져버리곤 하였다. 예를 든다면 무기 회수를 하자고 결정했지만 막상 회수활동에 직접 나선 사람은 조비오 신부와 이종기 변호사밖에 없었고, 대부분은 뒷전에서 눈치만 보는 식이었다.[528]

남동성당에 모인 재야인사들은 도청 수습대책위회가 시민들의 지지를 받지 못하고 있다는 점을 재차 확인하고, 어떻게 이에 대처할 것인지를 논의했다. 기존 수습대책위에 바로 합류하여 이를 점차 바꿔나갈 것인가, 아니면 시민들의 지지기반을 갖춘 별도의 수습대책위원회를 구성할 것인가를 검토했다. 그래서 일단 2명을 도청에 파견하여 상황을 파악한 뒤 부지사 등이 포함된 기존의 수습대책위원회에 합류하는 것이 좋겠다고 결론짓고 그 결과를 위인백이 타이핑해 공식 문서로 정리했다. 만약 사태가 끝난 후 계엄당국이 수습대책위를 내란 주모자들로 몰아갈 경우를 대비해서 행정기관장까지 포함하였고, 이를 공식 문서화한 것이다. 오후 5시경 남동성당에서 모인 재야인사들이 도청으로 들어가 수습대책위원회에 합류했다.

재야인사들의 도청 수습대책위 참여는 조용하게 진행됐지만 큰 변화를 불러왔다. 우선 기존 11명의 도청 수습대책위원 가운데 이종기 변호사, 명노근 교수, 조비오 신부가 남고, 관변단체 소속이거나 행정기관의 의뢰를 받고 참여한 사람들 상당수가 빠져나갔다. 인적 구성이 바뀌면서 수습노선도 바뀌었다. 재야인사들이 합류한 새 수습대책위원회는 도청 부지사실에서 곧바로 회의를 열었다. 이 자리에서 김성용 신부가 사태수습을 위해 제안한 네가지 사항을 만장일치로 통과시켜 「최규하 대통령 각하께 드리는 호소문」을 채택했다. 여기서 채택된 네가지 사항은, 첫째 이번 사태는 정부의 잘못임을 시인할 것, 둘째 사과하고 용서를 청할 것, 셋째 모든 피해는 정부가 보상할 것, 넷째 어떠한 보복조치도 없을 것 등이었다. 김성용 신부를 대변인으로 한 25명의 수습대책위원들이 여기에 서명했다.[529] 이들의 요구사항이 기존에 활동한 수습대책위의 요구와 다른 점은 '정부가 잘못을 인정하고 사과하라'는 것과 '피해 보상에 대한 요구'가 있었다는 것이었다.

의기 투합

이날 새벽 학생수습위원회는 위원장 김창길 등에 의해 거의 일방적으로 무기 회수를 결정했다. 회수된 무기를 반납하는 방법은 시민군으로부터 총기를 회수하여 도청 안에다 집결시켜놓은 다음, 전부 도청에서 빠져나가버리자는 것이었다. 부위원장 김종배는 무기 반납을 강력하게 제지하는 입장이고, 박남선 상황실장도 같은 의견이었다. 이때 도청 안에서는 계엄군의 첩자가 혹시 항쟁파의 리더 격인 김종배를 암살해버릴지 모른다는 위기의식이 팽배해 있었다. 김종배를 보호하기 위하여 항쟁파에서 시민군 2명을 경호병으로 붙일 만큼 도청 안의 항쟁파와 투항파의 대립은 날카롭기 이를 데 없는 상태였다.

박남선은 22일부터 도청에서 시민군을 조직하여 적십자병원으로부터 구급차와 군용 트럭에 시신을 싣고 도청으로 운반하여 유족들에게 확인시키는 일을 시작했을 때 이 일을 담당하면서 여러사람 눈에 띄었다. 활동이 두드러지고 열성이 대단하여 24일부터 상황실장을 맡게 되었다. 우락부락한 외모에다 목소리도 우렁차고 열정적이며, 담력이 컸다. 과감한 행동으로 짧은 시간에 도청 안의 시민군을 통제하는 위치로 떠올랐다. 시민군 10여명을 도청 정문 경비 근무에 교대로 배치시키고 무기고와 탄약고 등지를 돌아다니며 경계병들에게 경계를 강화하라고 지시하였다. 기동순찰대 역시 그의 지시에 따라 움직이기 시작했다.

이런 특별한 모습을 보이는 박남선이 윤상원의 눈에 띄었다. 시민군을 재정비하여 계엄 당국에 대한 협상력을 높여야 한다는 생각을 가지고 있던 윤상원은 박남선에게 현재의 정세에 대한 자신의 견해를 설명했다. 빠른 시일 안에 시민군을 재조직하여 방어태세를 완벽하게 갖추어야 한다고 말했다. 박남선은 윤상원의 의견에 공감하였다. 윤상원은 학생수습위원회의 투항주의적 입장을 비판하면서 지도부를 대학생과 운동권 청년들로 교체할 계획이니 협조해달라고 박남선에게 부탁했다. 교체과정에서 시민군 내부에 무력 충돌이 일어나지 않도록 철저하게 시민군을 장악해줄 것을 당부했다. 윤상원은 김종배와 허규정도 별도로 만났다. 그들에게도 YWCA에서 청년·학생들을 조직하고 있으니, 오후 궐기대회가 끝난 뒤에 운동권 청년들과 같이 새로운 집행부를 구성하자고 제안했다. 김창길과의 입장 차이 때문에 갈등을 겪고 있던 이들은 윤상원의 제안을 적극 환영했다.

제3차 민주수호 범시민궐기대회

오후 3시 제3차 궐기대회가 열렸다. 참가한 시민들의 숫자가 5만여명으로 줄었다. 그렇지만 열기는 오히려 더 뜨거웠다. 각 동별로 피켓과 플래카드를 들고 모여들었다. 여러가지 성명서가 낭독되었으며, 지금까지 접수된 피해상황이 보고되었다. 시민군 이관택(李觀澤, 32세)이 연단에 올라서서 「우리는 왜 총을 들 수밖에 없는가?」 라는 제목의 성명서를 낭독

5월 25일 제3차 범시민궐기대회에서 낭독된 성명서 「우리는 왜 총을 들 수밖에 없었는가?」 (사진 5·18민주화운동기록관).

했다. 도청 본부의 집계에 따르면 현재 시내 각 병원에서 사경을 헤매는 중환자가 약 520명, 경상자가 2170명이고, 사망자는 총 70여명이었다. 사망자 가운데 신원이 파악된 시신은 상무관에 안치하고, 미확인 시신은 도청 뜰로 옮겨 진열하였다.

궐기대회 도중 외곽에서 온 주민들은 대학생들이 변두리 지역에 각 동별로 한두명씩이라도 파견되어 자신들의 민원을 처리해주면 좋겠다고 요청했다. 광주 시내에 비해 시 외곽 변두리 지역의 독립 부락이나 계엄군과 전선을 형성하고 있는 경계지역의 실정은 매우 어려웠다. 이들은 계엄군들이 그 지역 주민에게 주는 피해와 생명의 위협 때문에 상당수의 주민이 시내의 친척집으로 피난을 나왔다면서 먼저 나온 사람들의 생사 여부를 궁금해하였다.

항쟁지도부의 탄생

오후 7시경 윤상원의 안내로 정상용, 이양현, 김영철, 정해직, 윤강옥, 박효선 등이 도청에 들어갔다. 학생수습위원회 부위원장인 김종배, 허규정 등과 처음으로 자리를 함께했다. 이미 윤상원이 사전 정지작업을 해놓은 터라 왜 함께 자리를 했는지 서로 짐작하고 있었다. 간략히 소개를 마친 다음 새롭게 집행부를 결성하기로 결의하였다. 당장 무기 반납을 중단하고 협상력을 강화시키자는 방침에 합의했다. 이들은 도청에 들어올 때 YWCA에서 조직된 대학생 50여명을 함께 데리고 들어와 식산국장실 옆 회의실에 대기시켰다. 잠시 후 김창길 수습위원장이 회의장에 들어와서 목소리를 높였다.

"도대체 당신들은 어떻게 하겠다는 것인가? 앞으로 광주를 피바다로 만들 작정인가!"

이때 현장 상황을 지켜본 조비오 신부의 증언이다. "그날 밤 최후 담판을 짓는데, 항쟁파는 이양현, 허규정, 죽은 윤상원 등이고, 윤상원이 똑똑하기도 하고, 최후협상을 하면서 이쪽은 투항파하고 저쪽은 항쟁파하고 휴전협상 하듯이 했어요." 김창길은 "무기를 놓고 당장 도청을 떠나버리자"고 주장했고, 윤상원은 "여기서 죽었으면 죽었지 총을 못 놓는다. 지금까지 죽은 동지들과 인명피해 대가를 보장받지 못했다. 수습 후에도 우리는 다 죽을 것이다. 이래도 죽고, 저래도 죽으니까 총을 못 놓겠다"고 말했다.[530] 한참 동안 양측 사이에 격렬한 논쟁이 벌어졌다. 밤 9시경 결국 김창길은 자신의 주장이 더이상 먹혀들지 않는다는 것을 깨닫고, 수습위원장직을 내놓겠다며 사의를 표명했다. 그런데 이미 7시 KBS 텔레비전 뉴스에서는 '전남도청을 강경파가 장악했다'는 보도가 나가고 있었다.

청년·학생 시민군

25일 날이 밝자 도청에 투입할 대학생을 모으기 위한 홍보활동이 시작되었다. 대학생들을 모아 시민군으로 재편성하기 위해서였다. 궐기대회가 끝난 후 YWCA로 찾아온 청년·학생들은 70여명에 이르렀다. YWCA 입구에서 주민등록증이나 학생증 등으로 한명씩 신분을 확인한 후 이들을 받아들였다. 신분이 확실한 대학생들만 우선 모집했다. 일단 시민들의 신뢰를 획득하자는 취지였다. 그동안 나이 어린 중학생조차 무기를 가지고 다니는 경우가 있었기 때문에 일반 시민들은 안전사고 위험을 염려하고 있었다.

무장시민군들이 대부분 노동자와 서비스 업종의 종업원, 고등학생, 재수생 등이었는데, 대학생에 대한 일반 시민들의 신뢰가 커서 빠른 시간

안에 조직을 정비할 수가 있었다. 그날 YWCA에 모인 대학생들은 자정이 되자 비를 맞으며 도청으로 들어갔다. 2층에 있는 부지사실은 분위기가 살벌했다. 그들은 '수습위'의 상황에 대해 전혀 모른 채 김성용 신부의 연설을 들은 후 그곳에서 잤다. 다음날 아침 카빈 소총과 실탄을 지급받고 주어진 임무를 수행했다. 학생들에게 주어진 임무는 주로 정문과 무기고 보초, 시신 운반 등이었다.[531] 조선대 학생 위성삼도 도청에 들어가 경비를 맡았다.[532] YWCA 2층의 양서조합 독서반 활동을 하던 김향득, 김효석 등 고등학생들도 YWCA로 모여들었다.

도청에서 항쟁지도부가 투쟁위원회로 개편되고 있을 때였다. 기획실장 김영철이 대기 중인 청년·학생들에게 도청 상황을 설명하였다. 수습위원을 대표하여 김성용 신부가 청년·학생들의 임무에 대해 짧은 연설을 하였다. 군대를 다녀온 위성삼, 김상집 등이 간략하게 총기 다루는 법을 교육했다. 그들 대부분은 청년·학생경비대로 편성됐고, 상당수는 도청 내부의 행정 처리, 사망자 접수, 시체 확인 안내, 분향소 정리 등 여러가지 일을 맡았다.

곧이어 도청 주위를 경비하는 일반 시민군들과 교체하여 도청 내의 무장경비대를 학생으로 바꿀 예정이라는 것이 발표되었다. 혹시 이 과정에서 경계 중인 시민군들과 충돌이 일어날 가능성도 있으므로 학생들은 그들과 임무 교대를 할 때 '며칠간 잠도 못 자고 피곤할 테니 교대'한다는 식으로 정중하게 행동하도록 했다. 간부들이 나와서 할 일을 알려주고 잠시 후 이들에게 실탄 15발이 들어 있는 탄창 1클립과 카빈 소총이 지급되어 일부는 야간경계조에 배치되었다.

한편 무장시민군들은 대학생들에 대하여 약간의 불신감이 있었다. 학생들이 처음 시위에 불을 붙여놓고 투쟁 대열에서 이탈해버렸다고 생각했다. 뿐만 아니라 도청의 학생수습위원회가 신변안전 대책도 없이 일방적으로 무기 회수를 밀어붙인다고 여겼다. 이 문제를 어떻게 조화롭게 풀어갈지는 항쟁지도부의 난제였다.

항쟁지도부는 교착 상황의 장기화에 대비할 필요가 절실했다. 시민들의 안전에 대한 요구에 부응하고 시민군의 통제를 쉽게 하려면, 시민군 속에 학생들을 섞어서 조를 짜야 하는데, 둘 사이의 화합이 중요한 문제였다.

한편, YWCA에 모인 학생들은 도청으로 들어가기 전 조별로 편성되어 약식교육을 받았다. 총기사용법과 분해법, 전투 중에 필요한 기본적인 사항 등이었다. 이들 중 10여명은 군대 생활의 경험이 있던 복학생들이었으나 나머지 대부분은 교련시간에 총을 만져본 정도에 불과했다. 그렇게 자발적으로 모인 청년·학생의용대는 25일 70여명, 26일 150여명 정도로 불어났다. 특히 26일에는 대학생 외에 고등학생과 예비군, 일반인들도 상당수가 참여했다.

25일 YWCA에는 여성들도 많은 숫자가 활동을 하고 있었다. 송백회 회원과 여성노동자, 극단 광대의 여성 단원, 가두방송을 듣고 모여든 여대생과 여고생 등이었는데, 이들 중 여성노동자들은 가톨릭노동청년회(JOC) 회원으로 호남전기, 일신방직, 전남제사, 남해어망 등에서 일하는 노동자들이었다. 그 가운데 일부는 도청에 투입되어 취사반으로 일하기도 하고, 홍보반에서 대자보를 제작하거나 궐기대회장에서 선전조로 활동하기도 했다.

민주투쟁위원회 출범

25일 밤 10시 최후까지 싸우려는 항쟁지도부가 결성되었다. 도청 내무국장 부속실에서 새로 만들어진 항쟁지도부는 학생수습위원회와 달리 훨씬 조직적인 모습으로 바뀌었다. 명칭도 '학생수습위원회'가 아니라 '민주투쟁위원회'로 하였다.

위원장: 김종배(26세)[533] – 업무 총괄

내무 담당 부위원장: 허규정(26세) – 도청 내부문제, 대민, 장례 업무

외무 담당 부위원장: 정상용(30세)[534] – 계엄사 협상 업무

대변인: 윤상원(29세)[535] – 기자회견 및 집행부의 공식적인 대외 발표 업무

상황실장: 박남선(26세)[536] – 시민군 군사업무

기획실장: 김영철(32세)[537] – 지도부의 제반 업무 및 기획

기획위원: 이양현(30세)[538] – 기획업무

기획위원: 윤강옥(29세)[539] – 기획업무

홍보부장: 박효선(26세)[540] – 궐기대회 및 제반 홍보업무

민원실장: 정해직(29세)[541] – 제반 대민업무, 장례업무

조사부장: 김준봉(21세)[542] – 치안질서 위배자 조사

보급부장: 구성주(具成柱, 25세)[543] – 식량 조달 및 식사 공급

지도부의 활동계획

항쟁지도부는 투쟁의 장기화에 대비하여 밤샘 회의를 진행했다. 항쟁지도부의 결성이 너무 늦었다고 생각되었다. 이미 많은 무기가 회수됐고, 지역방위대는 거의 와해돼버린 상태였다. 당장 계엄군이 밀고 들어온다면 속수무책이었다. 시급히 무기를 재분배해야만 할 형편이었다. 우선 외곽경비를 다시 강화하기 위해 각 동별로 예비군 동원령을 내려 자위대를 편성할 계획을 세웠다. 궐기대회 도중에도 예비군 조직을 동원하자는 제

안들이 계속 나왔다. 또한 합동장례식을 '시민장'에서 '도민장'으로 격상해 '5월 28일'에 치를 것을 협상안으로 확정지었다.

시민 합동장례식은 여러가지 사정 때문에 자꾸 늦어졌다. 계엄 당국에서는 반드시 관계기관에서 참여하여 '검시'를 한 후 장례가 치러져야 한다는 입장이었다. 사망 원인에 대한 뒷말을 없애기 위해서였다. 참다 못해 몇몇 유족들이 개별적으로 장례를 치르기 시작했다. 더운 날씨에 시신은 시시각각 부패하고 있었다. 가족들은 상여나 영구차도 없이 하얀 광목으로 덮은 관을 옮겨갔다. 곳곳에서 터져 나오는 비통한 울음소리가 도청 앞 광장을 메웠고, 미친 듯이 통곡하는 가족들의 모습은 보는 이들의 가슴을 찢는 것 같았다.

도청 지하 무기고에 있는 폭약을 이용하여 협상력을 높이자는 계획도 검토되었다. 항쟁지도부는 이미 계엄군이 24일 밤부터 25일 오전까지 무기고에 있는 다이너마이트와 수류탄 뇌관을 모두 제거해버린 것을 까맣게 모르고 있었다.

새 지도부는 시민들의 일상생활을 정상화하는 방안들도 검토했다. 시내버스 정상 운행, 공무원 및 경찰 비무장 근무, 상가 및 시장 문 열기, 동별 피해상황 파악, 시청 비축미 공급, 전일방송 등 지역언론 정상 가동, 유류 사용 통제, 시외전화 개통, 치안유지 및 순찰대 재편, 기동타격대 운용 등이었다. 시민생활 정상화 방안을 마련한 뒤, 투쟁의지를 천명하고 민주화에 대한 열망을 확산시키기 위해 공식적인 외신 기자회견을 다음날 갖기로 했다.

광주'소탕' 작전 확정

항쟁지도부가 전열을 가다듬던 그날 계엄군의 '상무충정작전', 즉 광주소탕 작전도 확정되었다. 25일 육군회관에서 열린 오찬 회의에서 전두환·노태우·주영복·황영시 등 계엄군 지휘부는 육군본부에서 마련한 '상무충정작전' 지침을 검토한 뒤 작전 개시를 '5월 27일 0시 1분 이후'에 하기로 최종 결정했다.

계엄 당국은 상무충정작전이 항쟁파가 도청에서 투항파를 몰아내고 항쟁지도부를 장악한 이후 수립되었다고 주장하지만, 항쟁파 지도부가 들어선 시각은 25일 밤 10시였다. 계엄군은 21일 광주 도심 퇴각 때 이미 상무충정작전을 23일로 계획했다가 25일로 연기했는데, 그 이유는 미군과의 협조문제 때문이었다. 이 시각 도청에서 항쟁파는 아직 윤곽도 드러나지도 않았고, 전교사에서 매일 열리던 시민 대표와 계엄 당국의 협상도 24일 아침 계엄군측이 강경기류로 돌변하면서 중단된 상태였다. 따라서 상무충정작전은 도청에서 항쟁파 지도부가 등장한 것과 전혀 무관하게 계엄 당국의 자체 계획에 따라 집행된 것이다.

회의가 끝나자 황영시 육군참모차장은 곧장 김재명 작전참모부장과 같이 광주에 내려가서 소준열 전교사령관에게 작전지도지침을 전달했다. 보안 누설 우려 때문에 직접 문서를 가지고 간 것이다. 이때 정호용 특전사령관은 도청·전일빌딩·광주공원 등 주요 목표지점에 침투시킬 공수여단의 특공조를 직접 선정해서 소준열 전교사령관에게 통보해줬다.

한편 주영복 국방부 장관과 이희성 계엄사령관은 오후 4시 20분경 청와대로 가서 대통령에게 광주소탕 작전계획을 보고했다. 이 자리에서 대통령이 광주에 직접 내려가보시는 것이 좋겠다고 건의했고, 대통령은 승낙했다. 대통령의 광주 방문은 전두환 보안사령관의 요구에 따른 것이다. 대통령을 앞세워 광주소탕 작전을 합리화하기 위한 모양새 갖추기였다.

오후 6시경 최대통령은 4개 부처 장관, 계엄사령관 등 정부의 주요 인사들과 헬기를 타고 상무대 전남북계엄분소를 함께 방문하였다. 소준열 계엄분소장과 장형태 전남도지사가 광주 상황을 보고했다. 소준열 계엄분소장은 "시민 대표와의 협상이 진전되지 않고 있으며, 2백~3백명의 항쟁파 무장시위대에 의해 80만 광주시민이 괴로움을 당하고 있으므로 진압작전이 불가피하다"고 보고했다. 장형태 도지사는 "치안을 회복해주되 신중을 기해줄 것"을 건의했다.[544] 그러자 대통령이 진압작전에서 "희생자가 얼마나 나올 것 같냐"고 물었다. 김순현 전교사 전투발전부장이 "최소한의 희생으로 작전을 하겠다"고 답변하자, "최소한이 몇명이냐"고 다시 물었다. 김순현 부장이 "무장시위대가 약 4천명으로 보았을 때 2백명 정도의 희생은 각오해야 될 것"이라고 하자, 대통령은 "내가 도청으로 가서 시위 대표와 직접 담판을 짓겠다"고 했다.[545] 희생 규모가 너무 크다고 생각한 것이다. 갑작스러운 대통령의 요구에 배석한 사람들이 모두 당황했다. "지금 도청으로 가시면 시위대들에게 납치될 가능성이 큽니다. 그렇게 되면 즉각 북괴가 남침할 것이니 가시지 말라"고 적극 만류했다. 대통령은 결국 도청 방문은 포기한 채 참모가 써온 특별담화를 자신의 손으로 직접 고친 후 육성으로 녹음했다. 특별담화는 밤 9시, 10시, 10시 30분 세차례에 걸쳐서 KBS 라디오와 텔레비전을 통하여 광주지역에만 방송됐다.

대통령은 군이 광주사태에 자제와 인내로 최선의 노력을 기울인 데 대하여 노고를 치하하며, 비록 난동이라는 소행은 잘못된 것일지라도 우리 동포요 국민이니만큼 인명피해를 최소화하라고 당부했다. 사실상 무력소탕작전의 예고였다.

죽음의 행진

26일 새벽 4시 무렵 도청이 발칵 뒤집혔다. 계엄군이 광주 외곽 봉쇄지역 세군데에서 탱크를 앞세우고 밀려들어온다는 급보가 무전기를 타고 들어왔다. 계엄군은 농성동 통합병원 부근에서는 1킬로미터나 밀고 들어왔다. 백운동 방면은 송암동에서 대동고 앞까지, 운암동 방면은 고속도로에서 무등경기장까지 전진하였다. 계엄 당국은 도청의 수습위원회에 이런 사실을 전혀 알리지 않았다. 이날의 외곽 진입은 27일 새벽으로 예정된 계엄군의 도청진입 작전에 필요한 병력과 장비를 수송하기 위해 공업단지 관통 도로를 미리 장악하려는 계책이었다. 이날 계엄군은 도청 후문 방향에서 공략할 계획을 세워놓고 마치 정문 방향인 금남로 쪽에서 공격할 것처럼 기만 책략을 썼다.

아무튼 계엄군 진입 소식으로 도청 시민군에게는 비상령이 떨어졌다.

박남선 상황실장은 기동순찰대원들과 함께 무장한 군용 지프를 타고 농성동 한국전력 앞으로 긴급 출동했다. 농성동에서 계엄군 장갑차를 발견하자 공중을 향하여 위협사격을 가했다.

도청에서 밤새워 회의를 하던 수습위원들도 즉각 긴급사태를 논의했다. 이성학 장로, 홍남순 변호사, 김성용 신부, 이기홍 변호사, 조비오 신부, 이영생(李永生) YMCA 총무, 김천배 YMCA 이사, 윤영규 선생, 장사남 선생, 위인백 등 17명의 수습위원들이 머리를 맞댔다. 김성용 신부가 말했다. "우리들이 총알받이가 됩시다. 탱크가 있는 곳으로 걸어갑시다. 광주시민들이 다 죽어가는데 우리가 먼저 탱크 앞에 가서 죽읍시다." 결연한 분위기에서 '죽음의 행진'이 시작되었다. 발걸음이 무거웠다. 외신기자들이 우르르 행진 대열을 따라왔다. 김천배 이사가 영어로 외신 기자들에게 짧게 상황을 설명하는 것을 제외한다면 모두 입을 굳게 다문 채 걸었다. 길거리에서 지켜보던 시민들이 하나둘씩 뒤따르기 시작하더니 어느새 수백명의 대열이 됐다. 일렬횡대로 줄을 지어 도청에서 출발하여 금남로-돌고개-농촌진흥원 앞까지 약 4킬로미터 구간을 1시간 동안 걸어 계엄군의 전차 앞에 멈추어 섰다.

수습위원들은 그곳을 지키고 있던 계엄군 장교에게 군대를 원래의 위치로 물리라고 하며 책임자를 불러달라고 하자 잠시 후 검은 세단을 타고 전교사 부사령관 김기석 소장이 나타났다. 김소장이 수습위원들에게 상무대에 가서 대화를 나누자고 하자 수습위원들은 먼저 군대를 후퇴시키라고 요구했다. 김소장이 전차와 군인들을 원래 위치로 후퇴시켰다. 지켜보던 수많은 시민들이 박수를 치며 만세를 불렀다.

이에 앞서 새벽 4시경 김창길이 김기석 소장에게 전화를 걸어 '갑작스러운 군대 진입'에 대하여 항의했다. 김소장은 자신도 군 진입 사실을 몰랐다며 일단 사과했다. 이어서 대화로 해결이 되든 안 되든 내가 마지막으로 도청에 들어가서 담판을 지을 테니 그렇게 알라고 말했다. 그러자 김창길은 당신의 생명을 보장할 수 없으니 중간에서 만나자고 했다. 김소장은 25일 오후 황영시 참모차장이 '상무충정작전 명령서'를 가지고 직접 상무대에 왔을 때 비장한 결심을 했다. 그동안 4차례 협상을 이어가면서 최선을 다해 수습하려 했으나 계엄사령부 입장이 너무 완강해 자기로서는 어찌할 수 없었다.

홍남순, 김성용, 이성학, 이기홍, 김천배, 이영생, 김창길 등 11명의 수습위원들이 상무대 전교사로 갔다. 아침 7시부터 4시간 30분 동안 계엄분소 회의실에서 협상을 진행하였다. 회의 탁자 양쪽으로 준장 2명과 중령 한명이 배석했다. 김기석 소장이 말했다. "나는 군인이다. 정치문제는 모른다. 여러분이 무기를 회수하여 군에 반납하면 경찰로 하여금 치안을 회복하도록 하고 싶다. 시간이 없으니 30분 안에 이야기를 끝내자. 오늘 중으로 무기를 회수하고 시내 질서를 회복하라. 그것을 못한다면 앞으로 나하고 수습대책회의를 할 수도 없고 만날 수도 없다."

시민 대표 측에서는 수습위원회 대변인 김성용 신부가 주로 이야기했다. "이렇게 엄청난 일을 벌여놓고 대화하자면서 30분 안에 끝내자는 게 말이 되느냐. 방송에다 계속 광주시민들을 '폭도'라고 하면 되겠나? 왜 폭도라고 하는가? 왜 우리가 폭도냐? 당장 그런 말 쓰지 마라. 광주 시내에 절대로 군인들이 들어오면 안 된다. 수습을 하더라도 경찰이 나서서 하라. 어떻게 주인인 우리 백성들이 사준 총칼을 가지고 이렇게 할 수 있는가?"

그러자 배석한 준장 한명이 벌떡 일어나 뚜벅뚜벅 앞으로 걸어 나오더니 "더러워서 못 듣겠네!" 하면서 문을 쾅 닫고 나가버렸다. 분위기가 싸늘해졌다. 그 사람이 나간 후 김소장은 '그동안 네차례에 걸친 협상이 이

번이 마지막이니 제발 무기를 반납하고 시위를 중단하라'고 간절히 요구
했다.

그제야 수습위원들은 계엄군이 오늘 중에 '도청소탕 작전'에 들어간다
는 사실을 눈치챘다. 김소장은 밤 12시까지 수습하지 않으면 군대가 들어
갈 수밖에 없다며 최후통첩을 했다. 수습위원들은 5개 항목의 요구조건
을 제시했으나 아무것도 받아들여지지 않았다. 김신부는 이 상황이 절망
스러웠다.[546]

신군부 수뇌부는 이미 5월 27일 새벽 0시 1분 이후 '상무충정작전', 즉
유혈소탕작전을 결정한 상태였고, 26일 아침 이 방침에 따라 전교사에서
는 작전회의가 열렸다. 병력이동과 장갑차, 헬기 지원 등 구체적인 작전
지시가 내려가고 있었다.[547] 이미 진압작전이 시작된 상황에서 협상은 의
미가 없었다. 김성용 신부는 이날 계엄사와 협상하면서 다음과 같이 비망
록을 작성했다.

1) 시간이 필요하다. 노력해서 수습한 것을 군이 약속을 깼으니 시간
을 달라고 요구했다. 그러나 한마디로 거절당했다. 며칠을 참고 후퇴까
지 한 군의 사기에 영향이 있다는 것이다. 군은 항상 이겨야 한다는 것
이다. 타당한 말이다. 국군은 언제나 이겨야 한다. 그러나 적군에 이겨
야 하는 것이지 나라의 주인인 국민, 80만 광주시민에게 이겨야 한다는
것은 아니다. 시간이 없어서 다시 묻지 못했다.

2) 약속을 위반하여 전차를 이동케 한 데 대한 이유를 분명히 하고
사과하라. 이미 방송을 통하여 시민에게 전했다는 것이다.

3) 군은 절대로 광주 시내에 진입해서는 안 된다. 오늘 아침에도 느
낀 일이나 총구를 국민에게 돌리는 군대를 어떻게 대한민국 군인으로

서 받아들일 수 있겠는가. 더구나 돌연 무자비한 살상행위를 한 군을 광주시민은 절대로 용서하지 않는다. 나는 신부이며, 살상행위를 목격하지는 않았으나 김장군을 처음 만났을 때 혐오감을 느꼈다. 하물며 직접 살상을 목격한 시민, 가족을 잃은 시민, 분노와 원한에 찬 시민이 어떻게 군을 용서할 수 있겠는가. 군인 중에도 죽어간 전우의 이러한 모습을 본 젊은 군인들이 많이 분개하고 있다고 한다. 그들은 애국 애족에 관하여 교육이 잘 되어 있어서 참고 있다는 것이다. 말이 통하지 않는다. 민주학생이 정당한 권리를 주장하고 시위하고 있는 것을 총검으로 무차별 살상하고 울분을 참지 못한 전시민을 의거케 해놓고 지금 와서 오리발을 내밀다니……

4) 경찰에게 치안을 담당시켜라. 무기가 회수되어 군에 반납되면 그렇게 하고 싶다는 조건을 달았다.

5) 보도로 화해를 호소하는 방법을 지양하고 시민을 자극하지 말라. 메모를 하여 전령에게 주면서 건의하여 노력하겠다고 약속했다.[548]

상무대를 빠져나오는 수습위원들의 발걸음은 천근만근이었다. 더이상 할 말도 없었다. 오후에 도청에서 다시 모이자며 그 자리에서 헤어졌다. 김성용 신부는 농성동 성당에 들러 윤공희 대주교에게 전화로 협상결과를 알리고 YWCA로 향했다. 이성학 장로와 홍남순 변호사가 기다리고 있었다. 이성학 장로는 홍남순 변호사와 김성용 신부에게 당장 서울로 가라고 했다. 최규하 대통령을 만나 광주의 실상을 알리고 더이상 희생자가 발생하지 않도록 하라는 것이다. 대통령을 만나는 것이 쉽지 않을 테니 홍변호사는 윤보선 전 대통령을 통해, 김신부는 김수환 추기경을 통해 면담을 추진하라고 말했다. 오후 3시경 김신부는 김갑제(25세, 민주헌정동지회 회원)와 함께 곧장 서울로 출발했다. 오후 4시경 홍변호사도 부인, 아들과 함께 택시를 타고 송정리로 향했다. 송정리를 거쳐 서울 가는 차를 탈 생각이었다. 그런데 홍변호사 가족은 송정리 가는 길목 극락강 다리 검문소에서 계엄군의 불심검문에 걸려 체포되었다. 김신부는 영광, 전주를 거치면서 대여섯차례나 검문을 당했지만 김갑제가 소지하고 있던 신문사 기자 신분증을 이용하여 가까스로 다음날 서울에 도착할 수 있었다.[549] 그러나 27일 새벽 도청은 이미 계엄군에게 함락되고 말았다.

복면 쓴 시민군

26일 새벽 계엄군이 시내로 진입한다는 소식에 기동순찰대 양기남, 임성택, 구성회는 군용 지프를 타고 농성동으로 출동했다. 그들은 21일 전투경찰이 도청에서 철수할 때 버리고 간 군복과 방석모, 그리고 25일 도청에서 지급받은 마스크를 착용한 상태였다. 그들이 농성동 한전 앞에서 계엄군과 대치하고 있을 때 독일인 기자가 다가와 서툰 한국말로 '사진 찍어도 되느냐'고 묻자 '찍어도 좋다'고 허락했다. 외신 기자가 '마스크를 벗어달라'고 했지만, 그들은 신분 노출을 꺼려 마스크를 벗지는 않았다. 사진의 오른쪽에 앉은 시민군은 왼손을 주먹 쥐듯 약간 구부리고 있다. 그 주인공은 임성택이다. 임성택은 어릴 적 사고로 왼손 새끼손가락을 잃었다. 그후 잘린 손가락을 보여주기 싫어서 습관적으로 왼손을 주먹을 쥐듯 해서 감추는 습관이 남게 되었다. 그날 외신 기자가 찍은 사진, 짙은 녹색 군복을 입은 채 전투경찰의 방석모를 쓰고, 군용 지프차에 올라 카빈총을 내밀고 있는 2명의 시민군 사진은 5·18을 상징하는 모습의 하나가 되었다. 최근 일부 극우 선동가들은 이 사진의 주인공이 '북한 특수군'이라고 주장하는데 당사자 임성택은 터무니없는 역사왜곡에 분연

큰 마스크를 쓰고 지프차에 타서 총을
들고 있는 2명의 기동타격대 시민군.
(사진 천주교정의평화위원회)

히 맞서겠다는 입장이다.[550]

제4차 민주수호 범시민궐기대회

새벽에 계엄군의 시내 진입 소식이 알려지자 항쟁지도부는 당초 오후
로 예정된 궐기대회를 앞당겨 오전에 열기로 했다. 홍보팀은 시내 곳곳
에다 대자보를 부착하고, 홍보 차량의 가두방송으로 오전 11시에 제4차
민주수호 범시민궐기대회가 열린다는 사실을 알렸다. 긴장된 표정의 시
민들이 이른 아침부터 도청 앞 광장으로 모여들어 대회가 열릴 때쯤에는
무려 3만여명에 이르렀다. 이날 궐기대회는 엄태주(24세)와 박몽구가 사
회를 보았다. 계엄군측이 약속을 위반하고 새벽에 시내로 진입한 사실을
시민들에게 알리며 성토하였다. 그리고 언론인들에게 정확한 보도를 요
구하고, 군인들에게는 '권력을 찬탈하려는 전두환 군부세력의 시녀가 되
지 말고, 군 본연의 임무인 국토방위를 위해 휴전선으로 돌아가라'는 취
지의 글을 낭독했다. 이때 7개 항으로 된 「80만 민주시민의 결의」를 채택

하였다. 이 성명서는 25일 새롭게 출범한 민주투쟁위원회의 주장을 오롯이 담고 있었다.

1) 이번 사태의 모든 책임은 과도정부에 있다. 과도정부는 모든 피해를 보상하고 즉각 물러나라.

2) 무력탄압만 계속하는 명분 없는 계엄령은 즉각 해제하라.

3) 민족의 이름으로 울부짖는다. 살인마 전두환을 공개 처단하라.

4) 구속 중인 민주인사를 즉각 석방하고, 민주인사들로 구국 과도정부를 수립하라.

5) 정부와 언론은 이번 광주의거를 허위조작, 왜곡보도 하지 말라.

6) 우리가 요구하는 것은 피해보상과 연행자 석방만이 아니다. 우리는 진정한 민주정부 수립을 요구한다.

7) 이상의 요구가 관철될 때까지, 최후의 일각까지, 최후의 일인까지 우리 80만 시민 일동은 투쟁할 것을 온 민족 앞에 선언한다.[551]

이 성명서는 '수습'에만 초점이 맞춰진 이전 것들과 달리 항쟁의 대의명분을 '민주화'로 분명히 했다. '구국 과도정부 수립'과 '민주정부 수립' 요구가 실현될 가능성은 거의 없었지만, 항쟁의 성격을 '과잉진압에 대한 저항'을 넘어서 '군사쿠데타를 거부하는 민주화운동'으로 규정한 것이다.

궐기대회를 마친 후 스쿨버스를 앞세우고 수많은 시민들이 가두행진에 나섰다. 선두가 금남로에서 1킬로미터 정도 떨어진 광남로 사거리로 꺾어 들어갈 때까지 후미는 아직 출발도 하지 못했을 정도로 행진에 참가한 시민들은 6차선 도로를 꽉 메웠다. 시민들은 '우리는 싸움을 포기할 수 없다' '무기 반납은 절대로 안 된다' '살인마 전두환을 찢어 죽이자'는 구호를 외치며 금남로—광남로—광주공원—양림교—전남대병원—청산학원—계림파출소—광주역—한일은행 코스를 따라 순회한 후 다시 도청 앞으로 집결하였다. 26일 아침부터 배포된 『민주시민회보』 제9호에 「80만 민주시민의 결의」가 실렸다.

오후 2시 도청 내무국장실에서는 항쟁지도부와 광주시장이 참석한 회의가 열렸다. 김종배, 정상용, 정해직 등은 구용상 광주시장과 도청 국장급 등이 함께 모인 자리에서 광주시장에게 9가지 사항을 요구하였다.

1) 1일 백미 1가마씩 제공
2) 부식 및 연료 제공
3) 관 40개 제공
4) 구급차 1대 지원
5) 생필품 보급 원활히
6) 치안문제는 경찰이 책임지라
7) 시내버스 운행
8) 사망자 장례는 도민장으로
9) 장례비 지원

투쟁위원회는 유족 대표 8명과 함께 부지사실에서 정시채 부지사와 사회국장 등이 참석한 가운데 장례절차를 논의하였다. 시신이 부패하므로 빨리 장례를 치러야 한다고 말하자 부지사가 장지를 광주시 망월동 시립공원 묘지로 하고 '시민장'으로 하겠다고 했다.[552] 그 안에 유족들이 동의하여 장례식을 28일에 치르기로 결정하였다. 투쟁위원회가 합동장례식을 치르겠다고 생각하고 장례 날짜를 28일로 정한 것은 계엄군의 진입을 늦춰보자는 판단이었다. 최소한 장례식을 치를 때까지는 계엄군이 공격하지 않을 것이라고 기대한 것이다. 그러나 그 예측은 완전히 빗나가고 말았다.

여성들의 취사활동

22일부터 주소연 등 여고생과 대학생, 가정주부 들이 도청에 들어와 밥 짓는 일을 했다. 많은 사람들이 참여했지만 하루 세 끼 수백명분의 밥을 하기에는 인력이 부족했다. 인력뿐만 아니라 대형 솥과 버너, 식기, 수저, 젓가락 등 취사도구도 부족하고 식사할 장소도 여의치 않았다. 도청 민원실 지하 구내식당을 취사실로 사용하였다. 항쟁기간 중에는 아예 집에 들어갈 수 없는 사람들이 대부분이어서 밥을 먹어야 할 인원이 많았다. 구내식당은 비좁아서 밥만 짓는 취사실로 사용하고, 밥은 2층 강당으로 옮겨 그곳에서 사람들이 식사를 하도록 했다. 밥을 많이 짓다보니 쌀이 제대로 잘 익지 않아 떡밥이 되기 일쑤였다. 그러자 어떤 아저씨가 와서 밥할 때 쌀에 소금을 좀 넣으면 밥이 잘 된다고 알려주었다. 소금을 넣고 밥을 지으니 떡밥이 되지 않았다. 주먹밥을 만들어도 소금기 때문에 짭짤하게 간이 잘 맞았다. 24시간 계속해서 밥을 지어야 했기 때문에 여성들은 2교대로 조를 편성하여 활동했다. 1조는 새벽부터 오후 5시까지, 2조는 오후 5시부터 밤 10시경까지였다. 식기가 부족했기 때문에 주먹밥을 많이 만들었다. 양동시장과 서방시장 아줌마들이 수시로 김치와 김밥을 광주리에 담아 리어카에 가득 실어 도청으로 가지고 왔다. 젊은 형제가 운영하던 유동 삼거리의 '형제빵집'에서는 거의 매일 새로 만든 빵을 상자에 담아 가져오기도 하였다.

22일과 23일은 지역방위대들이 경계하고 있던 학동·백운동·산수동·화정동에도 주먹밥을 만들어 보냈다. 24일이 지나자 시민들의 일상생활이 조금씩 정상화되면서 일반 행정 업무가 폭주하게 되었다. 해방기간이 길어지면서 초기에 참여한 사람들이 지쳐가고 있었다. 취사반이나 상황실, 무기고 등에서 인원 보충을 요청하는 목소리가 높아졌다. 그러자 김성용 신부가 남동성당의 신자 정숙경(25세, 간호사)에게 요청하여 취사를 도와줄 사람을 찾도록 했다. 이미 간호사들을 조직해 병원에서 부상당한 시민들을 보살피는 활동을 하던 정숙경은 가톨릭노동청년회(JOC)를 중심으로 활동하던 김성애를 통해 20여명의 여성들을 모았다. 이황(26세)이 운영하는 교육문화사에서 독서토론학습에 참여하고 있던 노동자들도 함께 하겠다고 나섰다. JOC 회원들은 이미 23일부터 YWCA에 모여서 헌혈, 모금, 대자보 작성, 검은 리본 제작 배포 등 다양한 활동을 하고 있었다. 이들은 25일 오전 도청에 들어가 3개 조로 나뉘어 활동을 시작하였다.[553]

양동시장에서 명태장사를 하던 김양애는 주변에서 쌀을 거둬 김밥을 만든 다음 리어카에 싣고 도청에 가져왔다. 부녀회장을 맡고 있던 그녀는 아들을 찾으러 도청에 갔다 학생들이 배를 곯고 있다는 소식을 듣고 마을 사람들에게 쌀을 거둬 밥을 지었다. 쌀이 순식간에 한가마니나 걷혔다. 양이 많아 식당에서 밥을 쪄내고 양동시장 아낙네들을 모아 김밥을 쌌다. 필요한 재료는 양동시장에서 즉시 구할 수 있었다. 시장 사람들은 물건을 스스로 내주었을 뿐 아니라 일을 도와주었다. 양동시장 다른 한쪽에서는 태극기를 만들고, 계란과 물을 준비하여 차를 타고 돌아다니는 시민군들에게 나눠주었다. 도청의 시민군들은 몹시 배가 고파 쌀 한가마니 분량의 김밥을 순식간에 먹어치웠다. 그녀는 '학생수습위원'이라는 어깨

띠를 매고 시신을 관리하는 아들 박병규(朴炳奎, 19세, 동국대 1학년)를 만날 수 있었다. 그녀는 "여기 있다 어떤 변을 당할지 모르니 집으로 가자"며 아들의 손을 끌었다. 아들은 엄마의 손을 뿌리치고 그곳에 남았다. 그는 27일 새벽 계엄군의 M16 총탄에 맞아 사망했다.

가두방송 홍보반

항쟁기간 동안 많은 사람들이 가두방송에 참여했다. 19일에는 시위 군중들이 즉석에서 모금하여 방송장비를 구입하였다. 진압봉과 대검, 총으로 무장한 공수부대에 대항하기 위해서는 스피커가 필요했다. 시위가 한창 고조되던 20일과 21일에는 동사무소 등 관공서에서 방송장비를 가져와 사용했다. 항쟁 후 광주시가 조사한 관공서의 '앰프, 스피커, 마이크, 메가폰 피해사항 표'를 보면 자발적으로 가두방송을 한 사람들이 많았다는 것을 알 수 있다.

22일 이후에도 도청을 중심으로 여러대의 방송 차량이 활동을 하였다. YWCA 청년·학생 홍보본부는 23일부터 전남대 스쿨버스로 가두방송을 하면서 항쟁지도부의 메시지를 시민들에게 전파하였다. 홍보 차량에다 『투사회보』를 싣고 다니면서 뿌렸다. 시민군 김종남(19세)은 도청 홍보팀에서 활동했다. 홍보 1호차는 4.5톤 페퍼포그 차, 2호차는 2.5톤의 경찰 시위진압용 차량이었고, 3호차부터는 도청 승용차를 이용했다.[554]

도청에서 직접 방송을 하기도 했다. 상황실 내에 있는 방송실의 고성능 방송장비를 이용해 22일부터 26일까지 사망자 신원, 행사일정, 행동수칙 등을 알렸다. 이경희, 김선옥 등 여성들이 수습대책위원회에서 작성한 메시지를 방송했다. 26일 가두방송을 마치고 도청에 머문 박영순은 27일 새벽 도청 상황실에서 마이크를 잡고 계엄군의 침입 사실을 방송했다.

기동타격대

26일 오후 2시 항쟁지도부는 도청 본관 2층 식산국장실에서 기동타격대를 조직하였다. 사람들이 순식간에 모여들었는데 그동안 기동순찰대로 활동하던 시민군 대부분이 지원했다. 초창기부터 무장시민군으로 활동하던 기동순찰대는 체계적이지 않고 명령계통도 불분명했다. 피곤하면 집에 들어가버린다거나 임무 수행도 정확하지 않았다. 새 항쟁지도부가 들어서면서 '무기 회수'에서 '결사항전'으로 분위기가 바뀌자 윤석루와 이재호(李在鎬, 33세)가 나서서 무장시민군을 '기동타격대'라는 명칭으로 새롭게 조직했다.

대장 윤석루, 부대장 이재호 그리고 각 조장으로 이어지는 명령체계를 갖춘 본격적인 전투조직으로 구성되었다. 기동타격대의 주요 임무는 외곽지역을 순찰하면서 계엄군의 동태를 파악하고 시내 치안을 담당하는 것이었다. 지도부에서 처음에는 6조까지 편성하였으나 지원자가 늘어나자 7조를 만들었다. 7조는 물자를 보급하고 위급한 상황이 발생했을 경우 지원활동을 하는 예비대로 편성했다.[555]

지원자들에게 가입선서를 받고 분명하게 임무를 부여해 조직원으로서의 사명감을 고취하였다. 김성용 신부 등 존경받는 어르신들이 출범식에 참석해서 기동타격대의 임무와 중요성을 역설했다. 기동타격대 선서문 낭독도 하는 등 격식을 갖추어 가입절차가 진행되자, 대원들은 자긍심을 갖게 되었다. 기동타격대 선서문은 부대장인 이재호가 작성하였다. 이재호는 대원 중에서 나이가 가장 많았으며 대학을 졸업한 인물로 조직체계를 짜고 규율을 정하는 일을 주도하였다. 그는 광주에서 건축사 일을 하다가 우연한 계기로 기동타격대 부대장이 되었다.

기동타격대는 각 조당 군용 지프차 한대와 무전기를 한대씩 지급하였다. 무기는 성능이 좋은 것들로 골랐고, 수류탄도 지급하였다. 복장도 좀 더 의연하게 보이기 위해 전투경찰이나 군인들이 후퇴할 때 버리고 간 방석모, 철모로 모자를 통일시켰다. 이재호 부대장이 서로 별명을 붙여서 부르자고 해서 각자 '제1조 백곰' 등 별명을 하얀 천에 써서 철모에 동여 맸다. 별명은 대부분 동물 이름이었다. 만약 계엄군에게 체포된다면 이름을 모르는 편이 서로에게 도움이 될 것이라는 생각 때문이었다.

기동타격대는 출범하자마자 광천동에 군인들이 나타났다는 신고를 받고 6조가 출동하여 군인 1명을 생포했다. 시내 순찰을 나왔다 시민군에게 발각된 군인은 도청 조사과로 인계되었다. 조사 결과 그가 공수대원이 아니라 상무대 전교사 소속 군인이라는 것이 확인되자, 빼앗은 총을 돌려주고 그를 차에 태워 부대로 복귀시켰다.[556]

항쟁기간 동안 시민들은 붙잡은 군인들을 대부분 부대로 돌려보냈다. 5월 19일 광주천변에서 도망가다 부상을 입은 공수대원도 시민들이 적십자병원에 입원시킨 후 나중에 계엄군 통제 아래 있던 국군통합병원에 인계하였다. 21일 아침 광주공단 입구에서 분노한 시민들이 20사단 지휘부 차량 14대를 빼앗았을 때도 군인들은 모두 상무대로 돌려보냈다. 군 기록에는 이때 실종된 병사 1명이 그날 오후 무사히 부대로 복귀한 것으로 나타나 있다. 22일 조선대에서 주남마을로 철수하던 중 학운동 지역방위대에 체포된 11공수여단 소속 낙오병도 그날 오전 도청에 붙잡혀왔으나 간단한 조사만 마친 후 계엄군에게 넘겨졌다. 23일 시민군 치안질서반에서 활동하던 김준봉은 도청에 붙잡혀와 떨고 있던 공수부대 낙오병 1명을 조사한 후 국군통합병원에 인계하였다. 이때 김준봉은 그 공수부대원을 이렇게 안심시켰다.[557]

"너무 떨지 마시오. 당신도 대한민국 국민인데 죽이기야 하겠소? 군인

이야 명령에 죽고 사는 것 아니오? 당신은 명령에 복종한 것뿐이니 너무 걱정 마시오."

이렇듯 항쟁기간 중 시민들은 계엄군과 치열하게 전투를 벌였지만 막상 포로가 된 군인들에 대해서는 한명도 고문을 하거나 살상하지 않고 모두 부대로 돌려보냈다. 이같은 사실은 공수대원들이 21일 오후 전남대에서 광주교도소로 이동하는 과정에서 포로로 붙잡혀 저항할 수 없는 상태에 놓인 시민들을 무자비하게 구타해서, 혹은 최루가스에 질식시켜서 죽음에 이르게 하거나, 23일 주남마을 앞 미니버스에서 홍금숙과 함께 체포된 2명의 시민군 부상자를 사살하여 야산에 암매장한 것과 대비된다.

기동타격대는 결성되고 나서 조별로 순찰활동을 하였다. 1조는 금남로·학동·방림동, 2조는 풍향동·계림동·충장로·금남로, 3조는 백운동 로터리에서 전남대병원, 4조는 풍향동·산수동·지산동·동명동, 5조는 금남로·광천동·양동 복개상가, 6조는 도청·금남로·양동국민학교·월산동·광주천변을 순찰했고, 7조는 예비대로 지원동 일대를 순찰하였다. 기동타격대 1개 조는 6~9명씩으로 전체 인원은 대략 40~70명가량으로 추정된다. 항쟁 이후 기동타격대원으로 밝혀진 사람은 31명이다. 27일 새벽 사망한 사람이 누구인지, 무사히 도피한 사람이 누구인지 알 수가 없다. 애초에 서로 인적사항을 확인하려고 하지 않았으며 별명을 만들어 불렀기 때문이다.

제5차 민주수호 범시민궐기대회

오후 3시 제5차 민주수호 범시민궐기대회가 개최되었다. 오전에 상무대를 다녀온 시민 대표들의 협상결과가 알려지면서 계엄군 진입이 확실해지는 시점에서 열린 궐기대회였다. 이번 궐기대회에서는 성명서를 낭독하던 종전과는 달리 '시민행동강령'을 채택하여 발표했다. 많은 시민들이 연단에 올라가 계엄군의 만행을 성토했다. 한 아주머니는 교도소 부근에서 공수대원들에 의해 가족이 몰살당한 얘기를 하면서 말을 제대로 잇지 못하고 통곡했다. 어떤 여교사는 현 상황에서 자신이 해야 될 일이 무엇이냐고 물었다. 시민궐기대회에 처음으로 참가했다는 아주머니는 폭도와 깡패 들이 난동을 부린다는 텔레비전 보도를 듣고 무서워서 집에서 나오지 않았는데 시내에 직접 와보니 보도와는 전혀 다르다는 말을 하면서 시외지역이나 변두리에 와서도 홍보를 해달라는 부탁을 했다. 해방 후 현재까지의 정치·경제적인 문제점 등을 성토하기도 했다. 오전 4차 궐기대회에서 채택된 7개 항의 「80만 민주시민의 결의」가 다시 낭독되었다.

궐기대회가 끝날 무렵, 항쟁지도부가 '오늘밤 계엄군이 공격해올 가능성이 크다'고 공식 발표하였다. 상무대에 근무하는 방위병으로부터 '오늘 밤에 계엄군이 쳐들어간다'거나, 군 가족으로부터 '병력이 증원되고, 계엄군의 사기 앙양을 위한 돼지고기 회식이 예정되어 있다'는 말이 나왔다는 소문이 공공연하게 떠돌았다. 상무대에 근무하는 장교의 부인이 남편으로부터 '며칠 동안 집에 들어가지 못한다. 위험하니까 절대 집 밖에 나오지 말라'는 등의 전화가 도청 상황실로 걸려왔다는 것이다. 대회가 끝난 후 "끝까지 싸워야 한다!"고 외치며 5천여 명의 군중이 금남로–양동상가–화정동을 거쳐 계엄군과의 대치 지점까지 행진하였다. 시민들은 계엄군의 코앞까지 다가가 구호를 외치며 성토한 후 도청으로 되돌아왔다. 그날 밤 YMCA 강당에는 도청을 사수하려는 약 150명의 청년·학생들이 남았다.

외신 기자회견

26일 오후 5시경 외신 기자회견이 윤상원 대변인 주관으로 도청 본관 2층 대변인실에서 열렸다. 계엄군 진입이 확실시되는 시점인데다 '수습위원회'에서 '민주투쟁위원회'로 바뀐 항쟁지도부가 공식적으로 가진 첫 기자회견이라 큰 관심을 끌었다. 기자출입증 20여매가 외신 기자들에게만 발부되어 세계의 이목이 광주로 집중된 상황이었다. 대변인실 앞에는 전남대 학생 김윤기와 안길정, 박종섭(19세)이 카빈총을 들고 경비를 섰다.[558] 외신 기자만을 대상으로 한 공식적인 기자회견으로는 처음이자 마지막이 되고 말았다. 그 자리에는 『뉴욕타임즈』 동경지국장 헨리 스콧 스토크스, 『뉴욕타임즈』 서울 특파원 심재훈, AP통신의 테리 앤더슨, 『요미우리신문』의 마쯔나가 세이따로오(松永成太郎), 독일 NDR방송 힌츠페터, 『볼티모어 썬』의 브래들리 마틴, 『쥐트도이체 차이퉁』의 게브하르트 힐셔 등 10여명이 참석하였다. 통역은 미국인이면서 순천에서 태어나고 자란 선교사 집안의 인요한(印耀漢, John Linton, 22세, 연대 의대 1학년)이 맡았다.[559] 그는 개인적 호기심에서 '미국대사관 직원'이라고 신분을 속인 채 광주로 들어왔다가 우연히 외신 기자회견 통역을 맡게 됐다.

헨리 스콧 스토크스 기자는 이때의 도청 분위기를 이렇게 떠올렸다. "대학생 지도자들은 몹시 지치고 대단히 어려 보이는 젊은이들로, 무기를 어떻게 다루어야 좋을지도 모르고 있었다. 우리가 대변인을 만나러 방으로 가보니 그들은 카빈총을 마치 장난감 총이나 되는 듯이 벽에다 기대놓고 있었다. 과연 안전장치는 제대로 해놓은 것일까?"[560]

대변인 윤상원은 새로 구성된 '민주투쟁위원회'의 입장과 계엄분소와의 협상결과, 피해상황 등을 간략히 브리핑했다. 외신 기자들에게 특별히 두가지 사항을 협조해달라고 요청하였다. 글라이스틴 주한 미국대사와 연결해달라는 것과 국제적십자사에 구호를 요청해달라는 것이었다. 윤상원은 "우리가 오늘 설령 진다고 해도 영원히 패배하지는 않을 것"이라는 말로 회견을 마무리했다. 3시간 동안 통역한 인요한은 자신도 모르게 '눈물'을 흘렸다. 인요한이 그때 느낀 광주 분위기는 '폭도의 도시'가 아니라 '마치 거대한 장례식장' 같았다. 인요한은 윤상원이 그때 한 말을 다음과 같이 생생하게 기억하고 있다.

"북쪽을 향해야 할 군인들의 총이 왜 남쪽을 향하고 있는지 모르겠다. 상황이 어렵다. 식량이 떨어져가고 있고, 물도 바닥나고…… 우리는 빨갱이가 아니다. 우리는 매일 '반공 구호'를 외치고 시작한다. 그렇게 몰고 가지 마라. 억울하다."

윤상원은 기자회견이 끝난 후 『뉴욕타임즈』의 헨리와 심재훈을 별도로 만나자고 했다. 주한 미 대사와의 면담을 주선해달라는 요청 때문이었다. "그는 전두환과는 협상하지 않겠다"고 단호히 말했다. 시민군 메신저 노릇을 해달라는 윤상원의 제안에 심재훈과 헨리는 난감했다. 인터뷰가 끝난 후 둘은 이 문제를 가지고 토론했다. 기자가 아니라면 글라이스틴을 직접 만나 호소하고 싶은 마음이었지만 그럴 수는 없다고 판단했다. 기자는 어디까지나 '관찰자이지 분쟁의 어느 한쪽에 개입해서는 안 된다'고 생각했다. 그들이 쓴 『뉴욕타임즈』 기사를 통해 글라이스틴 대사가 광주 상황을 이해하고 그 결과 투쟁위원회 대변인을 만나겠다는 판단을 할 수 있도록 하는 것이 자신들이 할 수 있는 최선의 길이라고 잠정적인 결론을 내렸다. 그러나 그들이 작성한 기사가 활자가 되어 나오기도 전인 다음날 새벽 도청은 계엄군에 의해 함락되고 말았다. 기자회견을 마치고 난 후 도청 앞에는 대자보가 나붙었다.

"광주시민 여러분 안심하십시오. 시민군 지도부는 『뉴욕타임즈』 기자와 회견을 했는데, 그 과정에서 확인한 바에 따르면 미국이 광주문제의 원만한 해결을 위해 곧 개입할 것이라는 정보를 확인했습니다."

대자보에는 헨리 스콧 스토크스와 심재훈의 이름까지 적혀 있었다. '지푸라기라도 잡고 싶은 절박한 상황'이었기 때문에 시민군 지도부는 그런 식으로라도 불안해하는 광주시민을 안심시키고 싶었을 것이라고 심재훈 기자는 회고했다. 대자보의 내용은 물론 사실이 아니었다. 항쟁이 끝난 후인 7월초 계엄사 합동수사본부는 갑자기 심재훈을 연행하여 불법 감금한 채 조사를 했다. 그 대자보 내용을 집중 추궁했다. 『뉴욕타임즈』 본사는 글라이스틴 미 대사에게 심재훈 기자의 석방을 강력하게 요구했고, 며칠 후 그가 석방됐다.

26일 글라이스틴은 광주의 누군가로부터 계엄사와 중재에 나서달라는 전화요청을 받았다. 그러나 그는 중재요청을 무시해버렸다. 그 이유는 첫째, 20사단이 이미 광주에 투입됐기 때문에 한국의 계엄 당국이 중재를 받아들이지 않을 것이라 생각했고, 그런 역할이 미국대사에게 합당치 않다고 여겼다는 것이다.[561] 둘째, 중재를 요청한 그룹이 광주의 어떤 사람들인지 판단할 수 있는 아무런 정보가 없었다는 것이다. 하지만 『워싱턴포스트』(The Washington Post) 신문은 국무성 대변인의 말을 인용하여 미국이 처음부터 시민군과 협상할 의도가 없었다는 점을 다음과 같이 밝혔다.

"그 중재요청은 무시되었다. 그것은 '인권에 관한 이슈가 아니라 미국이 동북아시아에서 안정을 유지하려는 미국의 국익에 관한 문제'였기 때문이다."[562]

외신 기자들은 대변인 윤상원에 대해 강렬한 기억을 갖고 있었다. 『뉴욕타임즈』 헨리 스콧 스토크스는 이때 윤상원이 "순수한 제퍼슨식 민주주의자"로 보였다고 술회하였다. AP통신 테리 앤더슨은 "열정과 설득

Korean rebel's gaze was even but it foretold his death

STUDENT, from A1

as an ally can exercise its influence on the Korean government. Since it hasn't done so, we suspect the U.S. might be supporting Gen. Chun Doo-hwan." (General Chun is South Korea's new military strongman.)

The Americans should send their ambassador in to arbitrate the Kwangju problem, the student spokesman said, because "we can't trust the government authorities. In the case of the recent coal miners strike, the government promised no punishment if the rioters would stop — but in fact they were arrested later."

The spokesman would not give his name. He said that was the policy of the student militants, although he was sure the Army knew who he was.

I looked at him and could not escape the knowledge of the future that I saw in those eyes. More than 100 Kwangju people had been killed in the previous week's rioting, according to news accounts, and he was saying the real figure was about 260.

Finally I asked him the question that was bothering me. It was obvious to any outsider, I said, that the Army had overwhelming power to call upon whenever it might choose to strike and retake the city. Were the poorly armed student militants prepared to die in resisting or would they surrender?

He replied calmly, his eyes gently insisting that the words be believed. "We'll fight back to the last man." He said the students had enough dynamite and grenades to "blow up the city."

After the press briefing, I stayed in Kwangju a while, examining the barricades, interviewing citizens. Then, at night, I returned to Seoul and sent a story to The Sun about what I had seen. The story never ran. Before it could be printed, word came that the Army had retaken Kwangju.

Casualty figures released at first were low—only two dead among the students. I was happy it was not more. They were so young, so full of idealism and determination.

Later I heard higher figures. The Associated Press correspondent, who had been at the news conference, counted 16 young people dead. Among them, he said, was the student spokesman, found in the same Capitol office where he had held his first and last regularly scheduled meeting with the press. His body was partially burned in a fire that had broken out there, I was told.

If I knew the student's name, I would write it here.

5월 26일 오후 5시경 시민군 대변인 윤상원은 도청에서 외신 기자회견을 열었다. (사진 미국 브래들리 마틴 기자의 『볼티모어 썬』지 기사, 5·18민주화운동기록관 제공)

력 있는 주장을 편 시민군"으로 기억했다. 미국『볼티모어 썬』의 브래들리 마틴이 송고한 5월 28일자 1면 머리기사 제목은 이렇게 시작되었다. "항쟁자의 눈빛은 차분했다. 그러나 죽음을 예고하고 있었다." 훗날 그는 1994년 월간『샘이 깊은 물』에 당시 상황을 다음과 같이 기고하였다. "나는 이미 그(윤상원)가 죽을 것임을 예감했다. 그 자신도 그것을 알고 있는 듯했다. 표정에는 부드러움과 친절함이 배어 있었지만, 시시각각 다가오는 죽음의 그림자를 읽을 수 있었다. 지적인 눈매와 강한 광대뼈가 인상적인 그는 '최후의 한사람까지 싸울 것입니다'(We will fight until the last man)라고 했다."[563]

26일 오전 9시 30분경 미국 CBS 방송 기자는 광주에 거주하고 있던 피터슨 목사를 인터뷰했다. CBS 기자는 "이번 사태가 공산주의자나 공산주의 동조자들에 의해 조장되었다는 정부의 주장을 어떻게 생각하느냐"고 물었다. 피터슨 목사는 "이번 사건을 조장한 사람들은 공산주의자가 아니라 군인들"이라고 말했다.[564] 광주시민의 항쟁을 '북한군의 개입' 혹은 '공산주의자들의 사주'에 의한 것이라고 몰던 계엄군 지휘부의 주장은 요즘도 5·18 왜곡세력들에 의해 되풀이되고 있다.

마지막 회의

오후 6시 도청 부지사실에서 수습위원회의 마지막 회의가 열렸다. 이종기 변호사, 오병문(吳炳文) 교수, 김재일, 장세균 목사, 조비오 신부, 조아라 회장, 이애신 총무, 황금선, 구성주, 김화성, 정상용, 김종배, 김창길 등이 모였다. 이 자리에서 김창길이 "오늘 낮에 계엄분소에 다녀왔는데, 계엄군은 오늘 자정까지가 무기 반납 시한이니 빨리 무기를 반납해야 한다"고 말했다. 정상용이 반대의견을 피력했다. "지금에 와서 싸움을 멈추자고 하는 것은 너무나 굴욕적이다. 광주시민의 피를 팔아먹는 행위다. 우리는 매일 궐기대회에서 시민들의 함성을 듣지 않았느냐. 목숨이 다할 때까지 싸워야 한다. 계엄사에서 우리의 요구조건을 들어준 것이 무엇이냐? 아무 것도 없지 않느냐? 이런 상황에서 어떻게 항복을 한단 말이냐? 더구나 미국이 항공모함을 이동시켰다. 이제 며칠만 더 버티면 승리는 우리의 것이다." 김종배도 "지금 총기를 반납하라면 우리보고 전부 죽으란 말이냐. 나는 여태까지 시민들의 의사에 따라 행동하여온 것"이라며 반대했다.

그렇게 옥신각신하던 중 김창길이 계속해서 무기 반납을 주장하자 상황실장 박남선과 기동타격대장 윤석루가 나타나 권총을 뽑아 들면서 "싸울 사람만 남고 항복할 사람은 나가라"고 강경하게 요구했다. 그러자 김창길과 황금선 등 무기 반납을 주장하던 사람들이 회의실을 떠났다. 그들은 도청에서 나가며 식당에서 취사를 맡은 여학생과 외곽 경비를 서고 있던 사람들에게 "계엄군이 곧 진주한다"며 도청에서 나가자고 말했다. 그들과 함께 일부 사람들이 도청을 빠져나갔다.

YWCA 조아라 회장은 다음과 같이 술회했다. "학생수습위원회가 항쟁파와 투항파로 나뉘어서 싸우고 있는 거야. 정상용, 김종배는 이 참혹하게 죽은 시신을 놔두고 절대 도청을 나가지 않겠다고 하고, 김창길은 5시 이후에는 나가겠다고 서로 우기고 난리를 치는 거야. 그 꼴을 보니 속이 뒤집혀서 '비극 속에 비극을 보는 것 같다. 모두 힘을 합쳐 싸워도 모자라는 판에 이게 무슨 추태냐. 나는 이런 꼴을 못 보겠으니 내가 나가겠다'고 호통을 쳤어. 김창길이는 끝내 도청을 나갔어. 그가 나가자 김창길 추종자들도 모두 나가더군. 조비오 신부, 오병문 교수, 장세균 목사, 이종기 변호사 등 몇명이 남아 있는데, 정상용과 김종배가 '우리는 모두 죽고 단 한사람이 남더라도 끝까지 여기서 있겠습니다. 우리는 못 나갑니다. 우리와 함께 최후까지 일을 합시다'라고 울면서 말했어. 그때가 7시쯤 되었을 때야. 8시경 내가 집에 간다고 하자 조비오 신부, 오병문 교수가 따라 나와 YWCA까지 데려다줬어. 그날 밤도 이애신 총무와 함께 걸어서 집으로 갔어."[565]

그날 저녁, 밤 9시경 김창길은 수습위원회 활동을 시작한 지 닷새 만에 집에 들어갔다. 이날 밤 7시를 기하여 광주에 거주하는 외국인 207명(미국인 134명, 일본인 9명, 영국인 3명, 기타 61명)이 광주에서 철수하였다.[566] 해방기간 동안 광주에서 피해를 입은 외국인은 단 한명도 발생하지 않았다. 피터슨 목사는 26일 오후 광주의 미 공군부대 데이브 힐과 다시 연락했다. 데이브 힐은 피터슨에게 빨리 광주를 떠나라고 강하게 요구했다. 피터슨은 끝까지 광주를 떠나지 않았다. 양림동 미국인 선교사 마을 자신의 집에서 홀로 잠을 청했고, 다음날 새벽 도청 부근에서 들려오는 요란한 총소리에 잠을 깼다. 피터슨 목사는 나중에 데이브 힐에게서 '한국 공군이 공격의 일환으로 도시에 폭탄을 떨어뜨릴 계획을 세웠다'는 이야기를 들은 적이 있다고 회고했다.[567]

거대한 슬픔

상무관에 들어온 시신은 전남대병원·적십자병원·기독병원 등 대형병원에서 옮겨온 경우가 많았다. 시신이 들어오면 먼저 도청 조사과를 거친 다음 본관 옆과 민원실 사이의 공터로 옮겨졌다. 그후 시신 관리팀에서는 시신에서 분비물이 흘러나오는 것을 막기 위해 솜으로 눈, 코, 입 등을 막고 부패가 심한 경우 시신을 비닐로 감쌌다. 시신은 총상으로 팔, 다리가 잘려 나갔거나 몽둥이 등에 맞아 부어오른 것이 많았다. 가족들이 나타나면 염을 하고, 흰 천으로 관을 두른 뒤 그 위에 태극기를 덮어 상무관으로 옮겼다. 26일까지 상무관에 안치된 시신은 60여구였으며, 신원이 확인되지 않은 시신 10여구는 상무관으로 옮기지 않고 도청에 그대로 두었다. 미확인 시신 중에 여성이 2구 있었는데 26일까지 가족들이 나타나지 않았다. 대부분의 시신은 얼굴 형태를 알아볼 수 없었기 때문에 가족들이 소지품이나 옷, 신발 등을 보고 확인했다.

관은 적십자병원 옆이나 양동시장 근처의 장의사에서 조달되었으나 양이 부족하여 조선대병원에서 건축용 합판으로 만든 것을 가져오기도 했다. 백운동 대동고등학교 부근의 밭에 시신이 있다는 정보가 들어와 상무관 시신 관리팀과 기동순찰대원들이 직접 현장을 수색하여 관도 없이 매장된 시신을 수거해왔으나 26일 저녁까지 가족들이 나타나지 않았다. 부상자가 도청으로 실려 올 경우도 있었는데, 이럴 때는 일단 응급치료를 하고 중상자는 병원으로 옮겼다.

정태호(19세, 대학생)는 여학생 몇명과 함께 상무관에서 시신을 지키는 일을 했는데, 처음에는 섬뜩했으나 나중에는 동지라는 생각이 들어 괜찮았다. 가톨릭 신자 홍순권(20세, 세례명 비오)은 도청에서 시신을 씻고 염을 하는 등 남들이 꺼리는 일을 도맡았다. 북동성당 청년회 활동을 하면서 대학 진학을 준비하던 그는 27일 새벽 도청에서 경비를 서다 계엄군의 총탄에 숨졌다.

계엄군의 분열공작

계엄군이 21일 광주 시내에서 모두 퇴각한 것은 시민들이 나서서 펼친 필사적인 항쟁의 결과였다. 계엄군은 퇴각과 동시에 광주시 일원의 군사적 봉쇄를 실시했다. 그러면서 '5월 23일 이후 폭도소탕 작전 의명 실시'를 결정했다.[568]

계엄군은 광주소탕 작전의 일환으로 '심리전'을 전개했다. 시민군 내부의 분열을 조장하거나 상호간의 불신을 일으키는 데 총력을 기울였다.

이러한 계엄군의 끊임없는 와해공작에도 광주시는 포위, 고립된 상태로 5일 동안이나 버텼다. 계엄군의 광주시민들에 대한 내부 분열 공작이 실패하고 항쟁파 지도부가 실권을 장악하는 데까지 이르자, 계엄 당국은 공격을 서둘렀던 것이다.

상무충정작전

5월 23일 전남북계엄분소에서는 다음과 같은 전단을 살포했다. "점거 당한 광주시의 평온을 되찾고 선량한 시민을 보호하기 위하여 광주 시내에 진주한다. 선량한 난동자는 불순분자에게 더이상 속지 말고 총을 버리고 자수하라. 시민은 거리로 나오지 말라. 반항하는 자는 사살한다. 학부형들은 자녀를 단속하라. 작전은 금일 중으로 실시한다." 원래 23일 진압작전을 펼칠 예정으로 이 전단을 살포했으나 상부에서 지연되었다.

이처럼 계엄사령부는 광주'소탕' 작전계획을 여러차례 변경하였다.[569] 23일 오후 3시 2군사령부 작전처장 김준봉 준장이 계엄사령관에게 충정작전 계획을 건의하자 이희성은 '한·미 간 협의를 위해 5월 24일까지 소탕작전 연기'를 지시했다. 그뒤 국방부 장관 주영복은 25일 새벽 2시까지 작전을 연기하도록 다시 지시했다. 표면적인 이유는 무력진압이 지역감정을 격화시킬 우려가 있고, 만약 민간인이 인질로 붙잡혔을 때 대처하기 곤란하다는 것이었다. 그러나 실제로는 함대 배치 등 미군측의 협조를 위해 시간이 더 필요하다는 것이 중요한 이유였다. 육본 작전참모부장 김재명이 미군측을 만나 협의를 끝낸 것은 24일 오후 4시였다. 계엄사령부는 소준열 전교사령관에게 '미국측 해·공군이 증원될 때까지 작전을 유예하라'는 지시를 내려보냈다. 또다른 배경은 시민들 스스로 무기 회수를 함으로써 자발적인 무장해제가 진행되고 있었다는 점이다.[570]

24일 3, 7, 11공수여단은 광주재진입 작전을 위해 교도소, 주남마을 등 외곽봉쇄 지역을 20사단에 넘겨주고 일제히 광주비행장으로 집결하여 출동대기태세에 돌입했다. 2군사령부는 전교사에 광주-장성 간 병참선을 개통하라고 지시했다. 이어서 계엄사령부는 24일 한미연합사 "위컴 장군에게 계엄사가 광주시에 재진입, 탈환하기 위한 계획을 완성했다고 전했다."[571]

이에 앞서 계엄 당국은 "국방부 장관과 합참의장의 노력에 의거, 미국이 협조적이며 적극적으로 나온다는 사실을 확인"했다.[572] 미국 시각 22일, 한국 시각으로 23일 미 국방성은 20사단의 광주 투입에 '동의'했다고 발표했고, 고위정책조정위원회 역시 조기경보기와 항공모함을 한국으로 급파한다고 공표했다.

25일 낮 12시 15분 육군회관에서 전두환, 주영복, 이희성, 황영시, 노태우 등 계엄 지휘부가 마주 앉았다. 이희성은 이들에게 육본 작전지침을 회의자료로 돌렸다. 이날 새벽 4시경 이희성이 미리 김재명 작전참모부장에게 마련하라고 지시한 '상무충정작전' 지침이었다. 이미 미국의 확고한 지원을 보장받은 상태에서 이들은 그 자료를 검토한 뒤 작전 개시 시각을 '5월 27일 새벽 0시 1분 이후'로 확정했다. 소탕작전은 전교사령관 책임 아래 실시하기로 최종 결정을 내렸다.[573]

소탕작전은 실행되기 전에 몇가지 준비단계를 거쳤다. 김재명이 육군 본부 특명단장 자격으로 21일 오전 11시부터 오후 3시까지 광주를 방문했다. 김재명이 전교사에 머물고 있던 그 순간 도청 앞에서는 11공수여단 61, 62대대가 금남로에 운집한 수만명의 시위대를 향해 집단 발포하였다. 김재명은 전교사령관, 특전사령관, 3개 여단장, 20사단장, 보안사 기획조정처장 등과 면담하고 나서「작전실시 판단」이란 보고서를 제출했다. 그가 현지에서 만난 지휘관들은 조기 진압의 필요성을 강조했다. 김재명은 그 보고서에서 광주 시내에 대한 계엄군 투입 시기를 25일 새벽 4시로 제안했다. 그후 육군본부 작전참모부 이상훈 작전차장 명의의 검토보고서가 제출되었다. 그 보고서에 따르면 광주사태를 평정하는 세가지 방안으로, 1. 시민 자체 해결 지원, 2. 광주시 장기봉쇄, 3. 조기 평정책에 대해 거론하고, 각 방안의 장단점을 검토한 후 '제3안 조기 평정책'을 제안했다. 제1안은 평화적 방안이지만 성공 의문, 양민학살, 장기간 소요 등이 단점으로 제시됐다. 2안은 비교적 적은 희생을 내고 목적을 달성할 수 있으나 폭도에게 시간적 여유를 주어 주민조직의 총알받이 방패화, 시내 방어체제 강화, 타 지역으로의 파급 우려, 시민의 불평 고조, 군인 및 공무원 가족을 앞세운 조직적인 작전 방해 등이 단점으로 지적됐다. 제3안은 폭도들의 의지 분쇄, 파급효과 예방, 주민 조기 해방에 따른 피해 감소가 장점이나, 군과 시민, 그리고 폭도의 희생을 어느정도 각오해야 하는 점과 매스컴에 의한 악용 우려, 평정 후 후유증 예측 등이 단점으로 지적됐다.[574] 이 가운데 최종 결정된 것은 '제3안 조기 평정책'이었다.

보안사령부의 515보안부대는 감청활동을 강화하기 위해 26일 오후 7시에 광주지역으로 이동했다. 또 송정리 비행장과 전교사에서 대기 중인 사병들에게 총 6300만원의 금액과 중식용 소 7마리가 제공되었다.[575]

제3부

마지막,
그리고
새로운 시작

13 항쟁의 완성

5월 27일 화요일

결전의 준비

이슬비가 어둠을 적셨다. 도청, 분수대 광장, 금남로는 사람들의 발길이 끊겼다. 지난 5일 동안 그 공간을 가득 메웠던 해방의 열기는 싸늘하게 식어가고 있었다. 시민들은 문단속을 하고 집안으로 들어가 불을 껐다. 인적이 끊긴 시내와 주택가 거리는 을씨년스러웠다. 도청, YMCA, YWCA만 불이 켜져 있고 기동타격대와 시민군 차량이 텅 빈 거리를 가끔씩 질주할 뿐이었다. 오늘 밤 광주의 운명이 결정될 판이었다.

낮에 열린 궐기대회에서 계엄군 진입 계획이 공개적으로 알려졌지만 도청에는 아직도 많은 사람들이 남아 있었다. 이날 초저녁 '항쟁파'와 '투항파'의 격렬한 논쟁 직후 김창길 등 투항파를 따라 도청에서 빠져나간 사람들 숫자는 20여명 이내였다. 투항파가 도청을 빠져나갈 때 누구 하나 그들을 비난하지 않았다. 김창길이 안타까운 마음에 도청 이곳저곳을 돌면서 계엄군 진입이 임박했다는 소식을 알리고 지금 당장 도청에서 빠져나가자고 말하였다.[576] 그런 모습을 보면서도 기동타격대 윤석루는 그의 행동을 제지하지 않았다.

"그 사람도 한명이라도 더 목숨을 구해보자고 한 일이라고 생각했지요. 서로 입장이 달라서 그런 것이지 우리만 절대적으로 옳다고 생각하지는 않았어요. 우리 입장은 자발적으로 남아서 도청을 끝까지 지키겠다는 생각을 가진 사람만 스스로 결정해서 남으라는 것이었고……"[577]

26일 초저녁 보안대의 고위급 인사가 윤석루 기동타격대장에게 전화를 걸어 "자정까지 무조건 도청을 비우고 나가라"고 말했다. 만약 그때까지 나가지 않으면 군인들이 강제 진압할 것이라고 경고했다. 윤석루는 "공수부대가 들어오면 TNT를 폭파시켜버리겠다"고 으름장을 놓았다.

1층 상황실에는 박남선 상황실장과 양시영, 이용숙, 손남승, 이경희, 조시형, 김형곤 등이 있었다. 상황실 옆 조사반에는 김준봉, 위성삼, 양승희(梁承熙), 신만식, 박미숙이 남았다. 가두방송을 마치고 도청에 들어온 홍보반 이흥철과 박영순도 귀가하지 못하고 상황실에 머물렀다. 2층에서도 항쟁지도부와 기동타격대 윤석루, 이재호, 김태찬 등 2백여명이 도청을 지키겠다며 최후 항전을 준비하고 있었다.

민원실 지하 무기고는 문용동, 김영복, 박선재, 양홍범, 정남균, 정곤석, 이혁 등이 지켰다. 23일부터 함께 경비를 섰던 이경식은 26일 저녁 어머니가 도청으로 와서 데리고 나갔고, 정문 수위실 쪽으로 옮긴 이혁을 제외하곤 모두 무기고에 있었다. 식당 책임자인 구성주 보급부장은 식자재가 부족하지 않도록 시장이나 시청 등지로 뛰어다니느라 회의에 제때 참석하지도 못했다. 식당에는 여고생 주소연과 아주머니들, 그리고 25일부터 가톨릭 쪽에서 합류한 정숙경, 윤청자, 김순이 등 20여명의 여성들이 남아 있었다.

항쟁지도부 김종배 위원장과 윤상원 대변인, 정상용 외무부위원장, 허규정 부위원장, 김영철 기획실장, 이양현, 윤강옥 기획위원, 정해직 민원실장, 김준봉 조사부장, 정해민 총무 등 각 부서 책임자들은 모두 2층과 3층 사무실을 지키고 있었다. 상황실장 박남선과 기동타격대 대장 윤석루, 부대장 이재호, 순찰반장 김화성은 무전기를 타고 들려오는 소식에 대응하느라 바쁘게 움직였다.

밤이 깊어가는데 이종기 변호사가 도청에 나타났다. 모두들 깜짝 놀라며 반가워했다. 그동안 함께한 어르신들 모두 귀가했는데 유일하게 되돌아온 것이다. 이변호사는 "내가 수습위원장을 맡았는데 수습을 못했으니 책임을 져야 하지 않겠느냐?"며 2층 사무실에 자리를 잡았다. 목욕까지 하고 나왔다고 했다. 기획위원 이양현은 "그 어르신의 등장은 젊은이들에게는 큰 힘이 됐다"고 말했다.[578] 그들을 지탱해준 유일한 힘은 시민들의 자기희생과 민주화에 대한 열망, 그리고 자신들의 정당성에 대한 확고한 신념이었다.

그 시각 기동타격대 50여명이 시내를 순찰하며 돌아다녔다. 기동타격대에 편제되지 않은 시민군은 도청경비와 지역방위를 담당하고 있었다. 저녁 7시경 김상집과 김윤기는 대자보나『민주시민회보』를 보고 YMCA로 모여든 청년·학생 70여명을 1차로 인솔하여 도청으로 데리고 들어갔다. 김상집은 3층 회의실에서 이들에게 사격하는 요령 등 총기에 대한 기초교육을 시켰다.

"현재 가지고 있는 우리 총은 오래 되었기 때문에 실탄이 제대로 장전되지 않을 수 있는데, 이때 방아쇠를 당길 경우 실탄이 약실에서 터져버려 화상을 입기 쉬우니, 반드시 한방을 쏘고 나서 노리쇠를 쳐라. 또한 사격 후에는 왼쪽으로 굴러라. 그래야만 적의 조준을 피할 수 있다."

잠시 후 윤상원이 나타났다. 윤상원은 그 자리에 모인 70여명의 시민군들에게 10여분 정도 연설을 했다.

"방금 외신 기자회견을 끝내고 왔다. 우리의 의지는 확고하다. 전두환 살인마가 우리 부모형제들을 무차별 살육하고 있다. 오늘도 암매장한 시신들을 찾아왔다. 소식을 모르는 행방불명자들이 이미 수백명이 넘는다. 자유와 민주를 위해 싸우다 비통하게 숨져간 열사들의 숭고한 뜻이 헛되지 않도록 우리는 싸워야 한다. 광주시민들의 생명과 재산을 보호하기 위해 시민군이 되고자 여기 모인 여러분들을 환영한다. 우리는 전두환 살인마가 즉각 비상계엄을 해제하고 정치일정에 따라 민주정부를 수립할 때까지 싸울 것이다. 외신 기자들은 손가락 세개를 펴 보이며 앞으로 3일간만 더 버티면 전두환은 물러날 것이라고 하더라. 민주정부가 수립될 그날까지 끝까지 투쟁하자."

이 순간 김상집과 손남승에게는 윤상원의 연설이 무척 감동적으로 들렸다. 그가 연설 말미에 "끝까지 싸울 수 있습니까?" 하고 묻자 시민군 모두가 우렁찬 목소리로 "네" 하고 대답했다.[579]

이날 초저녁 지도부는 결전을 위하여 모인 학생들에게 집에다 전화를 걸어 자신이 지금 도청에 있다는 사실을 가족들에게 알리도록 권유했다. 동국대 1학년생 박병규도 이때 집에다 전화를 걸었다. 여동생 박경순(朴敬順)이 받았다. "어, 경순이냐? 나, 여기 어딘 줄 아냐? 여기 도청 무슨 국장실이다. 국장 의자에 앉아서 전화한다. 하하, 엄마 좀 바꿔주라." 이때 병규의 목소리는 장난기가 가득했다. 전화를 건네받은 어머니는 "내일 아침에는 집에 와서 아침이나 먹고 가거라"며 전화를 끊었다. 박병규는 마지막 총격전을 준비하면서 모든 걸 감추고 어머니께 안부전화를 했다.[580]

부모의 애타는 호소에 못 이겨 돌아가는 학생들도 있었다. 도청으로 가족을 찾는 전화들이 끊임없이 걸려왔다. 이 싸움은 집단적인 것이었으나 죽음은 개인적으로 찾아올 것이 분명했다. 신념 없는 선택은 죽음을 가치없게 만들 것이기 때문에 각자가 자신의 운명을 스스로 선택했다.

밤 10시 항쟁지도부의 이양현은 아내를 아이들이 기다리는 집으로 돌려보내면서 작별 인사를 했다. "만일 오늘 밤을 무사히 보낸다면 내일 아침 9시부터 도청에 나와서 평소처럼 밥 짓는 일을 도와주오. 그리고 애들이 아빠를 보고 싶다고 보채거든 내일은 한번 데리고 나오지. 우리 식구가 모두 살아서 다시 만날 수 있기를 기원해주시오." 아내는 다른 시민군들이 보는 데서 껴안을 수도 안길 수도 없고 차마 목에까지 차오른 울음을 내뱉을 수도 없어 그의 팔에 머리를 기대고 낮게 흐느꼈다. 그는 아내의 등을 지그시 떠밀고 담담하게 도청으로 걸어 들어갔다. 마지막일지도 모르는 순간이었다.

시민군들은 계엄군의 진격이 목전에 닥친 줄 알면서도 총을 껴안고 의자 위에 쓰러지거나 책상에 엎드린 채 여기저기서 잠이 들었다. 다들 긴장감이 극도로 심한데다 며칠씩 뜬눈으로 밤을 지새우다보니 지칠 대로 지쳐 있었다.

도청을 사수하자!

26일 오후 궐기대회가 끝난 후 '끝까지 도청을 지키자'는 투쟁 대열에 2백여명의 청년·학생들이 자원했다. 마지막 싸움에 참여하겠다는 결사대였다. 궐기대회 후 이어진 가두행진에 5천여명의 시민들이 참여하였고, 행진이 끝난 후 '광주를 지키겠다!'며 자진해서 남은 사람들이었다. 그들 대부분은 고등학생부터 대학생, 그리고 젊은 노동자 들이었다. 누가 보더라도 이들이 막강한 화력을 갖춘 계엄군과 맞서 싸워 이긴다는 것은 사실상 불가능했다. 누구보다 그들 스스로가 이런 상황을 잘 알았다. 그럼에도 불구하고 포기할 수 없는 싸움이었다.

항쟁지도부는 YWCA가 비좁았기 때문에 가까이에 있는 YMCA 강당으로 이들을 모이게 하였다. YMCA에 모인 사람들에게 YWCA의 여성들이 카레를 얹은 밥을 지어줬다. 저녁 8시가 넘어서자 도청에서 박남선 상황실장과 윤상원 대변인이 YMCA에 나타났다. 이미 죽음을 각오한 듯 상황실장은 비장한 목소리로 계엄군의 동향과 시민군이 해야 할 일 등에 관해 하나하나 설명하였다. 윤상원 대변인은 나이 어린 고등학생이나 여학생 들에게 귀가를 강력하게 권유했다.

"학생 여러분들의 충정은 이해합니다. 하지만 이 싸움은 어른들이 해야 합니다. 나이 어린 학생들은 살아남아야 합니다. 오늘 여러분들이 목격한 이 장면을 그대로 다른 사람들에게 이야기해줘야 합니다. 우리가 어떻게 싸우다 죽었는지 역사의 증인이 돼주시기 바랍니다."

죽음을 앞둔 선택이라 누구에게도 그곳에 남아 있으라고 강요할 수 없었다. 특히 학생들의 경우 희생을 피해야 한다는 것이 항쟁지도부의 생각이었다. 그러나 이 자리에 들어온 학생들은 대부분 집에 돌아가지 않겠다고 그 자리에서 버텼다.

임영상(서석고 3학년)은 같은 학교 동급생이자 하숙집 친구 최재남과 함께 시내 구경을 나왔다가 YMCA에 합류했다. 26일 오후 도청 앞에서 열린 궐기대회에 참석한 후 상무관에 안치된 시신들을 둘러보면서 분노와 슬픔이 치밀었다. '그래, 도청을 지키자. 아무 죄 없이 먼저 가신 이분들의 원한을 풀어주자'며 즉석에서 도청 사수 대열에 참여하였다. YMCA에서 9~10명씩 분대가 편성되었고, 각자 주소와 성명을 적어냈다. 만약 죽을 경우 신원 확인을 위한 것이라고 했다. '혹시 죽을 때'라는 말을 들었을 때 한편으로는 두려움도 없지 않았지만 비장한 생각이 들었다.[581]

두 사람의 연설이 끝나자 예비역 대위 송진광(28세, 회사원)이 앞에 나와서 총기교육을 해주었다. 실탄 장전, 조준, 격발 등 꼭 필요한 총기사용 요령을 간단히 가르쳤다. 지도부에서는 모인 사람들 중에서 군에 다녀와 총을 쏠 줄 아는 사람들을 따로 선발하였고, 그 가운데 본인이 희망하는 사람들만 기동타격대로 편입시켰다. 이들은 그곳에서 대기하다 자정이 넘어 비상이 걸리자 도청으로 들어가 총과 실탄을 지급받은 후 도청과 계림국민학교, 한일은행 등 시내 주요 지점에 배치되었다.

출동 전야

26일 오전 10시 30분 전교사령관실에서는 상무충정작전을 일선에서 직접 수행할 진압작전 지휘관 회의가 열렸다.[582] 20사단장, 31사단장, 3, 7, 11공수여단장과, 전교사 예하 보병학교 교장들까지 모두 참석한 이 작전 회의에서 소탕작전에 대한 구체적인 실행명령이 내려졌다. 공수부대가 '특공대'로 선두에서 도청, 전일빌딩, 광주공원 등 시내 각 목표지점으로 진입하여 '폭도'를 제압한 다음 '공격부대'인 20사단과 31사단에 책임지역을 인계하도록 했다. 보병학교, 포병학교, 기갑학교 병력은 '봉쇄부대'로 외곽선 차단을 담당했다.[583]

육군본부는 '충정작전 지침'을 만들어 사전에 내려보냈다.[584] 계엄군의 광주재진입 작전은 5개 방향에서 접근하여 최종 목표인 전남도청을 점령하고, 도청을 비롯한 공원, 관광호텔, 전일빌딩 등 4개 주요 지점을 확보하는 것이었다.

각 부대별로 구체적인 임무가 하달됐다. 최정예로 꼽히는 3공수여단은 도청, 11공수여단은 관광호텔과 전일빌딩, YWCA, 7공수여단은 광주공원을 맡았다. 공격목표별로 침투부대 선발은 정호용 특전사령관이 소준열 전교사령관에게 추천한 대로 정해졌다.

도청 공격에는 3공수여단(여단장 최세창 준장) 11대대(대대장 임수원 중령) 1지역대(지역대장 편○○ 대위) 소속 77명(장교 11명, 사병 66명)이 선발됐다. 전일빌딩과 관광호텔 점령은 11공수여단(여단장 최웅 준장) 61대대(대대장 안부웅 중령) 2지역대 4중대(중대장 최○○ 대위) 소속 37명(장교 4명, 사병 33명)에게 맡겨졌다. 광주공원 점령에는 7공수여단(여단장 신우식 준장) 33대대(대대장 권승만 중령) 8, 9지역대 소속 262명(장교 38명, 사병 224명)이 투입됐다.

26일 오후 3시부터 5시까지 약 2시간 동안, 출동 명령을 받은 각 부대는 '격리지역 활동'을 위해, 집결해 있던 광주 비행장 내의 각기 다른 격납고로 이동했다. 광주 시내 지도, 목표지점과 건물의 구조 도면을 펼쳐놓고 침투 목표지점까지의 진입로와 공격할 때 부닥칠 상황에 대한 분석에 들어갔다.

3공수여단 특공대는 4개 중대에 본관 3층, 2층, 1층, 경찰국 건물, 무기고와 민원실 등 공략할 목표지점과 임무를 각각 부여했다. 보안사 요원과 정보과 도청 담당요원 등이 와서 도청 건물 배치 및 내부구조를 자세히 설명했다. '시위대의 강온파가 협상을 하다 갈라져 현재에는 항쟁파만 도청에 남아 끝까지 항쟁하기로 했다'는 정보까지 속속 전달됐다. 여단장들은 '희생자를 최소화하라', 그리고 '작전 지침을 반드시 준수하라'고 지시했다.

작전 지침은 18개 항목으로, 작전에 투입되는 병사들이 반드시 숙지하고 지켜야 할 사항들이었다. 주요 내용에는 '사격은 가급적 하복부 지향, 중대 단위로 안내 경찰 2명씩 운용, 외국인과 주요 인사 우선 보호, 철저한 보안유지 위해 무선사용 금지, 작전부대 간 긴밀한 협조, 오인사격 방지, 민간인을 인질로 한 폭도들의 저항시 대책 강구' 등이 포함되어 있었다.[585]

오후 4시경 소준열 전교사령관이 광주비행장을 방문하여 시내 진입부대 공수여단장들에게 작전 개시 시각을 27일 0시 1분, 즉 자정이라고 알렸다. 정보가 사전에 누설될까봐 소준열 사령관이 직접 작전부대를 방문한 것이다.

특공대원들에게는 개인당 M16 소총 1정과 실탄 140발씩을 지급했고, 중대마다 수류탄 각 3발, 가스탄 2발, 방독면 2개씩을 지급하였다. 기동성을 높이기 위해 진압에 필요한 최소장비로 무장하도록 한 것이다. 침투조는 얼룩무늬 공수복 대신 일반 보병 전투복으로 갈아입었다. 공수부대에 대한 시민들의 감정이 극도로 나빴기 때문에 가급적 일반 군인처럼 위장하기 위해서였다. 그 위에 방탄조끼를 착용했으며, 철모에는 군인들끼리의 오인사격을 방지하고 서로 알아볼 수 있도록 하얀 띠를 둘렀다.

도청 및 주변지역에 투입되는 3공수여단 11대대, 11공수여단 61대대 2지역대 4중대 병력은 오후 6시 30분 헬기를 이용하여 주남마을로 이동했다. 주남마을에서는 24일부터 20사단 61연대가 봉쇄선을 지키고 있었다. 이곳에서 공수특공대가 도청과 그 주변지역을 진압한 후 보병부대인 20사단 61연대에 어떻게 인계할 것인지에 대한 협조방안을 협의했다. 핵심 장소만 타격한 뒤 날이 밝기 전 은밀히 시내에서 빠져나가겠다는 것이 공수부대의 전략이었다. 진압 이후 공수부대가 투입된 '과잉진압'이라는 비난이 쏟아질 것에 대비하여 정치적 부담을 조금이라도 완화하려는 신군부의 치밀한 계산이었다.

3공수여단과 11공수여단이 주남마을에서 대기하는 동안에도 본부에서 새로운 첩보들이 계속 제공됐다. 도청 일대 시민군이 현재 어떻게 배치돼 있고 어떤 상황인지를 알려주는 도청 및 주변 주요 건물의 상세한 배치도가 계엄군 정보망을 통해 새로 입수되어 공수부대에 도착했다. 이곳에서 특공대를 직접 지휘할 지역대장이 각 중대별로 점령할 목표지점을 정해줬다. 도청 후문 차단과 경찰국 건물, 옥상 확보, 본관 1층, 본관 2층, 지하 무기고가 있는 식당과 민원실, 그리고 정문 확보 등으로 목표지점을 세분화해서 중대별로 임무를 부여했다. 작전이 종료되면 신호탄을 쏘아 올리도록 지시했다. 시내의 목표지점까지는 광주 시내 지리를 잘 아는 경찰 2명이 각 부대 선두에서 안내를 하였다. 작전 개시를 앞두고 계엄 당국이 25일부터 광주지역 경찰을 공식적으로 소집한 것이다. 특히 3공수여단 특공대는 도청 지하 무기고에 침투해서 폭발물 뇌관을 제거한 병기근무대 소속 배승일 문관이 안내하였다.[586]

정호용은 밤 9시경 광주비행장에 도착하여 특공대원들을 격려하였다. 그는 이날 오전 서울에서 전두환 보안사령관을 방문하여 재진입작전에 필요한 가발과 편의대 복장, 그리고 마대 등을 지원받았고, 오후 2시경에는 이희성 계엄사령관을 방문해서 특수화학탄, 즉 스턴수류탄(stun grenade)과 항공사진을 수령하여 광주로 가져왔다.[587]

밤 10시 30분경 3공수여단이 주남마을에서 출발하려는 순간 도청 진압부대인 3공수여단 특공대에 스턴수류탄 10개가 전달됐다. 정보참모가 가져온 스턴수류탄은 도청 1, 2, 3층 진입 중대와 민원실 등 건물 내부 침투 임무를 맡은 중대에만 2발씩 분배되었다. 11공수여단의 전일빌딩 공격조에게도 스턴수류탄이 지급됐다. 도청 정문 쪽은 시민군이 견고하게 방어하고 있다는 첩보가 있었으므로,[588] 정문 쪽 침투 중대에는 별도로 수류탄이 지급됐다. 모든 작전 준비가 끝났다.

밤 11시 정각에 주남마을을 출발한 3공수여단 특공대는 2시간 30분 후인 27일 새벽 1시 30분 임무지원지점(MSS)인 조선대 뒷산에 도착했다. 11공수여단은 11시 15분에 주남마을에서 출발, 새벽 1시 50분에 조선대 뒷산에 도착했다.[589] 원래 2시간 정도 걸릴 것으로 예상했으나 중간에 장애물이 있어서 40분가량 지연됐다. 3공수여단 특공대는 이곳에서 1시간 30분 정도 머물면서 최종 전투준비를 마친 다음 새벽 3시에 은밀하게 최종 목표지점인 도청으로 향했다. 11공수여단 특공대는 새벽 3시 30분에 전일빌딩을 향해 출발했다.

비상! 비상!

상무관에 안치된 시신의 썩어가는 냄새가 향불이 타는 냄새와 섞여 부드러운 밤공기를 타고 도청 사무실에까지 스며들었다. 죽음의 냄새가 어둠보다 진하게 도청 광장을 가득 채웠다. 시민군들은 지난 며칠 같으면 피곤해서 그 냄새를 거의 느끼지 못했지만 이날 밤은 달랐다. 정적 속에서 텅 빈 거리를 내다보며 경계를 서던 시민군들은 어째서 전에는 그 냄새를 깨닫지 못했는지 기묘하게 생각됐다. 밤 11시 50분 상황실장 박남선이 도청 행정전화로 중앙청 상황실을 불러냈다.

"여기는 전남도청이다. 오늘 밤 계엄군이 시내로 진입할 것인가? 만약 계엄군이 들어오면 우리는 다이너마이트로 자폭하겠다."

잠시 후 시외통화가 완전히 끊겼다. 계엄군은 작전이 시작되기 직전 광주시와 전남 일원 사이의 전화는 물론 시내전화도 모두 차단해버렸다. 전화가 끊기자 도청 상황실이 술렁거렸다. 그 순간까지도 '설마' 하는 일말의 기대가 있었는데 기어코 계엄군 진입이 시작됐다고 판단되자 도청 안은 긴장된 분위기로 돌아섰다. 자정 무렵부터 외곽지역 순찰을 나간

기동타격대가 속속 도청으로 들어오면서 계엄군의 진입 움직임을 전해왔다.[590]

기동타격대 6조 나일성(19세)은 양동시장을 거쳐 쏜살같이 도청으로 들어와 월산동 쪽에서 계엄군이 진입해오는 상황을 보고했다. "계엄군을 직접 보고 나니까 무섭다는 생각이 들어요. 마음속으로 도망을 가버릴까 이런 생각도 들었어요. 돌아오는 도중에 이모님 집이 있었는데, 여기서 차만 내리면 죽지 않을 거 같은데…… '도망가는 건 참 비겁한 일이다' 이런 생각이 더 앞서서 다시 도청으로 들어오게 됩니다."[591]

새벽 2시경 도청 전체에 비상이 걸렸다.[592] 싸이렌 소리가 밤공기를 날카롭게 갈랐다. 도청에 있는 사람들은 이때 거의 잠에 떨어져 있었다. 며칠간 지속된 피로 때문에 사방 군데서 코 고는 소리가 들렸다. 사무실 여기저기 졸음에 떨어진 사람들이 모두 일어나 조별로 배치된 위치를 찾아갔다.

시민군은 여성들을 먼저 피신시켰다. 도청 취사실에 있던 여성들은 이날 밤 자정 무렵 청년·학생들에게 밤참으로 빵과 우유를 나눠주고 다음날 아침식사 준비까지 마친 다음 본관 2층 부지사실에서 잠시 눈을 붙이던 참이었다. 정숙경, 윤청자는 시민군의 경호를 받으며 도청 뒤 남동성당으로 피신하였다. 동국대 1학년인 박병규는 나머지 여성 7~8명을 깨워 도청에서 동쪽으로 1킬로미터가량 떨어진 동명교회로 데려가 피신시킨 뒤 혼자 다시 도청으로 돌아왔다.

YMCA 강당 매트리스 위에서 새우잠을 자다 깬 고등학생 임영상은 손목에 차고 있던 시계를 보았다. 새벽 2시가 조금 지난 시각이었다. 싸이렌 소리, 차량의 엔진 소리, 방송에서 흘러나오는 여성의 애절한 목소리가 한데 엉겨 어지럽게 귀청을 때렸다. YMCA 강당에는 약 2백여명의 지원자가 10명씩 분대를 편성하여 대기하던 중이었다. 이들은 각 조별로 도청, 전남대 의대, 산수동, 계림동 등 배치 지역이 각기 달랐다. 모두 일어서서 열을 짓자 초저녁에 총기사용법을 가르쳤던 예비군 중대장이 외쳤다.

"다시 한번 결사항쟁을 다짐하자. 오늘만 도청을 사수하면 우리는 승리한다. 죽음을 무릅쓰고 도청을 사수하자."

임영상에게 그 중대장의 한마디 한마디는 백제 최후의 5천 결사대를 이끈 계백장군의 마지막 다짐처럼 비장하게 들렸다. 그는 다른 일행들과 함께 줄을 지어 YMCA에서 직선거리로 2백 미터 남짓 떨어진 도청을 향해 뛰었다. 그 행렬을 따라 외신 기자들이 함께 뛰면서 카메라 플래시를 번쩍 번쩍 터뜨렸다. 도청 경비를 맡은 위성삼은 정문 옆 수위실에서 이들에게 카빈 소총을 나눠줬다. 임영상은 카빈을 받은 후 지하 무기고 앞에서 실탄 3발이 든 탄창을 한개 지급받았다. 실탄을 나눠주는 사람은 실탄이 부족하니 아껴 쓰라고 당부했다. 임영상은 '실탄 3발을 소진하고 나면 그냥 죽으란 말인가' 하며 야속한 생각도 들었지만 부족한 실탄을 더 달라고 조를 수도 없었다. 위성삼은 YMCA에서 들어온 청년·학생들이 실탄까지 분배받자 도청 담벼락 주위 금남로 방향의 경계지역 초소마다 그들을 배치했다. 나머지 인원은 도청 본관의 건물 복도와 민원실로 들여보냈다.

임영상과 최재남이 들어간 초소는 정문에서 오른쪽으로 40미터 정도 떨어진 두번째였다. 20대 중반의 낯선 청년 2명을 포함해 4명이 한평 남짓한 시멘트 블록 초소에 함께 들어가니 비좁았다. 허리를 약간 구부려 초소 경계구멍을 통해 밖을 내다보니 어둠속에서도 도청 광장 건너편 수협 전남도지부 건물부터 충장로 1가 입구가 흐릿하게 한눈에 들어왔다. 초소는 높이가 1.5미터 정도에, 블록 한장 크기의 경계구멍이 네개 있었다. 경계구멍에 각자 총을 걸쳐놓고 한명씩 교대로 전방을 주시했다. 3시쯤 배치가 끝나자 도청 주변이 다시 조용해졌다. 잠시 후 전방에 아무 움직임이 없자 임영상은 스르르 졸음에 빠져들었다.[593]

YWCA에도 비상이 걸리자 모두 잠에서 깨어났다. 궐기대회와 『투사회보』를 담당한 극단 광대와 들불야학, 송백회 일원들과 대학생들, 양서조합회원 고등학생들 50여명이 함께 있었다. 계엄군이 진입하고 있다는 소식이 들렸다. 궐기대회 사회를 보느라 얼굴이 널리 알려진 김태종과 엄태주를 뒷담 너머로 먼저 피신시켰다. 뒤이어 여성 30여명도 그들 뒤를 따라 밖으로 내보냈다. 이들이 빠져나간 뒤 들불야학 박용준, 나명관(18세), 윤순호, 김성섭, 신병관, 전용호와 고등학생 김향득, 이덕준, 김효석, 그리고 대학생 이규현, 이연, 정연효, 서한성, 김상집 등 남자들만 30여명 정도 남게 됐다. 군대를 갔다 온 정연효가 경비대장을 맡아 그들을 경계 위치에 배치시켰다.

그런데 YWCA에는 그때 총이 모두 10정밖에 없었다. 들불야학팀은 그동안 『투사회보』를 만드느라 총이 필요없었다. 나명관은 들불야학팀 10명과 함께 도청으로 총을 받으러 갔다. 박용준이 인솔하였다. 무기고 앞에서 총을 나눠주던 윤상원은 들불야학 제자들이 다가오자 깜짝 놀랐다. "너희들 총을 사용할 수 있어?" 윤상원은 미덥지 않다는 듯 걱정스러운 목소리였다. "이놈들은 안 되는데……" 혼자 중얼거리며 잠시 머뭇거렸다. 마침내 결심한 듯 제자들을 향해 '앉아! 일어서!'를 수십회 반복하였다.[594] 나명관이 윤상원을 본 마지막 모습이었다. 모두 긴장해서 숨소리조차 들리지 않았다. 이마에 땀이 맺힐 때쯤 그들의 손에 카빈 소총과 실탄이 쥐어졌다. 그들은 다시 YWCA로 돌아갔다.

상황실장 박남선은 부지런히 돌아다니며 시민군을 지휘했다. 실탄이 부족하므로 '계엄군 쪽에서 발포하기 전에는 어떠한 경우라도 먼저 사격하지 말 것, 사격은 상황실장의 통제에 따를 것, 되도록 근접할 때까지 기다릴 것' 등을 지시하였다. 도청 주위에 시민군이 배치된 곳들을 직접 돌아다니며 일일이 경계상태를 확인하였다. 도청 뒤쪽 후문 담벼락 아래 10여명을 배치했고, 도청 정문 앞 분수대 부근 화단 주위에다 기동타격대원 50여명을 집중 배치했다. 박남선은 외곽지역 시민군 배치상황도 점검하였다.

기동타격대는 대장 윤석루와 부대장 이재호의 지휘 아래 일사불란하게 움직였다. 새벽 2~3시 무렵 계엄군의 진입이 감지되면서 더이상 외곽지역 순찰을 지속할 수 없을 정도가 되자 윤석루는 모든 기동타격대원을 도청으로 불러들였다. 각 팀별로 도청 담장 내부 초소, 그리고 도청 앞 광장 분수대 주위에 배치하였다. 1조 조장 이재춘과 더불어 3조는 도청 정문 앞 광장의 분수대 주위에서 시멘트로 만든 화분대를 방패 삼아 경계에 들어갔다. 2조에는 시외버스 공용터미널 근처를 순찰하라는 지시가 떨어졌다. 5조는 중흥동, 대인동, 북동 등 광주역과 시외버스 공용터미널 부근의 경비를 담당하라는 지시를 받았다. 6조는 새벽에 비상이 걸리자 도청 밖 상무관 건물 옆 골목에 배치됐다. 7조 조장 김태찬은 도청 본관 2층 복도에 배치됐다.

예비역 대위 송진광은 상황실장 박남선에게 건의하여 YMCA에서 총을 쏘아본 적이 있는 예비군들로만 50여명을 별도로 뽑아서 4개 분대로 편성했다. 이들을 외곽지역 계엄군 예상 진입로에다 배치할 계획이었다. 비상이 걸리자 송진광은 그들을 인솔해서 도청 1층 대회의실로 들어갔다. 그들 각자에게 카빈 소총 1정과 실탄 30발씩을 지급했다. 송진광은 그 가운데 20여명을 데리고 자신의 지휘 아래 계림동으로 출동했다. 새벽

3시경 기동타격대 7조 조장 김태찬은 이들을 군용 트럭에 태워 계림국민 학교 육교 앞에 내려주고 도청으로 돌아갔다. 송진광은 이들을 각 10명씩 2개 분대로 나눠 1개 분대는 육교에서 서방 쪽을 감시하도록 하고, 나머 지 병력은 학교 안에 배치했다.[595]

광주공원과 외곽지역에 배치되어 있던 지역방위대는 이미 붕괴된 상 태였다. 23일과 24일 이틀간 집중적으로 무기 회수가 이루어지고, 25일 밤중 내내 비가 내리면서 이들 대부분이 흩어져버렸다. 항쟁지도부에서 는 일부 지역별로 남아 있던 소수의 시민군들이 이날 밤 초저녁에 미리 도청으로 들어오도록 조치했다. 외곽 방어선이 와해된 상황이다보니 계 엄군은 큰 저항에 부닥치지 않고 손쉽게 광주 시내 중심부까지 진입할 수 있었다. 다만 27일 새벽 비상이 걸리자 항쟁지도부에서는 월산동과 사 직공원, 산수동, 전남대병원, 계림국민학교 등지에 YMCA에 모여 있던 지원병들 가운데 일부를 배치하였다.

새벽 3시 30분경 도청에 머물던 사람들과 YMCA, YWCA에서 들어온 지원자들에 대한 총과 실탄 지급, 그리고 배치가 모두 끝났다. 27일 새벽 계엄군 진입 직전의 시민군 전체 규모는 최소 340명 이상일 것으로 추정 된다.[596]

도청 및 주위 200여 명[597]

YWCA 30여 명[598]

YMCA 10여 명[599]

전일빌딩 10여 명[600]

시외버스 공용터미널 30여 명[601]

계림국민학교 20여 명[602]

월산동 10여명[603]

사직공원 10여명[604]

남광주역 10여명[605]

금남로 한일은행 10여명[606]

서부경찰서 30여명[607]

시민군 배치가 모두 마무리되자 정상용은 대학 후배 윤상원과 악수를 하면서 짤막하게 대화를 나눴다.

"상원아, 이제 마지막이 될지 모르는데 후회하지 않냐?"

"형님, 무슨 말씀입니까? 이런 역사의 현장에서 목숨을 바칠 수 있다는 것이 오히려 영광입니다."

이양현이 윤상원에게 말했다.

"이제 우리 저세상에서 만납시다. 그곳에서도 다시 만나면 함께 민주화운동을 합시다."

김영철, 이양현, 윤상원은 각자 카빈총을 한자루씩 들고 무기고가 있는 민원실 2층 강당으로 발걸음을 옮기면서 서로의 손을 꽉 잡았다.[608]

마지막 방송

새벽 3시 50분쯤 도청 옥상의 고성능 스피커에서는 애절한 여성의 목소리가 흘러나왔다. 박영순은 도청 상황실 내 방송실에서 마이크를 잡고 터져 나오는 오열을 삼키며 원고를 읽어 내려갔다.

"시민 여러분, 지금 계엄군이 쳐들어오고 있습니다. 사랑하는 우리 형제, 우리 자매들이 계엄군의 총칼에 숨져가고 있습니다. 우리 모두 계엄군과 끝까지 싸웁시다. 우리는 광주를 사수할 것입니다. 여러분 우리를 잊지 말아주십시오. 우리는 최후까지 싸울 것입니다. 시민 여러분, 계엄군이 쳐들어오고 있습니다."

깊은 잠에서 깨어난 시민들은 그녀의 목소리를 듣고서도 밖으로 달려나갈 수 없었다. 죽음이 두렵지 않은 사람은 없었다. 이날 새벽 그 여인의 피맺힌 절규는 광주 사람들의 가슴속에 비수처럼 꽂혔다. 떨리는 가슴은 피멍으로 물들었고, 그 피멍은 문신처럼 평생 지워지지 않았다.

김종배 위원장이 급히 방송실로 와서 계엄군이 쳐들어오고 있다면서 메모지 한장을 건네주며 그녀에게 방송을 요청했다. 메모지를 받아든 순간 그녀는 온몸이 사시나무 떨듯 떨렸고 자신도 모르게 눈물이 흘러내렸다. '이제 마지막이구나' 싶은 생각이 들었다.[609] 『뉴욕타임즈』기자 헨리 스콧 스토크스는 도청으로부터 2백 미터가량 떨어진 여관에서 스피커에서 흘러나오는 그녀의 목소리를 들었다. 무슨 말인지 내용을 구체적으로 알아들을 수는 없었지만 이 외국인 기자에게 그녀의 목소리는 전율스럽게 들렸다.[610]

그녀가 네댓차례 반복해서 방송 원고를 읽던 중 갑자기 도청 내부의 전등이 모두 꺼져버렸다. 그 순간 마지막 방송도 끊겼다. 4시 정각 계엄군의 침투가 확실시되자 민원실 건물 2층 강당에 있던 이양현이 도청 전체의 전원 스위치를 내려버린 것이다.

도청 뒤쪽에서 기습한 공수특공대

새벽 4시 직전 3공수여단 11대대 1지역대 선발대가 전남도청 후문에 도착하였다.[611] 그들은 조선대 운동장을 가로질러 도내기시장─순환도로─철도─기계공고─노동청을 거쳐 도청까지 은밀하게 접근했다. 도청 스피커에서 계엄군의 진입을 알리는 여성의 목소리가 들려왔다. 후문과

좌, 우측 담벼락 등 세 방향에서 동시에 기습 침투하되, 정문은 시민군 방어가 견고할 것이라고 예상하여 맨 나중에 공격한다는 계획이었다. 그러나 아직 후미가 완전히 도착하지 않았다. 육○○ 대위가 이끄는 4중대는 뒷담을 넘어 전남도 경찰국 건물을 점령하기로 돼 있었다.[612]

4시 10분경 시민군이 눈치채지 못하게 정문 쪽만 제외하고 도청을 공수부대가 완전히 에워싸면서 공격 개시 준비가 완료됐다. 도청 뒷골목은 손수레 한대가 지나갈 정도의 좁은 길이었다. 4중대가 그 골목으로 접근하던 중 담 안에서 두런거리는 시민군 목소리가 들렸다. 맨 앞에서 인솔하던 중대장이 부대원들에게 주의하라고 손짓으로 신호를 보냈다. 그 순간 뒤에 있던 공수대원 누군가 실수로 총을 땅바닥에 떨어뜨렸다. 곧바로 총성이 울렸다.[613] 어두워서 서로 조준사격은 할 수 없는 상황이었다. 골목 옆 담벼락에 맞고 튄 총알이 중대장 바로 뒤에 있던 중사의 다리에 맞았다. 총소리가 멈추자 육○○ 대위는 부상당한 중사를 뒤로 옮긴 뒤 담에 있는 총안구를 통해 안쪽을 살펴보았다. 아무도 없는 것 같아서 담을 넘으려는 순간 또 총소리가 나더니 바로 눈앞에서 총알이 튀었다. 육○○ 대위는 총안구에다 총구를 들이민 채 안쪽을 향해 '드르륵 드르륵' 갈겼다. 곧이어 부대원들이 잽싸게 담을 넘었다. 5~6명 정도 시민군들이 좌우로 쫓겨가는 것이 보였다. 도 경찰국 건물 1층 내부로 달아나던 사람을 한명 생포했다.

비슷한 상황을 시민군 김인환(21세)의 증언으로 재구성하면 다음과 같다.[614] 전남대생 김인환이 도청 후문 담벼락 안쪽에서 총안구에다 카빈총을 걸치고 주택가 골목을 주시하고 있었다. 담벼락에는 눈높이 위치에 사격할 수 있도록 벽돌 한두장 크기의 공간을 비워놓은 총안구가 있었다. 계엄군이 골목길에서 움직이는 모습이 어슴푸레 보였다. 함께 있던 시민

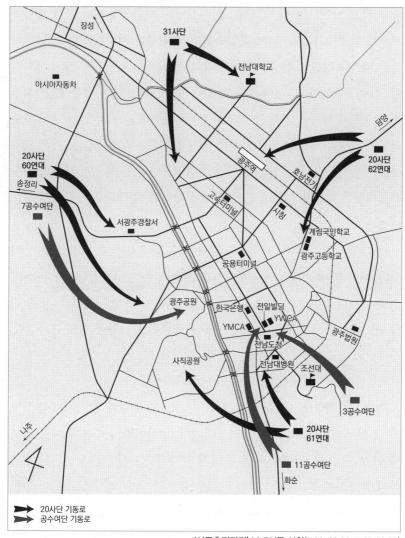

'상무충정작전' 부대이동 상황(5.26. 22:00~5.27 06:00)

군 누군가 총을 쏘았다. 그러자 계엄군들이 쉽게 진입하지 못했다.[615] 그러더니 잠시 후 갑자기 계엄군의 총격이 일제히 시작되었다. 도청 뒤쪽을 지키고 있던 서호빈, 김인환 등 수십명의 시민군을 순식간에 제압하고 공수특공대가 담을 넘어 진입하였다. 김인환은 서호빈과 함께 담벼락에서 물러나 경찰국 건물로 피신했다. 건물 안으로 들어가기 직전 서호빈이 "아이쿠" 하며 "다리에 총을 맞았다"고 소리 질렀다. 둘은 간신히 건물 안으로 숨어들어갔다. 그러나 서호빈은 다리의 상처로 인한 고통 때문인지 유리창을 깨고 밖으로 뛰쳐나갔다. 김인환이 서호빈을 본 것은 그것이 마지막이었다.[616] 뒷담을 지키던 시민군들이 건물 쪽으로 피하자 공수특공대들이 뒷담을 넘어 우르르 밀고 들어왔다. 김인환은 그곳에서 생포되었다.

4중대장 육○○ 대위는 한명을 생포한 후 도경 건물 복도 안으로 들어갔다. 다른 중대 소속의 공수부대원 하사 한명을 만났다.[617] 그가 건물 밖으로 나가다 어디선가 날아온 총알에 맞아 목에 부상을 입었다. 도경 건물 1층 어느 방에서 날아온 총알이었다. 육대위는 그쪽을 향해 다가갔다. 사무실의 문고리를 향해 총을 두세발 쏜 다음 큰 소리로 경고했다.

"열 셀 때까지 나와라. 안 나오면 모두 죽는다."

숫자를 세자 건물 안에서 "나간다!"는 소리가 들렸다. 잠시 후 5명 정도가 그 안에서 나왔다. 20대 청년들이었다. 조사반장 김준봉이 바로 그곳에 있었다. 김준봉은 "후문 쪽 수비가 약하다!"는 시민군 누군가의 핸드마이크 소리를 듣고 뒤편 경찰국 건물 쪽으로 갔다. 테니스코트 옆 건물의 작은 문을 열어보았더니 4~5명의 시민군이 그곳에 숨어 있었다. 바로 그 순간 뒤에서 계엄군이 총을 겨누며 "항복하라. 항복하면 살려준다!"고 외쳤다. 김준봉이 반격할 겨를도 없었다. "나간다!"고 소리치자 다시 계엄군이 "총을 던지고 기어서 나와라!"고 말했다. 체포되어 정문 쪽으로 가는 도중에 2명의 시민군이 땅바닥에 쓰러져 있는 것이 그의 눈에 들어왔다. 그들이 붙잡혀 있는 동안 중상을 입은 시민군 한명이 끌려왔다. 대위로 보이는 자가 끌고 온 공수대원에게 "야! 어떻게 됐어?"라고 묻는 소리가 들렸다. 끌려온 시민군은 머리에 피가 낭자한 채 "어머니, 어머니, 어머니……"를 반복하다 잠시 후 축 늘어졌다.

박병준(17세, 재봉사)도 YMCA에서 지원병으로 대기하던 중 새벽 2시경 도청으로 가서 카빈총과 실탄을 지급받고 도청 뒤 경찰국 건물에 12명과 함께 배치되었다. 계엄군이 30미터 전방까지 왔으나 총을 쏘지 못하고 겁이 나서 경찰국 건물 지하실에 피신해 있다가 다리에 총을 맞고 체포되었다.[618] 이렇게 하여 후문 쪽 경계가 완전히 무너졌다.

새벽 4시경 11공수여단 특공대는 관광호텔과 전일빌딩을 향하던 중 도청 가까이 도착했다. 충장로 쪽에서 도청을 우회하여 분수대에 이르렀을 때였다. 시민군 기동타격대 1조 조장 이재춘이 분수대 앞쪽 화단 뒤에 몸을 숨기고 있었다. 그런데 곁에 있던 고등학생 한명이 실수였는지 카빈을 한방 공중에다 발사했다. 총소리가 난 방향을 향해 계엄군의 집중사격이 쏟아졌다.[619]

"어디선가 총소리가 계속 들려왔다. 나와 같이 화분의 뒤쪽에서 지키고 있던 도청에서 지원 나온 두명의 시민군이 푹 고꾸라졌다. 내가 그들에게 고개를 숙이라고 했는데도 고개를 들고 있다 총에 맞았다."[620]

11공수여단 선발대는 총소리가 나는 방향을 향해 "엄폐물 뒤로 몸을 숨긴 채 M16을 발사하여 시민군 1명을 사살"한 후 곧바로 관광호텔로 전진했다.[621]

총성이 잠시 멈추자 이재춘의 시야에 상무관 방향에서 철모에 하얀띠를 두른 계엄군들이 움직이는 모습이 어슴푸레 목격됐다. 이때 유석도 친구 정금동(17세, 광주일고 2학년)과 함께 도청 앞 광장 분수대의 화분 뒤에 숨어 있었다.[622] 어디로도 피신할 틈이 없이 완벽하게 포위됐다는 생각이 들자 두려움이 밀려왔다. 분수대 주변에 있으면 더 위험할 것 같았다. 이재춘은 땅바닥에 바짝 엎드린 채 기어서 도청 안으로 들어갔다. 첫 총격이 있고 나서 곧바로 분수대 주위에 배치된 시민군들은 모두 도청으로 우르르 몰려 들어갔던 것이다.[623]

상무관 건물 옆 골목에 배치된 기동타격대 6조 나일성은 도청 뒤쪽에서부터 계엄군들의 M16 자동소총 소리가 점차 크게 들려오는 것을 느꼈다. 총성이 울리는 도청 뒤쪽으로 가보자며 상무관 앞에 차를 세워둔 채 충장로 1가와 도청 사이의 도로를 따라 이동했다. '사무라이'라는 별명으로 불린 대원이 맨 앞에 서고 그 뒤를 김여수(19세), 박인수가 일렬종대로 열을 지어 따라갔다. 6조 조장 박인수가 충장로 1가 입구의 건널목을 중간쯤 건널 때였다. '도심슈퍼' 건물 옆에서 총소리와 함께 불빛이 번쩍였다. 그 순간 박인수가 길바닥에 푹 쓰러졌다. 뒤를 바짝 따라가던 김현채가 총소리 나는 쪽을 향해 총을 쏘았다. 그사이에 김여수와 사무라이가 박인수를 둘러업고 도청 쪽으로 튀었다. 나일성은 김현채와 함께 도청 담장을 훌쩍 뛰어넘어 안쪽으로 몸을 피했다. 김현채는 수위실 옆 차량 밑에 몸을 숨겼다. 잠시 후 총소리가 약간 뜸해지자 나일성이 재빨리 도청 후문으로 이동했다. 후문 가까이 접근했을 때 가까운 거리에서 사람의 움직임이 보였다. "누구요?" 하고 물었으나 대답이 없었다. 그 순간 등 뒤에서 "손들엇!" 하며 계엄군이 덮쳤다. "이 빨갱이 새끼들아!" 나일성이 체포될 때 들은 첫마디였다. 무수한 구타가 쏟아져 정신을 차릴 수 없었다.[624]

목에서 피가 줄줄 흐르는 박인수를 업고 도청 옆 골목의 식당으로 들어간 김여수와 사무라이는 밖을 향해 소리쳤다. "여기 부상자가 있다!" 바깥에서 군인이 총을 버리고 나오라고 외쳤다. 김여수가 박인수를 업고 밖

으로 나왔다.[625] 김현채도 곧바로 체포되었다. 함께 있던 사무라이는 보이지 않았다.[626]

경찰국 건물 수색을 마친 공수대원들은 3층 건물의 옥상으로 올라갔다. 이 모습이 AP통신 기자 테리 앤더슨이 도경 건물과 약 15미터가량 떨어진 외신 기자 숙소 '대도호텔'에서 목격한 장면이다.[627]

"동트기 직전, 나는 공수대원들이 조용히 도청 주변을 돌아 사령부가 있던 건물로 돌격하는 것을 보았다. 전형적인 시가전 교본에 따라 그들은 빌딩의 꼭대기로 올라간 다음 한층 한층 내려오며 '청소'를 시작했다. 군인들은 방마다 스턴수류탄을 던져 넣고 돌입하여 움직이는 것은 무조건 쏘아댔다."[628]

공수부대는 외신 기자들이 머물고 있던 대도호텔을 향해서도 총을 쏘았다. 날이 밝아오면서 겨우 15미터 정도 떨어진 건물 옥상에 공수부대원 두 명이 서 있는 것을 보고,[629] 테리 앤더슨이 사진을 찍기 위해 창문으로 조심스럽게 다가갔을 때, 그 군인 두 명이 그를 향해 M16을 난사했다. 첫 번째 탄환이 테리 앤더슨의 귀에서 겨우 몇센티미터 떨어진 곳에 맞았다. 그는 다른 특파원들이 웅크리고 있는 구석으로 순식간에 몸을 던졌다. 하지만 군인들이 쏜 총알은 나무와 진흙으로 만들어진 얇은 벽을 뚫고 마구 들어오기 시작했다. 외신 기자들은 미친 듯이 복도로 뛰어나갔다. 테리 앤더슨에 따르면 계엄 당국은 분명히 이 여관에 외국인 특파원들이 묵고 있다는 사실을 알고 있을 터였다. 그런데 그들은 이곳을 향해서도 M16을 쏘아댔다는 것이다.

「20사단 광주사태 작전일지」에는 이때 상황이 다음과 같이 묘사돼 있다. "담을 넘는 순간 도청 본관의 옥상과 후문에 거치한 구경 미상의 기관총, 도청 각층 및 도청 앞 전일빌딩 옥상, 상무관, 도청 건물 옥상으로부터 무장시위대의 무차별 사격을 받고 병사 2명이 중상(1명 목 부분, 1명 다리 관통)을 입었다. 그러나 후문을 차단하고, 본관 2층을 습격하여 무기고와 탄약고를 확보하였다."[630]

도청 본관

새벽 4시경 3공수여단 11대대 1지역대 2중대 김○○ 대위가 목표지점인 도청 본관 침투를 위해 충장로 방향의 남쪽 담벼락 가까이 접근했을 때 골목 건너편에서 웅성거리는 사람들의 목소리가 들렸다.[631] 어두워서 누군지 분간이 되지 않았다. 가까이 접근할 때까지 기다렸다 "여섯" 하고 말했다. "셋" 하는 대답이 돌아왔다. 그날 밤 공수부대의 암구호는 양측의 숫자를 합해서 '아홉'을 만드는 것이었다. 도청 부근에 먼저 도착한 중대와 만난 것이다. 잠시 후 갑자기 총성이 들렸다.[632] 총소리가 잠잠해지기를 기다렸다가 다시 전진하느라 예정시각보다 늦게 목표지점인 도청의 남쪽 측면 대도호텔이 있는 방향의 담벼락 밑까지 도착했다. 지역대장이 왜 이렇게 늦었냐고 질책했다.

"시간을 많이 지체하였고, 도청 담에 도착하여서 지역대장을 만나 독촉을 받았으므로 저희 중대는 도청에 도착하자마자 곧 담을 넘어 들어갔습니다. 저희가 좀 늦어서인지 마당에는 아무도 없었습니다. 저희는 도청 옆 담을 넘어 들어갔는데, 뒷문이 없어서 도청 뒤편 건물의 유리창을 깨고 들어갔습니다. 마침 그 방에는 아무도 없었으며, 곧 계단을 통하여 2층으로 올라갔습니다."[633]

원래 도청 본관은 3층 건물로, 1층에는 서무과 등 행정부서 사무실, 2층에는 임원실, 3층에는 직능부서 사무실과 회의실이 있었다.[634] 공수부대가 본관을 공격해 들어왔을 때 이종기 변호사와 위원장 김종배, 부위원장 허규정과 정상용, 상황실장 박남선, 총무 정해민, 기획위원 윤강옥, 민원실장 정해직 등 주요 간부들과 상황실, 조사반에서 활동한 대원들, 그리고 비상이 걸리자 YMCA에서 도청으로 들어온 시민군 지원병들, 그리고 도청 앞 광장 분수대 주위에 있던 김태찬 등 기동타격대원들이 대부분 도청 본관과 옆 건물 민원실 안으로 들어온 상태였다.

1층에서 올라온 박남선은 2층 복도의 "유리창을 전부 깨라!"고 소리쳤다. 예상과 달리 계엄군이 정문 쪽이 아니라 후문에서부터 치고 들어오자 무척 당황스러웠다. 마땅히 대응할 방법도 없었다. 밖에 있던 시민군들에게 모두 건물 안으로 들어오라고 했지만 총소리 때문에 그의 지시는 큰 의미가 없는 상황이었다.

3공수여단 2중대장 김○○ 대위는 본관 2층으로 올라갔을 때 6~7명 정도의 시민군이 복도 창문 옆에 서서 바깥을 향해 총을 겨눈 모습을 보았다. 총을 몇발 쏘자 복도에 있던 사람들이 총알을 피하기 위해 모두 순식간에 사무실로 들어가버렸다. 남쪽 별관 건물의 계단에 진입한 2중대는 재빨리 옥상으로 먼저 올라가 옥상을 점령한 다음 위층부터 아래로 훑어 내려왔다.

전남대생 김윤기와 안길정은 윤상원이 있던 대변인실 경계를 맡았다. 김종배 투쟁위원장은 2층 부지사실에서 이들과 함께 있다가 요란한 총소리와 함께 1층이 점거됐다는 얘기를 듣고 별관 4층까지 뛰어 올라갔다. 한참 지난 후 아래층이 조용해지자 상황을 살펴보기 위하여 문을 열고 내다보니 공수부대가 이미 4층 복도까지 올라와 있었는데, 그들을 향해 총을 쏘다가 급히 문을 닫고 안으로 피했다. 공수대원이 핸드마이크로 외쳤다. "상황이 끝났으니 총을 버리고 나오라." 싸우다 죽을 것인가, 나갈 것인가 망설였다. "어차피 모두 끝난 모양인데 나갑시다" 하고 누군가 말

했다. 잠시 후 총을 버리고 '항복'을 외치며 밖으로 나갔다.[635]

항쟁지도부의 민원실장 정해직과 기획위원 윤강옥은 본관 2층 복도에 있다가 식산국장실로 피해 들어갔다. "암흑 속에서 우왕좌왕 뿔뿔이 흩어졌다. 어디서 총알이 날아오는지 몰라 총을 어디다 쏠지도 모른 채 그냥 뛰어다니기만 했다."[636]

캐비닛을 문 앞으로 바짝 밀어놓고 그 안에 든 서류뭉치를 꺼내 높이 쌓아 엄폐물을 만들었다. 공수대원이 끝에서부터 수색해 오는 듯 수류탄 터지는 소리와 M16 소총의 연발사격 소리, 항복하라고 외치는 소리가 점점 가까워졌다. 누군가 다급하게 문을 두드리며 열어달라고 했다. 공수대원은 아닌 것 같아서 열어주었더니 고등학생이었다. 잠시 후 식산국장실 문에다 공수대원이 총을 난사했다. 캐비닛에 총알이 박히면서 '따다다다' 소리가 났다. 곁에 있던 고등학생이 잔뜩 겁먹은 표정으로 대변이 마려워 못 견디겠다고 했다. 학생은 사무실 구석에 가서 일을 치렀다.

"방 안에 있는 폭도들은 총을 버려라. 일곱 셀 때까지 안 나오면 수류탄을 던진다!"

밖에서는 이미 붙잡힌 시민군 포로들이 기합을 받는 듯 고함소리가 어지럽게 들려왔다. "항복하면 죽이지는 않는 모양인데……" 항복의 표시로 밖으로 총을 내민 다음 투항했다.

항쟁지도부의 외무부위원장 정상용은 도청 본관 2층 기획관리실장 방으로 몸을 숨겼다. 수류탄 터지는 소리와 함께 M16 연발음이 귓전을 때렸다. 사무실 바닥에 바짝 엎드려 '이렇게 죽는구나' 하고 생각하니 오히려 마음이 착 가라앉으면서 차분해졌다.

도청 후문 쪽에서 '드르륵' 하고 M16 총소리가 났다. 어디선가 '와장창' 유리창 깨지는 소리가 나고 도청 밖에 배치된 기동타격대원들이 본관 건물 안으로 뛰어 들어왔다. 그때부터 사방에서 총성과 고함과 비명소리가 들렸다. 고등학생 봉사반장 최치수는 도청 상황실에서 나와 정문 쪽을 살펴보았다. 유리창 깨지는 소리와 함께 좌측 20~30미터 전방에서 공수대원들이 그를 향해 총을 난사했다. 총소리를 듣고 상황실에 있던 박남선 상황실장이 문을 박차고 나오면서 큰 소리로 외쳤다. "2층으로 뛰어라!" 상황실장을 따라 허겁지겁 2층으로 올라갔다.[637]

　기동타격대 7조 조장 김태찬은 새벽 3시경 계림국민학교 앞까지 예비군들을 실어다 주고 도청으로 돌아왔다. 새벽 4시경 계엄군이 침투할 때 도청 본관 2층 복도에서 타격대원 장승희, 박명국과 함께 있었다. 총을 복도 벽에다 세워놓고 장난을 치고 있었는데 총소리가 들렸다. 총소리가 나기 전까지만 해도 죽는다는 것이 실감나지 않았다. 긴장했는지 총을 쏘려니 총알이 나가지 않았다. 옆에 있던 친구가 총을 살펴보니 약실에 총알 2개가 한꺼번에 박혀 있었다. 총을 받아서 막 쏘려던 참인데 그 친구가 픽 쓰러졌다. 장난인 줄 알고 얼른 일어나라고 흔들었다. 친구의 몸에서 피가 흘러나왔다. 무조건 총소리가 나는 방향을 향해 갈겨댔다. 잠시후 이종기 변호사가 다가오더니 사무실 안으로 끌고 들어갔다. 계엄군에게 완전 포위된 상태였다.[638]

　도청 안 이곳저곳에서 총소리가 요란했다. 2층 창문을 통해 밖을 내려다보니 계엄군들이 이리저리 뛰어다니면서 총을 난사하고 있었다. 이종기 변호사가 '쏘지 말라'고 만류했다. 총을 팽개쳐버리고 있자니 왠지 모르게 자꾸만 눈물이 흘러내렸다. 한참 후 문이 '콰당' 하고 열리더니, 계엄군이 '드르륵' 하고 총을 난사하면서 "나오라"고 소리쳤다. 이변호사가 "나갈 테니 총을 쏘지 마세요"라고 소리치자 총소리가 멈추었다. "개새끼들, 기어서 나와!" 밖으로 나가자 완전 무장한 계엄군이 다가와 사람들의 허리띠를 풀어 등 뒤로 손을 묶고는 사람들을 2층 복도로 데려갔다. 본관 앞마당에는 그들보다 먼저 붙잡힌 사람 1백여명 정도가 고개를 땅에다 처박고 있었다.

항쟁지도부인 총무 정해민도 10여명의 시민군과 2층 사무실로 몸을 숨겼다. 조금 있으니 박남선 상황실장이 카빈총을 메고 그 사무실로 들어왔다. 모두들 그저 가만히 있을 수밖에 없었다. 정해민이 답답해서 문을 열고 복도로 슬쩍 나가자 갑자기 총알이 복도 끝에서 날아왔다. 급히 문을 닫고 들어왔다. 박남선에게 같이 나가서 다시 상황을 살펴보자고 했다. 둘이 함께 복도로 나갔다. 어두워서 아무것도 보이지 않았다. 둘은 복도 끝을 향해서 "상황실장과 총무니까 총을 쏘지 말라"고 소리 질렀다. 혹시 시민군이 있을지도 모른다는 생각 때문이었다. 복도를 가로질러 몇걸음 나아가는데 박남선이 갑자기 엎드리며 복도 바닥에서 기어가는 자세를 취했다. 그는 영문을 몰라 어리둥절해하는데 저쪽에서, "야 이 새끼야, 너는 안 기어!" 하는 것이었다. 그들은 시민군이 아니라 계엄군이었다.

조사요원 위성삼은 본관 1층 조사실에서 얼핏 잠이 들었다. 소란스러운 소리에 눈을 떠보니 시민군 한명이 얼굴에 총을 맞았는지 피를 흘리면서 들어왔다. 방송실에 있던 여자들과 함께 부상자를 치료하는데 밖에서 총소리가 났다. 곧바로 계엄군이 들이닥치면서 총을 난사했다. 위성삼이 카빈총을 쏘려고 하자 같이 숨어 있던 여고생이 말렸다. "오빠, 오빠, 쏘지 마!" 총을 쏘면 숨어 있는 위치가 탄로날 것을 우려해서였다. 위성삼은 호주머니에 있는 실탄을 꺼내 바닥에다 버렸다. "너무 걱정하지 말아라. 날만 새면 우리는 산다. 광주시민이 다 일어날 것이다"고 안심을 시켰다. 약간 총소리가 수그러들었다. "투항하라! 투항하라!"는 소리가 반복해서 들려왔다. 한줄로 서서 웃옷을 벗어 흔들며, "항복이요, 항복이

요” 하면서 걸어 나갔다. 계엄군 2명이 “엎드려!”라고 했다. 그들은 다른 쪽을 향해, “김하사, 영화의 한 장면 같지” 하면서 창문을 열고 다른 쪽을 향해 총을 쏘았다.

이렇듯 27일 새벽 공수부대가 본관 건물에 진입하자 사무실 안에 갇혀버린 상태가 된 시민군들은 대부분 붙잡히는 순간까지 공수부대를 대면할 수 없었다. 복도에서 차근차근 수색하면서 사무실마다 접근해오는 공수부대를 향해 총을 쏠 수 있는 상황이 아니었다.[639] 그중 몇명은 밖으로 나가자마자 공수부대가 쏜 총탄에 맞아 사망했다.

조사반 소속 신만식은 도청 안에서 계엄군과 교전하다가 쫓기자 도청 담벼락 옆 나무 밑에 있던 시민군 시신들 사이에 누운 다음 몸 위로 시신 1구를 끌어다 올렸다. 군인 목소리가 들렸다.

“야! 한놈도 놓치지 말고 모두 죽여라. 죽은 놈은 확인 사살하라.”

곧바로 군인이 다가와 시체들을 대검으로 푹푹 쑤셔댔다. 그의 몸 위에 있는 시체를 대검으로 쑤셨다. 그 밑에 있던 신만식의 오른쪽 장딴지까지 대검이 뚫고 들어왔다. 찔린 자리에 극심한 통증이 느껴졌지만 그는 꼼짝하지 않고 그대로 누워서 버텼다. 잠시 후 경비가 허술해진 틈을 타 시신을 밀쳐낸 뒤 가슴 높이의 도청 앞 담장을 넘어 노동청 길목의 하수구 뚜껑을 열고 그 안으로 몸을 숨겼다. 대검에 찔린 장딴지에서 피가 계속 흘러내리자 속옷을 찢어 상처 부위를 묶었다. 몇시간 동안 그렇게 하수구 속에 숨어 있었다.[640]

도청 지하 무기고

민원실 지하 무기고를 지키고 있던 문용동, 김영복, 박선재, 양홍범은 비상이 걸리자 새벽 3시경 박남선의 지시에 따라 예비군 중대장이

YMCA에서 함께 데리고 들어온 49명의 예비군 및 학생들에게 카빈 소총과 실탄 3발이 든 탄창 한 클립씩을 나눠줬다. 그러고 나서 한참 시간이 흘렀다. 그들은 계엄군이 도청에 들어온다는 말을 들었지만 설마 거의 무장이 해제되다시피 한 시민들을 향해 무자비하게 총을 쏘며 들어오지는 않을 것이라고 생각했다.[641]

비상이 걸리기 직전까지도 양홍범 홀로 불침번을 서고 있었을 뿐 모두 코를 골며 깊은 잠에 떨어져 있었다. 새벽 4시가 넘어서자 본관 1층에서 M16 자동소총 소리와 비명소리가 들려오기 시작했다. 잠시 후 그들이 있던 지하실의 문이 열리며 안쪽으로 공수부대가 총을 쏘아댔다. 그 순간 그들 모두 무기고 안쪽, 식당 주방으로 쓰이던 곳을 지나 뒷문을 열고 뛰쳐나갔다. 문용동과 김영복이 먼저 뛰쳐나가 앞 건물로 들어서자 박선재와 양홍범도 뒤따라가려는데 그 순간 귓전을 때리는 총소리 때문에 잠시 멈췄다. 문용동, 김영복과 박선재, 양홍범이 각기 2명씩 짝을 지어 헤어졌다. 문용동, 김영복은 경찰청 건물로 들어간 다음 다시 그 앞에 있는, 창고로 쓰이던 허름한 건물로 숨어들어갔다. 박선재와 양홍범은 총소리가 잠시 멈춘 틈을 타서 경찰청 건물로 뒤따라 들어갔다. 도청은 사방에서 계엄군이 쏘아대는 총소리와 상공에서 헬리콥터가 날면서 내보내는 '모두 포위되었으니 투항하라'는 방송 소리가 뒤엉켜 아비규환을 이루고 있었다. 양홍범은 박선재에게 서로 상대방에게 총을 쏘아 자살해버리자고 제안했으나 실행에 옮기지는 않았다. 문용동은 '항복하라'는 소리가 계속 들리자 빠져나갈 방법이 없다며 총을 버리고 나가자고 했다. 김영복도 그러자고 했다. 문용동이 큰 소리로 '항복!' 하고 외치면서 손을 들고 밖으로 나갔다. 김영복이 그의 뒤를 바짝 따라 나왔다. 그 순간 계엄군이 앞서서 나오는 문용동을 향하여 총을 쏘았다. 문용동은 비명을 지르며 쓰러졌다. 김영복은 재빨리 다시 건물 안으로 들어가 몸을 피했다. 김영복도 유탄을 맞았는지 어디에선가 피가 났다. 잠시 후 총을 쏘지 않을 테니 항복하라는 소리가 여러차례 들리자 김영복은 항복하고 나와서 체포되었다. 김영복이 나오면서 보니 문용동은 피를 흘린 채 쓰러져 있었다. 위험과 오해를 무릅쓴 채 계엄 당국과 비밀리에 접촉하여 뇌관 제거에 앞장서는 등 나름 최선을 다했지만 결국 문용동은 계엄군의 총탄에 맞아 쓰러진 것이다.642 문용동을 제외하고 무기고 경계에 참여한 나머지 사람들은 모두 도청 현장에서 체포됐다.

도청 민원실

윤상원, 김영철, 이양현은 비상이 걸리자 도청 정문 옆 수위실에서 다른 사람들과 마찬가지로 총과 탄환을 지급받은 다음 식당으로 사용되던 북쪽 민원실 2층 강당으로 올라갔다. 이 건물 지하에는 무기고가 있어서 이곳을 지키는 것이 중요하다고 판단했다. 평소 머물던 본관 건물을 떠나 민원실 건물을 방어하기로 작정한 이유다. 계엄군 역시 지하 무기고의 중요성 때문에 3공수여단 11대대 1지역대 가운데서도 최정예 특공대를 민원실 건물에 투입했다.

도청 앞 분수대 주위에 있던 시민군 기동타격대원들이 민원실 쪽으로 밀려들어갔다.643 기동타격대장 윤석루와 부대장 이재호 등도 이곳에 있었다.

창틀에 총구를 내밀고 최후의 결전을 준비하고 있었지만 이양현의 마음은 착잡했다. 죽음을 각오해서인지 공포나 불안감은 그다지 크게 느껴지지 않았다. 다만 극도의 긴장감이 엄습했다. 곁에 있던 윤상원과 김영철에게 마지막이 될지도 모르는 인사를 건넸다.

"윤형, 우리가 죽으면 저세상에서 다시 만나겠지요? 시민들이 보여준 그 희생적인 모습 자랑스럽게 기억합시다."

민원실 2층 강당 앞 복도에서도 모두 정문 방향으로 총을 겨누고 있었다. 후문 쪽에서 총소리가 요란했다. 4시 20분경 창밖은 아직 나뭇잎이 보일 듯 말 듯 구분이 잘 되지 않았다. 도 경찰국 건물 쪽에서 누군가 황급히 강당으로 뛰어 들어왔다. "도청 후문이 무너졌다"며 다급하게 소식을 전했다. 이양현, 김영철, 윤상원은 강당 맞은편을 가로질러 후문 방향 도경으로 연결된 구름다리 쪽으로 이동했다. 10미터쯤 전방에 경찰청 3층 건물이 괴물처럼 버티고 있었다. 강당 뒤편 복도와 경찰청 건물은 손을 내밀면 닿을 듯 가까웠고 2층에서 통로로 연결돼 있었다. 이양현 일행이 경찰청 건물을 바라보고 각자 허리춤 높이의 창틀에 총을 내민 채 서 있을 때 앞 건물에서 불이 번쩍하며 총소리가 들렸다. 그 순간 윤상원이 '아이쿠' 소리를 내며 그 자리에서 픽 쓰러졌다. 김영철과 이양현 둘이서 쓰러진 윤상원을 강당 안쪽 가운데로 옮겨 타일바닥에 눕혔다. 이양현이 이불로 감싸주었을 때 윤상원은 이미 의식을 잃은 듯 전혀 미동조차 없었다.[644]

총소리가 가까이 다가왔다. 이양현 일행은 윤상원을 그대로 남겨둔 채 곧바로 강당 앞쪽으로 쫓겨 1층 계단 복도 입구로 몸을 피했다. 창문 너머로 도청 정문이 내려다보였다. 정문으로 장갑차와 탱크를 앞세운 채 계엄군들이 들어오는 모습이 어슴푸레 시야에 들어왔다. 박내풍 등 2층에 있던 시민군 일부가 그쪽을 향해 총을 쏘기 시작했다.[645] 군대에서 특등사수였던 이양현은 자신이 군인을 향해 총을 쏜다고 생각하니 도무지 방아쇠가 당겨지지 않았다. 기동타격대장 윤석루는 멈칫거리며 방아쇠를 당기지 못하는 시민군들에게 총을 쏘라고 다그치며 돌아다녔다.[646]

경찰청 건물에서 민원실 건물 쪽으로 접근하던 계엄군은 2층 구름다리 통로를 건너 뒤편 복도를 통과한 다음 강당 안에까지 들어오고 있었다. 강당에 있던 시민군은 이미 반대편 복도와 계단 끝으로 몰려 있었다. 윤상원이 눕혀져 있는 강당 안에다 대고 난사하던 계엄군의 총소리가 잠시 멈췄다. 유리창이 와장창 깨지면서 비명소리도 들렸다. 투항을 종용하는 스피커 소리가 뒤를 이었다. 계단 복도 쪽에 몰려 있던 시민군은 층계 입구에 있는 화장실, 계단 난간 등으로 간신히 몸을 피했지만 더이상 버틸 수 없게 됐다. 박내풍은 2층 계단으로 공수대원들이 올라오는 모습을 보고 동료 2~3명과 함께 화장실로 숨었다. 콩 볶는 듯한 총소리가 귓전을 때렸다.

벽에 맞은 총탄 파편이 잘게 부서지면서 이양현의 머리와 팔 등에 무수히 박혔다. 피를 흘리면서도 아픈 줄 몰랐다. 잠시 더 시간이 흘렀다. 여기저기서 "항복, 항복" 하는 소리가 들렸다. 계엄군이 "총을 버리고 나와!"라고 소리쳤다. 김영철은 차라리 이 자리에서 죽겠다며 총구를 자신의 목에다 대고 방아쇠를 당겼다. 하지만 총은 발사되지 않았다. 김영철은 맨먼저 마주친 계엄군을 슬쩍 올려다보니 이름표는 없고 중사 계급장만 눈에 띄었다. 직감적으로 그가 윤상원에게 총을 쏜 군인일 것이라고 느꼈다. 공포보다는 분노가 치솟았다. 그 계엄군 중사는 안쪽에다 대고 계속 총을 쏘아대며 "나와! 나와!"라고 외쳤다. 잠시 후 여기저기 숨어 있던 나이 어린 시민군들이 총을 내밀고 나왔다. 계엄군은 2층에서 붙잡힌 사람들을 모두 베란다의 비좁은 복도에 꿇어앉혔다. 20여명가량 되는 숫자였다. 계엄군은 베란다에서 1미터쯤 떨어진 자리에 2층까지 자란 큰 소나무 두 그루를 발견하고, 붙잡힌 사람들에게 그 나무를 타고 내려가라고 했다. 그들은 한명씩 훌쩍 뛰어 소나무에 엉겨 붙은 다음 나무를 타고 땅바닥으로 내려갔다. 밑에서 대기하고 있던 계엄군들이 그들의 발이 땅에 닿기도 전에 뒷목을 사정없이 걷어찼다. 그들은 나뒹굴며 콘크리트 바닥에 입술을 찢거나 얼굴이 찢겨 피가 흘렀다. 손을 뒤로 한 채 엎드려 있는 동안에도 계엄군의 발길질은 지속됐다. 한참 후 날이 밝아오자 도청 앞 광장으로 끌려갔다. 외신 기자가 끌려가는 김영철의 얼굴에 텔레비전 카메라를 들이댔다. 그의 등에는 '극렬분자' '총기소지' 등의 글자가 매직으로 휘갈겨져 있었다. 계엄군이 김영철의 머리를 M16 개머리판으로 후려쳤다. 긴장 때문인지 그는 전혀 아픔을 느끼지 못했다.

새벽 4시 10분경 시작된 3공수여단 특공대의 도청소탕 작전은 5시 15분까지 약 1시간 정도 걸려 끝났다. 이날 새벽 도청에서 계엄군은 단 2명만 부상을 당했고 사망자는 1명도 없었다.[647] 이에 반해 도청에서 사망한 시민군은 16명이고, 이들 대부분은 계엄군이 쏜 M16 총탄에 의해 희생당했다.[648]

도청 앞 분수대와 상무관

시민군은 도청 건물 내부뿐 아니라 바깥 쪽, 특히 도청 앞 광장 분수대 주위와 상무관 입구, 도청 정면의 담벼락 초소, 그리고 전일빌딩, YWCA, YMCA 등에도 소규모로 배치돼 있었다. 이 가운데 전일빌딩, YWCA 등 건물이 아닌 분수대, 담벼락 초소 등에 있던 시민군들은 처음 계엄군의 총격이 시작되자마자 숨을 곳을 찾아 대부분 곧바로 도청 건물 안으로 피신해 들어갔다. 대부분의 시민군은 계엄군을 향해 거의 총을 쏘지 못했다. 카빈과 M16의 위력에도 큰 차이가 있었지만 만약 시민군이 먼저 총을 쏘았다가는 자신의 위치가 노출돼 집중사격을 당할 것을 우려했기 때문이다.

기동타격대 1조 조장 이재춘은 도청 앞 분수대 주위 화단을 엄폐물 삼아 몸을 숨기고 있었다.[649] 그들을 향해 쏟아지던 계엄군의 집중적인 총격이 잠시 멎자 낮은 포복 자세로 도청 정문으로 기어들어가 도청 앞뜰에 주차된 버스 밑에 몸을 숨겼다. 그 버스 아래서 기동타격대장 윤석루 등 3명과 함께 날이 밝을 때까지 숨어 있다 발각돼 체포됐다.

양인화(24세, 요리사)는 비상이 걸리자 상무관 앞에 세워져 있는 경찰버스에 시민군 7~8명과 함께 배치됐다. 계엄군 2명이 흰 띠가 둘러진 철모를 쓴 채 도청 담을 끼고 광장으로 들어오는 것을 보았다. 그가 탄 경찰버스 유리창 주위에는 철망이 쳐져 있으나 총탄을 견딜 정도는 아니었다. 도청 앞 광장에 총탄이 콩 볶듯 쏟아지면서 땅바닥에 탁탁 튀어 일어나는 불꽃이 별처럼 반짝였다. 계엄군이 총을 겨누며 소리쳤다. 그는 한번도 쏘지 않은 총을 밖에다 던져버리고 나갔다. 쏟아지는 총탄 때문에 얼어붙은 듯 발이 바닥에서 떨어지지 않았다. 계엄군이 "야, 이 새끼야, 뛰어!"라며 악을 썼다. 눈을 딱 감고 도청을 향해 달렸다.[650]

임영상, 최재남 일행 4명이 도청 담장 초소에서 전방을 주시하고 있을 때였다. 새벽 4시경 30~40미터 전방에서 흰색 띠를 두른 철모가 어스름 속에 드러났다. 임영상은 방아쇠를 당겼으나 긴장해서 손가락이 움직이지 않았다. 10여미터 앞까지 다가온 계엄군은 그때서야 초소에 있는 시민군을 발견했는지 흠칫 걸음을 멈췄다. "예, 총 버리고 나와요. 빨리 나와요." 군인도 겁에 질린 목소리였다. 임영상은 참호에서 뛰쳐나가 단숨에 도청 이발관 옆 뒷담을 넘어 민가로 도망쳤다.[651] 윤영철(동신고 3학년)도 YMCA에 있다가 비상이 걸리자 도청에서 총기를 지급받은 다음 낯선 청년 2명과 함께 도청 앞 수협 전남지부 건물 3층에 배치되었지만 총을 쏠 기회는 없었다. 그는 수협 지하 식당에서 숨어 있다 오전 11시쯤 집으로

향하던 중 충장로파출소 앞에서 계엄군의 검문에 걸려 연행됐다.[652]

전일빌딩, YWCA

전일빌딩에는 11공수여단 61대대(대대장 안부웅 중령) 4중대의 특공대 37명이 투입됐다. 27일 새벽 전일빌딩을 방어하던 시민군은 황의수(28세, 입사 준비) 등 YMCA에 자원해서 모여든 시민군 1조 13명이었다.[653] 대부분 총기를 다룬 경험이 없는 학생들이라 황의수가 1조 조장이 되었고, 전일빌딩 방어 임무가 주어졌다. 비상이 걸리자 밤중에 도청에서 무기를 지급받은 다음 전일빌딩으로 들어갔다. 빌딩 정면 셔터가 굳게 닫혀 있어서 서쪽 통로로 들어가 캄캄한 계단을 타고 3층까지 올라갔다. 황의수는 바깥 동정을 살피기 위하여 조원들을 그곳에 대기시켜놓고, 고등학생인 김승렬만 데리고 1층 입구로 내려왔다. 그들이 건물 입구에서 밖으로 한발 내딛는 순간 사람 그림자가 어른거리더니 바로 옆에서 "손들엇!" 하는 낮지만 단호하게 외치는 소리가 들렸다. 철모에 하얀 띠를 두른 6~7명의 군인들이었다. 군인들은 그들 두명을 발로 차서 넘어뜨리고 손목을 등 뒤로 묶어 도청 앞으로 끌고 갔다. 그때 전일빌딩 3층에 남아 있던 시민군 11명의 생사는 알 수 없었다.

최○○ 대위가 전일빌딩에 직접 들어가보니 당초 첩보와 달리 소수 인원만 있는데다 별다른 저항이 없었기 때문에 사격 없이 곧바로 시민군을 생포할 수 있었다. YMCA와 관광호텔도 시민군들이 거의 없어서 계엄군이 쉽게 진압할 수 있었다. 11공수여단은 새벽 4시 10분까지 1차 목표이던 전일빌딩과 관광호텔을 어렵지 않게 점령했다.[654]

상황이 예상과 달리 빨리 종료되자 11공수여단 본부에서는 무전으로 아직 진압작전이 진행 중인 도청의 3공수여단을 지원하라는 명령이 떨어졌다. 11공수여단 특공대는 관광호텔과 전일빌딩에 각 1개 중대씩을 배치한 후 나머지 병력을 도청에 투입키로 했다.

전일빌딩과 골목 하나를 사이에 두고 금남로 뒤쪽에 위치한 YWCA는 24일부터 항쟁홍보팀의 본부와 같은 장소였다.[655]

새벽 5시 15분 도청의 3공수여단 지원을 위해 이동하던 11공수여단 병력이 전일빌딩을 끼고 좌회전하려는 순간이었다. 윤순호와 나명관이 YWCA 1층 탁자 뒤에 숨어 경계를 서는데 바로 앞에서 계엄군이 지나갔다. 순간 나명관은 윤순호에게 "형님, 군인이오!"라고 말했다. 군인은 창가에서 1미터도 되지 않는 가까운 거리에 있었지만 나명관은 자신의 위치가 노출될 것 같아서 숨을 죽이고 있었다.[656]

그때 YWCA 2층 창문에서 총소리가 들리기 시작했다. 2층에 있던 김길식(19세, 신협 직원)이 골목에 계엄군이 보이자 얼떨결에 그쪽을 향해 카빈총을 쏘았다. 처음 쏘는 총이라 그런지 총을 쏘고 나서 겁에 질려 몸을 부들부들 떨었다. 그러자 옆에 있던 어떤 시민군이 "야, 넌 안 되겠다. 도망가라!"고 했다.

도청으로 향하던 11공수여단은 전혀 예상치 않은 'YWCA'에서 총탄이 날아오자 즉각 그쪽을 향해 응사했다. 2층에서도 시민군 여러명이 계엄군을 향해 사격을 하였다. 2명의 병사가 부상당했다. 1명은 어깨에, 또 1명은 다리에 관통상을 입었다. YWCA는 정문 앞길이 좁은데다 둥글게 벽이 가려 계엄군 입장에서는 공격하기가 쉽지 않았다. 특공대는 2층을 향해 파괴력 큰 유탄발사기를 쏜 뒤, 2개 지역대가 좌측으로 우회하여 앵커를 걸고 2층으로 진입하였다.

김길식은 2층에서 총을 쏜 뒤 1층으로 내려가기 위해 기어서 복도로 나가다 박용준이 2층 모서리에서 광주경찰서 쪽을 향해 총을 겨누고 있는 모습을 보았다. 경찰서 앞에 군인들 서너명이 지휘를 하고 있었다. "용준형, 조심해…… 용준 형, 총 쏘지 말고 도망가요"라고 외쳤다. 평소 고아로 자라 구두닦이를 하며 천대받는 사람들을 위해 살겠다던 박용준은 그에게 유난히 다정다감했다. 유리창에 기대어 총을 겨눈 자세에서 박용준은 그를 향해 '씨익' 웃어 보였다. '자신있다'는 표정이었다. 바로 그 순간 총소리와 함께 박용준의 몸이 수그러지기 시작했다. 유리창 가에 기대고 있던 박용준이 서서히 쓰러지더니 다시 일어나지 못했다. "용준 혀—엉!" 하고 소리치면서 옆으로 기어가서 봤더니 박용준의 얼굴에서 피가 흘러내리고 눈을 뜬 채로 움직이지 않았다. 2층의 양서조합 사무실 바닥에는 박용준의 몸에서 흘러나온 핏물이 흥건히 고였고 서가의 책 속에는 탄환이 무수히 박혔다. 김길식은 순간 왈칵 무서운 생각이 엄습했다. 순식간에 총소리와 비명소리가 섞여 아비규환을 이루었다. 숨을 곳을 찾아 계단을 타고 위층으로 올라갔다. 4층 간호보조원양성소의 강의실 문을 박차고 들어가 2미터 높이의 선반 위로 훌쩍 올라가 엎드렸다.[657]

잠시 후 2층에 들이닥친 계엄군은 박용준의 시신을 1층으로 질질 끌고 내려갔다. 그의 시신에서 흘러내린 검붉은 피가 YWCA 계단을 적셨다.[658]

이덕준은 대학생 한명과 함께 YWCA 1층 회의실에 있었다. 전일빌딩 쪽에서 군인들이 YWCA를 향해 총을 쏘기 시작하자 기어서 부엌으로 갔다. 전일빌딩 옥상에서 공수대원 2명이 YWCA를 향해 총을 쏘는 것이 보였다. 유리창이 깨지고, 총알이 벽에 부딪히는 금속성의 소리가 극도로 공포심을 자극했다. 그곳에 있던 김윤희(19세, 전남대생)가 가슴에 총을 맞아 비명을 지르며 쓰러졌다. 김윤희는 어깨를 심하게 떨면서 살려달라고 애원했다. 그러자 옆에 있던 이남순(31세)과 강임아(22세)가 "총에 맞았으니 쏘지 말아요!"라고 소리 질렀다. 모두 손을 들고 나가 체포됐다. 계엄군이 그 여학생을 보더니 욕을 퍼부으며 "집에나 처박혀 있지 가시내가 뭐 하러 여기를 나와. 이런 년은 죽여야 돼" 하면서 끌고 갔다. 그곳에서 체포된 3명의 여성은 새벽 4시 30분경 옆 건물로 피신했으나 총격이 시작되기 직전 다시 YWCA로 돌아왔다. 김윤희는 시민군들에게 제공할 밥을 짓기 위해 솥에 쌀을 안치고 몇분이 지났을 때 총탄에 맞았다.[659]

YWCA에 남은 사람들은 모두 체포됐다. 11공수여단의 YWCA 진압작전은 새벽 5시 15분에 시작돼 약 1시간 동안 지속된 뒤 6시 20분에 종료됐다.[660]

광주공원

7공수여단 33대대 8, 9지역대 6개 중대 장교 20명, 사병 181명의 특공대는 27일 새벽 5시 6분 광주공원을 점령하였다. 7공수여단이 광주공원에 도착했을 때는 시민군이 전혀 없었다. 그러나 광주공원으로 가는 도중 월산동 부근에서 총격전이 벌어졌다.[661]

광주비행장에서 군용 트럭을 타고 출발한 7공수여단은 화정동 국군통합병원 근처에서 하차하여 광주공원까지 걸어서 이동하였다. 도로 사정을 잘 아는 광주 서부경찰서 소속 경찰이 길을 안내했다. 특공대가 월산동에서 도로 폭 2미터의 골목 삼거리를 통과할 때 시민군 2명을 체포하였다. 그들의 손을 묶는 도중에 갑자기 주위에서 총소리가 났다. 15명가량의 시민군과 전투가 벌어졌다. 서로가 총알이 날아오는 방향을 알 수 없어서 응사하기 어려울 정도였다. 10분쯤 지난 후 총소리가 멎었다.

기동타격대 7조 대원 김종남(19세)은 도청에서 지형을 잘 아는 자신들의 거주지에서 야간 순찰을 하라는 지시를 받고 자기 집 근처인 월산동 일대의 순찰을 맡았다.[662] 7명의 시민군이 그와 같은 조에 배치됐다. 새벽

2시경 김종남은 월산동 천주교회와 무진중 앞에 있는 방범초소에 앉아 전방을 주시하고 있었다. 양동시장 닭전머리 쪽 덕림산 방향과 무진중 앞 안테나산 방향에서 총소리가 들려왔다. 방범초소가 무진중 정문 앞에서 2백미터 정도 떨어진 곳인데 총알이 그곳 교문까지 날아와 창살에 맞아 불꽃이 번쩍거렸다. 총소리에 놀라 모두 담을 넘어 민가로 숨었다. 김종남도 길옆 민가의 재래식 화장실에 숨었다. 30분 정도 지나 총소리가 멎고 주위가 조용해지자 화장실에다 총과 소지품 따위는 버리고 통행증만 호주머니에 넣은 채 밖으로 나왔다. 새벽 2시 30분~3시 사이였다. 골목길로 들어서는데 계엄군이 그의 머리를 잡아챘다. 그가 체포된 채 50미터 정도 끌려가니 시민군 4명이 더 붙잡혀 묶여 있었다.

월산동에서 7공수여단 소속 소위 1명이 사망하고, 지역대장이 다리에 파편을 맞았으며, 4~5명의 병사들이 부상을 당하였다. 7공수여단 전투상보에는 시민군 1명을 사살하고, 1명을 생포한 것으로 기록돼 있다.[663]

5시 42분경 7공수여단 특공대는 제20사단 제61연대 제1대대에 무기 회수, 선무활동 등의 임무를 인계한 후 7시 25분경 최초 집결지인 K-57비행장으로 복귀하였다.

계림국민학교

공수부대가 광주 시내 세군데 주요 목표지점만을 타격하는 침투작전을 수행했다면, 20사단은 외곽으로부터 넓은 지역을 압박하면서 저인망식으로 밀고 들어갔다. 20사단은 장교 284명, 사병 4482명이 투입돼 새벽 2시부터 충정작전을 개시하였다.[664]

62연대 2대대 6, 8중대는 새벽 3시 20분 경찰 안내요원을 앞세우고 교도소를 출발하여 4시 30분경에 계림국민학교 부근에 도착했다. 그때 잠복 중이던 시민군 20여명과 총격전이 벌어졌다. 시민군이 계림국민학교 앞 육교를 중심으로 두암동 방향을 향해 엎드려 있었다. 이곳에서 막히자 계엄군은 계림동으로 우회하여 시민군의 등 뒤를 공격하였다. 계엄군의 숫자가 압도적으로 많은데다 우세한 화력 때문에 계엄군과 시민군의 총격전은 불과 10분도 지속되지 않았다. 시민군들은 광주고와 주택가로 도주하였다. 광주고 교정으로 피신한 시민군들은 그곳에 숨어 있던 약 5명과 합세하여 학교 건물 2층으로 올라가 계속 사격하며 저항했다. 20사단 62연대 2대대 지휘관은 8중대에게 전방을 견제토록 하고, 6중대는 계림국민학교 돌담을 엄폐물로 이용하여 측방에서 공격토록 하였다. 그러자 시민군들은 주택가로 도주하여 숨어버렸다. 계엄군은 민가를 샅샅이 뒤져 숨어 있던 시민군들을 체포하였다. 그곳에서 15명이 체포되었다.[665] 그때 광주고등학교 수위 양동선(45세)이 건물 옥상에서 총을 맞아 숨졌다.

계림국민학교에서 시민군을 지휘한 사람은 예비역 장교 송진광이었다.[666] 송진광은 계엄군 진입 소식을 듣고 시민군을 돕기 위해 26일 밤 YMCA로 갔다. 그곳에 모인 사람들에게 총기사용법을 교육시키고, 박남선에게 요청해 무기를 다룰 줄 아는 예비군 49명을 별도로 모아 4개조로 편성한 다음 도청으로 데리고 들어갔다.[667] 1층 회의실에서 대기하던 중 비상이 걸리자 새벽 3시경 2개조는 남광주시장(전남대 의대)과 산수동 쪽으로 각각 보내고, 나머지 20여명은 자신이 직접 데리고 차량을 이용하여 계림국민학교 앞으로 출동했다. 계림국민학교 정문 앞 육교를 방어선으로 잡고 시민군을 육교 위, 육교 밑 오른편, 왼편에 각각 배치하고 나머지는 학교에 배치하여 계엄군의 예상 진입도로를 차단했다. 대원들에게 '명령 없이는 절대 총을 쏘지 말라'고 지시했다.

부대 배치를 완료했을 때가 4시 무렵이었다. 도청 쪽에서 총소리가 어지럽게 들려왔다. 약 4시 30분쯤 갑자기 등 뒤에서 계엄군이 나타났다. 육교 전방인 '서방' 쪽에서 계엄군이 침입할 것이라는 시민군의 예상은 빗나갔다. 20사단 계엄군은 육교 부근에 시민군이 잠복해 있다는 사실을 미리 눈치채고 이곳을 우회하여 후방에서 공격한 것이다.[668]

송진광은 이때 계엄군이 쏜 총에 맞아 오른쪽 대퇴부를 관통하는 총상을 입었다. 그는 부상을 입은 상태에서 골목 옆 민가의 지붕 위로 올라갔다. 그 순간 슬레이트 지붕이 무너지면서 방바닥으로 떨어지고 말았다. 그 집에는 노부부가 살고 있었는데 갑자기 총소리와 더불어 부상당한 젊은이가 나타나자 깜짝 놀랐으나 침착하게 그를 다락에다 숨겨주었다. 그는 계엄군이 곧 밀어닥칠 것으로 판단, 뒷문을 통해 다시 옆집을 넘고 또 그 뒷집을 넘었다. 그가 빠져나간 뒤 군인들이 곧바로 들이닥쳐, 무너진 슬레이트 지붕 위에다 총을 난사했다. 그는 바지가 흥건하도록 피를 흘리며 다리를 절뚝거리면서도 무사히 그 장소를 빠져나왔다.[669]

이충영(20세, 경희대 한의대생, 이종기 변호사 아들)은 총소리에 놀라 육교에서 뒤돌아보니 계엄군 3명이 '쪼그려 총' 자세로 접근해오고 있었다. 동료 대원 조재만과 함께 기어서 계림국민학교 쪽으로 도주했다. 그때 곁에서 2명의 시민군이 총에 맞았다. 하수구로 들어가 몸을 숨겼다. 1시간쯤 경과했을 때 탱크와 장갑차가 지나다니는 소리와 함께 "하수구에 폭도들이 있을까?" "수류탄 하나 던져보자"는 말소리가 들렸다. 누가 먼저랄 것 없이 "항복"이라고 소리치면서 손을 들고 나갔다. 허벅지에 총을 맞은 신광성(20세, 무직)은 체포과정에서 군인 5~6명의 군홧발에 얼굴이 무자비하게 짓이겨져 기절했고, 결국 실명하고 말았다.

새벽 5시 20분경 20사단 병력은 도청에서 3공수여단 병력과의 연결을 시도하였다. 하지만 그 시각까지 도청 정문 쪽은 시민군의 저항 때문에

5월 27일 새벽 기자들의 접근이 허용되지 않은 시각 도청 건물 앞마당에 시신과 체포된 시민군이 엉켜 있는 광경.(사진 작가 미상)

진입하기 어려운 상태였다. 정문을 피해 측방의 담을 넘어서 3공수여단 병력과 연결한 후 도청 내부로 도주한 무장시위대들을 추적하여 전원 체포하였다. 이 과정에서 저항하던 무장시위대들을 사살하고 아침 6시 30분경 도청을 완전 점령하였다.[670]

인간 도살장

27일 새벽 5시 KBS 방송을 통해 계엄분소장의 담화가 발표되었다.

"폭도들은 투항하라. 도청과 광주공원도 군이 장악하였다. 너희들은 포위됐다. 총을 버리고 투항하면 생명은 보장한다."

한 시간 후인 6시경 도청 앞 금남로에 탱크와 장갑차들이 진주했고, 하늘에서는 수십대의 헬리콥터가 떠서 윙윙거렸다. 헬기에 장착된 고성능 확성기를 통해 경고방송이 흘러나왔다.[671]

"오늘 새벽 계엄군은 전남도청에서 끝까지 저항하는 폭도소탕 작전을 벌였다. 폭도들은 진압되었다. 시민들은 위험하니 아직 집 밖으로 나오지 말라. 작전에서 폭도 2명을 사살하고, 207명을 체포하였다. 폭도들은 진압되었지만 일부 잔당들이 주택가에 침입하려 한다. 폭도들은 무기를 버리고 투항하면 생명을 보존할 수 있지만 거부하면 사살된다."

선무요원의 말 중간마다 마치 승리하고 돌아온 개선병이 부르는 군가처럼 「돌아온 병사」 「콰이강의 다리」 등 경음악이 흘러나왔다. 스피커에서 왕왕거리며 흘러나오는 선무방송을 제외한다면 총성이 멎은 뒤의 광주 시내는 숨조차 크게 쉴 수 없을 만큼 조용했다. 헬리콥터에서 하얀 전단지가 눈송이처럼 쏟아져 내려왔다. 또 계엄군은 아직 피가 굳지 않은 희생자들의 시신을 곁에 두고 마치 '개선 분위기'를 돋우려는 것처럼 승전가를 불러댔으니, 특공대원들은 분수대 주위에 도열한 채 몸을 좌우로 흔드는 반동을 넣어가며 목청껏 군가를 토해냈다.

"안 되면 되게 하라, 특전부대 용사들……"

그들의 총구에서는 화약 냄새가 채 가시지 않았다. '동족에 대한 살육'이 어느새 계엄군의 '혁혁한 전공'으로 둔갑해 있었다.[672] KBS에서는 공무원들의 직장 복귀를 지시하는 안내방송이 흘러나왔다.

"광주시민 여러분! 이제는 안심하십시오! 폭도들은 섬멸되었습니다. 경찰과 공무원 여러분들은 이 방송을 듣는 즉시 직장으로 돌아가십시오! 오전 9시까지 소속 관서로 복귀하십시오."

그 시각 YWCA 건물 앞에는 체포된 시민군들이 굴비처럼 포승줄에 묶인 채 아직도 엎드려 있었다. 붙잡혀 나온 천영진이 묶여 있는 곳 건너편 골목에서 막 YWCA 수색을 끝낸 공수대원들이 서로 말을 건네고 있었다.

"어이! 김하사, 여기 와서 한잔해!"

그 군인은 한 손으로 맥주를 마시면서 다른 손으로는 총을 쏘았는데, 곁에는 맥주 한박스가 놓여 있었다. 다른 군인이 말을 받았다.

"저도 많이 마셨습니다."

"어디서?"

"관광호텔 지하에 가니까 잔뜩 쌓여 있던데요. 거기서 많이 먹었습니다."

천영진은 두 군인의 대화를 들으며 도청 앞으로 끌려갔다.[673]

계엄군은 체포된 사람들의 윗옷을 벗기고 러닝셔츠에다 '극렬분자' '무기소지자' '차량탑승자' 등등의 글자를 빨강 매직으로 썼다. 끈으로 조기 엮듯 사람들을 묶었다. 누군가 조금이라도 몸을 움직이면 군홧발로 머리를 차고 쓰러진 몸을 짓밟았다. 붙잡혀온 사람들은 온몸이 피로 얼룩졌지만 신음소리조차 낼 수 없었다.

진압이 완료될 무렵인 새벽 6시 505보안부대 허장환 수사관은 은밀하게 도청에 들어가 20사단 병력 담당 보안부대원과 협조하여 내외신 기자 등 일체의 외부인 출입을 통제한 상태에서 각 사무실을 돌아다니며 시민군이 남긴 모든 서류를 수거했다.[674] 수사를 위해 필요한 자료들이었다. 그들이 나간 뒤에 곧바로 20사단 병력이 도청을 접수했다.

어둠이 가시자 모습을 드러낸 도청의 모습은 인간 도살장과 흡사했다. 도청 남쪽 담벼락과 불과 10여 미터 정도밖에 떨어지지 않은 대도호텔에서 밤새워 계엄군의 진압작전을 지켜본 AP통신의 테리 앤더슨과 『아시안 월스트리트 저널』의 노먼 소프 등 외신 기자들은 날이 밝자 호텔 밖으로 나왔다. 새벽 6시쯤 도청 주변에서는 철모에 흰 띠를 두른 군인들이 전봇대 뒤에 몸을 숨긴 채 긴장된 표정으로 경계하는 중이었고, 도청 주위 건물 옥상에서도 군인들이 거리를 향해 총을 겨누고 있었다. 그 두명의 외신 기자들은 조심스럽게 도청 앞 광장으로 걸어 나갔다. 군인들만 분주하게 움직일 뿐 시민들의 모습은 아직 눈에 띄지 않았다. 대령 한명이 지프를 타고 외신 기자 쪽으로 다가왔다. 테리 앤더슨이 사망자가 몇명이냐고 물었다.

"폭도 둘과 군인 한명이 죽었소."

테리 앤더슨은 그의 대답이 거짓이었음을 곧바로 자신의 눈으로 확인했다. 7시 30분쯤 외신 기자들에게만 도청에 들어가는 것이 허용됐는데, 그때 테리 앤더슨이 도청 건물 주위를 돌면서 자신의 눈으로 직접 확인한 시신만 17구였다.[675] 노먼 소프는 27일 아침 가장 이른 시각의 도청 내부 풍경을 자신의 카메라에 담았다.[676] 지난 밤 이곳에서 무슨 일이 어떻게 벌어졌는지를 적나라하게 보여주는 장면들이다. 노먼이 2층 부지사실에 들어갔을 때 벽에 걸린 시계는 7시 50분을 가리키고 있었다. 2층 복도와 사무실에서 노먼이 촬영한 시민군 희생자는 3명이다. 그중 2명의 시신을 탁구대 위에 얹어 4~6명의 군인들이 중앙 계단을 통해 1층으로 옮기는 모습도 눈에 띈다. 교련복을 입은 것으로 보아 학생들로 추정된다. 나머지 한명은 책상과 의자가 수북하게 쌓여 있는 사무실 구석에서 접이식 의자에 앉아 푹 고꾸라져서 피를 흘린 채 숨져 있다. 1층과 2층 계단은 물걸레질한 것처럼 핏자국이 선연하다. 총에 맞은 사람을 끌고 간 흔적이다. 화단 한편에는 교련복을 입은 청년의 시신이 향나무 위에 엎어져 있고, 민원실과 경찰국을 잇는 건물의 계단 구석에는 7~8구의 시신이 마구 뒤엉킨 채 널브러져 있었다. 아직 관에 들어가지 않은 채 흩어져 있는 시신들은 이날 새벽 희생된 것으로 보였다.

5월 27일 아침 '도청소탕작전'이 종료된 직후 시내에서 무력시위를 벌이는
계엄군의 탱크와 장갑차.(사진 나경택)

26일 진압작전 직전 공수특공대에게 내려진 '전교사 명령 상무충정작전 제4호'는 "공격간 폭도들에 대한 사격은 가급적 하복부에 지향한다"고 돼 있다.[677] 그러나 이 조항은 전혀 지켜지지 않았다.[678]

"도청에 진입해 들어가 무조건 보이는 대로 쐈다. 투항 자체가 불가능한 상황이었다. 손들고 나오는 사람을 그대로 있으라고 할 수 없었다."[679]

『한국일보』 조성호(趙聖鎬) 기자는 다음과 같이 대학생 시민군 박병규의 죽음을 기록했다.

1980년 5월 27일 상오, 전남도청 안 도경 종합상황실 뒤편. 꽃이 모두 떨어진 화단 옆에 한 청년이 복부에서 피를 흘린 채 하늘을 보며 숨져 있었다. 군복 상의에 갈색 바지, 뒷주머니엔 조그만 수첩이 하나 꽂혀 있었다. 발밑엔 흰 운동화와 탄피가 흩어져 있고 머리 앞쪽에는 철모와 총알이 뚫고 간 둥근 쟁반이 뒹굴고 있었다. 서울 동국대 전자계산원 1년 박병규(20세) 군으로 확인된 이 학생은 총성을 듣고 뛰쳐나오다 총탄을 과일쟁반으로 막으려 한 것 같다. 무엇이 이 젊은이를 이곳에 와 죽음에 이르게 했는가.[680]

국방부 장관 주영복은 육군참모차장 황영시, 합참 정보국장 등과 함께 헬기로 도청 앞 광장 한복판에 내렸다. 도 경찰국과 도청 간부들 50여명이 도열해서 그들을 영접했다. 잠시 후 전남도경 국장 안병하가 헌병 지프에 실려 현장에서 연행되는 모습이 목격됐다.[681] 중앙의 신문들은 27일자 1면에 '안 전 전남도경 국장 지휘포기 혐의 연행' '안 전 전남도경 국장 직무유기 혐의 연행'이라는 기사를 실었다.[682]

보안사에서는 합동수사단장 이학봉이 광주에 내려와 상황을 보고받고

5월 27일 새벽 시민군 생존자들은 '극렬분자' '무기소지자' '차량탑승자' 등으로 분류되어 군부대로 끌려갔다.

(사진 나경택)

사후 수습책을 의논한 후 최경조 대령에게 수습지침을 시달했다. 6월 8일 보안사로 복귀한 홍성률 대령은 광주 상황을 정리, 분석하여 보안사령관 전두환에게 보고하였다.[683]

아침 6시 20분 YWCA 점령을 끝으로 작전을 마친 공수특공대는 7시 20분에 20사단 61연대에 도청 지역을 인계하고, 광주비행장으로 복귀했다. 공수부대가 철수한 후인 오전 7시 30분부터 9시 30분까지 기갑학교 탱크 14대와 장갑차가 금남로—도청—학동—시민회관까지 오가며 무력 시위를 하였다.[684] 도청진압 작전이 시작될 때 끊긴 시내전화는 이 시각 다시 개통되었다.

27일 아침 군인들은 가택수색을 하면서 신원이 불확실하거나 의심스러운 사람은 모두 연행했다. 이날 계엄군은 외곽을 철벽같이 포위, 봉쇄하고 시내 쪽으로 압축 수색한 후 다시 포위망을 넓혀 시내 가로와 주택을 수색하는 방법으로 그물망처럼 샅샅이 훑어, 수백의 청년들을 끌어갔다. 약간이라도 불만스러운 기색을 보이면 늙은 사람도 예외없이 구타를 당하거나 끌려갔다. 이금재(29세)는 한약방 종업원으로 결혼 3년차의 임신한 아내를 둔 평범한 시민이었는데, '이제 시민들은 밖으로 나와 생업에 종사하라'는 아침 방송을 듣고 전남여고 부근의 자신의 집 대문을 나서다가 계엄군이 쏜 총에 허리를 맞고 사망했다.**685** 저녁 7시 40분경 전남대 근처에 살던 서광여중 3학년 김명숙(金明淑, 15세)은 가까이 사는 친구 집에 책을 빌리러 나갔다가 전남대 부근에서 계엄군이 쏜 M16에 맞아 '좌측 골반 맹관총상'으로 사망했다.**686** 28일에도 20사단은 지산동 무등산 자락 일대를 수색했다. 시민군 가운데 일부가 입산하여 장기항전을 꾀할지도 모른다는 우려 때문이었다. 하지만 기우에 불과했다.

암매장과 시신 발굴

27일 항쟁이 끝나자 도청에 있던 시신들은 상무관으로 옮겨졌다. 26일까지 상무관에는 60여구의 시신이 안치되어 있었다. 27일 오후 도청 뒤뜰에서 수습된 시신은 26일 이전에 사망했지만 신원이 확인되지 않아 상무관으로 옮겨지지 않은 시신 14구와 27일 새벽에 사망한 시신 16구로 모두 30구였다.[687] 그러나 국군통합병원 앞, 미니버스 총격이 있었던 지원동, 주남마을 앞 도로, 광주교도소 근처, 효천역 부근 등에서 죽은 희생자들의 시신은 정확하게 파악할 수 없었다. 일부는 시민군들이 수습하여 상무관으로 옮겼지만 계엄군 점령지역에서는 방치된 채 길옆에서 썩어가거나 어딘가에 가매장, 혹은 암매장되었다.[688] 국군통합병원으로 들어온 시신들은 상무대 백일사격장에 묻혔다. 계엄사나 중앙정부는 물론 광주시도 도청 이외의 지역에서 시신을 수습하는 데는 소극적이었다. 시청 내에 별도의 전담팀을 구성해야 하는데 기존의 민원부서인 '복지계'에서 처리하라고 맡겨놓았다.

광주시청 사회과 직원 조성갑은 자신의 담당업무가 아닌데도 불구하고 자발적으로 시신 수습에 나섰다. 5월 27일부터 6월 하순까지 약 1달 동안 광주 시내 곳곳을 돌아다니며 41구의 시신을 직접 수습했다. 처음에는 동사무소나 주민들의 제보에 따라 시신을 찾아왔고, 나중에는 사체가 묻혀 있을 만한 곳을 직접 수소문해서 찾아다녔다.

5월 27일 하루 동안 5구의 시신을 찾았다. 광주교도소 운동장에서 군인 판초 우의에 싸여 있던 시신 1구, 광주고등학교에서는 수위실에서 하얀 천으로 덮인 1구[689]와 체육관 동쪽 유리창 아래서 사망한 총상 시신 1구 등 2구, YWCA에서 시신 1구, 전남여고 담벼락 뒤 천변에서 남자 시신 1구를 발견하여 전남대병원 영안실로 보냈다. 29일에도 사체 수습은 계속됐다. 공용터미널 욕조 안에서 20세 정도의 총상 남자 시신 1구를 찾았다. 광주교도소에서는 누군가 급하게 묘목을 심은 듯한 장소를 파보니 한 구덩이에서 2구씩 가마니로 둘둘 말려진 채 암매장된 시신 8구가 나왔다. 교도소 정문 앞산에서도 남자 시신 2구를 발굴하여 조선대병원에 안치했다. 그날 지원동에서 화순 쪽으로 가는 도로 옆 고랑에서는 여자 시신 1구를 포함해 7구를 발견하여 상무관으로 옮겼고, 상무대 백일사격장에서 남자 시신 11구를 발굴하였다. 주남마을 총격사건 현장에서는 자갈밭에서 손목 부분의 뼈가 땅 밖으로 뾰족하게 나온 채 몹시 부패된 남자 시신 2구를 발견했다. 인성고등학교 앞산에서는 7세 정도 되어 보이는 남자 아이 시신 1구를 찾았다. 효덕동 소재 주택 옆의 논에서는 20세 정도의 총상을 입은 남자 시신 1구, 31사단본부 근처의 당시 천일버스 종점 옆에서는 판초 우의에 싸인 채 묻혀 있던 남자 시신 1구(김상태), 일곡부락 산속에서는 총상을 입은 남자 시신 1구, 마지막으로 부엉산 꼭대기에서 암매장된 조선대 부속중학교 학생 김부열(金富烈)의 시신 1구를 찾아냈다. 그외에도 소문이 무성하던 송암동의 분뇨탱크, 공수부대 야영지였던 주남마을 뒷산, 조선대 뒷산, 광주 북구 용전 생용저수지 부근을 뒤졌으나 시신을 더 찾지는 못했다. 광주비행장 초소, 황룡강 주변, 화정동 잿등 부근도 뒤졌다.[690]

조성갑(광주시청 사회과) 시신 발굴 일지[691]

구분	일자	장소	인원	인적사항(성명)	기타사항
인수	5월 27일	광주교도소	1명	미상, 남, 25세	
인수	5월 27일	광주고	2명	양동선(1935년생, 광주고 수위)	
				미상, 남, 30대	
인수	5월 27일	YWCA	1명	박용준(1956년생)	
인수	5월 27일	전남여고 옆	1명	이금재(1951년생)	
인수	5월 29일	공용터미널 욕조	1명	미상, 남, 20대,	총상
매장, 발굴	5월 29일	교도소 도랑	8명	안두환(1935년생)	타박사
				장방환(1922년생)	타박사
				임은택(1945년생)	총상
				고귀석(1960년생)	총상
				민병열(1949년생)	자상
				3구 신원 미기재	
매장, 발굴	5월 29일	교도소 앞산	2명	최열락(1953년생)	총상
				1구 신원 미상	
신고, 인수	5월 29일	지원동 도로 옆 고랑	7명	7구 신원 미상	여성 1구 포함
				김재평(1951년생, 5월 22일 인수)	관구 의무실
				조규영(1942년생, 5월 22일 인수)	관구 의무실

구분	일자	장소	인원	인적사항(성명)	기타사항
인수, 발굴	5월 29일	상무대 백일사격장 (소독약 냄새) 총 14구가 가매장 되었으나 3구는 가족이 인수했거나 행방을 알 수 없음.	11명	함광수(1963년생, 5월 22일 인수)	관구 의무실
				임정식(1962년생, 5월 26일 인수)	통합병원
				박종길(1956년, 5월 26일 인수)	통합병원
				양회남(1950년생, 5월 26일 인수)	통합병원
				김평용(1963년생, 5월 26일 인수)	통합병원
				송정교(1929년생, 5월 26일 인수)	통합병원
				김형렬(경찰, 5월 26일 인수)	통합병원
				전재서(1954년생, 미상)	
				1구 신원 미상	
신고, 발굴	6월 3일	주남마을 뒷산	2명	채수길(1959년생)	유전자 감식 (2002년)으로 확인
				양민석(1960년생)	
신고, 발굴	미상	인성고 앞산	1명	전재수(남, 1969년생)	총상
신고, 발굴	미상	효덕동 논	1명	남, 20대 추정	총상
신고, 발굴	미상	천일버스 종점	1명	김상태(1950년생)	
신고, 발굴	미상	일곡부락 산	1명	미상(남, 40대, 정신이상)	정신이상(?)
신고, 발굴	미상	주남마을 뒷산 (5월 24일, 부엉산)	1명	김부열(1963년생, 조대부중3학년)	6월 7일 (검시)
			41명		

가족들이 나서서 암매장된 시신을 찾아낸 사례도 있다. 5월 22일 서만

오(25세, 운수업)는 청각장애인 동생을 찾기 위해 시위 차량을 타고 담양 창평 방면으로 나가다 교도소 앞 도로에서 총격으로 사망했다. 24일 문화동 사무소에서 연락이 왔다. 어떤 할머니가 서만오의 주민등록증을 가져왔다는 것이다. 할머니는 문화동에서 담양 나가는 길목 근처 버스가 폐차된 곳에서 간이식당을 운영하고 있었는데 서만오 가족들에게 '그날' 자신이 목격한 상황을 전해줬다. 22일 오후 3~4시 사이에 트럭 3대가 담양 쪽으로 나가려다 길옆에 매복한 계엄군의 총격을 받았는데 피투성이가 된 사람이 피를 흘리며 할머니에게 기어와 주민등록증을 간신히 내밀면서 가족에게 연락해달라고 했다. 잠시 후 계엄군이 들이닥쳐서 그 사람을 체포해 차에 싣고 교도소 안으로 들어갔다. 그 할머니가 주민증을 동사무소에 가져다준 것이다. 서만오 가족은 10여명의 인부를 고용하여 그 부근 야산을 며칠간 뒤졌다. 산과 논이 맞닿은 경사진 곳에서 시신 5~6구와 함께 묻힌 동생의 시신을 찾았다. 동생은 사고로 인해 오른쪽 검지손가락 끝이 없었기 때문에 쉽게 식별할 수 있었다. 시신을 조선대병원으로 옮겨 부검을 하였다. 하복부에 총탄 5발을 맞은 것으로 밝혀졌다.[692]

항쟁이 끝난 후 계엄 당국은 시신을 병원 영안실로 옮겨 신원을 확인한 후 가족에게 알렸고, 검시 후 장례 절차를 밟았다. 시신의 대부분은 초여름 날씨에 야외에 방치되었거나 땅에 묻혀서 심하게 훼손되었기 때문에 신원을 확인하기가 어려웠다. 시신은 지문 채취, 옷 속의 소지품, 신체특징 등으로 식별할 수 있었지만, 식별이 불가능한 경우는 '신원 미상'으로 처리됐다. 당시 신원 미상으로 처리된 시신 11구가 망월동 묘역에 매장됐다.

1980년 항쟁이 끝난 후 20년이 지난 2001년 광주시에 '5·18행방불명자 사실조사위원회'가 구성되어 신원 미상 무연고 분묘에 매장된 11구에 대해 유골 확인 작업을 실시하였다. 11구의 DNA를 행방불명자 가족 93명에게서 채취한 샘플과 비교 분석한 결과 6구가 일치하였다. 그동안 '무명열사'로 불린 11구 중 6구의 신원이 밝혀진 것이다. 2002년 유전자 감식 결과 주남마을에서 11공수여단이 1980년 5월 23일 산속으로 끌고 가 총으로 즉결 처형한 후 암매장한 시신 2명의 신원은 양민석(20세, 노동자)과 채수길(21세, 식당 종업원)로 밝혀졌다.

무연고 분묘 DNA 감식 신원 확인자 (2002년)

	성명	출생년	직업	사망일	사망장소	사인	검시일	관련 사건
1	권호영	1963	재수생	미상	미상	총상	5월 28일	
2	김기운	1962	송원고 2	5월 21일	미상	총상	5월 28일	
3	김남석	1959	직업훈련생	5월 23일	지원동	총상	5월 29일	지원동 승합차 학살
4	김준동	1963	목공	미상	미상	총상	5월 28일	
5	양민석	1960	노동	5월 23일	주남마을	총상	6월 3일	주남마을 미니버스 학살
6	채수길	1959	식당 종업원	5월 23일	주남마을	총상	6월 3일	

항쟁기간을 전후하여 행방불명자로 신고된 사람은 3백여명에 달했지만 엄격한 심사를 거쳐 '5·18 관련 행방불명자'로 인정된 경우는 81명에 그친다. 그중 시신 6구의 신원이 유전자 감식으로 밝혀졌기 때문에 남은 행방불명자는 75명이다. 이 중 '무명열사' 5구가 무연고자 묘역에 묻혀 있다. 나머지 70명의 행방불명자는 어디에 있는지 아직도 밝혀지지 않은 상태다.

그동안 암매장지로 신고된 곳은 47곳에 달한다. 황룡강 제방 주변, 소촌동, 삼도동 등 5곳에 대해서는 지하탐사까지 했지만 시신이 확인되지 않았다. 행방불명자 확인은 진압군들의 암매장과 연관이 깊다. 당시 직접 사체를 묻은 군인들의 협조가 없다면 행방불명자는 영영 찾기 어려울 수도 있다.

시신 검시와 사인 조작

민간인 사망자에 대해서는 시신 수습이 끝나자 검시조서가 작성되었다. 5·18 사망자에 대한 검시조서는 보안사의 「광주사태 검시참여 결과보고」, 광주지방검찰청의 「5·18 관련 사망자 검시 내용」 등이 있다. 5·18이 종료된 뒤 보안사 주도로 '사체검안위원회'가 열렸다. 6월 초순 505보안부대에서 검안의사, 목사와 기자 등 시민 대표, 법무관, 경찰관, 보안부대 장교 등이 모여 보안대가 작성한 사체검안자료를 가지고 사망자에 대해 분류작업을 했다. 사체검안위원회는 보안부대의 사체 개인별 신상자료를 토대로 '폭도'와 '비폭도'로 분류하였다. 당시의 심사원칙은 다음 표와 같다.

심사원칙(착안사항)[693]

양민(위로금 1인 400만원)	난동자(위로금 미지급)
14세 미만인 자	80. 5. 27. 도청 진입시 대항타 사살된 자
50세 이상 고령자	교도소 경계병력에 대항타 사살된 자
공직 수행자(공무원)	7, 11공수여단 경계지역인 광주시 지원동에서 대항타 (5. 22. 08:30~5. 24. 12:00경) 사살된 자
부녀자	11공수부대가 주남에서 부대로 복귀시 대항타 사살된 자
교전 없었던 지역에서 교통사고로 사망한 자	외지(서울, 목포 등)에 거주자가 광주시 난동에 가담한 자
사망원인 중 타박사 사상자	

사망자의 사인을 'M16 총상자'와 'M1 및 카빈 소총 총상자'로 구분했다. 탄환이 사체 내에 남아 있지 않은 경우 실제로 그 차이를 구분한다는

것은 쉽지 않았다. M16과 카빈 소총은 파괴력이 다르기 때문에 상처의 크기나 형태를 눈으로 보고 사인을 구분했다. 총에 맞은 즉시 병원에 옮겨진 경우를 제외하면 항쟁기간 동안 시신들은 노지에 방치되거나 매장되어 이미 상당정도 부패가 진행된 상태였기 때문에 육안으로 식별하기 어려웠다.

'난동자' 혹은 '폭도'로 분류될 경우 위로금이 지급되지 않았으므로 당시 검안에 참여한 의사 2명과 목사는 최대한 '양민' 혹은 '비폭도'를 늘리려고 노력했다.[694] 보안사는 M16 총탄에 사망한 경우 군에 저항한 것으로 간주해 '폭도'로 분류한다는 방침이었다. 이렇게 해서 집계해보니 폭도로 분류된 숫자, 즉 M16 희생자가 20여명에 불과했다. 보안사는 폭도 숫자가 너무 적다며 더 늘려야 한다고 주장했다.[695] 하지만 계엄 당국은 내심 집권을 앞둔 상황이므로 계엄군에 의한 희생자 규모를 줄여야 정치적 부담이 준다고 판단했기 때문에 민간 심사위원들의 '비폭도 숫자 늘리기'를 적극 반대하지는 않았다.[696] 최종적으로 양측의 이해관계가 반영되는 선에서 폭도의 규모가 결정됐다. 38명만 폭도로 분류됐다. 이같은 분류심사 방침 때문에 사체검안위원회 회의 결과 M16에 의한 사망자보다는 M1이나 카빈에 의한 사망자가 더 많아진 것이다. 다음 표는 1980년 당시 보안사가 사망자를 사인별로 분류한 통계이다.[697]

사인이 M16 총상으로 명백하게 밝혀지지 않은 사람들은 모두 카빈 소총 혹은 M1 총사자나 기타 총사자로 분류했다. 그리고 '카빈' 등에 의한 총사자 94명은 '강경파와 온건파의 대립과정에서 서로 총을 쏘아 죽었다'고 짜 맞춘 것이다. 유탄이나 기관총, 수류탄 등으로 사망한 기타 총사자들도 M16에 의한 사망자가 아니기 때문에 '비폭도'로 분류되어 사인이 '총기 조작 미숙으로 인한 오발사고'로 처리됐다. 진압봉에 맞아 사망

사망자 사인별 통계[698]

사인별	인원수
M1, CAR 총사자(폭도 간 강온파 대립 및 오인사살)	94명
M16 총사자(계엄군과 교전사살)	24명
기타 총사자(폭도 간 총기 조작, 미숙에 의한 오발)	14명
타박사(탈취차량에 의한 교통사고)	12명
자상자(난동자 소행)	9명
차량사	5명
추가 사망자 발견	6명
계	164명

한 경우도 '탈취차량에 의한 교통사고'로, 대검 등에 의한 자상일 가능성
이 큰 사망자도 '난동자 소행'으로 바뀌었다.

그후 사망자들의 사인은 시기마다 매번 바뀌었다. 그때마다 카빈이나
M1 희생자 수가 줄고 M16 사망자가 늘었다. 1985년 10월 16일 국무총리
가 국회에 제출한 답변 자료에는 민간인 사망자가 총 166명(M16 29명,
카빈 37명, 기타 총사 67명, 타박사 15명, 교통사고 8명, 자상 8명, 미상
2명)으로 바뀌었다.[699] 1980년 당시 보안대의 검시자료와 비교하면 M1과
카빈 소총 총사자는 37명으로 당초보다 57명이 줄었다. 그 대신 기타 총
사자는 67명으로 53명이 늘었고, M16 총사자는 29명으로 5명이 증가했
다. 그후 진상규명이 본격화되면서 사망 당시 병원검진기록 등이 공개
되고, 현장 목격자들의 구체적인 증언 등에 의해 사인이 좀더 분명해졌
다. 그러나 그후 두차례의 검시와 1995년 검찰 수사결과 사인별 사망자
수는 M16과 기타 총상이 1백여명, 타박상이나 교통사고, 자상 등이 30여
명인 것으로 밝혀졌다. 하지만 아직도 여전히 27명이라는 숫자가 카빈과
M1에 의한 총사자로 남아 있다. 물론 시민군의 오발사고로 인한 사망자

도 있을 수 있다. 그렇지만 당시 계엄 당국이 주장한바, 시민군 내부의 대립으로 서로 총을 쏴서 사망자가 발생했다는 점은 사실과 다르다. 그 대목에서 보자면, 아직도 사인이 바로 잡히지 않고 있는 것이다.

군인 2만명 광주에 투입

5월 18일부터 27일까지 10일 동안 계엄 당국은 광주에 약 2만명가량의 정예군인을 진압군으로 투입했다. 당시 광주시 인구가 80만명 정도였음을 감안하면 시민 40명당 1명의 군인이 투입된 것이다. 부대별로는 공수부대 3개 여단 10개 대대 3121명(장교 496명/사병 2625명), 20사단 9개 대대 4791명(276명/4515명), 그리고 전교사 28개 대대 1만 1998명(3976명/8022명) 등 모두 47개 대대 병력 1만 9910명(4748명/1만 5162명)이다.[700]

5·18 광주민주화운동 기간 사망한 계엄군은 총 23명이다. 이들 가운데 광주시민의 총격이나 공격행위로 인한 사망자는 8명(차량사고 3명, 22일 2명, 23일 1명, 27일 2명)이고, 나머지 15명은 군부대 간의 오인전투 14명, 오발사고 1명 등이다.[701]

항쟁기간 동안 계엄군 간의 오인전투는 3차례 있었는데, 그때마다 군인 희생자가 발생했다. 첫번째는 24일 오전 9시 55분경 운암동 호남고속도로 광주 인터체인지 근처에서 31사단 96연대 3대대 병력 31명(2명/29명)이 영광으로 복귀하기 위해 이동하던 중 매복중인 전교사 예하 기갑학교 병력 120명(3명/117명)이 사격을 하여 31사단 96연대 소속 사병 3명이 사망하고, 민간인 2명과 군인 10명이 부상을 입었다.[702] 두번째 오인전투는 24일 오후 2시경 송암동에서 광주비행장으로 이동하던 11공수여단과 매복 중인 보병학교 교도대 사이에서 일어났는데 공수대원 9명, 교도대 1명이 사망했다. 세번째는 27일 새벽 광주공원 공격에 나선 7공수여단에서 공격 도중 오인전투로 군인 1명이 사망했다. 그리고 오발사고 1명을 포함하면 군인들 간의 오인전투로 사망한 사람은 15명이다. 시민군과의 교전 과정에서 사망한 숫자가 8명이라고 할 때 약 2배에 가까운 숫자가 군인끼리의 오인전투로 사망한 셈이다.[703]

상무대 영창

도청이 계엄군에게 함락되면서 항쟁이 끝난 게 아니었다. 계엄군에게 끝까지 저항한 사람들은 체포된 순간부터 참혹한 고통이 시작됐다. 진압군들은 땅바닥에 엎드린 연행자들 등 위를 군홧발로 쿵쿵 짓이기며 걸어 다녔다. 도청 2~3층에서 손을 뒤로 묶은 상태에서 연행자들에게 계단을 올챙이 포복으로 기어 내려가게 했다. 호주머니에서 실탄이 나오면 당장 쏴 죽이겠다고 협박했다. 고개를 들면 곡괭이 자루로 내리쳤다. 무자비한 구타만큼이나 괴로운 것은 손목의 통증이었다. 계엄군이 전화선이나, 구두끈, 허리띠 등 단단한 줄로 두 손을 뒤로 묶어둔 바람에 연행자들은 손목에 피가 통하지 않아 피부가 퍼렇게 변하고 퉁퉁 부어올랐다. 줄을 끊거나 풀어버린 후에도 통증과 흉터가 3개월 넘게 지속됐다. 계엄군은 이들을 버스에 태울 때는 마치 어시장에서 갈고리로 생선을 찍어 올리듯 태웠다. 27일 아침 도청, YWCA, 전일빌딩, 광주고 등 접전지역에서 생포된 시민군들은 굴비처럼 줄줄이 엮여 끌려갔다. 이동 중에 고개를 들면 계엄군이 진압봉으로 마구 때렸기 때문에 어디로 끌려가는지 전혀 알 수 없었다. 목적지에 도착하자 정문에서부터 머리를 땅에 댄 채 땅바닥을 찧으면서 들어가야 했다. 체포된 날은 하루 세끼를 완전히 굶었다. 주위를 둘러볼 수 없었기 때문에 자신들이 붙잡혀가는 곳이 어딘지 한동안 알 수 없었다. 그곳이 상무대 영창이라는 것은 예비검속으로 먼저 붙잡혀온 사람들이 귀뜸해줘서야 알게 됐다.

상무대 영창은 반원형의 커다란 공간을 부채모양으로 6개로 나눠 배치했는데 비좁은 앞쪽만 철창으로 터져 있었다. 중앙에 있는 헌병이 영창 내부에 수감된 사람들을 한꺼번에 감시할 수 있는 구조였다. 나무로 된 마룻바닥의 방 한칸에는 30명도 들어가기 힘들 만큼 비좁았지만 계엄군은 150명씩 빽빽하게 밀어 넣었다. 27일 연행자 590명에다 기존에 연행된 3백여명까지 한꺼번에 수용하다보니 틈이 없었다. 예비검속으로 연행되어 헌병대에 갇혀 있던 김상윤은 27일 오후 창살 사이로 영창 앞마당에 부인 정현애와 처제, 동생 김상집 등 온 가족이 끌려온 것을 보고 깜짝 놀랐다. 자신이 붙잡혀온 뒤 이렇게까지 큰 사건이 벌어진 줄 몰랐던 것이다. '독침사건'을 일으킨 뒤 종적을 감췄던 장계범이 나타났다. 선글라스와 손수건으로 얼굴을 가린 채였지만 김준봉, 윤석루 등은 그를 금방 알아볼 수 있었다. 장계범이 김종배, 박남선, 정상용, 윤강옥, 윤석루, 정해직, 김준봉 등 투쟁위원회 간부들을 손가락으로 지적해서 골라냈다. 이들은 16절지 크기의 종이에다 도청에서의 직책을 적은 다음 가슴에 붙이고 사진을 찍은 후 차에 실려 곧바로 보안대로 향했다.

'민주투쟁위원회' 간부들이 보안대 사무실로 들어서자마자 씨름선수같이 덩치가 큰 군인들이 서 있다가 그들의 등을 다독이면서 "오! 전남공화국 동지여, 환영합니다"라고 큰 소리로 비아냥거렸다. 사무실 한가운데 둥그렇게 서서 한사람씩 불러내더니 뺨을 번개같이 때린 다음 명치를 한대씩 갈기고, 푹 꼬꾸라지면 일으켜 세워 다시 때리기를 수없이 되풀이하였다. 일명 '번개 딱, 돌림 빵' 기합이었다. 4박 5일 정도를 그렇게 맞았다.

몰아치는 검거 선풍

5월 17일부터 7월말까지 5월항쟁과 관련하여 2699명이 체포되었다. 그중 계엄군이 도청에 진입한 27일자에만 590명이 붙잡혔고, 그후 5월말까지 1백여명이 더 체포되었다. 5월 31일에는 항쟁기간 중 연행된 숫자까지 모두 1039명이 조사를 받고 있었다.

계엄사는 항쟁기간 중에 총을 들고 다닌 사람, 수습위원, 대학 학생회 간부들을 대대적으로 검거하기 시작했다. 27일 전남도청 진입과 동시에 광주 외곽을 차단하고 시외로 빠져나가려는 관련자를 색출하였다. 총 한 정을 회수하는 경찰에게는 1백만원 상금과 1계급 특진이 포상으로 내걸렸다. 총을 들고 지역방위 활동을 한 사람들도 검거 선풍을 피하지 못했다. 21일부터 23일까지 문장우의 지휘 아래 지역방위를 펼친, 학운동 배고픈다리를 중심으로 한 태봉마을과 숙실마을 주민들은 모조리 붙잡혀 갔다. 총을 찾지 못하자 경찰은 그 마을 젊은이, 노인, 밥을 해준 아주머니들까지 가리지 않고 데려다 때리고, 집집마다 수색하여 벽장 문을 부수는 등 마을 전체를 이 잡듯이 뒤졌다. 이때 연행, 고문 등의 피해를 입은 숙실마을 사람들의 숫자는 70~80명에 달했다.[704]

고문

시민군 상황실장 박남선은 '무장폭도의 수괴'로 분류돼 벽과 천장에 아무 장식도 없이 흰 페인트가 칠해진 보안대 지하실 독방에 갇혔다. 속옷까지 모두 발가벗겨진 채 밤낮없이 3일간 몽둥이로 매타작을 당했다. 머리와 어깨는 물론 온몸을 도리깨질 당하듯이 매질을 당해 어금니와 앞이빨이 부러지고 여러차례 혼절했다. 보안대 수사요원들은 5센티미터 정도의 바늘처럼 가는 송곳으로 손톱 밑을 찔러대는 고문을 하면서 '북한에서 온 간첩임을 자백하라'고 협박했다. 며칠 후 보안대에서 구타와 고문으로 만신창이가 된 민주투쟁위원회 간부들은 상무대 영창으로 옮겨졌다. 그곳에는 수사방향의 각본을 미리 만들어놓은 채 수사팀들이 기다리고 있었다.

28일 새벽 4시 김영철은 영창 뒤 구석에 붙어 있는 화장실로 들어가 자살을 시도했다. 날카로운 물체로 왼손 동맥을 끊은 후 모서리 콘크리트 벽에다 여러차례 이마를 부딪쳤다. 화장실에서 쿵쿵거리는 소리가 들리자 헌병들이 몰려와 그를 끌어낸 뒤, 군홧발로 짓밟으며 곡괭이자루로 두들겨 팬 뒤 국군통합병원으로 옮겼다. 투쟁위원회 기획실장 김영철은 도청 회의실에서 직장 동료이던 윤상원의 죽음을 직접 목격하였고, 친형제보다 더 가까웠던 박용준이 YWCA에서 살해당했다는 소식을 접하자 충격에 빠졌다. 이어지는 체포와 혹독한 고문, 구타, 인간적 모멸감으로 인한 절망감에서 차라리 스스로 죽겠다고 결심한 것이다. 그후 2개월쯤 지나자 그때의 충격으로 김영철에게 정신이상 증세가 나타났다. 감옥에서 동료들이 정신과 정밀진단을 요구하였지만 묵살됐고 증세는 날로 심해졌다. 김영철은 1981년 12월 25일 형 집행정지로 출감한 후 전남대병원에서 수술을 받고 18여년 동안 국립나주병원 등을 전전하다가 1998년 8월 끝내 사망하였다.

기동타격대 나일성은 구타와 고문을 견디지 못해 자살을 하려고 영창에서 두통제, 해열제, 지사제를 모았다. 약은 일주일에 한번씩 군의관이 왔을 때만 받을 수 있었다. 모아둔 약을 한꺼번에 먹었지만 목숨은 끊어지지 않았고, 그때 후유증으로 내장기관이 손상돼 지금까지도 고통을 겪고 있다.[705]

'무장폭동'에 가담한 사람들에게 '인권'이란 단어는 아예 언급조차 할 수 없는 것이었다. 온갖 기상천외한 고문들이 자행됐지만 죽임을 당하지 않는 것만도 큰 시혜를 받는 것처럼 여기라는 분위기였다. 고문이나 구타를 당한 사람들은 석방 후에도 오랜 시일 동안 후유증에 시달려 정상적인 생활을 하지 못했고, 정신질환을 앓다가 사망한 사람이 속출했다. 이들은 풀려난 후에도 엄청난 공포와 피해의식 속에서 살아야 했다.[706]

간첩 '모란꽃'

전옥주와 차명숙은 5월 20일부터 21일까지 시위가 절정으로 치닫고 있을 때 가두방송으로 시위대를 이끈 인물인데, 22일 오후 4시경 광주 화정동 부근의 시위대 속에서 갑자기 '간첩'이라고 몰아붙인 자들에게 붙잡혀 보안대로 끌려갔다. 전옥주는 자신을 체포한 사람이 스포츠머리에 곤색 잠바를 입은 30대 청년으로 일반 시민이 아니라 정보기관의 요원처럼 보였다고 주장했다. 당시 계엄사에서는 조직적으로 민간인 복장을 입힌 편의대를 운용하여 시위대를 교란시켰다. 그녀가 보안대로 들어서자 50여명의 남자들이 '간첩이 왔다!'며 모두 그녀를 쳐다봤다. 전옥주와 차명숙은 따로 분리되어 조사를 받았다. 여자로서 견디기 어려운 온갖 치욕스러운 고문을 당했다. 수사관들은 총부리를 겨눈 채 수차례 자술서를 강요하며 그들을 간첩으로 몰았다. 기자들을 모아놓고 간첩이라며 사진까지 찍도록 했다. 전옥주가 손으로 얼굴을 가리며 간첩이 아니라고 호소하자 소총 개머리판으로 그녀의 뒤통수를 찍었다. 보안대에서는 전옥주가 북한 모란봉에서 2년 동안 간첩교육을 받고 넘어왔으며 가명이 '모란꽃'이라 발표했다. 언론에서는 "시위 군중들이 지난 22일 붙잡아 군에 인계한 전옥주 여인 등 3명이 모두 고정간첩으로 판명되었다"고 보도했다.[707] 그러나 전옥주는 부친이 경찰 출신으로 신원이 확실했다. 결국 간첩으로 몰지 못하고 MBC 방송국 방화범으로 몰았다가 이도 역시 여의치 않자, 나중에는 김대중사건과 연결시키려고 시도했다.[708]

차명숙은 전남대 학생으로 행세하다가 6월 초순경 수사과정에서 거짓 신분임이 들통났다. 그녀의 학생증 주소지로 수사관이 찾아갔는데 학생증의 주인공은 뜻밖에도 다른 사람이었다. 그녀가 시위 도중에 주운 학생증으로 여대생 행세를 한 것이다. 차명숙의 신분이 거짓으로 판명되자 수사관들은 '진짜 간첩을 잡았다'며 쾌재를 불렀다. 차명숙을 다시 고문하자 본명과 고향을 밝혔다. 그녀의 고향 담양 창평에 찾아가니 친척들이 있었고, 형편이 어려워 가족 모두 서울로 올라갔다는 사실을 확인하였다. 그렇지만 수사관은 그녀에게 언제 북한에 다녀왔냐고 닦달했다. 그녀는 간첩임을 실토하지 않는다고 혹독한 고문을 당했다. 그해 9월 19일 계엄 당국은 전옥주와 차명숙을 '간첩죄'가 아니라 '계엄포고령 위반'과 '내란음모'로 기소했다. 전옥주는 10년, 차명숙은 장기 10년, 단기 7년 형이 선고됐다. 전옥주는 1981년 4월 3일 석방됐고, 차명숙은 같은 해 12월 성탄절 특사로 풀려났다.

김대중 내란음모 사건과 연결

합동수사단은 연행자 전체를 하나의 그림 속에 아우르는 수사체계도를 먼저 그렸다. 수괴를 김대중으로 한 후, 광주지역 재야 수괴 홍남순, 대학생 수괴 정동년, 폭도 수괴 김종배, 극렬가담 불량배 박남선과 윤석루 등으로 체계도를 작성하고 체포된 사람들을 이 '그림'에 끼워 맞췄다.

5월 17일 밤 예비검속 때 연행된 정동년·김상윤·김운기·유재도 등은 자신들이 항쟁과 무관하니 곧 석방될 것이라고 생각하고 있었다. 그러나 27일 밤부터 그들이 전혀 예측하지 못한 상황이 전개되었다. 그날 밤

12시경 전남대 복적생 정동년과 조선대 김운기가 헌병대 조사실로 불려 갔다. 곤봉과 채찍을 든 10여명이 정동년을 둘러싸더니 바닥에 꿇어앉히고 무조건 몇시간을 두들겨 팼다. 그러고 나서 "너! 김대중 동교동 집 방문했지?" 하고 추궁하더니 '전남대, 정동년'이라고 적혀 있는 김대중 자택의 방명록 사본을 내보였다. 그는 방문 사실을 시인했다. 그것으로 끝난 줄 알았는데 그게 아니었다. 그들은 새벽 무렵 또 한차례 구타하더니 "너, 김대중에게서 돈 받았지!"라고 추궁했다. 그는 계속된 구타를 견딜 수 없었다. '5백만원'을 받은 것으로 시인하고 말았다. 물론 사실과 달랐다. 정동년은 그해 4월 동교동을 방문했지만 김대중은 만나지도 못했다. 돈도 받은 적이 없었다. 조사 후 영창으로 돌아온 정동년은 날카롭게 간 숟가락을 들고 화장실 안에 들어가 할복자살을 기도하였다. 구타와 고문으로 허위진술을 강요하는 상황에 절망했다. 때마침 화장실에 들어온 동료가 피로 범벅이 된 그를 보고 "자살한다!"고 큰 소리로 외쳤고, 군인들이 뛰어와 그를 끌고 나갔다. 병원에서 응급조치를 받은 후 다시 보안대로 끌려가 조사를 받았다. 5백만원의 사용처를 대라고 강요당했다. 박관현 전남대 총학생회장과 윤한봉 등 아직 체포되지 않은 후배들에게 3백만원과 2백만원씩을 각각 나눠줬다고 진술했다. 조사가 마무리되자 통합병원에서 한달 정도 치료를 받은 후 상무대 영창으로 다시 옮겨갔다. 그 사이에 그가 윤한봉에게 전달한 것으로 진술한 2백만원이 다시 조선대 복적생 김운기에게 전달된 것으로 수사 조작이 끝나 있었다. 결국 동교동에서 받은 5백만원 중 3백만원은 박관현에게 전달되고, 2백만원은 윤한봉을 거쳐 조선대생 김운기에게 전달되어 전남대와 조선대 학생시위 자금으로 사용됐다는 각본이 짜 맞춰진 채 수사가 일단락되었다.

그후 1988년 국회 광주청문회를 앞두고 당시 수사팀의 일원이던 광주

505보안부대 수사관 허장환은 5·18 수사가 어떻게 조작됐는지 기자회견을 통해 밝혔다. '김대중과 범죄사실을 연계시키기 위해 김대중으로부터 폭동자금을 얼마 받았느냐는 허위자백을 강요하며 잔인한 고문, 구타, 심지어 같은 동료끼리 때리게 하는 비인격적 모독 등 이루 헤아릴 수 없는 폭거를 자행했다'고 주장했다.[709]

허장환은 수사조작의 대표적인 사례를 다음과 같이 열거했다. 첫째, 정동년이 숙박하였다고 주장하는 알리바이를 없애기 위해 완도읍 모 여인숙의 숙박부를 찢어버리고 변조한 사실이 있었다. 둘째, 홍남순 변호사를 고문과 설득, 회유로 송치하였다가 홍변호사가 검찰에서 진술을 번복하자 공소유지가 어려워 도저히 기소할 수 없다는 군 검찰관의 요구가 있었다. 그러자 홍변호사는 다시 보안부대에 넘겨져 잔혹하게 고문을 받았고, 수사관이 쓴 진술서를 홍변호사가 다시 정서한 것을 가지고 군 검찰이 기소했다. 셋째, 5월 22일 오후 4시 30분경 광주국군통합병원 근처에서 붙잡힌 간첩용의자 전옥주를 '최대한 김대중이와 연계시키라'고 서의남 중령이 허장환에게 지시하였다. 넷째, 전남도청에서 발생한 독침사건의 주범 장계범을 사태 평정 후 보안부대에서 보호하였고, 서의남 중령은 당시 이들을 허장환에게 잘 보호하도록 지시하였다. 다섯째, 군 재판부의 공판이 진행되기도 전에 송치된 자의 형량을 505보안부대, 전교사, 군 검찰 및 재판부가 확정했으며, 공판일에는 피고인이 범죄사실을 인정하도록 수사관 전원이 법정 주변에서 대기하며 공소유지에 필요한 조치를 취하였다. 여섯째, 특명반에서는 전남대 교수를 골라내 김대중 내란음모 간첩가담자로 규정하여 민준식(閔俊植) 총장 및 김동원(金東源)·이방기(李邦基)·명노근 교수 등 수십명에게 사표를 강요, 사직토록 하였다.[710]

7월 15일 계엄사령부는 서울에서 검사 2명과 중앙정보부 수사관 2명을 추가로 파견하여 그동안의 수사 상황을 전남합동수사단과 함께 검토하고 처벌 논리와 수위를 조율한 후 방침을 결정했다. 검토를 마친 전남합동수사단은 '내란 또는 소요죄는 정책적 결정이고, 광주시민들은 김대중이 내란 수괴라야 납득할 것'이라며, 처벌 범위를 '5백여명 정도로 하고, 주요 임무 수행자 30~40명은 극형에 처할 것'을 건의했다. 이 방침에 따라 예비검속 연행자들도 7월 중순 이후 내란음모 혐의로 조서를 전부 다시 작성했다.

7월 31일 서울의 합동수사본부는 전남합동수사단에게 다음 사항을 정동년의 피의자 신문조서에 넣도록 지시했다. 전남대 학생운동의 목표는 대규모 폭력사태 유발 및 전국적 민중봉기로 현 정부를 퇴진시키고 김대중을 추대해 새로운 체제를 구축하는 것, 1980년 5월 5일 김대중 집에서 김대중에게 위 방침을 설명한 뒤 자금을 요청한 사실, 김대중으로부터 5백만원 수수 및 정동년의 지시에 따라 박관현이 전남대 시위를 주동했다는 것 등이다.[711] 이 지시에 따라 5·18은 김대중 내란음모 사건의 주요 근거가 되었고 정동년·홍남순·조아라·명노근·송기숙 등 민주인사들은 상무대 조사실과 보안대 지하실에서 고문을 받으며 그들이 짜놓은 각본대로 조서에 서명할 수밖에 없었다.

군사재판

광주항쟁과 관련하여 검거된 사람은 2522명으로, 이 중 훈방이 1906명이며, 616명이 군법에 회부되어 212명은 불기소되고, 404명이 기소되어 재판을 받았다.[712] 군사재판은 일사천리로 진행되었다. 피고인들에게 주어진 최소한의 권리인 변호사 선임권도 보장되지 않았다. 상무대 영창에 갇힌 피고인이나 가족 누구에게도 재판진행 절차는 물론 변호사 선임에 대해서 알려주지 않았다. 다만 홍남순, 이기홍 변호사에 대해서만 광주시 변호사회 소속 변호사들이 공동으로 변론을 맡고, 윤공희 대주교의 부탁으로 김성용, 조비오 신부와 교수 한사람에게 변호인이 선임되었을 뿐이다. 그후 가족과 종교계에서 항의하여 내란 수괴로 몰린 정동년, 항쟁지도부의 김종배, 박남선 등 중형이 예측되는 피고인들에게게만 변호사가 선임되었다. 하지만 변호인 접견도 제대로 허용되지 않고, 변론을 위해 절대적으로 필요한 피의자 진술조서 등을 검토할 기회도 제대로 주어지지 않았다.

불법 파행의 재판은 상무대 전투병과교육사령부 군사법정에서 진행되었다. 법정이 너무 좁아 추가로 건물 한채를 더 지었다. 교실 한칸보다 약간 넓은 공간에 피고인 20~30명씩이 수갑에 묶인 채 비좁게 앉았고, 총으로 무장한 헌병들이 가족과 피고인들 사이에서 경계를 섰다. 재판과정에서 정동년이 김대중으로부터 5백만원을 받았다는 그 시각에 당사자가 학원에서 강의하고 있었다는 사실이 밝혀졌다. 5백만원 중 일부가 윤한봉을 거쳐서 조선대 김운기에게 전달되었다는 공소사실에 대해 김운기가 조선대학교의 자존심을 고려하여 그 금액을 김대중으로부터 직접 받은 것으로 해달라고 요구했지만 담당수사관이 '그것은 서울에서 내려온 각본에 없기 때문에 안 된다'고 해서 재판정이 웃음바다가 되기도 했다. 군 검찰측이 조비오 신부의 총기 회수 활동의 목적이 '계엄군이 진입하면 효과적으로 대항할 수 있도록 무기를 한곳에 모아놓기 위한 것'이라고 강변하자 변호인은 조비오 신부의 노력에 대해 감사장을 주어야 한다고 상부에 보고한 정시채 전남 부지사를 증인으로 채택했다. 그러자 부지사는 비공개 증언대에 나와서 기억이 잘 나지 않는다며 우물쭈물 답변을 회피했다.[713]

5·18민주화운동 군사재판 광경.(사진 광주일보 자료실)

　　최후진술에서 정동년은 "이번 광주사태에 길가는 시민들을 붙잡아 정말 수괴가 있었느냐고 물어보십시오. 아마도 광주사태에 두목, 즉 수괴가 있었다는 사람은 한사람도 없을 것입니다"라고 진술했다. 정상용은 피고인석에서 뒤로 돌아 방청객을 향하여 한시간가량 최후진술을 했다. "지금은 비록 어둡고 참담한 감옥에 우리의 몸이 갇혀 있으나 자유의 종이 한없이 울리는 민주세상이 반드시 올 것입니다. 우리는 승리할 것입니다. 진리와 정의는 반드시 승리합니다. 여러분 우리 모두 확신을 갖고 이 어려움을 이겨나갑시다!" 그의 최후진술이 이어지는 동안 방청석에서 훌쩍거리는 소리가 들리고 재판관 중 한명이 눈물을 훔치는 모습을 보였

다. 수사과정의 혹독한 고문으로 몸은 비록 쇠약해졌지만 당당한 모습이었다.[714]

1980년 10월 24일 오전 10시 계엄보통군법회의 1심 선고공판에서 404명 중 149명이 선고유예로 풀려나고, 255명에 대해 유죄가 선고되었다.[715] 그해 12월 29일 계엄고등군법회의 2심 재판에서는 유죄가 선고된 163명 중 83명을 제외한 80명이 형 집행면제와 집행유예를 받아 석방되었다. 이듬해인 1981년 3월 31일 대법원은 피고인들의 상고를 기각하고 고등군법회의 선고대로 피고인 83명에 대해 계엄법 위반, 내란주요임무종사, 살인 등의 죄목으로 원심 형량을 확정했다. 이로써 5·18재판은 대법 선고까지 5개월 동안 미리 짜놓은 각본대로 일사천리로 진행되었다.

대법원에서 형이 확정된 후 3일 만인 4월 3일 관련자 83명 전원에 대해 특별감형, 특별사면 또는 복권조치가 취해졌다. 이때 사형선고를 받은 정동년 등 3명은 무기로, 무기징역이 확정된 박남선 등 7명은 징역 20년으로, 15년 이하의 징역형을 받은 홍남순 등 13명은 절반씩의 형기로 감형됐다. 이에 따라 잔여형기가 5년 미만인 전옥주 등 58명은 형 집행면제, 혹은 언도의 효력상실 조치가 취해져 그날로 석방됐다. 그해 12월 24일 크리스마스 특별사면 조치가 내려져 정동년 등 12명이 형 집행정지로 석방됨으로써 광주항쟁 관련자는 모두 풀려났다.

15 항쟁 이후, 미완의 과제들

5월 27일 새벽, 계엄군의 전남도청 장악으로 항쟁이 끝났다. 12·12 군사반란을 통해 군권을 잡고, 5·17내란을 일으켜 광주학살을 자행한 뒤 정권을 장악한 전두환은 그해 8월 27일 통일주체국민회의에서 대통령으로 선출되었다. 항쟁으로 남편과 자식을 잃은 희생자 유가족과 구속자 가족들, 그리고 부상자들은 조직을 결성하고 투쟁을 시작했다.

유족회

5월 29일 상무관에 안치된 희생자 129구의 시신이 청소차에 실려 망월동 시민묘지 제3묘역에 안장되었다. 합동장례식을 치르고 난 다음 삼우제 때인 5월 31일 1백여명의 유족이 첫 모임을 갖고 '5·18 광주의거 유족회'를 결성하였다. 이듬해부터 조직을 체계화시켜 1980년대 중반에는 명칭을 '5·18 광주민중항쟁유족회'로 개칭하였다.

5월 29일 희생자 129구의 시신이 청소차에 실려 망월동 제3묘역에 안장되었다.(사진 나경택)

1981년 '5·18 광주의거 유족회' 박○○ 회장이 당국의 압력과 회유에 굴복함으로써 제1회 추모제를 개최하지 못하였다. 이에 분개한 유족들 일부가 약식으로 추모제를 거행하였는데, 정보기관은 유족회 총무 정수만(鄭水萬)의 추모사에 반미 내용이 들어 있다는 이유를 내세워 그를 국가보안법 위반 혐의로 구속하였다. 2주기 때는 전남지역개발협의회가 수많은 광주시민들을 강제로 공설운동장으로 동원해, 시민단합대회를 개최함으로써 시민들의 5·18추모제 참석을 막았다. 3주기 때에는 정보기관과 경찰이 유족들을 연금하고 망월동 묘역으로 가는 도로를 차단하는 등 노골적인 방해를 서슴지 않았다. 피해 당사자와 가족들은 생활고에 시달렸고, 50여명의 부상자들이 후유증으로 연이어 사망하였다. 유족들이 사망자 숫자가 축소, 왜곡되어 있다고 수없이 의혹을 제기하였음에도 국가에서는 정확한 진상조사는커녕 유언비어라고 몰아붙였다.

금단의 구역이었던 망월동에서 추모제를 지내는 일 자체가 전두환 정부에 대한 도전이었으며, 이 과정에서 연행과 구속, 감옥살이가 빈번히 일어났다. 정보기관의 사찰과 가택연금, 미행, 연행, 구속, 원격지 격리 등의 행위는 1980년대 중반까지 계속되었다. 이후에도 유족들의 활동은 국회 광주청문회 증언투쟁, 특별법 제정을 위한 명동성당 농성투쟁 등으로 이어졌다.

부상자회

부상자 모임은 유족회보다 늦게 결성되었다. 부상자들은 분산되어 서로 다른 병원에서 치료를 받고 있어서 거동에 제한을 받았다. 항쟁 직후부터 여러차례 모임을 결성하려 하였지만, 당국의 제지로 무산되었다. 그러다가 부상자들의 치료 문제와 생존 문제가 현실적으로 위급해지는 상황에서 '유족회' 및 '구속자가족회'의 발족 사실이 알려지자 1982년 8월 1일 경찰의 단속을 피한 18명의 부상자들이 모여 '5·18 부상자동지회'를 발족시키게 되었다. 1995년에 '5·18 광주민중항쟁 부상자회'로 통합되었고, 1998년 5월에는 '사단법인 5·18광주민주화운동부상자회'로 재출범하였다.

부상자회는 고통을 이기고 삶을 유지해야 하는 생존 자체가 고난에 찬 싸움 그 자체였다. 점차 부상에서 치유되기 시작하자 더욱 강인하고 치열한 모습을 보였다. 청와대 농성투쟁, 특별법 제정을 위한 토요집회, 명동성당 농성, 방청투쟁 등에 앞장섰다.

구속자회

　5·18 당시 구속자 가족들은 수감된 가족들의 뒷바라지는 물론 재판과 관련된 정보 교환 및 대응 등 공통의 문제를 안고 있었다. 구속자 가족들은 재판 개시 이전부터 활동을 하다가 군사법정의 1심 공판이 있던 1980년 9월 20일 재판을 방청하기 위해 모인 가족들이 '광주사태 구속자 가족회'를 결성하였다. 구속된 남편, 자식 들의 재판에 대비하기 위해 상호 소통과 연대가 필요하였기 때문이다. 구속자회 활동은 석방운동부터 선고공판투쟁, 혈서탄원서 사건, 전두환 광주방문 저지투쟁, 명동성당 농성 등으로 이어졌다.

　1982년 12월 구속자 전원이 석방된 후부터 부분적으로 결합을 시도하다가 1984년 구속자협의회를 결성하였다. 구속자들은 고문 후유증과 여전히 '폭도'라고 몰아붙이는 전두환 군사정권의 '편 가르기' 속에서 생계를 위한 취업마저 방해를 받았고, 지속적인 감시와 탄압에 시달려야 했다.

　1990년 '광주민주화운동관련자 보상 등에 관한 법률'이 제정되어 2006년 제6차까지 보상이 이루어졌는데, 사망 155건, 행방불명 81건, 상이 후 사망 110건, 상이 및 연행구금 4288건 등 총 보상인원은 4634명에 이른다. 2014년 12월 30일 보상법이 개정되어 2017년 현재 7차 보상이 진행되고 있다.

5·18에서 6월항쟁까지[716]

　1980년 5월 28일 '민주주의와 민족통일을 위한 국민연합'은 광주사태에 관한 성명을 발표했다. 5월 29일 고려대와 이화여대 학생들이 광주의 진실을 알리는 유인물을 살포하다 체포되었다. 5월 30일에는 서강대 학생 김의기(金義氣)가 서울 종로 5가의 기독교회관 6층에서 '광주항쟁 진상 규명'을 촉구하고 정부를 규탄하는 유서를 남긴 후 투신 자살했다. 6월에 들어서서도 광주항쟁 관련 유인물 때문에 사람들이 체포되는 사건이 계속 이어졌다. 6월 9일 삼진특수철 노동자 김종태가 「광주시민항쟁의 넋을 위로하며」라는 유인물을 남기고 분신 자살했다. 7, 8월에도 광주항쟁의 진상을 폭로하다 시민들이 연행당하거나 구속되는 사건이 계속 발생했다. 9월 대학가가 방학이 끝나고 개학하자 대학생의 저항운동은 더욱 치열하게 전개되었다. 연세대 등에서 유인물 사건이 터졌으며, 한국신학대 등 10여개 대학에 유인물이 뿌려지고 일부 대학에서는 교내시위가 일어났다. 12월 9일 가톨릭농민회 소속 농민들과 전남대 학생들이 광주항쟁 진상 규명을 요구하며 광주미국문화원에 불을 질렀다. 이렇듯 5·18은 항쟁진압 직후부터 국민들의 저항이 치열하게 전개됐다.

1981년 전두환정권은 대학 캠퍼스에 수많은 사복형사들을 투입하고 대학본부에 학사지도관을 두어 학생들의 동태를 감시하고 통제했다. 그러나 5월이 되자 대학생들은 '광주민주항쟁 1주기 추도'와 '파쇼정권 타도'를 내걸고 오월투쟁을 전개하였다. 5월 27일 서울대 경제학과 4학년 김태훈(金泰勳)이 도서관 6층에서 '전두환 물러가라!'는 구호를 외친 후 투신하였다.

1982년 3월에는 부산의 미국문화원 방화사건으로 대학생 문부식(文富軾)과 김은숙(金恩淑), 배후조종 혐의로 광주항쟁의 수배자이던 김현장(金鉉獎)과 그를 은닉한 혐의로 최기식(崔基植) 신부가 연행되었다. 그해 10월 전남대 총학생회장이었던 박관현이 광주교도소에서 단식투쟁을 하다 사망하자 전남대는 물론 경북대 등 전국 20여개 대학에서 그의 죽음을 추모하고 정권을 비판하는 시위가 일어났다.

1983년 5월 학생들의 저항은 더욱 대규모화되고 거세졌다. 5월 한달 동안 고려대 등 12개 대학에서 30회 이상의 시위가 일어나 최소 65명이 구속되고 13명이 강제 징집됐다. 2학기에는 저항이 더욱 격화되어 강원대, 부산대, 인천대 등 지방대학까지 시위가 확산됐다.

1983년 12월 21일 정부는 대학생들의 치열한 저항 투쟁 때문에 학도호국단을 해체하였다. 또한 시국사건으로 제적된 학생들의 복교조치와, 구속자 172명 석방, 142명의 복권조치를 단행하였다. 대학 캠퍼스에 상주하던 사복경찰의 철수와 더불어 총학생회가 부활됐다. 3년간의 혹독한 암흑기를 벗어나 학생운동이 다시 소생한 것이다.

1984년 대학가에서 저항의 물결은 더욱 거세게 일었다. 전국 55개 대학에서 학원자율화를 요구하는 시위가 들불처럼 번졌고, 그 불길은 재야와 정치권으로 확산되었다.

드디어 1984년 5월 망월묘역에서 경찰봉쇄가 사라졌다. 5·18 희생자들을 추모하기 위한 참배객들의 숫자가 크게 증가했고 서울을 비롯한 전국 각 지역에서 대학생과 민주인사들이 망월동으로 몰려왔다. 망월동은 이때부터 한국 민주화의 상징적인 장소로 떠올랐다. 추모집회가 새로운 저항운동으로 발전하면서 5·18 진상 규명의 목소리가 커져가기 시작했고, 전국적인 민주화운동의 에너지로 확산되었다.

1985년 5월 추모제는 유가족과 대학생 및 국회의원, 재야인사 5백여명이 참석한 가운데 망월동에서 거행되고 도청 앞까지 가두행진을 벌였다. 대학가에서는 전국 12개 대학에서 2500여명이 참여하여 철야농성을 하는 한편 파출소 투석 등 격렬한 시위를 벌였다.

1986년과 1987년에는 더욱 강화된 저항운동으로 발전했다. 특히 1987년 5월 5천여명이 참여한 대규모 5·18기념행사가 치러졌다. 전두환 정권 말기와 겹쳐지면서 박종철 고문치사 사건, 헌법개정 문제와 이에 대한 대통령의 4·13 호헌성명 등으로 긴장이 매우 고조되었다. 망월동 추모제에서 헌법 개정의 필요성이 공식적으로 제기되고 '민주헌법쟁취전남본부'가 태동했다. 이후 전국 국민운동본부가 결성되면서 민주화를 위한 민중의 역사는 '6월 민주대항쟁'으로 거대한 파도를 만들어냈다.

국회 광주청문회

1987년 6월항쟁은 5·18 진상 규명 문제를 국회에서 제기할 수 있게 만들었다. 전두환에 이어 집권한 신군부의 노태우정부는 1988년 1월 16일 '민주화합추진위원회'를 구성하여 5·18문제를 해결하려는 움직임을 보였다. 노태우 대통령은 '광주사태 치유방안'을 내놓았지만 진상규명에 대한 내용이 전혀 없었다.

이듬해 1988년 4월에 실시된 13대 총선에서 '여소야대'가 만들어지자 국회는 헌정사상 최초로 5·18청문회를 도입하였다. 1988년 6월 27일 '국정감사 및 조사에 관한 법률'(법률 제4011호)에 따라 제142차 임시국회 제9차 본회의에서 '5·18광주민주화운동진상조사특별위원회 구성결의안'이 통과되어 '국회 광주청문회'가 시작되었다. 이와 동시에 '5공비리특위'도 구성되었다. 제한적이나마 5·18의 진상이 '광주청문회'를 통하여 온 국민들에게 처음으로 알려지게 됐고, 광주학살의 진상을 처음으로 접한 국민들은 큰 충격에 빠졌다. 국민들의 분노가 터져 나오자 위기에 처한 노태우정권이 1990년 2월 '3당 합당'을 통해 '여소야대'에서 '여대야소'로 정치지형을 변화시킴으로써, 발포책임자 규명 등 5·18의 핵심 사항은 국회에서 더이상 진행될 수 없게 되었다.

1988~89년에 진행된 광주청문회는 정치 상황의 한계를 극복하지 못하고, 5·18항쟁의 진실을 규명하는 데 미흡한 점이 많았다. 결국 하나회 중심

의 군사반란세력이 주도한 12·12쿠데타와 5·18 민중항쟁의 관계, 1980년 초 저항을 진압하기 위한 폭동진압훈련이 실시되었다는 사실, 5·17 비상계엄의 전국 확대와 군부의 정권찬탈 과정이 있었다는 사실만을 '확인'하였다. 5·18의 실상, 계엄군 진압과정 및 그 참상, 계엄군의 집단 발포와 민간인 학살, 그리고 5·18항쟁과 미국의 관계는 '공개적으로 논의'되었을 뿐 더이상 진상규명은 이루어지지 않았다. 학살 책임자 전두환의 국회 증언을 조건으로 여야 정치권은 광주청문회를 마무리하였다.

국민들의 사법투쟁

그러자 1988년 10월 '5·18광주민중항쟁동지회'는 전두환, 노태우 등 군 고위지휘관 9명을 5·18책임자로 고소하였다. 1992년 검찰은 피고소인들을 소환 조사하지도 않은 채 이 사건을 무혐의로 끝내버렸다.

1992년 12월 김영삼정권이 등장하자 잠시 주춤하던 5·18 진상 규명 움직임이 다시 본격화됐다. 피해자 단체와 일반 시민사회단체들이 진상조사와 가해자 처벌을 위한 고소, 고발운동을 광범위하게 제기했다. 1993년 7월 19일 계엄사령관 정승화를 비롯해 12·12쿠데타 당시의 군인 피해자들이 군사반란세력을 고소하였다. 1994년 5월 13일 전국의 시민사회단체가 연대하여 만든 '5·18 진상규명과 광주항쟁정신계승 국민위원회'는 5·18 유혈진압의 책임을 물어 전두환, 노태우 두 전직 대통령을 포함하여 모두 35명을 서울지방검찰청에 고발했다. 또한 광주항쟁 피해자, 부상자, 유가족 등 322명이 연대서명한 고소장도 함께 접수하였다. 1994년 5월 13일부터 1995년 4월 3일 사이에 전두환, 노태우 등 두명의 전직 대통령을 포함하여 피고소, 피고발인 58명에 대하여 총 70건의 고소, 고발장이 접수됐다.

피고발인들은 광주 진압군으로 직접 투입된 계엄군 가운데 대대장급 이상의 지휘관들이었다. 그들의 명단과 당시 직책은 다음과 같다.

이름	당시 직책	이름	당시 직책
전두환	보안사령관	임수원	3공수여단 11대대장
노태우	수경사령관	김완배	〃 12대대장
정호용	특전사령관	변길남	〃 13대대장
이희성	계엄사령관	박종규	〃 15대대장
진종채	2군사령관	김길수	〃 16대대장
소준열	전교사사령관	이병우	20사단 60연대 1대대장
박준병	20사단장	윤재만	〃 〃 2대대장
신우식	7공수여단장	길영철	〃 〃 3대대장
최웅	11공수여단장	차달숙	〃 〃 4대대장
최세창	3공수여단장	정영진	〃 61연대 1대대장
정수화	20사단 60연대장	김형곤	〃 〃 2대대장
김동진	〃 61연대장	박재철	〃 〃 3대대장
이병년	〃 62연대장	강영욱	〃 〃 4대대장
권승만	7공수여단 33대대장	오성윤	〃 62연대 1대대장
김일옥	〃 35대대장	이종규	〃 〃 2대대장
안부웅	11공수여단 61대대장	유효일	〃 〃 3대대장
이제원	〃 62대대장	김인환	〃 〃 4대대장
조창구	〃 63대대장		

그러나 검찰은 '성공한 쿠데타는 처벌할 수 없다'는 논리를 앞세워, 1995년 7월 18일 이들 모두에게 '공소권 없음' 결정을 내렸다. 쿠데타가 성공하여 새로운 헌정질서가 생겨났기 때문에 사법심사의 대상이 될 수 없다며 '불기소' 처리한 것이다.

검찰의 결정은 즉각 국민들의 반발을 샀다. 검찰 발표 당일 광주·전남 지역 136개 단체로 구성된 '5·18학살자 기소관철을 위한 공동대책위원회'는 긴급대책회의를 열고 명동성당에서 농성에 들어갔다. 1995년 7월 31일 고려대 교수 131명이 성명을 냈고, 삽시간에 전국 54개 대학 6963명의 교수들이 검찰의 불기소 처분에 항의하는 서명에 동참하였다. 이어 같은 해 8월 25일 전국 78개 대학의 3560명의 교수들이 5·18특별법을 입법 청원하였다. 또한 대한변호사협회가 5·18범법자들의 처벌을 위한 특별법제정촉구서명운동에 돌입하였고 '민주사회를 위한 변호사 모임'은 가두시위에 나서기도 하였다. '5·18 진상규명과 광주항쟁정신계승 국민위원회'가 '5·18특별법' 입법을 국회에 청원하였고, 참여연대 역시 '특별검사임명법'을 청원하였다. 5·18책임자 처벌에 대한 국민적 압력은 거대한 강물이 되어 정치권을 압박하였다.

5·18특별법 제정과 특별검사제 도입을 둘러싸고 국민 여론이 들끓자 야당인 국민회의가 '5·18광주민주화운동의 진상규명 등에 관한 특별법' '특별검사의 임명 등에 관한 법률' '헌법파괴범죄 등의 공소시효에 관한 법률' 등 5·18 관련 3개 법안을 9월 22일 국회에 제출하였다. 민주당 역시 9월 23일 '12·12군사반란 및 5·18내란사건처리특별법'을 국회에 제출하였다.

5·18특별법 제정

5·18특별법 쟁취를 위한 투쟁이 본격화되었다. 1995년 7월 14일 광주에서는 '5·18 학살자 재판회부를 위한 광주·전남공동대책위원회'라는 대책기구를 만들었다. 서울에서 결성된 '5·18 완전해결과 정의실현, 희망을 위한 과거청산국민위원회'와 함께 검찰의 불기소 결정을 뒤집기 위한 지속적인 법리적·물리적 투쟁을 모색하였다. 삼복의 땡볕더위가 내리쬐는 명동성당 입구의 길바닥에서 시작된 5·18 당사자들의 농성이 180여

일 동안 진행되었고, 교수들의 성명 발표, 변호사들의 거리시위 등 지식인들의 적극적인 참여와 사회단체들의 릴레이 지지농성, 검찰과 청와대 항의방문 등으로 이어졌다.

마침내 김영삼 대통령은 '5·18특별법을 제정하라'는 지시를 내렸다. 또한 '12·12 및 5·18 특별수사본부'가 설치되었다. 이로부터 이틀 후에 전두환, 노태우 두 전직 대통령이 전격 구속되었다. 이런 과정을 통해 '헌정질서파괴범죄의 공소시효 등에 관한 특별법'과 '5·18민주화운동 등에 관한 특별법'이 제정되었다.

책임자 처벌

특별법이 제정되자 그동안 사법적 처벌의 울타리 밖에 있던 12·12쿠데타와 5·18학살 책임자들이 모조리 기소되었다. 법정에서의 긴 공방을 거쳐 마침내 1997년 4월 18일 대법원에서 이들에 대한 재판이 확정되었다.

대법원은 12·12쿠데타를 '군사반란'으로, 5·18을 '민주화운동'으로 규정함과 동시에 신군부의 진압을 '내란'으로 판정했다. 또한 대법원은 '우리나라 헌법 질서 아래에서는 헌법이 정한 민주적 절차에 의하지 아니하고 폭력에 의하여 헌법기관의 권능행사를 불가능하게 하거나 정권을 장악한 행위는 어떠한 경우에도 용인될 수 없다'고 하였다. 전두환의 지시에 따라 보안사 참모들이 주도한 '시국수습방안 마련 과정'이 '내란모의 참여'로, 시국수습방안에 따른 '5·17 비상계엄 전국 확대'와 '정치인 체포', 국회봉쇄 등 일련의 사건이 '내란중요임무종사행위'로 판단되었다. 쟁점이 된 내란 공소시효 기산점은 비상계엄이 해제된 '1981년 1월 24일'이라고 판시하였다. 이들에 대한 최종 선고결과는 표와 같다.

이 름	당시 직책	확정형량	선고형량	
			1심	2심
전두환	보안사령관	무기징역, 추징금 2205억원	사형, 추징금 2259억원	무기징역, 추징금 2205억원
노태우	9사단장	징역 17년, 추징금 2628억원	징역 22년 6월, 추징금 2838억원	징역 17년, 추징금 2628억원
황영시	1군단장	징역 8년	징역 10년	징역 8년
정호용	특전사령관	징역 7년	상동	징역 7년
허화평	보안사 비서실장	징역 8년	상동	징역 8년
이학봉	보안사 수사국장	상동	상동	상동
허삼수	보안사 인사처장	징역 6년	징역 8년	징역 6년
이희성	계엄사령관	징역 7년	상동	징역 7년
유학성	국방부 군수차관보	공소기각	상동	징역 6년
최세창	3공수여단장	징역 7년	상동	징역 5년
주영복	국방부장관	상동	징역 7년	징역 7년
차규헌	수도군단장	징역 3년 6월	징역 7년	징역 3년 6월
장세동	30경비단장	상동	상동	상동
신윤희	수경사 헌병부단장	상동	징역 4년	상동
박종규	3공수 15대대장	상동	상동	상동
박준병	20사단장	무죄	무죄	무죄

이로써 17년에 걸친 오랜 투쟁 끝에 한국사회에 깊은 갈등과 논쟁의 원천이 된 5·18 민중항쟁에 대한 법적 처리가 마무리되었다. 영원히 역사 속에 한과 갈등으로 남을 뻔한 현대사의 가장 큰 쟁점이 실정법상으로 명확하게 한 획을 그었다. 5·18재판은 인류사에서 민주주의와 인권의 가치, 정의가 승리한다는 점을 확인시켜준 재판으로 세계적인 주목을 끌었다.

그러나 이 재판은 학살 책임으로부터 결코 자유로울 수 없는 현장지휘

1997년 4월 17일 마침내 단죄된, '12·12 군사반란'과 '5·17내란'의 두 주역 전두환·노태우. (사진 광주일보 자료실)

관들이 전혀 처벌되지 않았다는 한계를 안고 종료됐다. 이들은 재판과정에서 수많은 위증을 하였지만 제대로 추궁되지 않았다. 정치적인 책임 선상에 있던 극소수의 인물들만 처벌된 것이다.

판결 결과 전두환, 노태우 두 전직대통령은 '수의를 입은 보통사람들'로 돌아갔다. '전직대통령 예우에 관한 법률'에 따라 금고 이상의 형을 받은 만큼 모든 예우를 박탈당했다. 이들에 대한 형이 확정되자마자 사면, 복권 문제가 대두되었다. 바로 그해 광복절을 앞두고 두 전직대통령의 사면문제가 정치권의 핵심 쟁점으로 떠올랐다. 집권의 꿈을 키워온 김대중 국민회의 총재는 "영호남의 해묵은 지역감정을 해소하는 지름길은 전, 노 사면을 통해 5·18 민중항쟁 문제를 깔끔하게 매듭짓는 것밖에 없다"고 주장했다.

김대중의 이같은 주장은 5·18단체들과 사회단체들의 반발을 불러일으켰다. "사면은 진정한 참회를 전제로 가능한 일"이라며 "피해당사자들의 의견을 무시한 사면에 반대할 것"임을 분명히 했다. 일반 국민들의 80퍼센트가 전두환, 노태우의 무조건 사면을 반대하였다. 그러나 결국 전두환, 노태우의 사면은 이러한 국민적 반대와 피해자의 반대에도 불구하고 이루어지고 말았다. 김대중이 대통령에 당선된 직후인 1997년 12월 22일 김영삼정부가 특별사면을 통해 전두환과 노태우를 석방한 것이다. 사면에도 불구하고 이들에게서 '진정한 참회'의 모습은 엿볼 수 없었다.

'재조사가 불가피하다'

철저하지 못한 책임자 처벌은 시간이 흐르면서 '5·18 뒤집기'와 왜곡으로 나타나고 있다. 몇몇 극우 선동가들은 '1997년 대법원 판결' 대신 '1980년 군사재판'의 정당성을 주장한다. 그들은 '1980년 5월 27일 소탕작전 때 계엄군은 단 한명의 시민군도 사살하지 않았다'거나 '도청에서 사망한 사람들은 시민군들끼리의 오인사격에 의한 것'이라고 터무니없는 주장을 펴고 있다.

그러나 이런 왜곡 주장은 대한민국 헌법기관의 공식입장에 반한다. 대법원은 5월 27일 '상무충정작전'에 대하여 '내란죄'가 아닌 '내란목적살인죄'를 적용하여 단죄했다.[718] 내란목적살인죄는 국헌을 문란할 목적을 가지고 '직접적인 수단으로 사람을 살해'함으로써 성립하는 범죄다. 즉 국헌문란[719]의 목적을 달성하기 위해 내란죄가 '폭동'을 그 수단으로 하는 데 반해, 내란목적살인죄는 '살인'을 수단으로 한다는 점에서 두 죄는 엄격히 구별된다.

대법원은 5월 27일의 도청소탕 작전에 대하여 "저항하는 시위대와의 교전이 불가피하여 필연적으로 사상자가 발생할 수밖에 없다는 사정을 알면서도 작전을 강행토록 명령한 것은 살상행위를 지시 내지 용인한 것"이라고 판시했다. 이 작전에는 '발포명령'이 들어 있다는 점도 분명히 했다. 광주를 조속히 제압하여 시위가 타 지역으로 확산되는 것을 막아야 집권에 성공할 수 있기 때문에 여기에 저항하는 광주시민을 살상하는 것은 내란의 목적을 달성하기 위해 필요한 수단이라고 규정했다. 이런 이유로 10일간의 항쟁기간 중 27일 새벽 도청 일원의 소탕작전(상무충정작전)만큼은 내란목적살인죄를 적용했다.

1980년 계엄 당국은 광주시민들의 저항에 대해 '국헌을 문란하게 하는 내란'이라고 처벌했으나, 1997년 대법원은 광주시민의 저항은 '내란행위가 아니라 헌정질서를 수호하기 위한 정당한 행위'라고 인정했다. 헌법기관인 대통령과 국무위원들에게 위협이 가해져 '그 권능행사가 불가능한 상황'에서 헌법을 수호할 최후의 수단은 국민들의 결집된 저항일 수밖에 없다고 본 것이다.

그런데도 재판부는 보안사령관 전두환, 육군참모차장 황영시, 특전사령관 정호용, 국방부 장관 주영복, 계엄사령관 이희성 등 4명만 내란목적살인죄로 처벌하고, 살인행위를 직접 자행한 광주 현장의 지휘관들에 대해서는 책임을 전혀 묻지 않았다. 군대의 특성상 '절대적인 구속력을 가진 명령에 따라' 이루어진 살상행위라서 그 책임을 묻기 어렵다고 본 것이다.

그러나 일부 법률 전문가들은 현장 지휘관의 살인행위에 대해서 일률적으로 면책하는 것은 온당치 못하다고 지적한다.[720] 비록 광주시민들이 불가피한 상황에서 무장했다고는 하나, 병력 숫자, 훈련 정도, 화력 측면에서 상대가 되지 않는 시민군을 전시의 적처럼 무자비하게 살상·살해하고서도, 반동을 넣어가며 개선군처럼 '도청 앞에서 군가를 소리 높여 부르는 계엄군의 모습'은 '양심의 긴장이나 고뇌의 흔적'이 없다는 것이다.

유엔인권위원회 제48차 보고서에는 중대한 인권침해범죄의 경우 "그

행위가 정부나 상급자의 명령에 따라 이뤄졌다는 사실이 하급자의 형사책임을 면제시키거나 법률적인 경감사유를 구성하지 않으며, 다만 양형에서 참작사유가 될 뿐이다"라고 분명하게 밝히고 있고,[721] 독일의 연방법원도 1994년 베를린장벽에서의 탈출자를 사살한 군인을 '간접정범'으로 처벌하였다.[722]

극우 선동가들이 도청소탕 작전 때 '계엄군에 의한 사살자는 단 한명도 없다'는 주장을 지속한다면 철저한 진상규명을 위한 재조사가 불가피하다. 이를 통해 반인류적인 살인행위의 구체적인 실상이 제대로 드러날 것이며, 악의적 왜곡선동으로 유족들의 가슴에 쇠못을 박아대는 행위가 더이상 자행될 수 없을 것이기 때문이다.

유네스코 세계기록유산 등재

역사는 기록과 해석으로 교훈이 전승된다. 광주광역시는 1994년 '5·18민주화운동 자료실'을 설치하고 5·18기록물과 유품 등을 수집하여, 1997년부터 『5·18광주민주화운동자료총서』를 간행하였다.

2000년 9월 한국기록학회는 5·18 민주화운동 관련 자료가 유네스코 세계기록유산에 등재될 가치가 있다고 발표했다. 2009년 6월부터 5·18기록물의 세계기록유산 등재 논의가 시작되었고, 그해 7월 전남대학교, 광주광역시, 전라남도, 5·18기념재단 등이 모여 등재를 위한 민관협의체를 구성하였다.

2010년 1월 광주광역시에 '5·18기록물 유네스코 세계기록유산 등재추진위원회'가 정식으로 발족했다.[723] 그해 3월 유네스코 본부에 등재신청서를 제출하였고, 2011년 5월 20일 국무총리가 유네스코 주재 한국대사에게 '5·18은 대한민국 정부가 인정한 민주화운동'이라는 공식입장을 전달했다. 그해 5월 23일 영국 맨체스터에서 개최된 유네스코 세계기록유산 국제자문위원회 총회에서 이리나 보꼬바 사무총장이 5·18등재서류에 최종 서명함으로써 등재를 완료했다.

5·18 민주화운동 기록물은 광주민주화운동의 발발과 진압, 그리고 이후의 진상규명과 보상 등의 과정과 관련해 정부, 국회, 시민, 단체 그리고 미국정부 등에서 생산한 방대한 자료를 포함하고 있는 기록물이다. 5·18 민주화운동은 대한민국의 민주화는 물론 필리핀, 태국, 베트남 등 아시아 여러 나라의 민주화운동에 커다란 영향을 주었으며 민주화 과정에서 실시된 진상규명 및 피해자 보상 사례도 여러 나라에 좋은 선례가 되었다는 점이 높이 평가됐다. 세계의 학자들은 5·18 민주화운동을 '전환기의 정의'(transitional justice)라고 명명하면서 '과거청산의 대표적인 모범 사례'라고 말했다. 남미나 남아공 등지에서 발생한 국가폭력과 반인륜적 범죄행위에 대한 과거청산 작업이 부분적으로밖에 이루어지지 않은 반면, 5·18의 경우 '진상규명, 책임자 처벌, 명예회복, 피해보상, 기념사업' 등 광주문제 해결 '5대 원칙'이 모두 관철되었다는 점이 높게 평가됐다.

5·18기록물이 영국의 「대헌장」,[724] 프랑스혁명의 「인권선언」[725] 등과 마찬가지로 유네스코 세계기록유산에 등재됨으로써 5·18은 인류사의 진전과정에서 반드시 기억되어야 할 '세계사적인 사건'[726]으로 자리매김된 것이다.

광주에 투입된 계엄군 부대727(* 아래 수치는 자료 별로 차이가 있음)

	부대	병력 (장교/ 사병)	부대 출동	광주 도착	주둔지	이동 전 주둔지	비고
제7특전 여단	33대대	45/321	17일 22:37	18일 01:10	전남대 광주 교대	금마	부평 제9특전여단 119/873명 서울대, 숭전대, 중앙대로 이동 18일 01:00
	35대대	39/283			전남대 조선대	금마	
제11특전 여단	본부	45/213	18일 16:30	18일 17:50	조선대 18:30	동국대	고려대 주둔 제5특전여단 22대대 42/195명 동국대로 이동 16:00~16:30
	61·62· 63연대	102/596	18일 19:00	19일 00:50	조선대 07:50		
제3특전 여단	11대대 12대대 15대대 16대대	1차 131/589	20일 01:00	20일 06:50	전남대 07:03	국립 묘지	19일 20:40 부대로 복귀명령 제2야포단(63포단) C포대가 19일 23:15 국립묘지 점령
		2차 134/623	20일 01:10	20일 07:00	전남대 07:35		

	부대	병력 (장교/ 사병)	부대 출동	광주 도착	주둔지	이동 전 주둔지	비고
보병 제20 사단	61 연대	사단 직할대	18/145 2대대 21/377	20일 22:40	21일 04:40		서강대 단국대 홍익대	군사령부 발포금지, 실탄통제 지시함 20일 23:00 특전1여단 선발대 홍익대, 서강대 배치 21일 09:00 30사 90연대 단국대, 산업대, 한양대, 건국대 배치(91/1181) 20사단 잔류병력 동국대 이동 21일 01:00 수경사 배속 해제
		1·2·3 대대	1대대 24/511 3대대 19/380	20일 22:50	21일 04:50			
	62 연대	연대 본부 3대대	53/738	21일 02:30	21일 08:30 송정리역	상무대 10:00	한양 산업 동국 단국대 건국대	
		사단 본부 1·2대대	54/802	21일 02:40	21일 08:58 송정리역			
	60 연대	69포병 대대 연대 병력	87/1562	21일 17:40	22일 21:00	선교사 04:55	국민 외대 경희대	21일 21:00 이동 지시 발포 허용 전교사 작전회의 하달 16:30 도청 철수 22일 05:40 26사단 75연대 102/1454 좌대학으로 이동
전 교 사	31사단 3개 대대		87/ 1367					
	보병학교		1923/ 864					
	포병학교		357/ 1775					
	기갑학교		1165/ 1700					
	화학학교		75/ 253					
	사단 직할		369/ 2063					
계		47개 대대 4727/15,590						

1. 산발적이고 수동적인 저항

5월 17일(토요일, 맑음) 비상계엄 전국 확대 조치

- 11:00 전군 주요지휘관 회의, '비상계엄 전국 확대 방안' 결의.
- 20:25 계엄사, 충정작전 지시.
- 21:42 비상국무회의에서 '비상계엄 전국 확대' 의결.
- 23:40 정부 대변인 이규현 장관, 5월 17일 24시를 기해 비상계엄 전국 일원 변경 발표.

5월 18일(일요일, 맑음) 공수부대 금남로 투입

- 01:00 계엄포고 제10호 발령(계엄사).
- 01:00 7공수여단 33, 35대대 688명(84명/604명) 전남대, 조선대, 광주교대에 진주.
  31사단 96연대 1146명(14명/1132명) 전남 도내 16개 대학 및 중요 시설에 배치. 예비검속자 12명.
- 10:00 전남대 정문에 대학생 2백여명 집결, 7공수부대와 충돌.

- 11:00　금남로 가톨릭센터 앞 대학생 5백여명 연좌시위.
- 14:00　육군본부, 11공수여단 광주 증파 결정.
- 15:40　7공수여단 33대대(64명/490명) 유동 삼거리, 충장로 투입. 무자비한 진압작전 시작.
- 16:30　최규하 대통령 특별성명(계엄확대 불가피성 역설).
- 19:00　7공수여단 금남로 진압작전 종료(173명 체포).
- 21:00　광주지역 통행금지.
　　　　광주 시내 예비군 무기 군부대에 보관(1차: 총기 4717정, 탄약 116만발).

2. 적극적 공세로의 전환

5월 19일(월요일, 오후부터 비)　시민들의 참여와 항거

- 03:00　김경철 사망(최초 시민 사망자).
- 04:00　11공수여단 시내 배치(61대대: 공용터미널, 62대대: 장동, 63대대: 계림동, 7공수여단: 고속터미널).
- 10:00　금남로 시민 집결. 군경, 헬기 사용 해산 종용.
　　　　대동고, 중앙여고 등 교내시위, 광주 시내 48개 국민학교 수업 중단(22일부터 휴교).
- 10:50　도청, 금남로에서 장갑차 4대로 시위대 3천여명 포위 압축.
- 11:00　가톨릭센터 앞 시위 학생 2백여명 연행. 오후 1시까지 108명 추가 연행.
- 14:00　가톨릭센터 앞 시민 5천여명 집결, 승용차 5대 방화. 공수부대 금남로 결집 진압. 시위대의 주력이 학생에서 일반 시민으로 바뀜. 투석 및 화염병 투척. 계엄군 헬기로 해산 종용 방송.
- 15:00　전교사 기관장회의, 광주 유지들이 계엄군의 무차별 구타 항의.
- 16:00　보안사, 최예섭 준장 등 광주 파견.
- 16:50　최초 발포, 김영찬(조대부고 3학년) 총상. 계림동에서 시위대 장갑차 공격.
- 22:00　격분한 일부 시위대 북구청, 양동, 임동, 역전 파출소 습격, KBS방송국 점거.
- 23:00　정웅 31사단장, 공수부대 지휘관들에게 '무혈진압' 명령.

- 23:08 3공수여단 광주에 증파 결정.
- 23:40 2군사령부에서 충정작전 지침으로 강경진압 지시(도시게릴라 난동 진압, 바둑판식 분할점령, 과감한 타격, 총기 피탈 방지, 편의대 운용).

3. 전면적인 민중항쟁

5월 20일(화요일, 오전에 약간의 비)   타오르는 항쟁의 불길, 광주역 집단 발포
- 04:00 광주 시내에 시민봉기 호소문 배포.
- 06:00 7, 11공수여단 재배치(금남로, 충장로, 계림동 일대).
- 07:30 3공수여단(255명/1137명) 광주역 도착, 전남대 숙소 이동.
- 08:00 보안사, 홍성률 대령 광주 도착, 시내 잠입 특수임무 수행.
- 09:00 31사단 광주 시내 무기 탄약 회수(2차: 총기 6508정, 탄약 42만발).
- 10:00 전교사, 광주지역 기관장회의(공수부대 철수 요구, 일반 군인 복장으로 교체 요구).
         오전 중 비 때문에 시위는 소강상태.
- 10:20 계엄군, 가톨릭센터 앞에서 속옷만 입힌 남녀 30여명에게 기합과 함께 심한 구타.
- 12:00 특전사령관 정호용, 전교사령관 만나 강경진압 요구 후 상경.
- 12:30 3공수여단 시내 배치(11대대: 황금동, 12대대: 시청, 13대대: 공용터미널, 15대대: 양동 사거리, 16대대: 전남대).
- 12:55 정부, 신현확 국무총리 등 내각 일괄 사퇴.
- 15:00 금남로 사거리, 시위 군중 5천여명 연좌농성.
- 18:00 무등경기장, 택시 1백여대 금남로 이동 차량시위. 시위대 2천여명 뒤따름.
         2군사령부 작전지침 하달(유언비어 분석, 총기 피탈 방지, 연행자 처리 등).
         전교사령관 내정 통보(윤흥정 중장에서 소준열 소장으로 교체).
- 19:00 차량시위대 금남로에서 11공수여단과 충돌.
- 19:30 시위대 1만여명 공용터미널에서 금남로 시위대와 합류.
- 20:00 시위대 양동, 역전, 학동파출소, 광주시청 등 점거.

- 21:05   노동청 앞, 시위대 버스에 치여 경찰 4명 사망.

- 21:25   20사단 광주 증파 결정.

- 21:30   시위대 광주역 3공수여단을 포위. 노동청 앞 버스 3대 전소.

- 21:45   광주MBC 방화.

- 22:00   신안 사거리, 3공수대원 1명 시위 차량에 깔려 사망.

   광주역 앞, 3공수여단 12, 15대대 시위대의 차량 공격에 바퀴 향해 권총 사격.

- 22:30   3공수여단장(최세창), 경계용 실탄 지급 지시(16대대에 1백여발 지급).

   전교사령관 윤흥정, 공수부대 교체 요구, 계엄사령관 이희성 승인.

- 23:00   3공수여단 11대대, 광주역 앞 집단 발포. 시민 5명 사망.

   시위 군중 10만명 이상, 금남로~광주역에서 밤새워 공방전. 금남로 50여대
   차량 전소.

- 23:20   2군 작전지침 추가 시달(발포 금지, 실탄 통제, 공수여단을 20사단으로 교체
   준비).

   광주시 외곽도로 봉쇄 지시(시위 확산 저지).

- 24:00   도청 앞 11공수여단 61, 62대대, 중대장급에게 실탄(15발씩) 지급.

4. 무장투쟁과 승리의 쟁취

5월 21일(수요일, 맑음)   도청 앞 집단 발포, 계엄군 철수

- 00:35   노동청, 시위대 2만여명 계엄군과 공방전.

   조선대 정문, 버스 3대 3천여명 공방전(새벽 4시 40분까지 계속).

- 01:30   KBS 방화, 광주세무서 방화, 신문편집 중단.

- 02:00   3공수여단, 광주역에서 전남대로 퇴각. 광주 전화 단절.

- 04:00   시위대 광주역 광장에서 시체 2구를 리어카에 신고 금남로로 이동.

- 04:30   계엄사, 긴급대책회의에서 '자위권 발동' 문제 검토.

- 08:00   시위대 광주공단 입구에서 20사단 지휘차량 14대 빼앗음.

- 09:00   20사단(284명/4482명) 상무대 전교사에 도착.

   시위대 아시아자동차 공장에서 장갑차 4대, 차량 56대 등 획득(1차).

- 09:50 시민 대표(전옥주, 김범태 외), 도지사 장형태와 협상(공수부대 철수 요구).
- 10:00 전남대 정문 시위대 4만여명 운집.
- 10:30 이희성 계엄사령관 담화문 발표.
- 11:00 도청 앞, 11공수여단 63대대 실탄 지급.
- 12:00 신안동굴다리, 3공수여단 13대대 시위 차량에 사격.
- 13:00 도청 앞 집단 발포(도청에서 애국가 방송 시 발포, 오후 5시까지 조준사격 지속). 시위 청년 및 구경꾼, 총탄에 맞아 계속 쓰러짐.
- 13:20 나주 다시지서, 시위대 최초 총기 획득(오후 2시경부터 나주, 비아, 영광, 영산포, 무안, 영암, 화순, 장성 등지에서 무기 획득).
- 14:00 전두환, 정호용, 황영시, 이희성, 주영복 등 계엄군 외곽 배치 및 자위권 발동 결의.
- 14:15 도지사, 경찰 헬기에서 시위 해산 설득 방송.
- 14:40 시위대 지원동의 탄약고에서 다이너마이트 획득. 화순광업소에서 카빈 1108정, 실탄 1만 7760발 획득.
- 15:15 계엄사령관 지시(전국 확산 방지, 지휘체계 일원화, 시민과 불순분자 분리, 교도소 사수).
- 15:30 나주, 화순 등지에서 시위대가 획득한 무기 광주로 반입, 시가전 전개.
- 16:00 공수부대 도청에서 철수 지시. 작전통제권 전환(31사단에서 전교사로).
- 16:35 국방부장관 회의, 계엄군 외곽 철수 및 자위권 발동 결정.
- 17:00 7, 11공수여단 도청에서 조선대로 철수, 3공수여단 광주교도소로 철수.
- 19:00 광주 외곽 봉쇄 완료(31사단 오치, 3공수여단 교도소, 7, 11공수여단 주남마을, 20사단 극락교 백운동 톨게이트, 통합병원).
- 19:30 계엄사령관 군의 자위권 보유 천명 방송(접근하면 하복부 발사 허용).
- 20:00 시민군 전남도청 장악.
- 22:10 효천역 부근 계엄군, 무장시위대와 교전(새벽 4시까지 사이에 2회 이상 충돌, 10여명 이상 사망 추정).

5. 해방기간

5월 22일(목요일, 맑음) 봉쇄작전, 수습대책위 구성

- 00:05 시위대 전남 서부지역 확산(나주, 목포, 영암, 강진, 완도, 함평, 영광, 무안).
  목포역에서는 22일부터 27일까지 매일 시민궐기대회 개최.
- 04:40 광주교도소 부근 시위대와 총격전.
- 08:00 정시채 전라남도 부지사 등 도청 간부 수습대책위 구성 논의.
- 10:20 박충훈 신임 국무총리 전교사 방문.
- 10:30 계엄사령관 경고 전단 헬기 공중 살포('폭도들에게 알린다').
- 11:00 외곽도로 완전 봉쇄, 해안 경계태세 강화, 고속도로 봉쇄.
- 11:25 적십자병원 헌혈차량 돌아다니며 헌혈 호소.
- 12:00 도청 옥상의 태극기가 검은 리본과 함께 반기로 게양됨.
- 13:30 시민수습대책위원회(15명) 대표 8명 상무대·전남북계엄분소 방문, 7개 항의 수습안 전달.
- 17:00 도청 앞 시민궐기대회, 수습위 대표 상무대 방문결과 보고(시민들 격분, 희생자 시신 56구).
  20사단 62연대 2대대, 국군통합병원 확보작전 실행(민간인 사망 8명, 부상 10명, 연행 25명).
  연행 학생 848명 석방.
- 18:00 학생수습위원회 구성(질서유지, 무기 회수, 헌혈활동 등 전개).
- 21:30 박충훈 신임 국무총리, "광주는 치안 부재 상태며, 불순분자가 군인들에게 발포"했다고 방송.

5월 23일(금요일, 맑고 한때 흐림) 민간인 학살, 무기 회수, 민주수호 범시민궐기대회

- 08:00 학생, 시민 금남로 일대 등 자발적 청소에 나섬. 상점 영업 개시.
- 09:00 계엄사령관 '상무충정작전' 검토.
- 10:00 시민 5만여명이 도청 광장에서 집회.
  주남마을 주둔 11공수여단, 승합차에 총격(1차), 양민 11명 희생.
  학생수습위 총기 회수 시작.

- 11:48 20사단 봉쇄선 작전지침 하달(무기휴대 폭도 봉쇄선 이탈 절대거부, 반항자
  사살).
- 13:00 주남마을의 공수부대가 미니버스에 총격(2차), 승객 18명 중 15명 사망, 2명
  부상, 1명 생존. 공수부대, 부상자 2명 주남마을 뒷산에서 사살 암매장.
- 15:00 제1차 민주수호 범시민궐기대회(15만여명) 개최.
  계엄사의 경고 전단 시내 전역에 살포.
- 16:00 계엄군 봉쇄지역 교대 및 재배치(외곽도로 봉쇄, 집결보유).
- 19:00 교도소의 3공수여단 접근하는 시민군에게 사격(5회 이상 사격).

5월 24일(토요일, 오후에 비) 계엄당국과의 협상 교착

- 09:00 계엄군 부대배치 조정(공수부대 '상무충정작전' 준비 위해 광주비행장으로
  결집).
- 09:20 전남북계엄분소장 '무기 소지자 국군통합병원 및 경찰서에 무기 반납하라' 방송.
- 09:55 31사단(96연대 3대대)과 기갑학교 병력 운암동–두암동 고속도로 구간에서
  오인전투(군인 3명 사망).
- 13:30 11공수여단 원제마을 저수지에서 무차별 사격(중학생 방광범 등 2명 사망).
- 13:55 11공수여단 광주비행장 이동 중 효천역 부근에서 전교사 교도대와 오인전투
  (공수대원 9명 사망, 33명 중상, 장갑차 등 차량 5대 파손).
  오인전투에 대한 보복으로 송암동 주민 학살(4명 사망, 5명 중상).
- 14:50 제2차 민주수호 범시민궐기대회(도청 앞).
- 16:00 2군사령부 지시(이동시 상호협조 및 사전통보, 확인사격, 야간이동 억제).
- 20:30 도청 지하 무기고에서 군 폭약전문가 뇌관 제거(24일 20:00~25일 13:00).

5월 25일(일요일, 비) 항쟁지도부 등장

- 04:00 상무충정작전(광주재진입 작전) 지침 준비 지시(계엄사령관).
- 08:00 도청 내 '독침사건'. 계엄당국 프락치 침투시켜 교란작전 전개.
- 11:00 김수환 추기경의 메시지와 구호대책비 1천만원 전달.
- 12:15 전두환 등 신군부, 상무충정작전 개시 시각 최종 결정(27일 00:01 이후 현지
  사령관의 판단하에 실시).

- 15:00 육군참모차장 황영시, '상무충정작전 명령서' 직접 전달(전교사).
  제3차 민주수호 범시민궐기대회(5만여명).
- 17:00 청년학생시민군 경비대 1차 모집(70여명).
- 18:10 최규하 대통령 광주 상무대 방문, 특별담화 발표.
- 22:00 항쟁지도부 '민주투쟁위원회' 결성(위원장 김종배, 대변인 윤상원, 상황실장 박남선, 외무부위원장 정상용, 내무부위원장 허규정).

5월 26일(월요일, 아침 한때 비) 최후통첩, 상무충정작전 개시

- 04:00 계엄군 외곽봉쇄선 압박 탱크 진입, 화정동 농촌진흥원 앞 진출.
- 08:00 '죽음의 행진'(시민수습대책위원 17명, 도청~화정동 행진, 계엄군 진입 저지).
- 09:00 시민 대표, 계엄군과 마지막 4차 협상, 결렬(김성용 신부 등 11명, 4시간 30분 협상).
- 10:00 제4차 민주수호 범시민궐기대회(3만여명, 「80만 민주시민의 결의」 채택).
- 10:30 전교사 진압작전 최종 회의(20사단장, 31사단장, 3, 7, 11공수여단장, 보병학교 장 참석).
- 12:00 윤공희 대주교 계엄분소 방문, 연행자 전원 석방 요구.
- 14:00 기동타격대 조직(대장 윤석루, 70여명).
- 15:00 제5차 민주수호 범시민궐기대회('시민행동강령' 채택, 계엄군 만행 규탄).
  청년학생시민군 경비대 2차 모집(150여명).
- 16:00 소준열 전교사령관 광주비행장 방문 공수특공대에게 공격 개시 시각 통보.
- 17:00 민주투쟁위원회 대변인 윤상원, 외신 기자들에게 광주상황 브리핑(주한 미 대사 면담 요청).
- 18:00 항쟁지도부 마지막 합동회의(도청).
- 19:00 항쟁지도부, "계엄군이 오늘밤 침공" 발표(학생 및 여성 귀가 조치).
- 19:00 광주 거주 외국인 207명 광주공항 집결 후 비행기로 서울행.
- 21:00 공수부대 특수조 사복 편의대 복장으로 시내 투입 정찰 실시.
- 24:00 민주투쟁위원회 중앙청과 통화("계엄군 진입하면 자폭하겠다").
  통화 직후 시내전화 단절.

6. 최후 항전

5월 27일(화요일, 맑음) 도청 함락

- 01:30   공수특공대 이동(3공수여단 도청, 11공수여단 전일빌딩 YWCA, 7공수여단 광주공원).
- 02:00   20사단 이동(102명/3030명).
- 03:50   박영순 도청 스피커로 마지막 방송 "계엄군이 쳐들어옵니다. 시민 여러분, 우리를 잊지 말아주십시오. 우리는 최후까지 싸울 것입니다."
- 04:00   3공수여단 특공대(13명/66명, 대대장 임수원, 특공대장 편○○ 대위) 도청 주변 포위, 침투 공격, 무차별 사격.
- 05:00   KBS방송 계엄분소장 담화, "폭도들은 투항하라, 포위되었다. 투항하면 생명은 보장한다."
- 05:10   3공수여단 도청 진압작전 종료(무장헬기 도청 상공 무력시위).
- 06:00   "시민들은 거리로 나오지 말라"고 경고 방송.
- 07:00   3, 7, 11공수부대 20사단 병력에게 도청 인계 후 광주비행장으로 철수.
- 07:30   기갑학교 탱크 14대와 장갑차 시가지 무력시위.
- 08:50   시내전화 통화 재개.
- 09:00   KBS방송 경찰과 공무원 근무지 복귀 지시.
- 09:30   도청 5백여명 직원 출근.
- 10:00   주영복 국방부 장관, 황영시 참모차장 도청 방문.

＊27일 피해현황: 시민군 등 사망 27명, 연행 295명, 군인 사망 2명, 부상 12명.

1. 10월에서 5월까지

1 유신헌법은 민주주의를 부정하는 헌법이었다. 국가의 주권이 국민에게 있다는 '주권
재민'과 '3권 분립'의 원리가 부정됐다. 모든 권력이 대통령에게 집중된 형태로, 입법
부인 국회와 사법부도 대통령에게 상당 부분 종속되게 하는 헌법체계였다. (서중석
『지배자의 국가, 민중의 나라: 한국근현대사 100년의 재조명』, 돌베개 2010.)

2 김재규 '1심 법정 최후진술', 육군본부 비상계엄 보통군법회의, 1979. 12. 19; 광주광역
시 5·18사료편찬위원회 엮음 『5·18광주민주화운동자료총서』 1권, 1997, 393면.

3 이윤섭 『1980년 대한민국』, 이북스펍 2012.

4 김재규는 1980년 군법회의에서 '내란목적살인'이라는 죄목으로 사형 선고를 받았고,
1980년 5월 24일 서울구치소에서 형장의 이슬로 사라졌다. (「김재규」, 『한국민족문화
대백과사전』, http://terms.naver.com/entry.nhn?docId=553283&cid=46626&categor
yId=46626.)

5 '계엄포고령 제3호', 1979. 10. 30. 발령.

6 AFP통신, 『토오꾜오신문』 1979년 11월 4일자; 대한민국재향군인회 엮음 『12·12, 5·18실록』, 1997, 23면 참고.

7 글라이스틴 주한 미 대사는 10·26사건 때까지만 해도 '유신정권이 아직 체제유지의 여력이 남아 있다'고 판단했다. (조동준 「미국무부 비밀외교문서 1979~80 철저분석」, 『월간조선』 1996년 8월호.)

8 대한민국재향군인회 엮음, 앞의 책 22면.

9 "10·26 이후 미국에서 즉각 항공모함을 급파하고 조기경보기를 배치하고 병력을 이동시키는 등 조치를 취했다. 북한에 대해서도 8~9회 한국 상황을 오판하지 말라고 강력하게 공개경고를 해왔던 당시 상황에서 남침이란 있을 수 없다고 생각한다. 10·26 직후 합참에서 미국측에 직접 필요한 조치를 취해주도록 요청하여 만반의 조치를 취한 후 10월 27일 아침 글라이스틴 주한 미국대사가 최규하 대통령을 방문하여 아무 걱정 말라고 한 사실도 있었다."(박동진〔외무부 장관〕 '서울지방검찰청 진술조서', 1995.)

10 1979년 미국은 연이어 발생한 이란의 이슬람혁명, 니카라과 좌파혁명, 소련의 아프가니스탄 침공 등 반미 성격을 띤 3개의 충격적인 변화를 겪고 있었기 때문에 10·26사태 직후 한반도의 변화도 우려의 시각으로 바라보면서 신속하게 개입하였다(조동준, 앞의 글 340면). 최근 위키리크스(wikileaks)가 입수한 카터 시절 국무성 파일에 따르면 '국가안보회의 정책조정위원회'가 박정희 암살 이후 구성된 것이 아니라, 카터 행정부 말기에 남한, 북한, 미국의 3자 회담에 대응하기 위해 만들어진 것으로 추정된다. 1979년 박정희 암살 후, 남한 사태가 급변하자 그 역할이 한국 정치 사태를 모니터하고 미국의 대응방안을 결정하는 식으로 전환된 것으로 보인다.

11 '체로키'는 원래 북미 대륙의 원주민 인디언을 뜻한다. 체로키팀은 인가된 사람 외에 열람권이 없다는 뜻인 '노디스'(NODIS, No Distribution Outside of Approved Channels)라는 특별 암호로 서울에 있는 주한 미국대사관과 실시간으로 비밀전문(Cherokee file)을 주고받으면서 10·26 이후 전두환 집권기까지 과도기 한국의 정치·군사 상황을 관리했다. 체로키팀 구성원은 대통령 지미 카터, 국무부 장관 싸이러스 밴스, 1980년 5월초 국무부 장관직을 승계한 에드먼드 머스키, 국무부 차관 워런 크리스토퍼, 국무부 동아시아태평양 담당 차관보 리처드 홀브룩, 백악관 안보보좌관 즈비그뉴 브레진스키, 국방부 장관 해럴드 브라운, CIA 국장 스탠즈필드 터너, 국가안보회의 아시아담당 책임자 도널드 그레그, 주한 미국대사 윌리엄 글라이스틴 등 미국정부의

핵심인사 10여명이었다. 한국에 관한 모든 정책은 이들의 정보와 판단에 따라 결정됐다. 글라이스틴 대사는 매일 실시간으로 한국의 현장상황을 상세하게 보고하였고, 백악관 지휘부는 글라이스틴의 보고서를 토대로 한국의 정치상황에 대한 판단을 공유했다. (『시사저널』 1996년 3월 7일자 26면.)

12 군사쿠데타를 통해 집권한 박정희는 쿠데타의 위협을 누구보다 잘 알고 있었다. 유사시에 자신을 지켜줄 군부 내 친위세력 '하나회'를 마치 사병(私兵)처럼 온갖 특혜를 주면서 육성했다. 하나회는 영남 출신 가운데 충성심과 의리가 강하며, 성적이 우수한 육사생도들로만 회원을 뽑았다. 육사 졸업생 각 기수마다 3~10명씩 선발하여 매년 회원으로 충원했으며, 36기에 이르자 240여명에 달할 만큼 커졌다. 영남 출신 육사 8기 윤필용, 차규헌, 유학성과 10기 황영시 등이 고문으로 추대되면서 대통령과 정치권을 연결하는 역할을 했다. 보안사령관 전두환은 '하나회'의 실질적인 수장이었다. (대한민국재향군인회 엮음, 앞의 책 29면.)

13 정승화 참모총장은 12월 13일 개각과 함께 '하나회' 수장인 보안사령관 전두환을 동해안경비사령관으로 발령하려고 계획했다. 이 정보는 김용휴 국방부 차관을 통해 전두환측에 사전 누설돼 전두환은 그 하루 전인 12월 12일을 거사일로 택했다. (국방부 과거사진상규명위원회 엮음 『12·12, 5·17, 5·18사건 조사결과보고서』, 2007, 5면.)

14 전두환이 권력의 공백기에 실권을 쥘 수 있었던 것은 10월 27일 합동수사본부장을 맡았기 때문이다. (대한민국재향군인회 엮음, 앞의 책 41면.)

15 전두환은 정승화 참모총장이 김재규의 박정희 대통령 시해 현장 부근에 있었으면서도 적절한 조치를 취하지 않음으로써 묵시적으로 내란을 공모했으며 김재규로부터 불법적인 자금을 받았다고 주장했다. (국방부 과거사진상규명위원회 엮음, 앞의 책 19면.)

16 대한민국재향군인회 엮음, 앞의 책 73면.

17 같은 책 83면.

18 12·12 당시 출동한 9사단, 30사단, 제2기갑사단의 이동은 한미연합사령부로부터 사전에 작전통제권을 이양받지 않은 한미상호방위조약 위반행위였다. (김영진 『충정작전과 광주항쟁』 상, 동광사 1989, 93면.)

19 군 형법에서 반란죄는 '작당(作黨)하여 병기를 휴대하고 반란을 일으킨 죄'에 해당한다. (군 형법 제5조의 반란죄에 대한 정의.)

20 사법부는 쿠데타 참여자들이 '군권'만 장악한 상태에서 머무르게 되면 군사반란에 대한 단죄를 피할 수 없기 때문에 처음부터 정권찬탈 의도를 가지고 있었으며, 1단계 '12·12 군사반란'에 이어, 2단계 정권탈취를 위한 '5·17내란'은 예견된 필수코스라고 보았다. (대한민국재향군인회 엮음, 앞의 책 170면.)

21 'K-공작계획'은 표지를 포함해 A4 용지 11면짜리 필사본으로 작성됐는데, 'K'는 '왕'을 뜻하는 영문 'King'의 첫 글자에서 따온 것으로 전두환을 대통령으로 만들기 위한 계획이라는 의미다. (『조선일보』 1996년 4월 23일자 6면.)

22 대한민국재향군인회 엮음, 앞의 책 222면.

23 정병주 전 특전사령관 발언. 조갑제 「공수부대의 광주사태」, 『월간 조선』 1988년 7월호 179면.

24 김재명(육군본부 작전참모부장) '서울지방검찰청 진술조서', 1995.

25 5·18 직전 계엄사가 계엄회의를 주재할 때 진압봉 샘플 세가지를 놓고 서로 비교하여 그 가운데 한 종류를 지정해 대량으로 제작했다. (황영시 '서울지방검찰청 진술조서', 1996.)

26 AP통신 1980년 4월 14일자 워싱턴발 기사.

27 사북사태는 1980년 4월 21일 강원도 정선군 사북읍에 위치한 동원탄좌 사북광업소에서 어용노조 위원장 사퇴를 촉구하며 광부 3500여명과 가족 2500여명 등이 참여하여 4일간 지속된 노동쟁의다. 이 사건은 오랫동안 '폭동'으로 치부됐으나 35년 만인 2015년 재심에서 사법부가 관련자들을 무죄 선고함으로써 민주화운동으로 인정됐다. (『한겨레』 2015년 2월 12일자.)

28 윤성민 1군사령관은 동원탄좌 사북광업소 소요사태 진압을 위한 11공수여단 1개 대대의 이동과 작전, 총포사용 요령 등을 위컴 한미연합사령관에게 보고했다. ('육작명 10-80호', 1980. 4. 22.)

29 박관현은 '녹두서점'에서 사회과학 공부를 하면서, 박기순, 윤상원, 김영철 등과 더불어 광천동에 자리잡은 '들불야학'에서 노동자를 가르치는 강학으로 활동했다.

30 전남대 총학생회 비밀기획팀은 표지에 '自由(자유)'라고 적힌 활동일지를 작성했는데, 5·18 조사과정에서 수사기관은 그 일지를 '5·18 학원내란'의 근거로 제시했다.

31 '민주교육지표' 사건은 1978년 6월 27일 전남대 문리과대학 국문학과 송기숙 교수를 비롯한 11명의 교수들이 교육 민주화를 주장하는 성명서 「우리의 교육지표」를 발표하

면서 이를 지지해서 일어난 6월 29일 학생들의 시위를 말한다. (http://news.joins.com/article/10610656.)

32 정용화, 김상집 증언(2015. 5. 광주, 이재의와의 인터뷰).

33 1979년 이슬람 종교지도자 호메이니가 이끈 이슬람혁명이 성공함으로써 미국의 지원을 받던 독재정권 팔레비왕조가 무너졌다. 이후 그해 11월 이란 주재 미국대사관 인질사건이 발생하는 등 반미 기류가 급속히 확산됐다.

34 이같은 미국에 대한 인식은 항쟁기간 중 대변인 윤상원을 통해 미국의 입장을 시험하는 것으로 실현되었다. 5월 26일 윤상원은 주한 미국대사 글라이스틴과의 접촉을 시도했다. 윤상원은 그날 외신 기자회견 때 5·18항쟁은 '반미가 아니라 군사독재 반대이고 민주화'라는 점을 미국이 분명히 깨닫기를 기대하였다. 그래서 최후 순간까지 미 당국자와 접촉하려고 집요하게 노력했다. 미국의 중재는 사방이 봉쇄된 광주의 상황에서는, 고립무원의 상태를 타개할 유일한 희망이었다. 그러나 미국의 반응은 냉담했다. 윤상원은 미 대사를 만나지도 못한 채 미국의 작전통제권을 벗어난 공수여단 특공부대에 의해 도청에서 사살되었다.

35 1979년 3월 1일 재야 민주진영이 박정희 유신체제에 저항하기 위해 발족시킨 조직. 윤보선, 함석헌과 1978년 12월 27일 형 집행정지로 석방된 김대중이 공동의장을 맡았다. 1974년 발족된 '민주회복국민회의'와 연합체로 명맥을 유지하던 '민주주의국민연합'을 발전적으로 계승한 것이다.

36 사법부는 신군부의 '시국수습방안'이 5·18내란죄의 필수요건인 '사전모의'의 준비과정으로 보았다. (대법원「12·12, 5·18 상고심 선고 판결문」, 1997. 4. 17.)

37 이때 권정달 등 보안사 참모들이 작성한 「시국수습방안」 문서는 현재까지 찾을 수 없다. (국방부 과거사진상규명위원회 엮음, 앞의 책 19면.)

38 권정달(보안사 정보처장) '서울지방검찰청 진술조서', 1996.

39 계엄사령부「계엄일지」, 1980년 5월 8일 일지; 국방부 과거사진상규명위원회 엮음, 앞의 책 42면.

40 같은 책 43면.

41 팀 샤록「미국의 '전두환 권력 찬탈' 협조 전모 1」, 『시사저널』 1996년 3월 7일자.

42 조동준, 앞의 글 373면.

43 1978년 짜여진 한미연합사 지휘계통에 따르면, 한국군이 이동할 경우 반드시 한미연

합사령관의 사전 승인, 혹은 그에 대한 통보가 있어야 하는데 12·12쿠데타 때 신군부는 미군에게 알리지 않고 병력을 동원했다. 그 바람에 위컴 주한미군 사령관은 화가 났고, 한국군에 공문을 보내 협정위반을 조목조목 따졌다. 그 이후부터 신군부는 미리 미군측에 한국군의 이동계획을 상세히 알렸다. (같은 곳).

44 「광주사태 당시 주한미국대사 '윌리엄 글라이스틴'의 증언」, 『신동아』 1985년 7월호 318~22면.

45 Tim Shorrock, "Kwangju Diary: The View from Washington," Jae-eui Lee, *Kwangju Diary*, UCLA 1999, 160면.

46 같은 글 160~63면.

47 「1980년 5월 대한민국 광주에서 일어난 제반 사건에 대한 미국정부의 성명서」, 제26항; 이해찬·유시민 외 『기억하는 자의 광주』, 돌베개 2010, 185면에서 재인용. 이 성명서는 국회 광주특위에서 보낸 서면 질문에 대한 미국 행정부의 공식 답변서이다.

48 만약 북한이 남침을 감행하려 했다면 전쟁 준비 징후가 구체적으로 포착되었어야 하는데, 5월초 북한에서는 공격 징후들이 없었다. 지상군을 주요 접근로상에 배치하고, 전차 및 기계화사단 등 전략부대의 전선 이동, 군수지원 활동과 통신량 증가, 잠수함과 유도탄정 전방 이동, 비상활주로 운용 등 다양한 공격 징후들이 포착되지 않았다. (육군본부 정보참모부 「북괴남침설 분석」, 1980. 5. 10; 『월간조선』 1999년 1월호 별책부록 339~42면.)

49 미 CIA는 2017년 1월 18일 인터넷 홈페이지 전자독서실에 1200만면가량의 CIA 기밀해제 문서를 공개했다. CIA는 '북한의 전쟁도발 억지력은 미 육군이 아니라 미 공군과 해군'이라고 판단하고 있다. (문서번호 CIA-RDP83B01027R000200020024-8, 9 May 1980; https://www.cia.gov/library/readingroom/docs/CIA-RDP83B01027 R000200020024-8.pdf.)

50 서울고등법원 「12·12, 5·18 항소심 선고 판결문」, 1996. 12. 16.

51 국방부 '대간전 제49호'.

52 육군본부 작전교육참모부 「소요진압 공중지원방안연구」, 1980. 4. 19; 국방부 과거사 진상규명위원회 엮음, 앞의 책 44면.

53 이상한 대령(특전사령부 군수참모) 증언, 참깨방송 유튜브, 2013. 6. 21, https://www. youtube.com/watch?v=cDoOX83Ixs8.

54 '서울역 회군'은 뒤이은 5·17 비상계엄 전국 확대 상황을 맞아 '광주'를 타 지역으로 부터 완전히 고립시키는 결과로 이어졌다.

55 육군본부 특수전사령부 「충정병력 출동 및 광주사태 상황일지」, 1980년 5월 15일 일 지; 국방부 과거사진상규명위원회 엮음, 앞의 책 61면.

56 이재의 「5·18 당시 발포 거부 전남도경 국장의 광주비망록」, 『말』 1994년 5월호.

57 안종훈 군수기지사령관은 이날 회의에서 참석자 가운데 유일하게 '군의 정치개입'에 문제를 제기하는 발언을 하였다가 1980년 8월 20일 강제 전역하게 되었다. (「전군 주 요지휘관 회의록」; 국방부 과거사진상규명위원회 엮음, 앞의 책 52면, 103면.)

58 대한민국재향군인회 엮음, 앞의 책 229면.

59 같은 책 229~30면.

60 이희성, 김재명의 '서울지방검찰청 진술조서', 1995.

61 사법부는 신군부가 5월 17일 국무회의에서 비상계엄 전국 확대를 의결한 것을 '폭동' 이라고 판시했다. '병기를 휴대한 병력'을 불법으로 동원하여 '헌법에 의하여 설치된 국가기관인 국무위원들을 공포와 강압' 상태에 몰아넣은 상황에서 일으킨 폭동이라고 규정했다. (대법원 「12·12, 5·18 상고심 선고 판결문」, 1997. 4. 17.)

62 허장환 「내가 정웅 장군을 체포·수사했다 ── 전 광주505보안부대 수사관의 폭로 수 기」, 『신동아』 1989년 1월호. 그뒤 1995년 검찰의 참고인 조사에서 서의남은 허장환이 주장한 혐의 대부분을 부인했으나, 당시 검찰수사가 전두환 등 신군부 핵심세력에게 집중되다보니 서의남 등 명령의 실행자들에 대한 조사는 더 이상 진행되지 않은 채 종 결돼 여러 가지 의문점을 남겼다.

63 광주지역 대학에서 예비검속 대상자는 전남대의 경우 박관현 총학생회장 등 12명, 조 선대는 유소영 등 10명이었다.

64 정동년, 박선정, 윤목현, 김상윤, 박형선, 문덕희, 하태수, 김운기, 유소영, 유재도, 이권 섭, 양희승 등 12명. (보안사령부 「광주사태 합동수사」, 1980, 546~55면; 국방부 과거 사진상규명위원회 엮음, 앞의 책 61면.)

65 서울고등법원 「12·12, 5·18 항소심 선고 판결문」, 1996. 12. 16.

66 김영진, 앞의 책 201면.

67 허장환 「505보안부대 광주사태 처리 특명반 수사관의 증언」(기자회견 전문), 1988. 12. 6, 한겨레 커뮤니티(http://c.hani.co.kr/hantoma/1434931).

68 이승룡(남, 1959년생) '현사연 3004 증언', 한국현대사사료연구소 엮음『광주오월민
중항쟁사료전집』, 풀빛 1990.

69 진호림(남, 1961년생) '현사연 3017 증언', 같은 책.

70『전북대신문』2013년 9월 7일자.

71 신애덕(여, 유소영 모친) '현사연 3111 증언', 한국현대사사료연구소 엮음, 앞의 책.

72 윤한봉은 항쟁 이후 지명수배 상태에서 1981년 4월 화물선을 타고 미국으로 밀항했
다가 12년 뒤인 1993년 5월 19일에야 광주로 돌아왔다.

73 박관현은 항쟁 이후 도피 중 체포돼 광주교도소에 수감되어 있었는데, 재소자 처우 개
선을 위한 단식투쟁을 벌이다 1982년 10월 옥중에서 사망했다.

2. 산발적이고 수동적인 저항

5월 18일 일요일 | 항쟁 1일째

74 광주광역시의사회 5·18의료백서발간위원회 엮음『5·18의료활동』, 광주광역시의사
회 1996, 198면.

75 권승만(7공수여단 33대대장) '서울지방검찰청 진술조서', 1996; 조갑제『조갑제의
광주사태』, 조갑제닷컴 2013, 280면에서 재인용.

76 항쟁의 도화선이 된 전남대 앞에서의 최초 충돌에 대하여 육군본부가 1982년 펴낸 자
료집『계엄사』는 '미리 대학생들이 가방 속에 돌멩이를 담아가지고 왔다'고 적었다. 또
육군본부 전투교육병과사령부에서 작성한 자료「소요진압과 그 교훈」(1981)에서는
'사전에 은닉 지참한 돌을 꺼내어 투석 대치'라고 기술하였다. 1988년 국회 광주청문
회에서 당시 전남대에 주둔한 7공수여단 33대대장 권승만 중령도 비슷하게 진술했다.
계엄군 관계자들은 학생들이 '미리 가방에 돌을 지참하였다'는 주장을 1995~96년도
재판에서까지 되풀이했다. 그러나 2007년의 국방부 과거사진상규명위원회 보고서는
1980년 당시 작성한 군 자료, 즉 각종 작전상황일지나 보고서 등 어떤 자료에서도 미리
가방에 돌을 넣어 왔다는 내용은 찾을 수 없었다고 밝혔다. (국방부 과거사진상규명위
원회 엮음『12·12, 5·17, 5·18사건 조사결과보고서』, 2007, 62면.)『계엄사』,「소요진
압과 그 교훈」등 그 이후에 작성된 군 자료들은 전두환정권 아래서 신군부의 입맛대로
윤색되거나 조작된 것이다.

77 김한중(남, 1960년생) '현사연 1041 증언', 한국현대사사료연구소 엮음『광주오월민 중항쟁사료전집』, 풀빛 1990.

78 범진염(남, 1959년생) '현사연 3035 증언', 같은 책.

79 장천수(남, 1956년생, 가구업) '현사연 7063 증언', 같은 책.

80 권승만 '서울지방검찰청 진술조서', 1996; 조갑제, 앞의 책 281면에서 재인용.

81 육군본부 전투교육병과사령부「전교사 작전상황일지」, 1980.

82 임낙평(1958년생) '현사연 3028 증언', 한국현대사사료연구소 엮음, 앞의 책.

83 5월 13일 국방부의 '대간첩작전 태세강화 지시'(국방부 '대간전 제49호')에 따라 충 정작전, 즉 소요진압 작전은 능률을 극대화하기 위해 '공중정찰로 소요 군중의 활동상 황을 지상부대에게 보고하는 지휘통신 체제를 유지하여 시위 군중을 조기에 무력화' 시키려 했다. (육군1항공여단장 송○○ '서울지방검찰청 진술조서', 1995.)

84 이광호(1959년생) '현사연 1024 증언', 한국현대사사료연구소 엮음, 앞의 책.

85 김영택『5월 18일 광주』, 역사공간 2010, 253면.

86 계엄사령부「계엄일지」및 육군본부 제2군지구 계엄사령부「계엄상황일지」1980년 5월 18일 일지.

87 김준봉(2군사령부 작전참모) '서울지방검찰청 진술조서', 1995.

88 보안사령부「광주소요사태 진행상황」1980년 5월 18일 일지; 국방부 과거사진상규명 위원회 엮음, 앞의 책 63면.

89 정웅 증언. 국회「5·18광주민주화운동진상조사특별위원회 회의록」제21호, 1988. 12. 21.

90 김일옥(7공수여단 35대대장) '서울지방검찰청 피의자신문조서', 1995.

91 보안사령부「광주사태 일일속보철」, 1980년 5월 18일 속보.

92 김정섭(1946년생) '현사연 7061 증언', 한국현대사사료연구소 엮음, 앞의 책.

93 김영택 증언. 국회「5·18광주민주화운동진상조사특별위원회 회의록」제25호, 1989. 1. 26.

94 조아라(여, 1912년생) '현사연 1003 증언', 한국현대사사료연구소 엮음, 앞의 책.

95 광주시청「5·18사태 상황 및 조치사항」,『경향신문』1988년 5월 18일자 참조.

96 김범동(남, 1947년생, 요리사) '현사연 7106 증언', 한국현대사사료연구소 엮음, 앞 의 책.

97 이민오(남, 1955년생) '5·18 피해자 구술자료 조사, 채록번호 1-326', 5·18기념재단 1999.

98 김후식(남, 1941년생) '현사연 3065 증언', 한국현대사사료연구소 엮음, 앞의 책.

99 전남도경찰국「집단사태 발생 및 조치 상황」, 1980. 5. 18; 국방부 과거사진상규명위원회 엮음, 앞의 책 66면.

100 조훈철(1960년생) '현사연 7077 증언', 한국현대사사료연구소 엮음, 앞의 책.

101 이근재(1923년생) '현사연 7087 증언', 같은 책.

102 유승규(1959년생) '현사연 1035 증언', 같은 책.

103 홍순희(남, 1960년생, 대학생) '현사연 2008 증언', 같은 책.

104 전계량(1935년생) '현사연 3072 증언', 같은 책. 전계량은 대동고 3학년이던 전영진 (18세)의 부친이다. 전영진은 5월 21일 도청 앞 집단 발포 때 노동청 부근에 서 있다가 계엄군이 쏜 M16 소총에 머리를 맞아 사망했다.

105 보안사령부 505보안부대「광주사태 사망자 검시결과 보고」, 1980; 국방부 과거사진 상규명위원회 엮음, 앞의 책 70면.

106 「광주지검 검시조서」, 광주광역시5·18사료편찬위원회 엮음『5·18광주민주화운동 자료총서』20권, 1999, 492~93면.

107 이장의(1950년생) '현사연 7056 증언', 한국현대사사료연구소 엮음, 앞의 책.

108 임낙평, '현사연 3028 증언', 같은 책.

109 육군본부 전투교육병과사령부「전교사 작전상황일지」1980년 5월 19일 일지; 국방 부 과거사진상규명위원회 엮음, 앞의 책 78면.

110 전라남도합동수사단「광주사태시 전교사 정보처 일지」1980년 5월 18일 일지; 같은 책 69면.

111 「31사단 작전지시 80-1」, 한국현대사사료연구소 엮음, 앞의 책 28면.

112 대한민국재향군인회 엮음, 앞의 책 505면.

113 국방부 과거사진상규명위원회 엮음, 앞의 책 57~58면.

114 김용삼「계엄사령관 동정일지」,『월간 조선』1995년 9월호 629~31면.

115 조동준「미국무부 비밀외교문서 1979~80 철저분석」,『월간 조선』1996년 8월호 378면.

116 대한민국재향군인회 엮음, 앞의 책 255면.

117 같은 책 257~58면.

118 서울지방법원「12·12, 5·18 1심 선고 판결문」, 1996. 8. 26.

119 최웅 증언. 국회「5·18광주민주화운동진상조사특별위원회 회의록」제20호, 1988. 12. 20.

120 최웅 증언. 같은 곳.

121 이경남(11공수여단 63대대 9지역대 일병)「한 특전사 병사가 겪은 광주 ─ 20년 만의 고백」,『당대비평』1999년 겨울호.

3. 적극적 공세로의 전환
5월 19일 월요일 | 항쟁 2일째

122 안부웅(11공수여단 61대대장) '국방부고등검찰관실 피의자신문조서(1회)', 1995;『월간조선』1999년 1월호 별책부록 360면에서 재인용.

123 안부웅 '서울지방검찰청 피의자신문조서(3회)', 1995.

124 육군본부 전투교육병과사령부「소요진압과 그 교훈」, 1981, 58면; 이해찬·유시민 외『기억하는 자의 광주』, 돌베개 2010, 263면.

125 윤흥정 증언. 국회「5·18광주민주화운동진상조사특별위원회 회의록」제16호, 1988. 12. 7.

126 김결(남, 1937년생, 자영업) '현사연 4015 증언', 한국현대사사료연구소 엮음『광주오월민중항쟁사료전집』, 풀빛 1990.

127 안부웅 '서울지방검찰청 피의자신문조서(4회)', 1995.

128 공수대원 나○○ 수기「내가 보낸 '화려한 휴가'」, 윤재걸 엮음『작전명령 ─ 화려한 휴가』, 실천문학사 1987, 35면.

129 윤공희「교회가 아픔을 함께해서 뜻이 있지요」, 5·18기념재단 엮음『구술생애사로 본 5·18의 기억과 역사 5 ─ 천주교 편』, 2013, 48면.

130 정방남(남, 1961년생) '현사연 7104 증언', 한국현대사사료연구소 엮음, 앞의 책.

131 김충근「금남로 아리랑」, 한국기자협회·무등일보·시민연대모임 엮음『5·18 특파원 리포트』, 풀빛 1997, 212면.

132 테리 앤더슨「날아오는 총알을 피하며」, 같은 책 24면.

133 대법원「12·12, 5·18 상고심 선고 판결문」, 1997. 4. 17.

134 김영택『5월 18일, 광주』, 역사공간 2010, 302면. 이 경찰간부는 두달 뒤인 그해 7월 19일 직위해제를 당했다.

135 황강주(남, 1960년생) '현사연 7153 증언', 한국현대사사료연구소 엮음, 앞의 책.

136 김영택, 앞의 책 295면.

137 안부웅 '서울지방검찰청 피의자신문조서(4회)', 1995.

138 광주시 동구청「상황일지」, 제11공수여단「특전사 전투상보」중 1980년 5월 19일자 상황 참조. 5월 19일 '충정작전' 수행을 위해 차량 37대(장갑차 2대 포함)를 출동시키라는 명령이 기갑학교장에게 내려져, 장갑차가 출동하고 500MD 헬기가 시위 진압을 지휘했다. (전투병과교육사령부「전교사 정보처 일지」.)

139 최충용(남, 1951년생) '현사연 5040 증언', 한국현대사사료연구소 엮음, 앞의 책.

140 김상집(남, 1956년생) '현사연 4011 증언', 같은 책.

141 광주시청「5·18 사태 상황 및 조치사항」, 1980;『경향신문』1988년 5월 18일자 수록.

142 김인윤(남, 1960년생, 평민당 피해자신고서 NO.39)의 증언. 이해찬·유시민 외, 앞의 책 250면.

143 안부웅 '국방부고등검찰관실 피의자신문조서(1회)', 1995;『월간조선』1999년 1월호 별책부록 366면에서 재인용.

144 정영동(남, 1954년생, 운전기사) '현사연 1022 증언', 한국현대사사료연구소 엮음, 앞의 책.

145『동아일보』1980년 5월 22일자 검열 삭제 부분.

146『죽음을 넘어 시대의 어둠을 넘어』초판(1985)에서는 김영찬이 사망한 것으로 잘못 기록돼 있다. 초판 출간 시 여러가지 상황의 제약 때문에 충분히 확인하지 못하고 집필한 결과다. 초판이 발간된 후 최초로 항쟁에 참여한 시민 500여명의 증언을 채록하여 『광주오월민중항쟁사료전집』(한국현대사사료연구소 엮음, 풀빛 1990)이 나왔는데, 이 책에서 위성삼은 '김영찬이 그 직후 병원으로 옮겨져 목숨을 구했다'는 사실을 증언했다.

147 계엄사령부는「고교생 총상자 확인 결과」(『충정업무 일일 주요사항』) 에서 김영찬의 부상원인을 '총탄 출구가 입구보다 적으며 다수의 파편이 박혀 총기 제원 판단 곤란'이라고 적었다. (국방부 과거사진상규명위원회 엮음『12·12, 5·17, 5·18사건 조사

결과보고서』, 2007, 79면).

148 11공수여단의 전투상보, 상급부대인 31사단과 전교사의 상황일지 등에는 5월 19일 발포에 대한 어떤 기록도 찾을 수 없다. 11공수여단이 상급부대에 보고하지 않은 채 발포 사실을 은폐한 것으로 추정된다. 또한 505보안부대는 '1980. 5. 20. 01:00'의 보안사령부 배후첩보 보고서(보안사령부 「광주사태 일일속보철」 5월 20일)에서 "5. 19. 발포 사실 전무하였음을 감안할 때 고교생은 특정 데모세력에 의해 무성 권총으로 사격, 계엄군이 발포한 것으로 선동키 위한 지능적 수법"이라면서, 계엄군의 발포를 부인하며 불순세력의 선동수법으로 판단했다. (국방부 과거사진상규명위원회 엮음, 앞의 책 115면.)

149 조창구(11공수여단 63대대장) '서울지방검찰청 피의자신문조서(2회)', 1995.

150 검찰의 「5·18 관련 사건 수사결과 보고」(서울지방검찰청·국방부검찰부, 1995. 7. 18)는 "군 관계자들은 대부분 시위대를 진압하면서 대검을 사용한 일이 없다고 주장하나, 착검 상태에서 트럭을 타고 위력시위를 하던 중 시위대로부터 투석 공격을 당하자 일부 부대원이 착검 상태에서 하차하여 시위대를 추격, 체포하였던 사실이 인정되는바, 그 과정에서 대검 부분으로 피해가 발생하였을 가능성이 있고, 실제로 하헌남, 최승기, 김인윤, 이인선, 최미자 등이 당시 자상을 입었고, 5·18 기간 중 사망자 가운데도 손옥례, 권근립, 윤개원, 김평용, 박종길, 민병렬, 허봉, 김경환 등의 사체에서 자상이 발견된 점을 종합하면, 지휘관의 의사와 무관하게 공수부대원들에 의하여 시위진압 현장에서 대검이 사용된 사실을 인정할 수 있다"고 밝혔다.

151 「광주데모사태 닷새째」, 『동아일보』 1980년 5월 22일자.

152 12·12쿠데타 다음날 아침, 당시 50사단장이던 정호용 소장이 뒤늦게 쿠데타 소식을 듣고 대구에서 서울로 올라왔을 때는 이미 상황이 끝난 뒤였다. 하지만 그는 13일 아침 전두환의 지시로 공수특전사령관에 전격 임명됐다. 전두환, 노태우 등과 절친한 사이라 그의 특전사령관 임명에 대해 누구도 왈가왈부할 분위기는 아니었지만 목숨 걸고 쿠데타에 나섰던 신군부 일각, 특히 보안사 참모들 사이에서는 그의 '무임승차'를 떨떠름하게 보는 시각이 만만치 않았다. 정호용은 광주의 시위진압에서 공을 세워 자신의 입지를 만회할 수 있는 절호의 기회라고 판단했을 가능성이 크다는 지적이다. (김충립 특전사령부 보안반장 인터뷰 「정호용 특전사령관은 지휘권 행사 못했다」, 『오마이뉴스』 2010년 5월 17일자.)

153 「12·12 및 5·18 관련 서훈자 명단」(1980. 6. 20), 대한민국재향군인회 엮음 『12·12, 5·18 실록』, 1997, 543면.

154 『월간 말』 1988년 5월호.

155 윤흥정 증언. 국회 「5·18광주민주화운동진상조사특별위원회 회의록」 제16호, 1988. 12. 7.

156 윤흥정 전교사령관은 '파평 윤씨'로 윤공희 대주교와 종친이고, 고향이 둘 다 북한이어서 윤사령관의 광주 부임 이후 서로 친하게 지냈다.

157 장사복(전교사 참모장) '서울지방검찰청 진술조서', 1995.

158 정웅 증언. 국회 「5·18광주민주화운동진상조사특별위원회 회의록」 제21호, 1988. 12. 21.

159 정웅 증언.「정웅의 '광주를 쏜 사람들'」, 제142회 임시국회 16차 본회의 속기록, 『월간경향』 1988년 8월호 146~63면.

160 정웅 증언. 박찬희 「광주사태와 정웅 사단장」, 『월간 조선』 1987년 10월호 290~301면.

161 이희성(계엄사령관) '서울지방검찰청 피의자신문조서(7회)', 1996.

162 박○○(육본 인사참모부 차장) '서울지방검찰청 진술조서', 1995.

163 보안사 「광주사태 일일속보철」, 11면의 1980년 5월 19일 속보; 국방부 과거사진상규명위원회 엮음, 앞의 책 65면에서 재인용.

164 '축차투입'은 부대를 나누어서, 투입 가능한 부대 먼저 투입하고 나머지 부대는 준비가 완료되는 대로 투입하는 것이다.

165 육군본부 전투교육병과사령부 「전교사 작전상황일지」, 1980.

166 이재우(전남 505보안부대장) '서울지방검찰청 진술조서(2회)', 1996.

167 서울지방검찰청·국방부검찰부 「5·18 관련 사건 수사결과 보고」, 1995. 7. 18.

168 이정융(남, 1944년생, 국군통합병원 진료부장) 증언. 전남대학교 5·18연구소 엮음 『5·18항쟁 증언자료집』 IV, 전남대학교출판부 2005.

169 조갑제 『조갑제의 광주사태』, 조갑제닷컴 2013, 43~45면.

170 국방부 법무관리관실 「5·18에 북한군 특수부대가 개입했다는 모 방송사의 방송내용과 탈북자 단체 주장에 대한 군의 입장」, 2013. 10.

171 안종익 「한반도 유사시 미기 즉각 출동 ─ 휴즈 사령관 밝혀」, 『조선일보』 1980년

5월 19일자.

172 팀 샤록 「미국의 '전두환 권력 찬탈' 협조 전모 3」, 『시사저널』 1996년 3월 21일자 30면.

173 Tim Shorrock, "Kwangju Diary: The View from Washington," Jae-eui Lee, *Kwangju Diary*, UCLA 1999, 151~72면.

174 「1980년 5월 대한민국 광주에서 일어난 제반 사건에 대한 미국정부의 성명서」, 「10·26부터 전씨 취임까지」, 연합뉴스 1996년 2월 28일자.

4. 전면적인 민중항쟁
5월 20일 화요일 | 항쟁 3일째

175 대한민국재향군인회 엮음 『12·12, 5·18 실록』, 1997, 266면.

176 육군본부 『폭동진압작전 교범』; 김영택 『5월 18일, 광주』, 역사공간 2010, 319면에서 재인용.

177 정웅 증언. 국회 「5·18광주민주화운동진상조사특별위원회 회의록」 제21호, 1988. 12. 21.

178 아놀드 A. 피터슨 『5·18 광주사태』, 정동섭 옮김, 풀빛 1995.

179 김말옥(여, 1958년생, 고 김안부의 처) '현사연 0040 증언', 한국현대사사료연구소 엮음 『광주오월민중항쟁사료전집』, 풀빛 1990.

180 대한민국재향군인회 엮음, 앞의 책 267면.

181 보안사령부 「광주소요사태 상황일지 전문」, 152면; 국방부 과거사진상규명위원회 엮음 『12·12, 5·17, 5·18사건 조사결과보고서』, 2007, 78면에서 재인용.

182 김영택, 앞의 책 311~12면.

183 조비오 『사제의 증언』, 빛고을출판사 1994.

184 서명원(남, 1939년생, 전남대 학생과장) '현사연 3035 증언', 한국현대사사료연구소 엮음, 앞의 책.

185 김수환 추기경 증언. 5·18기념재단 엮음 『구술생애사로 본 5·18의 기억과 역사 5 — 천주교 편』, 2013, 21면.

186 조삼남(고 조강일 부친) '현사연 4018 증언'; 임호상(1962년생, 숭일고 3학년) '현사

연 4019 증언', 한국현대사사료연구소 엮음, 앞의 책. 조강일, 이홍재(광주일고 3학년), 박규상(광주공고 3학년), 임호상(숭일고 3학년)과 중앙여고생 4명 등이 유인물을 제작 배포했다. 항쟁이 끝난 후 군의 총기수색 과정에서 이들의 유인물 제작 사실이 밝혀졌고, 고등학생 4명이 체포되어 가혹한 고문을 당했다. 당시 진흥고 학생회장이던 조강일은 주범으로 몰려 고문을 심하게 받고 그 후유증으로 1986년 사망하였다.

187 정웅 증언. 「정웅의 '광주를 쏜 사람들'」, 제142회 임시국회 16차 본회의 속기록, 『월간경향』 1988년 8월호 146~63면.

188 박종규(3공수여단 15대대장) '서울지방검찰청 피의자신문조서(3회)', 1995.

189 신우식(7공수여단장) '서울지방검찰청 피의자신문조서(3회)', 1996. 정호용은 이 가운데 21일은 오전 8시 45분 계엄사령관 보고(김용삼 「계엄사령관 동정일지」, 『월간조선』 1995년 9월호), 오후 2시 국방부회의 참석(2군사령부 「광주권 충정작전간 군 지시 및 조치사항」) 등의 일정으로 미루어보아 서울에 체류한 것으로 추정된다.

190 전교사령관 윤흥정, 부사령관 김기석, 전투발전부장 김순현 등도 국회 광주청문회, 검찰진술 등에서 백남이와 동일한 주장을 하였다.

191 백남이(전교사 작전참모) 증언. 「5·18진상을 캔다」, 『중앙일보』 1993년 5월 15일자.

192 대한민국재향군인회 엮음, 앞의 책 268면.

193 안부웅(11공수여단 61대대장) 증언. 육군본부 군사연구실 엮음 『광주사태 체험수기』, 1988.

194 안부웅 '국방부고등검찰관실 피의자신문조서(1회)', 1995; 『월간 조선』 1999년 1월호 별책부록 355면; 광주광역시5·18사료편찬위원회 엮음 『5·18광주민주화운동자료총서』 18권, 1999, 67~8면 재인용.

195 김영남(1957년생, 요리사) '현사연 3055 증언', 한국현대사사료연구소 엮음, 앞의 책.

196 임재구(1964년생, 조대부고 1학년) '현사연 3053 증언', 같은 책.

197 안부웅 '국방부고등검찰관실 피의자진술조서(1회)', 1995; 『월간 조선』 1999년 1월호 별책부록 370면. 그러나 검찰에서의 이 진술은 실제 상황과 차이가 있다. 시위버스에 치여 경찰 4명이 사망한 시각은 이날 밤 9시 20분경으로 금남로에서 시위대와의 충돌이 일어나고 30분~1시간 이후다. 61대대장이 당시 상황을 착각했거나, 아니면 의도적으로 급박한 상황이었음을 강조하기 위해 그렇게 진술한 것으로 추정된다.

198 광주광역시5·18사료편찬위원회 엮음, 앞의 책 2권, 1997, 25면.

199 박동연·이정애(사망자 박기현 부모) '현사연 7021 증언', 한국현대사사료연구소 엮음, 앞의 책.

200 배용주(1946년생, 운전기사) '현사연 3056 증언', 같은 책.

201 남동성(전남도경 2기동대 소속, 대구 경북대 정외과 2학년) 증언. 조갑제『조갑제의 광주사태』, 조갑제닷컴 2013, 94면.

202 누가 MBC에 방화했는지를 둘러싸고 시위대측이라는 주장과, 계엄군측일 것이라는 주장이 팽팽히 맞서고 있고, 아직까지도 화재의 원인과 최초 방화자가 분명히 밝혀지지 않은 상태다.

203 『동아일보』 5월 22일자 검열 삭제 부분.

204 대한민국재향군인회 엮음, 앞의 책 277면.

205 광주역 집단 발포는 3공수여단뿐 아니라 도청을 사수하던 11공수여단 병력에게도 실탄이 지급되는 계기가 되었다. 광주역 쪽에서 연속된 총소리가 들리자 '공포와 불안을 느낀 11공수여단 61대대와 62대대 중대장들이 실탄지급을 요구'하였고, 대대장들은 '자의적인 판단'에 따라 중대장들에게 실탄을 지급하였다. 이날 밤 11공수여단에서 지급된 실탄이 21일 오후 1시, 도청 앞 집단 발포의 도화선 역할을 하였다.

206 안부웅 '서울지방검찰청 피의자신문조서(4회)', 1995; 조창구(11공수여단 63대대장) '서울지방검찰청 피의자신문조서(2회)', 1995.

207 5월 20일 밤과 21일 새벽 사이에 있었던 광주세무서 부근의 발포에 대한 증언은 이지형의 증언('현사연 3066 증언'), 문장우의 증언('현사연 2025 증언'), 『월간 조선』 1985년 7월호 등 참조.

208 안부웅 증언. 조갑제, 앞의 책 98~100면.

209 남동성 증언. 같은 책 97면.

210 공수대원 나○○ 수기, 「내가 보낸 '화려한 휴가'」, 윤재걸 엮음『작전명령 ─ 화려한 휴가』, 실천문학사 1987.

211 전옥주(31세, 본명 전춘심)는 보성에서 태어났고, 아버지가 6·25 무렵 경찰과 면의원을 지냈다. 시위 도중 차명숙(19세)과 김범태를 만나 함께 차량방송을 했다. 차명숙은 담양군 창평 출신으로 광주에서 양재학원을 다니던 중이었다. 그녀들과 차량방송을 함께 한 김범태(26세)는 담양군 고서면사무소 공무원으로 조선대 법정대 야간대학생이었다. (한국현대사사료연구소 엮음, 앞의 책.)

212 「행정기관 소장문서 중 광주사태 피해현황 관련 문서」, 광주광역시5·18사료편찬위원회 엮음, 앞의 책 21권, 2000, 359면. '5. 20. 21:30 광주 동구 학운동 동사무소에서 앰프 1개, 마이크 2개, 스피커 3개 피탈'이라고 적혀 있다.

213 김영진『충정작전과 광주항쟁』상, 동광사 1989, 219면.

214 계엄사령부는 20일 밤 광주역 전투에서 3공수여단이 패퇴하자 21일 새벽 4시 40분 긴급대책회의를 소집하여 '자위권 발동, 계엄군의 외곽 전환배치, 5월 23일 이후 폭도 소탕 작전 실시' 등 '초기 강경진압'에서 '외곽봉쇄 작전'으로 작전개념을 전환했다.

215 광주역 전투의 경우 규모나 격렬함에 비해 밤중에 벌어진 일이라 그 실체가 잘 알려지지 않았다. 그러나 진압군으로 참가한 지휘관들이 정훈교육 목적으로 쓴『광주사태 체험수기』(육군본부 군사연구실 엮음)라는 기록이 12·12, 5·18 사건의 검찰수사(1995) 과정에서 발굴돼 사건의 실체에 좀더 가깝게 접근할 수 있게 됐다.

216 20일 아침 7시 3공수여단은 기차를 이용해 송정역이 아닌 광주역에 도착하여 숙영지인 전남대로 이동했다.

217 「자위권 발동 이전의 발포행위 내용」, 대한민국재향군인회 엮음, 앞의 책 291면.

218 같은 책 277면.

219 김길수(3공수여단 16대대장) 증언. 육군본부 군사연구실 엮음, 앞의 책.

220 「자위권발동 이전의 발포행위 내용」, 대한민국재향군인회 엮음, 앞의 책 291면.

221 박종규 증언. 육군본부 군사연구실 엮음, 앞의 책.

222 김완배(3공수여단 12대대장) 증언. 같은 책.

223 김용완(1964년생, 고등학생) '현사연 7062 증언', 한국현대사사료연구소 엮음, 앞의 책.

224 정관철 중사(26세, 3공수여단)는 5·18 때 사망한 계엄군 가운데 최초의 희생자로 사인은 '대퇴부골절상'이다. (조호연「'광주학살' 훈장과 공적서」,『월간 경향』1989년 1월호 184면.)

225 5·18 직후 이금영의 부모는 그가 사망한 줄 알고 다른 희생자의 묘지에다 '이금영의 묘'라고 묘비까지 세웠다. 하지만 뒤늦게야 생존사실이 밝혀졌다. (『국민신문』1989년 1월 10일자.)

226 보안사령부「광주사태 일일속보철」(1980. 5. 20. 22:27); 국방부 과거사진상규명위원회 엮음, 앞의 책 80면에서 재인용.

227 이○○ 일병(3공수여단 본부대원) 증언. 김영진, 앞의 책 222면.

228 이○○ 일병 증언, 같은 책.

229 사법부는 '5월 20일 밤 3공수여단 12, 15대대 장교들이 시위대의 차량 공격에 대응 발포하여 많은 광주시민들에게 부상을 입혔다'며, 이날 밤 광주역 발포사실을 적시하였다. (서울고등법원 「12·12, 5·18 항소심 선고 판결문」, 1996. 12. 16.)

230 현장 공수부대에서 전교사와 31사단 및 2군사령부 등에 제대로 보고하지 않았지만 관련 부대에서 광주 시내에 정보 활동조들이 파견됐기 때문에 첩보 수집이 가능했다. (국방부 과거사진상규명위원회 엮음, 앞의 책 81면)

231 「전교사 전투상보」, 김영진, 앞의 책 222면.

232 박종규 증언. 육군본부 군사연구실 엮음, 앞의 책.

233 보안사령부 「광주사태 일일속보철」, 170면; 국방부 과거사진상규명위원회 엮음, 앞의 책 80면.

234 문장우(1953년생) '현사연 2025 증언', 한국현대사사료연구소 엮음, 앞의 책.

235 국방부 과거사진상규명위원회 엮음, 앞의 책 90면.

5. 무장투쟁과 승리의 쟁취
5월 21일 수요일 | 항쟁 4일째

236 「20사단 충정작전상보」, 『신동아』 1988년 12월호 717면.

237 광주역에서 희생당한 두사람은 '김재화'와 '허봉'으로 알려졌다. 김재화(26세)의 사인은 소총에 의한 '좌측흉부 우측흉부 관통상'으로 돼 있다. KBS 기자 구양술은 21일 새벽 2~3시 사이에 광주역 앞에서 피를 흘리며 죽어가는 사람을 목격했는데 그가 바로 허봉(26세, 이발사)으로 추정된다. 505보안부대가 작성한 검시 참여 결과보고서에는 허봉의 사망 원인이 '둔기로 인한 우측 두정골 열상 및 대검 등 예리한 무기로 인한 좌측 전두부 자상'으로 표시돼 있다. (보안사 505보안부대 「광주사태 검시 참여 결과보고」, 452면; 국방부 과거사진상규명위원회 엮음 『12·12, 5·17, 5·18사건 조사결과보고서』, 2007, 80면.)

238 전옥주(1949년생) '현사연 4014 증언', 한국현대사사료연구소 엮음 『광주오월민중항쟁사료전집』, 풀빛 1990.

239 김형곤(20사단 61연대 2대대장) '서울지방검찰청 피의자신문조서', 1995.

240 홍성률(보안사 대령) '서울지방검찰청 피의자신문조서(4회)', 1995.

241 한용원(보안사 정보과장) '서울지방검찰청 진술조서', 1995.

242 김정기(1961년생) '현사연 2001 증언', 한국현대사사료연구소 엮음, 앞의 책.

243 김태헌, 이용일, 정원훈, 강구영, 노동규, 허오제, 김백천 등의 증언. 같은 책.

244 안부웅(11공수여단 61대대장) '서울지방검찰청 피의자신문조서(4회)', 1995.

245 전옥주 '현사연 4014 증언', 한국현대사사료연구소 엮음, 앞의 책.

246 장형태(전남도지사) '서울지방검찰청 진술조서(3회)', 1995. 장형태 도지사는 이때 상황에 대하여 '12시까지 계엄군 철수'는 자신이 약속할 수 있는 사안이 아니었기 때문에 시민 대표의 요청을 받고 군부대에 건의할 것을 약속한 사실은 있지만, 그날 12시까지 철수한다는 명확한 약속을 한 바는 없다고 진술했다.

247 김경애(여, 1929년생, 주부) '현사연 3117 증언', 한국현대사사료연구소 엮음, 앞의 책.

248 「계엄사령관 동정일지」(『월간 조선』 1995년 9월호)에는 22일 오후 2시부터 50분간 이희성 사령관이 명동성당을 방문한 것으로 기록돼 있다. 하지만 김수환 추기경은 그 만남을 21일 오후로 기억하고 있다.

249 김수환 추기경 증언. 5·18기념재단 엮음 『구술생애사로 본 5·18의 기억과 역사 5 — 천주교 편』, 2013, 22~24면.

250 조창구(11공수여단 63대대장) '서울지방검찰청 피의자신문조서(2회)', 1995.

251 김영택 증언. 국회 「5·18광주민주화운동진상조사특별위원회 회의록」 제9호, 1989. 1. 26.

252 김재명(육군본부 작전참모부장) '서울지방검찰청 진술조서', 1995.

253 나경택(『전남매일신문』 기자) 증언. 『한국기자협회보』 2010년 5월 12일자. 나경택은 2017년 3월 광주 5·18민주화운동기록관에서 가진 필자 이재의와의 인터뷰에서도 당시 상황을 재차 확인해줬다.

254 "장갑차에 의해 공수대원이 치여 죽은 것은 당시 우리 여단에서 몰고 다니며 사격을 하던 '군인 장갑차'에 의해서이다. 나는 현장을 똑똑히 목격하였는데, 여러차례 협상을 통해 시위를 보장받으려던 사람들이 협상이 안 되니까 급기야는 차량을 몰고 돌진하기 시작하였고, 이에 다급해진 군부대의 장갑차가 급히 퇴각을 하면서 넘어진 군인을 덮치게 되고, 그가 현장에서 즉사하는 일이 벌어진 것이다. 나는 지금도 장갑차의

'무한궤도' 밑에 하반신이 깔린 그 병사의 상체가 위로 들려지며 입에서 붉은 피를 쏟아내던 처참한 장면을 생생히 기억하고 있다. 그는 특전사에 배속된 지 얼마 안 되는 신참내기 병사였다."(이경남「한 특전사 병사가 겪은 광주 — 20년 만의 고백」,『당대비평』1999년 겨울호. 이경남은 당시 11공수여단 63대대 9지역대 소속 일병이었다.) 일부 군 기록이나 계엄군 지휘관들은 권용운 일병이 '시민 측의 장갑차'에 깔려 사망했다고 주장했다. 국방부 과거사진상규명위원회(2007)가 권일병의 사망원인, 시각 등에 대해 군 기록을 포함한 여러 기록을 조사한 결과 사망시각은 12시 55분부터 오후 2시 5분까지로 각각 달랐다. 광주시, 동구청, 7공수여단 35대대 등 기록한 주체가 현장 가까이 있던 경우는 사망원인에 대하여 객관적으로 '사망' 사실만 기록한 데 반해, 육군본부나 특전사령부가 작성한 기록에서는 '시위대의 장갑차에 의한 압사' '폭도가 발사한 권총으로 전사' 등 의도적인 왜곡 부분이 발견됐다. 광주시민들이 아시아자동차 공장에서 가지고 나온 장갑차는 공수부대의 장갑차와 달랐다. 앞이 뾰족한 도시형 장갑차로 바퀴가 일반 차량과 비슷한 고무바퀴였는데 주로 수송 용도로 사용되었다. 그무렵 아시아자동차 공장에서는 수송 모델의 도시형 장갑차만 생산하고 있었다. 이에 반해 11공수여단측 장갑차는 야전 전투용 장갑차로 트랙터처럼 바퀴를 체인으로 감싼 캐터필러가 달린 '무한궤도' 차량이었다. (이해찬·유시민 외『기억하는 자의 광주』, 돌베개 2010, 288면).

255 김영택『5월 18일, 광주』, 역사공간 2010, 364면.

256 김용대(남, 1952년생, 회사원) '5·18 피해자 구술자료 조사, 채록번호 1-248', 5·18기념재단 1999.

257 장갑차에 탑승한 것으로 추정되는 양동영은 2017년 10월 14일 필진을 만나 당시 상황을 상세하게 증언했다. 지금까지 장갑차 탑승자가 직접 증언한 것은 처음이다. 양동영은 21일 오전 11시경 광주역 앞에 서 있던 장갑차에 호기심에서 우연히 탑승했다. 그가 탄 장갑차는 그날 오후 3차례에 걸쳐 금남로에서 전남 도청 분수대 부근을 향해 진격했다. 이 차량에 함께 탑승한 사람은 모두 9명이었는데, 운전기사는 아시아자동차 공장에서 장갑차를 직접 조립하던 40세 초반의 남자로 베트남전 참전 경험이 있었고 워낙 장갑차에 대하여 잘 아는데다 운전도 노련했기 때문에, 탑승자들이 그의 지시에 절대적으로 따랐다. 또 20대 후반 가량으로 보이는 부산 청년 1명과, 조선대 체육대 2학년생 1명, 자신을 포함한 대동고, 석산고 등 고3학생 3명, 나머지 3명의 청년들은 기억이

뚜렷하지 않다고 했다. 강한 부산 사투리를 쓰던 그 청년은 만약 전투 도중 운전기사가 사망할 경우 장갑차를 대신 운전하기로 해서 '부기사'라고 불렀다. 두번째 전남도청을 향해 돌진할 때부터는 LMG와 카빈소총 등으로 무장했다. 시민들이 유동삼거리에서 장갑차 안에다 무기를 충분히 실어줬다. 조선대 체육대생이 LMG 사수를 담당했고 나머지 대원들은 카빈소총 등으로 무장했다. 밖에서는 총탄이 비 오듯 쏟아졌지만 장갑차 외부가 일부 파손된 것에 비해 내부는 안전했고, 그날 밤 해산할 때까지 모두 무사했다.

258 곽형렬(1959년생, 전투경찰) '현사연 3103 증언', 한국현대사사료연구소 엮음, 앞의 책.

259 국회 광주청문회(1988)에 출석한 공수부대 지휘관들은 저격병에 의한 조준사격을 완강하게 부인했지만 검찰 수사(1995)에서는 대부분 조준사격 사실을 시인했다.

260 김영택, 앞의 책 369면.

261 김용대 '5·18 피해자 구술자료 조사, 채록번호 1-248', 5·18기념재단 1999.

262 황영주(남, 1963년생, 미싱사) '5·18 피해자 구술자료 조사, 채록번호 1-288', 5·18기념재단 1999.

263 정석심(여, 사망자 이성자 모친) '현사연 7024 증언', 한국현대사사료연구소 엮음, 앞의 책.

264 이대성 증언. 같은 책 63면.

265 한○○(11공수여단 62대대 소속 일병) 증언. 국방부 과거사진상규명위원회 엮음 『12·12, 5·17, 5·18사건 조사결과보고서』, 2007, 89면.

266 특전사령부 『특전부대사』, 1980, 343~63면; 같은 책 89면에서 재인용.

267 곽형렬 '현사연 3103 증언', 한국현대사사료연구소 엮음, 앞의 책.

268 손남승(1958년생) '현사연 1046 증언', 같은 책.

269 김영택, 앞의 책 371면.

270 차용봉(1955년생, 건축기술자) '현사연 2020 증언', 한국현대사사료연구소 엮음, 앞의 책.

271 정해민(1958년생) '현사연 1016 증언', 같은 책.

272 안부웅 증언. 조갑제 『조갑제의 광주사태』, 조갑제닷컴 2013, 114면. 검찰(1995)은 '61, 62대대 장교들을 조사한 결과 도청 앞에 있던 상당수의 장교들이 시위대가 총을

가지고 있는 것을 보지 못했다'는 사실을 밝혀냈다. 그러자 안부웅 중령은 처음에 자신이 한 말을 번복하여 '시위대 쪽에서 차량 돌진과 동시에 사격을 했다는 것은 당시 경황이 없는 상황에서 총소리를 들으며 차량까지 돌진하는 상황에서 난 총소리라 막연히 시위대가 사격한 것이겠거니 하고 생각한 바를 그대로 진술한 것'이고, 자신의 '진술이 사실과 다를 수도 있다는 것'을 인정했다.

273 안부웅 '서울지방검찰청 피의자신문조서(3회)', 1995.

274 광주시청이나, 동구청 등 행정관서의 자료에는 분명히 존재하는 상황을 정작 발포 당사자인 군 기록에서는 찾아볼 수 없다. '군 기록의 신빙성'을 의심할 수밖에 없는 이유다. 3공수여단은 20일 밤 광주역에서, 11공수여단은 21일 오후 1시 이후 도청 앞에서 집단 발포를 하였다. 그로 인해 광주시민 수십명이 사망하고 그보다 훨씬 많은 숫자가 총상을 입었다. 그럼에도 불구하고 대부분의 군 기록에서는 발포 사실을 전혀 발견할 수 없다. 신군부가 진실을 은폐하기 위해 벌인 사실 왜곡과 기록 조작을 단적으로 보여주는 사례다. 신군부는 발포의 구체적인 증거를 5공화국 8년 동안 대부분 없애버렸다. 5·18을 왜곡하는 사람들은 이런 군 기록이 마치 사실인 양 전제하는 오류를 범하고 있는 것이다.

275 정호용(특전사령관) 증언, 이태원 기자 인터뷰 「정호용, 광주사태 책임을 밝히다」, 『월간 경향』 1989년 5월호.

276 발포명령과 관련, 당시 김기석 전교사 부사령관은 국회 광주청문회에서 '그 당시에 그 사령관(정호용 특전사령관)은 진압을 위해서 내려온 사람'이라며, 이 과정에서 '사격을 하라는 그런 지시는 실제 작전 부대장한테 있는 것 아니겠느냐'며 사실상 정호용 사령관을 지목했다. 또한 김기석 부사령관은 "절대로 발포하지 말라"고 엄명했으며, 이 지시는 '5월 21일 20:30 계엄사령관의 지시에 의거한 자위권 행사 지시가 있을 때까지 유효한 것'이었다고 진술했다. (김기석 '서울지방검찰청 진술조서', 1995.)

277 서울고등법원 「12·12, 5·18 항소심 선고 판결문」, 1996. 12. 16. 항소심 판결문은 '범죄사실'을 1. 군사반란, 2. 내란으로 구분하고 있다. 이 가운데 '2. 내란'의 '가. 국헌문란의 목적'의 '③ 헌법제정권력에 대한 강압'에서 "비상계엄을 전국으로 확대하고, 국회를 봉쇄하며, 정치활동을 금지하고, 주요 정치인들을 구속한 행위에 대하여 이를 강력히 항의하고 그 시정을 요구하는 광주시민들의 시위를 피고인들이 공수부대병력을 동원하여 난폭한 방법으로 분쇄한 행위도 국헌문란에 해당한다"고 판시했다. 대법원

(「12·12, 5·18 상고심 선고 판결문」, 1997. 4. 17)은 "피고인들이 1980. 5. 17. 24시를 기하여 비상계엄을 전국으로 확대하는 등 헌법기관인 대통령, 국무위원들에 대하여 강압을 가하는 상태에서, 이에 항의하기 위하여 일어난 광주시민들의 시위는 국헌을 문란하게 하는 내란행위가 아니라 헌정질서를 수호하기 위한 정당한 행위이었음에도 불구하고 이를 난폭하게 진압함으로써, 대통령과 국무위원들에 대하여 보다 강한 위협을 가하여 그들을 외포하게 하였다면, 이 사건 시위진압행위는 국헌문란에 해당하고, 이는 피고인들이 국헌문란의 목적을 달성하기 위한 직접적인 수단이었다"고 최종 판결을 내렸다.

278 자위권이란 '국가의 안전과 국민의 생명 및 재산을 보호함에 있어 급박 부당한 위해를 제거하기 위하여 부득이 실력을 행사하여 방위하는 권리'이다. (계엄훈령 제11호, 1980. 5. 22.)

279 육군본부 제2군사령부「광주권 충정작전간 군 지시 및 조치사항」, 1980. 윤흥정의 진술에 따르면, 현장의 최세창 등이 광주역 현장의 발포 사실을 은폐, '공포'라고 둘러댔기 때문에 발포의 진위나 정확한 규모를 알 수 없었다. 그날 밤 발포금지 등의 지시를 내린 곳은 전교사가 아니고 2군사령부이다.

280 회의 참석자는 이희성(육군참모총장), 황영시(육군참모차장), 나동원(계엄사 참모장), 김재명(육본 작전참모부장), 김을곤(계엄사 계엄처장) 등이었다.(국방부 과거사 진상규명위원회 엮음, 앞의 책 83면.) 이 회의에서 자위권 문제를 본격 거론한 사람은 참모차장 황영시였다. 보안사령관 전두환이 광주역 앞 발포행위를 사후에 합리화하고 조속한 시위진압을 위해 참모차장 황영시를 통해 이 회의에서 자위권 발동 방침이 세워지도록 요구하였다. (서울지방검찰청·국방부검찰부「5·18 관련 사건 수사결과 보고」, 1995. 7. 18, 36면;「자위권 발동 보안사 주도 … '12·12' '5·18' 7차 공판」, 『한국일보』 1996년 5월 7일자.)

281 육군본부 전투교육병과사령부「소요진압과 그 교훈」, 1981, 61~62면; 김영진『충정작전과 광주항쟁』상, 동광 1989, 224면 재인용. 5월 21일 상오, 계엄사 대책회의 결정사항은 '계엄군을 광주 시내로부터 외곽으로 전환 재배치, 자위권의 발동, 1개 연대를 추가 투입, 폭도소탕 작전은 5월 23일 이후 명에 의해 실시' 등 4가지 사항이었다.

282 검찰이 "5월 21일 9시경 육본 계엄사령관실에서 진술인의 주재로 열린 계엄사 대책회의에서 계엄군을 광주 시내로부터 외곽으로 전환 재배치하고, 1개 연대 추가 투입,

폭도소탕 작전은 5월 23일 이후 의명 실시하며, (…) 자위권 발동〔을 하기로 한 ─ 인용자〕 결정에 따라 '오전 10시 49분' 계엄사령관인 진술인이 자위권 보유를 천명한 사실이 있는가요?"라고 묻자, 이희성은 "예"라고 시인했다. (서울지법 형사합의30부 법정에서 열린 12·12, 5·18 7차 공판에서 있었던 검찰의 심문에 대한 이희성의 답변, 『한국일보』 1996년 5월 7일자.)

283 육군본부 제2군사령부 「광주권 충정작전간 군 지시 및 조치사항」, 1980; 국방부 과거사진상규명위원회 엮음, 앞의 책 83면 재인용. 2군사령관 진종채가 '자위권 발동'을 건의한 것과 달리 정웅 31사단장은 21일 오전 10시경 전교사를 통해 계엄사령부에 '시위대의 주장 내용이 정치적인 것이므로 물리적인 수습보다는 정치적인 수습이 최선이라는 내용의 사태 수습방안을 건의'했다. 하지만 정웅의 건의는 받아들여지지 않았다. (서울지방법원 「12·12, 5·18 1심 선고 판결문」, 1996. 8. 26.)

284 육군본부 제2군사령부 「광주권 충정작전간 군 지시 및 조치사항」, 1980(이 기록은 보안사령부 엮음 『제5공화국 전사』 4권, 1982, 1653~54면에 전재됨). 2군사령부가 작성한 이 기록에는 "전 각하(전두환으로 추정됨-인용자): 초병에 대해 난동 시 군인복무 규율에 의거, 자위권 발동 강조"라고 손으로 쓴 글씨가 있다. 이 회의에는 국방부 장관 주영복, 육군참모총장 이희성, 2군사령관 진종채, 합동수사본부장 전두환, 수도경비사령관 노태우, 특전사령관 정호용, 육사교장 차규헌이 참석하였다(이상 지위, 이름 순으로 표기). 회의가 열린 곳은 국방부장관실이며 시간이 명기되어 있지 않은데, 이 수기 메모가 '20일 23:20 작전지침 추가'(작상전 444호) 옆쪽에, 2군사령관의 21일 일정 앞쪽에 적혀 있는 정황으로 보아, 21일 오전(또는 그 이전)에 작성된 것을 암시하는 게 아닌가 짐작된다. 한편 이 사료에는 진종채의 자위권 발동 건의 시각이 밝혀져 있지 않으며 국방부장관실에서의 자위권 결정이 21일 오후 2시 30분 이후에야 이루어진 것처럼 기록되어 있다. 광주역과 도청 앞 발포 책임을 호도하기 위해 의도적으로 시각을 삭제했거나, 시민군의 무장 뒤에야 자위권이 수세적으로 발동된 것인 양 꾸미기 위해 군부의 자위권 발동 결정회의가 21일 오후 2시 30분 이후에 이루어진 것으로 나중에 조작한 것이라고 판단된다. 이에 대해서 5·18사건의 1심 재판부는 21일 새벽 4시 30분 회의에서 전두환이 황영시를 통해 자위권 발동 결정을 얻어내도록 강요했다고 판단하였다.(『한국일보』 1996년 5월 7일자.) 자위권 발동 결정이 오전에 이루어졌다는 사실은 이상에서 본 이희성의 진술조서에서 명확히 확인할 수 있다.

285 오후 4시 35분 회의에는 보안사령관 대신 보안사에서 보안처장 정도영이 참석하였다. (서울지방법원 「12·12, 5·18 1심 선고 판결문」, 1996. 8. 26.)

286 계엄사령관 경고문. 대한민국재향군인회 엮음, 『12·12, 5·18 실록』, 1997, 286면.

287 서울지방법원 「12·12, 5·18 1심 선고 판결문」, 1996. 8. 26.

288 대한민국재향군인회 엮음, 앞의 책 289면.

289 백남이(전교사 작전참모) 증언. 「5·18진상을 캔다」, 『중앙일보』 1993년 5월 15일자.

290 대한민국재향군인회 엮음, 앞의 책 272~74면.

291 국방부 과거사진상규명위원회 엮음, 앞의 책 101면.

292 김종배(남, 1954년생) '현사연 1014 증언', 한국현대사사료연구소 엮음, 앞의 책. 김종배는 계엄군 퇴각 후 도청에 들어가서 민주투쟁위원회 대표를 맡아 윤상원 등과 더불어 '항쟁파'의 대표가 된다. 김종배와 윤상원은 5·18 이전에는 전혀 서로 모르는 사이였다. 김종배는 27일 최후까지 도청에 남아 계엄군의 진압에 저항하다 체포되었고, 군사재판에서 사형선고를 받았다.

293 김준봉(남, 1959년생) '현사연 1020 증언', 같은 책. 김준봉은 계엄군 퇴각 이후 도청에 들어가서 시민군 투쟁위원회 조사부장을 맡아 김종배와 더불어 항쟁지도부가 됐다. 김준봉 역시 그 이전까지는 다른 시민군 항쟁지도부 멤버들과는 전혀 모르는 사이였다. 27일 새벽 김종배와 함께 도청 사수를 위해 저항하다 체포됐다.

294 이광영(남, 1953년생, 승려) '현사연 5043 증언', 같은 책.

295 「열 여덟 살 꽃다운 금희의 죽음」, 5·18민주유공자유족회 엮음 『그해 오월 나는 살고 싶었다』 1권, 2005, 147면.

296 조비오 신부는 국회 광주청문회(1988)에서 기총소사 목격 사실을 공개적으로 증언했다. 청문회 증언 이후 육군본부와 민정당에서 위증 혐의로 고발까지 하는 등 협박과 공갈이 쏟아졌다. 조신부는 군은 '무장하지 않은 민간인을 향해 첨단 무기인 헬기로 발포했다는 사실'이 불명예라고 여기고 있기 때문에 엄연한 사실을 '인정하지 않고 있다'고 말했다. (조비오 「죽음의 피는 헛되지 않을 것이다」, 5·18기념재단 엮음, 앞의 책 105면.)

297 아놀드 A. 피터슨 『5·18 광주사태』, 정동섭 옮김, 풀빛 1995. 피터슨 목사는 '광주민주화운동 10일간 자신이 목격한 모든 사건들 중에서, 군중을 향해 헬리콥터에서 군인들이 발포하는 모습이 가장 잔인해 보였다'고 말했다. 군사 전문가들은 사진에서 보이

는 헬기 하단 불빛은 '기관총 사격 때 발생되는 섬광이 아니라 헬기에 부착된 충돌방지등'에서 나온 것이라고 주장했다.

298 천주교 광주교구 정의평화위원회가 헬기 기총소사와 관련하여 1995년 6월, 서울지방검찰청에 제출한 목격 증언자들은 정낙평(문화재 매매업, 광주경찰서 부근 목격) 외 11명이다.(서울지방검찰청·국방부검찰부 「5·18 관련 사건 수사결과 보고」, 1995. 7. 18.) 이들에 앞서 허춘섭(23세, 금남로에서 목격) 등 4명 이상이 『광주오월민중항쟁사료전집』(한국현대사사료연구소 엮음, 풀빛 1990)에 기총소사 현장을 목격하거나, 혹은 기총소사 소리를 들었다고 증언기록을 남겼다.

299 2016년 12월 옛 전남도청 앞 전일빌딩 10층 벽과 기둥, 바닥에서 50여발의 총탄 흔적이 발견되었는데, 국립과학수사연구원 공식 감정보고서에서 "금남로 전일빌딩 외벽과 내부에서 발견된 180여개의 탄흔은 헬기가 호버링(공중정지) 상태에서 고도만 상하로 변화하면서 사격한 상황이 유력하게 추정된다"고 밝혔다.(『국민일보』 2017년 1월 13일자.) 이와 더불어 벌컨포 기관총 M61 또는 M197 사격 때 사용된 것으로 추정되는 탄피(길이 20밀리미터) 3점도 광주 외곽의 나주로 가는 효천역을 지난 지점인 '한두재'에서 발견돼 공격용 헬기에서 기관총으로 연달아 '기총소사'를 한 게 아니냐는 의구심을 불러일으켰다.(정대하 「5·18진압군 '헬기 기총소사 추정 탄피' 첫 발견」, 『한겨레』 2017년 2월 16일자.)

300 「맑은 오월, 푸른 십대의 죽음」, 5·18민주유공자유족회 엮음, 앞의 책. 전영진의 사인은 '우측 두부 총상'이다.

301 이광영 '현사연 5043 증언', 한국현대사사료연구소 엮음, 앞의 책. 이광영은 그때 입은 총상으로 반신불수로 살아가며 고통스러움 때문에 수차례 자살을 기도했다.

302 김광영(남, 1951년생, 동구청 미화원) '현사연 3083 증언', 같은 책.

303 보성건설은 정상용(항쟁지도부의 외무담당 부위원장)이 직원으로 근무하던 회사였다.

304 이양현과 정상용은 함평으로 가서 숨어 있다 다음날 공수부대가 광주에서 퇴각했다는 소식을 듣고 곧바로 계엄군의 삼엄한 외곽봉쇄선을 뚫고 다시 광주로 들어왔다. 그후 윤상원 등과 만나 항쟁지도부 구성에 앞장선다.

305 정현애는 그때부터 민주화운동에 연루된 구속자 가족, 들불야학 노동자들, 여성운동 관계자들과 함께 YWCA에서 시민궐기대회 준비, 유인물 제작, 식사 제공 등 항쟁에 필

요한 일들을 뒷받침했다. 그녀는 27일 아침 녹두서점에서 계엄군에 의해 연행됐다.

306 문장우(1953년생) '현사연 2025 증언', 같은 책.

307 박남선『오월 그날』, 샘물 1988, 154면.

308 5월 21일 오후 1시 이후 도청 앞 집단 발포에서 광주시민 54명 이상이 사망했다. 이에 반해 시민군의 총탄에 맞아 금남로 현장에서 사망한 공수대원은 단 한명도 없었다.

309 정영동(1954년생) '현사연 1022 증언', 한국현대사사료연구소 엮음, 앞의 책.

310 임춘식(1952년생) '현사연 3082 증언', 같은 책.

311 김태헌(1961년생) '현사연 3035 증언', 같은 책.

312 『죽음을 넘어 시대의 어둠을 넘어』 초판(1985) 126면에는 시민군이 전남대병원 12층 옥상에 설치한 'LMG가 도청을 향해 발사된 것'으로 기록돼 있다. 그러나 이 책이 발간된 이후 『동아일보』 기자이던 김영택은 'LMG 발사'에 의문을 제기했다. 그는 5월 21일 오전부터 계엄군이 퇴각할 때까지 도청 내에 머물면서 계속 취재를 하였는데, '도청으로 기관총탄이 쏟아지지 않았다'는 주장이다. 이같은 주장은 당시 현장을 취재한 『한국일보』 이상문 기자, 『중앙일보』 황영철 기자, 마삼열 전일방송국장 등의 얘기와도 일치한다. 이들은 모두 'LMG는 설치됐으나 발포는 없었다'고 증언했다.

313 이때 검찰 수사기록(1995)에서 유사한 상황을 확인할 수 있다. 5월 21일 오후 3시경, 전교사는 공수부대를 외곽으로 빼내고 그 대신 20사단 61연대 1대대를 도청에 투입할 계획이었다. 공수부대에 대한 시민들의 거부감이 너무 강해 일반 군인으로 교체하기 위해서였다. 시위대의 물결로 인해 61연대가 상무대에서 도청까지 육로로 이동하기 불가능한 상황이었기 때문에 헬기를 이용하여 도청에 병력을 투입하기로 방침을 세우고 공중정찰에 나선 것이다. 정찰 헬기가 도청 앞 광장에 이르렀을 때 금남로는 총격전 때문에 시위대가 접근할 수 없었다. 헬기에는 61연대장과 전교사의 대령, 1대대장, 항공대 대령, 작전과장이 탑승하였다. 오후 3시 30분경이었다. 헬기가 도청 상공을 5회 정도 낮게 선회하던 중이었는데, 총소리가 나자 갑자기 공중으로 높이 치솟더니 급히 상무대로 돌아갔다. 조종사는 '헬기가 총을 맞았다'고 말했다. 61연대 1대대장 정영진 중령이 상무대에 착륙해서 확인해보니 헬기 동체에 5발의 실탄 자국이 있는 것을 발견하였다. 공중정찰에 나선 시각은 오후 3시가 넘어서였는데 그때까지 이들 즉, 20사단 61연대 지휘부는 오후 1시경 벌어진 공수부대의 도청 앞 집단 발포 사실을 전혀 몰랐다고 한다. 만약 알았다면 헬기가 그렇게 낮게 공중을 선회하지 않았을 것이라는 얘기

다. 그후 헬기로 도청에 20사단 병력을 투입하려던 계획도 전면 취소됐다. (정영진〔20사단 61연대 1대대장〕 '서울지방검찰청 피의자신문조서', 1995; 김순현〔전교사 전투발전부장〕 '서울지방검찰청 진술조서', 1995.)

314 조인호(1960년생) '현사연 2002 증언', 한국현대사사료연구소 엮음, 앞의 책.

315 21일 종일 도청에서 취재한 『동아일보』 김영택 기자는 공수부대가 퇴각할 때 경찰들과 함께 도청에서 빠져나갔는데, 그때까지 시민군은 도청을 향해 기관총을 발사하지 않았다고 증언했다. (김영택 『10일간의 취재수첩』, 사계절 1988.)

316 서울지방검찰청·국방부검찰부 「5·18 관련 사건 수사결과 보고」, 1995. 7. 18, 96면.

317 최정구·김현녀 '현사연 7029 증언', 한국현대사사료연구소 엮음, 앞의 책.

318 최병옥(남, 1959년생) '현사연 5041 증언', 같은 책.

319 김연태(남, 1947년생) '현사연 3119 증언', 같은 책.

320 박연순(사망자 장방환 부인) '5·18 피해자 구술자료 조사, 채록번호 1-144', 5·18기념재단 1999.

321 김옥자(사망자 안두환 부인) '현사연 7046 증언', 한국현대사사료연구소 엮음, 앞의 책.

322 이구호 준장은 일년 뒤 '1981년 7월 31일 거의 강제로 예편'됐다.

323 황영시와 김기석 대질심문 '서울지방검찰청 피의자신문조서', 1996.

324 대한민국재향군인회 엮음, 앞의 책 289~90면.

325 정웅 증언. 정웅의 '광주를 쏜 사람들」, 제142회 임시국회 16차 본회의 속기록, 『월간경향』 1988년 8월호.

326 황영시 '서울지방검찰청 피의자신문조서', 1996.

327 서울고등법원 「12·12, 5·18 항소심 선고 판결문」, 1996. 12. 16.

328 대한민국재향군인회 엮음, 앞의 책 287면.

329 안병하 도경국장은 27일 아침 계엄 당국에 의해 '직무유기' 혐의로 긴급 체포됐다.

330 '치중대'란 식사, 무기, 장비 보급 등 군수 관련 부대를 지칭한다.

331 붙잡혀온 공수대원은 도청에서 간단하게 조사를 받은 다음 얼마 후 시민 대표와 계엄 당국의 협상이 시작됐을 때 전교사로 무사히 돌려보냈다.

332 이재원(11공수여단 62대대장) '서울지방검찰청 피의자신문조서', 1994.

333 위성삼(1954년생, 조선대생) '현사연 1038 증언', 한국현대사사료연구소 엮음, 앞

의 책.

334 이때 군인 사망자는 7공수여단 본부 소속 운전병 상병 이관형이다.

335 송승석(평민당 피해자신고서, 부상 NO.93) 증언. 이해찬·유시민 외, 앞의 책 314면.

336 윤삼례(사망자 임수춘 부인) '현사연 7003 증언', 한국현대사사료연구소 엮음, 앞의 책.

337 강길조(1942년생) '현사연 7134 증언', 같은 책.

6. 항쟁의 확산

338 장성에서도 '21일 오후 7시 25분경 카빈 소총으로 무장한 시위대들이 버스를 타고 장성군 남면중학교에 집결', '22일 오후 1시 30분경 황룡면 신기마을 앞 화남 삼거리에 시위대 출현', '23일 오후 시위대 3백여명과 계엄군 대치' 등의 상황이 군 당국에 보고됐다. (육군본부 제2군지구 계엄사령부 「계엄상황일지」, 1980.)

339 사남터널은 21일 11시 50분경 전주의 35사단 병력 68명(6명/62명)이 차단했다. 21일 12시 40분부터는 정읍 비상활주로에 35사단 120명(20명/100명)이 추가 배치됐다. 로켓포 4문, APC 장갑차 3대, 2.5톤 트럭 4대, 1/4톤 2대로 중무장한 이들을 지원하기 위해 500MD 헬기가 공중 초계비행을 했다. 2군사령부는 21일 오후 7시, 사남터널에 35사단 병력 1백명을 추가 배치토록 지시하는 한편, 전남에서 오는 데모대가 폭도라고 확인되면 즉각 발포토록 지시하였다. (보안사령부 「광주사태 일일속보철」, 199면의 1980년 5월 21일 16보, 20보, 21보.)

340 21일 오후 5시까지 광주교도소는 31사단 병력이 경계를 섰다. 21일 오전 11시 30분경 군용 차량 1대와 소형 버스 1대, 택시 1대, 대형 버스 1대에 나누어 탄 시위대들이 서방 사거리를 통과하여 담양으로 갔다. 오후 2시 22분, 고속버스 2대, 군용 트럭 1대, 세단 1대, 대한통운 트럭 1대에 나누어 탄 시위대들이 교도소 앞에서 담양으로 가는 것이 계엄군에게 포착됐다. 시위대들 중 일부는 오후 2시 30분경 무기를 구하기 위하여 창평 예비군훈련장으로 갔다. 이때까지만 해도 시위 차량의 통과가 비교적 자유로웠다. 그러나 21일 오후 5시 이후 3공수여단이 전남대에서 철수하여 교도소에 도착한 뒤부터 이 부근에서 시민에 대한 계엄군의 총격이 본격화된다. (보안사령부 「광주사태 일일속보철」, 214면의 1980년 5월 21일 29보.)

341 오전 10시 45분경 나주 남평지서 앞에 집결한 1백여명의 시위 군중은 주위에 있던 버스 20대의 유리창을 부수고 남평읍을 돌며 동참을 호소하였다. 또 40여명의 시위대가 광주고속 버스 1대에 타고 목포를 향해 출발하였다. 오전 11시 20분경 20여명의 시위대가 타이탄 트럭 1대로 나주와 영산포 사이를 오가면서 시민들에게 선전활동을 하였다. (육군본부 제2군지구 계엄사령부「계엄상황일지」; 보안사령부「광주사태 일일속보철」, 197면의 1980년 5월 21일 14보.)

342 육군본부 합동참모본부「상황보고철」, 1980; 최정기·유경남『민주장정 100년, 광주·전남지역 사회운동 연구: 5·18 민중항쟁』, 광주광역시·전라남도 2015, 369면 재인용.

343 문장우(1953년생) '현사연 2025 증언', 한국현대사사료연구소 엮음『광주오월민중항쟁사료전집』, 풀빛 1990.

344 최인영(1963년생) '현사연 2012 증언', 같은 책.

345 김봉수(1953년생) '현사연 6043 증언', 같은 책.

346 박윤선, 유재홍, 최재식 등의「전교사계엄보통군법회의 판결문」(1980. 10. 24); 1. 광주광역시5·18사료편찬위원회 엮음『5·18광주민주화운동자료총서』45권, 2007, 182면.

347 김봉수 외 3인의「전교사계엄보통군법회의 판결문」(1980. 10. 24); 같은 책 180면.

348 21일 나주경찰서에서는 카빈 소총 94정, 권총 25정, 공기총 151정, 금성동파출소에서는 카빈 780정, M1 235정, 실탄 4만 6400발, 38구경 권총 12정, 4.5구경 권총 16정을 시위대가 가져갔다. (육군본부 합동참모본부「상황보고철」.)

349 최성무(1958년생) '현사연 6043 증언', 한국현대사사료연구소 엮음, 앞의 책.

350 방위병이던 이재권은 21일부터 26일까지 광주에서 시민군으로 지역 방위에 참여하였다. 26일 계엄군의 진압작전 소식이 알려지자 상황을 살피러 도청에 들렀다가 자신을 찾으러 온 어머니의 손에 이끌려 다시 나주로 되돌아갔다. (이재권〔1959년생〕 '현사연 6044 증언', 같은 책.)

351 이재권을 비롯 최성무, 박충호 외에도 많은 수의 나주 청년들이 시위에 참여했는데, 27일 이후 그 가운데 신분이 밝혀진 14명이 나주지역 무기탈취 혐의로 구속되었다. (광주매일신문『정사 5·18』, 사회평론 1995, 360~62면.)

352 계엄군의 광주봉쇄 작전과 발포 소식이 알려지면서 나주 시위대는 광주 진입이 어려

워지자 다른 군 지역으로 돌아다니다 23일경 대부분 흩어졌다.

353 전라남도경찰국 「상황일지」, 1980; 국방부 과거사진상규명위원회 엮음 『12·12, 5·17, 5·18사건 조사결과보고서』, 2007, 90면에서 재인용.

354 5·18기념재단은 '시위대의 무장 시각'에 대한 자료가 조작됐을 가능성에 무게를 두고 있다. 특히 국회 광주청문회를 대비하여 '국방부 511위원회'와 '보안사 511분석반'에서 만든 자료(1988년)의 경우, 시민들의 '무장 시점'을 실제보다 앞당겨 '21일 오전'으로 표기했다. '5월 21일 오전 시민들이 카빈 소총 등으로 무장하여 먼저 군을 공격했기 때문에 공수부대가 집단 발포하게 되었다'고 주장하기 위해서다. 그러나 이와 같은 군 문서들은 사후에 조작됐을 가능성이 크다는 지적이다.

355 전라남도경찰국 「나주경찰서 관내 총기 및 탄약류 피탈 조사보고」, 1980. 6.

356 김용균(1959년생) '현사연 2021 증언', 한국현대사사료연구소 엮음, 앞의 책.

357 신만식(1956년생) '현사연 1044 증언', 같은 책.

358 차영철(1952년생) '현사연 6027 증언', 같은 책.

359 이선(1957년생) '현사연 6026 증언', 같은 책.

360 화순에서의 시위는 광주까지의 왕래가 비교적 자유로웠던 22일 오후까지 이어지다 너릿재가 차단되면서 수그러들었다. 화순지역에서는 광주항쟁이 진압된 이후 검거 선풍이 몰아닥쳐 무기 확보 등을 위해 시위에 나섰던 지역 청년들이 대부분 구속되었다.

361 강덕진은 이때 차량에 함께 타고 광주로 향한 사람들이 김용열, 양일봉, 노치운(광주에서 총에 맞고 사망), 최한기, 최옥기, 류충열, 장갑동 등과 고등학생 몇명인 것으로 기억했다. (강덕진(1957년생, 운전사) '현사연 6015 증언', 같은 책.)

362 김희규(1943년생, 화가, 영암번영회장) '현사연 6020 증언', 같은 책. 이 사건으로 27일 이후 김상남(1941년생, 축산업), 이강하(1953년생, 화가), 김희규 등이 모두 구속되었다.

363 영암에서는 22일 신북고등학교 학생들과 같은 또래들이 시종지서 뒷산에 숨겨둔 총과 실탄을 파내서 지나다니는 차량시위대들에게 제공하는 등 23일 오후까지 활발하게 시위가 이어졌다. 그후 시위는 23~24일 양일간 번영회장, 재향군인회장 등이 무기 회수에 나서면서 잦아들었다. 항쟁 이후 검거 선풍이 몰아치자 영암지역에서는 광주 다음으로 많은 사람들이 구속되었다. 특히 고등학생들의 참여와 희생이 많았다.

364 광주지방검찰청 「광주사태 당시 학원동향」, 1980; 최정기·유경남, 앞의 책 379면.

365 육군본부 제2군지구 계엄사령부 「계엄상황일지」; 같은 책.

366 5개 항은, 첫째 민주인사 석방 및 민주회복, 둘째 독재자 추방, 셋째 농어민 보호정책 활성화, 넷째 광주사태 희생자에 대한 보상, 다섯째 계엄해제 등이었다. (한국현대사사료연구소 엮음, 앞의 책.)

367 22일 새벽 0시에 완도경찰서가 파괴되었으나 그후 시위대가 해남으로 떠난 뒤 더이상 시위는 이어지지 않았다.

368 해남에서의 시위는 22일 밤 31사단이 우슬재와 복평리를 차단하면서 해산되었다.

369 육군본부 합동참모본부 「상황보고철」; 최정기·유경남, 앞의 책.

370 육군본부 제2군지구 계엄사령부 「계엄상황일지」; 같은 책.

371 육군본부 합동참모본부 「상황보고철」; 같은 책.

372 광주지방검찰청 「광주사태 당시 학원동향」; 같은 책.

373 보안사령부 「광주사태 일일속보철」; 같은 책.

374 육군본부 제2군지구 계엄사령부 「계엄상황일지」; 같은 책.

375 무안지역은 23일 오후 1시 30분경, '시위대가 총기 일부를 반납한 후 평온한 상태'라는 보고 이후 시위상황이 종료됐다. (육군본부 합동참모본부 「상황보고철」; 같은 책.)

376 안철(34세)은 한국기독교장로회 청년회전국연합회장을 역임한 기독청년운동가이자 약사였다. 기독청년회장 재임 시절인 1977년 8월 긴급조치 9호로 투옥되어 징역 1년을 선고받았고, 석방된 후에도 1979년 10월 국제사면위원회인 엠네스티 목포지부를 만들어 총무로 활동하면서 양심수 석방을 등을 주도하며 목포지역 사회운동의 중추 역할을 하였다.

377 강신석은 목포 연동교회 목사로 재임하던 중 '8·10사건'으로 구속되었다. '8·10사건'은 1976년 8월 10일 광주 양림교회에서 열린 기독교장로회 전남노회 임시노회에서 '명동사건'으로 알려진 3·1민주구국선언을 지지하며, 유신헌법 철폐 등을 주장하는 결의문을 채택하여 10여명이 연행되고 조홍래, 강신석, 임기준, 윤기석 목사 등이 구속된 사건이다. 강목사는 1년 후 출소한 뒤 1978년 3월 광주에 무진교회를 설립하여, 광주지역 기독교의 사회참여 운동의 구심 역할을 하였다.

378 광주매일신문, 앞의 책 368면; 최정기·유경남, 앞의 책 357면.

379 같은 책 357면.

380 5월 21일 저녁 지산 군부대 앞에서 발생한 총격사건은 몇년이 지난 후에야 밝혀졌다.

(김호성 증언.『광주일보』1989년 3월 17일자.)

381 목포에서는 항쟁기간 중 재야인사와 기독교계, 학생들이 중심이 돼 독자적으로 '시
민민주화투쟁위원회'를 결성하였고, 광주가 계엄군에 의해 무력으로 진압된 5월 27일
까지 매일 '시민궐기대회'를 열었다.

382 광주지방검찰청「광주사태 당시 학원동향」; 최정기·유경남, 앞의 책 355면.

383 강주원(1960년생) '현사연 2007 증언', 한국현대사사료연구소 엮음, 앞의 책.

384 유석(1963년생) '현사연 3115 증언', 같은 책.

385 박병준(1963년생) '현사연 3107 증언', 같은 책.

7. 봉쇄작전과 민간인 학살
5월 21~24일

386 봉쇄작전의 준비는 20일부터 시작됐다. 2군사령부는 광주역에서 있었던 3공수여단
의 집단 발포 직후인 20일 밤 11시 25분 소요확산 저지를 위해 '작전상 제445호'를 하
달하여 '광주시 외부로 나가는 교통로를 봉쇄'토록 다음과 같이 지시하였다. "무기휴
대 폭도의 봉쇄선 이탈 절대거부, 폭도 중 반항치 않는 자 체포, 반항자 사살, APC 또는
차량 이용 강습 시도 시는 사살, 현 봉쇄망은 주도로만 치중치 말고 지선도로도 장악,
폭도탈출 절대방지".(육군본부 제2군사령부「광주권 충정작전간 군 지시 및 조치사
항」, 1980.) 이어서 21일 새벽 4시 30분 계엄사령부는 '초기 강경진압'이 실패하자 계
엄사령관 이희성 주재로 긴급대책회의를 열어 충정작전의 기조를 '봉쇄작전'으로 전
면 변경했다. 긴급대책회의에서는 다음과 같이 6개 사항을 결정했다. 1. 계엄군을 광주
시내로부터 외곽으로 전환 재배치, 2. 자위권의 발동, 3. 1개 연대를 추가 투입, 4. 전투
력 공백 보전책으로 2개 훈련단 훈련 동원 소집, 5. 폭도 소탕작전은 5. 23. 이후에 의명
실시, 6. 경계강화 조치(5. 21. 16:00부로 전국 일원에 '진돗개 둘'을 발령).(육군본부
전투병과교육사령부「소요진압과 그 교훈」, 1981, 61면.)

387 육군본부 전투병과교육사령부「전교사 작전상황일지」, 1980.

388 21일 오후 2시경 서울 명동성당에서 김수환 추기경은 계엄사령관 이희성을 만났다.
이때 계엄사령관은 "사태가 남쪽으로 확산이 되면 무력 투입의 필요가 크지 않고 만약
이것이 북쪽으로 확산이 된다면 무력으로 막을 수밖에 없다"고 말했다. (김수환 추기

경 증언. 5·18기념재단 엮음『구술생애사로 본 5·18의 기억과 역사 5 — 천주교 편』, 2013, 24면.)

389 지휘권 이관의 표면적인 이유는 20사단의 증파로 작전규모가 커졌기 때문이라지만 내부적으로는 유혈진압에 반대하거나 시위 대처에 미온적인 현지 지휘관들 즉, 전교 사 사령관 윤흥정 중장, 31사단장 정웅 소장 등을 작전지휘계통에서 배제하고 강경세 력 중심으로 이를 재편하기 위한 측면이 강했다. (이해찬·유시민 외『기억하는 자의 광 주』, 돌베개 2010, 330면.)

390 보안목표 지역에 배치된 계엄군들에게는 무장시위대가 접근하면 '경고하고, 접근하 면 하복부로 지향 발포'하도록 전교사 작전회의에서 지침이 하달되었다. (육군본부 전 투병과교육사령부「전교사 작전상황일지」; 안길정「계엄군의 광주봉쇄」,『사림』60호, 수선사학회 2017.)

391 김○○ 대위(20사단 수색대장)「20사단 관계자 증언 — 빨갱이 폭도인 줄로만 알고」, 5·18기념재단 1997. 12. 구술 채록.

392 김○○(3공수여단 12대대 작전병) 증언.「전투는 있었지만 학살은 없었다」,『월간 조 선』1996년 4월호 422면.

393 20사단 수색대장 김○○ 대위의 경우 1989년 국회 광주청문회를 텔레비전 생중계로 보고서야 비로소 자신이 알고 있던 사실들이 전혀 잘못된 것이었다는 것을 깨달았다 고 고백했다. (김○○ 대위, 앞의 증언.)

394 박행삼(1937년생) '현사연 5037 증언', 한국현대사사료연구소 엮음『광주오월민중 항쟁사료전집』, 풀빛 1990.

395 정영진(20사단 61연대 1대대장) '서울지방검찰청 피의자신문조서', 1995.

396 이덕준 증언과 유사한 상황이 군 기록에서도 발견된다. 21일 밤 10시 10분경 20사단 61연대 2대대가 광주 서구 백운동에 있는 효천역 부근에 배치되어 광주-목포 간 도로 를 차단하고 있던 중, 1/4톤 지프차를 선두로 하여 트럭, 버스 등 6~7대에 분승하고 목 포 방면에서 접근하던 시위대와 교전하여, 시위대 버스 2대를 전복시켰다. (대한민국 재향군인회 엮음『12·12, 5·18 실록』, 1997, 294면.)

397 이덕준은 다음날 송정리에서 차를 버리고 무기만 소지한 채 걸어서 극락강을 거쳐 유덕동까지 갔다가 총과 실탄을 논바닥에 묻어두고 빈손으로 혼자 광주에 들어와서 27일 새벽 YWCA에서 계엄군에게 체포됐다. (이덕준〔1963년생, 고교생〕 '현사연

6045 증언', 한국현대사사료연구소 엮음, 앞의 책.)

398 강덕진은 21일 오후 영암 신북에서 마을 청년 30여명을 규합하여 광주로 와서 백운동 지역방위대에 합류한 인물이다. (강덕진(1957년생) '현사연 6015 증언', 같은 책.)

399 서울지방검찰청·국방부검찰부 「5·18 관련 사건 수사결과 보고」, 1995. 7. 18. 검찰은 진상규명 차원에서 이 사건을 면밀하게 수사한 결과, 5·18 직후 육군본부 전투병과교육사령부에서 작성한 「전교사 작전상황일지」(1980)에는 시위대 '3명 사살'로만 기록돼 있었다. 이를 두고 당시 계엄군이 민간인 사망자를 축소하려 했다는 지적이 일었다. 또한 1980년 5월 24~25일께 광주와 남평 사이 효천역 부근의 한두재에서 수습된 탄피 3점이 발견됐다. 이 탄피는 나주시 공무원 김아무개씨가 발견해 보관해오다 5·18기념재단에 기증했다. 5·18기념재단 관계자는 2017년 2월 15일 "국립과학수사연구원에 사진을 보내 탄피의 탄환 제원을 확인해 달라고 의뢰한 결과, M61 20㎜ 벌컨포(용 탄피─인용자)로 보인다는 비공식 구두 답변을 들었다"고 밝혔다. (『한겨레』 2017년 2월 16일자.)

400 육군본부 전투교육병과사령부 「전교사 작전상황일지」.

401 황남열(남, 1937년생, 목포상고 교직원) '현사연 5035 증언', 한국현대사사료연구소 엮음, 앞의 책.

402 해정구(남, 1941년생, 운수업) '현사연 5032 증언', 같은 책. 왕태경의 시신은 5월 31일 인근 백일사격장에 가매장되었는데 가족들이 찾아내 수습했다. 검찰수사에 따르면 5월 22일 새벽 5시 40분, 아침 9시 등 두차례에 걸쳐 남평─효천 구간에서 시위대 차량 오인 총격으로 왕태경, 박재영 등 민간인 2명이 사망하고 5명이 부상당한 것이 확인되었다. (서울지방검찰청·국방부검찰부 「5·18 관련 사건 수사결과 보고」, 1995. 7. 18.)

403 고재성(남, 1962년생, 고등학생) '5·18 피해자 구술자료 조사, 채록번호 4-003', 5·18기념재단 1999. 김재홍은 1981년에, 정국성은 1992년에 모두 후유증으로 사망했다.

404 고규석의 사인은 '흉부 관통 총상'(광주지방검찰청 「5·18 관련 사망자 검시 내용」, 1989. 2, No.98)이며, 임은택은 '좌대퇴부, 우측견갑부, 우하퇴부 관통 총상'(광주지검 「5·18 관련 사망자 검시 내용」, No.96)으로 인해 사망했다.

405 특전사 전투상보에는 '픽업 차 1대 피해차량'으로 보고된 사건이 22일 새벽 0시 40분 발생한 것으로 기록돼 있다.

406 이승을 증언. 국회 「5·18광주민주화운동진상조사특별위원회 현장검증소위원회 회의록」제5호, 1989. 3. 14, 8~10면.

407 김성수의 부인 김춘화는 1985년 병원에서 딸 김내향의 휠체어를 밀던 중 오토바이 교통사고를 당해 사망했다. 기록에 따라 '김춘아'로 표기된 경우도 있다.

408 김성수(1934년생, 운수업, 진도) 증언, '5·18 피해자 구술자료 조사, 채록번호 1-099', 5·18기념재단 1999.

409 채종일(1961년생) '현사연 5039 증언', 한국현대사사료연구소 엮음, 앞의 책.

410 김현채(1961년생) '현사연 2041 증언', 같은 책.

411 정영동(1954년생) '현사연 1022 증언', 같은 책.

412 국방부가 1985년 국회에 제출한 보고서에 따르면, 광주교도소는 21일 12시 20분경부터 폭도들의 습격을 받기 시작했고, "가담한 폭도 대부분이 과거 이 교도소에 복역했던 전과자나 당시 수용 중인 복역수의 가족이거나 이들을 탈옥시키려 했던 극렬시위자들"이라고 매도했다. 폭도들은 21일 오후 3시경에도 기습을 시도했으며, 오후 7시 30분에는 장갑차 2대 등 차량 9대와 많은 화기를 동원하여 계엄군과 일대 접전을 벌였다는 것이다. 그후로도 22일 새벽까지 5차례에 걸친 공격을 감행, 8명의 사망자와 70여명의 부상자를 내고 퇴각했다고 하여 마치 무장 시민군이 조직적으로 교도소를 공격한 것처럼 보고했다. (국방부 「광주사태의 실상」, 1985. 7. 30.)

413 교도소 근처에서 피해를 입은 시민들의 증언에 따르면, 그들은 대부분 교도소를 공격하지도 않았고, 공격할 의도도 없던 것으로 보인다. 단지 고속도로를 이용하여 담양 등 타 지역으로 나가려 한 것인데, 3공수여단이 총격을 가해 사상자가 발생했다. 때문에 3공수여단의 행위는 '교도소를 방어하기 위한 정당행위가 아니다'라는 주장이 제기되었다. 오히려 '광주외곽봉쇄' 작전을 수행하는 과정에서 '부당하게 무력을 행사한 과잉진압 행위'로 보아야 한다는 것이다(검찰 '상고이유서', 1997. 1. 16). 5·18재판 1심 판결문(1996. 8. 26)에서는 '광주교도소에 접근한 시위대 6명과 교전'을 벌인 것을 계엄군의 '내란목적 살인'으로 판시하였다. 그러나 항소심(1996. 12. 16)은 이 대목에 대하여 원심을 파기했다. 무장한 시위대가 교도소를 공격한 것은 불법행위이며, 교도소와 같은 국가중요보안시설을 방어하는 계엄군의 행위는 정당하다는 요지였다. 상고심 판결(1997. 4. 17)에서도 항소심의 입장이 유지됐다. 비록 광주시민의 시위가 '헌법을 수호하기 위하여 결집한 헌법제정권력의 일부'라고 할지라도 이는 헌법수호운동

의 한계와 방어목적을 벗어난 것으로 보았다. 그러나 이 판결은 '무장하지 않은 시민'과 교도소 '공격의도가 없던 무장시위대'에게까지 계엄군이 무차별 발포한 것을 정당화하지는 못한다. 오로지 '교도소를 공격할 의도'를 가진 무장시위대가 실제로 교도소에 대해 공격행위를 했다는 사실을 입증할 수 있을 때만 계엄군의 발포가 정당하다. 2심 재판부는 이 점에 대해 계엄군 현장 지휘관의 주장만 일방적으로 받아들였다. 정작 피해 당사자인 광주시민들의 이야기는 들어보지도 않았다는 한계를 안고 있다.

414 국방부 과거사진상규명위원회 엮음 『12·12, 5·17, 5·18사건 조사결과보고서』, 2007, 118면.

415 보안사령부 「광주교도소 습격기도 사건」, 1980, 89면; 같은 책 118면.

416 '입원 부상자 명단'(「광주사태 부상자 지원현황」, 전라남도 자료 1982. 7; 광주광역시5·18사료편찬위원회 엮음 『5·18광주민주화운동자료총서』 23권, 2000, 359면)에 따르면, 유영선은 5월 21일 기독병원에 머리에 총을 맞아 '두부총상'으로 입원했다는 사실이 확인된다. 또한 기독병원 진료기록부에는 거의 정신을 잃은 상태에 '세미코마'(semi coma)라고 적혀 있다.('광주기독병원 진료기록부', Hosp.No.80-14034; 광주광역시5·18사료편찬위원회 엮음, 앞의 책 24권, 2000, 642면). 그런데 광주지방검찰청의 5월 28일자 「5·18 관련 사망자 검시 내용」(광주광역시5·18사료편찬위원회 엮음, 앞의 책 20권, 1999, 421면)에 따르면 유영선이 5월 27일 YWCA 부근에서 M16 소총에 의한 '안두부관통상'으로 사망한 것으로 돼 있다. 유영선이 광주교도소 습격에 연루된 것처럼 꾸미기 위해 사망날짜를 27일로 조작했다는 지적이다.

417 이 '광주교도소 습격기도 사건'은 보안사가 5·18을 간첩, 혹은 좌익의 선동에 의해 촉발된 것처럼 선전하기 위해 조작한 대표적인 사례 가운데 하나로 꼽힌다.

418 이때 그 트럭 운전자는 행방불명됐다(서울지방검찰청·국방부검찰부 「5·18 관련 사건 수사결과 보고」, 1995. 7. 18, 42면). 그러나 5·18 직후 그해 6월 10일 전교사 교육상황실에서 열린 '광주사태진상조사단'(단장: 국보위 내무분과 위원장 준장 이광로)의 「광주사태 진상보고」에 따르면 "5월 22일 화순터널 입구 봉쇄작전 부대가 차량 등으로 바리케이드 설치 중인 민간인 등을 사살"한 것으로 보고했다.(국방부 과거사진상규명위원회 엮음, 앞의 책 95면.)

419 강해중(여, 1935년생) '현사연 5027 증언'; 전정일(남, 1941년생) '현사연 5025 증언'; 김삼중(남, 1955년생) '현사연 5026 증언', 한국현대사사료연구소 엮음, 앞의 책.

420 서울지방검찰청·국방부검찰부 「5·18 관련 사건 수사결과 보고」, 1995. 7. 18.

421 박순례(47세, 고 백대환 모친) '현사연 7002 증언', 한국현대사사료연구소 엮음, 앞의 책.

422 같은 곳.

423 박순례, 같은 곳; 황길현(고 황호걸 부친) '5·18 피해자 구술자료 조사, 채록번호 1-008', 5·18기념재단 1999.

424 김귀남(남, 28세, 김춘례 사돈)은 김춘례와 고영자의 시신을 며칠 후 항쟁이 끝난 뒤 현장에서 직접 확인했다. 일신방직 여공 2명이 차를 타고 화순으로 가다 총격으로 사망했는데 시신이 버려져 있다는 말을 누군가로부터 듣고, 오토바이를 타고 이병민과 함께 주남마을 앞까지 갔다. 도로 옆 보리밭 가운데 구덩이가 파헤쳐져 있고, 그 옆 도랑에 여러구의 시신이 버려져 있는 것을 목격했다. 며칠이 지나 썩은 냄새가 진동했는데 김귀남은 하얀 가운을 입은 사람들(검시관으로 추정)에게 김춘례의 시신인지 물었다. 그들은 일신방직 수첩을 보여주며 사망자 이름을 확인시켜줬다. 시신의 복부에는 여러발의 총상 흔적이 보였고, 총상 부위가 시커멓게 썩어 구더기가 들끓고 있었다. 고영자도 수첩으로 신분을 확인했다. (김귀남 '5·18 피해자 구술자료 조사, 채록번호 1-039', 5·18기념재단 1999.)

425 육군본부 전투교육병과사령부 「전교사 작전상황일지」에는 다음과 같이 기록돼 있다. '5.23. 15:30 상황: 광주 소태동, 폭도 50명(버스 1대) 군부대 기습 기도, 군부대 (11공수여단) 반격 소탕, 생포 3명(부상 2명), 사살 17명.'

426 이때 응급치료를 한 사람은 도청에서 의료봉사원으로 활동한 김순희(여, 19세)였다.

427 홍금숙은 주남마을 학살현장을 가보자는 필자의 제안을 거절했다. 36년이 지난 일이지만 그때의 악몽이 되살아나 지금도 주남마을에는 도저히 갈 수 없다고 말했다. (2016. 5. 필자 이재의·전용호와의 인터뷰)

428 서울지방검찰청·국방부검찰부 「5·18 관련 사건 수사결과 보고」, 1995. 7. 18, 45면.

429 임희주는 주남마을 뒤편 저수지에 물놀이하러 갔다가 냄새가 심하여 살펴보니 저수지 아래쪽 5백미터 지점에 묻힌 시신 2구를 발견해 동사무소에 신고했다. 시신 1구는 교련복 바지에 통일화를 신고 있었다. 홍금숙이 목격한 2명 가운데 한명과 일치한다. 시신의 부패가 심하여 발견 당시에는 신원이 밝혀지지 않은 채 망월동에 묻혔다. 2002년 행방불명자 가족들의 유전자 감식 결과 채수길(21세, 주방장)과 양민석(20세,

노동자)으로 밝혀졌다.

430 이 지역 총격사건 희생자들의 시신 처리와 관련하여 광주시와 동구청에서 작성한 자료가 남아 있다. 광주시청 일지(광주시청 「5·18 사태 상황 및 조치사항」, 1980; 『경향신문』 1988년 5월 18일자 수록)에는 5월 25일 오전 11시 가운을 입은 청년 2명과 기사 1명, 동장 1명 등이 군부대로 접근, 대화를 시도하여, 오후 2시에 녹동마을 화약고 앞에 있던 12구의 시신을 인계 받았다. 광주 동구청이 5월 28일 작성한 일지(광주시 동구청 「상황일지」)에는 이상철이 지원동 화약고 밑의 시신 처리를 요구했으며, 같은 날 당시 광주시 동구 지원동 동사무소 총무계장이 녹동 입구 좌측 3백미터 지점에 있던 사체 7구의 처리를 요구했다. 광주지검 자료(광주지방검찰청 「광주사태 당시 학원동향」, 1980; 국방부 과거사진상규명위원회 엮음, 앞의 책 99면에서 재인용)에는 5월 28일 현재 지원동 가매장분 사체가 11구이며 검시할 예정이라고 보고됐다. 지원동에서 발견된 시신은 25일 12구, 28일 11구로 모두 23구다. 광주시청 노정계 직원 조성갑도 29일경 지원동 부근에서 시신 7구를 비닐에 싸서 수습했다. 그가 수습한 시신 가운데 1구는 지문 확인 등을 통해 홍금숙과 미니버스에 함께 타서 서로 인사를 나눴던 박현숙(18세, 여고 3학년)으로 밝혀졌다. (조성갑 증언 및 박현숙 모친 구길성 증언.)

431 유춘학(남, 1964년생, 목공) '서울지방검찰청 진술조서', 1995; 유춘학 '현사연 5028 증언', 한국현대사사료연구소 엮음, 앞의 책.

432 검찰수사는 2개의 차량 총격사건을 하나로 축소하고 있다는 지적이 목격자들에 의해 꾸준히 제기되고 있다. 검찰은 차량 탑승자 가운데 유일한 생존자인 홍금숙과 사망자의 언니, 어머니, 주남마을 주민과 현장 부근 사체 수습자의 증언을 토대로 내린 결론이다. 그러나 또다른 정황으로 보이는 승합차 총격사건을 다른 시각에 목격했다는 증언이 존재하고 있다. 검찰은 홍금숙 주장에 동의하는 증인은 1명인 반면 오전에 총격사건이 일어났다고 진술한 증인이 여러명이라는 점을 들어 23일 미니버스 총격사건은 오전 9시경에 '단 한번 발생'한 것으로 결론 내렸다. 홍금숙은 지금도 여전히 자신이 당한 사건은 오후 2~3시경이었다고 이야기하고 있다.

433 국방부 과거사진상규명위원회 엮음, 앞의 책 18면.

434 부상자가 속출하자 국군통합병원에서 치료해야 하는데 이 지역을 시민군이 장악하고 있어 접근하기 어려우므로 '통합병원 확보작전'을 벌인 것이다. (육군본부 제20사단 「충정작전상보」 1980.)

435 함장남(고 함광수의 부친) '현사연 5012 증언', 한국현대사사료연구소 엮음, 앞의 책.

436 최복덕(여, 1919년생, 부상자) '현사연 5017 증언', 같은 책.

437 최복순(여, 1941년생, 부상자) '현사연 5018 증언', 같은 책.

438 최상언(남, 1955년생, 부상자) '현사연 5020 증언', 같은 책.

439 유복동(남, 1945년생, 부상자) '현사연 5019 증언', 같은 책.

440 이추자(여, 1957년생, 부상자) '현사연 5013 증언', 같은 책.

441 군 서류에서는 이 작전의 결과 '폭도들의 저항 강도'를 파악하고, 군부대를 투입할 경우 '야기될 수 있는 제반 상황을 체험시킴으로써 불안감을 조성'하는 효과를 거뒀다고 기술했다. (육군본부 제20사단 「충정작전상보」.)

442 희생자들은 주로 화정동, 쌍촌동, 내방동에 거주하는 주민들로 이매실(여, 68세), 김영선(남, 26세), 양회남(남, 30세), 임정식(남, 18세), 조규영(남, 38세), 함광수(남, 17세), 김재평(남, 29세), 손광식(남, 20세, 방위병) 등 민간인 8명과 군인 1명이 총상으로 사망하였다. (서울지방검찰청·국방부검찰부 「5·18 관련 사건 수사결과 보고」, 1995. 7. 18.)

443 『죽음을 넘어 시대의 어둠을 넘어』 초판(1985)에는 해남 우슬재에서 '최소한 20여 명 이상이 사망'한 것으로 잘못 기록돼 있다. 초판 발행 이후 많은 사람들의 증언과 검찰 수사(1995)가 있었다. 여러 정황으로 보아 이곳에서 민간인 희생자는 '20명 이상'이 아니라 '1~2명' 정도인 것으로 추정된다.

444 배상선(1959년생) '5·18 피해자 구술자료 조사, 채록번호 1-212', 5·18기념재단 1999; 강석신(1963년생) '현사연 6043 증언', 한국현대사사료연구소 엮음, 앞의 책.

445 '계엄훈령 제11호'는 '자위권의 정의, 발동대상, 발동시기, 발동방법, 유의사항' 등을 포함하고 있다.

446 '12·12, 5·18 재판'에서 대법원은 '계엄훈령 제11호'가 광주시민에 대한 직접적인 살인을 용인한 내용, 즉 '발포명령'을 명시적으로 포함하지 않았기 때문에 '도청소탕 작전' 이전의 계엄군의 살상행위에 대해 '내란목적 살인죄'를 적용할 수 없다는 입장을 취했다(「12·12, 5·18 상고심 선고 판결문」, 1997. 4. 17). 그러나 대법원의 이 판결은 단지 '계엄훈령이 정당한 내용으로 구성되어 있다고 판단한 것'일 뿐이다. 현장에서 발포를 지시한 지휘관들은 훈령을 전혀 지키지 않았다. 오히려 훈령에서 언급한 '자위권 보유'가 '발포명령'인 것처럼 무고한 시민들에게 거침없이 총을 쏘았다. 따라서 계

엄훈령 제11호의 내용과 상관없이 최소한 현장 지휘관들의 경우도 발포 당시의 구체적인 상황을 따져서 '자위권'을 적용할 수 있는 정도의 상황이 아닌데 시민을 사살했을 때는 '내란목적 살인죄의 책임을 져야 한다'는 주장이 꾸준히 제기되고 있다. (민병로 외 「12·12, 5·18사건 대법원 판결 분석 보고서」, 5·18기념재단 2015.)

8. 해방기간 I
5월 22일 목요일 | 항쟁 5일째

447 조지 카치아피카스 『한국의 민중봉기』, 원영수 옮김, 오월의봄 2015.

448 최정운 「폭력과 사랑의 변증법: 5·18 민중항쟁과 절대공동체의 등장」, 5·18기념재단 엮음 『5·18민중항쟁과 정치·역사·사회』 3권, 2007, 231~85면.

449 진압작전에 참가한 군인들이 작성한 '수기'나 '검찰 진술기록'을 살펴보면, 부대의 투입 시점에 따라 소속원들이 각기 다른 상황인식을 드러낸다는 점을 눈여겨볼 필요가 있다.

450 김원갑 등의 「전교사계엄보통군법회의 판결문」(1980. 10. 24). 광주광역시5·18사료편찬위원회 엮음 『5·18광주민주화운동자료총서』 44권, 2004, 147~51면.

451 김화성의 「전교사계엄보통군법회의 판결문」(1980. 10. 25); 같은 책 46권, 2004, 126면 및 김화성의 '항소이유서'; 같은 책 47권, 2004, 311면.

452 이재의(1956년생, 전남대 3학년) '현사연 1045 증언', 한국현대사사료연구소 엮음 『광주오월민중항쟁사료전집』, 풀빛 1990.

453 이경희 「포고령 위반사범 처리부」, 광주경찰서 1980. 6. 27; 광주광역시5·18사료편찬위원회 엮음, 앞의 책 28권, 2002, 720면 및 김선옥에 대한 「수사보고」, 전남합동수사단 1980. 7. 4; 같은 책 30권, 2003, 603~609면.

454 박영순에 대한 「전교사계엄보통군법회의 판결문」(1980. 1. 25). 같은 책 46권, 201~202면.

455 학동지역에서 도청으로 붙잡혀온 공수대원은 간단히 조사를 마친 다음 전남북계엄분소와 시민수습대책위원회 사이에 협상이 시작되자 군부대로 돌려보냈다.

456 황금선(1952년생) '현사연 1021 증언', 한국현대사사료연구소 엮음, 앞의 책.

457 김양오 『광주보고서』, 청음 1988, 154면.

458 이재의 '현사연 1045 증언', 한국현대사사료연구소 엮음, 앞의 책.

459 이재의 「내 친구 노먼 토프, 5·18이 맺어준 특파원과의 인연」, 『시민의 소리』 2008년 10월 9일자.

460 「전교사계엄보통군법회의 판결문」, 1980. 1. 24; 광주광역시5·18사료편찬위원회 엮음, 앞의 책 44권, 147면.

461 조비오 '현사연 1011 증언', 한국현대사사료연구소 엮음, 앞의 책; 조비오 「죽음의 피는 헛되지 않을 것이다」, 5·18기념재단 엮음 『구술생애사로 본 5·18의 기억과 역사 5 ― 천주교 편』, 2013, 107~108면.

462 『죽음을 넘어 시대의 어둠을 넘어』 초판(1985)에는 처음 수거된 무기가 총기류 300여정이라고 기록돼 있다. 책 출간 이후 여러 사람들의 증언이 나왔는데 종합적으로 볼 때 첫날 1500정이 수거된 것으로 파악됐다.

463 김태찬(1961년생) '현사연 2032 증언', 한국현대사사료연구소 엮음, 앞의 책.

464 「전교사계엄보통군법회의 판결문」, 1980. 1. 24; 광주광역시5·18사료편찬위원회 엮음, 앞의 책 44권, 461면.

465 서울지방법원 「12·12, 5·18 1심 선고 판결문」, 1996. 8. 26.

466 대한민국재향군인회 엮음 『12·12, 5·18 실록』, 1997, 271면.

467 김재명은 육사10기로 31사단장(1977), 한미1군단 부군단장을 거쳐 12·12 직후 육군본부 작전참모부장에 임명됐으나 5·18 직후 1980년 6월 9일 국방부 특검단장으로 인사조치됐다. (김재명 '서울지방검찰청 진술조서', 1995.)

468 『경향신문』 1980년 5월 23일자.

469 「전두환 CIA부장 서리의 발언」, 5·18민주유공자유족회 엮음 『5·18성명서』 1권, 5·18기념재단 2012, 601~602면. 타이핑된 메모 형태의 이 문서는 5월 22일의 각 언론기관장과의 간담회 석상에서 나온 전두환의 발언을 정리한 자료다. '광주사태'(20개 항목) '정치발전 문제'(2개) '언론 문제'(6개) 등 3가지 주제를 다루고 있는데, 당시 중앙정보부장 서리 전두환의 상황인식을 엿볼 수 있다.

470 강인섭 「연합사 소속 한국군 병력, 위컴 데모 진압동원 동의」; 「광주사태 평화적 해결을」, 『동아일보』 1980년 5월 23일자.

471 한미연합사는 5월 23일 정오, 20사단에 이어 '33사단 1개 대대'의 작전통제권 이양 요청도 즉각 '승인'했다. 그러나 33사단은 낮 12시 25분 성남비행장에서 광주 투입을

대기하던 중 그냥 원대 복귀하였다.

472 Tim Shorrock, "Kwangju Diary: The View from Washington," Jae-eui Lee, *Kwangju Diary*, UCLA 1999, 165면.

473 허장환 「내가 정웅 장군을 체포·수사했다 —— 전 광주505보안대 수사관의 폭로 수기」, 『신동아』 1989년 1월호 370면.

474 Tim Shorrock, 앞의 글 164면.

475 같은 글 165면.

476 같은 글 166면.

477 아놀드 A. 피터슨 『5·18 광주사태』, 정동섭 옮김, 풀빛 1995, 123~24면.

9. 해방기간 II
5월 23일 금요일 | 항쟁 6일째

478 『죽음을 넘어 시대의 어둠을 넘어』 초판(1985)에 기록된 내용 가운데 5월 23일자 다음 3가지 사실은 아직까지도 확인이 되지 않았거나 사실과 다르게 기술됐다. 첫째, 23일 아침 불탄 광주세무서 지하실에서 발견됐다는 여고생 시신에 대한 서술 (155~56면)은 아직까지도 정확히 밝혀지지 않은 사항이다. 둘째, '오후 2시 백운동 지역방위대가 헬기를 격추시켰다'(156면)는 기술은 사실이 아닌 것으로 밝혀졌다. 항쟁기간 중 군 헬기를 향해 시민군이 사격했다는 증언은 자주 발견되지만 실제로 헬기가 추락한 사실은 없는 것으로 밝혀졌다. 따라서 초판에서 이 헬기에 탑승한 군인 3명이 사망했다는 서술도 사실이 아니다. 셋째, 23일 저녁 무렵 화순으로 넘어가던 시민군 4명이 탑승한 군용 지프가 헬기의 기총소사를 받고 전멸했다(156면)는 사실도 확인되지 않았다.

479 「글라이스틴 대사, 안보중요성 바라」, 『조선일보』 1980년 5월 24일자.

480 최치수(1961년생) '현사연 1017 증언', 한국현대사사료연구소 엮음 『광주오월민중항쟁사료전집』, 풀빛 1990.

481 위인백 『역사의 노를 저으며』, 심미안 2004, 81~83면. 국제사면위원회 간사였던 위인백은 이때 결의한 8개 항을 김성룡 신부의 사제관에 있는 타자기로 타이핑하여 인쇄하였고, 소준열 전남북계엄분소장과 경찰국장에게 전달하기로 했다. 도지사 등 행정

기관장을 포함시키기로 한 것은 사태가 종료된 후 계엄당국이 그들을 '내란 주모자'로 몰아갈 경우를 대비한 것이었다. 하지만 계엄당국은 관변수습대책위원들은 대부분 제외한 채 이들 재야인사들만 '내란중요임무종사' 등의 혐의로 기소하였다. 이때 채택한 결의는 다음과 같다. 1. 광주시민의 항쟁은 정당방위행위였다. 2. 무고한 시민을 살상한 공수특전단의 책임자는 반드시 처벌하여야 한다. 3. 광주의 모든 피해는 정부가 책임진다. 4. 계엄군의 투입을 금지하라. 5. 시민, 학생들에게는 어떠한 책임도 묻지 않는다. 6. 구속학생 석방하고 계엄군은 사과하라. 7. 사태의 수습은 각계 대표와 전남도지사, 광주시장, 경찰국장을 포함한 수습대책위원회에서 한다. 8. 무기는 자진 회수 반납한다.

482 대한민국재향군인회 엮음『12·12, 5·18 실록』, 1997, 299면.

483 대법원「12·12, 5·18 상고심 선고 판결문」, 1997. 4. 17.

484 대한민국재향군인회 엮음, 앞의 책 300면.

485 12·12, 5·18 재판 1심 제7차 공판에서 황영시 피고가 "사령부(육본)는 'What to do?'를 지시할 수 있으나 'How to do?'는 예하부대의 책임이다"라고 주장하며, 전교사 또는 제31사단에 유혈진압의 책임을 돌렸다. 그러자 제22차 공판에서 김기석 전 전교사 부사령관이 당시 메모를 증거로 제시하였다. "5·18 당시 황영시 피고인이 전차와 무장 헬기를 동원하여 강경진압을 하라"고 지시하며 "코브라 헬기는 장갑차(APC)를, 500MD 헬기는 차량을, 병력은 시위대를 공격하라"고 구체적인 방법까지 제시하였다고 했다. 즉 "황영시 피고인이 5·18 진압작전을 전면에 나서 총지휘했다"고 증언했다. (같은 책 452면.)

10. 해방기간 Ⅲ

5월 24일 토요일 | 항쟁 7일째

486 명노근(1933년생, 전남대 교수) '현사연 1012-1 증언', 한국현대사사료연구소 엮음『광주오월민중항쟁사료전집』, 풀빛 1990.

487 김기석(전교사 부사령관) '서울지방검찰청 진술조서', 1995; 황영시(육군참모차장) '서울지방검찰청 피의자신문조서', 1996.

488 문장우(1953년생) '현사연 2015 증언', 한국현대사사료연구소 엮음, 앞의 책.

489 조비오「죽음의 피는 헛되지 않을 것이다」, 5·18기념재단 엮음『구술생애사로 본 5·18의 기억과 역사 5 — 천주교 편』, 2013, 112면.

490 같은 책 113면.

491 최정운「폭력과 사랑의 변증법: 5·18 민중항쟁과 절대공동체의 등장」, 5·18기념재단 엮음『5·18 민중항쟁과 정치·역사·사회』 3권, 2007, 278면.

492 서울지방검찰청·국방부검찰부「5·18 관련 사건 수사결과 보고」, 1995. 7. 18.

493 최영철(1960년생, 양화공) '현사연 5010 증언', 한국현대사사료연구소 엮음, 앞의 책; 최진수 증언. 국회「5·18광주민주화운동진상조사특별위원회 회의록」제28호, 1989. 2. 22.

494 대한민국재향군인회 엮음『12·12, 5·18 실록』, 1997, 295면.

495 김길수(1930년생, 사망자 김승후 부친) '5·18 피해자 구술자료 조사, 채록번호 1-178', 5·18기념재단 1999.

496 정호용의 발언. 이해찬·유시민 외『기억하는 자의 광주』, 돌베개 2010, 361면.

497 서울지방검찰청·국방부검찰부「5·18 관련 사건 수사결과 보고」, 1995. 7. 18, 126~27면.

498 같은 글 125면.

499 군부대 간 오인전투는 공수부대가 현지 부대와 지휘체계 및 통신계통을 제대로 연결하지 않고 부대이동과 작전상황을 정확히 보고하지 않았기 때문에 생겨난 지휘체계 이원화의 결과라는 논란으로 이어졌다.

500 이해찬·유시민 외, 앞의 책 361면.

501 조호연「'광주학살' 훈장과 공적서」,『월간 경향』1989년 1월호 448면.

502 김성용 신부(1934년생) '현사연 1008 증언', 한국현대사사료연구소 엮음, 앞의 책.

503 제2차 궐기대회 평가회의에서는 각자 담당할 역할을 다음과 같이 분담했다. 사회(김태종, 이현주, 엄태주), 메시지 작성(박효선, 김태종, 홍희윤, 윤기현, 이윤정, 정현애, 정유아, 최인선, 박몽구, 김선출), 모금(정현애, 임영희, 김영희 등 송백회 회원들), 궐기대회 후 가두시위 진행(이현철),『투사회보』제작(들불야학의 전용호, 박용준, 김성섭, 나명관 등), 도구 준비 및 대자보 작성(김정희, 임영희), 노래 지도(임희숙), 재야 민주인사 섭외(정상용, 정해직).

504 양홍범(1960년생, 권투선수) '현사연 1047 증언', 같은 책. 도청 무기고 경비상황은 박선재, 양홍범, 정곤석 등의 군 검찰 피의자신문조서(1980) 등에서 확인할 수 있다.

505 조호연, 앞의 글 458면. 뇌관제거 작업시간 5월 24일 20:30~5월 25일 13:00.

506 황금선(1952년생) '현사연 1021 증언', 한국현대사사료연구소 엮음, 앞의 책.

507 이경식 증언. 전남대학교 5·18연구소 엮음 『5·18항쟁 증언자료집』 Ⅳ, 전남대학교 출판부 2005.

508 2006년 3월 5·18 민주화운동을 재조명하면서 진압작전 참가 등으로 받은 176명의 서훈을 취소할 때 배승일의 보국훈장도 박탈당했는데, 배승일은 '서훈취소 철회 청구' 소송을 제기하여 승소했고, 훈장을 되찾았다. (연합뉴스 2007년 2월 16일자.)

509 이 유인물은 조선대 졸업생 르뽀 작가 김현장(29세)이 5월 20일과 21일 광주 시내에서 자신이 직접 목격한 내용을 격정적인 문투로 작성한 것이다. 이 사건으로 수배된 김현장 은 부산미문화원 방화사건(1982) 배후조종 혐의로 투옥됐다. (김현장 『빈첸시오, 살아 서 증언하라 ── 부산미문화원 방화사건의 사형수 김현장 육필수기』, 사회평론 1994.)

510 위르겐 힌츠페터 「카메라에 담은 5·18 광주 현장」, 한국기자협회·무등일보·시민연 대모임 엮음 『5·18 특파원리포트』, 풀빛 1997, 119~30면. 힌츠페터는 항쟁이 종료된 후 45분짜리 다큐멘터리를 별도로 제작했다. 그 다큐는 1980년대 중반 '광주민중항쟁 의 진실'이란 제목으로 성당과 대학가 등에서 비밀리에 상영됐고, 1987년 6월항쟁의 기폭제 구실을 했다. 그 영상이 2003년 5·18 특집으로 KBS '일요스페셜'에 공개되면 서 비로소 힌츠페터의 이름이 널리 알려졌다. 그는 2016년 1월 독일에서 향년 79세의 나이로 사망했다. 광주광역시는 그에게 명예시민증을 수여하였다.

511 심재훈 「광주사건은 폭동이 아니라 봉기였다」, 같은 책 59~80면.

512 테리 앤더슨 「날아오는 총알을 피하며」, 같은 책 19~32면.

513 샘 제임슨 「항쟁지도부 벽에 새겨졌던 '세계평화'」, 같은 책 107~18면.

514 Norman Thorpe(*The Asian Wall Street Journal*), "Let's Live and Meet Again," Henry Scott-Stokes and Lee Jai Eui, eds, *The Kwangju Uprising*, M. E. Sharpe 2000, 117~27면.

515 게브하르트 힐셔 「광주의 불길한 징조」(『쥐트도이체 차이퉁』 1980년 5월 30일자 사설), 한국기자협회·무등일보·시민연대모임 엮음, 앞의 책 91~93면.

11. 해방기간 Ⅳ

5월 25일 일요일 | 항쟁 8일째

516 장계범 '전남대병원 입퇴원기록지'(등록번호 137772), 1980. 5. 25; 광주광역시

5·18사료편찬위원회 엮음『5·18광주민주화운동자료총서』23권, 2000, 603면. 주치의 진단란에는 "Drug poisoning, possible & questionable"(약 중독일 수 있으나 의심스러움)이라고 적혀 있다.

517 장계범의「전교사계엄보통군법회의 판결문」(사건번호 80계엄보군 형광 제32호), 1980. 10. 24. 및 '군 검찰 진술서', 1980. 6. 8; 광주광역시5·18사료편찬위원회 엮음, 앞의 책 44권, 2004, 225~29면.

518 장계범「전남대병원 입퇴원기록지'.

519 허장환『비겁한 아버지는 될 수 없었다』, 그린디자인 1998. 94면.

520 장계범은 군 수사당국에 의해 '유언비어 날조' 혐의로 구속되어 군법회의에서 징역 2년을 선고받았다. 장계범의 구속은, 그를 이용한 후 여론의 관심이 집중되자 부담을 느낀 계엄 당국이 공작의 흔적을 없애려 한 데 따른 것이라는 의구심과 논란을 불러일으켰다(국회 광주청문회). 보안사 요원이 중심이 된 전남합동수사단은「광주내란 및 소요사건 수사결과 보고」에서 장계범을 '시민군 정보부장'으로 분류하고 "5. 25. 08:00 독침사건을 날조 탈출, 자수한 자"로 묘사했다. (국방부 과거사진상규명위원회 엮음『12·12, 5·17, 5·18사건 조사결과보고서』, 2007, 114면.)

521 같은 책 113면.

522 같은 책 116~17면.

523 송희성 증언.「시민군들 쓴 복면 내가 만들었다」,『광주일보』2015년 5월 15일자.

524 임성택 증언.「보복 두려워 복면 벗지 않고 독일 기자에 사진 찍혀」, 같은 신문.

525 YWCA에 모인 극단 광대 멤버는 박효선, 김태종, 이현주, 윤만식, 김선출, 김윤기, 최인선, 김영희, 임희숙, 이현철 등이고, 송백회 회원은 홍희윤, 정현애, 정유아, 이윤정, 임영희 등이었다.

526 양서조합 고등학생 회원은 김효석, 김향득, 유석, 이덕준 등이다.

527『투사회보』제작과 배포에는 들불야학의 윤상원, 박용준, 전용호, 동근식, 김성섭, 나명관, 윤순호, 김경국, 정재호, 이영주, 박용안, 오경민, 노영란, 조순임 등이 참여했다.

528 조비오「죽음의 피는 헛되지 않을 것이다」, 5·18기념재단 엮음『구술생애사로 본 5·18의 기억과 역사 5 — 천주교편』, 2013, 108면.

529 5월 25일 수습대책위원 명단: 위원장 이종기(63세, 변호사), 대변인 김성용(46세, 남동 성당 신부), 이성학(74세, 국제사면위원회 전남지부장), 조아라(68세, YWCA 회

장), 홍남순(66세, 변호사), 이영생(65세, YMCA 총무), 김천배(64세, YMCA 이사), 조철현(44세, 조비오, 계림동 성당 신부), 명노근(47세, 전남대 교수), 송기숙(45세, 전남대 교수), 이기홍(47세, 광주변호사협회장), 장두석(40세, 가톨릭 농민회), 정태성(36세, 정당인), 김목사(침례교 목사), 위인백(32세, 법률사무소), 장목사(침례교 목사), 정규완(41세, 북동성당 신부), 이양현(30세, 청년), 오재일(28세, 청년), 장사남(서석고 교사), 신교수(조선대 교수), 김갑제(광복회) (이상 22명, 1980. 5. 25 「최규하 대통령 각하께 드리는 호소문」서명자).

530 조비오, 앞의 글 114면.

531 김한중(1960년생) '현사연 1041 증언', 한국현대사사료연구소 엮음 『광주오월민중항쟁사료전집』, 풀빛 1990.

532 위성삼(1954년생) '현사연 1038 증언', 같은 책.

533 전남 강진에서 출생. 당시 조선대 무역학과 3학년으로 금남로 시위를 구경하다 분노하여 시위에 적극 참여. 계엄군 퇴각 후 도청에 들어가 학생수습위원회 부위원장으로 활동하면서 김창길의 무조건적인 무기 반납 주장에 반대하는 모습이 윤상원의 눈에 띄게 되어 항쟁지도부 대표가 됨. 5월 27일 도청에서 체포돼 사형 선고를 받음. 1996년 제15대 새정치국민회의 전국구 국회의원 역임.

534 1971년 3월 전남대 교련반대 학생시위에 참여하여 무기정학을 당함. 5·18 이후 전남민주청년운동협의회 의장, 5·18광주민중항쟁동지회 회장, 제13~14대 국회의원 역임.

535 본명은 윤개원, 전남 광산군 임곡면 신룡리에서 출생, 전남대 정치외교학과 졸업. 재학 중 1979년 들불야학 강학으로 일반사회를 가르쳤고, 10·26사건 직후 이태복(전 복지부장관)이 주도한 전국민주노동자연맹 준비위에 참여. 항쟁기간 중에는 『투사회보』 『민주시민회보』를 발행. 5월 27일 도청에서 사망한 이후, 들불야학에서 함께 활동하다 먼저 고인이 된 박기순과의 영혼결혼식이 치러졌으며, 이들을 추모하기 위한 노래 「임을 위한 행진곡」이 만들어짐.

536 광주에서 골재채취 사업가로 일하던 중 5·18 때 동생이 계엄군의 구타로 다리가 부러지는 부상을 입자 분노하여 시위에 참여하기 시작. 무장시위대 일원으로 활동하다 계엄군 퇴각 후 도청에 들어가 시민군 상황실장을 맡아 활동하던 중 수습대책위원회의 무기 반납 방침에 반발. 5월 27일 도청 사수 지휘.

537 전남 순천에서 출생, 목포와 광주의 고아원에서 자랐음. 녹두서점 대표 김상윤(윤상

원기념사업회 이사장)과 광주일고 동기동창으로 짧은 공무원 생활 후 1976년부터 신용협동조합 운동, 광천동 시민아파트 지역공동체 운동, 들불야학에서 윤상원, 박관현, 박효선, 박기순 등과 만남. 5월 27일 새벽, 도청 민원실 2층에서 윤상원 등과 함께 있다 체포됨. 상무대 헌병대 영창에서 자살 기도. 이후 정신이상 증세로 1981년 12월 출소한 후 16년간 정신병원에 입원해 있다 1998년 8월 사망.

538 정상용과 함께 1971년 3월 전남대 교련반대 학생시위에 참여하여 무기정학을 당함. 광주일고를 다니던 시절 '향토반(광랑)'이라는 동아리에서 활동하면서 사회문제에 눈을 떴음. 1975년 학교를 그만두고 청계천 연합노조 활동. 광주의 소규모 공장에서 노동운동을 하던 중 5·18에 참여. 5·18 이후 『한겨레신문』 광주지사장 역임.

539 전남대 사학과 재학 중 1974년 민청학련 사건으로 제적. 5·18민중항쟁동지회 사무처장으로 활동하던 중 1987년 5월 '민주쟁취국민운동 광주전남본부' 창립을 주도하면서 '6월항쟁'의 주역으로서 활동.

540 전남대 국문과 출신 연극인. 1978년 전국농민대회에서 「함평 고구마」 공연, 1979년 극단 광대의 「돼지풀이 마당굿」 공동 연출. 들불야학 강사.·시민군 항쟁지도부에서 홍보부장으로 활동. 1983년 극단 토박이를 창단. 1998년 오월 비디오 영화 「레드브릭」(RED BRICK) 제작 중 건강 악화로 1998년 9월 사망.

541 보성 노동초교 광곡분교 교사로 재직하던 중 항쟁에 참여해, 도청 항쟁지도부 민원부장으로 활동. 5월 27일 새벽 계엄군에 체포돼 교사직위 박탈. 이후 교육민주화 운동에 투신해 1989년 전교조 결성에 앞장섰으며, 전교조 전국초등위원장으로 활동하다 두 차례 해직됨. 2002년 5월항쟁동지회장 역임.

542 광주 수창초등학교, 전남고등학교 졸업. 1978년 고려시멘트(주) 입사 후 검정고시를 준비하던 중 5·18이 일어나자 조사반에서 활동하다 항쟁지도부에 합류. 5·18 이후 5월항쟁동지회 활동.

543 5·18 기간 중 지역방어활동에 참여하다 도청에 들어와 취사를 총괄하는 보급반장으로 활동.

544 보안사령부 「광주사태 상황보고」, 1980, 257~58면의 5월 25일 보고; 국방부 과거사 진상규명위원회 엮음, 앞의 책 122면에서 재인용.

545 김순현(전교사 전투발전부장) '서울지방검찰청 진술조서', 1995.

12. 해방기간 V
5월 26일 월요일 | 항쟁 9일째

546 김성용 신부 증언. 5·18기념재단 엮음『구술생애사로 본 5·18의 기억과 역사 5 — 천주교 편』, 2013, 159면.

547 「20사단 광주작전일지」,『월간 조선』1988년 12월호 466~80면.

548 김성용 신부 증언. 윤공희·김성용·조비오 외『저항과 명상: 윤공희 대주교와 사제들의 오월항쟁 체험담』(오월민중항쟁자료집 6), 빛고을출판사 1989.

549 김성용 신부는 서울 도착 후 명동성당에 숨어서 자신이 목격한 5·18에 대한 증언집을 31면짜리로 정리하여 「분노보다는 슬픔이」라는 제목으로 펴냈다. (5·18기념재단 엮음『구술생애사로 본 5·18의 기억과 역사 5 — 천주교 편』, 2013.)

550 임성택 증언. 정대하 「35년 만에 얼굴 드러낸 '복면 시민군' … "5·18왜곡 맞서 싸울 것"」,『한겨레신문』2015년 5월 18일자.

551 성명서 「80만 민주시민의 결의」(1980. 5. 26), 광주광역시5·18사료편찬위원회 엮음『5·18광주민주화운동자료총서』2권, 1997, 73면.

552 '시민장'과 '도민장' 중 무엇으로 할지는 전라남도 정시채 부지사와 구용상 광주시장이 책임 소재 때문에 언성을 높이며 서로 미루다 결론이 나지 못한 상태였다.

553 이때 참여한 가톨릭노동청년회(JOC) 회원들은 정숙경, 김성애를 비롯, 호남전기 여성노동자 윤청자(22세), 신양희(22세), 최정님(21세)과, 김순이(20세, 가톨릭센터 근무), 임미령(23세, 남해어망) 등이었다.

554 김종남(남, 1961년생, 화물차 조수) '5·18 피해자 구술자료 조사, 채록번호 1-382', 5·18기념재단 1999. 김종남은 5월 27일 새벽 월산동에서 계엄군에게 체포되어 구속됐으며, 조사과정에서 고문과 구타로 정신분열 증세가 나타났다.

555 윤석루(시민군 기동타격대장) 「최후 항쟁 의미와 증언의 소명」, 5·18기념재단 윤석루 구술 녹취록, 2011. 8. 28.

556 이재춘(1959년생) '현사연 2038 증언', 한국현대사사료연구소 엮음『광주오월민중항쟁사료전집』, 풀빛 1990

557 김준봉(1959년생) '현사연 1020 증언', 같은 책.

558 안길정과 김윤기의 「전교사계엄보통군법회의 판결문」(1980. 10. 24); 광주광역시 5·18사료편찬위원회 엮음, 앞의 책 44권, 2004, 194~99면 및 박종섭 '전남합동수사단 조서'(1980. 5. 31); 같은 책 31권, 2003, 14~62면.

559 인요한(현 연세대 의과대학 교수, 세브란스병원 국제진료센터 소장) 증언, 광주 MBC, 2013. 5. 26. 그의 집안은 4대에 걸쳐 광주와 순천지역에서 선교활동을 했다. 시 민군 대변인 통역을 했다는 이유로 5·18 직후 군사정권으로부터 추방 압력을 받았다.

560 헨리 스콧 스토크스 「기자 사명과 외교 요청의 갈등 속에서」, 한국기자협회·무등일 보·시민연대모임 엮음 『5·18특파원리포트』, 풀빛 1997, 40면.

561 「1980년 5월 대한민국 광주에서 일어난 제반 사건에 대한 미국정부의 성명서」, 제 61항; 이해찬·유시민 외 『기억하는 자의 광주』, 돌베개 2010, 391면에서 재인용.

562 Tim Shorrock, "Kwangju Diary: The View from Washington," Jae-eui Lee, *Kwangju Diary*, UCLA 1999, 167면.

563 브래들리 마틴 「윤상원 그의 눈길에 담긴 체념과 죽음의 결단」, 한국기자협회·무등 일보·시민연대모임 엮음, 앞의 책 131면.

564 아놀드 A. 피터슨 『5·18 광주사태』, 정동섭 옮김, 풀빛 1995, 152면.

565 조아라(1912년생) '현사연 1003 증언', 한국현대사사료연구소 엮음, 앞의 책.

566 대한민국재향군인회 엮음 『12·12, 5·18 실록』, 1997, 288면.

567 '상무충정작전'에 대해서는 국방부 과거사진상규명위원회 엮음 『12·12, 5·17, 5·18사건 조사결과보고서』, 2007, 120~23면 참조.

568 아놀드 A. 피터슨, 앞의 책 153면.

569 육군본부 전투병과교육사령부 「소요진압과 그 교훈」, 1981, 63면; 이해찬·유시민 외, 앞의 책 386면에서 재인용.

570 육군본부 전투병과교육사령부 「소요진압과 그 교훈」 64~65면; 같은 책 387면에서 재인용.

571 「1980년 5월 대한민국 광주에서 일어난 제반 사건에 대한 미국정부의 성명서」, 제 57항; 같은 책 389면에서 재인용.

572 육군본부 전투병과교육사령부 「소요진압과 그 교훈」, 63면; 같은 책 388면에서 재 인용.

573 서울지방법원 「12·12, 5·18 1심 선고 판결문」, 1996. 8. 26.

574 국방부 과거사진상규명위원회 엮음, 앞의 책 122면.

575 보안사령부 「광주소요사태 관련철」, 60면; 같은 책 122면에서 재인용.

13. 항쟁의 완성
5월 27일 화요일

576 애초부터 투항파니 항쟁파니 구분하는 것 자체가 큰 의미가 없었다. 투항파로 분류
된 사람들도 광주시민의 희생을 조금이라도 줄이자는 소신 때문에 5일간의 해방기간
동안 '수습'을 위해 헌신적으로 활동한 사람들이었다. 계엄군이 광주시민 대표의 요구
를 전면 거부한 채 무력진압을 감행하겠다는 상황에서 투항파가 할 수 있는 일은 더이
상 없었다.

577 윤석루(시민군 기동타격대장) 「최후 항쟁 의미와 증언의 소명」, 5·18기념재단 윤석
루 구술 녹취록, 2011.

578 이종기 변호사는 유신정권에 저항하다 투옥(1973년)돼 변호사직을 박탈당한 상태
였는데, 5월 22일 일반수습대책위에 처음부터 참여하였고, 25일 수습대책위가 재야인
사들의 참여로 새롭게 통합 정비되면서 위원장직을 맡았다.(홍남순 변호사 '현사연
1012 증언') 26일 밤 마지막 순간 그의 용기 있는 행동은 '결사항전'을 주장하던 항쟁
지도부에 큰 격려가 되었음은 물론이다. 그는 이날 밤 기동타격대 김태찬 등과 함께 끝
까지 도청에 남아 있다 27일 새벽에 체포됐다. 이종기 변호사의 아들 이충영(20세, 경
희대 한의대)도 이날 밤 YMCA에서 시민군에 지원하여, 27일 새벽 계림국민학교에 배
치되었다가 그곳에서 계엄군에게 체포되었다.

579 손남승(1958년생, 대학생) '현사연 1046 증언', 한국현대사사료연구소 엮음 『광주
오월민중항쟁사료전집』, 풀빛 1990.

580 「5·18의 전국화」, 5·18민주유공자유족회 엮음 『그해 오월 나는 살고 싶었다』 2권,
2005, 338면.

581 임영상 『부끄러운 탈출 ─ 고교생 시민군의 5·18 회상기』, 푸른미디어 2009. 임영상
이 그때 자신이 목격하고 참여한 경험을 바탕으로 쓴 이 책은 당시 고등학생들의 심리
적 변화와 참여과정을 잘 보여주는 기록이다. 임영상은 21일 오전 우연히 시위대 차량
에 탑승해 영암까지 갔는데, 그날 오후 광주 외곽이 봉쇄되자 나주, 영광, 함평, 목포 등

지로 돌아다니다 25일에야 겨우 광주 하숙집으로 돌아올 수 있었다.

582 바로 이 시각 김성용 신부 등 시민 대표 11명은 불과 몇십 미터 떨어진 곳에서 계엄군 측 협상대표 김기석 전교사 부사령관과 마지막 협상을 진행하는 중이었다. 계엄 당국 은 최종 공격작전 시달 회의를 하면서 시민 협상대표들에게는 이런 사실을 감춘 채 마 치 협상이 가능한 것처럼 위장전술을 쓴 셈이다.

583 육군본부 전투병과교육사령부「소요진압과 그 교훈」, 1981, 75면.

584 충정작전 지침은, '1. 은밀 침투 기습과 동시 최종 목표 제압, 2. 외곽도로 차단, 3. 도 청, 공원, 관광호텔, 전일빌딩 등을 특정 목표로 은밀하게 침투하여 점령, 4. 시내 동시 공격 및 특공부대와 연결 후 주요 지점 배치하여 소탕, 5. 무기 회수 및 선무활동의 전 개' 등이었다.

585 대한민국재향군인회 엮음『12·12, 5·18 실록』, 1997, 302면.

586 국방부 과거사진상규명위원회 엮음『12·12, 5·17, 5·18사건 조사결과보고서』, 2007.

587 스턴수류탄(stun grenade)은 이스라엘 특수부대가 1976년 엔테베공항 인질구출 작 전 때 최초로 사용한 인질구출용 수류탄인데 국내에서는 광주의 전남도청 소탕 작전 에서 처음으로 사용했다. 폭발할 때 강력한 섬광이 일어나 잠깐 동안 눈이 보이지 않는 다. 수류탄의 표면은 플라스틱 재질이기 때문에 인명살상용이라기보다는 인질범을 제 압하기 위한 용도로 사용된다. (3공수여단 전투상보.)

588 26일 밤 9시, 11시경 도청 침투를 앞두고 계엄군은 공수부대 하사관들을 편의대 복 장, 즉 민간인 복장으로 갈아입힌 뒤 광주 시내에 잠입시켜 정찰을 실시했다. (대한민 국재향군인회 엮음, 앞의 책 521면.)

589 11공수여단 전투상보.

590 양동남과 나일성 증언. 전남대학교 5·18연구소 엮음『5·18항쟁 증언자료집』I, 전 남대학교출판부 2003.

591 나일성 증언. 같은 책 116면.

592 새벽 2시가 넘어서자 계엄군의 진입 움직임이 화정동, 서방, 지원동 등지에서 포착 됐다.

593 임영상, 앞의 책 218면.

594 나명관(1962년생, 용접공) '현사연 4003 증언', 한국현대사사료연구소 엮음『광주

오월민중항쟁사료전집』, 풀빛 1990.

595 송진광 「전교사계엄보통군법회의 판결 이유서」, 1980. 12. 30; 광주광역시5·18사료
편찬위원회 엮음 『5·18광주민주화운동자료총서』 47권, 2004, 37면.

596 27일 아침 계엄군의 소탕작전이 끝난 뒤 체포된 시민군 숫자는 200여명으로 알려져
있다. 이날 아침 체포된 사람들 가운데 지금까지 확보 가능한 143명의 증언과 검찰진
술조서 등을 토대로 이들이 마지막 항거 당시 배치된 장소와 규모를 추정했다. 여기서
지역별로 제시된 시민군 숫자는 그 지역에서 체포된 사람들의 증언에 언급된 개략적
인 숫자를 근거로 했다. 때문에 모두 피신하여 한명도 체포되지 않은 지역 등은 여기에
포함되지 않았다. 산수동 일대에도 시민군이 배치된 것으로 추정되지만 기록에서는
확인되지 않고 있다.

597 1989년 국회 광주청문회 당시 도청에서 체포된 항쟁지도부들은 대부분 27일 새벽
도청 잔류 인원이 약 300~500명 정도에 이를 것이라고 주장했다. 공수특공대의 공격
이 시작되기 직전에 도청에서 빠져나간 사람과 총격전과 동시에 피신한 사람들도 상
당수 있던 것으로 보인다. 이날 아침 계엄군이 도청에서 생포한 시민군은 약 200명 정
도였다.

598 YWCA에는 당초 남자가 20여명 있었는데 27일 새벽 YMCA에서 모집된 인원 가운
데 10여명이 추가로 배치됐다. 계엄군은 27일 아침 YWCA에서 시민군 2명을 사살하
고 29명을 체포하였다. 이곳에서 사망한 2명 중 한명은 박용준이고, 다른 한명의 신원
은 아직까지 밝혀지지 않았다.

599 윤기권, 임준섭, 정삼기 등 3명이 YMCA에서 27일 아침 체포됐다. 그리고 노먼 소프
기자가 27일 아침 8시 30분경 찍은 사진에는 YMCA 앞 금남로 도로에 시민군 1명이 쓰
러져 있는 모습이 담겨 있다.

600 전일빌딩에서 시민군 2명과 함께 체포된 황의수(28세)는 26일 밤 YMCA에서 편성
된 시민군 지원병 1조 13명의 조장이었다. 11공수여단 작전기록에는 전일빌딩에서
3명이 체포됐다. 나머지는 피신한 것으로 추정된다.

601 시외버스 공용터미널 부근의 여관 등에 숨어 있다 27일 새벽 체포된 시민군은 이학
동, 오종수 등 20여명이다.

602 송진광이 데리고 가서 계림국민학교 앞 육교에 배치한 숫자다. 김태찬은 자신이 운
전하여 군용 트럭으로 싣고 이곳에 데려다준 시민군 숫자가 약 20~30명이었다고 증언

한다.

603 월산동 지역은 현재 광주MBC가 위치한 덕림산 부근인 것으로 추정된다. 7공수여단 특공대가 광주공원을 목표로 진입할 때 이 지역에서 교전이 벌어졌고, 계엄군 소위 최 ○○ 1명이 사망했다. 김종남 등 7명 이상이 월산동에 배치됐으며 2명이 현장에서 체포됐고, 시민군 김성근이 이 지역에서 사망했다.

604 한강운 등 6명이 27일 사직공원에서 체포됐다.

605 남광주역과 전남대병원은 도로 하나를 사이로 인접해 있다. 20사단 61연대는 27일 새벽 4시 20분경 도청 진입 도중 전남대병원 부근에서 시민군과의 충돌로 2명을 사살했다고 보고한 기록이 있다. 이곳에서 그날 새벽 체포된 시민군의 증언은 발견할 수 없었다.

606 보급부장 구성주 일행 5명이 27일 오전 한일은행 부근에서 체포됐다.

607 20사단 60연대 수색대장 김○○ 대위는 27일 새벽 서부경찰서를 점령했다. 그에 따르면 농성동 청기와주유소 부근부터 서부경찰서까지 시민군의 저항이 상당히 격렬했다고 한다.

608 "도청 상황실에서는 자폭하자는 의견도 있었으나 한 청년이 눈물을 주먹으로 씻으며 말했다. (…) 장내는 숙연해졌고 수류탄을 움켜쥐고 있던 고등학생들은 흐느껴 울었다"는 기록(『죽음을 넘어 시대의 어둠을 넘어』, 초판, 241면)은 사실과 다르다. '자폭하자'는 사람도 없었고, 수류탄은 엄격하게 통제됐기 때문에 이날 밤 시민군 누구에게도 지급되지 않았다. (정상용, 이양현 증언. 2016. 5. 필자 이재의·전용호와의 인터뷰.)

609 "가두방송을 듣고 도청을 향하여 집을 뛰쳐나온 젊은이들이 계엄군들의 포위망에 걸렸다. 그들은 어둠속에서 도청 주위를 맴돌다가 수백명이 체포되고, 달아나던 사람들은 가차없이 사살되었다"고 기록(『죽음을 넘어 시대의 어둠을 넘어』, 초판, 241면)돼 있으나 이는 사실과 다른 것으로 확인됐다. 실제로는 이 시각 도청으로 향한 청년들은 거의 없었다는 사실이 이후 각종 증언들을 통해 확인됐다. 마지막 방송에 대하여 '방송 차량으로 시내를 돌아다니며 했다'는 기록(이해찬·유시민 외 『기억하는 자의 광주』, 돌베개 2010, 404면; 대한민국재향군인회 엮음, 앞의 책 305면)이 있으나 이것 역시 사실과 다르다. 박영순은 "칠흑 같은 어둠속에서 군인들이 총을 들고 공격해오는 상황에서 차를 타고 돌아다니며 방송한다는 것은 엄두도 낼 수 없는 상황이었다"고 증언했다(박영순 증언. 5·18기록관 집담회, 2016. 3). 그때 도청 본관 건물 옥상에는 동서남

북 방향을 향한 스피커가 4개 설치돼 있었다. 민방공훈련 때 사용하는 고성능 스피커였다.

610 "노르웨이 화가 뭉크(Munch)가 그린 유명한 그림 '비명'에 나오는 불가사의한 얼굴과 움푹 파인 입을 머리에 떠올리고, 그 그림이 캄캄한 화실에서 별안간 목청이 생겨나 엄청난 음량으로 소리를 토해낸다고 상상해보라. 그러면 그 목소리에 담긴 힘이 어떤 것이었는가를 짐작할 수 있으리라." (헨리 스콧 스토크스「기자 사명과 외교 요청의 갈등 속에서」, 한국기자협회·무등일보·시민연대모임 엮음『5·18 특파원리포트』, 풀빛 1997, 44면.)

611 『죽음을 넘어 시대의 어둠을 넘어』초판(1985)은 계엄군이 먼저 도청 정문을 향해 공격해온 것으로 기술돼 있다. 그러나 12·12, 5·18 재판(1997)을 계기로 군 관련 자료들이 공개되면서 실제로는 3공수여단 특공대가 뒷담을 넘어 기습하면서 작전이 시작됐다는 것이 밝혀졌다. 이때까지 도청에 있던 시민군은 공수부대의 후방침투를 전혀 예상치 못했다. (윤석루, 박남선 등의 증언.)

612 육○○ 대위(3공수여단 11대대 1지역대) '국방부보통검찰부 진술조서', 1995.

613 「20사단 광주사태 작전일지」(1980. 6. 작성원본), 『월간 조선』 1988년 12월호 477~80면에는 '04:10 도청 총성 11발 발사 청취'라고 기록돼 있다.

614 김인환(1959년생) 증언. 광주민주화운동기념사업회 엮음『5·18 민주화운동 법정·영창 스토리텔링 구술보고서』, 2015.

615 김인환은 이때 서호빈과 함께 도청 뒤 담벼락에 배치돼 경계를 서는데 헬리콥터가 도청 상공에서 공수부대를 투입시켰다고 증언했다. "계엄군이 진입하려는 순간 헬리콥터가 도청 상공에 나타나더니 서치라이트를 비추고 공수부대원들이 여러명 줄을 타고 내려오면서 김인환 등을 향해 M16 자동소총을 쏘기 시작했다. 마치 전쟁영화에 나오는 장면 같았다. 줄을 타고 내려오면서 총을 갈기니까 탄환이 발사되는 반동으로 공수대원 몸이 360도 회전하고 동시에 총알이 원을 그으며 떨어지는 것이 보였다."(같은 곳.) 상황실장 박남선 역시 국회광주청문회(1988)에서 '하늘에서는 헬기에서 기관총을 쏘면서' 도청 진압작전을 펼쳤다고 증언했다. 김인환, 박남선의 증언은 군의 공식적인 기록들과는 일치하지 않는다. 「20사단 광주사태 작전일지」에는 헬리콥터가 출동한 시각이 '05:16분'으로 기록돼 있다. 3공수여단 특공대의 침투로부터 약 1시간 뒤였다. 김인환, 박남선은 군의 공식기록보다 이른 시각에 헬리콥터의 출현과 공수부대의 공

중 진입을 목격했다고 증언한 것이다. 그들의 기억이 정확하지 않을 수도 있지만 군 기록 역시 민감한 사항들에 대해서는 누락, 혹은 왜곡된 점들이 다수 확인되고 있기 때문에 추가적인 조사가 필요한 대목이다.

616 김인환은 서호빈이 죽었다는 사실을 나중에 상무대 영창에서 석방된 후 서호빈 부모님으로부터 전해 들었다.

617 육○○ 대위(3공수여단 11대대 1지역대) '국방부보통검찰부 진술조서', 1995.

618 박병준(1963년생) '현사연 3107 증언', 한국현대사사료연구소 엮음, 앞의 책.

619 이재춘은 이때 M16 소총 한정을 가지고 있었지만 실탄이 없어서 총을 쏠 수 없었다. (2016. 7. 필자 전용호와의 인터뷰.)

620 이재춘(1959년생) '현사연 2038 증언', 같은 책.

621 『임을 위한 행진곡』(김대령, 비봉출판사 2015)은 분수대 부근에서 '단 한명도 계엄군이 쏜 총에 의해 사망하지 않았다'고 주장했다. 하지만 이런 주장은 현장에 침투한 공수특공대 지휘관의 진술에 의해서도 사실과 다르다는 것을 확인할 수 있다. 11공수여단 특공대의 최○○ 대위는 검찰에서 자신의 부대가 전일빌딩과 관광호텔을 향해 침투하던 중 "04:00시에 작전을 개시하여 도청을 우회하여 목표지점에 가는데 도청 앞 분수대에서 한사람이 총을 들고 군인들에게 사격을 가해왔으며, 그를 사살하고 다시 침투하였다"고 진술했다. (최○○ 대위[11공수여단 61대대 2지역대] '국방부보통검찰부 진술조서', 1994.)

622 유석은 친구 정금동과 함께 YMCA에서 대기하다 비상이 걸리자 카빈총과 실탄을 분배받은 후 이곳 분수대 주위에 배치된 것이다. 비상이 걸리고 1시간이 지나도록 인기척이 없다가 새벽 4시 무렵 '상무관 뒤쪽'에서 총소리와 함께 계엄군의 신호탄이 발사됐다. 곧이어 충장로 1가 입구 쪽에서 총격이 시작되고 총탄 불빛이 눈에 들어왔다. 상무관 앞쪽까지 벌써 계엄군이 깔려 있었다. 분수대 앞뒤로 포위된 상태였다. (유석 '현사연 3115 증언', 한국현대사사료연구소 엮음, 앞의 책.)

623 5·18을 왜곡하는 책자(김대령, 앞의 책)는 '새벽 4시경 도청 앞 광장에는 계엄군이 전혀 없었다'고 주장하기 위해 3공수여단 특공대가 '뒤쪽 담을 넘어 도청으로 진입'했다는 사실을 강조한다. 그러나 11공수여단 61대대 2지역대 최○○ 대위의 검찰에서의 진술과 이재춘, 유석의 증언은 바로 '그 시각 분수대 앞에 공수특공대가 있었다'는 사실을 분명하게 밝히고 있다.

624 나일성(1961년생) '현대사 2035 증언', 한국현대사사료연구소 엮음, 앞의 책.

625 김여수(1961년생) '현대사 2040 증언', 같은 책.

626 김현채(1961년생) '현대사 2041 증언', 같은 책.

627 '대도호텔'은 도청 남쪽 옆 골목에 위치한 3층짜리 자그마한 호텔이었는데, 지금은 아시아문화전당 부지로 편입돼 사라진 건물이다. 테리 앤더슨, 노먼 소프 등 이날 밤 몇 명의 외신 기자들이 대도호텔에 투숙했는데, 이들은 호텔 옥상과 유리창 너머로 공수부대의 도청진압 작전을 가장 가까이에서 관찰하였다. 이때 목격한 장면을 『5·18특파원리포트』에 기록으로 남겼다.

628 테리 앤더슨 「날아오는 총알을 피하며」, 한국기자협회·무등일보·시민연대모임 엮음, 앞의 책 30면.

629 2명의 공수대원이 서 있던 장소는 도 경찰국 건물 옥상 남쪽 끝인 것으로 추정된다. 테리 앤더슨과 대도호텔에 함께 투숙한 노먼 소프는 2016년 5월 광주광역시의 초청으로 광주를 방문했을 때 구 도청 본관 건물 옥상에 올라가서 1980년 5월 26일 밤 외신 기자들이 투숙한 호텔과 공수부대의 진압 장면 목격 위치를 필자 이재의에게 정확하게 알려줬다.

630 「20사단 광주사태 작전일지」(1980. 6. 작성원본), 『월간 조선』 1988년 12월호 477~80면.

631 김○○ 대위(3공수여단 11대대 1지역대 2중대장) '국방부보통검찰부 진술조서', 1995.

632 새벽 4시 10분경 도청 뒷골목에서 미리 접근한 계엄군과 경계 중이던 시민군의 교전에 따른 총성, 혹은 11공수여단이 도청 앞 분수대 부근을 통과하면서 화분대 뒤에 숨어 있던 시민군에게 쏜 총성으로 추정된다.

633 김○○ 대위 '국방부보통검찰부 진술조서', 1995.

634 도청 건물은 뒤쪽에 있는 경찰청 건물과 양옆의 부속건물들이 가운데를 비워둔 채 모두 서로 연결된 통로로 이어진 구조다. 본관 각 층은 정문에 들어서면 중앙계단을 통해 접근할 수 있고, 각 층마다 복도가 앞에 길게 나 있으며 칸을 막아 업무공간으로 사용하였다. 항쟁지도부는 본관 1층 사무실을 상황실과 조사실 등으로 사용하고, 2층 도지사실과 부지사실, 국장실 등은 수습대책위원실, 투쟁위원회 위원장실, 부위원장실, 홍보실, 대변인실, 기획위원실로 사용했다. 2층 공간은 길게 복도가 있고 각 사무실 문

을 열면 좁은 부속실 공간을 거쳐 다시 문을 열고 들어가야 집무실이 있다. 본관 1층의 남쪽에는 해방 후 지은 4층 높이의 별관 건물이 일제 때 지어진 본관 건물과 도경 건물을 연결하는 구조다.

635 김윤기(1957년생) '현사연 4012 증언', 한국현대사사료연구소 엮음, 앞의 책.

636 윤강옥(1951년생, 기획위원) '5·18 피해자 구술자료 조사, 채록번호 7-23', 5·18기념재단 1999.

637 최치수(1961년생) '현사연 1017 증언', 한국현대사사료연구소 엮음, 앞의 책.

638 김태찬(1961년생) '현사연 2032 증언', 같은 책.

639 정상용, 정해직, 윤강옥 등 도청 본관에서 체포된 대부분의 시민군들은 '사무실에 갇혀 있는 상황'이었기 때문에 총을 밖으로 던진 후 문을 열고 항복하는 순간까지 계엄군을 직접 볼 수 없었다. 따라서 계엄군들을 향해 총을 쏘며 저항할 수 있는 상황이 아니었다. (정상용 증언. 2016. 5. 필자 이재의·전용호와의 인터뷰.)

640 신만식(1956년생) '현사연 1044 증언', 한국현대사사료연구소 엮음, 앞의 책.

641 26일 오후 계엄군이 진입할 것이라는 소식이 들렸을 때도 이들은 모여서 회의를 했고, 끝까지 무기고를 안전하게 지키자고 결의했다. (양홍범 '현사연 1047 증언', 같은 책.)

642 문용동(1953년생, 신학대학생)은 검시 결과, 광주지검에서는 '우흉부 맹관 총창상, 좌전흉부 맹관 총창상, 우수지 관통 총창'으로 'M16'에 의한 사망으로 판정했고, 보안사에서는 '두군데는 맹관, 우제3수지의 사입구(1.5×0.5)'로 '카빈'에 의한 사망으로 판정했다.

643 도청 정문에서 왼쪽에 있는 별도의 건물이 민원실이다. 민원실 건물은 지하 1층, 지상 2층으로, 지하실은 도청 직원들의 구내식당과 이발소, 1층은 민원실, 2층은 강당이었다. 항쟁기간 중 시민들이 밤낮으로 상주하면서부터 지하실은 TNT, 수류탄, 총기류 등을 보관하는 무기고로, 1층은 취사실과 식당으로, 2층 강당은 식당 및 휴게실로 바꿔서 사용하였다. 민원실 건물은 도청 본관과 분리된 별도의 건물이지만 2층 강당에서 본관으로 구름다리 통로가 연결돼 있고, 강당 남쪽 역시 구름다리 통로로 경찰국과 이어졌다.

644 1980년 계엄 당국은 공식 문서에서 윤상원의 '할복자살' 혹은 '분신자살' 가능성을 제기했다. 최근에는 '자살설'의 계보를 잇는 '수류탄 자폭설'까지 새롭게 등장했다. 이러한 주장은 「임을 위한 행진곡」이 윤상원을 기리기 위한 노래이므로, 이를 5·18 민주

화운동의 공식 기념곡으로 지정하는 것은 적절치 않다는 반박 차원에서 윤상원의 사인을 집요하게 왜곡시키고 있다(김대령, 앞의 책). 윤상원의 죽음은 '5·18의 성격' 규정과 관련하여 상징성이 매우 크다. '민주화운동' 혹은 '민중항쟁'인가, 아니면 '폭동'인가 하는 논란, 즉 5·18의 본질적 성격과 깊은 연관이 있기 때문에 윤상원의 죽음에 대한 원인은 처음부터 계엄 당국에 의해 '각색'되었고, 그후에도 다양한 형태로 변형되면서 왜곡이 지속되어왔다. (안길정 「윤상원의 사인에 대하여」, 『역사학연구』 63호, 호남사학회 2016. 8, 95~134면.)

645 박내풍(1957년생) '현사연 1036 증언', 한국현대사사료연구소 엮음, 앞의 책.

646 윤석루 증언. 5·18기념재단 엮음 『2011년 5·18 민주화운동 구술자료 수집 연구용역 결과보고서』, 2011.

647 「3공수여단 특전사전투상보」(1980)의 '광주소요사태 진압작전'.

648 12·12, 5·18 재판에서 대법원(1997)은 "광주재진입작전을 실시하여 전남도청 등을 다시 장악하려면 무장하고 있는 시위대를 제압해야 하며, 그 과정에서 이에 저항하는 시위대와의 교전이 불가피하여 필연적으로 사상자가 생기게 되므로, 피고인 전두환 등이 이러한 사정을 알면서 재진입작전의 실시를 강행하기로 하고 이를 명령한 데에는 그와 같은 살상행위를 지시 내지 용인하는 의사가 있었음이 분명하다"고 판시했다. 또한 "광주시위를 조속히 제압하여 시위가 다른 곳으로 확산되는 것을 막지 않으면 내란의 목적, 즉 집권에 성공할 수 없는 중요한 상황"이었기 때문에 이런 살상행위를 저질렀다며, "내란목적살인의 책임"을 져야 한다고 판결했다. (대법원 「12·12, 5·18 상고심 선고 판결문」, 1997. 4. 17.)

649 『임을 위한 행진곡』은 27일 새벽 도청 앞 분수대 부근에서 이재춘이 목격한 2명의 희생자가 광주상고 1학년 문재학과 안종필이라고 단정한다. 그러나 이재춘의 증언에서도 확인할 수 있듯이 그들이 문재학과 안종필이었다는 확증은 어디에도 없다.(이재춘 증언. 5·18기념재단 엮음, 앞의 책.) 또한 박남선과 신만식만 M16을 가지고 쏘았다고 단정하지만 실제로 이들은 M16 실탄을 가지고 있지 않았다고 증언한다. 시민군측에는 M16용 실탄이 없었기 때문에 사실상 M16은 무용지물이었다는 것이 무장시민군으로 참여한 사람들 대다수의 증언이다. 당시 군 검찰관의 입회 아래 광주지방검찰청이 5월 27일 오후 전남도청 뒤뜰에서 실시한 '5·18 관련 사망자 검시'에서 문재학(16세)의 경우 '좌복부 관통 총상(좌복부 및 전좌경부 관통 총상, 하악골 분쇄 골절상),

사입 후경부 1.0×0.5, 사출 전좌경부 6.0×4.0'으로, 안종필(16세)의 경우 '우흉부 관통 총상(좌배흉부, 우전흉부, 배요부 맹관상)'으로 사인이 두명 모두 'M16'에 의한 것으로 기록돼 있다. (광주광역시5·18사료편찬위원회 엮음, 앞의 책 20권, 1999, 476~79면.)

650 양인화(남, 1956년생) '현사연 2026 증언', 한국현대사사료연구소 엮음, 앞의 책.

651 임영상, 앞의 책.

652 같은 책.

653 황의수(1952년생) 증언. 광주민주화운동기념사업회 엮음, 앞의 책.

654 「11공수여단 특전사전투상보」(1980)의 '광주소요사태 진압작전'.

655 YWCA에서는 『투사회보』가 제작됐고, 수습위원회가 항쟁과 항쟁지도부로 교체될 때 이를 지원하기 위해 대학생들을 모집하여 도청에 투입하였다. 27일 새벽 YWCA에는 극단 광대와 들불야학, 송백회 회원 가운데 여성들이 빠져나가고 남자들만 30명 정도 남아 있었다. 군대를 갔다 온 서한성에게 총기조작법을 배운 후에 각자 경계를 섰다. 김성섭, 신은주, 박용준은 2층에, 나명관과 윤순호는 1층 소심당에 배치되었다. 채영선(23세), 김한중(20세), 김현철(21세), 천영진(20세), 한정만(19세) 등과 YMCA에서 증원된 10여명도 함께 있었다.

656 나명관(남, 1962년생, 용접공) '5·18 피해자 구술자료 조사, 채록번호 1-036', 5·18기념재단 1999.

657 김길식(1961년생) '현사연 1039 증언', 한국현대사사료연구소 엮음, 앞의 책.

658 광주지검 검시기록에 따르면 박용준의 사인은 '안두부 관통 총상'(얼굴 관통 M16 총상)이다. 공수여단 특공대는 얼굴, 가슴 등을 가리지 않고 난사했다. (「스물세 살 외로운 님의 생애」, 5·18민주유공자유족회 엮음, 앞의 책 355면.)

659 김윤희는 1980년 7월 석방된 후 5월항쟁 기간 자신이 체험한 일을 일기로 써두었다. 최근 그녀의 일기가 익명으로 『한겨레』에 공개됐다. (정대하 「80년 광주 최후 지키다 총상 입은 여대생 '오월 일기' 첫 공개」, 『한겨레』 2016년 5월 26일자.)

660 11공수여단 전투상보에 기록된 전과는 '사살 3명, 포로 29명, 카빈 소총 500정, LMG 기관총 1정, M203 유탄 1정, M16 소총 1정, P-77 무전기 1대, 기관총 탄약 4상자 외 다수. 부상자 군인 2명(61대대 3지역대 하사 정○○, 이○○) 총상'이다.

661 육군본부 전투병과교육사령부 「광주소요사태분석 ─ 교훈집」(1980. 9), 『월간 중

앙』1989년 2월호.

662 김종남(1961년생, 화물차 조수) '5·18 피해자 구술자료 조사, 채록번호 1-382', 5·18기념재단 1999.

663 육군본부 7공수여단「전투상보」, 1980.

664 육군본부 제20사단「전투상보」, 1980.

665 「20사단 광주사태 작전일지」(1980. 6. 작성원본), 『월간 조선』 1988년 12월호 477~80면.

666 「전교사계엄보통군법회의 판결문」; 광주광역시5·18사료편찬위원회 엮음, 앞의 책 47권, 37면.

667 상황실장 박남선은 송진광을 '황두일'이라는 가명으로 표현했다(『신동아』 1988년 5월호). 일부 5·18을 왜곡하려는 측에서는 박남선이 가명으로 언급한 '황두일'이 북한에서 침투한 북한군 군관이라고 주장한다. (김대령, 앞의 책.)

668 육군본부 제20사단「충정작전상보」, 1980.

669 송진태(남, 1955년생, 송진광 동생) '5·18 피해자 구술자료 조사, 채록번호 1-091', 5·18기념재단 1999. 송진광(28세)은 광주에서 고등학교를 졸업하고 제3사관학교에 입학하여 춘천에 있는 3군사령부 화학지원대에서 장교생활을 한 후 1979년 대위로 전역했다. 80년 5월 20일 시내에 나갔다 계엄군의 만행을 목격하고, 26일 궐기대회 후 YMCA에 들어간 것이다. 27일 새벽 시민군을 이끌고 계림동 전투를 지휘한 후 부상을 입고도 피신에 성공한 송진광은 몇달 후 그 노부부 집을 찾아가 감사 인사를 했다. 그러나 그해 10월경 누군가의 신고로 체포되어 온갖 고문을 당했다.(「전교사계엄보통군법회의 판결문」 1980, 『5·18광주민주화운동자료총서』 47권, 37면.). 그날 밤 신출귀몰한 그의 피신 행적은 마치 영웅신화처럼 사람들의 입과 입으로 퍼져나갔다. 1981년 석방된 송진광은 결혼을 하고 무등산자락 제2수원지 앞 용연마을에서 정미소를 운영했다. 1985년 9월 5일 가을장마로 개울물이 범람해 정미소에서 일하던 아이가 물에 휩쓸려 간다는 말을 듣고 급류에 뛰어들었으나 아이와 함께 불귀의 객이 되고 말았다.

670 「20사단 광주사태 작전일지」(1980. 6. 작성원본), 『월간 조선』 1988년 12월호 477~80면.

671 대한민국재향군인회 엮음, 앞의 책 308~10면.

672 김양우「아직도 광주는 끝나지 않았다」, 한국기자협회·무등일보·시민연대모임 엮

음, 앞의 책 237면.

673 천영진(1960년생) '현사연 3109 증언', 한국현대사사료연구소 엮음, 앞의 책.

674 허장환「505보안부대 광주사태 처리 특명반 수사관의 증언」(기자회견 전문), 1988. 12. 6, http://c.hani.co.kr/hantoma/1434931.

675 테리 앤더슨은 5월 27일 아침 7~8시 사이 도청에 들어갔을 때 자신의 눈에 비친 사망자의 위치와 숫자를 정확하게 적었다. 2층 회의실 2구, 분신자살 1구, 뒤뜰 7구, 도청 계단 3구, 산재된 시체 2구 등 '15구'라고 했다. (테리 앤더슨, 앞의 글 31면.)

676 노먼 소프는 5월 27일 아침 도청에 가장 먼저 들어간 기자로 확인된다.

677 5·18 기간 계엄군은 군부대의 자위권 발동과 관련해 총기사용 수칙을 구체적으로 나열하여 지시했다. '먼저 접근하지 말라고 경고한 후, 그래도 접근하면 사격을 하되, 하복부를 사격하라'는 명령이었다.(육군본부 20사단「충정작전상보」중 '5.21, 21:00'의 상보.) '전교사 작전 지침'에도 '공격간 폭도들에 대한 사격은 가급적 하복부에 지향한다'고 명시돼 있다.

678 광주지검과 보안사가 작성한 검시기록을 보면, 도청 희생자들은 대부분 머리, 가슴 등에 여러발의 총탄을 맞았다. 5·18 기간 중 M16에 의한 상반신 총상 사망자 87명의 검시기록을 분석해보면, 두부 총상 사망자는 33명, 두부 외 상반신 총상 사망자는 54명이나 된다.

679 3공수여단 11대대 1지역대 특공조의 일원이던 홍○○ 하사가 평민당 광주특위 위원과 인터뷰 중 밝힌 내용. (이해찬·유시민 외, 앞의 책 411면.)

680 조성호「오월 광주의 회상」, 한국기자협회·무등일보·시민연대모임 엮음, 앞의 책 204면. 박병규는 검시 결과 '좌흉부 맹관 총창(5×12), 위대퇴부 찰과 총상, 우슬관절 관통 총창'으로 'M16'에 의해 사망했다. (「5·18의 전국화」, 304면.)

681 김양우, 앞의 글 237~45면.

682 「안(병하) 전 전남도경국장 직무유기혐의 연행」, 『조선일보』 1980년 5월 20일자.

683 서울지방검찰청·국방부검찰부「5·18 관련 사건 수사결과 보고」, 1995. 7. 18.

684 대한민국재향군인회 엮음, 앞의 책 310면.

685 「그들이 생업에 종사하라고 했는데」, 5·18민주유공자유족회 엮음, 앞의 책 408면; 광주광역시5·18사료편찬위원회 엮음, 앞의 책 20권, 1999, 584~85면.

686 광주지방검찰청「5·18 관련 사망자 검시 내용」, 1989. 2; 같은 책 484~85면.

14. 남겨진 이야기

687 서인섭(1928년생, 전라남도 사회과장) '5·18 피해자 구술자료 조사, 채록번호 7-20', 5·18기념재단 2000. 서인섭은 26일까지 상무관에서 60구, 27일 도청에서 30구의 시신을 수습했다고 증언했다.

688 '가매장'은 항쟁기간 중 신분을 확인할 수 없는 사망자를 우선 일정 장소에 매장한 뒤 표시해뒀다 나중에 확인절차를 거쳐 가족에게 인계한 경우이고, '암매장'은 야산 등 사람들의 눈에 잘 띄지 않는 곳에 시신을 묻고 아예 흔적조차 없애버려 사망 사실 은폐 의도가 뚜렷한 경우로 구분했다.

689 광주고등학교 수위 양동선(45세)으로 추정된다.

690 조성갑(광주시청 사회과 노정계 직원) '5·18 피해자 구술자료 조사, 채록번호 7-25', 5·18기념재단 2000.

691 수습 일자는 기록이 남아 있지 않고 진술자의 기억에 의존했기 때문에 착오가 있을 수 있다.

692 서만복(사망자 서만오의 동생) '현사연 7030 증언', 한국현대사사료연구소 엮음 『광주오월민중항쟁사료전집』, 풀빛 1990. 검찰 검시(1980. 6. 2) 소견에 따르면 사망원인이 카빈 소총 총상(광주지방검찰청 「5·18 관련 사망자 검시 내용」, 1989. 2, No.38.)이지만, 조선대병원 검안(1980. 6. 8) 결과는 사입구 0.5×0.5센티미터, 사출구 2×2센티미터로, M16 총탄에 의한 사망일 가능성이 크다. (광주광역시5·18사료편찬위원회 엮음 『5·18광주민주화운동자료총서』 20권, 1999, 410~11면.)

693 국방부 과거사진상규명위원회 엮음 『12·12, 5·17, 5·18사건 조사결과보고서』, 2007, 126면. 도표에서는 당시 보안사가 사용한 용어를 그대로 썼다.

694 검안의사 문형배(당시 전남대병원 병리학과 전공의. 현 원광대 의과대학 병리학과 교수) 증언. 국방부 과거사진상규명위원회 조사팀과의 인터뷰, 2006. 11. 29.

695 마지막까지 논란이 된 사망자는 5월 27일 YWCA에서 사망한 고등학생이었다. 경기도 출신인 이 학생은 YWCA 안에서 저항했다는 이유로 군측에서는 계속 '폭도'라고 주장했고, 민간심사위원들은 고등학생이 어떻게 폭도일 수 있겠느냐며 '비폭도'로 분류할 것을 주장해 결국 '비폭도'로 분류됐다.

696 5월 27일 광주에서 진압작전이 끝나자 계엄사는 진압작전의 정당성을 확보하기 위한 조치를 취했다. (국방부 과거사진상규명위원회 엮음, 앞의 책.)

697 같은 책 127면. 도표에서는 당시 보안사가 사용한 용어를 그대로 인용했다.

698 보안사령부 「사망자 실사보고」, 1980; 같은 책 127면에서 재인용.

699 육군본부 「광주사태 자료정리 결과」; 같은 책 127면에서 재인용.

700 계엄군이 부대별로 광주에 투입된 규모와 시기는 「부록」 참조. 투입된 계엄군의 규모는 자료마다 약간씩 차이가 있다.

701 보안사령부 「순직일자 및 장소」, 1980; 같은 책, 125면에서 재인용.

702 서울지방검찰청·국방부검찰부 「5·18 관련 사건 수사결과 보고」, 1995. 7. 18.

703 시민군과 교전 중 사망한 군인 8명의 경우도 차량사고 사망자 3명을 제외하면 실제 시민군의 총격에 사망한 군인은 5명에 불과하다.

704 장명희(1946년생, 태봉마을 주민) 증언. 이야기농부협동조합 '아름다운 오월의 마을 공동체 만들기 집담회', 5·18기념재단 2016. 2. 17,

705 나일성(1961년생) '현사연 2035 증언', 한국현대사사료연구소 엮음, 앞의 책.

706 한국인권의료복지센터 부설 '고문 정치폭력 피해자를 돕는 모임'(공동대표 박영순)은 5·18 당시 연행 또는 구금된 피해자가 1인당 평균 9.5회의 고문을 경험했다는 조사결과를 발표했다. 물고문, 매달기, 구타, 비생리적 자세 강요, 강제급식, 밥 굶기기, 의료기회 박탈 등 신체적 고문이 62퍼센트를 차지했다. 수면 박탈, 복종 강요, 지각 박탈, 암실 가두기 등 심리적 고문은 38퍼센트를 차지했다. (연합뉴스 2004년 5월 17일자.)

707 『부산일보』 1980년 5월 24일자.

708 전옥주(1949년생) '현사연 4014 증언', 한국현대사사료연구소 엮음, 앞의 책.

709 허장환 「505보안부대 광주사태 처리 특명반 수사관의 증언」(기자회견 전문), 1988. 12. 6, http://c.hani.co.kr/hantoma/1434931.

710 같은 곳.

711 보안사령부 「합수 조치 내용」; 국방부 과거사진상규명위원회 엮음, 앞의 책 119면에서 재인용.

712 국방부 장관(윤성민) 보고자료 「광주사태보고」, 1985. 6. 7.

713 나간채 『한국의 5월운동』, 한울아카데미 2012, 65면.

714 이재의 「5·18군사재판과 변호인들」, 『예향』 1989년 6월호.

715 정동년은 내란수괴, 김종배·박남선은 내란죄 및 계엄법위반, 배용주(5월 20일 밤 시
위 도중 차로 치어 경찰 사망)·박노정(살인 및 소요, 계엄법 위반)은 살인 혐의로 사형
선고를 받았다. 시민수습대책위원회 홍남순·정상용·허규정·윤석루 등 7명은 내란 혐
의로 무기징역, 김상윤 등 163명은 징역 5~20년을 선고받고, 나머지 피고인 80명은 선
고유예와 집행유예 판결을 받았다.

15. 항쟁 이후 미완의 과제들

716 나간채『한국의 5월운동』, 한울아카데미 2012, 47~121면.

717 『중앙일보』1997년 4월 18일자. 대법원 확정형량은 2심 선고형량과 동일하다(단 유
학성은 사망으로 공소기각).

718 대법원「12·12, 5·18 상고심 선고 판결문」, 1997. 4. 17.

719 '국헌문란'이란 쿠데타 등에 의한 헌정질서 파괴, 또는 헌법과 자유민주주의의 폭력
적 유린을 가리키는 말이다.

720 한인섭「전두환·노태우 1심 재판 입체분석」,『신동아』1996년 10월호 610면.

721 제48차 유엔인권소위원회에 제출한 루이 주아네의 불처벌 관련 최종보고서는 '불처
벌과의 투쟁을 통한 인권의 보호와 신장을 위한 일련의 원칙'을 제시하고 있다.

722 이재상「정범배후 정범이론」,『이화여대 법학논집』제7권 제2호, 2003, 25~33면.

723 5·18단체와 주요 대학총장, 종교계 원로 들이 참여하고, 김영진(전 국회의원)이 추
진위원장, 안종철이 추진단장으로 선임되어 본격적으로 등재가 추진되었다.

724 「대헌장」(1225. 2009년 세계기록유산 등재, 영국국립도서관 소장)은 영국 역사에서
가장 중요시되는 문건 중 하나이다. 이「대헌장」은 영국 역사상 최초로 과세권, 영주권
및 사법권에서의 왕의 권한을 제한했다.「대헌장」은 왕의 권한이 법 위에서가 아닌 법
내에서 행해져야 한다는 대원칙을 제시했다.「대헌장」은 이제 자유와 민주주의의 대명
사가 되어 전세계에 영향을 끼치고 있다.

725 「인간과 시민의 권리에 관한 선언」(1789~91. 2003년 세계기록유산 등재, 프랑스 국
립역사박물관 소장)은 프랑스혁명의 결과로 1789년 여름 빠리에서 열린 국민공회에
서 완결된 '인간과 시민의 권리에 관한 선언' 최초본과 관련 문건, 그리고 1791년 선언
문 등이다. 선언문과 관련 문건들은 전세계 민주주의 발전과 인권존중 분야에 있어 기

초를 이루는 문건들이다.

726 '유네스코 세계기록유산'에 등재된 인권 분야의 현대사에서 '세계사적인 사건'의 기록물은 5·18 민주화운동(1980) 기록물과 더불어, 카스트로와 체게바라 등이 주도한 쿠바혁명(1956) 성공을 알린 '라디오 방송' 녹음기록, 남아프리카공화국 넬슨 만델라의 공소장(1963), 캄보디아 폴 포트 정권의 1만 5천명 학살(1975~79)을 보여주는 투올슬랭 학살기념관 자료, 필리핀 민중혁명(1986) 당시 라디오방송 기록물 등이다.

부록

727 박만규「신군부의 광주항쟁 진압과 미국문제」,『민주주의와 인권』3권 1호, 전남대학교 5·18연구소 2003, 230~31면. 계의 숫자는 원문대로임.

항쟁 기록의 또다른 역사

1985년 5월 출간된 『죽음을 넘어 시대의 어둠을 넘어』(이하 『넘어넘어』)는 5·18 광주민중항쟁을 기록한 여러 책자 가운데 '최초'이자, 가장 널리 알려진 '고전'으로 꼽힌다. 이 책이 세상의 빛을 보게 되기까지는 많은 사람들의 노력과 희생이 있었고, 책자 형태로 세상에 선보일 때까지는 몇차례 중단될 위기에 처하는 등 험난한 우여곡절을 거쳤다.

광주백서—항쟁을 최초로 다룬 지하 유인물

5·18의 진실을 알리기 위한 노력은 항쟁의 여진이 아직 채 가시기 전인 1980년 말부터 시작됐다. 조봉훈(전 광주시의회 의원)은 '전남대 민주교육지표사건' 등 시국사건에 연루돼 투옥됐다가 1980년 11월 석방 직후 고향 광주로 돌아오자 곧바로 5·18 자료 수집과 항쟁 진상의 기록작업에 착수했다. 그해 12월 조봉훈은 1979년 서울 성동구치소 복역 중 알게 된 소준

섭(국제관계학박사, 한국외대 78학번)을 광주에 내려오도록 하여 이 작업에 참여할 것을 제안하였다. 소준섭은 당시 '서울의 봄'(1980) 학생시위 관련 혐의로 수배 중이었다.

5·18 직후 살얼음판 같은 상황이었지만 이 작업은 광주 시내 신안동 조봉훈의 자취방에서 비밀리에 이루어졌다. 1980년 11월부터 1981년 5월 초까지 약 7개월간 집중적으로 기록과 정리작업이 진행됐다. 이들은 광주 시내 교회나 성당의 목사, 신부는 물론 신도, 그리고 구속자 가족을 통해 가능한 범위에서 최대한 많은 자료를 수집하기 위해 노력했다. 1981년 3월 비상계엄이 해제되면서 4월초 5·18 관련자들 상당수가 특별사면으로 석방되어 자료의 정리작업은 더욱 탄력을 받게 됐다. 특히 항쟁 당시 투쟁의 일선에 섰던 사람들의 구술 증언이 큰 도움이 됐다. 고 신영일, 고 노준현, 김상집, 박몽구, 이현철, 전용호 등 10여명은 자신이 목격하거나 경험한 사실을 조봉훈의 주선 아래 기록과 정리작업을 맡은 소준섭에게 증언하였다. 기록을 맡은 소준섭은 비록 현장에는 없었으나 이들의 증언을 토대로 하여 항쟁 재판기록을 비롯한 각종 자료와 재판 기록 그리고 항쟁 당시 일부 발행된 신문기사 등을 통해 항쟁의 발단부터 마지막까지의 전 과정을 정리해나갔다. 소준섭은 수집된 자료와 증언 가운데 너무 과장됐다고 생각되거나 사실성이 결여된 것으로 여겨지는 내용들은 정리 대상에서 배제하였다.

마침내 5월 초에 '광주백서' 정리가 완성되었다. '광주백서' 초고는 200자 원고지 약 500매 분량이었다. 그 목차는 '1. 발단(학생시위: 5월 18일), 2. 민중봉기로 발전(시민합세: 5월 19일), 3. 무장봉기로 전환(5월 21일), 4. 전남 민중봉기로(시외로 확산: 5월 21일), 5. 시내장악 및 자체 조직과정(5월 22일~26일), 6. 계엄군 무력진입(5월 27일)'이며, 그리고 맨 마지막에 부록으로 「찢어진 깃폭」을 발췌하여 실었다. 소준섭은 당시 입수된 자료 가운데 「찢어진 깃폭」은 일부의 내용이 다소 과장되기는 했지만 현장 분위기를 생생하게 묘사했다고 판단해서 백서의 본문 내용과 구분되도록 별도의 부록 형태로 덧붙였다. '광주백서' 작성을 완성한 소준섭은 광주항쟁 일지와 중요한 자료 일부의 복사본을 가지고 서울로 올라갔다.

1981년 7월초, 광주에서의 자료수집 작업은 조봉훈, 정철 등이 관련된 '모임 아들' 사건으로 일시 중단되었다. '모임 아들' 회장 정철(고 정의행)은 항쟁 직후인 1980년 10월부터 5·18 진상 규명과 민주화투쟁을 촉구하는 「자유언론」 등 유인물을 만들어 배포하였다. 1981년 5월 10일에는 「광주시민 의거의 진상」이라는 유인물 수천매를 제작하여 '모임 아들' 회원들과 함께 광주 시내 주택가에 여러차례 배포했다. 항쟁 1주년 궐기를 목표로 투쟁해온 이들은 결국 정보기관의 수사망에 걸려 조봉훈을 포함 10명이 구속됐다.

한편 1981년 말, 소준섭은 서울에서 지인들과 함께 광주항쟁의 진실을 전국에 알리기 위한 작업을 시작했다. 그리고 1982년 1월, 인천 구월동 아파트단지에 월세로 집을 얻어 함께 기거하던 박우섭(현 인천광역시 남구청장), 민종덕(전태일기념사업회 이사), 고 이범영(전 전국민주주의연맹 의장) 등 수배자들과 공동작업을 통해 '광주백서'를 타이핑하고, 서울 중구의 한 지물포에서 재단한 종이에 등사기로 42면짜리 팸플릿 약 120부를 인쇄했다. 소준섭은 광주에서 제작된 것처럼 위장하기 위해 일부러 이 팸플릿을 가지고 광주로 내려갔다. 광주의 우체국에서 원주의 이창복(전 국회의원) 등 20여명에게 가명을 써서 등기 우편물을 발송하였다. 뒤이어 기독교인권위원회(NCC) 등 서울의 여러 민주화운동 단체, 서울대 인문대 학회실 등 들킬 염려가 별로 없으면서도 용이하게 배포될 수 있는 장소에다 한 두부씩 놓아두었다. 그리고 자신이 손으로 쓴 「광주백서」 원본은 증거를 남기지 않기 위해 불태워버렸다.

이 「광주백서」 팸플릿은 큰 반향을 불러일으켰다. 사람들이 광주항쟁의 진실에 대해 의구심을 느끼거나 각종 유언비어에 의해 왜곡된 인식을 갖기 쉬운 당시의 상황에서 항쟁의 전과정을 체계적으로 정리한 최초의 기록이었기 때문이다. 이 「광주백서」는 광주의 진실을 처음으로 전국에 알려 80년대 민주화운동을 불타오르게 하는 데 크게 기여하였고, 광주학살에서 미국이 어떤 역할을 하였는지에 대하여 구체적 증거를 제시함으로써 이후 반미운동에 중요한 전기를 마련했다고 평가되었다.

5·18 진상규명을 위한 자료수집 활동

이와 별도로 항쟁의 자료수집을 계속 실행한 흐름이 있었다. 바로 정용화(현 광주민주화운동기념사업회 이사장)에 의한 작업이었다. 정용화는 '전남대 민주교육지표사건'(1978)에 연루돼 긴급조치 9호 위반으로 투옥된 전력이 있으며, 또다시 5·18 관련 혐의로 구속되어 1980년 10월 31일 형 집행정지로 석방되자 5·18 자료수집에 착수하였다. 정용화는 5·18 광주민중항쟁 이전 고 윤한봉이 설립한 '현대문화연구소'에서 소장직을 맡아 활동하면서 '전남민주청년협의회' 회장을 겸하고 있었다. 또 현대문화연구소는 그 무렵 김상윤이 운영하던 '녹두서점'과 더불어 광주지역 청년·학생·노동·재야운동 등을 연결하는 구심점 역할을 하였다.

한편 김상집은 5·18 기간 동안 '녹두서점'에서 매일 상황일지를 작성하였고, 스스로 시민군의 일원으로 YWCA 등에서 활동을 펼쳤다. 이를 바탕으로 그 자신이 직접 5·18자료집 발간을 추진할 생각이었지만 석방

후 정용화·조봉훈 등이 이미 작업을 진행하고 있다는 사실을 알고 여기에 합류하였다.

이때 정용화가 수집한 자료는 항쟁 당시 개인들이 써놓은 목격담, 일기, 수기를 비롯해, 성명서, 병원 진료기록, 공소장·판결문 등 재판기록, 사진까지 포함돼 있었다. 수집된 전체 자료의 분량은 대략 사과상자 여섯 박스 정도였다. 일부 사망자나 구속자 명단도 있었고, 「전두환 살육작전」(집필 김현장), 「찢어진 깃폭」(집필 김건남) 등도 포함돼 있었다. 「찢어진 깃폭」은 1989년 4월 '도서출판 남풍'에서 책자로 발행됐다. 저자 '김문'(본명 김건남)은 1946년 전남 무안 출생으로 문학도를 지망하던 기독교 신자였는데 광주에서 자신이 직접 목격한 참상을 격정적인 문투로 써 내려갔다. 그는 1980년 6월 3일 명동성당에서 자신의 글을 낭독하였는데, 수녀들이 그 내용을 테이프에 육성으로 녹음하여 배포하다 발각돼 그해 6월 13일자 국내 주요 신문에 대서특필됐다.

이때 자료수집에 협력했던 주요 인사들은 다음과 같다. 교계에서는 강신석(목사), 정등룡(목사), 나상기(기독교농민운동), 최철(기독청년회) 등이 도왔다. 부상자나 사망자에 대한 자료는 전홍준(내과의사), 윤장현(안과의사, 현 광주광역시장) 등 의료계 인사들이 챙겨서 가져다주었다. 김양래(천주교 정의평화위원회)는 천주교 쪽 자료수집을 맡았고, 이승용(당시 전남대 총학생회 부회장)은 학생회 관련 자료를, 황일봉(전 광주광역시 남구청장)은 '양서조합' 독서클럽 회원을 중심으로 자료를 모았다. 항쟁 당시 『투사회보』를 제작한 들불야학팀의 경우는 김성섭(당시 노동자)을 중심으로 윤순호, 전소연, 오경민 등이 나서서 자료를 수집했다. 구속자들의 뒷바라지를 하던 여성모임 송백회 회원들도 협력하였다. 복사비 등 자료수집에 필요한 돈은 조봉훈이 개인적으로 지인과 종교계를 통해 조달했다. 조봉훈은 자신의 친구이자 서울에서 천주교 정의평화위원회 간사로 일하고 있던 광주 출신 문국주에게 부탁하여 복사에 필요한 돈의 일부를 충당할 수 있었다.

『죽음을 넘어 시대의 어둠을 넘어』 집필작업 시작

1982년 12월말 정용화가 석방되면서 중단된 항쟁 정리작업이 다시 점화됐다. 정용화는 1981년 7월초 '모임 아들' 사건이 발각되자, 사과상자 여섯박스 분량의 자료를 고교 동아리 '광랑'의 선배이자 정상용의 동창인 박영규(당시 광주지방 국세청 근무)의 집에 숨겨두었다. 그후 정용화는 '윤한봉의 미국 밀항'(1981)과 '모임 아들' 사건 연루 혐의로 수배를 받자 1년 반 정도 이를 피해 도피생활을 하던 끝에 1982년 12월말 경찰에 자진 출두하여 기소유예로 석방됐다. 정용화는 출소하자마자 곧바로 박영규가 보관하고 있던 자료가 안전하다는 것을 확인하고 출판을 위해 본격적으로 움직이기 시작했다. 이 무렵 정상용(전 국회의원) 등 5·18항쟁 관련자들도 1982년 12월 25일까지 모두 석방된 상태였다.

1984년 11월 18일 '전남민주청년운동협의회'(이하 '전청협')가 출범했다. 초대 의장은 정상용, 부의장은 정용화가 맡았다. 정상용과 정용화는 '5·18 진상 규명'을 전청협의 가장 중요한 사업으로 삼았다. 정용화가 비밀리에 보관해온 5·18 자료를 바탕으로 새롭게 광주항쟁의 실상을 정리하여 극비리에 출판작업을 추진키로 했다. 1984년 10월초 정상용은 은밀하게 이재의(전 산업자원부 장관 정책보좌관)를 만나 집필작업을 맡아줄 것을 제안했다. 당시 전남대 경제학과 3학년 복학생이던 이재의가 이 작업을 하는 데 적임자로 꼽힌 이유는 세가지였다. 첫째 5·18 직후 구속 수감돼 10개월간 옥고를 치른 뒤 다른 사건에 더이상 연루되지 않았다는 점, 둘째 5·18 기간 중 광주 시내에 머물면서 계엄군의 학살 현장을 직접 목격했다는 점, 특히 5월 21일 계엄군이 광주에서 퇴각하자 곧바로 도청에 들어가 23일까지 도청 상황실에서 활동했기 때문에 당시 상황을 전반적으로 비교적 정확하게 파악하고 있었다는 점, 셋째 5·18 관련자들과 광주교도소에서 수감생활을 함께했기 때문에 취재가 용이하다는 점 등이었다. 이미 '모임 아들' 사건으로 한번 실패를 경험했던 터라 이 계획은 처음부터 정상용, 정용화, 이재의, 이렇게 셋이서만 극비리에 진행하기로 합의하였다.

집필에 필요한 모든 것은 이재의가 책임지고 수행하기로 하였다. 작업을 진행할 실무팀의 구성과 책의 내용, 집필방향 등도 모두 이재의에게 맡겨졌다. 다만 자료 복사비나 취재에 소요되는 비용, 출장비 등 작업에 필요한 돈은 정용화가 지원키로 했고, 집필이 완료됐을 때 책을 출판하는 문제는 세명이 함께 방안을 찾기로 했다. 항쟁 5주년을 맞는 1985년 5월 이전까지는 어떤 일이 있더라도 이 책을 출간하기로 목표를 정했다. 늦어도 3월말까지는 원고가 완성돼야 했기 때문에 일정이 빠듯했다.

이재의는 자신의 친구이자 고교 동창생이던 조양훈(현 우리식물연구소 대표)에게 함께 집필작업을 하자고 제안했다. 조양훈은 5·18 직후 이재의와 같은 사건에 연루되어 옥고를 치렀다. 그들은 전남대 독서토론 동아리 '루사'(RUSA)에서 함께 활동했던 터라 수시로 후배들을 불러서 작업에 참여시킬 수도 있었다. 정용화는 박영규 집에 감춰뒀던 자료 뭉치 전부를 가져다가 이재의에게 건네주었다.

비밀리에 취재

이재의와 조양훈은 며칠에 걸쳐 자료를 분류한 다음, 곧바로 취재에 착수하였다. 「광주백서」는 복사된 여러 유인물 자료 가운데서도 체계적이

고 객관적이어서 취재의 출발점이 됐다. 1984년말에는 이미 항쟁 관련자
들이 모두 석방된 상태인지라 1981년에 비하면 5·18 당시 상황을 종합적
으로 파악하고 확인하기가 훨씬 수월했다. 이재의·조양훈은 항쟁 당시의
주요 사건별로 관련된 핵심인물 40여명을 취재 대상으로 선정하였다. 목
포, 해남 등 지역별로도 그 지역에서 주요한 활동을 한 사람들을 선별하
여 비밀리에 취재를 진행하였다.

　　당시의 분야별 주요 취재 대상은 다음과 같다. 투쟁위원회와 도청 최후
상황은 시민군 지도부였던 투쟁위원회 위원장 김종배(조선대생), 부위원
장 정상용(회사원), 고 허규정(조선대생), 기획위원 이양현(노동운동), 윤강옥
(전남대생), 민원실장 정해직(교사), 안길정(전남대생) 등에게 들었다. 5·18과
'김대중 내란음모 사건'의 연결고리로 재판에 회부된 정동년(전남대생),
김상윤(녹두서점) 등과도 만나 계엄 당국이 5·18과 '김대중 내란음모 사
건'을 억지로 연결하기 위해 어떤 조작을 하였는지 상세하게 들었다. 도
청 앞 분수대 궐기대회 상황은 홍보부장이었던 고 박효선(교사)을 비롯
해 전남대생으로 궐기대회 사회를 맡았던 김태종, 김선출 등이 증언했다.
『투사회보』에 대해서는 전용호(전남대생), 김성섭(노동자)이, 시민군 분야는
투쟁위원회 상황실장 박남선(운전사), 윤석루(기동타격대장), 김태찬(기동타
격대), 김원갑(차량 편성, 재수생), 위성삼(조선대생), 나명관(노동자), 김상집(전
남대생) 등이 증언하였다. 전투지역별로는 화정동, 두암동 교도소 부근, 지
원동, 운암동, 백운동 등 광주에서 함평, 담양, 화순, 장성, 나주 방향으로
이어지는 외곽지역 계엄군과의 대치지역 전투상황을 주로 취재했다. 초
기 계엄군의 진압과 도청 상황은 이재의 자신이 직접 목격한 내용이 대
부분이고, 객관적인 상황이 「광주백서」에 비교적 잘 정리돼 있었기에 주
로 관계자들에게 사실을 확인하는 차원에서 취재가 이뤄졌다. 목포(고

안철, 최문, 양지문, 명재용), 여수와 순천(김영우, 김추광), 나주(양천택, 김규식, 최광렬), 화순(장두석, 정규철, 이선, 신만식), 보성(양해수), 무안 (윤금석, 이범남), 영암(김준태, 유지광), 해남(김덕수, 민충기, 김성종, 박행삼, 조계석), 완도(박충렬, 김운기), 전주(이상호, 노동길, 김종훈), 서울 (김영모, 김판금, 김홍명, 임상택), 조선대(김수남, 권광식, 임영천) 등 주요 지역도 취재팀을 나눠서 돌아다녔다. 여성은 정현애(녹두서점, 교사), 임영희(송백회), 김정희(극단 광대), 정향자, 윤청자(가톨릭노동청년회) 등이 취재 대상이었다. 그리고 부상자와 희생자 유가족, 종교인들도 여러사람을 만났다.

감시가 심하던 때라 취재원을 만나는 것 자체가 어려웠다. 취재를 하는 도중 끝내 흐느끼는 사람들도 많았다. 보안이 지켜질지 우려됐지만 끝까지 취재원으로부터 문제는 발생하지 않았다. 진실을 알리고자 하는 열망이 취재원과 공유되지 않았다면 어려운 일이었다. 두달가량의 취재를 마치고 집필작업은 1985년 1월초부터 시작했다. 작업은 주로 조양훈과 이재의 두사람의 신혼집을 번갈아 옮겨가면서 극비리에 진행했다. 남의 눈에 띄지 않기 위해 창문에 담요를 쳐서 불빛이 새어나가는 것을 막아가면서 밤새워 일하고 낮에는 잠을 자곤 하였다. 이재의가 원고를 연필로 노트에다 써 내려갔다. 조양훈은 날짜별로 시민군과 계엄군의 대치상황을 여러장의 지도로 그려냈고, 항쟁 이후 5·18단체의 움직임을 마지막 장의 원고로 작성했다. 최동술과 손현은 곁에서 이재의가 써준 원고를 곧바로 타이핑했다. 자료 속에 흩어져 있던 사망자와 부상자 명단도 정리하여 별도 부록으로 실었다. 최동술, 임철규, 조익문, 고선아, 조아라 등 루사 후배 10여명 수시로 와서 작성된 원고를 타이핑한다든지 간단한 취재, 등 필요한 일들을 도왔다. 자료와 취재내용이 다를 경우 최향동 등이 교

열 및 확인작업을 거쳤는데,「광주백서」의 부록「찢어진 깃폭」에 실린 과
장된 부분 등은 확인 후 아예 집필 내용에서 제외하였다.

3월말 초고가 거의 완성될 무렵 정상용, 정용화, 이양현, 정해직, 윤강
옥 등 항쟁 당시 지도부에 참여한 인사 10여명이 비밀리에 여관방에 모여
초고의 주요 내용을 확인 수정하는 작업이 이뤄졌다. 이런 검토 과정을
거쳐 원고는 4월 초순에 빠듯하게 끝마쳐질 수 있었다.

정용화는 광주 무진교회 강신석 목사를 통해 5·18 자료수집 활동과 관
련해 일정 금액을 지원받았다. 또한 운동권 선배 몇사람들도 자진해서 돈
을 내놓았다. 임상택(서울대 상대, 기독교사회문제연구원)은 자신이 쓴 책 인세
중 절반을 집필팀에게 지원했다.

출판사와 작가 선정

원고가 완성되자 정상용이 나서서 명목상 집필을 책임져줄 사람과 출
판사를 물색하였다. 책이 출간되면 집필자는 물론이고 출판사 대표도 모
두 구속될 것이 예상되는 상황이었다. 몇몇 원로급 인사를 만나 부탁했지
만 모두 난색을 표명했다. 여기저기 의사를 타진하던 중 전남사회운동협
의회(이하 '전사협') 전계량 대표가 책임지겠다고 동의했다. 전계량 대표는
5·18유족회 회장을 맡고 있었다. 전사협은 전청협을 비롯해, 5·18유족회,
5·18부상자회, 가톨릭노동청년회, 가톨릭농민회, 기독교농민회, 기장청
년회 전남연합회, 기독청년협의회(EYC광주), 광주기독노동자연맹, 민중
문화연구회 등 전남지역의 다양한 사회운동조직 10여개 단체가 모여 만
든 협의체였다. 출판은 '풀빛' 출판사가 맡기로 하였다. 풀빛의 나병식 대
표는 광주일고 출신으로 서울대 재학 중 민청학련 사건에 연루돼 1974년
사형선고를 받았던 인물이다.

이제 어떤 인물을 집필자로 할 것인가만 남았다. 이 문제를 둘러싸고 서울과 광주에서 민주화운동가들이 몇차례 회의를 하였다. 서울에서는 정상용, 문국주, 나병식, 광주에서는 정용화, 이재의, 전용호 등이 참석했다. 이 자리에서 황석영 소설가가 좋겠다는 의견이 나왔다. 황석영이 집필자가 된다면 몇가지 효과가 예상됐다. 첫째, 유명 작가이기 때문에 많은 독자들에게 관심을 끌 것이고, 자연스럽게 5·18의 진상이 더 많은 사람에게 알려질 수 있다는 점이었다. 둘째, 해외에 널리 알려진 작가이기 때문에 수사 당국이 쉽사리 그를 구속하지는 못할 것이라는 점이었다. 셋째, 감수자의 입장에서 책의 완성도를 더 높일 수 있을 것이라는 기대였다.

1985년 4월 중순 서울에서 열린 최종 회의에 김근태(당시 민주화운동청년연합 의장, 전 보건복지부 장관), 신동수(민중문화운동연합, 풀무원 창립위원), 채광석(민주통일민중운동연합, 문학평론가), 나병식(풀빛 대표), 정상용(전청협 의장), 황석영(소설가) 등이 참석했다. 황석영은 이 자리에서 집필 책임을 맡겠다고 수락했다. 나병식과 황석영이 출판과 집필의 책임을 전적으로 감당한다는 결정을 한 것이다.

4월 중순 정용화, 전용호, 이재의, 조양훈이 광주 운암동의 황석영 소설가 자택을 찾아가 타이핑된 복사본 초고를 그에게 넘겼다. 이재의와 조양훈은 황작가에게 초고가 증언과 자료를 토대로 면밀하게 검증되어 기록했으므로 글을 다듬되 내용 수정은 최소한으로 하고 원고 전체를 직접 원고지에 다시 옮겨 써주라고 요청했다. 출판 이후 들이닥칠 사찰 당국의 탄압에 대비해서 자필 원고를 집필 증거로 사용하기 위한 방책이었다. 황작가는 흔쾌하게 동의하고 곧바로 서울 풀빛 출판사 옆 자그마한 여관에서 책이 출판될 때까지 한달 반 이상 두문불출하며 원고를 완성하였다. 본문과 부록은 그대로인 채, 머리말과 서문에 해당하는 '역량의 성숙' 부분을 황작가가 직접 썼다. 독자들이 읽기 수월하게 수많은 소제목도 황작가가 달았다. 제목 '죽음을 넘어 시대의 어둠을 넘어'는 문병란 시인의 「부활의 노래」라는 시에서 따왔다. 이와 같은 우여곡절 끝에 『넘어넘어』는 완성된 책자 형태로 1985년 5월 20일 '전남사회운동협의회 편, 황석영 기록'이라는 명찰을 달고 세상에 얼굴을 보이게 되었다.

압수와 연행

출간되자마자 예상대로 사찰 당국은 2만권을 통째로 압수하였다. 황석영 작가와 나병식 사장도 즉각 당국에 연행됐다. 그런 와중에 『넘어넘어』 초판은 미처 디자인도 하지 못한 백지의 표지 상태에서 시중에 배포되었고, 날개 돋친 듯 팔려나갔다. 당국의 눈을 피해 입소문으로만 대학가 주변 서점에서 몰래 판매가 이뤄졌지만 베스트셀러가 됐다. 이 과정에서 꽤 많은 서점 주인들이 붙잡혀가는 수난을 겪었으며, 불심검문에서 이 책이 발견되어 경찰서에 끌려가 추궁당하는 사람들도 적지 않았다.

나병식 사장은 구속돼 재판을 받았으며, 황석영 작가는 수사만 받은 뒤 곧바로 풀려났다. 공안 당국은 김지하 시인의 전례를 보아 황석영 작가를 구속, 재판을 하게 되면 광주학살의 진상이 세상에 더욱 널리 알려질 것을 우려하여 국내에 머물지 않는다는 조건으로 석방했다. 황석영 작가는 풀려나자마자 독일 베를린에서 열린 '제3세계 작가대회'에 참석했다. 그후 유럽, 미국, 일본 등지를 순방하며 해외 민주화운동 인사들과 광주항쟁 보고대회 등을 개최하는 활동을 벌였다. 1989년에는 북한 문학단체의 초청으로 방북하였으며, 이후 귀국하지 못하고 독일예술원 초청작가로 베를린에 체류했다. 1993년 4월 귀국 후 국가보안법 위반 혐의로 7년형을 선고받아 복역하던 중, 1998년 3월 특별사면으로 풀려났다. 그는 『넘어넘어』

와 관련하여 보수 언론의 억측과 비난 때문에 끊임없이 수난을 겪었다.

일본어와 영어로 번역

『넘어넘어』는 1985년 10월 일본에서도 『광주오월민중항쟁의 기록(光州五月民衆抗爭の記錄)』이라는 제목으로 번역 출판됐다. 일본어판은 부제로 '죽음을 넘어, 시대의 어둠을 넘어'라는 한국어판 원제를 달았는데, 번역자는 '광주의거추모회', 발행소는 동경에 위치한 '일본가톨릭 정의평화위원회'였다. 영문판은 1999년 미국에서 『광주일지: 죽음을 넘어 시대의 어둠을 넘어』(*Kwangju Diary: Beyond Death, Beyond the Darkness of the Age*)라는 제목으로 캘리포니아의 UCLA 출판부에서 출간됐다. 번역자는 설갑수와 미국인 닉 마마타스(Nick Mamatas)였고, 저자는 '이재의'로 표시됐다. 영문판에서 저자가 황석영에서 이재의로 바뀐 것은 미국의 저작권법 때문이었다. 미국의 저작권법으로는 원저자가 아니면 출판할 수 없기 때문에 영문판은 이 책이 한국에서 출간된 경위를 서문에 자세하게 기록하고, 저자 이름을 바꾼다는 조건으로 빛을 보게 됐다. 특히 한국문제에 권위 있는 학자로 알려진 시카고대학의 브루스 커밍스(Bruce Cumings) 교수와 비밀해제 문서를 입수 분석하여 미국의 광주 개입을 밝혀낸 팀 셔록(Tim Shorrock) 기자가 특별 기고를 하였다. 영문판 역시 영어권 독자들에게 큰 반향을 불러일으켰다.

『넘어넘어』는 초판 출간 이후 국내의 정치상황에 따라 많은 변화를 겪었다. 국회 광주청문회나 12·12, 5·18 재판 때는 진상을 규명하는 데 유력한 정황증거로 채택되었고, 국방부 과거사진상규명위원회의 5·18사건 조사보고서 작성에도 기초자료로 활용됐다. 하지만 2008년 보수정권이 집권하면서부터 『넘어넘어』는 수난을 맞게 되었다. 보수정권의 보이지 않는 비호 아래 '일베'나 극우 선동가 집단이 5·18을 왜곡하고 폄훼하기 시작했다. 급기야 광주에 북한군이 내려왔다거나, 복면한 시민군을 북한 특수군이라고 우겨댔다. 5·18기념곡으로 애창되던 「임을 위한 행진곡」도 공식 기념행사에서 제창하지 못하도록 하였다. 『넘어넘어』에 담긴 내용들은 대부분 유언비어이며, 북한자료를 베껴 쓴 것이라고 몰아세웠다. 심지어 집필자들이 '간첩'이라는 등 개인적인 인신공격도 극심해졌다. 그들을 명예훼손으로 고발하여도 사법 당국은 그런 자들의 처벌에 소극적이었다. 이런 황당한 상황을 목도하면서 광주시민들은 분노했다. 2013년말부터 『넘어넘어』를 다시 써야 한다는 성난 목소리가 여기저기서 터져나왔다. 1985년 전두환정권의 탄압을 뚫고 진실을 밝히기 위해 『넘어넘어』 초판을 썼듯이, 보수정권의 '역사 왜곡'과 '과거 회귀'를 저지하고 젊은 세대들에게 5·18의 진실을 다시 알리기 위해 개정판을 써야 한다는 공감대가 광범위하게 형성됐다.

개정판간행위원회 출범

이에 따라 『넘어넘어』 초판 작업에 직간접적으로 참여한 인사들을 중심으로 2014년 개정판 간행위원회를 구성하였다(명단 부록 별첨). 간행위원회는 실무적인 일을 처리하기 위해 별도로 집행위원회를 구성하였으며, (사)광주민주화운동기념사업회 정용화 이사장이 중심이 되어 간행에 필요한 일들을 처리하였다. 간행위원회는 5·18 왜곡에 대한 국민의 관심을 환기하기 위해 기자회견(2014. 7)을 가졌다. 또한 '국민성금'을 모금하여 간행에 필요한 경비를 마련하였다.

개정판의 집필은 황석영, 이재의, 전용호가 맡았다. 이재의는 초판의 초고를 집필하였고, 그후에는 언론인으로 활동했다. 전용호는 5·18 때 윤상원 열사와 함께『투사회보』발행에 주도적으로 참여하였다. 그밖에도 여러사람들이 집필작업을 도왔다. 초판에 지도를 그려 넣었던 조양훈은 새로 밝혀진 사건에 대하여 독자가 한눈에 이해할 수 있도록 지도를 추가하거나 보완하였다. '5·18광주민주화운동자료총서' 발간과 유네스코 세계기록유산 등재를 추진했던 안종철 박사는 개정판 자체의 보유편에 해당하는「항쟁 이후 미완의 과제들」을 작성하는 데 도움을 줬다. 5·18기념재단 연구실장을 역임한 안길정 박사는 5·18 왜곡의 쟁점이 되고 있는 예민한 부분에 대하여 조언과 검토를 아끼지 않았다. 5·18기록관 김태종 실장, 박병기 박사, 정현애 선생,『한겨레』정대하 기자 등은 초고 상태의 원고를 읽고 조언하였다. 무엇보다 5·18기념재단(이사장 차명석), 5·18민주화운동기록관(관장 나간채), 전남대학교 5·18연구소(소장 박해광), 나경택(당시『전남매일신문』사진기자)의 적극적인 자료 협조가 없었다면 이렇듯 풍부한 내용을 담아낸다는 것은 사실상 불가능했을 것이다.

『넘어넘어』초판이 피해자인 광주시민의 증언과 기록만을 토대로 집 필된 데 반해, 개정판은 그 이후 밝혀진 '계엄군의 군사작전' 내용과 5·18재판 결과를 반영하여 '역사적·법률적 성격'을 명확히 하는 데 초점을 맞추었다. 5·18을 현장에서 목격한 내외신 기자들의 객관적인 증언도 실었다.『넘어넘어』초판이 가질 수밖에 없었던 인식과 정보의 한계를 극복하기 위해서였다. 개정판에서는 초판과 달리 증언자들의 실명을 밝혔다. 다만 계엄군 관계자 가운데 하급 지휘관(대위, 중대장 이하)이나, 사병들의 경우 익명으로 처리하였다. 법률적으로 처벌받지 않았어도 현장에서 진압작전을 지휘한 책임이 분명하다고 여겨지는 대대장들의 이름은 실명으로 밝혔다.『넘어넘어』초판 집필에 사용된 자료들은 대부분 전남대학교 '5·18연구소'에 기증하였다. 이재의가 노트에다 쓴『넘어넘어』초고 원본은 5·18광주민주화운동기록관에서 보관 중이다.

　32년 전 수많은 난관을 뚫고 『넘어넘어』가 온전하게 세상에 알려지게 된 것은 많은 이들이 오로지 '항쟁의 진상을 제대로 알려야 한다'는 목표 하나로 매진한 결과였다. 여기에 어느 특정인의 명예 따위는 개입할 여지가 없다. 5월 영령의 숭고한 죽음과 광주시민의 희생을 욕되게 하는 어떤 행위도 용납되어서는 안 되기 때문이다.

2017년 5월

간행위원회 편집회의

김상집 김창중 박시영 이재의 전용호 정상용

정용화 정철(의행, 고인) 조봉훈 조양훈 최평지

강기정, 강동완, 강명호, 강성금, 강성옥, 강성훈, 강세헌, 강연균, 강용재, 강윤희, 강점수, 강정채, 강종구, 고길동, 고린자비, 고명주, 고인섭, 고화빈, 고현석, 고현직, 공효남(레드), 광주광역시인권평화담당관실, 광주문화재단, (사)광주민주화운동기념사업회, 광주시립미술관(조진호), 광주YWCA, 광주YMCA(이계양), (사)광주전남민주언론시민연합(박원균), 광주전남민주화운동동지회, 광주전남작가회의(박관서), 광주진보연대, 광주참여자치21(오미덕), (사)광주학생독립운동기념사업회(강삼석), 광주환경운동연합(박태규), 구미연(조비), 구상봉, 구충곤, 권미진, 권준현, 그네타는윤희, 근로정신대할머니와함께하는시민모임, 금속노조 기아자동차 광주지부(박주기), 금호타이어(허용대), 기정희, 기춘, 김강, 김경천, 김광재, 김규환, 김규형, 김근희, 김금현, 김대원, 김도형(김브링이), 김동건, 김동철, 김면수, 김문기(뭉크탱크), 김미선(정결한여인), 김미승, 김미정(하늘사랑), 김민주, 김범태, 김보라, 김삼용, 김삼호, 김상윤, 김상집, 김서윤, 김선문, 김선미, 김선숙, 김선출, 김성, 김성민(혜민법사), 김성후, 김세훈, 김수아, 김승걸, 김수복, 김승원, 김아리, 김아영, 김양곤1, 김양곤2, 김연경, 김영광, 김영신, 김영주, 김영준, 김영진, 김영호(불꽃같은내인생), 김용덕, 김용윤, 김용철, 김욱, 김운형, 김원욱, 김윤곤, 김윤기, 김은영, 김은지, 김인정, 김인환, 김인협, 김일수, 김재홍, 김정수, 김정희(sailing), 김종식, 김종안, 김준호, 김지민, 김지원, 김진숙, 김진일, 김찬형, 김창규, 김창선, 김창중, 김천호, 김태건, 김태아, 김태수, 김태종, 김태헌(5·18), 김태헌(청춘아고라), 김평준, 김학민, 김한솔, 김향득, 김현철, 김홍기, 김홍길, 김홍식, 김후식, 김희곤, 김희영, 김희택, 꾸엉이, 나경택, 나르시스, 나병정, 나상기, 나상문, 나웅인, 나윤채, 나정이, 나종영, 나창엽, 난이, 남찬현, 노동당광주시당, 노영숙, 노희관, 니르바나, 도시의천사, 동이맘, 들불열사기념사업회(김남표), 류동훈, 류선화, 류한호, 마음대로꾹, 멈뭉이, 명성퍼니처, 모아모아, 몬스터, 몰라쟁이엄마, 무명씨1, 문국주,

문상기, 문석환, 문승훈, 문유리, 문융(베어), 문준기, 문환구, 미스사이공, 민시스터스,
민주노총광주본부, 민중연합당(윤민호), 민형배, 박가은, 박강미, 박경린, 박기승, 박동기,
박동신, 박동환, 박두규, 박미선, 박미옥, 박민서, 박병규, 박병기, 박상인, 박석률, 박석무,
박선영, 박선정, 박순이, 박승채, 박시종, 박안나, 박우영, 박영규, 박영대, 박영상, 박영식,
박용수, 박은지, 박재성, 박재현, 박정미, 박정자, 박정호, 박종현, 박주선, 박중, 박창근,
박철, 박철옥, 박태양, 박해국, 박현미, 박현정, 박형민, 박형선, 박혜영, 박화강, 박희수,
방성규, 방수인, 배다지, 배재성, 배정술, 배정은, 백상준, 백수인, 백영권, 백정석, 백정훈,
백형수, 법선스님, 베고니아, 변원섭, 별빛, (주)보성, 본성주, 불꼬맹, (주)삼일건설,
서명원, (주)서산, 서선화(sunny70), 서영진, 서용좌, 서인혜, 서일권, 서홍석, 선현주,
설갑수, 성공의한걸음, 성진희, 소준섭, 손용석, 솔바람, 송광운, 송기균(오월선생), 송기호,
송선태, 송송희, 송영준, 송인동, 송필용, 송희성, 시골소년, 시민생활환경회의(김강열),
시민플랫폼나들(신선호), 신동언, 신선아, 신세희, 신연심, 신은주, 신일섭, 신정숙, 신정훈,
신창석, 십시일반, 아키라, 안관옥, 안기섭, 안길정, 안병현, 안성례, 안성우, 안영내, 안오일,
안종철, 안평환, 앵, 故양강섭, 양동훈, 양득승, 양원식, 양철호, 양희승, 얼음얼음, 엄정현,
엄지원, 염현주, 오동하(마리빈), (사)오월어머니집, 5월을사랑하는사람들(박영순), 오인택,
5·18교육관, 5·18구속부상자회, 5·18기념재단, 5·18부상자회, 5·18유족회, 오재일, 오주영,
오춘화, 오혁, 웃는천사, 워낙, 원불교광주교구(조성식), 원순석, 원혜영, 월산까치마을,
위경종, 위성곤, 위성삼, 위인백, 유문영, 유양식, 유연숙, 유영초, 유은영, 유인석, 유인태,
유진호, 유흥준, 6·15공동선언실천 남측위원회 광주전남본부, 윤광장, 윤만식, 윤목현,
윤사현, (사)윤상원기념사업회, 윤상호, 윤영일, 윤영주, 윤용상, 윤용택, 윤익, 윤장현,
윤재진, 윤종형, 윤주일, 윤지훈, 윤진수, 윤춘호, 윤태원, 은암미술관(채종기), 은우근, 이강,
이겨레, 이경률, 이경숙, 이경순, 이경희(허브향기), 이국언, 이귀임, 이규상, 이규현, 이기승,
이길우, 이다혜, 이대행, 이돈흥(학정), 이동순, 이동원, 이명자, 이명한, 이무용, 이미영,
이민, 이병구1, 이병구2, 이병훈, 이본, 이봉주, 이부영, 이상걸, 이상걸(bob), 이상보, 이상수,
이상옥, 이상원, 이상호, 이상화, 이성길, 이수미, 이승남(정의당), 이승룡, 이승민, 이승은,
이승정, 이승훈, 이신정, 이연경, 이연욱, 이연희, 이영목, 이영송, 이용교, 이용빈, 이용욱,
이용학, 이원범, 이원형, 이윤정, 이윤주, 이윤진, 이자영, 이재의, 이재호, 이정락, 이정원,
이종범, 이종춘(알부자), 이주노, 이주형, 이준열, 이지수(L-수), 이지현, 이진, 이진우,
이진태, 이창준, 이철우, 이태한, 이한길, 이한수, 이해진, 이현정, 이현희, 이태호(명지대),

이태훈, 이판오, 이한, 이현수, 이현웅, 이혜명, 이혜연, 이혜옥, 이홍길, 이황, 이훈, 이훈규, 이훈우, 이희준, 임경희(푸우), 임근택(고구마), 임금옥, 임기옥, 임낙평, 임남진, 임내현, 임명구, 임무성, 임상택, 임선숙, 임성래, 임수진, 임영상, 임영석, 임영천, 임왕택, 임우진, 임은정, 임일기, 임재성, 임재해, 임종명, 임종수, 임주선, 임준배(임상덕), 임지민, 임철규, 임형, 임홍, 임희숙, 임희진, 자유별, 장미경, 장미영, 장봉철, 장병완, 장석웅, 장승호, 장영철, 장용훈, 장유철, 장윤영, 장은숙, 장하성, 장혜숙, 장호경, 장훈명, 장휘국, 전계량, 전남대5·18연구소, 전남대'80총학동지회, 전서은, 전용호, 전은정, 전정호, 전진현, 전청배, 전홍준, 정가현, 정경자, 정구선, 정규, 정규철, 정근식, 정금채, 정동석, 정동훈, 정대하, 정상용, 정성구, 정수미, 정애련, 정연승, 정연호, 정영일, 정용식, 정용화, 정운학, 정웅, 정원주, 정은실, 고 정의행, 정인진, 정재원, 정재현, 정주은, 정지혜, 정진아, 정진욱, 정찬용, 정춘길, 정춘식, 정해숙, 정형택, 정혜란(푸른하늘), 정호문, 정환춘, 제니, 조규식, 조남일, 조미경(우리), 조봉훈, 조순익, 조상열, 조선호, 조승유, 조양훈·김석순, 조영임, 조영지, 조옥환, 조익문, 조인형, 조일근, 조정선, 조정태, 조지 카치아피카스, 조현종, 조호권, 조홍기, 좋아하는형, 주송이(송이), 주은혜, 지니, 지병주, 지선스님, (재)지역문화교류호남재단(백수인), 지정원, 진선이, 진선화, 진주, 차상섭, 참교육학부모회광주지회(임진희), 채영선, 천정배, 청년문화허브(정두용), 청춘아고라, 체리향기, 최경환, 최돈욱, 최동술(일본), 최동현, 최선미, 최양근, 최연희(88보배), 최영준, 최영태, 최영호1, 최영호2, 최운용, 최은기, 최철, 최평지, 최혁, 최협, 최형주, 최호경, 최홍대, 최희동, 추왕석, 추종심, 추혜성, 킹로킹코브라맨, 파란비, 프리메로, 하늘공원, 하늘꽃77, 하늘다운, 하대현, 하성흡, 하지웅, 한경남, (사)한국미협광주지부, 한상석, 한상일, 한희원(푸른바람), 함께사는사회, (사)합수윤한봉기념사업회(오수성), 항희(恒希), 햇살가득, 허경주, 허기택, 허달용, 허영호, 허진호, 현지스님, 현혜란, 홍경표, 홍기섭, 홍기춘, 홍문정, 홍성담, 홍성민, 홍세현, 홍승준, 홍영기, 홍장석, 황미연(cizen), 황병하, 황석영, 황선례, 황성욱(수즈구루), 황승식, 황영성, 황유리(율리안나), 황인수, 황일봉, 황재연, 황재형, 황주홍, 황혜숙, 황혜진, 효진스님, 힐송, Aaron Brenner, Anastasia, BORA, Bruce Cumings, Dario Azzellini, Doug Henwood, eila, jabez, Jane Slaughter, jihye, Keating, kiramira, lilly's, Mamatas, Matt Rothschild, may, Namhee Lee, Nick Marina Sitrin, Nightfall, Pikgrim, sizepus, solsol36, SS, taye, Tim Shorrock, vin (이상 701명)

기초자료

증언, 증언록

광주광역시의사회 5·18의료백서발간위원회 엮음『5·18의료활동』, 광주광역시의사회 1996.

광주민주화운동기념사업회 엮음『5·18민주화운동 법정·영창 스토리텔링 구술보고서』, 2015.

광주여성희망포럼·광주·전남여성단체연합·오월여성제추진위원회 엮음『구술로 엮은 광주여성의 삶과 5·18』, 심미안 2010.

국사편찬위원회 엮음『5·18참여 여성 구술 생애사 연구』, 2005~2006.

나간채·염미경·김혜선『기억에서 영상으로: 5·18 광주민중항쟁 영상채록』, 광주YMCA 5·18 영상기록특별위원회 1999.

대한의사협회 한국의사100년기념재단 엮음『5·18항쟁 의료활동에 대한 재조명 사업』, 2008.

5·18기념재단 「5·18 피해자 구술자료 조사」(전사문), 1999~2002.

5·18기념재단 「민주화운동 사건별 구술연구」(전사문), 2008.

5·18기념재단 엮음 『구술생애사로 본 5·18의 기억과 역사』 1~7권, 2006~15.

5·18기념재단 엮음 『2011년 5·18 민주화운동 구술자료 수집 연구용역 결과보고서: 최후
　　항쟁의 의미와 증언의 소명 ― 1980년 5월 26일~27일 전남도청을 중심으로』 1~2권,
　　2011.

5·18기념재단 엮음 「5·18 민주화운동 증언·구술연구보고서」, 2016.

5·18민주유공자유족회 엮음 『그해 오월 나는 살고 싶었다』 1~2권, 2005.

5·18민주유공자유족회 엮음 『꽃만 봐도 서럽고 그리운 날들』 1~2권, 2007; 3~4권, 2008.

육군본부 군사연구실 엮음 『광주사태 체험수기』, 1988.

이야기농부협동조합 '아름다운 오월의 마을 공동체 만들기 집담회', 5·18기념재단 2016.
　　2. 17.

전남대학교 5·18연구소 엮음 『5·18항쟁 증언자료집』 Ⅰ ~Ⅳ, 전남대학교출판부
　　2003~2005.

천주교 광주대교구 정의평화위원회 엮음 『5·18 민중항쟁 구술 자료집』, 2006.

한국현대사사료연구소 엮음 『광주오월민중항쟁사료전집』, 풀빛 1990.

국회 회의록, 재판자료, 군 상황일지 등

검찰청·국방부검찰부 『12·12, 5·18사건 수사기록』 1~117권, 1994~96.

계엄사령부 「계엄일지」, 1979. 12; 1980. 5.

광주시 동구청 「상황일지」, 1980.

광주시청 「5·18사태 상황 및 조치사항」, 1980; 『경향신문』 1988년 5월 18일자 수록.

광주지방검찰청 「광주사태 당시 학원동향」, 1980.

광주지방검찰청 「5·18 관련 사망자 검시 내용」, 1989.

국가보위비상대책위원회 『국보위백서』, 1980.

국가보위비상대책위원회 『국정조사보고서』, 1990.

국방부 「광주사태의 실상」, 1985.

국방부 「육군본부 정보참모부의 북괴 남침설 분석」; 『월간조선』 1999년 1월호 별책부록.

국방부 과거사진상규명위원회 엮음 『12·12, 5·17, 5·18사건 조사결과보고서』, 2007.

국방부「광주사태보고」, 1985.

국회「5·18광주민주화운동진상조사특별위원회 현장검증소위원회 회의록」제1~5호;
「5·18광주민주화운동진상조사특별위원회 회의록」제1~30호, 1988~89.

김재규 '1심 법정 최후진술', 육군본부 비상계엄 보통군법회의, 1979. 12. 19; 광주광역시
5·18사료편찬위원회 엮음『5·18광주민주화운동자료총서』1권, 1997.

미국정부「1980년 5월 광주에서 일어난 제반 사건에 대한 미국정부의 성명서」, 1989.

보안사령부「광주교도소 습격기도 사건」, 1980.

보안사령부「광주사태 불온전단집」, 1980.

보안사령부「광주사태 전교사 작전일지」, 1980.

보안사령부「광주사태 진전과정 분석」, 1980.

보안사령부「광주사태 합동수사」, 1980.

보안사령부「긴급계엄회의 결과보고」, 1980.

보안사령부「사망자 실사보고」, 1980.

보안사령부「순직일자 및 장소」, 1980.

보안사령부「전군 주요지휘관 회의록」, 1980.

보안사령부「광주사태 상황보고」, 1980.

보안사령부「충정상황」, 1980.

보안사령부「광주사태 일일속보철」, 1980.

보안사령부「광주소요 동정(5·18)」, 1980.

보안사령부「광주소요사태 상황일지 전문」, 1980.

보안사령부「광주사태 종합상황철」, 1980.

보안사령부「광주소요사태 관련철」, 1980.

보안사령부 엮음『제5공화국 전사』1~6권, 1982.

보안사령부 505보안부대「광주사태 사망자 검시결과 보고」, 1980.

보안사령부 505보안부대「광주사태시 상황일지」, 1980.

서울지방검찰청·국방부검찰부「5·18 관련 사건 수사결과 보고」, 1995. 7. 18.

서울지방법원「12·12, 5·18 1심 선고 판결문」, 1996. 8. 26; 서울고등법원「12·12, 5·18 항
소심 선고 판결문」, 1996. 12. 16; 대법원「12·12, 5·18 상고심 선고 판결문」, 1997. 4. 17.

5·18민주유공자유족회 엮음『5·18성명서』1~3권, 5·18기념재단 2012.

육군본부 「작전 상황일지」, 1979. 12; 1980. 5~6.

육군본부 「충정작전 대비지침」, 1980.

육군본부 「참모총장 지시사항」, 1980. 1~1981. 1.

육군본부 「군자료별 주요 상황일지」, 1980. 5.

육군본부 「광주사태 진상조사 보고」, 1989.

육군본부 작전교육참모부 「소요진압 공중지원방안 연구」, 1980.

육군본부 작전처 「병력배치(직할대)」, 1980.

육군본부 전투병과교육사령부 「전교사 작전상황일지」, 1980.

육군본부 전투병과교육사령부 「전투상보」, 1980.

육군본부 전투병과교육사령부 「충정작전보고」, 1980.

육군본부 전투병과교육사령부 「전투상보 충정작전결과」, 1980.

육군본부 전투병과교육사령부 「광주소요사태분석 — 교훈집」, 1980.

육군본부 전투병과교육사령부 「소요진압과 그 교훈 — 국내외 민란폭동의 사적 고찰, 광
　　주사태의 종합분석」, 1981.

육군본부 전투병과교육사령부 계엄군법회의 「5·18 민주화운동 군사재판 수사기록·공
　　소장·판결문」, 1980~81.

육군본부 제2군사령부 「광주권 충정작전간 군 지시 및 조치사항」, 1980.

육군본부 제2군지구 계엄사령부 「계엄상황일지」, 1980.

육군본부 제20사단 「전투상보」, 1980.

육군본부 제20사단 「충정작전보고 — 광주사태 진압보고서」, 1980.

육군본부 제20사단 「충정작전상보」, 1980.

육군본부 제31사단 「전투상보」, 1980.

육군본부 7공수여단 「전투상보」, 1980.

육군본부 특수전사령부 「전투상보」, 1980.

육군본부 특수전사령부 「충정병력 출동 및 광주사태 상황일지」, 1980.

육군본부 특수전사령부 「광주소요사태진압작전 전투상보」, 1980.

육군본부 합동참모본부 「상황보고철」, 1980.

전라남도경찰국 「상황일지」, 1980.

전라남도경찰국 「집단사태발생 및 조치상황」, 1980.

전라남도경찰국「나주경찰서 관내 총기 및 탄약류 피탈 조사보고」, 1980.

전라남도청「5·18사태주요사건일지」, 1980.

중앙정보부 광주대공분실「광주사태 상황일지」, 1980.

진실화해를 위한 과거사정리위원회「2006년도 하반기 조사보고서」, 2006.

일반자료

단행본

광주광역시5·18사료편찬위원회 엮음『5·18광주민주화운동자료총서』1~61권,
    1997~2014.

광주광역시5·18사료편찬위원회 엮음『5·18 민중항쟁사』, 2001.

광주매일신문『정사5·18』, 사회평론 1995.

광주·전남여성단체연합 엮음『여성·주체·삶』, 2000.

글라이스틴, 윌리엄『알려지지 않은 역사』, 황정일 옮김, 중앙M&B 2000.

김대령『임을 위한 행진곡: 국가행사 기념곡 지정에 대한 찬반 토론자료』, 비봉출판사
    2015.

김문『찢어진 깃폭 ─ 5·18투쟁체험기』, 남풍 1989.

김성익『전두환 육성증언록』, 조선일보사 1992.

김양오『광주보고서』, 청음 1988.

김영진『충정작전과 광주항쟁』상·하, 동광 1989.

김영택『10일간의 취재수첩』, 사계절 1988.

김영택『5월 18일, 광주』, 역사공간 2010.

김종득 외『광주민중항쟁과 21세기』, 이바지 2000.

김준태 엮음『오월에서 통일로 ─ 오월민중항쟁자료집』, 빛고을출판사 1989.

김하기『부마민주항쟁』, 민주화운동기념사업회 2005.

김현장『빈첸시오, 살아서 증언하라 ─ 부산 미문화원 방화사건의 사형수 김현장 육필수
    기』, 사회평론 1994.

나간채『한국의 5월운동』, 한울아카데미 2012.

나간채 엮음『광주민중항쟁과 5월운동 연구』, 전남대학교 5·18연구소 1997.

나간채 외『민주장정 100년, 광주·전남지역사회운동사』1~13권, 광주광역시·전라남도 2016.

나간채·정근식·강창일 외『기억투쟁과 문화운동의 전개』, 역사비평사 2004.

나간채·강현아 엮음『5·18항쟁의 이해』, 광주광역시 2002.

나경택 사진집『앵글과 눈동자』, 사진예술사 2007.

대한민국재향군인회 엮음『12·12, 5·18 실록』, 1997.

문병란·전용호『부서진 풍경』, 5·18기념재단 출판부 2000.

민주화운동기념사업회 연구소 엮음『한국민주화운동사 연표』, 민주화운동기념사업회 2006.

박남선『오월 그날』, 샘물 1988.

박은정·한인섭 엮음『5·18, 법적 책임과 역사적 책임』, 이화여자대학교출판부 1995.

변주나·박원순 엮음『치유되지 않는 5월』, 다해 2000.

부마민주항쟁기념사업회 엮음『부마민주항쟁 10주년 기념 자료집』, 1989.

서중석『지배자의 국가, 민중의 나라: 한국근현대사 100년의 재조명』, 돌베개 2010.

신복진『광주는 말한다』, 눈빛 2006.

안동일『10·26은 아직도 살아 있다』, 랜덤하우스 중앙 2005.

안병욱 외『유신과 반유신』, 민주화운동기념사업회 2005.

오승용·한선·유경남『5·18 왜곡의 기원과 진실』, 5·18기념재단 2012.

오월여성연구회『광주민중항쟁과 여성』, 민중사 1991.

5·18광주민중항쟁동지회 엮음『부마에서 광주까지』, 샘물 1990.

5·18광주민중항쟁유족회 엮음『광주민중항쟁 비망록』, 남풍 1989.

5·18기념재단『역사 왜곡 시도와 대응 방안 모색 — 학술대회 '역사바로세우기' 자료집』, 2013.

5·18기념재단『Archive from abroad』, 해외사료모음집, 2015.

5·18기념재단 엮음『오월, 우리는 보았다』, 2004.

5·18기념재단 엮음『5·18 민중항쟁과 법학』, 2005.

5·18기념재단 엮음『5·18 민중항쟁과 문학·예술』, 2006.

5·18기념재단 엮음『5·18 민중항쟁 연구의 현황』1~3권, 2006.

5·18기념재단 엮음『5·18 기억과 역사』1~6권, 2006~14.

5·18기념재단 엮음『5·18 민중항쟁과 정치·역사·사회』1~5권, 2007.

5·18기념재단 엮음『오월의 사진첩』, 아카이브북스 2008.

5·18기념재단 엮음『2009년 연구지원 논문집』, 2009.

5·18기념재단 엮음『5·18 30년, 새로운 민주주의의 모색 ── 5·18 민중항쟁 30주년 기념 국제학술대회 발표논문집』, 2011.

5·18기념재단 엮음『2010~11년 연구지원 논문집』, 2011.

5·18기념재단 엮음『2013년 연구지원 논문집』, 2013.

5·18기념재단 엮음『5·18 민주화운동과 언론투쟁』, 2014.

5·18기념재단 엮음『학술대회 '부마에서 광주로' 자료집』, 2014.

5·18기념재단 엮음『학술세미나 '님을 위한 행진곡' 자료집』, 2014.

5·18기념재단 엮음『부마민주항쟁 개요 및 부산지역 5·18운동 전개』, 2015.

5·18기념재단 엮음『특별법 제정으로 본 민주화의 진전과 과제 ── 학술대회 '역사바로 세우기' 자료집』, 2015.

5·18기념재단 엮음『가톨릭과 5·18 논문집』, 2015.

5·18기념재단 엮음『5·18 왜곡행위 처벌을 위한 법률개정 국민토론회 자료집』, 2016.

5·18의거청년동지회 엮음『5·18 광주민중항쟁 증언록』, 광주 1987.

5·18해남민중항쟁사료편찬위원회 엮음『땅끝 해남에서 타오른 오월항쟁』, 5·18민중항쟁해남동지회 2010.

위인백『역사의 노를 저으며』, 심미안 2004.

위컴, 존『12·12와 미국의 딜레마』, 유은영 외 옮김, 중앙M&B 1999.

6월민주항쟁계승사업회·민주화운동기념사업회 엮음『80년 5월에서 87년 6월로』, 6월민주항쟁계승사업회 2007.

유지훈 편역『독일언론이 기록한 격동 한국현대사』, 한국기자협회 1998.

윤공희·김성용·조비오 외『저항과 명상: 윤공희 대주교와 사제들의 오월항쟁 체험담』(오월민중항쟁자료집 6), 빛고을출판사 1989.

윤재걸『광주: 그 비극의 10일간』, 글방문고 1988.

윤재걸 엮음『작전명령 ── 화려한 휴가』, 실천문학사 1987.

윤한봉『운동화와 똥가방』, 한마당 1996.

이경재『유신쿠데타』, 일월서각 1986.

이삼성『미국의 대한정책과 한국민족주의: 광주항쟁·민족통일·한미관계』, 한길사 1993.

이삼성『현대 미국외교와 국제정치』, 한길사 1993.

이상우『박정권 18년: 그 권력의 내막』, 동아일보사 1986.

이상우『군부와 광주와 반미』, 청사 1988.

이영희·강만길 엮음『한국민족주의운동과 민중』, 두레 1987.

이윤섭『1980년 대한민국』, 이북스펍 2012.

이창성『28년 만의 약속』, 눈빛 2008.

이해찬·유시민 외『기억하는 자의 광주』, 돌베개 2010.

이흥환 엮음『미국 비밀문서로 본 한국현대사 35장면』, 삼인 2002.

임낙평『광주의 넋, 박관현』, 사계절 1987.

임영상『부끄러운 탈출 — 고교생 시민군의 5·18 회상기』, 푸른미디어 2009.

장태완『12·12 쿠데타와 나』, 명성출판사 1993.

전남대학교 5·18연구소 엮음『5·18 민중항쟁 36주년 기념학술대회 자료집』, 전남대학교
    2016.

전남대학교 5·18연구소 엮음『5·18 민중항쟁에 대한 재조명』, 2000.

전남대학교 5·18연구소 엮음『민주주의와 인권』1~17권, 2001~17.

전남대학교 5·18연구소 엮음,『아시아의 민주주의와 인권』1~2권, 심미안 2008.

전남사회문제연구소 엮음『5·18광주민중항쟁자료집』, 광주 1988.

전남사회문제연구소 엮음, 박호재·임낙평 정리『윤상원 평전: 들불의 초상』, 풀빛 1991.

전남사회운동협의회 엮음『광주오월민중항쟁사진자료집』, 1987.

전용호 엮음『못 다 이룬 공동체의 꿈 — 김영철 유고모음』, 5·18기념재단 2015.

정근식·나간채·박찬식 외『항쟁의 기억과 문화적 재현』, 선인 2006.

정상용·유시민 외『광주민중항쟁』, 돌베개 1990.

정승화『12·12 사건, 정승화는 말한다』, 까치 1987.

정해구 외『광주민중항쟁연구』, 사계절 1990.

조갑제『조갑제의 광주사태』, 조갑제닷컴 2013.

조동수 엮음『비극의 광주 — 백절불굴의 투지와 생사를 초월한 신념』, 대중문화사
    1987.

조비오『사제의 증언』, 빛고을출판사 1994.

조선일보사『총구와 권력 — 12·12, 5·18 수사기록 14만 페이지의 증언』:『월간조선』
　　1999년 1월호 별책부록.

조희연·정호기 엮음『5·18민중항쟁에 대한 새로운 성찰적 시선』, 한울 2009.

중앙일보『아! 대한민국』, 랜덤하우스 중앙 2005.

지만원『수사기록으로 본 12·12와 5·18』1~4권, 시스템 2008.

천금성『10·26 12·12 광주사태』전·후, 길한문화사 1988.

천주교 광주대교구『빛고을 시평 — 해돋이에서 해넘이까지』, 1986.

천주교 광주대교구 정의평화위원회『오월 광주 — 1980년 광주민중항쟁기록사진집』,
　　1987.

천주교 서울대교구 엮음『김수환 추기경의 신앙과 사랑』, 가톨릭출판사 2008.

최영태 외『5·18 그리고 역사』, 길 2008.

최재천『끝나지 않은 5·18』, 유스티니아누스 1999.

최정기·유경남『민주장정 100년, 광주·전남지역 사회운동 연구: 5·18 민중항쟁』, 광주광
　　역시·전라남도 2015.

최정운『오월의 사회과학』, 풀빛 1999.

70년사편찬위원회 엮음『광주YWCA 70년사』, 광주YWCA 1992.

카치아피카스, 조지『한국의 민중봉기』, 원영수 옮김, 오월의봄 2015.

커밍스, 브루스『브루스 커밍스의 한국현대사』, 김동노·이교선·이진준·한기욱 옮김, 창
　　작과비평사 2001.

편집부 엮음『80년 전후 격동의 한국사회』1·2권, 사계절 1984.

평화신문 엮음『추기경 김수환 이야기』, 2005.

피터슨, 아놀드 A.『5·18 광주사태』, 정동섭 옮김, 풀빛 1995.

학술단체협의회 엮음『5·18은 끝났는가』, 푸른숲 1999.

한국기독교교회협의회 인권위원회 엮음『1970년대 민주화운동』1~5권, 1987.

한국기자협회·무등일보·시민연대모임 엮음『5·18 특파원리포트』, 풀빛 1997.

한국사회학회 엮음『세계화시대의 인권과 사회운동 — 5·18 광주민주화운동의 재조명』,
　　나남출판 1998.

한국현대사사료연구소 엮음『광주여 말하라 — 광주민중항쟁증언록』, 실천문학사

1990.

한국현대사사료연구소 엮음『광주오월민중항쟁사료전집』, 풀빛 1990.

한국현대사사료연구소 엮음『5·18 그 삶과 죽음의 기록』, 풀빛 1996.

한승원 외『일어서는 땅 — 80년 오월 광주항쟁 소설집』, 인동 1987.

허장환『비겁한 아버지는 될 수 없었다』, 그린디자인 1998.

황종건·김녕만『1980년 5월 광주, 그날』, 사진예술사 1994.

논문

강준만「5·18 광주학살의 진실 '악의 평범성'에 대하여」,『월간 인물과 사상』62호, 인물
과사상사 2003.

강진철「5·18, 이 시대 법과 역사의 화두」,『법과 사회』13호, 법과사회이론학회 1996.

곽노현「5·18헌법소원 및 5·18특별법의 쟁점과 흐름」,『민주법학』10호, 민주주의법학
연구회 1996.

김성「5·18 민중항쟁과 왜곡보도에 관한 연구」,『5·18민중항쟁사』, 광주광역시5·18사료
편찬위원회 2001.

김성천「5·18특별법의 쟁점과 흐름」,『법과 사회』13호, 법과사회이론학회 1996.

김영택「'5·18' … 언론은 재갈 물렸다」,『관훈저널』75호, 관훈클럽 2000.

김영택「5·18 광주민중항쟁 연구」, 국민대학교 국사학과 박사학위논문 2005.

김영택「신군부의 정권찬탈을 위한 공수부대의 5·18 '과잉진압' 연구」,『역사학연구』
34집, 호남사학회 2008.

김정한「대중운동의 이데올로기 연구 — 5·18 광주항쟁과 6·4 천안문운동의 비교」, 서강
대학교 정치외교학과 박사학위논문 2010.

나경택「5·18 광주민중항쟁과 보도사진의 역할에 관한 연구」, 광주대학교 언론홍보대학
원 석사학위논문 2003.

노영기「5·18항쟁기 민간인 희생자들을 위한 진혼곡」,『역사비평』90호, 역사비평사
2010.

노영기「5·18항쟁의 배경과 참여세력」,『역사와 현실』89호, 한국역사연구회 2013.

노영기「5·18항쟁 초기 군부의 대응」,『한국문화』62집, 서울대학교 규장각한국학연구원
2013.

노영기「총을 든 시민들, 시민군」,『역사비평』107호, 역사비평사 2014.

노영기「상무충정작전의 입안과 실행 ── 1980년 5월 27일 최후의 진압작전을 중심으로」,『사림』52호, 수선사학회 2015.

민병로 외「12·12, 5·18사건 대법원 판결 분석 보고서」, 5·18기념재단 2015.

박광주「5·18, 왜, 어떻게 일어났으며 무엇을 남겼는가」,『5·18학술심포지엄발표논문집』, 한국정치학회 1997.

변정수「5·18특별법 제정의 전말」,『민주법학』13호, 민주주의법학연구회 1997.

손호철「80년 5·18항쟁 ── 민중항쟁인가 시민항쟁인가」,『현대한국정치: 이론과 역사 1945~2003』, 사회평론 2003.

송정민「뉴스의 현실 구성에 관한 연구 ── 뉴스 매체의 5·18 광주항쟁 보도를 중심으로」, 서강대학교 신문방송학과 박사학위논문 1995.

신진욱「사회운동의 연대 형성과 프레이밍에서 도덕감정의 역할 ── 5·18 광주항쟁 팸플릿에 대한 내용분석」,『경제와 사회』73호, 한국산업사회학회 2007.

안길정「계엄군의 광주봉쇄」,『사림』60호, 수선사학회 2017.

안길정「윤상원의 사인에 대하여」,『역사학연구』63집, 호남사학회 2016.

안종철「광주민중항쟁의 배경과 전개과정」, 나간채 엮음『광주민중항쟁과 5월운동연구』, 전남대학교 5·18연구소 1997.

양병기「한국 군부의 정치화 과정 ── 신직업주의 형성과정」,『한국군과 식민유산』, 민족문제연구소 1999.

유경남「광주5월항쟁 시기 '광주'의 표상과 '광주민주시민'의 형성」,『역사학연구』35집, 호남사학회 2009.

유광종「5·18 광주민주화운동 피해보상에 관한 연구」, 전남대학교 행정대학원 석사학위논문 1999.

이삼성「광주학살, 미국·신군부의 협조와 공모」,『역사비평』36호, 역사비평사 1996.

이재상「정범배후 정범이론」,『이화여대 법학논집』7권 2호, 2003,

이재승「과거청산과 인권」,『민주법학』24호, 민주주의법학연구회 2003.

이재의「1980년 광주 ── 10일간의 민주공동체」,『기억과 전망』10호, 민주화운동기념사업회 2005.

이정노「광주봉기에 대한 혁명적 전환」,『노동해방문학』2호, 노동문학사 1989.

이진경·조원광「단절의 혁명, 무명의 혁명 ─ 코뮌주의의 관점에서」, 조희연·정호기 엮음『5·18 민중항쟁에 대한 새로운 성찰적 시선』, 한울 2009.

임종명「표상과 권력 ─ 5월 광주항쟁의 전용」,『역사학연구』29집, 호남사학회 2007.

임종명「오월항쟁의 대중적 참여와 그 계기 및 의식성 ─ 5월 18일과 19일을 중심으로」, 『역사학연구』32집, 호남사학회 2008.

장태한「광주항쟁과 미주 한인사회」,『근현대사강좌』12호, 한국현대사연구회 2001.

정근식「5·18 광주항쟁」,『역사비평』30호, 역사비평사 1995.

정근식「부마항쟁과 79~80년 레짐」,『지역사회학』2권 1호, 지역사회학회 2000.

정근식「부활 광주?: 과거·현재·미래」,『문학과 사회』50호, 문학과지성사 2000.

정근식「과거청산의 역사사회학을 위하여」,『사회와 역사』61집, 한국사회사학회 2002.

정근식「대한민국 5·18: '광주'의 전국화 명제를 다시 생각함」,『기억과 전망』10호, 민주화운동기념사업회 2005.

정근식·정호기「민주화운동에서의 '폭력'에 대한 제도적 청산」,『사회과학연구』13집 1호, 서강대학교 사회과학연구소 2005.

정해구「지역주의 정치와 한국 민주주의」,『기억과 전망』창간호, 민주화운동기념사업회 2002.

정호기「한국 과거청산의 성과와 전망: 과거 청산 관련 국가기구의 활동을 중심으로」,『역사비평』69호, 역사비평사 2004.

조정환「광주민중항쟁과 제헌권력」, 조희연·정호기 엮음『5·18 민중항쟁에 대한 새로운 성찰적 시선』, 한울 2009.

최영태「극우반공주의와 5·18 광주항쟁」,『역사학연구』26집, 호남사학회 2006.

최정기「광주민중항쟁의 지역적 확산과정과 주민참여기제」, 나간채 엮음『광주민중항쟁과 5월운동 연구』, 전남대학교 5·18연구소 1997.

최정기「국가폭력과 대중들의 자생적 저항」,『기억과 전망』창간호, 민주화운동기념사업회 2002.

한인섭「국가폭력에 대한 법적 책임 및 피해회복: 5·18 민주화운동의 법적 해결을 중심으로」,『법학』123호, 서울대학교 법학연구소 2002.

한홍구「광주민중항쟁과 죽음의 자각」,『창작과비평』148호, 창비 2010.

홍석률「의문사 진상규명: 과거청산을 위한 진상규명의 시도와 쟁점」,『민주사회와 정책연구』8호, 민주사회정책연구원 2005.

Shorrock, Tim, "Kwangju Diary: The View from Washington," Jae-eui Lee, *Kwangju Diary*, UCLA 1999.

신문, 잡지 등

김영택「광주사태의 다섯 가지 의문」,『신동아』1987년 9월호.

김영택「광주사태 의문의 여인 전옥주」,『여성동아』1987년 10월호.

김영택「'광주'의 진상, 아직도 은폐되고 있다」,『신동아』1989년 2월호.

김영택「80년 '광주', 정호용과 정웅」,『신동아』1990년 1월호.

김용삼「계엄사령관 동정일지」,『월간 조선』1995년 9월호.

김치년「전투는 있었지만 학살은 없었다」,『월간 조선』1996년 4월호.

샤록, 팀「미국의 '전두환 권력 찬탈' 협조 전모 1~3」,『시사저널』1996년 3월 7일자; 14일자; 21일자.

오연호「광주간첩 이창룡은 실존인가 조작인가」,『다리』1990년 5월호.

월간조선사『한국을 뒤흔든 광주의 11일간』, 2005:『월간조선』2005년 1월호 별책부록.

위정철「내가 겪은 80년 5월의 광주」,『월간 조선』1988년 3월호.

윤재걸「쟁점! 무엇이 '광주'의 진상인가」,『신동아』1988년 3월호.

이경남「한 특전사 병사가 겪은 광주 — 20년 만의 고백」,『당대비평』1999년 겨울호.

이기봉「폭동인가 좌절된 무산혁명인가」,『한국논단』1996년 1월호.

이상우「12·12세력과 '광주사태'와 미국」,『신동아』1988년 2월호.

이재의「5·18군사재판과 변호인들」,『예향』1989년 6월호.

이재의「5·18 당시 발포 거부 전남도경 국장의 광주비망록」,『말』1994년 5월호.

이재의「법적처리 어떻게 진행돼왔나?」,『예향』1995년 5월호.

임종수·정순철「나는 왜 미문화원에 불을 질렀나」,『월간 중앙』1988년 3월호.

조갑제「공수부대의 광주사태」,『월간 조선』1988년 7월호.

조동준「미국무부 비밀외교문서 1979~80 철저분석」,『월간 조선』1996년 8월호.

편집부「5·18계엄군의 작전상황 보고서」,『말』1988년 5월호.

편집부「광주항쟁의 주역은 누구인가」,『말』1988년 5월호.

피터슨, 마크「미국과 광주항쟁」,『일요신문』1989년 3월 19일자.

피터슨, 마크「광주는 전두환 집권의 단계적 쿠데타였다」,『신동아』1989년 5월호.

한인섭「전두환·노태우 1심 재판 입체분석」,『신동아』1996년 10월호.

허장환「505보안부대 광주사태 처리 특명반 수사관의 증언」(기자회견 전문), 1988. 12. 6,
　　한겨레 커뮤니티(http://c.hani.co.kr/hantoma/1434931).

허장환「내가 정웅 장군을 체포·수사했다 —— 전 광주505보안부대 수사관의 폭로 수기」,
　　『신동아』1989년 1월호.

5·18민주화운동 사적지
전남지역

망월동

신광

상무대

광주 시내

함평 읍내

송암동

주남 마을

너릿재

화순 읍내

나주 읍내

산포 비행장 도로

화순 광

영산포 읍내

망운

무안 읍내

군부대

신북

시종

도포

목포 시내

영암 읍내

강진 읍내

해남 읍내

우슬재 부근

대흥사 입구

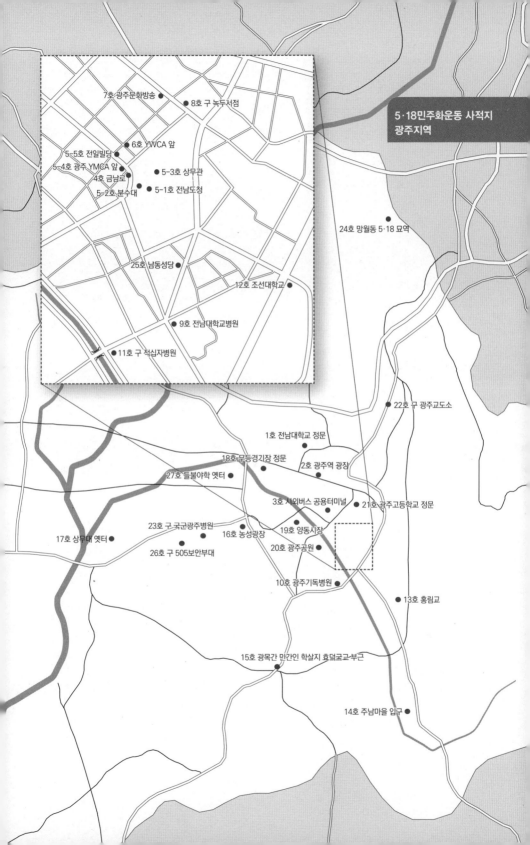

5·18민주화운동 사적지
광주지역

7호 광주문화방송
8호 구 녹두서점
6호 YWCA 앞
5-5호 전일빌딩
5-4호 광주 YMCA 앞
4호 금남로
5-3호 상무관
5-2호 분수대
5-1호 전남도청
24호 망월동 5·18 묘역
25호 남동성당
12호 조선대학교
9호 전남대학교병원
11호 구 적십자병원
22호 구 광주교도소
1호 전남대학교 정문
18호 무등경기장 정문
2호 광주역 광장
27호 들불야학 옛터
3호 시외버스 공용터미널
21호 광주고등학교 정문
23호 구 국군광주병원
19호 양동시장
17호 상무대 옛터
16호 농성광장
20호 광주공원
26호 구 505보안부대
10호 광주기독병원
13호 홍림교
15호 광목간 민간인 학살지 효덕국교 부근
14호 주남마을 입구

전면개정판

죽음을 넘어 시대의 어둠을 넘어

광주 5월 민중항쟁의 기록

초판 1쇄 발행 2017년 5월 15일
초판 24쇄 발행 2024년 11월 4일

지은이 / 황석영 이재의 전용호
엮은이 / 광주민주화운동기념사업회
펴낸이 / 염종선
책임편집 / 김선영 신채용
조판 / 박아경
펴낸곳 / (주)창비
등록 / 1986년 8월 5일 제85호
주소 / 10881 경기도 파주시 회동길 184
전화 / 031-955-3333
팩시밀리 / 영업 031-955-3399 편집 031-955-3400
홈페이지 / www.changbi.com
전자우편 / lit@changbi.com

ⓒ (사)광주민주화운동기념사업회 2017
ISBN 978-89-364-8614-3 03300